Droit constitutionnel contemporain

Tome 1

Théorie générale

Régimes étrangers

Histoire constitutionnelle

COURS DALLOZ

Série Droit public

Sous la direction de Dominique Chagnollaud de Sabouret
Professeur à l'Université Paris-Panthéon-Assas

Droit constitutionnel contemporain

Tome 1

Théorie générale

Régimes étrangers

Histoire constitutionnelle

2023

Dominique Chagnollaud de Sabouret

Professeur à l'Université Paris-Panthéon-Assas.

Ancien membre du Tribunal suprême de Monaco,

du Conseil supérieur de la Magistrature,

de la Commission de l'article 25 de la Constitution,

et de la Commission européenne pour la Démocratie par le Droit

président du Cercle des constitutionnalistes.

Lefebvre Dalloz

DALLOZ

DALLOZ

Tour Lefebvre Dalloz - 10, place des Vosges - CS 90358 - 92072 Paris La Défense Cedex

ISBN 978-2-247-22594-1

« On ne peut pas étudier les règles qui gouvernent les institutions sans connaître le *modus operandi* de ces institutions et même les présupposés les plus difficiles à exprimer de leurs agents [...] Pour être un bon juriste, il faut donc être un bon politiste. »

Ivor Jennings, *The Law and the Constitution*, 5e éd., University of London Press, 1959

ABRÉVIATIONS

Art.	Article
Cah. Cons. const.	*Les Cahiers du Conseil constitutionnel*
Cons. const.	Conseil constitutionnel
DDH	Déclaration des droits de l'homme et du citoyen
Doc. fr.	Documentation française
Dr. adm.	*Droit administratif*
L. const.	Loi constitutionnelle
LPA	*Les Petites Affiches*
PUF	Presses universitaires de France
RD publ.	*Revue du droit public et de la science politique en France et à l'étranger*
RDIP	*Revue de droit international privé*
RFDA	*Revue française de droit administratif*
RFDC	*Revue française de droit constitutionnel*
RID comp.	*Revue internationale de droit comparé*
RIHPC	*Revue internationale d'histoire politique et de droit constitutionnel*
Rev. lég. comp.	*Revue de législation comparée*
Rev. pol. parl.	*Revue politique et parlementaire*

INTRODUCTION

Le droit constitutionnel consiste dans l'étude des dispositions régissant la forme de l'État, les pouvoirs publics, la participation des citoyens à l'exercice du pouvoir et la garantie des droits et libertés. Son renouveau résulte en grande partie du prodigieux développement de la justice constitutionnelle. Il est aussi façonné par la naissance d'un ordre juridique européen et international qui dépasse le cadre de l'État. Alors qu'il ne concernait autrefois qu'un petit nombre d'États occidentaux, il est aujourd'hui mondial et opère à l'aide de concepts généraux et souvent universels. Enfin ce mouvement se conjugue avec une force du discours constitutionnel qui se diffuse dans le débat politique, économique et social à l'échelle planétaire comme en témoigne le ***Traité international de droit constitutionnel*** que Michel Troper et le signataire de ces lignes ont publié voici dix ans. Il est aujourd'hui l'une des références reconnues sur le sujet et l'unique sur le plan francophone (Michel Troper, Dominique Chagnollaud (dir.), 3 tomes, Dalloz, 2012). Ainsi, son enseignement ne se borne plus à l'étude des institutions politiques, mais englobe aussi celle d'un droit constitutionnel jurisprudentiel. Dès lors, un enseignement moderne ne saurait consister à juxtaposer « deux » droits constitutionnels, l'ancien et le nouveau : l'un figé dans une étude réaliste des institutions politiques, l'autre taillé dans le bronze de la jurisprudence constitutionnelle. Tout en hiérarchisant les questions, il devrait les mêler sans les confondre.

Il existe des cadres communs à tous les régimes constitutionnels : théories et concepts. On se limitera cependant aux régimes dont la démocratie est le principe de gouvernement et, partant, pour lesquels la Constitution est une réalité juridique contraignante pour les gouvernants et protectrice des gouvernés.

Une Première Partie est consacrée aux fondements du droit constitutionnel : après l'étude introductive du siège du pouvoir, l'État, on traitera du « socle » fondateur de son organisation et garant de la protection des libertés, la Constitution. Puis on étudiera la division du pouvoir, synonyme en démocratie d'équilibre et de contrôle. Enfin, on s'attachera aux théories qui fondent la participation des citoyens au pouvoir et ses modalités d'exercice.

La Deuxième Partie est consacrée aux grands régimes étrangers.

La Troisième Partie a pour objet l'histoire constitutionnelle de la France.

PREMIÈRE PARTIE

LES FONDEMENTS DU DROIT CONSTITUTIONNEL

1 Le droit constitutionnel, selon la définition consacrée, renvoie aux dispositions régissant les rapports entre les pouvoirs publics et garantissant les droits et les libertés (point de vue matériel), dispositions dotées d'une force supérieure à l'ensemble des autres règles de l'ordre juridique (point de vue formel). Il existe des cadres communs à tous les régimes constitutionnels : théories et concepts. On se limitera cependant aux régimes dont la démocratie est le principe de gouvernement et, partant, pour lesquels la Constitution est une réalité juridique contraignante pour les gouvernants et protectrice des gouvernés. La démocratie en Occident, entendue comme « le gouvernement du peuple, pour le peuple, par le peuple », se caractérise aujourd'hui par les traits suivants :

La démocratie en Occident, entendue comme « le gouvernement du peuple, pour le peuple, par le peuple », se caractérise aujourd'hui par les traits suivants :

1. Le primat de l'individu : les hommes naissant libres et égaux en droit sont titulaires de droits et libertés individuels inaliénables (droit à l'intégrité physique, sûreté, liberté d'aller et venir, liberté

de pensée, de se réunir, etc.). Cette conception libérale, héritée de la Révolution française, a évolué sous l'influence du rôle croissant de l'État dans la vie économique et sociale et s'est enrichie des droits économiques et sociaux.

2. La liberté politique : déduite de cette conception générale de la liberté, elle assure aux individus-citoyens la possibilité de s'organiser en commun et, par conséquent, de choisir à intervalles réguliers leurs gouvernants, de les contrôler, d'exercer directement le pouvoir. Cette latitude de choix implique un pluralisme authentique tant en ce qui concerne les partis politiques eux-mêmes, qui concourent à l'expression du suffrage, que dans la société tout entière (groupes, idées). En découle l'alternance entre des majorités successives, dans le respect de la minorité.

3. Cette liberté politique est garantie par la séparation, ou plutôt la division, du pouvoir afin d'empêcher l'arbitraire découlant de sa trop forte concentration. Ces pouvoirs, idéalement répartis entre plusieurs autorités, doivent s'équilibrer et se contrôler mutuellement entre les pouvoirs exécutif, législatif, judiciaire.

4. Les droits et libertés des citoyens sont juridiquement protégés, y compris face à l'État, grâce à des règles de droit établies et sanctionnées par des juridictions indépendantes. C'est l'État de droit. La Constitution dans ce cadre est, on l'a vu, indissociable de la notion de démocratie mais aussi, en principe, du contrôle de constitutionnalité, inhérent à la protection des droits et libertés qu'elle consacre.

TITRE INTRODUCTIF

L'ÉTAT

2 Au sens juridique, le pouvoir politique est le phénomène d'autorité ou de puissance détenu par les gouvernants. Utilisé aussi dans le sens de fonction, il correspond à un ensemble de compétences (pouvoir législatif, pouvoir exécutif). Au sens sociologique, le terme de « pouvoir », synonyme de puissance chez Max Weber, est « toute chance de faire triompher au sein d'une relation sociale sa propre volonté, même contre des résistances ». Le pouvoir politique est celui qui dispose du « monopole de la violence physique légitime ». Son support moderne est l'État, structure de commandement institutionnalisée soumise à un droit spécifique, s'incarnant juridiquement dans une personne morale territoriale de droit public et souveraine. Expression d'un contrat social passé entre les hommes, l'État est, sur le plan historique, une forme de pouvoir politique particulière, qui s'est constituée en Occident. Structure spécialisée et stable disposant du monopole de la contrainte légitime, il suppose la dissociation de ses organes dirigeants d'avec la personne de ses titulaires, la soumission des gouvernants à des règles de droit, le consentement des gouvernés à ces mêmes règles (CHAPITRE 1). Mais ces éléments communs de définition n'excluent pas que l'État puisse prendre différentes formes en fonction de l'organisation interne des échelons territoriaux qui le composent (CHAPITRE 2).

CHAPITRE 1

Le siège du pouvoir : l'État

3 Trois éléments de nature politique caractérisent aujourd'hui l'État moderne. L'État exerce son autorité sur un territoire délimité par des frontières naturelles ou artificielles, terrestres, maritimes et aériennes. Ensuite, il dispose d'une population composée de nationaux et d'étrangers, les premiers bénéficiant d'une citoyenneté de plein exercice. Ainsi, l'État s'identifie généralement à une nation, communauté fondée sur la volonté de vivre ensemble et enracinée dans l'histoire, même si la notion d'État multinational tend aujourd'hui à réapparaître. Le droit international a consacré plutôt la notion de peuples et leur droit à disposer d'eux-mêmes, en particulier dans le contexte de la décolonisation. Enfin, sur le plan juridique, l'État est une personne morale, c'est-à-dire un groupement distinct de la personne de ses dirigeants et investi de la capacité juridique. Doté de la souveraineté, il ne connaît en principe aucune organisation qui lui soit supérieure ou concurrente. Cette souveraineté est cependant limitée sur le plan intérieur – l'État est soumis au droit – mais aussi sur le plan extérieur : l'État doit respecter la souveraineté des autres États et peut s'imposer à lui-même des limitations de souveraineté par des traités ou des conventions internationaux. (v. TROPER (M.), CHAGNOLLAUD (D.), « Formes d'État », *Traité international de droit constitutionnel*, t. II, Titre I).

SECTION 1

Aux origines de l'État

4 Si, à partir du XVIe siècle, les théories du contrat social tentent de présenter l'État, support du pouvoir politique, comme l'expression d'un contrat passé entre les hommes (§ 1), la perspective historique permet de saisir avec précision l'émergence de cette structure spécialisée (§ 2).

§ 1. L'État, expression du contrat social

5 Dans cette perspective, l'État a pour origine un contrat conclu entre les hommes lors du passage de l'« état de nature » – où la vie n'est réglée par aucune loi – à la « société civile » – organisant les relations individuelles et les règles régissant celles-ci. Ce contrat social est cependant pensé différemment selon ses théoriciens.

• **L'École du droit de la nature et des gens**. Pour cette École, aux XVIe et XVIe siècles, la « loi fondamentale » a pour source un contrat liant entre eux et de façon perpétuelle les individus avec le prince. Ce pacte de sujétion (distinct du pacte d'association) oblige les sujets à obéir à leur souverain et celui-ci à assurer la paix et la concorde.

• **Hobbes**. Au XVIIe siècle, ce contrat n'intéresse que les individus, et le souverain (le « Léviathan ») n'y a aucune part. Il est bénéficiaire de ce dessaisissement, mais il n'est astreint à aucune obligation envers ceux qui ont choisi de devenir ses sujets. Ceux-ci ont voulu en fait éviter l'anarchie (« la guerre de tous contre tous ») qui caractérise l'état de nature, préexistant à ce contrat.

• **Locke**. Pour cet auteur, à la fin du XVIIe siècle, cet état de nature est au contraire pacifique. C'est pour mieux garantir leur bonheur, et suppléer à certains manques, que les individus ont choisi, individuellement, de passer un contrat avec le futur prince, à charge pour lui de pourvoir au bien public en protégeant la liberté et la propriété, sauf à rencontrer la résistance légitime des gouvernés.

• **Rousseau**. Rousseau développe l'idée selon laquelle les hommes sont initialement heureux et libres dans l'état de nature, mais la civilisation a introduit l'inégalité et l'esclavage. Dès lors, pour retrouver sa liberté, « chacun de nous met en commun sa personne et toute sa puissance sous la suprême direction de la volonté générale, et nous recevons en corps chaque membre comme partie indivisible du tout. Chaque associé s'unit à tous et ne s'unit à personne en particulier, il n'obéit ainsi qu'à lui-même et reste aussi libre qu'auparavant » (J.-J. Rousseau, *Du contrat social*, 1762). Ce contrat n'est pas un contrat entre les individus, ni entre ceux-ci et le prince, mais entre chacun et la majorité. Le souverain n'est pas le prince, mais la volonté générale dans laquelle chacun peut se reconnaître. La loi est l'expression de cette volonté.

L'intérêt de la plupart de ces thèses contractuelles, malgré leur absence de réalité historique, est de fonder le pouvoir politique, et donc l'État, sur le libre accord des individus. Cette conception contractuelle, si elle a été rejetée en France en 1791 (la « nation » institue de manière unilatérale le statut du pouvoir), a sensiblement influencé la notion moderne de Constitution, pensée comme la confirmation du pacte social ou attestant son renouvellement, même si les Constitutions modernes apparaissent d'abord comme l'expression – unilatérale – de la volonté du peuple.

§ 2. L'État comme processus historique

6 Max Weber, sociologue, a donné au début du XXe siècle une définition célèbre de l'État entendu comme « une entreprise politique de caractère institutionnel dont la direction administrative revendique avec succès, dans l'application des règlements, le monopole de la violence physique légitime ». L'État est donc une forme de pouvoir particulière, mais qui n'a pas existé de tout temps en Occident. C'est en retraçant succinctement cette histoire que l'on comprendra mieux ses caractéristiques.

Un processus lent de formation. L'État moderne, dont les prémices peuvent être observées en Occident dès le XIe siècle, est l'aboutissement d'un processus lent de formation en Europe, au sortir de la féodalité. L'État naît ainsi à la faveur de transformations sociales (la décomposition de la féodalité), économiques (le développement de rapports marchands), politiques (la volonté de pouvoir des princes), religieuses (la séparation progressive du pouvoir temporel, accaparé par l'État, du pouvoir spirituel de l'Église).

Des historiens, comme Norbert Elias, insistent dans la formation de l'État occidental sur le phénomène de monopolisation des ressources financières et militaires allant de pair avec la constitution d'un appareil administratif spécialisé et permanent, assurant leur gestion.

Son aboutissement : l'institutionnalisation de l'État. Pour concevoir l'État moderne comme support du pouvoir politique, il faut d'abord que ce dernier se différencie dans la société et s'institutionnalise : des rôles politiques d'autorité apparaissent et s'inscrivent dans une structure stable, dotée de règles impersonnelles régissant leur fonctionnement. Ainsi, certaines sociétés dites primitives ne connaissent pas de personnes chargées de rôles spécialisés (la société des Inuits, par exemple). Au contraire, dans d'autres sociétés existent des rôles politiques, mais à des degrés différents de « spécialisation » : que l'on songe simplement aux premières cités grecques où ces rôles sont encore embryonnaires à l'opposé des démocraties modernes avec leurs professionnels de la politique (les représentants) et leurs fonctionnaires spécialisés (les agents de l'Administration).

Cette institutionnalisation s'est traduite par l'émergence de quatre nouveaux principes.

• **La dissociation progressive de l'État de la personne de ses dirigeants (princes, monarques)**. Les gouvernants exercent une fonction au nom de l'État dont ils sont les organes. Certes, longtemps sous la monarchie, la personne du roi se confond avec l'État (d'où la formule prêtée à Louis XIV « l'État c'est moi »). Mais s'est opérée avec le temps la distinction même relative entre le roi et la Couronne, entre le patrimoine du premier et celui de la seconde, entre la fonction et son titulaire (ainsi des règles organisant la succession monarchique qui assurent la continuité de la fonction royale au-delà de la disparition physique du monarque, d'où la formule « Le roi est mort, vive le roi ! », qui illustre les « deux corps du roi » selon la formule d'Ernst Kantorowicz).

• **L'action des gouvernants est soumise à des règles**. L'action des gouvernants comme de ceux placés sous leur autorité (les fonctionnaires) s'effectue non en fonction de leur bon plaisir, mais en vertu de règles générales, stables, impersonnelles, obligatoires, organisant leurs attributions et les limitant. Dans l'État moderne, c'est la Constitution et les lois qui régissent le statut de tous ceux appelés à parler en son nom (gouvernants et fonctionnaires).

• **L'État a le monopole de la contrainte légitime**.

Institution différenciée de la société, l'État est doté d'un appareil administratif et répressif qui va, progressivement, assurer son autorité exclusive sur un territoire. Il a le monopole de la contrainte, c'est-à-dire qu'il est en droit d'imposer des règles obligatoires et de les faire respecter, si besoin par la force (ce qui exclut, par exemple, la justice privée) dont l'usage est légitime.

• **Les règles de l'État sont consenties par les gouvernés**.

Les dispositions fixant le statut des gouvernants et plus largement celui des agents de l'État, comme celles visant les gouvernés, font l'objet d'un consentement formel de ces derniers dans les États démocratiques.

SECTION 2

Les caractéristiques de l'État moderne

7 On n'envisagera ici que la notion d'État du point de vue général, renvoyant l'étude de ses formes à celle de la division verticale du pouvoir. Du point de vue politique, l'État est caractérisé par deux éléments essentiels : un territoire et une population (§ 1). Du point de vue juridique, la troisième caractéristique est sa souveraineté : son système de droit n'est pas soumis à celui d'un autre État (§ 2).

§ 1. Les caractéristiques politiques de l'État

8 Un territoire et une population : le premier critère indique l'espace au sein duquel l'autorité de l'État s'exerce (A), le second renseigne sur les personnes qui y sont soumises (B).

A. L'État exerce son autorité sur un territoire

9 Le territoire de l'État est délimité par des frontières. Par là même, il contribue à forger un sentiment d'identité commune pour tous les habitants.

10 **La configuration du territoire.** Historiquement, la constitution de l'État s'est accompagnée de la fixation progressive d'un territoire sur lequel il exerce son autorité (sous la monarchie, on parle, par exemple, du roi de France, du roi d'Angleterre). Ainsi, il n'y a pas d'État sans territoire, même si des États ont pu être reconnus par la communauté internationale sans que leur territoire soit clairement délimité (la Pologne après la Première Guerre mondiale).

Le territoire, dont l'intégrité est souvent consacrée par les Constitutions (en France, par exemple, le président de la République en est le garant en vertu de l'art. 5), est ainsi un espace de sécurité pour ses habitants. La dimension territoriale est sans effet sur la qualité de l'État (ainsi l'île de Nauru s'étend sur 21 km²).

De même, ce territoire peut être fractionné (la France et ses départements d'outre-mer, les États-Unis avec l'Alaska et l'île d'Hawaï), ou enclavé (Berlin-Ouest en RDA avant la réunification de l'Allemagne).

11 **Frontières naturelles et frontières artificielles.** Les frontières de l'État peuvent être naturelles : lignes de crête, de partage des eaux (le Rio Grande entre les États-Unis et le Mexique, ou le Rhin entre la France et l'Allemagne). La modification tout aussi naturelle de ces lignes peut provoquer des conflits entre États voisins (l'opposition entre l'ex-Union soviétique et la Chine lorsque le fleuve Amour changea le cours de son lit...).

Mais les frontières peuvent être, au contraire, artificielles : lignes droites, courbes, géométriques (qui caractérisent, par exemple, une partie de l'Afrique, héritage du partage de 1895 entre les puissances coloniales, ou le 38e parallèle qui sépare la Corée du Nord et la Corée du Sud).

12 **Frontières terrestres, maritimes et aériennes.** Outre les frontières terrestres (sol et sous-sol), il existe des frontières maritimes qui peuvent susciter, dans leur délimitation, des difficultés, un certain nombre d'États les fixant unilatéralement. Depuis une convention de l'ONU du 10 décembre 1982, elles sont établies ainsi : à partir de sa mer territoriale (12 milles nautiques, soit environ 22 km), les frontières de l'État s'étendent à 200 milles sur lesquels s'exerce en particulier le droit d'exploitation et de protection des ressources naturelles (zone économique exclusive) ; au-delà, la « haute mer » est accessible à tous les États, la mer étant assimilée à un « patrimoine commun de l'humanité ». Enfin, les frontières aériennes sont constituées par l'espace situé au-dessus du territoire terrestre et maritime, à l'exception de l'espace atmosphérique qui, à l'image de l'Antarctique (depuis 1959), est internationalisé et démilitarisé afin de favoriser la recherche scientifique.

B. L'État exerce son autorité sur une population

13 Composée de nationaux et d'étrangers, la population est assujettie au droit de l'État qui s'identifie à une nation.

La population est composée de nationaux et d'étrangers.

La population est l'ensemble des personnes vivant sur le territoire de l'État et placées sous son autorité. À ce stade, il faut distinguer deux catégories d'individus : les étrangers et les nationaux. Les premiers ne disposent pas des mêmes droits que les seconds, en particulier dans le domaine de la citoyenneté (ainsi, en principe, le droit de vote est réservé aux nationaux). Rappelons sur ce point que, dans les anciennes colonies françaises, pouvaient coexister des sujets français (indigènes) – diminués dans leur statut juridique – et des citoyens français de plein exercice.

Les personnes acquièrent la nationalité de façon différente selon les États. On peut l'obtenir dès la naissance, par le droit du sang, c'est-à-dire par filiation, ou par le droit du sol, c'est-à-dire par le lieu de naissance. On peut aussi l'acquérir au cours de la vie par naturalisation. Ce lien juridique entraîne une identité de droits et de devoirs inhérents à la citoyenneté, en particulier le droit de vote, l'obligation militaire et la protection diplomatique à l'étranger. Notons que la révision constitutionnelle du 25 juin 1992 a permis de rendre compatible la Constitution française avec le traité de Maastricht et d'autoriser, sous certaines conditions, le droit de vote et d'éligibilité aux citoyens des États membres de l'Union européenne, pour les élections municipales. Ainsi, cette disposition déroge-t-elle au principe constitutionnel selon lequel sont électeurs les seuls nationaux.

14 **L'État s'identifie généralement à une nation.**

On oppose classiquement deux idées de la nation. L'une est déterministe et d'inspiration allemande. Elle indique que la nation se fonde non seulement sur une communauté géographique de langue et de religion, mais sur une identité de « race ». Cette conception raciale de la nation – fausse d'un point de vue scientifique –, renforcée par l'idéologie nazie, a nourri la persécution antisémite (la solution « finale » de l'extermination) et, plus largement, celle des « non-Aryens ». L'autre idée de la nation est volontariste et d'inspiration française. De Fustel de Coulanges (1830-1889) à Renan (1823-1892) ou Michelet (1798-1874), on souligne sa dimension essentiellement subjective : la volonté de vivre ensemble, enracinée dans l'histoire. Une communauté de langue, de religion ou de tradition ne suffit pas en effet à forger une identité. La Suisse fournit un exemple *a contrario* : une pluralité de langues et de religions n'empêche pas l'existence d'une solide conscience nationale.

L'identité formelle souvent affirmée par la théorie du droit constitutionnel entre l'État et la nation doit cependant être relativisée. En Europe occidentale, la nation a plus souvent précédé la constitution de l'État (Allemagne, Italie) que l'inverse (France). En Occident, la Belgique ou le Canada illustrent des problèmes de coexistence entre plusieurs communautés. Ailleurs, la décolonisation a permis la naissance dans le tiers-monde d'États caractérisés par une identité nationale (Maroc, Tunisie) ou, au contraire, rassemblant au gré des découpages coloniaux des populations, des ethnies très diverses (notamment en Afrique noire). Enfin, le cas des minorités nationales partagées entre plusieurs États révèle encore le caractère non systématique de l'identité État-nation : des Kurdes, partagés entre l'Irak, l'Iran, la Turquie et l'ex-Union soviétique, aux Tchétchènes, aux Palestiniens, etc. Tous revendiquent le droit à l'autodétermination afin de fonder un État. Il existe ainsi, à côté d'États plurinationaux, des nations sans État.

15 **Les peuples ont le droit à disposer d'eux-mêmes.** Le droit international traite plutôt de la notion de « peuple » que de « nation ». La Charte des Nations unies proclame d'ailleurs pendant la Seconde Guerre mondiale « le droit des peuples à disposer d'eux-mêmes » qui nourrira, dans un premier temps, le mouvement de décolonisation engagé à partir de 1945, puis, à l'Est, à la fin des années quatre-vingt, la revendication des peuples à s'émanciper de la tutelle soviétique. Elle est la traduction moderne du principe des nationalités de la première moitié du XIXe siècle.

§ 2. L'État est une personne morale dotée de la souveraineté

16 L'État est une personne juridique, une « personne morale » de droit public, dont la souveraineté la distingue des autres personnes morales (v. « La souveraineté », *Traité international de droit constitutionnel*, t. I, Titre IV, Chap. I).

A. L'État est une personne morale

17 **La notion de personne morale.** Un maître du droit constitutionnel, Léon Duguit, expliquait jadis qu'il « n'avait jamais déjeuné avec une personne morale » pour démontrer qu'elles n'existaient pas. En droit, la personne morale se distingue d'une personne physique : l'État est une personne morale (de droit public), c'est-à-dire une organisation, un groupement distinct de la personne de ses dirigeants. Il a une capacité juridique à agir, à contracter, à posséder un patrimoine. Certes, il existe d'autres personnes morales de droit public, nombreuses, comme les collectivités locales (régions, départements, communes), les établissements publics et, dans l'ordre privé, des sociétés ou des associations. Mais toutes ces personnes juridiques, de dimension et de rôle très divers, sont soumises aux lois de l'État.

18 **La continuité de l'État.** Les actes de l'État engagent celui-ci, indépendamment de ceux qui les ont pris en son nom – les gouvernants – sur le plan tant intérieur (par exemple, les grands emprunts) qu'extérieur (traités internationaux) : ses actes continuent donc d'avoir des effets juridiques après le départ ou la disparition des gouvernants. Ce principe connaît des exceptions notables, propres aux situations révolutionnaires, dès lors qu'elles aboutissent à un renversement de l'ordre politique et social (la révolution bolchevique de 1917). Ces changements modifient la forme de l'État, non l'État lui-même.

De manière générale, les lois de l'État continuent de rester en vigueur même dans le cas où sont abrogées certaines d'entre elles (l'article 56 de la Constitution du 14 janvier 1852, fondant le Second Empire, maintient, par exemple, expressément, les lois antérieures). Ainsi, les lois appliquées par un État sont parfois très anciennes : en France, le Code civil napoléonien, même sensiblement remanié, demeure en vigueur, comme d'ailleurs certains textes de l'Ancien régime, telle l'ordonnance de Villers-Cotterêts de 1539.

B. L'État est une personne souveraine

19 La souveraineté de l'État signifie que celui-ci ne connaît en principe aucune organisation qui lui soit supérieure ou concurrente (elle se distingue de la souveraineté dans l'État relative à l'autorité détentrice du pouvoir en son sein).

La souveraineté présente deux aspects : l'un, intérieur, l'autre, extérieur. La souveraineté intérieure autorise l'État à commander et à régir la population placée sur son territoire. La souveraineté extérieure (ou internationale) lui permet de décider et d'agir en toute indépendance. L'État fixe donc librement ses attributions et les règles qui les organisent (en particulier sa Constitution) : il a, selon la formule du juriste allemand Jellinek, « la compétence de sa compétence ». En d'autres termes, sur le plan intérieur, l'État est donc la source du droit et, sur le plan extérieur, il ne connaît aucune limitation, sauf le respect de la souveraineté des autres États. C'est ainsi que plusieurs pays européens comme la France, l'Allemagne, l'Italie ou la Belgique s'attachent à faire respecter sur le plan européen leur identité constitutionnelle.

C. La souveraineté de l'État connaît un certain nombre de limitations

20 **Sur le plan interne, l'État est soumis au droit.** Sur le plan intérieur, l'État, créateur du droit, lui est-il soumis ? On peut considérer d'abord que cette opposition entre l'État et le droit est un faux problème, puisque le second n'a d'existence valable qu'édicté par le premier. Cette conception dite « positiviste » du droit aboutit donc à n'admettre aucune autolimitation de l'État par le droit qu'il a lui-même créé. À cette thèse on a opposé l'existence d'un droit naturel antérieur à l'État. On a ainsi souligné, sous l'influence de la doctrine juridique allemande, la nécessité d'un État limité par le droit, consentant donc à son autolimitation et assujetti à la loi, le citoyen disposant de voies de recours contre ses décisions. L'État de droit s'oppose ainsi à l'État de police dans lequel tout contrôle de ses actes par le juge est exclu (ainsi, en France, jusqu'en 1889, l'Administration est-elle seule juge de ses actes en vertu de la théorie du « ministre juge »).

Au contraire, l'État de droit garantit les citoyens contre l'arbitraire de l'Administration et consiste à affirmer la suprématie de la loi – c'est l'État légal. En conséquence, l'Administration ne peut agir qu'en vertu de règles légales qui s'imposent à elle. L'État de droit suppose aussi une autorité judiciaire apte à contrôler la légalité de l'action administrative dont témoigne en France, à partir du dernier tiers du XIXe siècle, le rôle du Conseil d'État. Mais dans sa « perfection » – on y reviendra –, l'État de droit suppose que la loi elle-même puisse être contrôlée dans sa conformité à la règle suprême qu'est la Constitution – c'est l'État constitutionnel. Cette théorie semble donc justifier l'institution d'un contrôle de constitutionnalité des lois qui s'est progressivement instauré en Occident après la Seconde Guerre mondiale (mais d'autres démocraties, comme la Grande-Bretagne, s'en sont passé v. titre II).

21 **Sur le plan externe, la souveraineté de l'État est encore plus limitée.**

• **L'État doit respecter dans le cadre du droit international la souveraineté des autres États.**

Cette idée, qui s'est longtemps traduite par le principe de non-intervention dans les affaires d'un autre État, a pour corollaire le fait que la reconnaissance d'un nouvel État par les autres puissances étatiques n'implique aucune appréciation ou approbation de son type de régime politique ou de gouvernement. C'est en tous les cas la doctrine de la France qui reconnut, par exemple, la première en Occident, la Chine de Mao en 1964.

Si, d'emblée, ce principe de non-ingérence peut souffrir d'une difficulté d'application lors de changements de régimes politiques à l'intérieur d'un même État, il connaît aujourd'hui une contestation plus forte. C'est ainsi que l'on a vu surgir au cours des années quatre-vingt l'idée de « devoir d'ingérence humanitaire » : elle n'a trouvé de concrétisation sur le plan juridique en droit international qu'au travers d'un « droit à l'assistance humanitaire », invoqué en 1991 pour secourir certaines populations d'Irak, au lendemain de la guerre du Golfe. Ce principe est contesté par certains pays du tiers-monde ou de l'Europe de l'Est, inquiets que cette assistance ne soit que le prétexte à une ingérence politique occidentale dans leurs affaires intérieures.

• **L'État peut s'imposer à lui-même des limitations de souveraineté.**

L'État peut librement conclure avec d'autres États des traités ou conventions (marqués par le principe de réciprocité de droits et de devoirs). La question de la primauté du droit international sur le droit interne a donné lieu à un débat entre les partisans du « monisme », selon lesquels les dispositions de droit international dès leur édiction s'inscrivent dans l'ordre juridique des États concernés et ont une autorité supérieure à celle des lois, et les partisans du « dualisme », qui considèrent que ces normes n'ont d'effet que lorsqu'elles ont été introduites par une loi ou un décret. Mais depuis la Seconde Guerre mondiale, la thèse moniste l'a globalement emporté en principe : le droit international et le droit interne forment un ensemble homogène. Cette distinction reste cependant bien théorique dès lors que les pays attachés au monisme déterminent constitutionnellement, comme la France, les modes d'incorporation de ces règles. Par ailleurs, il convient plus de parler, au cas par cas, de relations d'interdépendance relative des règles internationales et des règles internes. Il reste que le statut du droit international en droit interne est partiellement déterminé par cette distinction de principe. Notons, par ailleurs, que deux pays en Europe accordent au droit international une valeur de principe supérieure à la Constitution : l'Autriche et les Pays-Bas.

• **Interdépendance et mondialisation.**

L'exemple de la construction européenne souligne déjà le fait que l'action de l'État est aujourd'hui placée sous le sceau de l'interdépendance politique et économique. Sur ce dernier point, rappelons au-delà de la souveraineté formelle des États, combien ceux du tiers-monde, compte tenu de leurs difficultés économiques et financières, accentuées par la crise, sont placés dans une situation de dépendance, notamment par l'intermédiaire du Fonds monétaire international (FMI).

Enfin, la souveraineté de l'État-nation est rendue problématique par ce qu'il est convenu d'appeler la « mondialisation de l'économie » qui se traduit par la généralisation à la planète entière de l'économie de marché : l'Organisation mondiale du commerce (après le GATT) figure ainsi, en particulier depuis 1995, l'ambition d'une politique économique planétaire. Parallèlement, les droits de l'homme apparaissent aujourd'hui comme une exigence internationale. Elle se traduit sur le plan juridique, au seul niveau européen, par l'existence de la Cour européenne des droits de l'homme sanctionnant – moralement et financièrement – les atteintes portées à ceux-ci par les États membres du Conseil de l'Europe.

§ 3. L'État et les nationalités

22 Le droit international public reconnaît le principe de l'unité de l'État, personnification juridique de la nation. Le Conseil constitutionnel français l'exprime à sa manière dans sa décision du 9 mai 1991 : « la Constitution (...) ne connaît que le peuple français, composé de tous les citoyens français, sans distinction d'origine, de race ou de religion », tout comme son homologue allemand qui ne connaît que le concept de « peuple d'État » (*Staatsvolk*), à la fois sujet et objet du pouvoir étatique. Pour autant, le droit public ne saurait ignorer la question des minorités au sein d'un même État ou à cheval sur plusieurs États. Cette question est devenue, notamment après la chute de Berlin à l'Est, essentielle.

A. La notion de minorité nationale

23 En 1992, l'Assemblée générale de l'ONU a adopté la Déclaration sur les droits des personnes appartenant à des minorités nationales ou ethniques, religieuses et linguistiques. Cette déclaration, unique instrument des Nations unies qui traite expressément des droits spéciaux des minorités, comporte une liste des droits auxquels les minorités peuvent prétendre, notamment le droit de jouir de leur propre culture sans ingérence et le droit de participer pleinement aux décisions au niveau national. Les États sont invités à prendre des mesures dans le domaine de l'éducation afin d'encourager la connaissance de l'histoire, des traditions, de la langue et de la culture des minorités qui vivent sur leur territoire. Les États sont également priés de mettre en œuvre les politiques et programmes nationaux en tenant dûment compte des intérêts des

minorités. Au cours des 10 dernières années, notamment, des conflits ethniques ont durement éprouvé quelques pays comme le Rwanda et le Burundi, l'ex-République de Yougoslavie et, plus récemment, l'Indonésie, le Timor oriental et Fidji.

La notion de minorité nationale est utilisée dans divers documents internationaux, notamment dans la *Convention-cadre du Conseil de l'Europe pour la protection des minorités nationales* (ouverte à la signature depuis 1995) ainsi que dans la Convention européenne des droits de l'homme. Mais les auteurs de ces textes laissent à chaque État la possibilité d'interpréter la notion de « minorité nationale ».

Il existe toutefois une définition largement admise, celle qui figure dans la recommandation 1201 adoptée le 1er février 1993 par l'Assemblée parlementaire du Conseil de l'Europe, et qui demandait aux États membres d'adopter un Protocole additionnel à la Convention européenne des droits de l'homme sur les droits des minorités nationales. L'article 1er de la proposition de Protocole annexée à cette recommandation comportait une définition précise, qui s'inspirait en grande partie de celle proposée en 1979 par le professeur Francesco Capotorti dans un rapport rédigé au nom de la sous-commission des minorités de l'ONU :

> « L'expression "minorité nationale" désigne un groupe de personnes dans un État qui :
>
> a) résident sur le territoire de cet État et en sont citoyens ;
>
> b) entretiennent des liens anciens, solides et durables avec cet État ;
>
> c) présentent des caractéristiques ethniques, culturelles, religieuses ou linguistiques spécifiques ;
>
> d) sont suffisamment représentatives, tout en étant moins nombreuses que le reste de la population de cet État ou d'une région de cet État ;
>
> e) sont animées de la volonté de préserver ensemble ce qui fait leur identité commune, notamment leur culture, leurs traditions, leur religion ou leur langue. »

Le 8 juin 2005, le Parlement européen a recommandé qu'une telle définition soit fondée sur celle contenue dans la déclaration 1201, reprenant les critères posés par le Conseil de l'Europe.

B. La protection des minorités nationales en Europe

24 Si l'Europe communautaire n'est pas à l'abri des tensions, de l'Irlande du Nord britannique à la Belgique en passant par l'État espagnol des Autonomies, la Convention-cadre pour la protection des minorités nationales de 1994 concerne d'abord l'intégration des États de l'Europe centrale et orientale au Conseil de l'Europe et à l'Union européenne et les invite à protéger leurs propres minorités. Globalement, cette intégration a conduit dans ces pays à un assouplissement de la législation en matière de droits linguistiques et d'acquisition de la citoyenneté. Pour ne citer qu'un exemple, celui des pays baltes (Estonie, Lettonie et Lituanie), le renforcement de l'utilisation des langues nationales baltes dans la sphère publique s'est traduit par la création de lois sur la langue dans l'esprit de la Charte des langues régionales et minoritaires de 1992 : les minorités nationales ont notamment le droit d'étudier dans leur langue maternelle et de constituer des associations politiques et culturelles pour les représenter tandis que l'État finance des écoles nationales en langue russe, polonaise, biélorusse...

D'autres pays comme la Hongrie sont allés plus loin avec la loi du 7 juillet 1993 sur les droits des minorités nationales et ethniques. Ce pays s'est doté d'un arsenal juridique visant à garantir les droits des minorités. Treize minorités sont identifiées : 12 nationales, héritées de l'histoire, et une ethnique, les Roms, au nombre de 500 000 (sur 10 millions d'habitants). La clef de voûte de ce dispositif est l'établissement de conseils communautaires ou « gouvernements autonomes de minorités », élus par les membres d'une même minorité nationale ou ethnique à tous les niveaux territoriaux, et ayant notamment en charge la gestion de budgets spécifiques. En outre, un bureau pour les minorités nationales et ethniques, principale instance gouvernementale en charge des minorités, a été mis en place à l'échelle nationale.

Sur le plan de la protection réciproque des minorités, le traité bilatéral germano-polonais du 17 juin 1991 fait aussi référence. Enfin, en 2006, a été adoptée par l'Assemblée parlementaire du Conseil de l'Europe une recommandation au Comité des ministres du Conseil de l'Europe de prendre en compte certains aspects généraux dans le domaine de la protection des droits des personnes appartenant aux minorités nationales.

La conception européenne du droit des minorités est celle d'un État garantissant librement aux personnes appartenant aux minorités nationales le droit à la conservation, au développement et à l'expression de leur identité ethnique, culturelle, linguistique et religieuse. Cette conception n'est pas foncièrement antagoniste de l'idée d'État-nation dès lors qu'elle repose sur les principes d'égalité et de non-discrimination qui assurent aux minorités le droit de parler librement leur langue ou de pratiquer son culte : cette liberté ne relève pas du droit public, mais bien de l'exercice privé des libertés publiques. Elle s'en éloigne dès lors qu'elle autorise que des groupes spécifiques bénéficient de droits particuliers et/ou admet des sous-divisions administratives territoriales selon des critères ethniques, sur la base d'un statut spécial sans conduire d'ailleurs à une partition du pouvoir au niveau national entre les groupes. C'est, nous semble-t-il, la frontière qui sépare le modèle de l'État-nation classique de l'État multinational.

C. L'État multinational

25 • **La notion d'État multinational.**

La notion d'État multinational a été développée par le jurisconsulte autrichien Karl Renner au tournant de ce siècle, souhaitant « concevoir un statut constitutionnel favorisant la cohabitation des différents groupes nationaux mêlés au sein d'une Autriche-Hongrie rénovée et préservée dans son intégrité, cette pensée fait du principe de l'autonomie personnelle le pivot de sa démonstration ». En pratique, les pays historiques de la Couronne, les *Kronländer*, devaient être remplacés par des corps administratifs autonomes (*Selbstverwaltungskörper*) dotés d'organes représentatifs élus au suffrage universel direct et constitués en fonction du principe – original – de personnalité, c'est-à-dire sur le libre choix des individus d'appartenir à une nationalité, à l'image du choix d'une confession... L'Autriche devait être composée d'« associations nationales », rassemblant tous les individus de même nationalité à partir d'une libre déclaration de chaque citoyen majeur, quel que soit son lieu de résidence. Au sein de l'État multinational austro-hongrois auraient coexisté des districts à population nationale homogène, d'autres districts à population mixte. Au sommet, un Conseil national, assemblée représentative de la nation, disposait d'un pouvoir réglementaire, d'organes exécutifs et de ressources fiscales. Enfin, les Conseils nationaux élisaient, à leur tour, des représentants qui, eux-mêmes, devaient former un Conseil consultatif fédéral auprès du Chancelier. Pour autant l'État en sa souveraineté territoriale exclusive conserve la compétence pour les affaires politiques, tandis que les affaires « nationales », en réalité culturelles, sont de la compétence des « nations ». Ce modèle demeure finalement assez classique, l'État étant une fédération de nationalités, et vise habilement à concilier le principe des nationalités et le maintien de l'unité du droit hongrois... En réalité, la notion d'État multinational n'a rien de vraiment moderne. Sans remonter au Moyen-Âge européen ou africain marqué par le pluralisme juridique, il suffit de songer, avant la Première Guerre mondiale, aux trois grands empires multinationaux : l'Empire ottoman, l'Empire russe et l'Empire austro-hongrois. Leur morcellement en une multitude d'États nationaux a conduit à une reconfiguration politique de l'Europe.

• **L'État multinational aujourd'hui.** Sur le plan conceptuel, l'État multinational au sens moderne s'inscrit cependant dans l'horizon démocratique – ce qu'on oublie parfois. Il fait de la nation une personne juridique distincte de l'État : entre l'État-nation et les citoyens s'intercalent des nations, sujets de droit, ayant le plus souvent une assise territoriale ou dispersée sur le territoire et ayant en tous les cas une culture commune qui s'exprime en particulier sur le plan linguistique. De ce point de vue général, la Belgique est tout autant un État fédéral que multinational. Il en va de même du Canada, au moins du point de vue des Québécois, voire, pour ses adeptes, de la future Europe comme fédération d'États-nations.

En Afrique noire, le concept d'État multinational pourrait permettre, moins d'assimiler les découpages hérités de l'ère coloniale, que de parer à l'échec de la transplantation du modèle de l'État-nation et de mieux prendre en compte la réalité multi-ethnique.

L'exemple du plurilinguisme en Namibie ou en Afrique du Sud – consacré dans ce cas par la Constitution – semble aller dans ce sens.

Bibliographie

Alliès (P.), *L'invention du territoire*, PUF, 1980

Burdeau (G.), *L'État*, Points-Seuil, 1992 ; *Traité de science politique*, t. II, 3e éd., LGDJ, 1980

Caillosse (J.), « Les fonctions sociopolitiques de l'État », *in* Troper (M.), Chagnollaud (D.), *Traité international de droit constitutionnel*, t. III, Dalloz, 2012

Carré de Malberg (C.), *Contribution à la théorie générale de l'État*, Sirey, 1920, réimp. CNRS, 1962

Duguit (L.), *L'État, le droit objectif et la loi positive*, Fontemoing, 1901

Giraudeau (G.), Guérin-Bargues (C.), Haupais (N.), *Le fait religieux dans la construction de l'État*, Pedone, 2016

Kelsen (H.), *Théorie générale du droit et de l'État*, LGDJ-Bruylant, 1996 (trad. d'une œuvre de 1945)

Millet (F.-X.), *L'Union européenne et l'identité constitutionnelles des États membres*, LGDJ, 2013

Pierré-Caps (S.), « Droits des minorités », *in* Troper (M.), Chagnollaud (D.), *Traité international de droit constitutionnel*, t. III, Dalloz, 2012

Renner (K.), *La nation, mythe et réalité* (1964), trad. fr., PUN, 1998

Seymour (M.) (dir.), *États-nations, multinations et organisations supranationales*, Québec, Liber, 2002

Sild (N.), *Le gallicanisme et la construction de l'État (1563-1905)*, Institut universitaire Varenne, 2016

Troper (M.), « Droit constitutionnel et théorie générale de l'État », *in* Troper (M.), Chagnollaud (D.), *Traité international de droit constitutionnel*, t. I, Dalloz, 2012

Weber (M.), *Le métier et la vocation d'homme politique* (1919), Plon, 1959

CHAPITRE 2

Les formes de l'État

26 L'État connaît plusieurs formes d'organisation interne entre les différents échelons territoriaux. Certes l'État unitaire ne connaît qu'une autorité juridique et politique disposant de l'ensemble de ses compétences sur son territoire régi par un seul et même droit (État unitaire centralisé) (SECTION 2). Mais, souvent, il peut être décentralisé – certaines de ses compétences étant transférées à des collectivités locales s'administrant elles-mêmes et dotées d'autorités élues au suffrage universel. Les États régionaux (SECTION 3) constituent une forme particulièrement poussée de décentralisation, voire une catégorie spécifique d'États (pour certains auteurs aux confins du fédéralisme) – les régions étant dotées d'une large autonomie et du pouvoir législatif (Italie, Espagne) –, pouvant même constituer une transition vers un État fédéral (Belgique). Celui-ci se définit comme un regroupement d'unités fédérées abandonnant une partie de leur souveraineté au profit d'un « super-État » mais conservant une large autonomie de compétences et participant à son gouvernement (SECTION 1). Il demeure que cette classification n'est pas parfaite. En Grande-Bretagne, « État unitaire », l'Écosse et l'Irlande du Nord disposent chacune d'un Parlement doté de pouvoirs législatifs étendus et composé dans le premier cas de députés écossais… Quant à la France, État unitaire, le statut de la Nouvelle-Calédonie doit-il laisser penser que notre pays est « une fédération qui s'ignore » ? (v.

« Formes d'État », *Traité international de droit constitutionnel*, t. II, Titre I). Ainsi assiste-t-on à des formes d'État de plus en plus hybrides.

SECTION 1
L'État fédéral

27 L'État fédéral a souvent pour origine une confédération, c'est-à-dire une association d'États souverains et donc égaux qui, par un traité, décident d'agir ensemble dans un certain nombre de domaines gérés formellement par un organe commun (§ 1). L'État fédéral repose sur trois principes mis en avant par Georges Scelle (§ 2) : la superposition des ordres étatiques, fédéré et fédéral, l'autonomie des entités fédérées (impliquant un partage des compétences dont les conflits d'attributions sont soumis à une cour fédérale) et la participation des entités fédérées au pouvoir fédéral (par l'intermédiaire d'une chambre fédérale et leur accord pour toute modification de la Constitution fédérale, voire leur participation à la désignation de l'exécutif fédéral). Si le fédéralisme semble connaître aujourd'hui une tendance au renforcement de l'État fédéral aux dépens des unités fédérées sous le poids d'une centralisation financière, juridique et politique (§ 3), l'exemple des États-Unis (§ 4) comme de l'Allemagne (§ 5) témoignent de sa solidité. Enfin, à mi-chemin entre confédération et État fédéral, l'Union européenne représente une formule originale découlant des traités européens successifs (§ 6).

§ 1. La spécificité de l'État fédéral

28 On dit qu'un État est composé quand plusieurs entités en font partie et/ou se superposent. Ainsi coexistent plusieurs ordres juridiques. Si l'État fédéral est un État « composé », il se distingue cependant des « unions d'États » qui appartiennent le plus souvent au passé.

A. État fédéral et « unions d'États »

29 Sans former un nouvel État, les unions d'États constituent, au sein de la société internationale, un ensemble spécifique. Elles sont la conséquence des lois de succession dynastique, voire de mariages, faisant occuper deux trônes par le même monarque.

• **Les unions personnelles**. Ce sont celles où deux pays, en l'espèce deux monarchies, ont le même souverain. Chacun conserve un gouvernement, une organisation et un pouvoir distincts (représentation diplomatique), mais le détenteur du pouvoir est unique même si son exercice est dual. Pour ne citer qu'un exemple célèbre, l'union entre l'Angleterre et le royaume de Hanovre date de l'accession au trône d'Angleterre de la maison de Hanovre, en 1714, jusqu'en 1837, avènement de la reine Victoria.

• **Les unions réelles**. Elles naissent en principe d'une association « volontaire » (quoique parfois un peu forcée...) de deux pays. Ils ont un même monarque, détenteur du pouvoir et l'exerçant dans les principales fonctions de souveraineté (défense, diplomatie, finances). Ainsi, de 1867 jusqu'en 1918, l'Autriche et la Hongrie ont vécu sous ce régime.

B. État fédéral et confédération d'États

30 • **Les principes**. La confédération est une association d'États souverains et donc égaux qui, par un traité (et non l'établissement d'une Constitution), décident d'agir ensemble dans un certain nombre de domaines gérés formellement par un organe commun (la diète confédérale ou conférence). Toutes les décisions y sont prises à l'unanimité et ne sont valables qu'après la confirmation par les autorités de chaque État. Chaque membre de la confédération peut s'en retirer librement.

• **La formation des confédérations**. Historiquement, la confédération précède la fédération et en constitue souvent la première étape au moins pour les États-Unis, l'Allemagne, la Suisse et l'Australie :

- *la confédération germanique*, créée en 1815, devint en 1866 une confédération de l'Allemagne du Nord – alors qu'elle est séparée de l'Autriche –, devenant en 1871 un empire fédéral ;

- *la confédération entre les États-Unis de l'Amérique du Nord*, de 1777 à 1787. Ainsi s'organise l'« Union perpétuelle » des 13 colonies anglaises en lutte contre leur tuteur. Elle donna naissance aux États-Unis ;

- *la Confédération suisse* née en 1481 – elle-même héritière de la « Ligue des cantons » (fondée en 1291) – est devenue une fédération en 1848 (la « Confédération helvétique ») après que sept cantons catholiques (le *Sonderbund*) ont tenté de former une fédération séparée (ils seront réintégrés de force). Depuis, la Constitution du 29 mai 1874 et celle approuvée le 18 avril 1999 ont réaffirmé le principe fédéral.

§ 2. L'État fédéral se forme différemment selon les cas mais repose sur des principes communs

31 L'État fédéral consiste en un regroupement d'unités fédérées (États fédérés aux États-Unis, *Länder* en Allemagne, cantons en Suisse, etc.). Le premier se superpose donc aux secondes et dispose seul de la souveraineté extérieure. Sa souveraineté intérieure est seulement limitée du fait de l'exercice de certaines compétences par les unités fédérées.

A. La formation des États fédéraux

32 • **La formation des États fédéraux prend deux voies principales.** La constitution d'un État fédéral s'opère, selon la distinction célèbre de Georges Scelle, soit par agrégation (ou association), soit par ségrégation (ou dissociation). Dans le premier cas, de véritables États s'associent entre eux (États-Unis, Allemagne, Suisse) ou des collectivités au statut varié renforcent leur coopération (les anciennes provinces au Canada, l'Inde).

Dans le second cas, moins fréquent, c'est un État unitaire qui modifie sensiblement ses structures (l'ex-Union soviétique constituée en 1924, la Belgique depuis 1993, le Brésil).

• **Elle répond à des buts spécifiques**. Au-delà de cette distinction formelle, il faut souligner que la solution fédérale est utilisée dans des buts spécifiques, qu'il s'agisse de former à l'origine un État-nation (États-Unis, Allemagne, Inde, Suisse), d'éviter son éclatement (Belgique), ou de maintenir en fait une centralisation politique étroite tout en la relâchant en apparence (l'Union soviétique et ses Républiques fédérées et autonomes, régions ou districts, jusqu'en 1991).

B. Les principes du fédéralisme

1. *La superposition des ordres étatiques, fédéré et fédéral*

33 • **Au sommet, le « super-État ».** Se superpose à l'ordre juridique des unités fédérées, un ordre juridique fédéral (la Belgique fait exception avec trois niveaux du fait de l'existence de trois communautés linguistiques et de trois régions). Ainsi, l'État fédéral, le « super-État » dispose d'une organisation politique distincte des unités fédérées. Le droit fédéral s'applique directement, dans son domaine de compétence et immédiatement dans les unités fédérées dotées de la personnalité juridique. Elles doivent respecter la Constitution fédérale et notamment certains principes essentiels (« l'État de droit républicain, démocratique et social » en Allemagne ; la forme républicaine de gouvernement et les droits individuels aux États-Unis ; etc.).

• **Une souveraineté limitée des États fédérés.** Les entités ne sont pas pleinement souveraines, ni à proprement parler des « États », même si elles disposent chacune d'une Constitution et des pouvoirs autonomes, politiques et/ou juridictionnels. La souveraineté extérieure ressortit en principe à l'État fédéral (en particulier dans les domaines militaire, diplomatique, monétaire ou les communications). On notera des exceptions apparentes qui confirment en fait la règle de la souveraineté du « super-État » : pour accroître fictivement sa représentation diplomatique à l'ONU, l'Union soviétique dota l'Ukraine et la Biélorussie d'une – fictive – compétence internationale ; le Québec dispose à Paris d'une délégation générale ; les cantons suisses peuvent exceptionnellement conclure des traités avec les États voisins (police, etc.) sous réserve du droit des autres cantons et du respect des compétences de l'État ; les *Länder* allemands peuvent conclure aussi des traités, mais avec l'accord du gouvernement fédéral et dans leur champ de compétences. La révision constitutionnelle de 1992 a sensiblement renforcé l'influence des *Länder* dans la politique européenne.

2. L'autonomie des entités fédérées

34 Les entités fédérées ont des compétences propres, exercées en vertu de la Constitution fédérale. Elles possèdent (sauf en Belgique) chacune une Constitution organisant leurs organes exécutif, législatif et judiciaire. Sur ce plan, à l'exception des cantons suisses (où l'exécutif est la plupart du temps élu directement par le peuple contrairement au Conseil fédéral élu par le Parlement), elles reproduisent généralement les institutions de l'État fédéral (le modèle présidentiel aux États-Unis, le parlementarisme au Canada, en Allemagne – sauf en Bavière où le gouvernement ne peut être révoqué pendant la durée de son mandat).

• **Le partage des compétences**. Le partage des compétences entre l'État fédéral et les unités fédérées relève de la Constitution fédérale. La Constitution peut fixer la liste des compétences de celles-ci, laissant l'État fédéral libre d'agir seul dans les autres domaines : au Canada, les provinces disposent de compétences d'attribution dans 16 matières, le Parlement fédéral pouvant agir dans les autres domaines. Plus souvent, la Constitution se limite à énumérer les compétences exclusives de l'État fédéral, les autres étant donc présumées attribuées aux États fédérés ; il s'agit de compétences de droit commun (ou de principe) mais en fait plus ou moins résiduelles puisque leur domaine se déduit des compétences attribuées à l'État fédéral : aux États-Unis « les pouvoirs qui ne sont pas délégués aux États-Unis par la Constitution ni interdits par elle aux États sont réservés aux États respectifs ou au peuple » (X^{e} amendement de la Constitution américaine) ; en Allemagne, « le droit de législation appartient aux Länder dans toute la mesure où la présente Loi fondamentale ne confère pas de pouvoirs législatifs à la fédération » (art. 70). La Loi fondamentale prévoit cependant un domaine de législation concurrente dans lequel les pays peuvent légiférer aussi longtemps et pour autant que la fédération n'a pas fait usage de son droit (art. 72).

• **Les compétences exclusives de l'État fédéral.** Elles concernent explicitement ou par déduction la souveraineté, la politique étrangère, la défense nationale, la monnaie, la justice fédérale, le commerce, la nationalité, la liberté de circulation, etc.

• **Les compétences concurrentes.** Elles peuvent être exercées concurremment par l'État fédéral et les entités fédérées. En matière fiscale, pour des dépenses de « bien-être général » (États-Unis) ou dans de nombreux domaines ; c'est le cas spécifique de l'Allemagne où les *Länder* ont le droit de légiférer dans 25 matières (droit civil, droit pénal, etc.) tant que la fédération ne l'exerce pas. Elle peut le faire dans trois cas : « 1) parce qu'une question ne peut être réglementée efficacement par la législation des différents Länder, ou 2) parce que la réglementation d'une question par une loi de Land pourrait affecter des intérêts d'autres Länder ou de la collectivité, ou 3) parce que la protection de l'unité juridique ou économique et notamment le maintien de l'homogénéité des conditions de vie au-delà des frontières d'un Land l'exigent » (art. 72).

La révision constitutionnelle de 1994 a restreint la portée de ces dispositions, l'intervention du législateur, selon le nouvel alinéa 2, doit être « nécessaire » – et non plus répondre à un besoin – pour « produire » et non plus maintenir des conditions de vie « équivalentes » – et non plus leur « homogénéité » – ou pour garantir l'unité du droit et de l'économie dans l'intérêt de l'ensemble de l'État. Surtout, le nouvel article 72-3 prévoit la possibilité de revenir sur les interventions du pouvoir fédéral lorsque la nécessité à laquelle répondait la législation fédérale cesse d'exister. Mais, seule une loi fédérale peut en décider… Au-delà des mots, la portée de ces dispositions ne peut être efficacement précisée que par la Cour constitutionnelle, qui s'est refusée jusqu'alors à juger de l'opportunité de la législation fédérale.

Enfin, en Suisse, la Constitution distingue les compétences concurrentes illimitées (droit pénal, droit du travail, droit privé, etc.) et celles limitées à la fixation des principes (chasse, pêche, naturalisation, etc.).

• **Les compétences complémentaires.** Elles sont exercées par les entités fédérées en vertu de lois fédérales qui déterminent des principes généraux laissant l'application aux entités fédérées : il s'agit d'une compétence législative subordonnée (lois-cadres en

Allemagne sur l'enseignement supérieur, l'aménagement du territoire, etc.), ou de la simple exécution d'une loi fédérale par les administrations fédérées (Suisse, Allemagne).

3. *La participation des entités fédérées au pouvoir fédéral*

35 Elle consiste à associer les unités fédérées au pouvoir de l'État fédéral. Cette participation revêt plusieurs formes, outre celle de l'existence d'une Chambre haute représentant les États.

• **Au plan constitutionnel**. La modification de la Constitution fédérale qui associe, à l'origine, les unités fédérées, doit requérir leur accord (sauf en Belgique). Aux États-Unis, une révision de la Constitution – un « amendement » – doit d'abord être votée par la majorité des deux tiers du Congrès (Sénat et Chambre des représentants). Puis, dans un délai fixé par le Congrès – généralement 7 ans –, elle doit être ratifiée par au moins les trois quarts des législatures des États fédérés. En Allemagne, la Constitution ne peut être révisée qu'avec l'accord des deux tiers des voix du *Bundestag* et des deux tiers des voix du *Bundesrat*.

• **Au plan législatif par l'intermédiaire de la chambre fédérale**. Les unités fédérées sont représentées en tant que telles au sein du pouvoir législatif.

Le Parlement est le plus souvent composé de deux chambres, l'une représentant l'ensemble de la population, l'autre les unités fédérées. Aux États-Unis, la Chambre des représentants figure la première, le Sénat, la seconde ; de même en Allemagne, avec le Bundestag dans le premier cas, le Bundesrat, dans le second. Alors que la Chambre basse est composée au prorata de la population entière de l'État fédéral, les unités fédérées sont en principe placées au sein de la Chambre haute sur un pied d'égalité. Ainsi, chaque État fédéré aux États-Unis désigne deux sénateurs : la Californie a donc le même nombre d'élus que l'Alaska, 50 fois moins peuplé, sans parler de l'île d'Hawaï... De même, chaque canton suisse désigne deux députés au sein du Conseil des États. En Allemagne, la représentation des unités fédérales, les *Länder*, n'est pas tout à fait égale ; au regard de leur population, ils peuvent disposer de trois à six sièges au Bundesrat (des correctifs plus importants existent en Autriche et au Canada).

Notons que la désignation des membres de la chambre fédérale se fait généralement au suffrage universel (une exception notable étant fournie par l'Allemagne où les membres du Bundesrat sont nommés et révoqués par les gouvernements des *Länder* – issus eux-mêmes des assemblées élues au suffrage universel).

Les pouvoirs législatifs de la chambre fédérale sont variables selon la structure des États. Aux États-Unis, outre la participation – à égalité avec la Chambre des représentants – à la législation, le Sénat donne son accord à la nomination des principaux fonctionnaires désignés par le président et à la conclusion des traités. En Suisse, le Conseil national et le Conseil des États (représentant les cantons) ont des pouvoirs analogues. En Allemagne, certaines lois fédérales doivent être approuvées par le Bundesrat qui dispose d'un droit de veto absolu (en particulier les lois relatives aux relations entre la fédération et les *Länder*) ; pour les autres, son veto n'est que suspensif, le Bundestag devant confirmer la loi par une majorité qualifiée (le système est analogue en Russie). Cependant, la conciliation prévaut dans la pratique, notons que depuis le traité de Maastricht de 1992, les pouvoirs du Bundesrat ont été renforcés dans le cas où la réglementation européenne a des conséquences sur « les pouvoirs exclusifs de législation des *Länder* » (Const., art. 23).

• **Les unités fédérées peuvent être partie prenante de la désignation de l'exécutif fédéral.** En Suisse, le Conseil des États, avec le Conseil national, élit un gouvernement collégial, le Conseil fédéral. En Allemagne, une assemblée spéciale, à laquelle prennent part les membres des deux chambres, ne participe qu'à l'élection du président de la République fédérale tandis que le chancelier – le vrai détenteur du pouvoir – est désigné par le Bundestag. Aux États-Unis, l'élection du président au suffrage universel se déroule dans le cadre des États fédérés. Notons qu'au niveau fédéral, les entités fédérées peuvent participer à l'exécutif fédéral soit en vertu de la Constitution (Belgique), soit en vertu d'une convention (Canada).

§ 3. L'évolution contemporaine du fédéralisme : vers la centralisation ?

L'évolution contemporaine du fédéralisme semble marquée par un processus de centralisation, qui tendrait à vider le fédéralisme de son contenu au profit d'une centralisation s'opérant au bénéfice de l'État fédéral. Cette thèse repose sur l'examen de plusieurs tendances mais néglige la diversité des situations et la réalité du « fédéralisme coopératif ».

A. Les facteurs de centralisation

36 **La centralisation financière ?** Elle tient d'abord au fait que la fiscalité de l'État fédéral domine ; en découlent les traits suivants. Les subventions fédérales ont sensiblement augmenté. Disposant en général des ressources fiscales les plus importantes, l'État fédéral, par le biais de la redistribution de ces ressources, a subordonné l'octroi de subventions à des conditions précises. Cet interventionnisme est manifeste en Allemagne, au Canada ou aux États-Unis.

En Suisse, l'élargissement des attributions de l'État helvétique dans le domaine économique et social s'est traduit par plusieurs révisions constitutionnelles. Il faut cependant souligner que cette tendance recouvre beaucoup plus un accroissement du rôle de l'État qu'un dessaisissement des cantons. La Suisse reste attachée à un « État-providence » peu développé.

La centralisation juridique ?

• **Les conflits de compétences et le juge constitutionnel**. Les conflits ou litiges auxquels donne lieu l'exercice des compétences sont le plus souvent tranchés par une cour constitutionnelle fédérale. Aux États-Unis, la Cour suprême fédérale fait respecter par les États fédérés comme par l'État fédéral la répartition des compétences établie par la Constitution. En pratique, ce contrôle vise les décisions des cours d'État qui ne censureraient pas les lois votées par les législatures, en contradiction avec la Constitution. En Allemagne, la Cour constitutionnelle assure le respect du partage de compétences entre l'État fédéral et les *Länder*. En Suisse, la révision constitutionnelle de 1874 a attribué au Tribunal fédéral la résolution des conflits fédéraux : le Tribunal fédéral a compétence pour statuer sur la constitutionnalité des lois cantonales mais non des lois nationales (la Constitution a été révisée en 1999).

• **La jurisprudence du juge constitutionnel.** On constate un élargissement des compétences de l'État fédéral au détriment des États fédérés : la jurisprudence de l'organe juridictionnel en charge de l'arbitrage entre les compétences respectives de chacun favoriserait l'État fédéral. En fait, les réponses sont différentes selon les pays.

En Allemagne, la Cour constitutionnelle s'attache à trouver un juste équilibre entre la fédération et les *Länder*. Elle les a protégés d'une extension implicite de la compétence législative exclusive de la fédération, en particulier dans le domaine de la culture (télévision 1, 1961). En matière de législation concurrente, elle s'est néanmoins refusée à contrôler l'opportunité de l'extension de la législation fédérale (art. 72 préc.). Notons sur ce point que la révision constitutionnelle du 27 octobre 1994, après celle de 1992, modifie cet article et autorise désormais un recours constitutionnel des *Länder* quant au contrôle d'opportunité précité. Enfin, la Cour s'attache à défendre les mécanismes de participation des *Länder* à la législation fédérale et veille à ce que l'élargissement des compétences de l'Union européenne ne porte pas atteinte à celles qui demeurent aux États, et donc aux *Länder*, ou que l'État fédéral néglige (télévision sans frontières, 22 mars 1995).

Aux États-Unis, v. ss 434 s.

B. La réalité du fédéralisme : interdépendance et autonomie

37 **Le fédéralisme coopératif.** D'origine américaine et né dans le contexte du *New Deal* – alors que se multiplient les programmes nationaux et les subventions fédérales – le concept signifie que les entités fédérées et l'État fédéral coopèrent largement en dehors du strict cadre constitutionnel. En fait, cette coopération ne se situe pas qu'au niveau « vertical », soit entre l'État fédéral et les entités fédérées. Avant la lettre, la coopération « horizontale », au niveau des entités fédérées est bien plus ancienne. Elle se traduit

par la mise en œuvre au niveau intergouvernemental de programmes, de conventions ou d'accords visant à harmoniser les politiques et à croiser les financements, qu'il s'agisse d'aménagement du territoire, de politiques culturelles, d'éducation, etc. Cette coordination très vivace entre les entités fédérées en Suisse est aussi institutionnalisée en Allemagne, en Belgique, ou au Canada.

La coopération « verticale » pose plus de problèmes pour l'autonomie des entités fédérées au travers, en particulier, d'un financement fédéral – sous conditions – de programmes économiques et sociaux assorti d'un contrôle de l'administration fédérale ; on a évoqué à propos de la centralisation des aides fédérales le passage des États-Unis à l'« État uni » (T. Lowi). En Allemagne, l'exécution des lois fédérales par les entités fédérées fait place au préalable à la concertation et à la recherche du consensus. En outre, depuis la réforme constitutionnelle de 1969, cette coopération a été institutionnalisée sous le nom de « tâches communes », dans quelques secteurs d'activité (économie régionale, recherche, agriculture, éducation).

Globalement, le fédéralisme coopératif souligne plutôt un changement de nature du fédéralisme – tout court – marqué désormais par l'interdépendance.

38 **Des identités vivaces.** La thèse de la centralisation doit donc être fortement nuancée d'autant qu'elle néglige des situations nationales même si elles sont placées sous le vocable du « fédéralisme ». Si la société contemporaine est marquée depuis plus d'un demi-siècle par le renforcement du rôle de l'État, principal distributeur de la manne publique (l'« État-providence ») et acteur principal de la politique économique, par la « nationalisation » de la vie politique (en particulier sous l'effet des médias), ces traits ne caractérisent pas, à eux seuls, les États fédéraux.

Au contraire, leurs composantes restent fortement attachées à leur identité (comme le souligne tout autant la formation des États régionaux), jusqu'à parfois revendiquer une plus grande autonomie, voire l'indépendance (le Québec au Canada) ou tenter de nouer des relations extérieures (les communautés wallonne et flamande avec l'Union européenne ; la volonté des *Länder* d'être un interlocuteur direct des autorités européennes). Dans le même esprit, l'attention portée par l'Union européenne à l'Europe des régions ou du Conseil de l'Europe aux « minorités » nationales ou aux langues minoritaires souligne la vivacité de ce sentiment. Et l'éclatement de l'Union soviétique – fédération en trompe-l'œil – confirme à l'inverse cette aspiration identitaire.

§ 4. L'exemple américain

A. La construction du fédéralisme

39 La construction du fédéralisme s'est faite par étapes sous le contrôle de la Cour suprême (§ 1). Cette évolution a préservé le pouvoir d'auto-organisation des États fédérés malgré la tendance à la centralisation (§ 2) (v. aussi ss 36 s.).

Le rôle de la Cour suprême

40 **La théorie des pouvoirs implicites.** « Les pouvoirs qui ne sont pas délégués aux États-Unis par la Constitution ni refusés par elle aux États sont conservés par les États respectivement ou par le peuple. » (X^e^ amendement).

Les États ont ainsi la compétence de droit commun et l'union une compétence résiduelle. Mais il faut aussi lire l'article 1er (sect. 8) de la Constitution selon lequel le Congrès a « le droit de faire toutes les lois que pourra nécessiter la mise à exécution des pouvoirs ci-dessus énumérés ».

Il a servi de fondement au développement de la théorie des « pouvoirs implicites » (ou impliqués) selon laquelle le Congrès – et donc l'union – détient les pouvoirs expressément énumérés par la Constitution mais aussi ceux impliqués par eux. Cette extension des compétences de l'union s'est faite très tôt, sous le contrôle et avec l'accord de la Cour suprême.

Dans le grand arrêt *Mc Culloch v. Maryland* (1819), la Cour admet ainsi la constitutionnalité d'une loi du Congrès de 1816 créant une banque, compétence non prévue par la Constitution : « Que la fin soit légitime, qu'elle se situe dans la portée de la Constitution, écrit le juge Marshall, et tous les moyens qui sont appropriés, qui sont simplement adaptés à cette fin et qui ne sont pas interdits, mais qui s'accordent avec la lettre et l'esprit de la Constitution, sont constitutionnels. » Cette théorie interprétative des pouvoirs législatifs de l'État fédéral – et donc de ses « pouvoirs implicites » – permet d'affirmer progressivement la suprématie du gouvernement fédéral dans les conflits entre celui-ci et les États.

De même, dans l'arrêt *Gibbons v. Ogden* (1824), la Cour interprète la clause de commerce conçue pour empêcher le « protectionnisme » de chaque État et admet que le pouvoir de réglementation fédéral du Congrès en la matière – distinct de celui des États – doit être interprété largement afin de promouvoir le bien-être de la nation américaine. Même si l'interprétation de la clause par la Cour fut plus favorable ensuite aux États, cette décision marqua profondément le fédéralisme américain.

La guerre de Sécession et ses suites. Le droit de sécession des États membres n'est pas prévu par la Constitution de 1787. La sécession de la Caroline du Sud – suivie des autres États du Sud après l'élection, en 1860, de l'abolitionniste Lincoln comme président des États-Unis – entraîne une guerre civile (la « guerre de Sécession », 1861-1865). La victoire des « Yankees » du Nord consacre le pouvoir fédéral et restreint l'autonomie des États fédérés. D'une part, les États du Sud invoquaient un « droit de nullification », selon lequel chaque État peut constater la nullité d'une disposition contraire à la Constitution et ne pas en tenir compte : la guerre de Sécession marque le caractère indestructible de l'union, affirmé par la Cour suprême en 1869 (*Texas v. White*).

Dans toute une série de domaines, le pouvoir fédéral s'affirme en particulier au plan constitutionnel, qu'il s'agisse des droits fondamentaux et de l'égalité devant la loi, de droit de vote (XIVe amendement en 1868), de non-discrimination raciale (XVe amendement en 1870), d'autorisation d'un impôt fédéral sur le revenu (XVIe amendement de 1913) et de commerce interétatique même s'il ne s'agit pas ici d'un amendement (*Interstate Commerce Act* en 1887).

La préservation des États fédérés. Depuis les années quatre-vingt-dix, sa jurisprudence s'attache à préserver le pouvoir des États fédérés et à revenir aux sources du fédéralisme, n'admettant l'intervention du Congrès que lorsqu'elle s'impose, le Congrès étant même compétent pour réglementer le commerce local dès lors qu'il concerne le commerce entre les États (*Wickard v. Filburn*, 1942). La Cour a autorisé aussi une nouvelle interprétation du XIVe amendement sur les droits civiques et permis une législation fédérale à partir des années cinquante. Depuis les années quatre-vingt-dix, sa jurisprudence s'attache à préserver le pouvoir des États fédérés et à revenir aux sources du fédéralisme, n'admettant l'intervention du Congrès que lorsqu'elle s'impose. Ainsi, la clause de commerce est interprétée de façon plus restrictive : dans sa décision historique, il rend l'expansion de Medicaid, programme fédéral et étatique d'aide médicale aux plus démunis, non-obligatoires, la clause de commerce pour l'imposer étant « inappropriée » (*National Federation of Independent Business (NFIB) v. Sebelius* (567 U.S. 519 (2012)).

La croissance du rôle de l'État

41 Mais c'est en fait au XXe siècle que l'État fédéral a vu grandir son rôle, en particulier par le biais des aides fédérales à partir de 1930 dans le cadre du *New Deal*, opérant, on l'a vu, une certaine centralisation au détriment des États fédérés. La Seconde Guerre mondiale et plus largement l'engagement des États-Unis dans plusieurs conflits (Corée, Vietnam) ont encore accru le poids de l'État fédéral. Enfin, dans les années soixante, la lutte contre la pauvreté décidée au niveau fédéral (sous la présidence Kennedy) a accentué le processus de centralisation financière et politique induit par la distribution des aides fédérales.

Notons que cette centralisation s'est aussi faite aux dépens des collectivités de base (comtés, villes) et, dans ce cadre, au bénéfice des États fédérés.

B. La préservation du pouvoir d'auto-organisation des États fédérés

42 **Les Constitutions des États.** Égaux en droit, les 50 États américains sont dotés chacun d'un ordre juridique propre et d'abord d'une Constitution. Les Constitutions – au moins celles des États du Sud – sont moins stables que la « Constitution mère » : 32 États

en ont changé au moins une fois, la Louisiane battant le record (dix fois) devant la Virginie (six fois)…

Toutes sont néanmoins inspirées par le modèle fédéral : Parlement bicaméral (à l'exception du Nebraska), un gouverneur élu au suffrage universel, un système judiciaire complet avec, au sommet, une Cour suprême. Les législatures (parlements locaux) se réunissent peu souvent (parfois tous les deux ans) pour de brèves sessions (souvent de 90 jours). Leur prestige et l'écho que rencontrent leurs travaux varient selon les États. Au contraire, le gouverneur apparaît comme la figure majeure de ces institutions. Il dispose d'un droit de veto sélectif sur la législation qu'il inspire en fait et prépare le budget à l'image du Président. Sa popularité lui assure en outre autorité et prestige qui peuvent dépasser le simple cadre de l'État (16 gouverneurs ont d'ailleurs été élus présidents des États-Unis, dont F. Roosevelt, J. Carter, R. Reagan, B. Clinton).

43 **Les compétences des États.** Cette intervention massive en matière économique et sociale de l'État fédéral n'en a pas pour autant réduit les États fédérés à un rôle résiduel. Outre des domaines de compétences traditionnels (finances locales, urbanisme), les États disposent de compétences particulières en matière du droit des personnes (mariage, divorce, succession), de droit électoral, d'organisation judiciaire, de droit pénal (hiérarchie des peines dont la peine de mort), de droit bancaire et des assurances, de police (Code de la route), de législation dans des secteurs aussi divers que l'enseignement, le port d'armes, l'aide sociale, la drogue ou les jeux… Ces politiques sont financées localement, le budget des États représentant la moitié du budget fédéral.

Le degré de centralisation d'intervention varie sensiblement d'un État à l'autre, le particularisme étant plus la règle que l'exception dans un pays marqué par le localisme. Cette diversité est enfin soulignée par la multitude d'entités locales administrant leurs propres affaires comme les comtes et municipalités dont le statut est différent selon les États. Les comtés (3 000) sont chargés d'appliquer les lois, et ont ainsi un rôle d'administration directe. Les municipalités (18 000) sont instituées par les États et disposent de prérogatives administratives fiscales et judiciaires. Toutes ces entités sont dotées d'exécutifs monocéphales ou collégiaux et de responsables élus.

§ 5. L'exemple allemand

44 « L'ordre constitutionnel dans les Länder doit être conforme aux principes d'un État de droit républicain, démocratique et social au sens de la présente Loi fondamentale. »

> Loi fondamentale d'Allemagne fédérale, art. 28.

La forme fédérale de l'État allemand ne peut faire l'objet d'une révision constitutionnelle (art. 79-III). Cet ancrage du fédéralisme, même si celui-ci assura à la nation allemande son unité historique, souligne la crainte de voir ressurgir un *Reich* centralisé. L'Allemagne regroupe 16 *Länder* (États fédérés) qui disposent chacun de leur Constitution et d'institutions propres (Parlement, gouvernement, Cour constitutionnelle).

Conformément au schéma fédéral, le droit fédéral est supérieur au droit des *Länder*, la Cour constitutionnelle tranchant des conflits de compétences.

A. La répartition des compétences avantage en fait la fédération

> « Les Länder ont le droit de légiférer dans les cas où la présente Loi fondamentale ne confère pas à la fédération des pouvoirs de légiférer. »
> Loi fondamentale d'Allemagne fédérale, art. 70.

45 La Constitution procède à une énumération très complète des compétences législatives exclusives, concurrentes ou d'édiction de lois-cadres. La Loi fondamentale permet d'accorder en fait l'essentiel du pouvoir législatif à la fédération, laissant aux *Länder* un pouvoir d'exécution des lois. Ceux-ci participent néanmoins à la législation fédérale par le biais du Bundesrat.

• **La répartition des compétences législatives**. Dans le domaine de la compétence législative exclusive de la fédération, les *Länder* ne peuvent légiférer que si la fédération les y a expressément habilités. Ce domaine comprend les compétences dévolues généralement dans les États fédéraux au gouvernement fédéral : défense, affaires étrangères, politique monétaire, nationalité, liberté de circulation, domaines, transports, etc.

Dans le domaine de la compétence législative concurrente, les *Länder* ne peuvent légiférer que si la fédération n'a pas utilisé son pouvoir législatif. Il ne s'agit rien de moins que de la totalité du droit privé, d'une large partie du droit public économique, de la législation foncière et du régime de l'habitat, du droit social, de certaines matières administratives (expropriation, réglementation de certains impôts, etc.). Si dans ce(s) domaine(s) la fédération a le droit de légiférer lorsque, et pour autant que la réalisation de conditions de vie équivalentes sur le territoire fédéral ou la sauvegarde de l'unité juridique et économique dans l'intérêt de l'ensemble de l'État rendent nécessaire une réglementation législative fédérale (art. 72-II), la fédération a largement interprété ce principe de subsidiarité au point que les *Länder* n'ont qu'un pouvoir législatif résiduel (administration interne, éducation, culture, radio-télévision), la Cour constitutionnelle n'ayant pas fait obstacle à cette évolution. La fédération détient en outre, dans des conditions identiques à celles de la législation concurrente, le droit d'édicter des dispositions-cadres dans plusieurs domaines (en particulier le statut des agents publics, le régime de la presse et du cinéma), laissant aux *Länder* le pouvoir de réglementer dans le détail. En pratique, et contrairement à leur intitulé, les « lois-cadres » sont suffisamment précises pour ne pas laisser une marge de manœuvre significative aux *Länder*.

• **L'exécution de la législation fédérale**. En principe, cette exécution est une compétence de droit commun des *Länder*. Le gouvernement fédéral détient néanmoins un pouvoir réglementaire général lorsque la fédération assure l'exécution des lois au moyen d'administrations fédérales (art. 86). Si celles-ci sont peu nombreuses, le gouvernement a été tenté de contourner la compétence des *Länder* au moyen d'agences fédérales. Notons enfin que l'exécution des lois par les *Länder* est soumise au contrôle du gouvernement fédéral qui peut les contraindre à assurer ses obligations.

• **La répartition des ressources financières**. La répartition de principe des ressources est fixée par la Loi fondamentale (art. 106 et 107) : l'essentiel des impôts indirects est alloué à la fédération ainsi que le produit des douanes, l'impôt sur le chiffre d'affaires et les prélèvements exceptionnels sur le capital. Les *Länder* reçoivent les impôts sur le revenu, sur les sociétés, sur le capital et les successions. Cette répartition assure aux *Länder* des ressources importantes même si les subventions fédérales constituent pour la fédération un moyen pour orienter leur action.

B. La participation des Länder au système fédéral comme la coopération entre eux et la fédération demeurent significatives

46 • **Le rôle du Bundesrat.** Cette assemblée de 69 membres composée des membres des gouvernements des *Länder* assure la représentation des États au sein du système fédéral. Rappelons que toute révision requiert l'accord des deux tiers des voix du Bundestag et du Bundesrat.

• **La participation du Bundesrat à la législation fédérale.** Dans les cas explicitement prévus par la Loi fondamentale, les lois fédérales nécessitent l'accord du Bundesrat. Les autres lois fédérales, votées seulement par le Bundestag, doivent lui être soumises. Le Bundesrat peut alors demander une modification du texte en provoquant la réunion d'une commission de conciliation réunissant des membres des deux assemblées. Le Bundesrat peut rejeter les propositions de la commission, soit à la majorité simple ou à celle des deux tiers selon les cas. Ce veto – rarement utilisé – ne peut être levé par le Bundestag que dans les mêmes conditions de majorité.

Notons que la Cour constitutionnelle a décidé que lorsque le Bundestag est autorisé par la Loi fondamentale à préciser dans une loi les modalités administratives, celle-ci doit obtenir l'accord du Bundesrat sur l'ensemble du texte.

• **Le suivi de la réglementation européenne.** Enfin, en matière européenne, les *Länder* disposent depuis la ratification du traité de Maastricht de nouvelles attributions consacrées par une révision constitutionnelle : outre le fait que les chambres – dont le Bundestag – sont informées des propositions communautaires, si la réglementation européenne a des conséquences sur « les pouvoirs exclusifs de législation des *Länder* », la fédération est représentée au sein du Conseil de la Communauté européenne par un représentant du Bundesrat.

• **L'institutionnalisation d'un « fédéralisme coopératif ».**

Dans plusieurs domaines comme la vie économique locale, la construction d'université, s'est établie de manière informelle une coopération entre la fédération et les *Länder*. Ce fédéralisme coopératif a été officialisé en 1969 (art. 91 s.) par une révision constitutionnelle donnant aux *Länder*, dans l'accomplissement de ces « tâches communes » des pouvoirs significatifs.

C. La dimension politique du fédéralisme allemand

47 • **Un contrepoids politique**. Tandis que le fédéralisme assure sur le plan juridique un équilibre des pouvoirs entre le « centre » et la « périphérie », au plan politique il permet de contrebalancer localement la monopolisation du gouvernement fédéral par un parti ou une coalition de partis. L'opposition au travers du gouvernement des *Länder* qu'elle dirige, participe directement aux affaires publiques. Notons que ces élections locales – scrutées avec beaucoup d'attention – constituent un bon test pour mesurer le rapport de forces qui s'instituera lors des prochaines élections fédérales.

• **La décentralisation des partis**. La décentralisation des partis allemands, en particulier du parti chrétien-démocrate, est fortement ancrée au point que les alliances locales ne correspondent pas toujours – et sont parfois contraires – à celles nouées au niveau du gouvernement fédéral.

Les instances régionales des partis, calquées sur celles de la fédération, permettent aux entités locales de disposer d'une autonomie réelle sur le plan organisationnel. Des dirigeants nationaux peuvent d'ailleurs disposer d'une forte position locale avec laquelle le chancelier doit compter. Notons que la formation du gouvernement traduit en quelque sorte le principe de « participation » du système fédéral, sa composition politique faisant l'objet d'un partage entre les *Länder*. Enfin, c'est parmi l'élite politique locale qu'est recrutée assez largement l'élite politique nationale, ce à l'image de la IIIe République en France, à la différence près que le cumul des mandats est inconnu en Allemagne...

§ 6. À mi-chemin entre la fédération et la confédération : l'Union européenne

48 La construction européenne a pris son véritable essor après la réconciliation franco-allemande. La Communauté européenne du charbon et de l'acier naît en 1951 (traités de Paris) puis, en 1957, est instituée la Communauté économique européenne en vue d'aboutir à une politique agricole commune, à un marché unique de la libre circulation des personnes, des services, des marchandises et des capitaux. Depuis lors, la Communauté a élargi ses compétences et son aire géographique (28 États membres depuis l'adhésion de la Croatie qui a pris effet le 1er juillet 2013, puis 27 avec le retrait du Royaume-Uni en 2019).

L'approfondissement a accompagné l'élargissement : de ce point de vue, le traité de Maastricht du 7 février 1992, entré en vigueur le 1er novembre 1993 et mettant en place l'Union européenne, présente plusieurs aspects déterminants : d'une part, une union politique fondée sur la citoyenneté européenne et l'instauration d'une politique étrangère et de sécurité commune ; d'autre part, une union économique et monétaire reposant sur un système européen de banques centrales indépendantes, d'une banque centrale européenne, d'une monnaie et d'un taux de change uniques – au vu des fameux critères de convergence. Ce traité préserve les acquis de l'Union tout en accélérant le processus de construction, conforté par ceux d'Amsterdam du 2 octobre 1997, de Nice du 26 février 2001, de Lisbonne du 13 décembre 2007 et enfin par le Traité sur la stabilité, la coordination et la gouvernance au sein de l'Union économique et monétaire du 2 mars 2012. Ils configurent les principes de fonctionnement des institutions européennes (v. aussi t. 2 préc., chap. 15).

A. Les traités européens

49 **Le traité de Maastricht du 7 février 1992.** Entré en vigueur le 1er janvier 1993, le traité de Maastricht dépasse le but premier de la Communauté, soit la réalisation d'un marché unique, et donne

à l'Europe une figure politique, visant à « une union sans cesse plus étroite entre les peuples de l'Europe ».

Le traité prévoit sa propre révision, notamment en ce qui concerne les institutions communautaires, en vue particulièrement de l'élargissement. Il institue une Union européenne entre les 12 États membres de la Communauté – Allemagne, Belgique, Danemark, Espagne, France, Grèce, Irlande, Italie, Luxembourg, Pays-Bas, Portugal et Royaume-Uni. Le principe de subsidiarité exprime une idée simple : si, compte tenu de l'action envisagée, l'Union est mieux placée que les États pour résoudre un problème, son action vient en complément de celle des États dans de nombreux domaines (éducation, formation professionnelle, culture, santé publique, protection des consommateurs, réseaux transeuropéens, politique industrielle).

La politique sociale fait aussi son apparition dans le champ communautaire : un protocole social, est annexé au Traité (non signé par le Royaume-Uni) qui permet l'adoption par les États signataires de dispositions communes sur les conditions de travail, l'égalité entre hommes et femmes, etc.

Au-delà, les principaux apports du traité concernent la citoyenneté européenne, la politique économique et monétaire, la politique étrangère et de sécurité commune, les affaires intérieures et la justice.

50 **Le traité d'Amsterdam du 2 octobre 1997.** Le traité de Maastricht prévoyait une révision des traités afin notamment d'assurer une meilleure efficacité des institutions communautaires en vue des élargissements. Il est entré en vigueur le 1er mai 1999.

Le traité met en place un système permettant à une majorité d'États membres d'établir une « coopération renforcée » dans certains domaines : mais tout État peut s'y opposer. La politique sociale en matière de réglementation du travail et de lutte contre l'exclusion devient par ailleurs une politique communautaire. Pour le reste, les principaux apports concernent la libre circulation des personnes, la politique étrangère et de sécurité commune (PESC), la réforme des institutions européennes.

51 **Le Traité de Nice du 26 février 2001.** Il fixe les principes et les méthodes d'évolution du système institutionnel au fur et à mesure

que l'Europe s'élargira. Une nouvelle répartition des voix attribuées à chaque État au Conseil, ainsi que la définition d'un nouveau calcul de la majorité qualifiée, ont paru nécessaires au bon fonctionnement de cette instance décisionnelle menacée de paralysie, outre un renforcement des attributions du Parlement européen.

Le traité de Nice et l'élargissement ont fait l'objet d'un référendum en juin 2001 en Irlande. Les Irlandais avaient alors dit non ; après un second référendum, ils ont finalement ratifié le traité entré en vigueur le 1er février 2003.

52 **Le projet avorté de traité constitutionnel du 29 octobre 2004.** C'est la Convention sur l'avenir de l'Europe qui a été chargée, en 2002, d'engager un débat sur l'avenir de l'Union européenne, dans la perspective d'une convocation d'une conférence intergouvernementale. Elle aboutit, en juin 2003, à un projet de Constitution européenne qui a été repris, pour l'essentiel, lors de la signature du traité de Rome de 2004. Chaque pays devait désigner deux députés ou sénateurs plus une personne choisie par son gouvernement. Elle comprenait en outre 16 membres du Parlement européen et 2 membres de la Commission européenne. À ces 102 membres s'ajoutaient le président Valéry Giscard d'Estaing et les deux vice-présidents Giuliano Amato et Jean-Luc Dehaene.

Le 29 octobre 2004 a été signé à Rome un traité « établissant une Constitution pour l'Europe » destiné à se substituer au traité instituant la Communauté européenne et au traité sur l'Union européenne. Pour que le nouveau traité entre en vigueur, il devait être ratifié par les 25 actuels pays membres de l'Union européenne. Le projet de Constitution, qui reprend environ le 9/10e de celui de la Convention chargée de le préparer, devait remplacer l'ensemble des textes existants par un texte unique, pour des raisons de lisibilité, même s'il reste difficile d'accès pour le non-initié. Divisé en quatre grandes parties, le projet de traité constitutionnel était précédé d'un préambule qui rappelle les héritages culturels, religieux et humanistes de l'Europe sans comporter cependant de référence ni à Dieu, ni au christianisme. Suite au vote négatif lors des référendums du 29 mai 2005 en France et du 1er juin 2005 aux Pays-Bas, il fut suggéré, lors du Conseil européen des 16 et

17 juin 2005, de lancer une « période de réflexion » sur l'avenir de l'Europe, qui aboutit à la ratification du traité de Lisbonne, sans ambition « constitutionnelle ».

53 **Le Traité de Lisbonne du 13 décembre 2007.** Il a été approuvé par le Conseil européen de Lisbonne, le 19 octobre 2007, et signé le 13 décembre de la même année par les 27 chefs d'État ou de gouvernement, également à Lisbonne, entré en vigueur le 1er décembre 2009. L'idée d'abroger tous les traités actuels pour les remplacer par un texte unique intitulé traité établissant une constitution pour l'Europe ayant été abandonnée, le traité de Lisbonne consiste pour l'essentiel en une modification des traités européens existants (traité sur l'Union européenne, traité instituant la Communauté européenne). Si toute mention aux symboles de l'Union (le drapeau européen, l'hymne européen et la devise européenne) a été écartée, la plupart des éléments du traité de Lisbonne sont restés assez proches, voire identiques, à l'esprit de la défunte Constitution européenne.

54 **Le Traité sur la stabilité, la coordination et la gouvernance au sein de l'Union économique et monétaire du 2 mars 2012.** Ce traité fixe des règles destinées à favoriser la discipline budgétaire au moyen d'un « pacte budgétaire » et oblige à terme les États à présenter des budgets à l'équilibre, voire excédentaires. En vertu du traité sur le fonctionnement de l'Union européenne (et de son protocole n° 12), la France y est déjà tenue : le règlement européen du 7 juillet 1997, modifié par deux règlements des 27 juin 2005 et 16 novembre 2011, avait ainsi prescrit, en fait souhaité, un déficit public annuel inférieur à 3 % du PIB. Le « TSCG » fixe, quant à lui, à 0,5 % le seuil du déficit structurel, qui demeure un objectif, sans valeur constitutionnelle. Le traité en son article 3.2 prévoit que les règles d'équilibre des finances publiques « prennent effet dans le droit national des parties contractantes (...) au moyen de dispositions contraignantes et permanentes, de préférence constitutionnelles, ou dont le plein respect et la stricte observance tout au long des processus budgétaires nationaux sont garantis de quelque autre façon ». Ratifié par la France, le traité ayant une force supérieure à la loi, il s'impose au législateur, qui est notamment tenu d'en respecter les stipulations lors de l'adoption des

lois de finances et des lois de financement de la sécurité sociale. Quant à la Constitution, ledit traité comporte une alternative selon laquelle les États contractants s'engagent à ce que les règles énoncées prennent effet dans leur droit national, soit « au moyen de dispositions contraignantes et permanentes, de préférence constitutionnelles », imposant une révision constitutionnelle, soit, la voie choisie par le gouvernement suite à la décision du Conseil constitutionnel du 9 août 2012 (n° 2012-653 DC), au moyen de dispositions « dont le plein respect et la stricte observance tout au long des processus budgétaires nationaux sont garantis de quelque autre façon ». La loi organique du 17 décembre 2012, relative à la programmation et à la gouvernance des finances publiques, soumise au Conseil constitutionnel, a traduit en droit français ces objectifs budgétaires.

B. Le fonctionnement des institutions européennes : le principe de subsidiarité

55 Une répartition des compétences évolutive

Jusqu'au Traité de Lisbonne, la répartition des compétences entre la communauté et l'Union européennes d'un côté et les États membres de l'autre côté a été assurée par la jurisprudence de la Cour de justice. Le Traité de Maastricht avait introduit le principe de subsidiarité destiné davantage à réguler l'exercice des compétences qu'à répartir celles-ci.

> « Dans les domaines qui ne relèvent pas de sa compétence exclusive, la Communauté n'intervient, conformément au principe de subsidiarité, que si et dans la mesure où les objectifs de l'action envisagée ne peuvent pas être réalisés de manière suffisante par les États membres et peuvent donc, en raison des dimensions ou des effets de l'action envisagée, être mieux réalisés au niveau communautaire. »
>
> Traité de Maastricht, art. 5.

L'Union dispose d'une compétence exclusive dans les domaines de l'union douanière, de l'établissement des règles de concurrence nécessaires au fonctionnement du marché intérieur, de la politique monétaire pour les États membres dont la monnaie est l'euro, de la conservation des ressources biologiques de la mer dans le cadre de la politique commune de la pêche, de la politique commerciale commune.

Le système de répartition des compétences est régi par l'article 4 TFUE en vertu duquel « l'Union dispose d'une compétence partagée avec les États membres lorsque les traités lui attribuent une compétence qui ne relève pas des domaines visés aux articles 3 (compétences exclusives) et 6 (compétences d'appui, de coordination ou de complément) ».

56 **Les institutions européennes.**

• **Le Conseil européen.** Héritier des conférences au sommet réunissant les chefs d'État ou de gouvernement des États membres de la Communauté, le Conseil européen, depuis l'entrée en vigueur du traité de Lisbonne, est devenu une institution de l'Union européenne dotée d'un président élu pour deux ans et demi. Le Conseil européen fournit à l'Union « l'impulsion nécessaire à son développement », définit « les orientations politiques générales », mais « n'exerce pas de fonction législative » (TUE, art. 15). Il définit les priorités et le calendrier de la construction européenne (réforme des traités et des institutions, financement du budget, élargissement, etc.).

• **Le Conseil de l'Union européenne.** Le Conseil des ministres de l'Union européenne (aussi dénommé « Conseil de l'Union européenne » ou « Conseil ») est l'institution qui représente les intérêts des États membres. À la différence du Conseil européen, il réunit les ministres compétents par domaine d'activité et qui partage, avec le Parlement européen, le pouvoir législatif. Depuis l'entrée en vigueur du traité de Lisbonne, la présidence du Conseil tourne, selon un ordre de rotation préétabli, tous les 6 mois. Le Conseil cumule le pouvoir exécutif, qu'il délègue le plus souvent à la Commission, et le pouvoir législatif qu'il partage dans de nombreux domaines avec le Parlement européen d'où l'expression de « co-législateur ». Le Conseil de l'Union a des compétences législatives et budgétaires. Ses décisions sont prises à l'unanimité (affaires étrangères, défense, fiscalité, sécurité sociale), à la majorité simple ou le plus souvent à la majorité qualifiée (immigration et asile, énergie, etc.). Chaque État dispose alors d'un nombre de voix proportionnel à son poids démographique.

• **La Commission.** Composée de ressortissants des États membres sans pouvoir être leur mandant, la Commission exerce ses fonctions pendant un mandat de cinq ans. Son président (Jean-Claude Juncker, depuis novembre 2014) est élu par le Parlement à la majorité des membres qui le composent, sur proposition du Conseil européen, à la majorité qualifiée, « en tenant compte des élections au Parlement européen et après avoir procédé aux consultations appropriées » (art. 17-7, TUE). Puis ses membres sont nommés d'un commun accord entre les gouvernements après consultation du Président et investis par le Parlement européen. La Commission est par délégation du Conseil, l'organe d'exécution des politiques et des actes adoptés par lui. Elle exécute le budget, gère les politiques communes et les Fonds européens et assure la représentation extérieure de l'Union à l'exception de la PESC. Elle joue par ailleurs, un rôle d'impulsion en particulier du fait de son pouvoir de proposition dans le respect du principe de subsidiarité dont elle détient le quasi-monopole : la plupart des actes législatifs du Conseil des ministres nécessitent une proposition émanant de la Commission et le Conseil ne peut amender une proposition qu'en statuant à l'unanimité tandis que la Commission peut modifier sa proposition tant que le Conseil n'a pas statué. Enfin, elle est la gardienne des traités puisqu'elle peut non seulement avertir, sanctionner et même aller jusqu'à saisir la Cour de justice en cas de manquements à ceux-ci de la part des États membres.

• **Le Parlement européen.** Le Parlement européen est élu au suffrage universel. Le nombre maximal de députés prévu par le Traité de Lisbonne est de 751. Aucun pays, en fonction de la taille de sa population ne peut avoir moins de 6 ou plus de 96 députés. Ils sont depuis 2022, à l'issue du Brexit, 705.

Le Parlement européen dispose d'un triple pouvoir : législatif, budgétaire et de contrôle politique. Au titre du premier, il participe aux procédures législatives spéciales à travers la consultation, la contestation, la coopération et l'opposition ; dans la procédure législative ordinaire, le Parlement participe à l'élaboration de la législation communautaire à travers la codécision, en particulier par sa capacité d'amendement. Il dispose, en outre, d'un pouvoir de codécision dans certains domaines (marché intérieur, programmes de recherche, réseaux transeuropéens). Il rend aussi des « avis conformes » pour l'approbation des traités d'adhésion et des accords d'association. Il vote le budget de la Communauté préparé par la Commission, le Parlement pouvant proposer une modification des dépenses obligatoires ou adopter des amendements pour celles non obligatoires (comme les « fonds structurels »). En seconde lecture, il adopte ou rejette (à la majorité des deux tiers dans ce dernier cas) le budget après une procédure de conciliation avec le Conseil et la Commission. Le Parlement contrôle la Commission par des questions écrites et orales – celle-ci lui adressant par ailleurs un rapport annuel d'activité. Il peut aussi former des commissions d'enquête. Plus largement, c'est au travers des débats en commission ou en assemblée plénière que s'exerce ce contrôle. Lors de la désignation d'une nouvelle Commission, ses 28 membres — un par pays de l'UE — doivent recevoir l'approbation du Parlement. Si les députés désapprouvent le choix d'un commissaire, ils peuvent rejeter le collège tout entier. Enfin, le Parlement peut censurer – à la majorité des deux tiers de ses membres – la Commission qu'il a investie : cette procédure n'a cependant jamais abouti. Toutefois, en 1999, la Commission a démissionné collectivement à la suite d'un scandale lié à des pratiques frauduleuses que certains commissaires et services auraient couvertes.

• **La Cour de justice de l'Union européenne (CJUE).** Elle est composee de 28 juges, assistés de huit avocats généraux. Ils sont nommés d'un commun accord par les États membres. La Cour de justice est composée d'un juge par État membre dont le mandat est de six ans renouvelable : un juge peut rester ainsi parfois près de vingt ans comme l'actuel juge français nommé en 2006 et atteint par l'âge de la retraite en 2024 (!), ce qui est très original, comparé au statut des membres des cours constitutionnelles. Les juges désignent leur président et ne peuvent être révoqués que par leurs pairs – à l'unanimité. La Cour de justice assure le respect du droit dans l'application et l'interprétation des traités : elle vérifie donc la conformité à ceux-ci des actes du Conseil et de la Commission (elle peut être saisie par les États, les institutions de la Communauté et les particuliers ayant intérêt à agir). Les juridictions nationales inférieures peuvent saisir la Cour d'un problème d'interprétation des traités ou sur la validité ou l'interprétation d'un acte pris par les institutions communautaires. Les juridictions suprêmes (Conseil d'État et Cour de cassation en France) sont tenues de saisir la Cour de justice. Cette procédure est fréquemment utilisée. Enfin, la Cour saisie par un État membre après avis de la Commission ou par celle-ci, peut faire constater la violation de ses obligations par un État ou un manquement à celles-ci.

C. La nature fédérale de l'Union européenne est incertaine

57 **L'Union n'est pas vraiment une confédération.** L'Union européenne s'éloigne de la confédération sur plusieurs points : les décisions issues des règlements sont directement applicables aux ressortissants des États membres (et par le juge national). Le vote à la majorité qualifiée est nécessaire pour les deux tiers des dossiers présentés au Conseil des ministres ; le Parlement dispose en principe d'un pouvoir de codécision et dans certains domaines d'un pouvoir d'avis conforme.

L'Union n'est pas non plus une fédération. Les structures de l'Union européenne sont précisées par les traités et ceux-ci ne peuvent être modifiés qu'à l'unanimité des États membres. Il n'y a pas de « Constitution » européenne et le pouvoir constituant reste détenu par ceux-ci. Il reste que le traité de Rome, révisé par celui de Maastricht « n'est que formellement un traité, matériellement, c'est une Constitution, davantage soumis à une vision constitutionnelle qu'à une vision internationale » (J. Boulouis).

Il n'existe pas de gouvernement fédéral, la fonction gouvernementale étant fractionnée en trois (Conseil européen, Conseil de l'Union, Commission). Quant au Parlement européen, doté d'une légitimité démocratique, il possède désormais de réelles attributions législatives (TFUE, art. 289, § 1). Et si les États consentent à limiter leur souveraineté dans certains domaines, ils disposent d'une représentation lors de la prise de décision, arrêtée dans certains cas à l'unanimité. Sur ce plan, et dans des domaines essentiels à la souveraineté comme la défense, la politique extérieure ou la sécurité, les relations entre les États sont encore fondées sur la libre coopération. Enfin, les États se voient expressément reconnaître un droit de retrait (art. 50 du traité sur l'UE), exercé d'ailleurs par le Royaume-Uni (Brexit).

L'Union : une construction préfédérale ? Sur le plan des compétences, l'adoption du principe de subsidiarité emprunte au fédéralisme allemand. Ce n'est pas en vertu d'une décision d'un État que sa souveraineté pourrait être dans l'avenir limitée, mais en fonction de ce principe général. Définies auparavant par des traités, les compétences européennes peuvent s'élargir selon ce principe. D'autres innovations, inscrites notamment dans le traité de Maastricht, participent de cette logique : la citoyenneté européenne, le recours plus fréquent au principe de la majorité qualifiée, qui prive l'État de son droit de veto ; enfin la création d'un ordre juridique européen – les normes européennes étant supérieures au droit national – doit être soulignée et, avec elle, le rôle de la Cour de justice et sa jurisprudence favorable à l'Union ; cet ordre constitue l'élément de l'Union le plus proche d'un État fédéral.

D. La nature « constitutionnelle » de l'Union européenne l'est encore plus...

58 **L'Union européenne a déjà une « Constitution » au sens matériel.**

• **Les traités.** La doctrine en droit international – un peu par métaphore – admet qu'au regard d'autres traités internationaux ceux instituant des organisations internationales seraient comparables à la constitution d'un État. Ce trait peut sembler plus évident pour ceux constitutifs de l'Union européenne dès lors qu'elle exerce des compétences résultant de transferts de la part des États membres. Il demeure que l'Union est une organisation internationale, quoique sophistiquée. Mais la nature des dispositions des traités est « matériellement constitutionnelle [...] en ce qu'elles établissent un "pouvoir commun" dont elles désignent les détenteurs et dont elles règlent les conditions d'exercice » (J. Boulouis). Dans le même esprit, la Cour de justice a ainsi qualifié les traités de « charte constitutionnelle de base » (22 avr. 1986, Les Verts) ou encore de « charte constitutionnelle d'une communauté de droit » (avis 14 déc. 1991, *Espace économique européen*). Les traités comportent les éléments matériels d'une Constitution. Ainsi, ils énoncent des valeurs fondamentales, précisent une structure institutionnelle, des règles d'exercice du pouvoir et une définition des compétences – déjà étudiées. Ainsi, l'Union a déjà implicitement une « Constitution » puisqu'elle disposerait d'un ordre juridique propre et d'un système institutionnel qu'il conviendrait de formaliser et de rationaliser. Au surplus, le Parlement européen a même créé en son sein une « commission des Affaires constitutionnelles », considérant que l'étude des traités européens revenait d'ores et déjà à traiter de questions « constitutionnelles »... Enfin, sur le plan politique, il dispose d'une légitimité accrue (élection au suffrage universel direct lié à la citoyenneté européenne) et de pouvoirs supplémentaires en matière budgétaire et d'investiture et de sanction de la responsabilité de la Commission européenne.

• **Le droit de l'Union européenne, le rôle de la Cour de justice et l'émergence de nouveaux concepts**. Les traités ont institué des organes indépendants produisant des normes qui peuvent s'appliquer aux citoyens des États membres. Par ailleurs, la Cour de justice a affirmé la primauté de l'ordre juridique européen sur les ordres juridiques nationaux tout en assurant son intégration en leur sein (unité, autonomie, applicabilité directe). Elle a par ailleurs dégagé des principes comme ceux d'équilibre institutionnel, d'autonomie des institutions ou de « coopération loyale » entre les États membres et l'Union. Ce faisant, à côté du droit constitutionnel classique, elle a posé les prémices d'un droit constitutionnel européen.

59 **L'Union européenne n'a pas de Constitution au sens formel.**

• **L'absence de pouvoir constituant**. En s'en tenant aux critères classiques, on peut admettre que l'Union européenne a déjà une Constitution au sens matériel puisqu'elle contient un certain nombre de règles liées à l'organisation du pouvoir politique. Mais on ne saurait parler de Constitution au sens formel puisque les traités européens ne sauraient être assimilés à la norme suprême d'un État reposant sur la volonté du souverain, seul détenteur du pouvoir constituant originaire : le peuple.

• **Les traités constitutifs de l'Union européenne**. La Constitution au sens formel suppose un acte juridique interne à l'État – qui n'existe pas ici. En effet, les traités constitutifs – comme leur révision – résultent de la volonté des États contractants et sont donc formellement des actes juridiques de droit international sur les principes desquels ils sont d'ailleurs fondés (comme celui d'attribution des compétences).

60 **La nature de l'ancien « traité constitutionnel »**. Comme on l'a vu, les institutions européennes et les pays membres avaient préparé une « Constitution » commune rejetée par le peuple français lors du référendum le 29 mai 2005 et le peuple néerlandais le 1er juin 2005. En charge de ce dossier, la Convention sur l'avenir de l'Europe, présidée par Valéry Giscard d'Estaing, a proposé au printemps 2003 les traits – discutés – d'une « Constitution européenne ». On a aussi évoqué l'idée de « Charte constitutionnelle », de « Traité constitutionnel », voire de « Pacte fédératif »... En réalité, la notion de Constitution européenne a été employée par la doctrine européaniste pour asseoir la spécificité du droit de l'Union et l'autonomie de celui-ci au regard de l'origine internationale des traités fondateurs – l'Union n'étant pas vraiment un État ni une organisation internationale classique mais en quelque sorte un concept du troisième type.

Pour établir une « Constitution européenne », il faut un acte constituant. Or, on cherche en vain l'existence d'un pouvoir constituant originaire au niveau européen, faute de l'existence d'un « peuple européen ». Sauf à considérer que celui-ci est représenté – mais de façon en quelque sorte matérielle – par les députés européens et les parlementaires des parlements nationaux.

Peut-on néanmoins élaborer une Constitution européenne au sens formel ? La « convention » regroupait des représentants des gouvernements, du Parlement européen, des parlements nationaux et de la « société civile », qui ne sauraient faire office de pouvoir constituant. Il eût fallu alors que le projet qu'elle a élaboré fût accepté par tous les gouvernements et, de même, ratifié par tous les parlements des États membres et/ou les peuples des États membres. Au surplus, il eût fallu que cette Constitution dotât l'Union de toutes les caractéristiques d'un État souverain en termes de « monopole de la violence physique légitime » pour parler comme Max Weber (armée, police et justice). De même, la citoyenneté européenne ne devrait plus seulement compléter la citoyenneté nationale, sans s'y substituer, comme c'est le cas aujourd'hui. Enfin, l'Union devrait avoir la « compétence de la compétence » : or, ses compétences lui sont aujourd'hui attribuées par des traités conclus entre États souverains, même si, dans ce cadre, ceux-ci exercent en commun une partie importante de leur souveraineté.

La Constitution européenne aurait donc pu être très vraisemblablement un acte juridique de droit international et non pas une Constitution formelle, probablement une sorte de « traité constitutionnel », formule de compromis. Si matériellement le traité, dont les États sont les « maîtres », aurait pu être une Constitution, il ne pouvait l'être formellement faute de pouvoir constituant, fonctionnant en toute chose sur le principe de majorité. Proches d'une Constitution dans leur contenu tout en demeurant des traités, les textes fondateurs de l'Union européenne établissent plus une « Fédération d'États-Nations », pour reprendre une formule parfois employée, qu'un véritable État fédéral, tant l'identité constitutionnelle des États reste forte (MILLET (F.X.), 2013).

SECTION 2
L'État unitaire

L'État unitaire est un État qui ne connaît qu'une autorité juridique et politique disposant de l'ensemble de ses compétences sur son territoire, régi par un seul et même droit. L'État peut soit déléguer localement à ses agents certaines de ses compétences (déconcentration) (§ 1), soit transférer des pouvoirs de décision à des autorités locales élues (décentralisation) (§ 2).

§ 1. La déconcentration

61 La déconcentration et la décentralisation ne sont pas incompatibles comme le montre l'exemple de la France (v. t. 2, titre XII).

Elle consiste à déléguer, localement, à des agents de l'État la compétence de prendre des décisions administratives dans certains domaines. Ce procédé permet au pouvoir central, tout en conservant contrôle et autorité sur ses agents locaux, de mieux adapter l'exercice du pouvoir aux réalités locales (selon la célèbre formule d'Odilon Barrot au XIXe siècle « c'est toujours le même marteau qui frappe, mais on en a raccourci le manche »). Ainsi, en France, l'État dispose des préfets dans les départements et régions ou, dans le domaine de l'éducation, des recteurs dans chaque académie.

§ 2. La décentralisation (FAURE, B, 2021)

62 **Les formes de la décentralisation.** La décentralisation consiste dans le transfert de compétences du pouvoir central à d'autres autorités dotées de la personnalité morale, gérant elles-mêmes leurs affaires au moyen d'organes propres. La décentralisation ainsi définie implique que des domaines spécifiques d'action soient reconnus à ces autorités. Par ailleurs, ces collectivités dotées de la personnalité morale ont donc une autonomie administrative et financière. Enfin, si elles s'administrent elles-mêmes, elles demeurent sous le contrôle de l'État.

• **Une forme accessoire : la décentralisation fonctionnelle**. La décentralisation fonctionnelle (ou par services) concerne des collectivités publiques, dotées de la personnalité morale, en charge d'une activité d'intérêt général. Elles s'administrent elles-mêmes et jouissent d'une certaine autonomie de gestion. Cette forme de décentralisation prend souvent la forme de l'établissement public administratif (les bibliothèques), scientifique et technologique (le CNRS, les universités, etc.), industriel et commercial (la RATP, l'Opéra national de Paris, etc.).

• **Une forme principale : la décentralisation territoriale**. La décentralisation territoriale consiste à confier localement à des collectivités la compétence de prendre des décisions administratives dans certains domaines. Elle renvoie à plusieurs critères :

– ces collectivités décentralisées ont une personnalité juridique distincte de l'État ;

– elles sont gérées par des organes élus au suffrage universel ;

– elles disposent d'un pouvoir de décision dans le domaine des affaires locales, fixé le plus souvent par la loi ;

– elles ont la charge d'un budget propre (conséquence de la personnalité morale), de ressources spécifiques et sont donc dotées de l'autonomie financière ;

– elles demeurent soumises au contrôle de l'État qui exerce sur leurs actes une tutelle dont les modalités sont variables.

	Déconcentration	**Décentralisation territoriale**
Désignation des autorités	Nomination (préfet, recteur)	Élection (conseil municipal, conseil départemental, conseil régional)
Compétences	Délégation de compétences	Transfert de compétences propres
Fonctionnement	Décision de l'autorité centrale	Autonomie
Ressources (impôts locaux, dotation globale)	Pas d'autonomie	Ressources propres
Contrôle des actes	Pouvoir hiérarchique	Contrôle juridictionnel

SECTION 3

Les États régionaux

63 Un certain nombre d'États dits « unitaires » comme l'Italie ou l'Espagne (§ 1) sont allés très loin dans le processus de décentralisation en confiant à des régions une large autonomie et surtout un pouvoir législatif qui les distingue clairement des États unitaires

décentralisés. D'autres pays semblent même échapper à cette catégorie en s'éloignant de la décentralisation pour s'approcher du fédéralisme (§ 2).

§ 1. Les régionalismes italien et espagnol

64 En Italie, le régionalisme s'est affirmé en réaction contre l'autoritarisme fasciste : la Constitution de 1947 instaure une décentralisation très poussée dont la mise en œuvre n'a débuté qu'en 1970 pour les régions ordinaires mais depuis 1948 pour les régions à statut spécial (à statut quasi fédéral). En décembre 2005, une réforme constitutionnelle très importante initiée la veille des élections législatives par le gouvernement Berlusconi, appelée communément la *devolution* et ayant comme but d'instituer un État fédéral, a été rejetée par référendum en juin 2006.

En Espagne, la vivacité des autonomies régionales a trouvé avec la Constitution de 1978 et le rétablissement de la démocratie un cadre approprié : un État « autonomique », synthèse de l'État fédéral et de l'État unitaire. Ces deux pays ont en commun, mais à différents degrés, une autonomie des régions poussée, une participation limitée à la législation nationale, dans le cadre du maintien du caractère unitaire de l'État.

A. Une autonomie régionale réelle

65 **Des garanties constitutionnelles.**

- **La Constitution italienne de 1947**

> « La République une et indivisible reconnaît et favorise les autonomies locales ; elle effectue dans les services qui dépendent de l'État la plus large décentralisation administrative, elle harmonise les principes et les méthodes de sa législation avec les exigences de l'autonomie et de la décentralisation. »
>
> Constitution italienne, art. 5.

La Constitution italienne institue un double régionalisme avec des régions à statut spécial et des régions à statut ordinaire. Les premières, au nombre de cinq, bénéficient d'une large autonomie et de transferts de compétence importants (Sicile, Sardaigne,

Trentin-Haut Adige, Frioul-Vénétie Julienne et Val d'Aoste). Une réforme de la Constitution a été adoptée par le Parlement en 2005 par laquelle l'organisation territoriale aurait été de type fédéral, le Sénat de la République étant élu désormais au suffrage indirect. Comme on l'a dit, cette réforme a été massivement rejetée par le peuple italien lors d'un référendum en juin 2006.

• La Constitution espagnole de 1978

La Constitution « reconnaît et garantit le droit à l'autonomie des nationalités et des régions » (art. 2). Elle permet aux composantes de l'État (communes, provinces, nationalités) de s'ériger volontairement – mais au terme d'une procédure assez complexe – en communautés autonomes, au nombre de 17 aujourd'hui. Les unes sont à compétences limitées, les autres à compétences larges. Ces dernières – les moins nombreuses (Catalogne, Pays Basque, Galice) – ont une forte particularité historique. En fait, depuis 1992, leurs statuts ont été uniformisés, y compris quant aux compétences législatives.

66 **Des institutions et des compétences propres.**

• En Italie

> « Les régions sont instituées en corps autonomes avec des pouvoirs particuliers et des fonctions propres. »
>
> Constitution italienne, art. 115.

Chaque région comprend un conseil régional, élu au suffrage universel direct pour cinq ans, dirigé par une « Junte » élue, ainsi que son président.

Les compétences régionales (art. 117 et 120) sont exercées par les conseils régionaux et varient selon la nature du statut (ordinaire ou spécial). Les régions disposent d'un pouvoir d'auto-organisation et fixent librement leurs statuts approuvés cependant par une loi de l'État. Dotées d'une autonomie financière (et donc de recettes propres), celles-ci restent limitées par un régime fiscal défini exclusivement par l'État. Les conseils régionaux détiennent un pouvoir législatif concurrent du Parlement national dans un certain nombre de domaines et exclusif pour les régions à statut spécial. Sur habilitation du Parlement, les mêmes conseils peuvent adapter des lois de l'État. Cependant, une loi constitutionnelle du

8 mars 2001 a changé le principe de répartition des compétences. Les premières relèvent exclusivement de l'État. Les secondes relèvent de la loi édictée par les régions mais dans le respect des principes déterminés par la loi nationale. Les troisièmes sont celles qui ne ressortissent pas aux deux premières catégories et relèvent donc exclusivement des régions.

• **En Espagne**. Chaque communauté autonome élabore le statut fondant son organisation et ses compétences, approuvé cependant par le Parlement espagnol (les Cortès). Les organes des Communautés, fonctionnant sur un mode parlementaire, sont identiques : assemblée élue au suffrage universel direct, président désigné par l'assemblée et assisté dans sa tâche par un conseil de gouvernement ; organes juridictionnels. Notons que ce statut des communautés de « premier rang » est devenu celui de celles de « second rang » (à compétences limitées).

L'État dispose de compétences propres (32 domaines dont la nationalité, la défense, la justice, la monnaie, les relations internationales, les compétences relatives aux services publics communs aux communautés comme les chemins de fer ou les travaux publics). Les communautés ont elles aussi des compétences propres (22 domaines parmi lesquels l'organisation des institutions locales, l'aménagement du territoire, l'urbanisme, etc.). Pour les autres domaines non prévus, les communautés peuvent décider de se les attribuer (faute de quoi ils reviennent à l'État), l'État pouvant aussi se limiter (dans son domaine de compétence) à fixer des principes généraux, laissant les communautés en réglementer l'application, déléguer ou transférer une compétence. Notons aussi que l'État peut harmoniser la législation à des fins d'intérêt général mais doit recueillir l'assentiment législatif des deux chambres. Cette répartition se révèle à l'usage très complexe et source de contentieux nombreux (en particulier avec le Pays Basque et la Catalogne). Ces conflits sont tranchés par le Tribunal constitutionnel, saisi par le gouvernement de lois adoptées par les assemblées régionales (O. Lecucq, 2011).

B. Une participation restreinte à la législation de l'État

67 • **En Espagne.** Au sein du Parlement (les Cortès), le Sénat, « chambre de représentation territoriale », est composé de 208 sénateurs élus au suffrage universel direct dans le cadre des provinces. Les communautés sont représentées au Sénat par au moins un sénateur – mais désigné par leur assemblée législative (plus un par million d'habitants de leur territoire), soit seulement 46 sénateurs. Afin de protéger les autonomies régionales, toute loi d'harmonisation des dispositions prises par les communautés voulue par l'État dans un but d'intérêt général doit recueillir l'accord du Sénat à la majorité absolue. De même, le gouvernement ne peut imposer le respect de leurs obligations constitutionnelles ou législatives aux communautés dans un but d'« intérêt général » que dans les mêmes conditions. Pour le reste, le bicaméralisme est inégalitaire, le veto législatif du Sénat pouvant être surmonté par la première chambre, le Congrès des députés.

• **En Italie.** Si la seconde chambre est élue dans le cadre des régions, au suffrage universel direct, le Sénat n'a pas vocation cependant à les représenter. Il reste que chaque conseil régional dispose en droit d'un pouvoir d'initiative législative ; en pratique, cette participation au pouvoir législatif reste informelle et relève plutôt du « *lobbying* ». En outre, un « régionalisme coopératif » propre à institutionnaliser la collaboration entre les exécutifs régionaux et celui de l'État s'est instauré. Notons que cinq conseils régionaux ont la faculté de déclencher un référendum législatif d'abrogation ou d'approbation d'une révision de la Constitution. Enfin, par l'intermédiaire de trois délégués, chaque région participe à l'élection du président de la République. La réforme du Sénat pour lui attribuer un rôle consultatif et réduire le nombre de ses membres a échoué en 2016.

C. Le maintien de l'indivisibilité de l'État

68 **Les garanties constitutionnelles**

• **En Italie.** L'article 5 de la Constitution affirme l'indivisibilité et l'unité de la République.

• **En Espagne**. Les articles 138 et 139 de la Constitution garantissent « la réalisation effective du principe de solidarité [...] entre les diverses parties du territoire espagnol [...]. Les différences entre les statuts des diverses communautés autonomes ne sauront en aucun cas impliquer des privilèges économiques ou sociaux ». Les Espagnols « possèdent les mêmes droits et obligations dans toutes les parties de l'État ».

Le contrôle de l'État

• **En Italie**. Un commissaire du gouvernement en charge de la tutelle administrative représente l'État et assure la coordination des fonctions de celui-ci avec celles dévolues à la région.

Les lois régionales sont soumises à un double contrôle de légalité et d'opportunité. Le premier est exercé par le commissaire, représentant du gouvernement, aidé d'une commission. S'il considère une loi illégale, il peut s'opposer à sa promulgation, la Cour constitutionnelle tranchant en dernier ressort si le conseil régional marque à nouveau son désaccord. Le second type de contrôle – par définition plus subjectif – est aussi exercé par le commissaire et porte sur la contradiction éventuelle entre la loi régionale et l'intérêt national ou celui des autres régions. Si le conseil régional persiste à vouloir faire entrer en vigueur la loi, c'est le Parlement qui tranche le différend. Enfin, en cas de conflit d'interprétation entre le commissaire et le conseil régional sur la nature du contrôle exercé, c'est la Cour constitutionnelle qui statue. Celle-ci, soucieuse de l'unité de la République et des intérêts nationaux préservés par le législateur avait tendance à interpréter restrictivement les compétences des régions avant, à partir de la fin des années soixante-dix, d'assouplir sa jurisprudence, préservant mieux les autonomies locales. Elle s'attache surtout à faire du principe de « loyale et réciproque coopération » la base des relations entre l'État et les régions.

• **En Espagne**. Les actes législatifs ou administratifs sont immédiatement exécutoires. Le contrôle sur l'ensemble de ces actes est de nature exclusivement juridictionnelle et *a posteriori*. Le gouvernement mais aussi le « défenseur du peuple » peuvent immédiatement déférer ces actes devant le Tribunal constitutionnel. Notons que le Tribunal veille à garantir l'effectivité des compétences communautaires, l'égalité entre les citoyens sur l'ensemble du territoire espagnol et veut favoriser la collaboration entre l'État et les communautés.

§ 2. De la décentralisation au fédéralisme

69 **Le cas belge.** Après les révisions constitutionnelles de 1970 et 1980 approfondissant la décentralisation linguistique et ethnique, la Belgique est passée en 1988 au fédéralisme. Disons, pour simplifier, que depuis lors le gouvernement central ne conserve plus comme compétences propres que les affaires étrangères, la monnaie, la justice, la défense et la sécurité intérieure, la santé, l'agriculture, les PME. Le roi demeure le garant de l'unité du peuple.

Au niveau central, le Conseil des ministres compte autant de ministres d'expression française que d'expression néerlandaise. Au niveau régional, il existe trois régions politiques (wallonne, flamande, et bruxelloise – région clef qui abrite une partie des institutions européennes) dotées d'autorités élues et d'un gouvernement responsable devant l'assemblée régionale. Chacune de ces régions exerce les compétences de l'État pour définir et gérer un certain nombre de domaines (transports et communications, aménagement du territoire, urbanisme, environnement, etc.).

Par ailleurs, la Belgique comprend trois communautés culturelles (francophone, flamande, germanophone). Chacune se substitue à l'État pour définir et gérer certaines questions communautaires (enseignement, culture, radio-télévision, etc.).

Une Cour constitutionnelle statue sur les recours concernant la méconnaissance éventuelle de la répartition des compétences entre gouvernement central et régional.

70 **Les hésitations italiennes.** Le référendum constitutionnel de juin 2006 en Italie relatif au projet dit de « réforme fédérale » dans le cadre de l'article 138 de la Constitution, pour lequel n'est pas requis un quorum de 50 % des électeurs, a été un échec (61,3 % de *non*). Le *oui* ne l'a emporté que dans deux régions, la Lombardie et la Vénétie, où la Ligue du Nord – fédéraliste – est un parti bien implanté.

Pour autant, il révèle une certaine tentation italienne vers le fédéralisme, assez récurrente depuis les années quatre-vingt-dix. Le projet de réforme opérait le transfert aux régions de la police locale, des dépenses de santé et de l'organisation scolaire (mais non des programmes). Le bicamérisme devenait inégalitaire, le pouvoir législatif étant partagé entre la Chambre des députés et le Sénat fédéral ayant la charge des lois régionales. Étaient prévues cependant une clause d'« intérêt national » permettant l'abrogation de lois régionales contraires à l'unité de la Nation ou à la législation nationale, ainsi qu'une clause de « suprématie » : l'État peut se substituer aux régions en cas de manquement à des normes essentielles.

À l'inverse, la réforme constitutionnelle rejetée par le référendum de décembre 2016 prévoyait de mettre fin au bicamérisme égalitaire et d'instituer des sénats des régions. Il avait aussi pour but de limiter les attributions des régions et de supprimer les 110 provinces, des entités territoriales intermédiaires entre les 20 régions. Les régions conservaient le monopole de compétences comme la santé, les politiques sociales, l'éducation tandis que celles de l'État augmentaient au détriment de celles des régions (sécurité au travail, protection civile ou recherche scientifique).

71 **La tentation espagnole.** Après une série de consultations informelles entre 2009 et 2011, le gouvernement de Catalogne a décidé d'organiser un référendum d'autodétermination en novembre 2014. La procédure fut suspendue le 29 septembre 2014 mais le président catalan proposa tout de même un vote symbolique, une « consultation », qui recueillit 80 % de « oui ». Saisi de la loi catalane du 26 septembre 2014 et du décret de convocation du 27, le Tribunal constitutionnel a rendu une décision d'inconstitutionnalité le 25 février 2015, au motif que les référendums d'autodétermination sont de la compétence exclusive de l'État.

À la suite des élections au Parlement de Catalogne en 2015, remportées par les indépendantistes, un nouveau référendum fut organisé en 2017. Le Tribunal constitutionnel annula la procédure, mais le référendum eut lieu le 1er octobre, confortant la victoire du « oui » à 90 %, malgré l'intervention de la police visant à fermer les bureaux de vote et malgré la saisine de plusieurs urnes par la garde civile. Face au refus du gouvernement catalan de céder devant le pouvoir central – le Parlement ira jusqu'à proclamer l'indépendance de la Catalogne le 27 octobre –, le gouvernement espagnol mit la Catalogne sous tutelle (art. 155) et destitua le président de la Généralité, Carles Puigdemont. Les élections de 2017 et les élections du 14 février 2021 ont confirmé la majorité indépendantiste au Parlement de Catalogne, quoique les indépendantistes soient désormais divisés en plusieurs forces politiques différentes.

72 **La « dévolution » au Royaume-Uni : un quasi-État fédéral ?** La Grande-Bretagne est en apparence un État unitaire mais le pays se considère historiquement comme « multinational » et reconnaît l'existence de quatre « nations-régions » : l'Angleterre, l'Écosse, le Pays de Galles et l'Irlande du Nord (outre les Îles anglo-normandes et l'Île de Man), qui ont leur propre Parlement (sauf l'Angleterre).

À compter de l'arrivée au pouvoir de Tony Blair en 1997 a été engagée une profonde décentralisation sous le nom de « dévolution », transférant le pouvoir de décision en matière économique, sociale et culturelle du Parlement vers une assemblée régionale élue au suffrage universel qui fait s'apparenter le Royaume-Uni à un quasi État fédéré, le Parlement britannique étant seul compétent pour modifier les compétences des nations-régions par la loi.

L'Écosse est désormais dotée d'un Parlement composé de 129 députés élus pour quatre ans pouvant cumuler leur mandat avec celui de député à la Chambre des communes. Il désigne l'exécutif de la région, nommé par la reine.

L'assemblée dispose d'un pouvoir d'adaptation des lois britanniques pour l'Écosse et d'une compétence générale d'administration (santé, enseignement primaire et secondaire, formation professionnelle, aide sociale et logement, développement économique et transports, justice et police, environnement, agriculture, pêche, forêt, sports, culture, administration locale). Mais le financement de ces nouvelles compétences reste décidé par l'État central. Un référendum sur l'indépendance de l'Écosse s'est tenu en septembre 2014, au cours duquel le « non » l'a emporté à 55,3 %.

Pour le **Pays de Galles**, la dévolution est plus progressive et ne concernait initialement que le pouvoir réglementaire, confié à une commission exécutive du Parlement gallois qui s'apparentait au bureau d'un conseil départemental français. Elle a ensuite concerné certains pouvoirs législatifs.

En **Irlande du Nord**, les accords du Vendredi Saint ont été conclus en avril 1998 entre le gouvernement britannique, le Sinn Féin, la branche politique de l'armée de libération de l'Irlande (IRA), indépendantiste et catholique, s'engageant à déposer les armes, et les unionistes protestants. Ils ont été approuvés par référendum en Irlande du Nord et en République d'Irlande. Ils prévoyaient la création d'une nouvelle Assemblée réunissant les protestants et les catholiques et la coopération entre l'Irlande du Nord et la République d'Irlande.

Un nouveau gouvernement dirigé par un protestant a été mis en place le 2 décembre 1999, le gouvernement britannique déléguant une partie de ses pouvoirs à un gouvernement semi-autonome. Mais les tensions entre les protestants et les catholiques sont restées vives. Depuis 2002, l'Assemblée ne siégeait plus (du fait notamment des unionistes protestants refusant de siéger avec les représentants du Sinn Féin, la branche politique de l'IRA). Cependant, le 28 juillet 2005 l'IRA a ordonné à tous ses membres de déposer les armes. Le processus de paix a été relancé depuis la fin de l'année 2006 et aboutit à un accord des principaux partis politiques en 2007 permettant à l'Assemblée de fonctionner à nouveau et la formation d'un gouvernement local.

73 **La tentation de la sécession : le Québec.** Au Québec, seule province francophone du Canada, la revendication autonomiste voire indépendantiste continue de progresser (Charte fédérale des droits et libertés, 1982). En 1980, le Québec a accepté la proposition du gouvernement fédéral d'organiser un référendum sur la souveraineté assorti d'un contrat d'association avec le reste du Canada (la « souveraineté-association »). Le « non » l'a emporté largement au Québec (60 %). En 1982, le gouvernement fédéral a proposé au pays un réaménagement de la Constitution canadienne incluant une « charte des droits et libertés ». Les neuf provinces anglophones l'ont accepté, mais non le Québec se voyant imposer cette réforme. En 1987, l'accord du « lac Meech » voulait insérer le statut particulier du Québec dans la Constitution (reconnu comme une « société distincte »). Mais faute d'accord unanime des autres

provinces (Manitoba et Terre-Neuve), il n'est pas entré en vigueur. Allant dans le même sens, celui de Charlottetown n'a pas été non plus accepté par les électeurs canadiens lors du référendum de 1992. Trois ans plus tard, le référendum organisé au Québec sur l'indépendance n'a pas été approuvé mais de justesse (49,4 % de « oui »). Les indépendantistes n'ont cependant pas renoncé à l'organisation d'un troisième référendum. Dans l'hypothèse d'une victoire du « oui », le Québec dans un État fédéral peut-il faire unilatéralement sécession ? Le 28 août 1998, la Cour suprême a considéré que cela était impossible en droit, une révision constitutionnelle entérinant la sécession d'un État nécessitant l'accord de l'ensemble du peuple canadien. Elle a cependant constaté que rien ne l'empêcherait en fait. Notons que la Chambre des communes du Canada a approuvé, le 27 novembre 2006, la motion sur la nation québécoise, aux termes de laquelle la Chambre reconnaît que « les Québécoises et les Québécois forment une nation au sein d'un Canada uni ». Cette question ne semble pas, dans l'immédiat, à l'ordre du jour.

Bibliographie

Barbé (V.) et Koumpli (C.), *Brexit, droits et libertés*, Bruylant, 2022

Beaud (O.), *Le pacte fédératif. Essai sur la constitution de la Fédération et sur l'Union européenne*, Dalloz, 2022

Camguilhem (B.), Pessina (S.), *Territoire : approches juridiques*, PU de Rouen, 2021

Chaltiel (F.), Guillon (S.), *Le système décisionnel de l'Union européenne*, 2019

Faure (B.), *Droit des collectivités territoriales*, 6e éd., Dalloz, 2021

Jackson (V. C.), « Fédéralisme : Normes et territoires », *in* Troper (M.), Chagnollaud (D.), *Traité international de droit constitutionnel*, t. II, Dalloz, 2012

Lecucq (O.) et Alcatraz (H.), « L'état des autonomies après l'arrêt du Tribunal constitutionnel espagnol sur le nouveau statut de la Catalogne », *RFDA*, 2011

Millet (F.-X.), *L'Union européenne et l'identité constitutionnelle des États membres*, LGDJ, 2013

Roux (J.), *Droit général de l'Union européenne*, 7e éd., LexisNexis, 2021

Vandelli (L.), « Formes d'État : État régional, État décentralisé », *in* Troper (M.), Chagnollaud (D.), *Traité international de droit constitutionnel*, t. II, Dalloz, 2012

TITRE 1

LA CONSTITUTION

74 La Constitution établit le statut de l'État, fixant les règles et principes destinés à encadrer la désignation des titulaires du pouvoir ainsi que son exercice. Définie tantôt au sens matériel, c'est-à-dire par son contenu, ou au sens formel, c'est-à-dire par sa procédure spéciale d'élaboration et de révision, la Constitution est généralement un texte écrit dont le contenu intègre des dispositions relatives à l'organisation du pouvoir mais aussi des déclarations de droits à valeur constitutionnelle. En ce sens, elle est d'abord le socle du pouvoir, inséparable aujourd'hui de l'idée de démocratie (CHAPITRE 1). Norme suprême, elle doit être protégée : c'est l'objet du contrôle de constitutionnalité (CHAPITRE 2). Enfin, la Constitution, en consacrant des droits et libertés fondamentaux, en assure la protection (CHAPITRE 3).

CHAPITRE 1

Le socle du pouvoir : la Constitution

75 La notion de Constitution (SECTION 1) est riche de sens, et il convient de les préciser à la fois dans le temps (SECTION 2) et dans l'espace (SECTION 3) avant d'envisager, sur le plan juridique, ses modes d'élaboration et de révision (SECTION 4).

SECTION 1

La notion de Constitution

76 Les premières Constitutions écrites modernes datent de la fin du XVIIIe siècle, en Amérique et en France (§ 1). Jusqu'alors, les règles fixant le statut du pouvoir étaient principalement d'origine coutumière, c'est-à-dire forgées par des usages anciens et répétés. La Grande-Bretagne connaît ainsi une Constitution coutumière, même si quelques textes fondamentaux la complètent tandis que la France vit, sous l'Ancien régime, sous l'empire de « lois fondamentales » d'origine aussi coutumière. On en distingue plusieurs types (§ 2). Le contenu d'une Constitution est spécifique (§ 3), sa signification moderne constante en termes d'organisation

d'équilibre des pouvoirs et de garantie des droits (§ 4) et sa protection assurée grâce au contrôle de constitutionnalité (§ 5).

§ 1. Aux origines de la notion de Constitution

77 La notion moderne de Constitution, longtemps de nature « coutumière », tire son origine des révolutions américaine et française (v. « Histoire », *Traité international de droit constitutionnel*, t. I, Titre I, Sous-titre 2)

A. Constitutions coutumières et Constitutions écrites

78 Les Constitutions écrites rassemblent les règles de gouvernement et proclament les droits naturels de l'homme dans un document solennel. Dans les Constitutions coutumières, ces règles sont fondées sur des usages issus de la tradition, mais ont néanmoins force de droit. En fait, cette opposition doit être nuancée puisque les Constitutions purement coutumières, dans les démocraties occidentales, n'existent pas : la Grande-Bretagne connaît ainsi quelques textes écrits fondamentaux, anciens (Grande Charte de 1215, *Bill of Rights* de 1688) ou modernes (*Parliament Act* de 1911, de 1949, ou, plus récemment, le *Fixed-Term Parliament Act* de 2011 abrogé par le *Dissolution of Parliament Act* de 2022). Par ailleurs, certaines dispositions écrites des Constitutions ne sont en fait que la consécration de règles non écrites, qu'il s'agisse de coutumes ou de « conventions de la Constitution » (que l'on songe simplement à l'institution formelle en 1946 d'un président du Conseil dont le rôle pratique s'est affirmé sous la IIIe République sans texte constitutionnel).

En fait, cette opposition a principalement un sens historique : les Constitutions coutumières sont la règle dans les États monarchiques au XVIIIe siècle (à l'exception de la Constitution suédoise de 1720). L'adoption de Constitutions écrites en Amérique et en France va, au contraire, marquer la naissance du constitutionnalisme moderne, c'est-à-dire le mouvement historique faisant de la Constitution à la fois une technique fondamentale de limitation du pouvoir et l'expression d'une philosophie politique d'essence libérale forgée par l'esprit des Lumières.

B. Les révolutions américaine et française : l'exigence d'une constitution écrite

• *La révolution américaine*

79 « Le résultat de la révolution américaine, c'est que la Constitution était devenue "la bible politique" des Américains. Rien n'étant plus commun, lorsqu'il s'élevait quelque débat sur le principe d'un bill, ou sur l'étendue de quelque espèce d'autorité, que de voir les membres tirer leur Constitution de leur poche, et lire le chapitre qui avait rapport avec la matière en question. »

Thomas Paine, *Les droits de l'homme*, 1791.

Le conflit entre l'Angleterre et ses colonies d'Amérique devait se conclure en 1776 par la Déclaration d'indépendance. Il va très vite confirmer l'attachement des colons aux textes écrits : l'histoire anglaise leur a en effet appris que l'arbitraire du pouvoir royal reposait aussi sur un certain flou entourant les droits « immémoriaux » et non écrits de la Couronne. Puisque la limitation de ce pouvoir avait été consacrée par de grands textes (Grande Charte de 1215, *Habeas Corpus* de 1679, *Bill of Rights* de 1688), sur lesquels se fondaient les libertés anglaises, les anciennes colonies s'attachèrent de même à rédiger des Constitutions écrites, dont cinq furent approuvées par le peuple.

Ces Constitutions comprennent généralement une déclaration des droits inaliénables de l'homme, même si ces déclarations n'énoncent encore que des principes à valeur philosophique et politique, mais non juridique, faute de sanction juridictionnelle de leur violation. Elles précisent aussi – souvent par le menu – l'organisation des pouvoirs. Notons sur ce point qu'elles dépouillent à l'excès le pouvoir exécutif du gouverneur – pensé comme simple vestige de la monarchie britannique – et confient l'essentiel du pouvoir à la législature de l'État : l'Assemblée. La plupart de ces Constitutions soulignent le danger de confier sans limites à celle-ci le pouvoir législatif, y compris le pouvoir constituant, soit celui d'établir ou de réviser la Loi fondamentale. Pourtant, la modification de ces textes fondamentaux, c'est-à-dire leur révision – mais aussi leur élaboration – allait bientôt nécessiter le recours à des conventions spéciales (assemblées constituantes). La Constitution fédérale de 1787, qui fonde les États-Unis d'Amérique, devait d'ailleurs être élaborée par une assemblée constituante formée de représentants désignés par les États (la convention de Philadelphie), le texte étant ensuite approuvé par les législatures de ces États. De même, une procédure similaire sera exigée pour toute révision du texte fondamental.

Ce faisant, la révolution américaine avait élaboré une conception nouvelle de la Constitution : il s'agit désormais d'un texte écrit, élaboré démocratiquement par une assemblée élue spécialement et soumis à ratification du peuple. Ainsi est établie une distinction essentielle entre le pouvoir constituant, émanant du peuple souverain, et les pouvoirs constitués établis par la Constitution (législatif, exécutif, judiciaire). Enfin, ce n'est qu'en 1803 avec l'arrêt de la Cour suprême *Marbury v. Madison* que le principe du respect de la Constitution, garanti par le contrôle de constitutionnalité des lois, est acquis. Mais, sur ce point fondamental c'est-à-dire la soumission effective de la loi à la Constitution, les États-Unis resteront longtemps un cas d'école.

• *La Révolution française*

80 « Ainsi, un seul Roi indépendant, absolu, qui ne tient que de Dieu un pouvoir dont il ne doit compte qu'à lui seul : pouvoir qu'il ne peut ni diviser ni détruire, et qu'il transmet nécessairement à son successeur légitime dans toute sa plénitude, comme il l'a reçu de ses ancêtres : pouvoir qui soumet indistinctement et également à son autorité le premier prince de son sang et le dernier de ses sujets : pouvoir dont il doit à la vérité, pour les besoins de l'État, communiquer une portion à ceux qu'il honore de sa confiance, mais dont la plénitude réside toujours dans sa personne : pouvoir qui ne peut être restreint que par lui-même, sans qu'aucune volonté particulière ou générale ait le droit d'en arrêter le cours. Telle est la constitution d'une monarchie, tel est le gouvernement françois. »

Merlin de Douai, 1786.

Sous l'Ancien Régime, en France, les lois fondamentales du royaume dégagées au XVIe siècle forment un certain nombre de règles intangibles mais non écrites. De nature coutumière et vague, elles recouvrent principalement, dans la théorie monarchique, l'inaliénabilité du domaine de la Couronne et la loi de succession, en vertu de laquelle la transmission du pouvoir se fait entre enfants mâles et par ordre de primogéniture (l'aîné devient roi à condition qu'il n'y renonce pas). N'ayant pour objet que de constituer le pouvoir royal, elles ne limitent pas vraiment son pouvoir, d'autant que la personne du roi est encore faiblement dissociée de l'État. Elles ébauchent cependant l'idée que le pouvoir peut être circonscrit par un ordre juridique supérieur, même non écrit. En ce sens, le débat qu'elles suscitent quant à leur contenu et à leur fondement est plus instructif. Les adversaires de l'absolutisme, en particulier les Parlements, enregistrant les édits royaux, souhaitent étendre la liste de ces lois, indépendamment de celles ayant trait au pouvoir royal proprement dit. Ils contestent en outre leur fondement, la tradition, par nature imprécise, mouvante et librement interprétée par le monarque. Ils en arrivent ainsi à s'interroger sur les origines mêmes du pouvoir royal : de qui le monarque tient-il son autorité si ce n'est pas de la tradition ?

81 « Toute société dans laquelle la garantie des droits n'est pas assurée, ni la séparation des pouvoirs déterminée n'a point de Constitution »

> Article 16 de la Déclaration des droits de l'homme et du citoyen de 1789.

La Révolution française va consacrer l'abandon de la Constitution traditionnelle ou coutumière de la monarchie – les lois fondamentales – au profit d'une Constitution énonçant des principes juridiques écrits, clairs et stables auxquels le monarque doit se conformer (Constitution de 1791). Celui-ci n'est plus à la source de ces règles qui sont énoncées par une entité abstraite – la nation – et non le peuple souverain : le monarque tient son pouvoir d'elle, énonce l'article 16 de la Déclaration des droits de l'homme et du citoyen de 1789. Ce texte célèbre exprime d'abord l'idée que l'autorité – c'est-à-dire le prince – ne doit pas cumuler tous les pouvoirs. La Constitution limite au contraire le pouvoir du monarque en organisant sa division. C'est donc dans un régime despotique dont le prince modifie les règles à sa guise qu'il n'y a pas de Constitution.

À la différence des États-Unis, la première Constitution française de 1791 est élaborée – et votée – par l'Assemblée nationale, se proclamant « Assemblée constituante », assurant ainsi la confusion entre le pouvoir législatif et le pouvoir constituant. En effet, dès lors, comme le proclame la Déclaration de 1789, que « la loi est l'expression de la volonté générale », le législateur est le vrai souverain puisque la volonté de la nation – être fictif détenteur de la souveraineté –, est exprimée par l'Assemblée de ses représentants désignés par le peuple. De cette conception découle donc, comme le montrera plus tard Raymond Carré de Malberg sous la IIIe République, la toute-puissance de l'Assemblée – la « souveraineté parlementaire » –, qui rend vaine la distinction entre lois constitutionnelles et lois ordinaires dans la mesure où le pouvoir législatif n'est que formellement soumis à la Constitution sur laquelle il assure en fait son emprise. Elle marquera de son empreinte le droit constitutionnel français, au moins jusqu'en 1958, mais aussi très largement les pays européens, pour la plupart jusqu'à la Seconde Guerre mondiale : la loi ne saurait être soumise à la Constitution et donc à un contrôle de constitutionnalité. Cette idée est contraire, dans les monarchies limitées du XIXe siècle et/ou en transition vers la démocratie, à la fois au principe monarchique et au principe parlementaire.

§ 2. Les types de Constitution

A. Constitution au sens formel et au sens matériel

82 • **Au sens formel.** La Constitution est un ensemble de règles de droit dont l'élaboration et la révision obéissent à une procédure spéciale qui la place au-dessus des autres règles et qui se caractérise « par l'autorité des règles qu'elle pose » (J. Rivero).

• **Au sens matériel.** La Constitution est simplement définie par son contenu : il s'agit de l'ensemble des règles – écrites ou non – relatives à la dévolution et à l'exercice du pouvoir politique, aux libertés et droits fondamentaux des citoyens. Ainsi, tout État a une Constitution au sens matériel, cette notion étant prise ainsi dans un sens très lâche.

• **La non coïncidence totale entre les deux notions.** En bonne logique, il devrait y avoir une certaine coïncidence entre les deux sens du mot Constitution : les règles de gouvernement – c'est-à-dire la Constitution au sens matériel –, étant les plus importantes et devant être adoptées de façon plus solennelle, elles forment le corps des règles placées au sommet de l'ordre juridique et la Constitution au sens formel. En fait, la coïncidence n'est pas totale. Ainsi, un État comme la Grande-Bretagne dispose d'une Constitution au sens matériel, mais ses règles constitutionnelles sont issues de la coutume ou de simples lois du Parlement (ainsi, par exemple, en 1949, la modification du statut de la Chambre des Lords) mais aussi de textes fondamentaux très anciens (la Déclaration des droits). En l'occurrence, le caractère matériel de la Constitution anglaise découle non de son aspect « coutumier » mais du fait de l'absence de procédure spéciale d'adoption de règles constitutionnelles.

Inversement, la Constitution formelle peut parfois contenir des règles non constitutionnelles (ainsi des prières publiques, en France, dans L. const. 16 juill. 1875) ou, à l'inverse, omettre certaines règles constitutionnelles, au sens matériel (comme, par exemple, le mode d'élection des députés en France).

83 • **La Constitution au sens formel est une loi supérieure à toutes les autres lois**. La Constitution, au sens formel, est une loi supérieure à toutes les autres, en particulier les lois votées par le Parlement. À la base de l'ordre juridique et au sommet de la hiérarchie des normes juridiques, la Constitution est la norme suprême dans l'ordre interne à laquelle doivent se conformer tous les autres actes. Cette construction est inspirée, au début du XXe siècle, par le juriste Hans Kelsen et sa vision pyramidale du droit : au sommet, la Constitution commande tout l'édifice juridique et lui donne sa validité et son effectivité. Mais cette supériorité ne saurait être aujourd'hui déduite d'un simple raisonnement logique et formel mais fondée sur l'idée démocratique : ce n'est que dans la mesure où la Constitution émane du peuple souverain qu'elle est la loi suprême et qu'en énonçant les droits et libertés, elle assure non seulement la protection de l'individu contre l'État mais aussi celle de la minorité contre la majorité.

B. Constitutions souples et constitutions rigides

84 • **Les Constitutions souples sont facilement révisables.** Une Constitution est souple lorsqu'elle peut être modifiée facilement, c'est-à-dire selon la procédure législative ordinaire. Dominante dans le passé, à l'époque contemporaine, seule la Grande-Bretagne tient de cette catégorie : le Parlement souverain peut modifier, abroger une disposition constitutionnelle par une simple loi.

• **Les Constitutions rigides sont difficilement révisables.** Une Constitution est rigide dès lors qu'une procédure spéciale est prévue pour la révision, supposant généralement l'exigence de majorités renforcées au sein des assemblées investies spécialement du pouvoir de révision. Les Constitutions rigides, apparues à la fin du XVIIIe siècle avec la Constitution américaine, témoignent d'abord de l'ambition de faire œuvre durable : les constituants de 1791 n'imaginaient pas que « leur » Constitution durerait deux ans malgré une procédure de révision très complexe. Ensuite, il s'agit d'éviter une modification trop facile, au gré de la conjoncture politique, d'un acte à la fois solennel et figurant le pacte social, ce par une série de garanties (majorités qualifiées, délais, approbation du peuple). Enfin, dans la mesure où « un peuple a toujours le droit de revoir, de réformer et de changer sa Constitution, une génération ne [pouvant] assujettir à ses lois les générations futures » (Déclaration des droits 1793, art. 28), la révision, même encadrée, est légitime afin de renouveler l'adhésion du peuple à sa Loi fondamentale.

§ 3. Le contenu de la Constitution

85 Le contenu des Constitutions varie selon les pays, mais elles contiennent toujours les règles relatives au fonctionnement des institutions politiques, souvent des déclarations des droits et des dispositions vraiment « diverses ».

A. Les règles relatives au fonctionnement des institutions politiques

86 La Constitution définit le statut des gouvernants et les modes d'exercice du pouvoir et, en conséquence, les trois fonctions de l'État, c'est-à-dire la fonction législative (l'édiction de règles générales et obligatoires pour les individus), la fonction exécutive (l'application de ces règles par leur mise en œuvre dans le détail grâce à des règlements et des actes individuels), la fonction judiciaire (le règlement des différends entre les citoyens et la sanction des violations de la loi). La Constitution organise les relations entre ces fonctions et les organes qui en ont la charge, afin que chacun puisse, dans son domaine, agir ou édicter des normes conformément à la Constitution.

Notons que beaucoup de ces règles relatives au statut des gouvernants et à l'exercice du pouvoir sont impératives et doivent donc être respectées (mode de désignation des titulaires des organes, durée, etc.). D'autres laissent une certaine latitude d'action aux gouvernants (délai pour agir, choix entre des procédures, etc.) ou une liberté complète (exercice discrétionnaire de certaines compétences comme le droit de dissolution du président sous la Ve République).

Enfin, les Constitutions n'entrent pas toujours dans le détail : l'exercice du pouvoir peut être ainsi réglé par des lois dites organiques (votées souvent dans des formes spéciales) ou par des règlements des assemblées, qui peuvent être ici déterminants (que l'on songe à ceux de la IIIe République) au risque de déviations de la Constitution. C'est ainsi, par exemple, que la Constitution de la Ve République soumet les règlements des assemblées à un contrôle de constitutionnalité.

B. Les déclarations des droits

87 • **Un contenu marqué par l'esprit du temps**

Le contenu des déclarations des droits, on l'a noté, a évolué. D'inspiration individualiste au XVIIIe siècle, elles intègrent au XXe siècle des droits économiques et sociaux. Ainsi, en France, la Déclaration des droits de l'homme et du citoyen de 1789 exprime avant tout les droits et libertés de l'individu face à l'État (liberté d'opinion et d'expression, droit de propriété, etc.). Le préambule de la Constitution de 1946 fait valoir, au contraire, à l'image d'autres Constitutions démocratiques, l'importance des libertés collectives mais aussi des droits économiques et sociaux (protection sociale, droit au travail, etc.). L'individu est titulaire de droits créances, c'est-à-dire de droits dont il peut réclamer la mise en œuvre par l'État. Celui-ci n'est donc pas tenu de s'abstenir – pour protéger les libertés – mais obligé d'agir pour garantir des droits spécifiques.

- **Quelle valeur juridique ?**

La question est d'abord de connaître leur valeur normative. Longtemps sans portée réelle, tant que la loi ne leur donnait pas d'existence juridique, celle-ci d'ailleurs étant dispensée d'un contrôle de constitutionnalité, ces droits ont généralement aujourd'hui valeur constitutionnelle dans les démocraties occidentales (voire supraconstitutionnelle en Allemagne) et sont protégés effectivement par le juge constitutionnel.

C. Les dispositions « diverses »

88 Certaines de ces dispositions sont à haute valeur symbolique mais à faible valeur constitutionnelle (le drapeau, l'hymne, etc.), d'autres n'ayant qu'un caractère anecdotique (ainsi du mode d'abattage du bétail dans la Constitution helvétique…) ou spécial, leur insertion dans la Constitution visant à assurer la pérennité d'une institution (ainsi la Caisse autonome d'amortissement en France créée par L. const. 10 août 1926). Beaucoup de ces dispositions ne sont donc constitutionnelles que d'un point de vue formel – elles sont sans rapport avec l'organisation étatique – et pourraient relever sur le plan matériel d'une simple loi.

§ 4. La signification moderne de la Constitution

A. La Constitution, instrument de limitation du pouvoir

89 Comme le soulignait jadis Georges Burdeau, l'association entre la notion de Constitution et l'idée de limitation du pouvoir par la « séparation des pouvoirs » a perdu de sa force à mesure que le « prince » s'est en pratique identifié au peuple. La Constitution, émanant de ce dernier, suppose une certaine conformité de vues entre les titulaires du pouvoir et le peuple qui les institue – par l'opération constituante. Mais, en aménageant le pouvoir au sein de l'État et, en assurant sa division, en particulier en garantissant l'indépendance du « pouvoir » judiciaire (v. ss 200), l'idée de Constitution demeure indissociable de celle de liberté.

B. La Constitution, acte du peuple souverain

90 La Constitution fixe les principes d'organisation du pouvoir et, par conséquent, les compétences des gouvernants et leurs relations mutuelles. Elle est souvent désignée comme le statut des gouvernants. Mais, en démocratie, ce statut n'a de sens que s'il résulte de la libre expression de la volonté des gouvernés. Ainsi, les gouvernants exercent-ils le pouvoir dans un cadre légal – les règles constitutionnelles – fixé par le peuple ou ses représentants.

Du fait que ces règles émanent du peuple – le pouvoir souverain –, elles sont non seulement distinctes des autres règles mais supérieures à elles : aussi ne peuvent-elles, en principe, être changées que selon une procédure spéciale ou particulière. Le cas échéant, leur respect est assuré par l'existence d'un contrôle de constitutionnalité. Ainsi, les autres règles, en particulier celles qui émanent du Parlement, doivent-elles être conformes à la Constitution.

C. La Constitution, expression d'une philosophie politique

91 « La constitution sociale est le fondement de la vie privée, laquelle passe avant la vie publique, de même que le droit privé passe avant le droit public ; ensuite, il est entendu que la constitution politique est pour la garantie des libertés individuelles, c'est-à-dire de la constitution sociale. (...) À bien des égards, la constitution sociale d'un pays est plus importante que sa constitution politique. »

Maurice Hauriou, *Précis de droit constitutionnel*, 1929, p. 611.

Règle suprême que le peuple s'est donnée pour le gouvernement de la société, la Constitution exprime une philosophie politique. Cette dimension n'est certes pas nouvelle mais revêt, dans les démocraties contemporaines, une signification particulière dès lors que certaines règles, issues de ces principes, font l'objet d'une protection spéciale.

• Constitution politique et Constitution sociale

Maurice Hauriou a jadis distingué Constitution politique et Constitution sociale : l'une règle l'organisation du pouvoir, l'autre dessine les principes essentiels régissant l'ordre social, singulièrement quant aux droits et libertés du citoyen. Cette philosophie politique peut cependant n'être qu'implicite dans le texte constitutionnel. Mais, le plus souvent, elle prendra corps dans un préambule ou une déclaration des droits placés en tête de la Constitution exprimant, à chaque époque, une conception de l'individu et de l'État. Même dans une Constitution coutumière comme celle de la Grande-Bretagne, les trouve-t-on exprimés dans des textes fondamentaux comme la Grande Charte ou le *Bill of Rights*.

• Déclarations et garanties des droits

« Nous tenons ces vérités comme allant d'elles-mêmes : tous les hommes sont créés égaux ; ils sont dotés par le Créateur de certains droits inaliénables ; parmi ces droits se trouvent la vie, la liberté et la recherche du bonheur. Les gouvernements sont établis parmi les hommes pour garantir ces droits, et leur juste pouvoir émane du consentement des gouvernés. Toutes les fois qu'une forme de gouvernement devient destructive de ce but, le peuple a le droit de la changer ou de l'abolir et d'établir un nouveau gouvernement, en le fondant sur les principes et en l'organisant en la forme qui lui paraîtront les plus propres à lui donner la sûreté et le bonheur. »

Déclaration d'indépendance des États-Unis, 1776.

Le mouvement de proclamation des droits individuels est apparu, on l'a noté, à la fin du XVIIIe siècle lors de la révolution américaine, puis française. Il est d'usage de distinguer, au moins en théorie, les déclarations des droits, simple expression d'une philosophie politique, exposé de principes placés en tête de la Constitution – mais non dans son corps même – des garanties des droits incluses au contraire en leur sein et ayant donc force de droit. En France, la Constitution de 1791 place ainsi en tête la Déclaration des droits de l'homme et du citoyen de 1789 et intègre au texte constitutionnel des « dispositions fondamentales » garanties par la Constitution. De même, les Constitutions de 1793, de l'an III et de 1848 comportent une déclaration et une garantie. Quant aux Constitutions impériales ou aux Chartes de 1814 et de 1830, elles n'incluent que des « garanties ». La Constitution de 1946 est précédée d'un préambule, valant déclaration. Et la Constitution de 1958 rappelle dans son préambule sa fidélité à celui de la Constitution de 1946 ainsi qu'à la Déclaration des droits de l'homme et du citoyen de 1789.

En Allemagne, il est fait état dans la Constitution de 1949 de garantie des droits fondamentaux, formant ses 19 premiers articles. Aux États-Unis, qui ont inspiré le mouvement « déclaratif », le *Bill of Rights* de 1791 forme les 10 premiers amendements de la Constitution de 1787 et constitue ainsi une déclaration des droits. La distinction entre « déclarations » et « garanties » est aujourd'hui dépassée, ces droits étant généralement protégés par le juge constitutionnel. Mais leur philosophie d'origine demeure : limitant volontairement sa liberté par le contrat social, l'individu n'en est pas moins titulaire de droits inaliénables et imprescriptibles – les droits de l'homme. La Déclaration d'indépendance américaine, en proclamant que « les gouvernements sont établis pour les hommes pour garantir ces droits, et leur juste pouvoir émane du consentement des gouvernés », a conservé toute son actualité.

§ 5. La protection de la Constitution : le contrôle de constitutionnalité des lois (et des actes)

> « Une démocratie de type constitutionnel est une démocratie qui n'accorde pas "tout" le pouvoir à la majorité. »
> Carl Friedrich.

A. Le principe du contrôle

92 • **Faire respecter la Constitution.** Si, aux États-Unis, le respect de la Constitution peut être assuré par le juge ordinaire, le contrôle de constitutionnalité des lois n'a pas pu s'imposer en Europe occidentale. Il ne s'est développé qu'au lendemain de la Seconde Guerre mondiale grâce à un type de contrôle spécifique dont l'idée revient à Kelsen. Dans le système kelsénien, la validité de la Constitution suppose, comme toute autre règle de droit, qu'elle soit respectée et donc obéie. Ainsi, pour s'assurer que le législateur respecte effectivement la loi suprême, il est nécessaire d'établir une juridiction constitutionnelle spéciale dont le modèle initial sera mis en œuvre en Autriche, sous l'influence de Kelsen, en 1920.

• **Le développement du contrôle en Europe.** Le contrôle de constitutionnalité des lois ne s'est pleinement développé en Europe qu'après 1945, en Italie et en Allemagne, afin de garantir pour l'avenir l'ordre démocratique. De même a-t-il été instauré, au sortir des dictatures, à la fin des années soixante-dix en Espagne, en Grèce et au Portugal, puis, après la chute du mur de Berlin, dans la plupart des nouvelles démocraties de l'Europe centrale et orientale. S'est ainsi dessiné un « modèle européen » de justice constitutionnelle (v. ss 136 s.) puisque, à la différence des États-Unis, il n'est exercé en principe que par une juridiction spéciale et non par le juge ordinaire. Outre la volonté de garantir les principes démocratiques que les Parlements n'avaient pu protéger, notons aussi que l'hégémonie croissante de l'exécutif dans les démocraties occidentales a fortifié ce mouvement : devenu *de facto* principal législateur et fort de majorités souvent disciplinées, il peut négliger la minorité et abuser de sa situation dominante contre les libertés. C'est d'ailleurs dans cet esprit que la France, après avoir mis fin au dogme de la loi en 1958, a rejoint ce mouvement dans les années soixante-dix.

La démocratie est ainsi devenue moins « unanimiste » qu'hier et laisse plus librement cours au jeu des intérêts légitimes, à leur conciliation et à leur régulation par le juge constitutionnel.

B. États de droit, États légaux, États constitutionnels

93 Pour autant, certains États démocratiques sont restés des États légaux sans devenir des États constitutionnels puisqu'ils ignorent la justice constitutionnelle. Ainsi un certain nombre de pays occidentaux reste à l'écart de ce mouvement. En Europe, c'est le cas de la Grande-Bretagne, des Pays-Bas, et de la Finlande. Tous restent cependant des États de droit, c'est-à-dire des États soumis au droit, chaque pouvoir de l'État exerçant des compétences en vertu de procédures définies, leurs actes étant hiérarchisés et la conformité des actes inférieurs aux actes supérieurs pouvant être contrôlée, chaque citoyen ayant droit au juge, y compris contre l'État.

Si l'État de droit reste cependant assimilé dans sa perfection à l'instauration d'un contrôle de constitutionnalité, nul ne songerait à considérer cependant que ces pays ne sont pas des démocraties. Ainsi, le Parlement britannique détient la souveraineté juridique et, par conséquent, le pouvoir constituant. Mais le peuple détient la souveraineté politique effective dans la mesure où il peut changer à chaque élection ses représentants. En outre, ceux-ci se sentent obligés de respecter un certain nombre de règles fondamentales, certes non redevables d'une juridiction constitutionnelle, mais qui n'en sont pas moins effectives et efficaces parce qu'obéies et appliquées. La Constitution britannique souligne donc que le contrôle juridictionnel des lois n'est pas la panacée pour garantir les droits et libertés contre les excès du Parlement, puisque celui-ci, à l'inverse, est considéré outre-Manche comme leur protecteur. D'autres pays européens, tout en adoptant le principe de la justice constitutionnelle, ne la pratiquent pas en réalité. Ils restent des États légaux mais, *stricto sensu*, non constitutionnels.

SECTION 2

Élaboration et révision des Constitutions

L'élaboration et l'adoption des Constitutions sont deux procédés qui ne font pas systématiquement intervenir les mêmes acteurs.

§ 1. L'élaboration des Constitutions

94 On distinguera en fonction de la part d'intervention du peuple et/ou de ses représentants dans ce processus, en rappelant au préalable ce qui fut longtemps la règle, à savoir l'exclusion du peuple.

A. L'élaboration non démocratique des Constitutions

95 Dans le cas d'établissement non démocratique, ce sont les gouvernants qui sont les détenteurs du pouvoir constituant originaire. L'exemple type est l'octroi par un monarque au peuple d'une Constitution. Ce fut le cas de la Charte de 1814 octroyée par Louis XVIII : « Par le libre exercice de notre autorité royale, [avons] accordé et accordons, fait concession et octroi à nos sujets [...] la Charte constitutionnelle qui suit. » On retrouve cette technique pour l'établissement des Constitutions de la première moitié du XIXe siècle. Elle exclut donc toute intervention du peuple dans le processus.

• **La participation ambiguë du peuple**. L'établissement de la Constitution est alors « mixte », l'intervention du peuple ou d'une assemblée délibérante n'étant pas totalement exclue.

• **Le plébiscite constituant**. Le peuple intervient à l'occasion d'un « plébiscite » constituant, pour ratifier la Constitution de l'an VIII (1800), le consulat à vie (1802), puis l'instauration de l'Empire (1804) en faveur de Bonaparte. On peut rapprocher ces types de consultation du peuple de celles autorisant Louis

Napoléon à établir une nouvelle Constitution selon quelques principes essentiels (1851), puis, à son bénéfice, la dignité impériale (1852).

• **L'œuvre du « dictateur »**. Le peuple est tenu à l'écart de l'élaboration du texte et n'intervient en fait que pour adopter en bloc une Constitution qui ne fait que conforter, malgré un « habillage » démocratique, l'autorité en place ; ces consultations populaires se font en outre dans un climat de libertés surveillées et de manipulations électorales.

• **L'intervention d'une assemblée délibérante**. La Constitution est censée former un contrat entre le futur monarque et des assemblées, représentatives d'une fraction seulement de la population. L'exemple type est fourni par la Charte de 1830 en France, pacte entre Louis-Philippe et les deux chambres (particulièrement la Chambre des députés). Le monarque prête serment à la nouvelle Constitution.

B. En démocratie, le peuple est associé à l'élaboration des Constitutions

Ce type d'établissement démocratique revêt quatre formes principales.

96 **La démocratie directe.** Le peuple assemblé établit lui-même la Constitution : cette formule, en théorie idéale sur le plan des principes démocratiques, est en pratique irréalisable.

97 **L'élaboration et l'adoption par une assemblée constituante souveraine élue par le peuple.** Une assemblée élue par le peuple élabore généralement en toute liberté (on dit qu'elle est « souveraine ») un projet qu'elle adopte. Ce procédé a été employé pour les Constitutions françaises du 3 septembre 1791 (élaborée par l'Assemblée constituante, issue des États généraux, qui s'attribue le pouvoir législatif), du 4 novembre 1848 (élaborée par l'Assemblée constituante élue le 23 avril 1848), de 1875 (élaborée par l'Assemblée nationale élue le 3 février 1871, disposant du pouvoir législatif et s'attribuant le pouvoir constituant). Cette dernière formule semble s'inspirer de la Constitution américaine de 1787 élaborée par une Convention composée des délégués des 13 anciennes

colonies. Mais, dans ce cas, l'assemblée constituante a été élue spécialement et cesse d'exister une fois le projet élaboré et voté. La distinction entre pouvoir législatif et pouvoir constituant est respectée.

Notons que la Constitution italienne de 1947, après un référendum décidant de l'abandon de la monarchie, a été élaborée par une assemblée constituante souveraine, conformément à la tradition parlementaire de ce pays. Notons aussi la situation très particulière du Japon qui, placé sous l'autorité américaine après sa défaite, a vu sa nouvelle Constitution entrer en vigueur le 3 mai 1947. Élaborée en fait par le général Mac Arthur, elle fut adoptée en droit par les deux chambres qui la votèrent conformément à la procédure de révision instituée par la Constitution de 1889. Dans le même esprit, la Loi fondamentale d'Allemagne fédérale, élaborée par un conseil parlementaire représentant les *Länder*, n'entra en vigueur que sous réserve de l'approbation des gouvernements militaires alliés et des Parlements des *Länder*. Ce « texte provisoire » était censé « devenir caduc le jour de l'entrée en vigueur d'une Constitution adoptée par le peuple allemand en pleine liberté de décision ».

Au-delà de la distinction entre pouvoir législatif et pouvoir constituant, la procédure excluant le peuple de l'approbation finale et directe du texte présente deux inconvénients : l'un peut tenir à la volonté des constituants de préserver la toute-puissance de l'Assemblée dans le projet constitutionnel ; l'autre, connexe, est relatif à la perspective d'une réélection des députés à l'assemblée constituante dans la nouvelle assemblée législative instituée par la Constitution. C'est pourquoi, sous la Révolution française, les députés de la Constituante étaient inéligibles et ne pouvaient donc être élus à l'assemblée législative établie par la Constitution de 1791 (cette impossibilité découlant de la théorie énoncée par Sieyès relative à la distinction entre le pouvoir constituant et le pouvoir législatif : on ne peut appartenir à l'un et à l'autre à la fois).

98 **L'élaboration d'un projet par une assemblée constituante élue par le peuple et soumis ensuite à son approbation.** L'assemblée constituante n'est pas dans ce cas souveraine – c'est-à-dire totalement libre – pour établir la Constitution. En France, une

convention élabora ainsi la Constitution du 24 juin 1793, jamais appliquée, approuvée par le peuple (mais avec une abstention massive). De même, la Constitution de l'an III (1795), qui devait donner naissance au Directoire, fut adoptée dans les mêmes circonstances.

Ce fut aussi le cas pour la Constitution du 27 octobre 1946 : la loi du 2 novembre 1945 opte pour une assemblée constituante non souveraine (soit limitée dans le temps et ne pouvant adopter elle-même la Constitution). Elle prépare un texte – dans un temps limité – qu'elle soumet au peuple. S'il le rejette (comme cela s'est produit une première fois en 1946), il est procédé à l'élection d'une nouvelle assemblée constituante préparant un nouveau projet proposé au peuple. Cette formule est sans doute la plus démocratique puisque le peuple est appelé à élaborer le projet par l'intermédiaire de ses représentants élus, puis décide ou non de l'adopter, éclairé en cela par les débats de l'assemblée constituante.

En Espagne, la Constitution de 1978 a été élaborée selon ce procédé.

99 **L'approbation directe de la Constitution par le peuple sans participation à son élaboration.** C'est particulièrement le cas de la Constitution du 4 octobre 1958 dont le peuple ou ses représentants sont exclus pour l'essentiel de l'élaboration du projet confié au général de Gaulle et à son gouvernement, qui sera cependant approuvé directement par le peuple le 28 septembre 1958. Cette procédure ressemble au mode d'établissement « mixte », évoqué à propos des Constitutions impériales, mais s'en sépare sur plusieurs points : d'une part, c'est le Parlement de la IVe République – élu donc au suffrage populaire – qui confère au gouvernement le pouvoir de préparer un projet constitutionnel dans le cadre du respect d'un certain nombre de principes républicains ; d'autre part, si le vote en faveur du projet – ou son rejet – s'apparente à une question de confiance envers un homme – le général de Gaulle –, la consultation populaire est libre. Enfin, elle n'a pas pour objet l'établissement d'institutions non démocratiques.

§ 2. La révision des Constitutions écrites

100 « En Angleterre, on reconnaît au Parlement le droit de modifier la constitution. En Angleterre, la constitution peut donc changer sans cesse, ou plutôt elle n'existe point. Le Parlement, en même temps qu'il est corps législatif, est corps constituant.

> En Amérique, les théories politiques sont plus simples et plus rationnelles.
>
> Une constitution américaine (...) ne saurait être modifiée par les pouvoirs ordinaires de la société, comme en Angleterre. Elle forme une œuvre à part, qui, représentant la volonté de tout le peuple, oblige les législateurs comme les simples citoyens, mais qui peut être changée par la volonté du peuple, suivant les formes qu'on a établies, et dans des cas qu'on a prévus.
>
> En Amérique, la constitution peut donc varier ; mais, tant qu'elle existe, elle est l'origine de tous les pouvoirs. La force prédominante est en elle seule. »
>
> Alexis de Tocqueville, *De la démocratie en Amérique*, 1835-1840.

Le pouvoir constituant dérivé (« ou institué ») est l'organe désigné par la Constitution pour procéder à une éventuelle modification de celle-ci. La facilité de révision diffère selon que les Constitutions sont souples ou rigides. On a déjà noté qu'à l'exception de la Grande-Bretagne, c'est la rigidité qui prévaut dans les démocraties occidentales. Elle connaît, à l'évidence, plusieurs degrés.

Le pouvoir de révision peut connaître un certain nombre de limitations. La révision s'opère, pour les Constitutions rigides, selon une procédure particulière. Indépendamment de cette révision formelle, les notions de coutume et de convention permettent de poser autrement la question de la révision.

A. Le pouvoir constituant à l'origine

101 • **Pouvoirs constitués / pouvoir constituant**

La Constitution établit les « pouvoirs constitués » – pouvoir exécutif, pouvoir législatif, pouvoir judiciaire : ils tiennent d'elle leurs compétences qui ne peuvent être en principe déléguées, sauf si le constituant l'a prévu de manière expresse. La Constitution est en effet l'œuvre du pouvoir constituant, seul habilité à l'établir. Chez Sieyès, inventeur de ce concept, ce pouvoir ne saurait être détenu que par la nation, entité abstraite. Mais, en démocratie, on a vu que c'est au peuple – et à ses représentants – d'établir sa Constitution.

• **Pouvoir constituant originaire et pouvoir constituant dérivé**

On distingue le pouvoir constituant originaire du pouvoir constituant institué (ou dérivé). Cette distinction a été élaborée en France par la doctrine (R. Bonnard), sous le régime de Vichy. Le premier interviendrait en l'absence de Constitution, ou lorsque celle-ci a été abolie (création d'un État, révolution). Le second est créé par la Constitution elle-même pour permettre des modifications éventuelles du texte constitutionnel. Le plus souvent, le pouvoir constituant originaire appartient directement au peuple, tandis que le pouvoir constituant dérivé est habituellement aux mains de ses représentants.

Notons que certains auteurs – dont le signataire de ces lignes –, considérant que l'établissement de la première Constitution étant « un acte juridiquement indéterminé » (L. Favoreu) puisqu'il ne peut y avoir de droit sans Constitution, dénient toute valeur juridique à la notion de « pouvoir constituant originaire ». En effet, dissociant la notion de démocratie de celle de Constitution, on sépare ainsi la légitimité du droit de son existence formelle, aboutissant à des contresens dangereux sur le plan historique. La notion – a-juridique – de pouvoir constituant « originaire » est aussi « a-démocratique ». (v. « Théorie du pouvoir constituant et révision », *Traité international de droit constitutionnel*, t. III, Titre I).

B. Le pouvoir de révision connaît certaines limitations

Le pouvoir constituant institué ou dérivé qui procède à la révision n'est pas, à la différence du pouvoir constituant originaire, illimité. Ce dernier encadre généralement les modifications possibles de la Constitution tant dans la forme que sur le fond.

102 **L'absence formelle de limitations n'autorise pas tout.** En l'absence formelle de toute limitation prévue par la Constitution, l'objet de la révision ne saurait porter atteinte ni à la procédure de révision prévue ni à la nature fondamentale du régime politique que la Constitution a institué. Ainsi peut-on considérer que l'installation du fascisme mussolinien dans le cadre de la Constitution italienne de 1848, ou du nazisme hitlérien dans celui de la Constitution allemande de Weimar de 1919, sont des fraudes à la

Constitution. Notons, sans y voir la cause de l'avènement de ces régimes, que les Constitutions écrites en cause étaient de nature souple et, par conséquent, aisément révisables. En France, la loi du 10 juillet 1940, qui révise les lois constitutionnelles de 1875 afin de confier le pouvoir constituant à un homme, le maréchal Pétain, fut de même une fraude à la Constitution. D'autres Constitutions des démocraties occidentales prescrivent un certain nombre de limitations au pouvoir de révision dont la plupart ont pour but d'éviter la remise en cause du régime démocratique.

103 **La révision peut être limitée dans la forme et sur le fond**

• **Circonstances et délais de révision**. Certaines Constitutions limitent le pouvoir de révision dans des circonstances particulières, comme en France (v. t. 2 *La Constitution de la Ve République*, titre XVI).

• **L'objet : les limites matérielles au pouvoir de révision**. Elles existent en France quant à la forme républicaine du Gouvernement (v. t. 2 *La Constitution de la Ve République*, titre XVI).

En Allemagne, la Constitution de 1949 interdit en particulier toute révision portant atteinte aux droits fondamentaux. Elle interdit en outre la révision de l'article 20 disposant qu'« à défaut d'autres recours, tous les Allemands ont le droit de résister à quiconque entreprendrait de renverser le régime constitutionnel ». En Irlande, les dispositions dérivant du droit naturel (protection de la dignité humaine et de la famille) ne peuvent faire l'objet de révision. En Italie, la jurisprudence est à l'origine de limitations s'agissant des droits inviolables de la personne.

• **Des conditions spéciales**. La Constitution peut alors renforcer les conditions procédurales de la révision rendue dès lors plus rigide s'agissant des droits fondamentaux et des libertés publiques, voire imposer, si la substance de ces droits relève des principes fondamentaux, une procédure de révision totale : en Espagne, la révision nécessite une majorité des 3/5 dans chaque chambre. En cas de révision totale du texte ou partielle concernant les droits fondamentaux, cela entraîne leur dissolution après le vote et sa confirmation par les nouvelles chambres élues.

C. La question de la supraconstitutionnalité

104 **Le débat théorique.** La question de la limitation de la révision recoupe le débat autour de la « supraconstitutionnalité ». Celle-ci consiste à considérer que le pouvoir constituant dérivé ne peut porter ni même modifier certaines règles, en particulier s'agissant des droits et libertés fondamentaux. Une minorité de la doctrine en France fait ainsi valoir l'existence de principes supraconstitutionnels, tandis que les cours constitutionnelles d'Allemagne, d'Autriche ou d'Italie se sont reconnues compétentes pour examiner la conformité des lois constitutionnelles par rapport à ces principes tirés de la Constitution elle-même ou déduits de celle-ci.

La théorie de la supraconstitutionnalité repose donc sur l'idée que le pouvoir constituant ne doit et ne peut déroger à certains principes fondamentaux. Pour louable que soit ce souci formel, il reste que le concept de normes juridiques supraconstitutionnelles est « logiquement inconstructible » (G. Vedel). Il est en effet impossible de déterminer leur auteur, à savoir un pouvoir qui serait d'essence supérieure au pouvoir constituant, sauf à admettre purement et simplement un gouvernement des juges autorisant une juridiction constitutionnelle à interdire une révision constitutionnelle au motif de principes non seulement explicites mais aussi déduits ou découverts par elle. Dans cette hypothèse, le juge accaparerait le pouvoir constituant, puisqu'il serait le seul détenteur du pouvoir de changer la Loi fondamentale que s'est donnée le peuple, et lui interdirait de la modifier. Il ne peut donc exister en clair que des principes constitutionnels que le juge constitutionnel, pouvoir constitué, fait respecter aux autres pouvoirs constitués, en particulier le Parlement dans le vote des lois ordinaires.

105 **La supraconstitutionnalité en Europe.**

- En Allemagne

> **Les droits fondamentaux**
>
> **Article 1. Dignité de l'être humain, caractère obligatoire des droits fondamentaux pour la puissance publique**
>
> (1) La dignité de l'être humain est intangible. Tous les pouvoirs publics ont l'obligation de la respecter et de la protéger.

(2) En conséquence, le peuple allemand reconnaît à l'être humain des droits inviolables et inaliénables comme fondement de toute communauté humaine, de la paix et de la justice dans le monde.

(3) Les droits fondamentaux énoncés ci-après lient les pouvoirs législatif, exécutif et judiciaire à titre de droit directement applicable.

Article 20. Fondements de l'ordre étatique, droit de résistance

(1) La République fédérale d'Allemagne est un État fédéral démocratique et social.

(2) Tout pouvoir d'État émane du peuple. Le peuple l'exerce au moyen d'élections et de votations et par des organes spéciaux investis des pouvoirs législatif, exécutif et judiciaire.

(3) Le pouvoir législatif est lié par l'ordre constitutionnel, les pouvoirs exécutif et judiciaire sont liés par la loi et le droit.

(4) Tous les Allemands ont le droit de résister à quiconque entreprendrait de renverser cet ordre, s'il n'y a pas d'autre remède possible.

Article 20a. Protection des fondements naturels de la vie

Assumant sa responsabilité pour les générations futures, l'État protège également les fondements naturels de la vie et les animaux par l'exercice du pouvoir législatif, dans le cadre de l'ordre constitutionnel, et par l'exercice des pouvoirs exécutif et judiciaire, dans le respect de la loi et du droit.

Article 79. Modifications de la Loi fondamentale

(1) La Loi fondamentale ne peut être modifiée que par une loi qui en modifie ou en complète expressément le texte. En ce qui concerne les traités internationaux ayant pour objet un règlement de paix, la préparation d'un règlement de paix ou l'abolition d'un régime d'occupation, ou qui sont destinés à servir la défense de la République fédérale, il suffit, pour mettre au clair que les dispositions de la Loi fondamentale ne font pas obstacle à la conclusion et à la mise en vigueur des traités, d'un supplément au texte de la Loi fondamentale qui se limite à cette clarification.

(2) Une telle loi doit être approuvée par les deux tiers des membres du Bundestag et les deux tiers des voix du Bundesrat.

(3) Toute modification de la présente Loi fondamentale qui toucherait à l'organisation de la Fédération en Länder, au principe du concours des Länder à la législation ou aux principes énoncés aux articles 1 et 20, est interdite.

Loi fondamentale d'Allemagne fédérale.

Seule la loi fondamentale allemande interdit aussi explicitement toute révision qui toucherait aux droits fondamentaux ou aux caractéristiques de l'État, constitutionnalisant ainsi la supraconstitutionnalité, ou plus précisément en posant, à l'article 79 alinéa 3 une « clause d'éternité » : cette clause prévoit, entre autres, qu'est interdite toute modification de l'organisation fédérale de l'État et des droits fondamentaux garantis aux articles 1 à 20. La Cour constitutionnelle s'est donc naturellement reconnue, dès 1951, compétente pour contrôler la conformité des révisions constitutionnelles à ces principes supraconstitutionnels (nonobstant le fait que cette Loi fondamentale est juridiquement un texte provisoire) : dignité de l'être humain, soumission des pouvoirs législatif, exécutif et judiciaire aux droits fondamentaux, caractère fédéral, démocratique et social de l'État. Si elle a ainsi décidé que « le législateur habilité à réviser la Constitution n'avait pas compétence pour se libérer lui-même des limitations à la révision constitutionnelle qui sont fixées par la Loi fondamentale » (23 avr. 1991), elle a néanmoins adopté une attitude prudente, interprétant de façon restrictive ces principes écrits dans le contrôle qu'elle avait à exercer.

• **En Espagne**. La Constitution espagnole, sans admettre la valeur supraconstitutionnelle des droits fondamentaux, les soumet, on l'a noté, à une procédure de révision plus rigide que la procédure normale, sauf en matière de droits sociaux.

• **Au Portugal**. La Constitution portugaise de 1976 impose – plutôt qu'elle n'interdit – au pouvoir de révision des limites matérielles, soit le respect des « droits, libertés et garanties des citoyens ».

• **En Italie**. Rappelons que la Constitution de 1947 en son article 139 visant la forme républicaine de gouvernement a été interprétée en 1988 par la Cour constitutionnelle comme incluant les droits fondamentaux qui deviennent, de ce fait, insusceptibles de révision, sauf à changer de Constitution. Mais cette décision n'a pas eu de suite.

• **En France**. La question a également pu se poser au sujet de l'article 89 dernier alinéa de la Constitution de 1958, lequel dispose que « la forme républicaine du Gouvernement ne peut faire l'objet d'une révision » (v. second tome du manuel).

D. La procédure de révision des Constitutions rigides

106 En l'absence de Constitution écrite – et rigide –, seule la Grande-Bretagne connaît l'adoption de révision par la procédure législative ordinaire. Les autres démocraties ont des Constitutions rigides. La procédure comprend généralement trois stades.

107 **L'initiative de la révision constitutionnelle appartient généralement aux pouvoirs constitués.**

• **Elle peut appartenir au seul exécutif.** Ce monopole lui était reconnu dans les régimes autoritaires, notamment ceux institués par les Constitutions françaises du Premier Empire (initiative réservée au gouvernement) ou du Second Empire (le Sénat avec l'accord de l'empereur, nommant par ailleurs ses membres...). Aujourd'hui, si le monopole de l'exécutif est formellement écarté dans les démocraties, l'initiative revient en fait le plus souvent au gouvernement et à sa majorité compte tenu du phénomène majoritaire.

• **Elle peut être confiée au seul Parlement.** Ce monopole apparaît dans les Constitutions révolutionnaires en France ainsi que dans la Constitution américaine. Notons sur ce dernier point que la structure fédérale de l'État rend obligatoire l'intervention de la chambre représentant les États fédérés (le Sénat).

• **Elle peut être partagée entre l'exécutif et le législatif.** C'est le cas le plus fréquent dans les démocraties contemporaines (la France depuis la IIIe République, l'Allemagne fédérale, l'Italie, etc.). En pratique, les initiatives de l'exécutif, qui domine souvent le Parlement dans les démocraties, ont beaucoup plus de chances d'aboutir que les simples initiatives parlementaires.

• **Plus rarement, elle peut être reconnue au peuple.** Ce cas est beaucoup plus rare (c'est l'exemple classique de la Constitution de 1793, jamais appliquée, et surtout de la Suisse).

108 **La décision de donner suite à l'initiative appartient généralement à une assemblée.** Cette décision pose la question de savoir quel organe va donc élaborer le texte définitif de la révision.

C'est généralement, dans les démocraties, au Parlement d'y procéder (Allemagne, France, Italie, Espagne, Belgique, etc.), c'est-à-dire à l'assemblée ou aux assemblées exerçant le pouvoir législatif.

L'élaboration du texte peut être aussi confiée à une assemblée élue spécialement dans ce but, une « Convention » (cas des Constitutions révolutionnaires ou des États-Unis, si la révision par le Congrès américain n'est pas retenue comme solution), ou à des assemblées renouvelées. Cette solution respecte la distinction entre pouvoir constituant et pouvoir législatif.

Elle peut être aussi confiée à l'exécutif (élaboration de la Constitution de 1958).

109 **L'adoption de la révision constitutionnelle fait intervenir le peuple ou ses représentants.**

- **Une assemblée spéciale de révision**. Elle est distincte du Parlement et doit adopter la révision (c'est la même que celle citée précédemment, ou une Convention).

- **Le Parlement peut adopter la révision**. Dans ce cas, une majorité renforcée est généralement requise.

C'est le cas des lois constitutionnelles de 1875 où les membres du Parlement se réunissaient en Assemblée nationale (et statuaient à la majorité absolue). C'est aussi la possibilité offerte par les Constitutions de 1946 et de 1958 : la première prévoyait que le projet n'était pas soumis au peuple si une majorité des trois cinquièmes se dégageait dans chaque chambre, la seconde prévoit que le président de la République, après le vote par chaque chambre du projet du gouvernement (et donc non d'une proposition émanant des parlementaires), peut décider qu'il sera soumis non au peuple mais aux deux chambres réunies en Congrès (statuant à la majorité des trois cinquièmes). Pour des révisions non fondamentales de la Constitution, ces procédures évitent une consultation populaire.

En Allemagne, la révision est votée par le Bundestag et le Bundesrat, à la majorité des deux tiers, de même au Portugal par l'Assemblée de la République. En Italie, la révision est approuvée par les deux chambres, après deux délibérations successives, le second vote étant acquis à la majorité absolue des membres composant chaque chambre.

Notons aussi que l'adoption d'une proposition de révision par les assemblées peut entraîner de plein droit leur dissolution : ce sont les nouvelles chambres qui adopteront définitivement la révision à la majorité des deux tiers (Belgique, Pays-Bas, Luxembourg, Espagne – en cas de révision totale ou touchant aux droits fondamentaux).

• **Le projet peut être enfin soumis directement au peuple après le vote du Parlement**. C'est la possibilité offerte, on vient de l'évoquer, par la Constitution de la Ve République (v. t. 2, titre XVI, art. 89). En fait, il s'agit de la procédure normale d'adoption mais appliquée une seule fois... (celle par les chambres réunies constituant une forme simplifiée). C'est, à l'évidence, la procédure la plus démocratique, s'agissant d'opérer une révision importante de la Constitution, acte du peuple souverain. Notons sur ce point la procédure originale en vigueur au Danemark : l'Assemblée unique, le *Folketing*, après avoir voté une proposition de révision, se dissout automatiquement, provoquant de nouvelles élections législatives. La nouvelle assemblée délibère à nouveau, puis le texte est soumis à référendum. En Espagne, 1/10e des membres de l'une des chambres peut demander que la révision soit soumise à référendum, après un vote à la majorité qualifiée des deux chambres. En Irlande, le référendum est obligatoire après le vote d'une révision par le Parlement. En Italie, il peut être demandé par 500 000 électeurs, 1/5e des membres de l'une des deux chambres ou cinq conseils régionaux, sauf si le second vote a été acquis à la majorité des deux tiers.

§ 3. Coutumes et conventions

110 Les Constitutions écrites, fussent-elles en apparence exhaustives, ne peuvent tout prévoir : non seulement elles laissent des « vides » qu'il faudra combler, mais elles contiennent aussi des règles dont le flou laisse une grande place à l'interprétation opérée par les organes politiques ou le juge constitutionnel. Enfin, par nécessité, les Constitutions évoluent au fil des années sous l'inflexion des pratiques politiques. Comment qualifier et distinguer dans cet ensemble hétérogène l'établissement durable de règles non écrites

produisant des effets juridiques, ou, à tout le moins, un sentiment d'obligation, de simples pratiques éphémères ou d'usages – ou de « non-usages » – sans effet contraignant pour l'avenir ?

On aperçoit la difficulté de la question, une des plus controversées du droit constitutionnel, traditionnellement posée par la notion de coutume constitutionnelle et plus encore par celle de « convention de la Constitution » appliquée aux constitutions écrites.

A. La coutume constitutionnelle

111 **Un concept doctrinal.** La doctrine juridique française fait appel à la notion de coutume constitutionnelle définie comme l'ensemble des usages ayant pour origine la pratique constitutionnelle et à caractère obligatoire. Elle ne produit des effets juridiques qu'à quatre conditions :

– la répétition : « une fois n'est pas coutume », dit l'adage. En clair, l'usage doit être répété sur une longue durée. Un seul précédent ne suffit pas ;

– la constance : l'interprétation dans la durée de cet usage doit être identique, ce qui renvoie peu ou prou à l'ancienne notion de coutume ;

– la clarté : cette interprétation de l'usage doit être claire, c'est-à-dire ne laisser place à aucune confusion dans les motivations qui y président ;

– le sentiment d'obligation : cet usage doit être considéré tant par les pouvoirs publics que par l'opinion et par la doctrine comme obligatoire.

Ces conditions se résument en définitive à la réunion d'un élément matériel, l'usage, et d'un élément psychologique, le sentiment qu'existe une règle juridique (l'*opinio juris*).

112 **Un caractère résiduel.** Ces critères restent cependant vagues, et leur réunion difficile, en tout cas très subjective. On a d'ailleurs parfois considéré que la notion de coutume constitutionnelle pouvait s'analyser comme une tentative pour la doctrine de rationaliser des pratiques échappant de prime abord à l'analyse juridique... La doctrine à cet égard reconnaît en général que la coutume ne

saurait aller à l'encontre de dispositions constitutionnelles précises et non équivoques (*contra legem*). Ainsi, ne saurait-on admettre que la coutume née de la pratique des gouvernants – les pouvoirs constitués – puisse s'opposer à la Constitution, acte du peuple, c'est-à-dire du pouvoir constituant.

La doctrine préfère considérer que la coutume remplit une fonction supplétive ou interprétative : la coutume complète la Constitution (en cas de silence des textes) ou permet son interprétation en cas d'incertitude. Ainsi, en France, peut-on penser que le statut du président du Conseil sous la IIIe République est, en l'absence de texte écrit jusqu'en 1934 (création des services de la présidence du Conseil), de nature coutumière. De même, aux États-Unis, le mandat donné aux Grands Électeurs par la désignation du président est-il devenu impératif, apparentant son élection au suffrage universel à une élection directe – et non indirecte.

B. Les conventions de la Constitution

113 **Un concept d'origine anglaise.** La Constitution coutumière britannique est formée de quelques textes fondamentaux, de règles écrites édictées par des lois mais aussi de conventions de la Constitution qui, comme l'indiquait l'éminent constitutionnaliste Dicey au début du XXe siècle, « définissent la façon dont les pouvoirs discrétionnaires de la Couronne (ou des ministres en tant que serviteurs de la Couronne) doivent être exercés ». Ce sont donc ces conventions, règles non-écrites, qui ont assuré progressivement le passage de la monarchie limitée au régime parlementaire.

Une notion difficilement transposable aux Constitutions écrites. « En transposant librement la formule dans l'univers conceptuel du constitutionnalisme français, on définira les conventions comme des règles non écrites portant sur la manière dont les pouvoirs juridiques attribués par la Constitution doivent être exercés, conformément aux principes et convictions politiques actuellement reconnus », écrit Pierre Avril. Ainsi, il considère que sous la IIIe République, une « convention fondatrice de la souveraineté parlementaire [qui] implique l'abdication par les organes exécutifs de certaines compétences » dont le droit de dissolution. De même, sous la Vᵉ République, la responsabilité non écrite du Premier ministre devant le président de la République opère un transfert de pouvoirs : cette convention découle de plusieurs précédents, du sentiment d'obligation énoncé par la plupart des Premiers ministres, et d'une raison tenant à l'imbrication des attributions des deux acteurs sous-tendue par la primauté en « temps ordinaire » du chef de l'État élu au suffrage universel et appuyé par une majorité parlementaire. Pour autant, ces usages n'ayant pas été déclarés formellement contraires à la Constitution, soit d'abord par son juge – le Conseil constitutionnel sous la Vᵉ – ou son interprète autorisé, le chef de l'État, rien n'interdit de qualifier ces usages de coutumes… On voit ainsi que, sauf à parler de « conventions de la Constitution à la française », celles-ci n'ont pas grand-chose à voir avec celles d'Angleterre. Transposition n'est pas raison : en France, pays de Constitution écrite et disposant d'un juge constitutionnel, les « conventions de la Constitution » apparaissent comme un concept tout simplement inopérant.

SECTION 3

Les Constitutions nationales et le droit international et européen

114 La relation entre le droit constitutionnel et le droit international et européen est une question ancienne qui voit s'opposer deux conceptions de la primauté de l'un sur l'autre. Elle a retrouvé une actualité nouvelle à la faveur de l'intégration européenne. Ainsi, l'introduction des normes internationales (§ 1) et du droit de l'Union européenne en droit interne (§ 2) peut se faire avec ou sans révision de la Constitution. Leur entrée en vigueur pose la question de leur place dans la hiérarchie des normes, *a fortiori* s'agissant des normes européennes de droit dérivé, transposées dans l'ordre juridique national.

§ 1. Constitutions nationales et droit international

A. Les modèles théoriques

115 **Le dualisme.** Développée à la fin du XIXe siècle et au début du XXe par les auteurs positivistes allemands, Triepel en particulier, et italiens, comme Anzilotti et Cavaglieri, cette conception considère que le droit interne et le droit international constituent deux systèmes juridiques égaux, indépendants et séparés. La valeur propre du droit interne est indépendante de sa conformité au droit international, chacun de ces droits ayant des sources différentes. En clair, un acte de l'État peut être illégal sur le plan du droit international mais légal dans l'ordre interne alors qu'il peut régir les mêmes sujets de droit. Le dualisme subordonne l'entrée en vigueur de la règle internationale à sa réception dans l'ordre interne et en fixe sa place dans la hiérarchie des normes.

116 **La conception moniste.**

> « Si l'on part de l'idée de la supériorité du droit international aux différents ordres étatiques..., le traité international apparaît comme un ordre juridique supérieur aux États contractants ». De ce point de vue, écrit-il, « le traité a vis-à-vis de la loi et même de la Constitution une prééminence, en ce qu'il peut déroger à une loi ordinaire ou constitutionnelle, alors que l'inverse est impossible. D'après les règles du droit international, un traité ne peut perdre sa force obligatoire qu'en vertu d'un autre traité ou de certains autres faits déterminés par lui, mais non pas par un acte unilatéral de l'une des parties contractantes, notamment par une loi. Si une loi, même une loi constitutionnelle, contredit un traité, elle est irrégulière, à savoir contraire au droit international. Elle va immédiatement contre le traité, médiatement contre le principe *pacta sunt servanda*. »
>
> Kelsen, *Théorie pure du droit*, 1934.

La conception moniste repose sur l'idée de départ que le droit international et le droit interne constituent un seul et même ensemble dans lequel les deux types de règles seront subordonnés l'un à l'autre.

Elle connaît deux variantes :

– le monisme avec primauté du droit interne

Selon cette thèse développée par l'« École de Bonn » dans les années vingt a inspiré largement la conception « soviétique » du droit international qui réduit celui-ci à une sorte de droit public externe de l'État ;

– le monisme avec primauté du droit international.

Selon cette théorie développée par l'« École normativiste autrichienne » (Kunz, Kelsen, Verdross) et, en France, par Duguit et Scelle, le droit interne dérive du droit international qui lui est donc supérieur parce qu'il le conditionne. Le rapport entre les deux droits est le même que celui existant dans un système fédéral : le droit de l'Union est supérieur à celui des États.

C'est Hans Kelsen qui a expliqué de la façon la plus claire la conséquence de cette thèse quant à la supériorité des normes du droit international sur les normes constitutionnelles (« la garantie juridictionnelle de la Constitution »).

B. La supériorité absolue du droit international sur le droit interne affirmée par les juridictions internationales

117 **La supériorité du droit international en général. Droit interne et respect des traités.**

> « Une partie ne peut invoquer les dispositions de son droit interne comme justifiant la non-exécution d'un traité. »
>
> Convention de Vienne sur le droit des traités 1969, art. 27.

La supériorité du droit international sur le droit constitutionnel national n'est qu'un corollaire du principe de la supériorité du droit international sur le droit interne. Ainsi, la Convention de Vienne sur le droit des traités stipule qu'« une partie ne peut invoquer les dispositions de son droit interne comme justifiant la non-exécution d'un traité ». Les juridictions internationales consacrent le principe de la supériorité du droit international sur le droit interne. La Cour permanente de justice internationale (CPJI), le 31 juillet 1930, dans l'affaire des *Communautés gréco-bulgares*, déclare : « C'est un principe généralement reconnu du droit des gens (du droit des États) que, dans les rapports entre puissances contractantes d'un traité, les dispositions d'une loi interne ne sauraient prévaloir sur celles d'un traité. » La Cour internationale de justice, dans un arrêt du 27 août 1952, dans l'affaire *relative aux ressortissants des USA au Maroc*, déclara incompatible un arrêté de 1948 avec le droit conventionnel antérieur.

Le principe de la supériorité des normes de droit international s'applique aussi aux lois constitutionnelles. La pratique arbitrale l'a d'abord consacré. Dans l'affaire du *Montijo* en 1875, la Colombie prétendait que les dispositions de sa Constitution l'empêchaient de respecter les termes d'un traité régulièrement conclu avec les États-Unis. La sentence arbitrale a affirmé au contraire qu'« un traité est supérieur à la Constitution ». Dans l'affaire *Georges Pinson*, en 1928, opposant la France au Mexique, l'arbitre a fait prévaloir le traité franco-mexicain sur la Constitution mexicaine : « Il est incontestable et incontesté que le droit international est supérieur au droit interne. »

Sur le plan juridictionnel, la Cour permanente de justice internationale dans l'affaire relative au traitement des nationaux polonais à Dantzig a rendu un avis consultatif le 4 février 1932 selon lequel « un État ne saurait invoquer vis-à-vis d'un autre État sa propre Constitution pour se soustraire aux obligations que lui imposent le droit international ou les traités en vigueur ».

118 **La supériorité du droit de l'Union européenne.** Le principe de la primauté du droit de l'Union européenne sur les lois constitutionnelles nationales a été affirmé par la Cour de justice des Communautés européennes, d'abord dans l'affaire *Costa c/ ENEL*, le 15 juillet 1964 : « Le droit né du Traité ne pourrait (...) se voir judiciairement opposer à un texte interne quel qu'il soit, sans perdre son caractère communautaire et sans que soit mise en cause la base juridique de la Communauté elle-même. » Plus tard dans l'affaire *Internationale Handelsgesellschaft*, la Cour a précisé dans sa décision du 17 décembre 1970 que « l'invocation d'atteintes portées soit aux droits fondamentaux tels qu'ils sont formulés par la Constitution d'un État membre, soit aux principes d'une structure constitutionnelle nationale, ne saurait affecter la validité d'un acte de la Communauté ou son effet sur le territoire de cet État ».

C. La supériorité relative du droit international dans les Constitutions nationales

119 Tous les États reconnaissent formellement la supériorité du droit international et son caractère obligatoire. Une fois l'hommage rendu, les Constitutions reconnaissent inégalement la supériorité du droit international sur le droit interne. Certaines Constitutions affirment simplement ce principe mais sans en tirer de conséquence formelle sur le plan de la hiérarchie des normes. Il en va ainsi de la Constitution grecque du 11 juin 1975 : « La Grèce, se conformant aux règles de droit international généralement reconnues, poursuit l'affermissement de la paix et de la justice. »

D'autres Constitutions imposent au législateur de se conformer aux prescriptions du droit international, avec bien des nuances. L'article VI de la Constitution américaine reconnaît aux traités *self-executing* une valeur supérieure aux lois antérieures. En cas de contrariété entre un traité et une loi postérieure, il appartient au Congrès de trancher cette contrariété. Mais un traité ne peut jamais déroger à la Constitution.

Enfin, bien des Constitutions donnent au droit international une valeur supérieure à la loi. Il en va ainsi de la Constitution italienne du 27 décembre 1947 dont l'article 10 dispose : « L'ordre juridique italien se conforme aux règles du droit international généralement reconnues. » L'article 25 de la Loi fondamentale allemande du 8 mai 1949 dispose quant à lui que : « Les règles générales du droit international font partie intégrante du droit fédéral. Elles priment les lois et font naître directement des droits et des obligations pour les habitants du territoire fédéral ». Mais l'article 59-2° prévoit pour les traités la nécessité de la « promulgation d'une loi », ce qui leur donne, alors, la valeur d'une simple loi ordinaire.

§ 2. L'introduction des normes internationales et issues du droit de l'Union européenne en droit interne

120 L'introduction des normes internationales en droit interne pose certaines difficultés relatives à la ratification des traités et à leur éventuelle contrariété avec la Constitution, supposant une révision. La question est particulièrement sensible s'agissant de l'introduction de normes issues du droit de l'Union européenne et de leurs effets (pour l'essentiel, on renverra à nos obs. : t. 2, titre XV ; Roux (J.), *op. cit.*, 2021).

• **Position du problème**. Si le juge international constate une contrariété entre la norme constitutionnelle et la norme internationale, il n'annule pas la première, il la déclare simplement inopposable sur le plan international. La sanction juridique de la méconnaissance de la norme internationale consiste dans l'engagement de la responsabilité de l'État. Le principe de supériorité n'affecte pas la validité interne des normes nationales contraires au droit international. Il en irait différemment si la Constitution plaçait le droit international au sommet de la hiérarchie des normes juridiques, c'est-à-dire au rang supraconstitutionnel. Or, aucune Constitution ne consacre ce principe. Dans l'hypothèse même où une Cour constitutionnelle se déclarerait compétente pour contrôler la conformité des lois constitutionnelles aux normes du droit international, il ne pourrait le faire qu'en vertu de la Constitution, non du droit international. Il en va de même, au plan européen, pour la Cour de justice de l'Union européenne qui ne peut annuler ou abroger des actes contraires comme elle pourrait le faire dans un système fédéral. Autrement dit, dans l'affaire 6-60 du 16 décembre 1960, *Humblet*, elle n'a pas « compétence pour annuler des actes législatifs ou administratifs d'un des États membres » en cas de contrariété avec le droit de l'Union européenne.

• L'introduction des Traités et accords internationaux en droit interne sans révision de la Constitution : l'exemple français (v. t. 2, titre VI).

– Le contrôle de constitutionnalité des engagements internationaux en droit français (v. t. 2, titre VI).

– Les engagements internationaux, particulièrement européens, ayant entraîné une révision constitutionnelle en France (v. t. 2, titre VI).

– L'entrée en vigueur des normes de droit dérivé issues du droit de l'Union européenne : le cas français (v. t. 2, titre XV).

SECTION 4
L'internationalisation des Constitutions

121 Ce vocable – assez flou – recouvre en réalité deux phénomènes distincts, outre l'influence du droit international et européen (TOURARD (H.), 2000).

Le premier est relatif à la diffusion des valeurs européennes au travers de l'adhésion de nouvelles démocraties, en particulier des pays de l'Est, à la Convention européenne des droits de l'homme, se voulant ainsi partie prenante à l'idée d'un patrimoine constitutionnel européen (§ 1).

Le second phénomène est plus ambigu sur le plan démocratique et les typologies n'y changent rien : des pays en voie d'accession à l'indépendance, en proie à des difficultés insurmontables et/ou tout simplement occupés, notamment par des puissances étrangères, voient leur fonction constituante assumée, non par leur peuple souverain mais, partiellement voire totalement, par des organisations internationales et/ou des puissances étrangères, particulièrement les États-Unis (§ 2).

§ 1. L'influence des standards européens sur les nouvelles Constitutions de l'Est

A. Le patrimoine constitutionnel européen

122 Issue des traditions constitutionnelles nationales et principalement de la CEDH telle qu'interprétée par la Cour européenne des

droits de l'homme, cette notion renvoie à la démocratie, au respect des droits de l'homme et à la prééminence du droit. Contrairement aux États-Unis, la conception proprement européenne de la démocratie est non seulement libérale, mais aussi sociale et tend à placer sur le même plan les droits civils et politiques et les droits économiques, sociaux et culturels.

La démocratie est le système reconnu de gouvernement dans lequel il est possible de jouir effectivement de droits individuels. Les instruments juridiques du Conseil de l'Europe se préoccupent essentiellement de droits et libertés à caractère individuel et, pour la plupart, n'abordent qu'indirectement la structure et la répartition des pouvoirs constitutionnels. Ils lient cependant étroitement la protection des droits de l'homme et l'idée de « société démocratique » qui implique l'obligation d'organiser régulièrement des élections libres, honnêtes, disputées et véritablement pluralistes – selon les vœux de l'article 3 du premier Protocole additionnel à la Convention européenne des droits de l'homme.

La Cour européenne des droits de l'homme, dans ses décisions essentielles *Handyside* du 7 décembre 1976 et *Sunday Times* du 26 avril 1979, a mis l'accent sur la liberté d'expression comme « l'un des fondements essentiels d'une société démocratique, l'une des conditions primordiales de son progrès et de l'épanouissement de chacun » : il ne saurait y avoir de société démocratique, sans « pluralisme, tolérance et esprit d'ouverture ».

Le Préambule du statut du Conseil de l'Europe définit la liberté individuelle, la liberté politique et la prééminence du droit comme un patrimoine commun. Il ressort des instruments juridiques ultérieurs du Conseil de l'Europe et de la pratique juridique que la démocratie est par là même placée au sommet d'un modèle qui a pour fondement des droits et des libertés et la prééminence du droit. Dans le Préambule de la CEDH, les gouvernements signataires « réaffirm[e]nt leur profond attachement à ces libertés fondamentales (...) dont le maintien repose essentiellement sur un régime politique véritablement démocratique ». C'est la même notion de démocratie en tant que garantie de la protection des droits et libertés qui est à la base des exceptions aux articles 8, 10, 11, etc., qui mentionnent la « démocratie ». Les droits de l'homme peuvent faire l'objet d'une restriction si, entre autres, cette restriction peut être considérée comme nécessaire.

B. L'adhésion au Conseil de l'Europe

123 **La procédure.** L'admission comme membre à part entière du Conseil de l'Europe, accompagnée le plus souvent de la signature

par le pays concerné de la CEDH, est essentielle pour lui dans la mesure où elle consacre non seulement solennellement son adhésion à certaines valeurs mais constitue aussi une étape nécessaire pour envisager son adhésion éventuelle à l'Union européenne.

La procédure d'admission de nouveaux États membres a pour objet, de plus en plus, non seulement de valider un « acquis », déjà très largement en harmonie avec les standards européens, mais d'amener l'État candidat au standard constitutionnel et juridique exigé par le Conseil de l'Europe.

Le processus d'adhésion au Conseil de l'Europe commence généralement par une requête adressée au secrétaire général de cette organisation internationale qui la transmet au Comité des ministres pour examen. Ce dernier consulte l'Assemblée parlementaire qui, à son tour, vérifie si le candidat satisfait aux conditions requises. Il s'agit de visites sur place de commissions parlementaires et aussi, plus récemment, de missions d'information effectuées par des éminents juristes. Sans être une disposition statutaire, il est désormais de règle de demander à tout nouveau candidat qu'il adhère aux principes de la Convention européenne des droits de l'homme. C'est alors en fonction de l'avis adopté par l'Assemblée parlementaire du Conseil de l'Europe que le Comité des ministres invite l'État en question à devenir membre à part entière.

124 **La Commission de Venise.** La Commission européenne pour la démocratie par le droit auprès du Conseil de l'Europe, créée en mai 1990 et qui siège à Venise, joue un rôle discret mais parfois utile dans la mise en conformité des lois fondamentales des pays d'Europe centrale et orientale aux standards du patrimoine constitutionnel européen : pratiquement toutes les Constitutions des pays issus de l'ancien bloc communiste, y compris celle de la Fédération de Russie, sont passées un jour entre ses mains.

Par ailleurs, au sein de l'Assemblée parlementaire, la Commission pour le respect des obligations et engagements des États membres (commission de suivi) joue un rôle essentiel pour s'assurer du respect par le nouvel État adhérent de ses engagements.

§ 2. L'internationalisation du pouvoir constituant

125 L'exercice du pouvoir constituant en vertu du traité – ou des circonstances – est confié partiellement ou totalement à une autorité internationale et/ou à des puissances étrangères.

A. Un phénomène ancien

126 **Le cas des pays vaincus au lendemain de la Seconde Guerre mondiale.** Les alliés ont assuré un contrôle étroit du processus de rédaction de la future Loi fondamentale allemande du 23 mai 1949. Mais son Préambule dispose que « le peuple allemand s'est donné la présente Loi fondamentale en vertu de son pouvoir constituant ».

Au Japon, la Constitution du 3 mai 1947 a été adoptée sous l'influence déterminante du commandement américain des troupes d'occupation. Enfin, s'agissant de la Constitution italienne, les puissances alliées ont simplement assuré un suivi du processus constituant.

127 **Après guerre.** L'internationalisation du pouvoir constituant aura été presque totale pour d'autres pays qui ne sont pas encore indépendants : la Constitution imposée est une condition préalable à l'exercice effectif de la souveraineté. Ce fut le cas pour Trieste en 1947 qui, par le traité de Paris, devint « Territoire libre de Trieste » sous contrôle de l'ONU, coupé en deux zones, l'une anglo-américaine, l'autre yougoslave. Il retourna à l'Italie en 1954.

En 1960, la Constitution chypriote a été élaborée sous la surveillance du Royaume-Uni, de la Grèce et de la Turquie avec les représentants des deux principales communautés, grecque et turque. Le pouvoir fut partagé entre les Chypriotes grecs et les Chypriotes turcs qui se retirèrent en 1963 du gouvernement.

B. Dans les années récentes : Bosnie, Kosovo, Afghanistan, Irak, Syrie

128 La Constitution de Bosnie-Herzégovine de 1995 a été élaborée sous la tutelle de la Communauté internationale – en réalité des États-Unis – et résulte directement d'un accord de paix international (l'accord de Dayton). Mais l'association par la suite de ce pays aux mécanismes d'intégration européenne (application directe de la Convention européenne de sauvegarde des droits de l'homme et des libertés fondamentales, adhésion au Conseil de l'Europe, au Pacte de stabilité pour l'Europe du Sud-Est et perspective d'association à l'Union européenne) a contribué à la stabilisation politique et constitutionnelle de cette jeune démocratie.

Au Kosovo en 1999, la nouvelle « Constitution » se présente sous la forme d'un règlement promulgué par le RSSG (représentant spécial du secrétaire général des Nations unies, 15 mai 2001). Ce règlement se fonde sur la résolution 1244 du Conseil de sécurité en rappelant dans son Préambule que : « Les responsabilités seront transférées à des institutions autonomes provisoires, [...] avec l'objectif de faciliter la détermination d'un statut futur pour le Kosovo à un stade ultérieur approprié et par un processus qui devra, en accord avec la résolution 1244 prendre en compte tous les éléments pertinents et, en particulier, la volonté du peuple. » L'Acte constitutionnel est applicable « sous réserve », c'est-à-dire soumis à l'assentiment du Conseil de sécurité.

Dans le même ordre d'idées, il en va aussi dans les années récentes des Constitutions afghane ou irakienne adoptées sous la pression américaine. La Constitution afghane du 4 janvier 2004 a été approuvée par une grande *Loya Jirga* (assemblée traditionnelle). Elle fait formellement de l'Afghanistan une « République islamique, indépendante, unie et indivisible ».

Quant à l'Irak, de la mi-avril à juillet 2003, l'Autorité provisoire de la coalition, conseillée par le département d'État, a élaboré un projet de Constitution. Le projet, soutenu par Washington, a été adopté par une assemblée constituante : « La République d'Irak est un État fédéral, unitaire, indépendant et totalement souverain. Son régime est républicain, parlementaire et démocratique et cette Constitution garantit l'unité de l'Irak ». Le projet de Constitution irakienne a été adopté par le référendum du 15 octobre 2005. En vertu de la Constitution provisoire irakienne, si les deux tiers des votants de trois des 18 provinces du pays se prononçaient pour le non, le projet de Constitution ne pouvait pas être adopté et le Parlement était dissous. La province de Ninveveh, la troisième province à majorité sunnite, a voté non au projet de Constitution mais avec seulement 55 %, un résultat inférieur au taux des deux tiers susceptible de faire échouer le projet. Les deux autres provinces à majorité sunnite, Al-Anbar et Salah ad-Din, ont voté contre le projet de Constitution avec respectivement 96 % et 81 % de *non*.

En Syrie, sous l'égide des Nations Unies, un processus du même type a été déclenché depuis 2011 ayant abouti à la création d'un comité constitutionnel en 2019 chargé d'établir un projet de Constitution.

Bibliographie

BASTID (P.), *L'idée de Constitution*, Sirey, 1956

BURDEAU (G.), « Une survivance : la notion de constitution », in *Mélanges Mestre*, 1956, p. 53 s.

Capitant (R.), « La coutume constitutionnelle », *RD publ.*, 1979, p. 962

Champeil-Desplats (V.), « Hiérarchie des normes, principe justificatif de la suprématie de la constitution », *in* Troper (M.), Chagnollaud (D.), *Traité international de droit constitutionnel*, t. I, Dalloz, 2012

Combacau (J.), « Sources internationales et européennes du droit constitutionnel », *in* Troper (M.), Chagnollaud (D.), *Traité international de droit constitutionnel*, t. I, Dalloz, 2012

Friedrich (K.), *La démocratie constitutionnelle*, PUF, 1958

Jeanneney (J.), *Les lacunes constitutionnelles*, Dalloz, 2016

Kelsen (H.), « La garantie juridictionnelle de la Constitution », *RD publ.* 1928. 197 ; *Théorie pure du droit*, trad. fr. de la 2e éd. par Ch. Eisenmann, Dalloz, 1962

Klein (C.), « Le pouvoir constituant », *in* Troper (M.), Chagnollaud (D.), *Traité international de droit constitutionnel*, t. III, Dalloz, 2012

Le Pillouer (A.), « Le pouvoir de révision », *in* Troper (M.), Chagnollaud (D.), *Traité international de droit constitutionnel*, t. III, Dalloz, 2012

Le Pillouer (A.), *Les pouvoirs non-constituants des Assemblées constituantes, essai sur le pouvoir instituant*, Dalloz, 2005

Levy (D.), « De l'idée de coutume constitutionnelle », in *Mélanges Eisenmann*, Cujas, 1975, p. 133-151

Tourard (H.), *L'internationalisation des Constitutions*, LGDJ, 2000

Troper (M.), « Nécessité fait loi. Réflexions sur la coutume constitutionnelle », in *Mélanges Charlier*, 1981 ; « La notion de principes supraconstitutionnels », *RID comp.* 1993. 337 ; *Pour une théorie juridique de l'État*, PUF, 1994 ; « À propos de la supraconstitutionnalité », *in* « Journées de la Société de législation comparée, vol. XV », *Rev. lég. comp.* 1994, p. 337 s. ; « La logique de la justification du contrôle de constitutionnalité des lois », in *Mélanges Pactet*, Dalloz, 2003

Tusseau (G.), « Le pouvoir des juges constitutionnels », *in* Troper (M.), Chagnollaud (D.), *Traité international de droit constitutionnel*, t. III, Dalloz, 2012

CHAPITRE 2

La limitation du pouvoir par la Constitution : le contrôle de constitutionnalité

129 Considérée comme la norme suprême, la Constitution doit faire l'objet d'une protection spéciale. Le contrôle non juridictionnel – contrôle direct par le peuple ou par un organe politique – reste inefficace (SECTION 1). Le contrôle juridictionnel permet au contraire de l'assurer effectivement (SECTION 2). Il est exercé, selon les cas, par les tribunaux ordinaires ou une juridiction spéciale. Si l'étendue des actes contrôlés est variable, les missions du juge s'ordonnent autour de la protection des droits fondamentaux et de la répartition des compétences entre les composantes et les organes de l'État. Le contrôle s'exerce non seulement par rapport au texte même de la Constitution mais aussi par rapport aux principes et règles à valeur constitutionnelle. Le contrôle juridictionnel n'en est pas moins l'objet d'un débat sur sa légitimité démocratique (SECTION 3). (v. « Contrôle de constitutionnalité », *Traité international de droit constitutionnel*, t. III, Titre II).

SECTION 1

Le contrôle non juridictionnel de constitutionnalité

130 Ce contrôle peut être exercé par le peuple – en vertu de son droit à la résistance à l'oppression – (§ 1) ou par un organe politique (§ 2).

§ 1. Le contrôle direct par le peuple est resté très théorique

131 Le principe souvent affirmé se révèle d'application difficile.

• **Le droit de résistance à l'oppression**. Le peuple a-t-il le droit de se révolter contre la loi injuste et oppressive ?

Au Moyen Âge, le vassal pouvait entrer en révolte contre son suzerain si celui-ci ne respectait pas le contrat d'origine féodale passé entre eux. C'est, avant la lettre, une forme de droit de résistance à l'oppression qui semblait ainsi exister.

La théorie du droit naturel et la philosophie des Lumières feront droit à la possibilité pour le peuple de se révolter contre son souverain s'il est en état de légitime défense (J. Locke, *Traité du gouvernement civil*, 1690). Le principe de cette révolte légitime trouve un écho singulier lors de l'insurrection contre l'Angleterre des colonies américaines. Les Déclarations d'indépendance des États américains la revendiquent ainsi que la Déclaration de 1776.

Avec la Révolution française, la Déclaration des droits de l'homme et du citoyen de 1789 proclame parmi les droits naturels de l'homme – imprescriptibles – la « résistance à l'oppression ».

Sur le plan constitutionnel, les Constitutions françaises de 1791 et de l'an III remettent leur dépôt à la « fidélité et la vigilance des citoyens », tandis que celle de 1793, plus précise, proclame : « Quand le gouvernement viole les droits du peuple, l'insurrection est pour le peuple, et pour chaque portion du peuple, le plus sacré et le plus indispensable des devoirs ». Et dans sa décision du

16 janvier 1982, le Conseil constitutionnel a réaffirmé la valeur constitutionnelle du droit de propriété affirmé par la Déclaration de 1789, placé « au même rang que la liberté, la sûreté, et la résistance à l'oppression ».

• **Une portée limitée.** Ces proclamations qu'on peut penser naïves ou étrangères à la théorie juridique rappellent cependant que la violation de la Constitution peut légitimer dans des cas graves – coup d'État, renversement du régime – la réaction – pacifique ou violente – du peuple.

§ 2. Le contrôle par un organe politique n'a jamais fonctionné : le cas français

132 « La nécessité d'un jury de constitution forme une question en quelque sorte préliminaire ; elle n'a pas souffert de difficulté. Comment, en effet, la prévoyance du législateur s'accoutumerait-elle à l'idée d'une Constitution abandonnée, pour ainsi dire, à elle-même au moment de sa naissance ? [...] Des lois, quelles qu'elles soient, supposent la possibilité de leur infraction, avec un besoin réel de les faire observer. »

Opinion de Sieyès sur les attributions et l'organisation du jury constitutionnaire, 18 thermidor an III.

C'est lors de la discussion de la Constitution de l'an III, en 1795, que Sieyès évoque l'idée d'un contrôle de constitutionnalité exercé par un corps spécial de représentants de la nation, la *jurie constitutionnaire.* Mais son influence ne s'exerça qu'avec la Constitution de l'an VIII dans laquelle le Sénat conservateur « maintient ou annule tous les actes qui lui sont déférés comme inconstitutionnels par le Tribunat ou par le gouvernement ». Ce système restera sans effet.

L'autre illustration de ce type de contrôle de constitutionnalité – tout aussi peu convaincante –, est fournie par le Comité constitutionnel de la Constitution de 1946, qui pouvait indiquer au Parlement qu'un texte de loi voté « supposait une révision constitutionnelle ». Composé de parlementaires et présidé par le président de la République, il ne fut réuni qu'une seule fois… Faute d'être indépendant du Parlement du fait de sa composition, le Comité n'eut aucun rôle.

SECTION 2

Le contrôle juridictionnel de constitutionnalité des lois

133 La hiérarchie traditionnelle des organes depuis la Révolution française place, après l'organe constituant, l'organe législatif (le Parlement), composé de représentants de la nation, puis l'organe exécutif, pensé comme subordonné au législatif. Ainsi, le Parlement vote la loi, expression de la volonté générale, tandis que l'exécutif édicte des normes réglementaires en application de la loi (des « décrets » s'ils ont une portée générale). Ces actes de l'exécutif doivent non seulement être conformes aux lois mais aussi à la Constitution. En France, par exemple, les juridictions administratives et, à leur sommet, le Conseil d'État assurent ce contrôle. Quant aux lois, le contrôle de constitutionnalité soulève certaines difficultés. Certes, le Parlement qui les vote doit se conformer à la Constitution. Mais on a longtemps admis qu'en tant que représentant du souverain – le peuple – il ne saurait trahir la norme suprême. On a vu précédemment que l'affirmation du contrôle de constitutionnalité avait mis fin a cette situation dans la plupart des démocraties occidentales.

Le contrôle de constitutionnalité participe de deux modèles distincts, même si les juridictions qui l'ont en charge détiennent des missions connexes mais à l'étendue variée. Elles peuvent être saisies, selon les cas, par des organes politiques, les tribunaux, voire les citoyens. La question de leur saisine est à relier plus largement aux types de contrôle qu'elle induit.

§ 1. « Modèles » et missions de la justice constitutionnelle

134 Après avoir rappelé le principe de la justice constitutionnelle, on distinguera ses deux modèles, américain et européen, en soulignant cependant que l'étendue du rôle du juge varie selon les pays.

A. Le principe de la justice constitutionnelle

135 > « En bref, le sens juridique de la justice constitutionnelle est de garantir la répartition de la compétence entre législation ordinaire et législation constitutionnelle [...] ; elle fait des règles constitutionnelles des normes juridiquement obligatoires, de véritables règles de droit en y attachant une sanction ; sans elle, la Constitution n'est qu'un programme politique, à la rigueur obligatoire moralement, un recueil de bons conseils à l'usage du législateur, mais dont il est juridiquement libre de tenir ou de ne pas tenir compte [...]. La justice constitutionnelle transforme donc en normes véritablement juridiques ce qui seulement se voulait tel. La Constitution devient ainsi et ainsi seulement la règle de droit suprême. »
>
> Charles Eisenmann.

Au sein de l'État existe généralement une hiérarchie des règles juridiques, c'est-à-dire des normes qui sont supérieures et s'imposent donc aux normes inférieures. Cette hiérarchie peut être analysée comme une pyramide ou « un édifice à plusieurs étages » (H. Kelsen). Au sommet est placée en principe la Constitution qui commande toutes les autres normes.

B. Deux modèles de justice constitutionnelle

136 On distingue par commodité deux modèles de justice constitutionnelle (M. Cappelletti) ; le modèle européen (ou autrichien) et le modèle américain, même si leurs résultats sont finalement comparables, en particulier s'agissant de la constitutionnalisation d'un certain nombre de droits et libertés.

• **Le modèle américain : la justice constitutionnelle intégrée dans le droit commun.** Il se caractérise par les traits suivants :

– le contrôle de constitutionnalité est « diffus », la question de constitutionnalité pouvant être soulevée devant le juge ordinaire à propos d'un litige concret : il se diffuse dans l'ensemble – et à tous les niveaux – de l'organisation judiciaire, au sommet de laquelle se trouve la Cour suprême, juge suprême de la constitutionnalité des lois ;

– le contrôle est en principe « concret » : la question de constitutionnalité étant posée à propos d'un litige ;

– le contrôle est généralement exercé par voie d'exception (et *a posteriori*) : la question peut être soulevée comme moyen de défense dans le cadre d'un procès par tout justiciable ;

– les décisions n'ont qu'autorité relative de chose jugée : elles n'ont en principe d'effet qu'à l'égard des parties au procès (*inter partes*). Il reste que la Cour suprême peut paralyser l'application d'une loi dans la mesure où les juridictions inférieures écarteront systématiquement une loi qu'elle aura déclarée contraire à la Constitution.

• **Le modèle européen : une juridiction spéciale placée en dehors de l'organisation judiciaire commune.** Il se caractérise par les traits suivants, au moins en France, en Allemagne, en Autriche, Espagne, Italie et au Portugal, soit en fait une minorité d'États européens :

– la juridiction constitutionnelle dispose du monopole du contrôle de constitutionnalité : le contrôle est dit alors « concentré » ;

– le contrôle est généralement « abstrait », la question de constitutionnalité étant posée en dehors de tout litige devant un juge, en fait, seule la France connaissait un contrôle exclusivement abstrait – ce qui relativise la notion de modèle européen. D'autres pays (Allemagne, Autriche, Espagne, Italie) admettent d'exercer le contrôle sur renvoi des tribunaux ordinaires, à l'occasion d'un litige concret ;

– le contrôle peut s'exercer par voie d'action (c'est la loi qui est elle-même attaquée), à la demande d'autorités de l'État, avant ou après la promulgation de la loi ;

– les décisions ont généralement autorité absolue de chose jugée : elles s'imposent à tous (*erga omnes*). Une loi annulée ne peut entrer en vigueur.

• **L'absence de contrôle de constitutionnalité des lois dans les autres pays européens.** Notons par comparaison que plusieurs pays européens ne connaissent pas, en droit ou en fait, de contrôle de constitutionnalité des lois : la Grande-Bretagne l'ignore complètement, malgré le *Constitutional Reform Act* de 2005, créant une Cour suprême (v. ss 335 s.). Dans les pays scandinaves, inspirés par le « modèle américain », le Danemark le connaît en principe, mais il est confié aux juges et ceux-ci ne le pratiquent pas ; la Norvège a introduit un contrôle au milieu du XIXe siècle, celui-ci reste en pratique très limité ; en Suède, la Cour suprême l'a consacré en 1963, mais la révision constitutionnelle de 1979 n'en fait pas strictement état et la Cour sanctionne exceptionnellement l'erreur manifeste du législateur. Les Pays-Bas malgré plusieurs débats refusent tout contrôle juridictionnel des lois, de même que la Finlande et le Luxembourg. Enfin, en Belgique, la Cour d'arbitrage, instituée en 1980, joue un rôle de régulation des compétences entre les échelons territoriaux mais s'est transformée en une véritable Cour constitutionnelle.

C. L'étendue du rôle du juge constitutionnel varie selon les pays

137 **Les actes contrôlés.** Aux États-Unis, la Cour suprême a une compétence très vaste : lois, actes exécutifs ou juridictionnels des États fédérés. En Europe, les juridictions constitutionnelles contrôlent, pour certaines seulement, la loi comme en France (le Conseil d'État contrôle les actes administratifs et réglementaires) ; d'autres, la loi et les actes exécutifs ayant force de loi (Italie) ; enfin, le juge constitutionnel peut contrôler non seulement la loi mais aussi le cas échéant les actes administratifs – réglementaires ou individuels, voire les jugements rendus en dernière instance par des juridictions judiciaires (Allemagne et Italie). On ne traitera cependant à titre principal que du contrôle de constitutionnalité des lois.

138 **Les missions du juge constitutionnel.** On peut regrouper le rôle du juge constitutionnel autour de quatre missions principales.

• **La protection des droits fondamentaux**. Cette tâche est souvent à l'origine de la création des cours en réaction contre les régimes autoritaires ou totalitaires (Allemagne, Espagne, Grèce, Italie, Portugal) et au cœur du contrôle de constitutionnalité exercé dans les démocraties occidentales. Que ces droits soient clairement énoncés par la Constitution (Allemagne ou Italie), prennent la forme d'amendements à celle-ci (États-Unis) ou soient inscrits dans un préambule incluant des déclarations (France), leur protection par le juge constitutionnel tend singulièrement à s'accroître – celui-ci interprétant largement des principes dont la formulation n'est pas toujours claire, ni, *a fortiori*, exhaustive. Ce pouvoir d'interprétation n'est pas sans poser quelques difficultés quant à l'étendue du contrôle de constitutionnalité des lois ainsi exercé. Notons que la Cour constitutionnelle en Allemagne joue un rôle encore plus large, pouvant prononcer la déchéance du président de la République, d'hommes politiques ou encore l'interdiction de partis ayant utilisé leurs droits fondamentaux en vue de détruire l'ordre constitutionnel.

• **La répartition des compétences entre les composantes de l'État** :

- *dans les États fédéraux* (Allemagne, Autriche, États-Unis), c'est-à-dire les États dont la structure juridique est fondée sur une association d'États, le juge constitutionnel arbitre les conflits de compétence entre l'État fédéral et les États fédérés ;

- *dans les États unitaires*, soit les États exercent l'ensemble des compétences attachées à la souveraineté sur tout le territoire, soit certaines de ces compétences peuvent être localement, en vertu de la loi, exercées par des autorités élues (décentralisation), le juge constitutionnel régule alors les conflits de compétence entre l'État et les collectivités décentralisées. Il va même jusqu'à les arbitrer dans les États régionaux où son rôle est plus affirmé (Espagne).

• **La répartition des compétences entre les organes de l'État.** Cette mission est confiée dans la plupart des cas au juge constitutionnel, et s'exerce à la demande de l'organe s'estimant lésé (la France illustre ce cas de figure avec la protection du domaine réglementaire).

• **Le contentieux des élections politiques nationales.** Cette compétence généralement réservée aux assemblées pour les élections législatives est plus rarement confiée au juge constitutionnel, soit directement (France, Autriche), soit en appel (Allemagne, Portugal).

139 **Contrôle et « bloc de constitutionnalité ».** Le contrôle de conformité à la Constitution, particulièrement en matière de droits fondamentaux, ne s'exerce pas seulement par rapport au seul texte constitutionnel, mais au « bloc de constitutionnalité » (v. t. 2, titre VII). Cette notion désigne en France, à tort ou à raison, l'ensemble des règles et principes à valeur constitutionnelle par lesquels s'exerce le contrôle de conformité du juge. En effet, le contrôle juridictionnel ne repose pas seulement sur la conformité de la loi par rapport au seul texte constitutionnel *stricto sensu* mais aussi, on l'a noté, aux préambules et déclarations qui les précèdent. En outre, par nécessité, le juge interprète ces textes pour préciser ou éclairer le sens d'une disposition et forme ainsi sa jurisprudence. Celle-ci s'intègre donc à ce « bloc » et assure, en quelque sorte, son développement.

§ 2. La juridiction constitutionnelle

140 La juridiction constitutionnelle peut être un tribunal ordinaire ou une institution spéciale composée de personnalités dont la compétence juridique – à l'exception de la France – est expressément requise (v. t. 2 titre VII). On étudiera principalement ses modes de saisine, liés à des types de contrôles spécifiques qu'on rappellera.

A. Le type de juridiction

141 **Les tribunaux ordinaires supplantés par une Cour suprême (États-Unis) : le contrôle « diffus ».** Dans ce cas, toutes les juridictions de droit commun – dont l'unité de jurisprudence peut être assurée par une Cour suprême – sont compétentes pour se prononcer. Le contrôle est décentralisé ou « diffus ». C'est le cas de la Cour suprême américaine, placée au sommet de la hiérarchie judiciaire générale. Elle est composée de neuf membres nommés à vie – garantie ultime d'indépendance – par le président avec l'assentiment du Sénat.

142 **Une juridiction spéciale – une cour constitutionnelle (Europe) : le contrôle « concentré ».** Le contrôle est centralisé ou « concentré » (ou « spécialisé »), une juridiction spéciale (ou Cour constitutionnelle) l'ayant seule en charge, composée de membres

inamovibles. À l'exception de la France, une compétence juridique minimale est requise.

B. La composition

143 • **Sa composition peut relever exclusivement du Parlement**. C'est le cas du Tribunal constitutionnel fédéral allemand qui siège à Karlsruhe. Il est composé de deux chambres de huit membres chacune (âgés d'au moins 40 ans), désignés pour 12 années non renouvelables pour moitié par le Bundestag et pour moitié par le Bundesrat (hors de ces assemblées). Six juges sont issus des cours suprêmes fédérales. Aucun des juges ne peut exercer d'activité professionnelle, à l'exception de celle de professeur de droit...

• **Sa composition peut être mixte**. C'est le cas de l'Espagne dont sur les 12 membres nommés parmi des juristes, pour neuf ans, non renouvelables, quatre sont désignés par le Congrès, quatre par le Sénat (à la majorité des 3/5e dans chacune de ces deux assemblées), deux par le gouvernement, deux par le Conseil général du pouvoir judiciaire.

C'est aussi le cas de la Cour constitutionnelle italienne : sur les 15 membres nommés parmi des juristes reconnus, pour neuf ans, non renouvelables, cinq le sont par le Parlement (siégeant en séance commune), cinq par le président de la République et cinq par les juridictions suprêmes.

• **Sa composition peut relever exclusivement de l'exécutif**. C'est le cas des membres des Cours Supremes du Canada, du Japon, de la Norvège et de la Suède, nommés par le Premier ministre. Aux États-Unis, la nomination présidentielle doit recueillir l'accord du Sénat.

144 **Des juristes de haut niveau, inamovibles.** Notons qu'outre le caractère inamovible et souvent non renouvelable de leurs fonctions, les juges constitutionnels ont généralement une indépendance garantie par divers systèmes d'incompatibilité. Comme le rappelle par ailleurs la jurisprudence de la Cour européenne des droits de l'homme, l'indépendance se mesure plus aux garanties offertes aux juges après leur entrée en fonction qu'à leurs conditions de nomination. C'est pourquoi, la qualité professionnelle de

juriste expérimenté et reconnu prime sur la sensibilité politique de la personne désignée. Ainsi, les États européens, à l'exception de la France, exigent que la totalité de ses membres justifient d'une compétence juridique de haut niveau, à laquelle s'ajoutent parfois explicitement des conditions d'intégrité morale (Wachsmann (P.), 2010). Par exemple, en Autriche, tous les membres de la Cour constitutionnelle « doivent avoir terminé leurs études de droit et sciences politiques et avoir une expérience d'au moins dix ans dans une profession pour laquelle ces études sont requises », la moitié de la Cour devant être choisie « parmi les juges, les fonctionnaires de l'Administration et les professeurs d'université enseignant une discipline juridique ». En Allemagne fédérale, les juges « doivent posséder la capacité d'exercer une fonction dans la magistrature, conformément à la loi allemande sur le statut de la magistrature » et dotés d'une grande expérience juridique. En Italie, « les juges de la Cour constitutionnelle sont choisis parmi les magistrats, même à la retraite, des juridictions supérieures ordinaires et administratives, les professeurs d'université titulaires de chaires de droit et les avocats ayant au moins vingt ans d'exercice ». Tandis qu'en Espagne « les membres du Tribunal constitutionnel devront être nommés parmi des magistrats et des procureurs, des professeurs d'université, des fonctionnaires publics et des avocats ; ils devront tous être des juristes aux compétences reconnues et exerçant leur profession depuis plus de quinze ans », etc. Des conditions d'âge, de moralité ou d'incompatibilité avec des fonctions passées peuvent s'ajouter. En Hongrie, « ne peut être membre de la Cour constitutionnelle quiconque a été, au cours des quatre années précédant l'élection, membre du gouvernement, employé au service d'un parti ou agent d'une administration publique ».

C. L'auteur de la saisine

145 **La saisine directe par tout citoyen.** Ce procédé semble à l'évidence le plus démocratique. Tout citoyen doit pouvoir faire respecter la Constitution dès lors qu'il considère qu'une loi lui porte atteinte et a pour conséquence de léser ses droits.

En Allemagne, en Espagne ou en Italie, il peut saisir la Cour constitutionnelle en cas de violation des droits fondamentaux. Ce n'est que dans le cadre de cette violation que le recours direct est admis dans les trois pays (cette restriction n'est pas étrangère aux risques d'encombrement, voire de submersion, des juridictions constitutionnelles). En Allemagne, une commission de trois juges écarte 9/10e des recours par des décisions non motivées tandis que dans 2 % des cas, il est donné satisfaction au requérant.

Aux États-Unis, tout citoyen peut invoquer pour sa défense le respect de la Constitution devant tout tribunal qui peut statuer directement sur l'exception. L'exception d'inconstitutionnalité soulevée ouvre aux citoyens la possibilité d'un recours indirect.

146 **La saisine par certaines autorités politiques.** Chef de l'État, de gouvernement, présidents des assemblées, minorité parlementaire, collectivités locales, peuvent, selon les pays, saisir le juge constitutionnel. Cette solution, en privilégiant une saisine restreinte, peut faire du contrôle un moyen d'arbitrer des conflits de compétences entre autorités. Ainsi, en Allemagne ou en Italie, la Cour constitutionnelle peut être saisie selon les cas par les autorités centrales, les collectivités – *Länder* ou régions. En France, ces autorités sont le président de la République, le Premier ministre, les présidents des assemblées, 60 députés ou 60 sénateurs.

Il existe aussi une saisine parlementaire dans la plupart des pays européens concernés, à l'exception de l'Italie. Elle permet à la minorité de contester la loi votée par la majorité parlementaire. Ce contrôle peut conduire à la censure de lois inconstitutionnelles, y compris celles portant atteinte aux libertés publiques. La saisine de la minorité parlementaire répond cependant parfois moins à la volonté de faire respecter la Constitution qu'à des motivations politiques contingentes. Elle a cependant le mérite de permettre d'empêcher qu'une majorité abuse de son pouvoir. La saisine parlementaire, peu usitée en Allemagne, joue un rôle considérable en France.

147 **La saisine sur renvoi des tribunaux.** Les tribunaux, en Allemagne, en Espagne et surtout en Italie, peuvent saisir l'organe juridictionnel suprême si, dans la résolution d'un litige qu'ils ont en charge, se pose la question de la constitutionnalité d'une loi. Ces tribu-

naux sursoient ainsi à statuer jusqu'à ce que la juridiction suprême se soit prononcée. Après quoi, le tribunal tranche au fond. Il s'agit d'une « question préjudicielle » puisque le juge ne tranche pas lui-même, au contraire de l'exception d'inconstitutionnalité qui fait du juge ordinaire un juge constitutionnel, et de façon ultime la Cour suprême. Un procédé voisin a été consacré par la révision constitutionnelle du 23 juillet 2008, introduisant la question prioritaire de constitutionnalité ou QPC soumise par le juge au Conseil constitutionnel qui tranche seul et définitivement (v. t. 2, titre VII).

D. Le moment de la saisine : contrôle *a priori* ou *a posteriori*

Quand va pouvoir être saisi l'organe du contrôle ? Rappelons qu'à cette question, deux réponses sont possibles.

148 **Contrôle *a priori*.** Le contrôle s'opère avant qu'un texte n'entre en vigueur. Toute loi déclarée contraire à la Constitution ne peut être promulguée. Ce contrôle est abstrait, la question de la constitutionnalité est donc posée en dehors de tout litige préexistant devant un juge (à la différence du contrôle *a posteriori* qui s'exerce à l'occasion de l'application de la loi). Tantôt, le contrôle *a priori* est limité aux traités (dans la plupart des pays européens), aux projets de référendum et à la recevabilité d'initiatives populaires (Italie).

Plus rarement, il concerne les lois sur saisine parlementaire (France, Andorre, Roumanie, Portugal). Au Portugal, la décision du Tribunal sur un traité ou une loi contraire à la Constitution peut être surmontée par un vote du Parlement à la majorité des deux-tiers.

La saisine de la Cour dans ce type de contrôle est limitée. Notons cependant que certaines lois ne peuvent révéler leur « nocivité » qu'à partir du moment où elles sont appliquées ce qui rend plus efficace le contrôle *a posteriori*.

149 **Contrôle *a posteriori*.** Le contrôle peut s'opérer après que la loi est entrée en vigueur. Ce type de contrôle existe dans de nombreuses démocraties occidentales (États-Unis, Allemagne, Italie,

France depuis la QPC). Il peut s'exercer par la voie d'action, déclenchant un contrôle abstrait (souvent sur la base d'une saisine restreinte des autorités publiques) ou par la voie de l'exception, débouchant sur un contrôle concret.

E. Les modes de contrôle : contrôle par voie d'action et contrôle par voie d'exception

150 **Le contrôle en dehors de tout litige : par voie d'action.** La question de constitutionnalité est posée en dehors de tout litige devant un juge ordinaire. Le requérant, c'est-à-dire l'auteur du recours, demande directement l'annulation de la loi.

Pour éviter des recours trop systématiques et une insécurité juridique (dans le cas du contrôle *a posteriori*), ce type de contrôle va généralement de pair avec une saisine étroite et est confié à une juridiction spéciale.

151 **Le contrôle à l'occasion d'un litige : par voie d'« exception ».** Lors d'un litige devant un juge ordinaire, le requérant demande de manière incidente que la loi ne soit pas appliquée dans l'affaire en cause, compte tenu de son caractère inconstitutionnel. Généralement, ce contrôle est exercé par le juge ordinaire (États-Unis) qui peut trancher de lui-même la question de constitutionnalité ou la confier à une juridiction spéciale. En principe, les jugements rendus par les tribunaux n'ont donc qu'une autorité « relative » de chose jugée. La loi n'est pas appliquée au litige concerné, mais n'est pas pour autant annulée. Cependant, par le jeu d'appels, la Cour suprême des États-Unis, par son interprétation finale, peut, on l'a noté, paralyser pratiquement l'application de la loi.

Le juge ordinaire peut aussi s'en remettre au juge constitutionnel pour trancher l'inconstitutionnalité. À proprement parler, il s'agit d'une question préjudicielle, non d'exception d'inconstitutionnalité, même si l'expression a pu être couramment utilisée en France. Ce procédé, appliqué dans plusieurs pays européens comme on l'a vu, a pour conséquence en cas d'annulation ou abrogation par la juridiction spéciale de priver la loi de ses effets, la décision du juge ayant alors autorité « absolue » de la chose jugée.

§ 3. Le modèle allemand

152 « Le pouvoir législatif est lié par l'ordre constitutionnel, les pouvoirs exécutif et judiciaire sont liés par la loi et le droit. »
Loi fondamentale, art. 20, § 3.

L'État allemand est d'abord un État de droit, ce système juridique prenant même l'allure d'un idéal politique au lendemain de l'expérience nazie. Le fédéralisme institué en 1949 participe de la même crainte : empêcher cette fois la reconstitution d'un *Reich* centralisé, en assurant une forme fédérale de gouvernement protégeant d'une manière satisfaisante les droits des différents États.

A. L'État de droit

153 L'affirmation du principe de l'État de droit, qui autorise par exemple l'usage ultime du droit de résistance pour préserver l'ordre constitutionnel ou permet la dissolution des partis portant atteinte à l'ordre constitutionnel, se traduit par deux traits essentiels : la proclamation des droits fondamentaux et un contrôle très étendu de constitutionnalité des lois.

La proclamation des droits fondamentaux

• **Les droits fondamentaux.** *Les droits protégés.* Énumérés dans le titre premier de la Loi fondamentale, les droits fondamentaux sont ceux attachés à la démocratie libérale : égalité devant la loi, liberté d'opinion, de réunion, d'association, inviolabilité du domicile, secret des correspondances, protection de la propriété privée dont l'atteinte peut être seulement justifiée par une loi d'expropriation ou de nationalisation mais également par d'autres lois, si celles-ci peuvent être caractérisées comme « déterminantes » au niveau du contenu et des limites. De même, sont encadrées les mesures privatives de liberté (art. 104), selon des principes assez proches de l'*Habeas corpus*. En matière économique et sociale, la proclamation est sommaire, même si le droit syndical est reconnu.

Les droits de la famille. Notons enfin que la démocratie chrétienne au pouvoir au lendemain de l'effondrement du régime nazi a marqué de son empreinte ces droits fondamentaux : les droits et devoirs de la famille sont énumérés par le détail tandis que l'enseignement de l'instruction religieuse est obligatoire dans les écoles publiques.

• **La conciliation des droits entre eux : le principe de proportionnalité.** « Inviolables et inaliénables » (art. 1er) ces droits ne peuvent être limités que par une « loi expresse » (art. 2). Ceux-ci pouvant entrer en conflit les uns avec les autres, les limitations apportées éventuellement à chacun en vue de les harmoniser et de leur assurer plein effet doivent répondre au principe de proportionnalité, à savoir, d'après la Cour constitutionnelle, un rapport raisonnable et strictement proportionné entre la fin d'intérêt public poursuivie et les moyens employés.

• **La valeur juridique des droits fondamentaux.** La question de savoir si ces droits s'intègrent ou non dans les règles de droit et ont donc une valeur normative est d'emblée tranchée : les droits fondamentaux « ont valeur de droit directement applicable liant le législateur, l'Administration et les juridictions ».

Les droits sont non seulement opposables à l'État – qui peut être contraint d'agir pour assurer leur mise en œuvre effective – mais aussi partiellement entre les personnes privées.

• **La supraconstitutionnalité et les droits fondamentaux** (v. ss 104).

Le contrôle de constitutionnalité des lois : les principes (rappel). La protection des droits fondamentaux est assurée par l'ensemble des juridictions et plus spécialement par la Cour constitutionnelle fédérale. Notons pour mémoire que l'Allemagne compte des juridictions ordinaires (civiles et criminelles) et des juridictions spécialisées (administratives, fiscales, sociales, et du travail). Chaque ordre de juridiction est composé d'une juridiction fédérale suprême et des juridictions de *Länder*. Une Cour constitutionnelle de *Land* doit renvoyer devant la Cour constitutionnelle fédérale si elle entend s'écarter d'une décision de celle-ci ou de celle d'une autre cour de *Land*.

B. La Cour constitutionnelle fédérale

154 **Sa composition.** Élément fondamental de l'ordre constitutionnel, le Tribunal constitutionnel est composé de 16 juges élus pour moitié par le Bundestag et par le Bundesrat, à la majorité des deux

tiers, pour 12 ans non renouvelables. Six sur 16 doivent être des juges fédéraux. Les autres juges doivent être titulaires des diplômes requis pour être magistrats. Notons que les professeurs de droit ne sont pas rares parmi eux.

À l'image de la Cour suprême des États-Unis, le Tribunal constitutionnel jouit d'un prestige égal aux autres pouvoirs publics constitutionnels. Sa jurisprudence et l'interprétation de son rôle en tant que gardien de la Loi fondamentale ont fait de lui le garant sans égal de l'ordre constitutionnel, démocratique et libéral, au point qu'on a pu parler en Allemagne d'un État des juges.

155 **Des attributions importantes**

• **Les conflits d'interprétation constitutionnelle entre organes fédéraux**. Le Bundestag, le Bundesrat, le président de la République, le gouvernement fédéral et, comme l'a admis la Cour, les partis politiques, sont habilités à saisir la Cour pour régler des conflits d'interprétation constitutionnelle dans les relations entre les organes fédéraux suprêmes. Le litige « inter-organes » peut être soulevé par une partie d'organe investie de droits propres (par un groupe parlementaire ou une commission du Bundestag) (art. 93-I-1°).

• **Les conflits constitutionnels entre les *Länder* et le gouvernement fédéral**. Les conflits ont trait pour l'essentiel à l'exécution des lois fédérales par les *Länder* et – réciproquement – au contrôle de l'exécution de celles-ci par le gouvernement fédéral. Le requérant doit invoquer la violation d'un droit prévu par la Loi fondamentale.

• **L'interdiction des partis politiques**. Gardienne de l'ordre constitutionnel, démocratique et libéral, la Cour peut déclarer l'inconstitutionnalité d'un parti tendant à « porter atteinte à l'ordre constitutionnel libéral et démocratique, le renverser ou mettre en péril l'existence de la République fédérale d'Allemagne » (art. 21). Ainsi, le parti néonazi en 1952 et le parti communiste en 1956 ont été interdits. Encore faut-il qu'il s'agisse d'un parti politique structuré et assuré d'un minimum d'influence électorale au plan fédéral. Ainsi n'a-t-elle pas interdit pour ce motif les groupuscules néonazis en 1994 en laissant le soin aux autorités fédérales des *Länder* concernés de surveiller l'évolution de ces formations.

156 **Les types de contrôle**

• **Le contrôle « abstrait » des normes**. En l'absence de tout litige – et donc d'un cas concret à résoudre – il permet au gouvernement fédéral, au gouvernement d'un *Land* ou au tiers des membres du Bundestag de demander au Tribunal constitutionnel de contrôler la constitutionnalité d'une loi fédérale, d'une loi d'un *Land* ou d'un règlement.

• **Le contrôle « concret »**. Ce contrôle « concret » (c'est-à-dire à l'occasion d'un litige) impose aux tribunaux estimant que la loi qu'ils ont à appliquer est contraire à la Loi fondamentale, de surseoir à statuer et de renvoyer l'affaire à la Cour constitutionnelle (art. 100, n° 1). C'est une voie de recours importante.

• **Le recours constitutionnel**. C'est le recours direct ouvert aux citoyens (ou aux personnes morales). Pour l'engager, il faut avoir épuisé complètement les recours ouverts devant les tribunaux et alléguer de la violation précise d'un droit constitutionnel. Ce recours peut porter indifféremment sur une loi, une décision administrative ou judiciaire.

Très populaire en Allemagne et en extension constante – près de cinq mille recours par an dans les années quatre-vingt-dix du fait, en particulier, de la réunification, le recours constitutionnel est filtré afin d'éviter la submersion du Tribunal constitutionnel. Depuis 1963, l'abus du droit au recours est passible d'une amende et depuis 1986, le Tribunal procède, par l'intermédiaire d'une section de trois juges à un examen préalable destiné à filtrer les recours et à les déclarer – ou non – recevables. Environ 2 %, comme on l'a noté, de ceux-ci sont accueillis par la Cour, soit une centaine – ce qui est déjà beaucoup.

C. Une jurisprudence extensive : de l'État de droit à l'État des juges ?

157 **Un idéal, l'État de droit.** L'« État de droit », longtemps synonyme d'un système de droit, impersonnel et égal pour tous auquel était soumis l'État, a pris un sens supplémentaire avec la jurisprudence de la Cour constitutionnelle allemande : celui d'un idéal – voire d'une idéologie – fondé sur la protection effective des droits

fondamentaux, ce, au nom d'un droit suprême, supérieur et antérieur au droit positif *stricto sensu*. Cette supraconstitutionnalité des droits fondamentaux au nom du droit naturel et de la justice autorise ainsi la Cour constitutionnelle à déclarer dès 1951 qu'il « existe des principes constitutionnels élémentaires et qui sont l'expression d'un droit préexistant à la Constitution » ou en 1953 qu'un amendement constitutionnel peut être valide en la forme mais « inconstitutionnel » au fond. En conséquence, certaines révisions constitutionnelles sont interdites s'agissant des droits fondamentaux, en particulier de la dignité de l'être humain (art. 1er) ou du droit de résistance (art. 20) (v. ss 102).

158 **Un vaste pouvoir d'interprétation.** Cette conception est possible compte tenu du fait que la Cour interprète la Constitution comme un ensemble de dispositions juridiques porté par des valeurs suprêmes inspirées par ses rédacteurs, soit celles de la démocratie libérale et des droits de l'homme. C'est à partir de ce raisonnement qu'elle déduit des droits fondamentaux énoncés par la Constitution, d'autres droits comme le droit au respect de la personnalité. Dans cette création continue, le juge constitutionnel, en l'absence formelle d'un droit énoncé, se fonde donc sur l'intention du constituant, censé vouloir assurer une protection complète des droits de l'homme. Tout se tient dans cette vision d'ensemble et cette analyse « logique » à laquelle se livre la Cour. Ajoutons que rien n'y échappe ou presque (la Cour se refuse par exemple à contrôler la nécessité de la législation fédérale dans le cadre de la compétence législative concurrente) puisqu'elle s'autorise à répondre ou à trancher toute question, y compris celles qu'on aurait pu croire réservées à l'appréciation du pouvoir politique. Un bon exemple en est fourni par la décision de 1993 (traité de Maastricht), dans laquelle la Cour se prononce non seulement sur la constitutionnalité du traité – *stricto sensu* – (à l'égal du Conseil constitutionnel en France), mais aussi l'apprécie au regard des exigences de la démocratie. Elle dégage en outre des directives d'interprétation qui, en France, voire aux États-Unis, seraient analysées comme relevant de décisions de nature strictement politique. De même juge-t-elle de la conformité de l'engagement des troupes allemandes à l'étranger, en indiquant les principes qui doivent le guider. Tout est potentiellement constitutionnel, en somme.

SECTION 3

Le contrôle juridictionnel en débat

Le contrôle de constitutionnalité suscite un débat, parfois passionné, sur les pouvoirs du juge constitutionnel (§ 1) et la légitimité de son action (§ 2).

§ 1. Les pouvoirs du juge constitutionnel sont-ils exorbitants ?

On conteste d'abord la latitude d'interprétation du juge constitutionnel qui ne rencontrerait pas de bornes clairement définies. En fait, cette question renvoie plus largement à celle de l'interprétation en droit.

A. Un large pouvoir d'interprétation

> « Une Constitution est un ensemble de mots dont la signification n'existe pas indépendamment de la lecture qui en est faite par celui qui l'interprète, ou qui l'applique, de même qu'une partition musicale n'existe qu'à travers l'interprète qui l'exécute. »
>
> Pierre Avril.

159 Le juge constitutionnel, en vérifiant la conformité de la loi à la Constitution, peut la déclarer valable, la censurer, paralyser son application ou indiquer au législateur les conditions dans lesquelles elle doit être interprétée et appliquée. Par une interprétation « constructive », il peut lui indiquer des éléments non contenus dans la loi mais qui devraient y figurer pour la rendre conforme. Il participe au processus de fabrication de la loi et est ainsi un législateur négatif ou positif. Mieux, par son pouvoir d'interprétation du texte constitutionnel, il détient un pouvoir constituant en privilégiant telle ou telle signification de celui-ci.

Mais quelle est la nature exacte de l'interprétation à laquelle il se livre ?

Les théories de l'interprétation. Le positivisme classique répond que l'interprétation est un acte de connaissance de nature scientifique, une activité purement descriptive grâce à des méthodes appropriées : si le texte est clair, il n'est pas permis de l'interpréter. Mais s'il est obscur, il convient de rechercher l'intention subjective de l'auteur du texte. S'il est impossible d'y parvenir, le juge se livrera à une interprétation logique, en recherchant la cohérence interne du texte ou à une interprétation « téléologique », c'est-à-dire par référence à la finalité de la règle posée. En clair, l'interprète se limiterait à constater le sens d'un texte, préexistant et immanent à celui-ci. L'interprétation s'impose au regard de critères objectifs : sur le plan juridique, elle est vraie ou fausse.

À cette thèse s'oppose la théorie réaliste : sous couvert de « méthodes » souvent sophistiquées, l'interprétation est moins un acte de connaissance que de volonté. Toute interprétation est un acte de création : une norme n'a pas d'existence objective propre et détient par nature un caractère subjectif. Son principal tenant en France est Michel Troper. Elle repose sur les postulats suivants :

- le véritable auteur d'une norme n'est pas l'auteur du texte mais l'interprète ultime de ce dernier ;
- l'interprétation est un acte de pure volonté et non de connaissance.

La liberté de l'interprète est néanmoins enserrée dans des « contraintes ». Elles résultent de la configuration du système juridique, autant de faits et circonstances conditionnées de manière externe par l'état du droit, et de manière interne en raison de la nécessité de justifier la décision. Pour la conception opposée, le droit dans ces conditions ne conserve aucune normativité propre, les contraintes présentées se substituant aux obligations juridiques. Il n'empêche que ces deux approches utilisent en commun des outils théoriques ou méthodologiques similaires pour aboutir à une démonstration parfois identique mais le raisonnement de départ n'est pas le même.

Il reste que le juge utilise des règles logiquement démontrables suivant des méthodes répertoriées qui constituent en soi des contraintes. À celles-ci s'en ajoute une de taille : l'environnement politique, au sens large du mot, dans lequel s'inscrit le contrôle de constitutionnalité : réactions de la doctrine, de l'opinion publique, etc. La méthode dite « prudentielle » aux États-Unis adoptée dans certaines affaires délicates, généralement « politiques », et la réserve que le juge suprême s'impose alors, en témoignent.

160 **L'interprétation et le temps.** Il reste que les méthodes choisies ne peuvent s'abstraire complètement d'une philosophie morale et politique d'emblée posée par la simple question de la relation au temps. Une Constitution peut être très ancienne. Quel sens accorder aux mots alors que leur signification a pu évoluer ? S'agissant de la Constitution américaine de 1787, face aux deux thèses en présence, celle de l'*original intent* et celle de la *living constitution*, la Cour suprême s'attache à leur donner leur sens moderne. Cette lecture à la lumière du présent, et donc des circonstances, est d'une certaine manière de caractère philosophique. La question se complique dès lors que la Constitution est formée elle-même de plusieurs textes de datation différente. Ainsi, le Conseil constitutionnel en décidant de son « unité » adopte une vision syncrétique de l'histoire en conciliant la Déclaration de 1789 et le préambule de 1946, d'inspiration différente.

Certes, l'interprétation du juge constitutionnel se veut logique. La Cour constitutionnelle allemande analyse ainsi la Constitution comme un ensemble cohérent relevant d'une analyse logique et déductive. Cette méthode ancienne et pensée dans le cadre d'un droit étatique séparé de la morale et de la politique pose quelques difficultés dès lors qu'il s'agit d'interpréter des droits fondamentaux et, partant, un droit naturel antérieur à la création de l'État. Au contraire, la Cour suprême des États-Unis s'attache à l'expérience pour rendre ses décisions. Elle pourra ainsi utiliser la méthode du précédent afin de dégager, à partir d'affaires similaires dont elle a eu à connaître, un cadre d'analyse. Ces précédents ne la lient que pour autant qu'elle ne renverse pas sa propre jurisprudence, l'ancienne ayant donc procédé à une mauvaise interprétation. Ce faisant, elle admet d'ailleurs que le juge constitutionnel peut se tromper…

B. Les limites au pouvoir d'interprétation du juge constitutionnel

> « La vraie pierre de touche du « gouvernement des juges » se trouve dans la liberté que le juge constitutionnel s'octroie, non d'appliquer la Constitution ou de l'interpréter même de façon constructive, mais, sous quelque nom que ce soit, de la compléter sinon de la corriger par des règles qui sont sa propre création. »
>
> Georges Vedel.

161 Ce pouvoir, apparemment exorbitant, rencontre un certain nombre de limites (ou de « contraintes » pour reprendre la formule de Michel Troper) et d'abord celles que se donne à lui-même le juge constitutionnel par sa propre jurisprudence. En procédant à l'interprétation d'une disposition constitutionnelle, il fixe pour l'avenir une signification du texte et se lie ainsi, mais sous réserve de revirements… L'autre limite, on l'a noté, demeure de nature politique, elle est posée par les organes faisant l'objet du contrôle : pour faire obstacle à une décision, le Parlement pourra envisager de déclencher une révision constitutionnelle pour rendre conforme à la Constitution la disposition annulée (par ce que le doyen Vedel appelait un « lit de justice », en reprenant une formule qui désignait, sous l'Ancien Régime, les séances du Parlement au cours desquelles le roi imposait l'enregistrement de certains de ses actes qui avaient pu être contestés par des « remontrances ») ou l'exécutif menacer de modifier la composition de la juridiction suprême afin de mettre un terme à des décisions paralysant le pouvoir politique (ainsi aux États-Unis, dans les années trente). Plus largement, le juge constitutionnel doit tenir compte de la réaction de l'opinion et mesurer l'acceptabilité de ses décisions par la société. Une contestation trop large de son rôle mettrait en cause ainsi son autorité, sa crédibilité, voire sa légitimité.

L'approche en termes d'analyse politique en France, considérant que le processus législatif et le contrôle de constitutionnalité se répondent réciproquement, n'est pas sur ce point d'un grand secours : disons plutôt qu'il va de soi que, compte tenu de l'emprise du gouvernement sur le processus législatif, la saisine du Conseil constitutionnel est la principale possibilité ouverte à l'opposition de peser, sans risques immédiats, sur le processus et la production législative. Certes, peut-elle considérer qu'en élargissant de fait le champ d'interprétation du possible au Conseil constitutionnel, elle se lie ainsi pour l'avenir, non seulement comme gouvernant futur mais simplement aussi comme acteur institutionnel. Mais c'est oublier simplement que les relations entre majorité et opposition sont gouvernées par des rapports de concurrence. Ainsi, l'arme de la saisine n'est pas pensée généralement dans les termes raffinés de l'analyste mais de « gain » de pouvoir immédiat. Quant au Conseil constitutionnel, il est aussi évident qu'il cherche, comme toute institution juridictionnelle – et en outre de création récente –, à démontrer sa neutralité, ou plutôt à tenir compte de l'environnement politique afin, qu'au-delà du fait que ses décisions s'imposent, il soit entendu et compris.

§ 2. Quelle est la légitimité du rôle du juge constitutionnel ?

162 La critique précédente, à dominante juridique, se prolonge par une critique de nature politique au nom d'une conception finalement représentative de la démocratie : seul le Parlement serait en mesure d'exprimer la volonté générale par l'intermédiaire de ses représentants, le juge constitutionnel s'arrogeant abusivement le pouvoir d'interpréter la volonté du peuple.

A. Constitution et volonté du peuple

> « Comment la volonté nationale peut-elle être liée par une de ses manifestations antérieures, au prétexte que celle-ci a été inscrite dans un document spécial, dénommé Constitution ? La question n'a jamais reçu de réponse bien satisfaisante, sauf lorsque le contrôle se borne à vérifier l'existence même de la loi. »
>
> René de Lacharrière, « Opinion dissidente », *Pouvoirs* 1991, n° 13.

163 Cette question prolonge celle de l'interprétation du juge constitutionnel. Celle-ci demeurait plus un acte de volonté que de connaissance concernant la Constitution, émanant du peuple souverain.

Et si les juges, quelles que soient les formules adoptées, sont nommés par d'autres instances, généralement elles-mêmes issues du suffrage universel, ils contrôlent pourtant le travail législatif des élus du peuple et peuvent s'opposer à la volonté de ses représentants. Ils sont cependant investis de cette mission par la Constitution. Si l'on considère le Parlement comme l'incarnation du souverain, le contrôle de la loi est en contradiction avec la démocratie représentative. Si au contraire, on conçoit que ce n'est pas la volonté populaire qui est ainsi contrôlée mais celle des représentants et la conformité de celle-ci avec la Constitution, le contrôle de constitutionnalité est parfaitement admissible puisqu'un pouvoir constitué – le juge constitutionnel – rappelle les autres pouvoirs constitués au respect de la Constitution. En outre, le peuple ou ses représentants peuvent toujours la modifier, changeant ainsi la référence du juge s'il considère que celui-ci s'écarte de la juste interprétation. En pratique, cette révision constitutionnelle est mise en œuvre par ses représentants ou par référendum, lorsqu'il est possible. Cependant, en Allemagne, il est admis que le juge constitutionnel peut rejeter les modifications constitutionnelles des lois constitutionnelles : mais il reste lié par la Loi fondamentale pour les modifications qu'elle fixe elle-même.

Le débat situé sur le plan de la « volonté populaire » oppose ainsi le peuple réel élisant ses représentants et un peuple abstrait, immortalisé mais vivant dans la Constitution, s'exprimant par le juge. Sur ce plan, on le voit, la légitimité de celui-ci reste aussi très abstraite. C'est pourquoi les partisans du contrôle de constitutionnalité des lois situent cette légitimité dans le respect de valeurs suprêmes : les droits de l'homme. Face au risque que les représentants s'approprient non seulement la souveraineté mais mettent en œuvre des lois contraires à ses droits, le juge constitutionnel apparaît comme le « rempart » et le recours contre l'oppression du peuple par ses mandants, voire du peuple contre lui-même. Mais, dans ce dernier cas, l'idée de principes « supraconstitutionnels » est non seulement absurde d'un point de vue logique – le juge constitutionnel n'étant qu'un pouvoir constitué – et dangereuse puisque lui confiant le pouvoir constituant.

B. Contrôle de constitutionnalité et démocratie

164 On considère parfois que les cours constitutionnelles remplissent un rôle analogue à celui des Chambres hautes, pensé par les libéraux du XIXe siècle comme un contrepoids possible aux excès de la majorité. Mais le déclin de ces chambres au XXe siècle a conduit au contraire à la poussée démocratique. Plus justement, la promotion du juge constitutionnel modifie et renouvelle la conception traditionnelle de la démocratie. Participant à l'expression de la volonté générale au nom du respect des droits fondamentaux et de ceux de la minorité, il élargit pour les uns l'horizon démocratique ou fait ressurgir, pour les autres, le spectre du « gouvernement des juges » illustré par l'histoire américaine.

En Europe, le contrôle de constitutionnalité fait cependant aujourd'hui partie intégrante du modèle démocratique – sans l'épuiser – et, globalement, a permis de conforter la protection des droits et libertés des citoyens. Et la suprématie juridique de la Constitution dans la plupart des démocraties occidentales, consacrée par l'organisation de sa protection, traduit le succès du constitutionnalisme, c'est-à-dire le mouvement d'idées favorable à ériger la Constitution écrite en loi suprême.

Bibliographie

BRAMI (C.), *Des juges qui ne gouvernent pas, retour sur les idées constitutionnelles de Roger Pinto*, L'Harmattan, 2005.

CHAGNOLLAUD (D.), « Les techniques de contrôle », *in* Troper (M.), Chagnollaud (D.), *Traité international de droit constitutionnel*, t. III, Dalloz, 2012

COMELLA (V. F.), « Est-il légitime de contrôler la constitutionnalité des lois ? », *in* Troper (M.), Chagnollaud (D.), *Traité international de droit constitutionnel*, t. III, Dalloz, 2012

DUKMAN (D.), *Les limites du contrôle de la constitutionnalité des actes législatifs*, LGDJ, 2001

GAILLET (A.), *La Cour constitutionnelle fédérale allemande – Reconstruire une démocratie par le droit*, Mémoire du droit, 2021

HEUSCHLING (L.), *État de droit, Rechtsstaat, Rule of law*, Dalloz, 2002

KELSEN (H.), « La garantie juridictionnelle de la Constitution : la justice constitutionnelle », *RD publ.* 1928. 198 ; « Le contrôle de constitutionnalité des lois. Une étude comparative des constitutions autrichienne et américaine », *RFD const.* 1990 (trad. d'un art. publié en 1942 aux États-Unis)

ROUX (A.), « Contrôle de constitutionnalité. Organisations juridictionnelles », *in* Troper (M.), Chagnollaud (D.), *Traité international de droit constitutionnel*, t. III, Dalloz, 2012

TROPER (M.), « Le problème de l'interprétation et la théorie de la supralégalité constitutionnelle », in *Mélanges Eisenmann*, 1974, p. 133

TUSSEAU (G.), « Le pouvoir des juges constitutionnels », *in* Troper (M.), Chagnollaud (D.), *Traité international de droit constitutionnel*, t. III, Dalloz, 2012

WACHSMANN (P.), « Sur la composition du Conseil constitutionnel », *Jus Politicum*, n° 5, 2010

VEDEL (G.), « Souveraineté et supra constitutionnalité », *Pouvoirs* 1993, n° 67 ; « Schengen et Maastricht (à propos de la décision n° 91-294 DC du Conseil constitutionnel du 25 juillet 1991) », *RFDA* 1992. 173

CHAPITRE 3

La protection constitutionnelle des droits et libertés fondamentaux

165 « Toute société dans laquelle la garantie des droits n'est pas assurée, ni la séparation des pouvoirs déterminée, n'a point de Constitution » : l'article 16 de la Déclaration des droits de l'homme et du citoyen de 1789 est souvent invoqué pour souligner que la Constitution doit non seulement consacrer ces droits mais les protéger effectivement. Certes, cette analyse s'opère-t-elle au bénéfice de l'acception moderne du mot. Mais elle rappelle, ce faisant, que la Déclaration de 1789 a contribué à forger le droit constitutionnel moderne. Il reste que, s'agissant de la violation collective des droits par le pouvoir politique, « la principale et la plus importante garantie politique des droits de l'homme est le bulletin de vote unanimement considéré comme la meilleure police d'assurance contre l'oppression » (É. Zoller). Autrement dit, l'avènement des « droits et libertés fondamentaux » dont on analysera la notion (SECTION 1) et la garantie (SECTION 2) ne doit pas être considéré comme une sorte de « fin de l'Histoire » du droit constitutionnel, ni épuiser son

enseignement qui trouve justement sa place dans l'ensemble des études de droit. (v. « Garantie des droits », *Traité international de droit constitutionnel*, t. III, Titre III).

SECTION 1
La notion de droits et libertés fondamentaux

166 Dans sa version positiviste, la notion de « droits et libertés fondamentaux » est, dans les termes, d'origine allemande, et désigne « les droits et libertés protégés par des normes constitutionnelles ou (et) européennes et internationales » (L. Favoreu). En fait, cette conception n'est admise strictement qu'en Allemagne – dont elle est inspirée, sans omettre l'Espagne et le Portugal. Elle est reprise tant par la Cour de justice de l'Union européenne que par la Cour européenne des droits de l'homme. L'appellation varie selon les pays mais recouvre en fait la même chose, soit un ensemble de droits reconnus et garantis par des normes constitutionnelles et conventionnelles, autrement dit par des normes de valeur supralégislative. Il s'agit ainsi des « droits inviolables » (Italie), « constitutionnellement garantis » (Autriche, Suisse), des « droits fondamentaux » (Suède), des « droits de l'homme » (Finlande, Norvège), voire tout simplement des « droits » (Grande-Bretagne, Irlande, Norvège, Luxembourg et Belgique). La transposition de cette idée en France reste encore assez floue et contestée.

Il reste qu'au sens élémentaire du mot, le caractère « fondamental » signifie simplement que le degré de protection de ces « droits et libertés » aurait pour effet de les placer hors d'atteinte de toute intervention des pouvoirs constitués : ni le pouvoir exécutif, ni le pouvoir législatif ne peuvent les mettre en cause de façon « substantielle ». Protégés contre le législateur par le juge constitutionnel quand il existe, ils le sont aussi par le juge ordinaire demeurant en termes « quantitatifs » le premier gardien, au quotidien, des libertés (P. Wachsmann).

La notion de droits et libertés fondamentaux est ainsi plus précise que celle de « droits de l'homme » à caractère philosophique même si leur statut juridique tend, en s'internationalisant, à se préciser. Elle se distingue aussi des « libertés publiques » dont la protection n'est « que » législative mais dont l'étendue est incontestablement plus vaste.

Nous étudierons les sources (§ 1) puis les catégories (§ 2) des droits fondamentaux.

§ 1. Les sources des droits et libertés fondamentaux

167 Les sources des droits et libertés fondamentaux sont à la fois internationales, européennes et nationales.

A. Au plan international

168 **La Charte de l'ONU du 26 juin 1945.** Elle indique parmi ses buts l'intégration des droits de l'homme au droit international. De cette volonté découle la Déclaration universelle des droits de l'homme du 10 décembre 1948 adoptée par les États membres de l'ONU. Dépourvue de valeur juridique, elle est un catalogue de droits, compromis entre États libéraux et socialistes, proclamant les libertés physiques, intellectuelles, les droits civils et politiques et les droits économiques et sociaux de l'individu.

169 **Le Pacte international relatif aux droits économiques, sociaux et culturels et le Pacte international relatif aux droits civils et politiques du 16 décembre 1966 (ratifiés par la France en novembre 1980 et janvier 1981).** Pour assurer une force obligatoire aux droits et libertés proclamés par la Charte, deux conventions internationales la complètent. Si le premier pacte ne comporte qu'une obligation de moyens afin d'assurer la réalisation progressive des droits énoncés, le second s'impose aux États qui « s'engagent à respecter et à garantir à tous les individus se trouvant sur leur territoire et relevant de leur compétence les droits reconnus dans le présent Pacte, sans distinction aucune ».

Depuis 1976 un Comité des droits de l'homme vérifie la manière dont les États s'acquittent de leurs obligations au titre du Pacte international relatif aux droits civils et politiques et un Protocole facultatif détaille l'étendue de ses missions – les États peuvent accepter la compétence du Comité pour connaître des recours de particuliers (ratifié par la France en 1984). Cependant, cette protection reste largement théorique parce qu'inefficace.

Notons enfin qu'une série de conventions internationales spéciales, dans le cadre de l'ONU, a été adoptée (sur l'élimination de toutes les formes de discriminations raciales, 21 déc. 1965 ; de discriminations à l'égard des femmes, 1er mars 1980 ; contre la torture et autres peines ou traitements cruels, inhumains ou dégradants, 10 déc. 1994 ; celle relative aux droits de l'enfant, 20 déc. 1989).

B. Au plan européen

170 **La Convention européenne des droits de l'homme et des libertés fondamentales du 4 novembre 1950.** La « Convention de sauvegarde des droits de l'homme et des libertés fondamentales », dite Convention européenne des droits de l'homme, a été adoptée à Rome le 4 novembre 1950 et est entrée en vigueur le 3 septembre 1953. Ratifiée par trente-deux États, elle est directement applicable en France avec force supra-législative comme tout traité international aux termes de l'article 55 de la Constitution française. La Convention, dont le texte s'est enrichi à au fur et à mesure par différents Protocoles additionnels, garantit à chaque homme sans considération de quelque appartenance que ce soit – hormis à la digne famille humaine – toute une série de droits et de libertés, principalement civils, politiques, et individuels : droit à la vie, droit à ne pas être torturé ou maltraité, à ne pas être tenu en esclavage, à la liberté et à la sûreté, à un procès équitable, à la légalité des délits et des peines, au respect de la vie privée et familiale, à la liberté de pensée, de conscience et de religion, à la liberté d'expression, à la liberté de réunion et d'association, au mariage (art. 2 à 12).

Dans l'exercice et la jouissance de ces droits et libertés, précisés par une abondante et exponentielle jurisprudence européenne (riche à ce jour de plus de 20 000 arrêts), peu de restrictions sont admises : les articles 15 à 17 concernent ainsi respectivement l'état d'urgence, certaines restrictions aux droits des étrangers et l'abus de droit, l'article 57 concernant quant à lui les réserves des États ratifiant ; pour chaque droit, il est précisé classiquement que la restriction nécessaire à la poursuite d'un but légitime dans une société démocratique relève de l'appréciation nationale soumise elle-même et en dernier ressort à celle du juge européen. Par ailleurs, certains des droits énoncés sont, eux, intangibles ou « indérogeables », comme faisant partie de ce «*jus cogens*» auquel l'humaine dignité, dont nous sommes chacun porteur, nous interdit de disposer, à l'instar de l'interdiction de la torture (art. 3). Dans l'exercice et la jouissance de ces mêmes droits et libertés toute discrimination est proscrite (art. 14), même sur la base de droits ou en rapport à des droits et libertés non formellement reconnus dans le texte de la Convention – selon l'extension apportée par son quatorzième Protocole additionnel entérinant une précédente jurisprudence.

Toutes ces normes ainsi entendues et étendues (dans leur effet utile et concret) sont véritablement garanties (au sens propre du terme de droit), chacun se voyant décerner le droit au recours effectif (art. 13) : dans la mesure où, en ratifiant, tout État membre librement s'oblige à respecter et à faire respecter surtout lesdites normes (art. 1), la Convention permet corrélativement à tout individu de tout État membre, quelle que soit sa nationalité, de saisir directement la Cour européenne des droits de l'homme d'une action contre tout autre État à qui il reproche la violation des droits énoncés dans la Convention. Ce recours individuel supranational et direct, porté devant une juridiction internationale, est une figure inédite dans le droit international, que consacre formellement le 11e Protocole de la Convention entré en vigueur le 1er novembre 1998. Ce droit de recours, érigeant l'individu en sujet de droit international, s'étend aussi bien à l'action d'un État (la requête interétatique existe aussi dans les textes mais est peu usitée), à celle d'un de ses agents (armée, police, administration) qu'à celle de toute personne se trouvant sur son territoire et qui l'engage internationalement : l'« obligation positive » de chaque État partie, de faire respecter ses engagements y compris par ses nationaux entre eux (dans le cadre de la « dimension horizontale » des droits de l'homme) est la clé de voûte de l'« ordre public européen », elle-même ciment de l'harmonisation du droit des libertés en Europe.

171 **La Charte des droits fondamentaux de l'Union européenne.** La Charte des droits fondamentaux de l'Union européenne a été signée et proclamée par les présidents du Parlement européen, du Conseil et de la Commission lors du Conseil européen de Nice le 7 décembre 2000. Elle a acquis avec l'entrée en vigueur du traité de Lisbonne le 1er décembre 2009 la même valeur juridique que les traités européens. Elle rassemble en un texte unique l'ensemble des droits civiques, politiques, économiques et sociaux des citoyens européens ainsi que de toutes personnes vivant sur le territoire de l'Union. Ces droits sont regroupés en six grands chapitres : dignité, liberté, égalité, solidarité, citoyenneté, justice. Ils sont basés notamment sur les droits et libertés fondamentaux reconnus par la Convention européenne des droits de l'homme, les traditions constitutionnelles des États membres de l'Union européenne, la Charte sociale européenne du Conseil de l'Europe et la Charte communautaire des droits sociaux fondamentaux des travailleurs ainsi que d'autres conventions internationales auxquelles adhèrent l'Union européenne ou ses États membres.

172 **Les principes généraux du droit de l'Union européenne.** Notons que la Cour de justice de Luxembourg fait respecter par les institutions européennes les « droits fondamentaux, tels qu'ils sont garantis par la Convention européenne de sauvegarde des droits de l'Homme et des libertés fondamentales et tels qu'ils résultent des traditions constitutionnelles communes aux États membres, [...] en tant que principes généraux » (art. 6 du traité sur l'Union européenne). La Cour y soumet les États de l'Union dès lors qu'ils agissent dans le champ du droit de l'UE.

Ce « fonds commun » de droits et libertés constitutionnels des pays européens doit logiquement venir en renfort des droits constitutionnels nationaux. Sinon, l'application de ce « fonds commun » ne saurait résulter que d'engagements internationaux souscrits par la France et les autres pays européens. D'ailleurs, même des pays convertis à la « supraconstitutionnalité » continuent d'admettre la supériorité de leur Constitution sur le droit de l'Union européenne dérivé en matière de protection des droits fondamentaux.

C. Au plan national

173 **Des droits écrits consacrés par la Constitution.** Ces droits et libertés en principe écrits peuvent être aussi tirés de la Constitution et/ou de son préambule ou d'une déclaration des droits.

• **À l'étranger.** En Grande-Bretagne qui dispose d'une Constitution coutumière, ces droits sont consacrés par quelques textes anciens mais aussi par une loi transposant la Convention européenne des droits de l'homme (*Human Rights Act* 1998). Notons d'ailleurs que l'efficacité de la protection des libertés essentielles par le juge anglais ne tient nullement à la soumission de l'État à sa Constitution. En Allemagne, en Italie, en Espagne, au Portugal et en Grèce, mais aussi dans les pays du Benelux, ces droits ont été inscrits dans la Constitution pour pouvoir être protégés. En Suède, le chapitre II de la Constitution énonce de même des droits et libertés qui ne peuvent être limités, sans révision constitutionnelle préalable, d'autres pouvant, sous certaines conditions, faire l'objet de limitations par voie législative. Aux États-Unis, les droits fondamentaux sont proclamés par la Déclaration d'indépendance de 1776 puis ont été intégrés dans la Constitution américaine, complétée par plusieurs « amendements ».

• **En France.** Ils sont inclus – ou déduits par le juge constitutionnel – dans la Déclaration de 1789, dans le préambule de 1946, se référant lui-même aux principes fondamentaux reconnus par les lois de la République, et dans la Constitution de 1958 et la Charte de l'environnement de 2004, l'ensemble formant le « bloc de constitutionnalité » (v. t. 2, titre VII). La Déclaration des droits de l'homme et du citoyen de 1789 renvoie, comme l'a montré Stéphane Rials, au droit naturel et à Locke : elle énonce tant des droits individuels (égalité en droit, liberté et sûreté) que des principes d'organisation constitutionnelle (souveraineté nationale, séparation des pouvoirs, consentement à l'impôt, garantie des droits). Est-il besoin de souligner son rayonnement international à la source des grands textes internationaux précités ? Le préambule de 1946, tout en réaffirmant son attachement à la Déclaration de 1789, proclame l'égalité des sexes, des principes de droit international (sa supériorité et son respect, le droit d'asile pour les combattants de la liberté), des principes sociaux (la nation aide au développement de l'individu et de la famille, garantit la sécurité matérielle, la protection de la santé, le repos, les loisirs, assure l'égal accès à l'instruction, à la formation professionnelle et à la culture, l'État étant garant de la solidarité nationale), des principes économiques (le droit au travail, le droit de grève, la liberté syndicale, la participation des travailleurs à la détermination collective des conditions de travail et à la gestion des entreprises, l'organisation de l'économie et particulièrement les nationalisations). La Constitution de 1958, quant à elle, ne vise, à titre principal, les droits et libertés que dans ses premiers articles relatifs à l'égalité des citoyens, au suffrage, à l'article 34 (la compétence législative en matière de libertés publiques) et surtout dans les dispositions ayant trait au Conseil constitutionnel et au juge judiciaire (Const., art. 66) s'agissant de la protection des libertés.

174 **Des droits découverts par le juge constitutionnel.** Les Constitutions ne procèdent pas toujours à une énumération exhaustive, la liste de ces droits et libertés n'étant pas pour autant figée. Ainsi, dans la Constitution américaine, « l'énumération de certains droits ne sera pas interprétée comme déniant ou restreignant d'autres droits consacrés par le peuple » (IXe amendement). Les Cours constitutionnelles peuvent par ailleurs s'attacher à reconnaître – ou à découvrir – des droits non écrits. Le Tribunal constitutionnel fédéral d'Allemagne s'y autorise tandis que la Cour constitutionnelle autrichienne s'y refuse. Le Conseil constitutionnel en France, par simple référence au préambule de la Constitution de 1946, qui affirme son attachement « aux principes fondamentaux reconnus par les lois de la République », dégage des « principes fondamentaux » à valeur constitutionnelle (liberté d'association, droits de la défense, liberté d'enseignement, indépendance des professeurs d'université, indépendance de la juridiction administrative, etc. ; v. t. 2, titre VII).

Cette « découverte » par le juge constitutionnel à partir de textes parfois anciens – voire purement et simplement en l'absence de textes – lui laisse ainsi une latitude d'interprétation incontestable (d'autant mieux qu'écrits ou non, ces droits doivent être conciliés par le juge constitutionnel). Ainsi, la Cour constitutionnelle italienne a dégagé en 1988 des principes « qui bien que n'étant pas expressément mentionnés parmi ceux qui ne peuvent faire l'objet d'une procédure de révision constitutionnelle appartiennent à l'essence des valeurs suprêmes sur lesquelles se fonde la Constitution italienne ». Puis, elle s'est reconnue compétente pour vérifier la conformité d'une révision constitutionnelle par rapport à ces « valeurs » qu'elle avait dégagées.

175 **Les sources législatives.** Notons ici simplement que la loi peut préciser les modalités concrètes d'exercice d'un droit ou, dans le silence de la Constitution, intervenir pour combler cette lacune, s'agissant en particulier de libertés nouvelles (liées notamment à l'évolution des sciences et technologies). On ne parle alors plus de droits fondamentaux mais de libertés publiques.

176 **Les principes généraux du droit.** Dégagés en France par la jurisprudence du Conseil d'État, le Conseil constitutionnel en transpose certains au plan constitutionnel, notamment par le biais des « principes fondamentaux reconnus par les lois de la République » (v. t. 2, titre VII).

§ 2. Les catégories des droits fondamentaux

177 La notion de « droits fondamentaux », à l'exception de la Constitution allemande qui leur donne un contour juridique et un sens précis, n'est pas d'une clarté évidente sans compter l'apparition de droits nouveaux comme ceux du numérique (FASSI-FIHRI (R), 2022).

A. Des droits mal définis par leur nature

178 Plusieurs classifications des droits et libertés sont envisageables. On distingue ainsi traditionnellement les libertés individuelles des libertés collectives. Léon Duguit, au début de ce siècle a préféré distinguer les droits « de », c'est-à-dire les droits-libertés classiques requérant une abstention de l'État, et les droits « à » nécessitant son

intervention. Cette distinction veut rendre compte de l'évolution historique en la matière : de la Déclaration des droits de l'homme de 1789 d'inspiration individualiste (les « droits de la première génération ») au préambule de la Constitution de 1946, d'inspiration sociale instituant des droits-créances (« les droits de la seconde génération »), même si elle ne recoupe pas strictement la distinction entre droits individuels et droits collectifs. Ainsi le droit à l'égalité, « droit-charnière », sera traité séparément puisqu'appartenant à la fois aux deux catégories précitées. Cet exemple souligne d'ailleurs que les droits de la « seconde génération » découlent largement de la première. Quant à la « troisième génération » des droits de l'homme, cette catégorie floue participe de la seconde (droits de solidarité, des droits « à ») ou n'est consacrée principalement que par le droit international (environnement, développement). Et dans un esprit de confusion supplémentaire, on évoque même parfois des droits de la quatrième génération (bioéthique, protection contre les dangers de l'informatique). On se limitera aux deux premières, renvoyant pour le droit de l'environnement à la Charte de l'environnement de 2004 adossée en 2005 à la Constitution française (v. t. 2, titre VII).

Un noyau dur : les droits « de » ou droits et libertés classiques. Leur noyau est formé d'abord des libertés physiques, intellectuelles et des libertés collectives mais aussi des droits politiques et de certains droits économiques et sociaux. Ces droits sont reconnus abstraitement aux personnes ou constituent des garanties afin qu'elles puissent les faire valoir (FRANGI (M.), 1999).

• **Les libertés physiques** : la liberté individuelle (sûreté, liberté d'aller et de venir, inviolabilité du domicile et de la correspondance, droit au respect de la vie privée, droit de se marier librement) et le droit d'asile ; le droit au juge et le respect des droits de la défense ainsi que les garanties en matière répressive (présomption d'innocence, légalité des peines et des délits, non-rétroactivité de la loi pénale).

• **Les libertés intellectuelles** : liberté de conscience et d'opinion, liberté d'expression, de la presse et de communication, liberté d'enseignement.

• **Les libertés collectives** : liberté d'association, de réunion et de manifestation.

• **Les droits politiques** : droit de suffrage (universel, égal et secret), droit d'éligibilité, droit d'adhérer à un parti politique.

• **Certains droits économiques et sociaux** : le droit de propriété, la liberté d'entreprendre, la liberté syndicale et le droit de grève.

Une « nébuleuse » (J. Rivero) : les droits « à » ou les droits-créances. Ces droits « à », développés après la Seconde Guerre mondiale ne sont pas seulement économiques et sociaux mais aussi individuels.

• **Les droits individuels**

Le droit à la vie : il suppose bien sûr l'abstention de l'État qui ne saurait y porter atteinte (abolition de la peine de mort), mais exige aujourd'hui qu'il la protège, en particulier des progrès de la science (respect du corps humain, expérimentations thérapeutiques, dons d'organes, procréation médicalement assistée, etc.) ;

Le droit à la protection de la dignité : la dignité de la personne humaine doit être sauvegardée (prohibition de l'esclavage, de la torture et des traitements inhumains ou dégradants, des crimes contre l'humanité) ;

Le droit de tout individu de fonder une famille et de mener une vie familiale normale (y compris hors mariage) ;

Le droit à la protection de la santé : le devoir de l'État est d'assurer aux individus le meilleur état de santé physique et moral possible ;

Le droit à la protection sociale : chaque personne doit pouvoir bénéficier des prestations sociales (sécurité sociale).

• **Les droits économiques et sociaux**

Le droit à l'emploi : le droit d'accéder à une profession, de recevoir une prestation de l'État en cas de chômage, d'être protégé contre les licenciements abusifs ;

Le droit de participation des travailleurs à la détermination collective des conditions de travail et à la gestion de l'entreprise.

Un « droit-charnière » (É. Oliva) : le droit à l'égalité. Proclamé par la Révolution française (Déclaration de 1789), le principe d'égalité a longtemps été compris comme l'affirmation d'une égalité en droit des individus faisant donc obstacle à toute discrimination, quel que soit son fondement. Affirmé par la plupart des Cours constitutionnelles européennes et par la Cour suprême des États-Unis, il est aussi pensé aujourd'hui comme un droit à l'égalité réelle impliquant une intervention de l'État visant à corriger les inégalités au nom de la solidarité.

• **Le droit à l'égalité formelle.** La puissance publique traite également en droit les individus et la loi ne consacre aucune différence entre les individus. De ce principe d'égalité juridique et formelle découlent les droits suivants : l'égalité devant la loi, devant la justice, l'égalité d'accès aux emplois publics, devant les charges publiques, l'égalité du suffrage, l'égalité entre l'homme et la femme.

• **Le droit à l'égalité réelle.** Il s'agit d'un droit à l'égalité des droits ou si l'on préfère l'égalité *par* la loi (et non plus seulement *devant* la loi). L'État peut rétablir l'égalité entre différentes catégories, selon des critères précis en instituant des discriminations dites « positives » (handicapés, femmes) dans le domaine économique et social, à l'exclusion, généralement, du champ politique. Ce dernier tend cependant à être concerné en vertu du principe de « parité » qui se fonde sur l'égalité des sexes mais ne cherche pas à la gommer en revendiquant un partage égal des droits.

En France (v. t. 2, art. 1er). Il ne s'agit que d'une simple faculté jugée conforme par le Conseil constitutionnel si ces différenciations sont opérées dans un but d'intérêt général, à l'exception de celles fondées sur le sexe, la religion ou l'origine ethnique ou « raciale » sauf si elles sont autorisées expressément par le Constituant.

Aux États-Unis. La mise en œuvre de discriminations positives est apparue s'imposer au législateur (*Affirmative Action*). Elle a d'abord été permise dans les années cinquante par le renversement de la jurisprudence de la Cour suprême, au nom du principe constitutionnel d'« égale protection des lois », jugeant que la doctrine « séparés mais égaux » autorisant en fait la ségrégation raciale, en particulier à l'école, était inconstitutionnelle : « *des conditions d'éducation séparées sont intrinsèquement inégalitaires* » (*Brown v. Board of Education*, 1954). C'est alors qu'une politique au bénéfice des Noirs a pu être initiée pour leur donner, d'abord l'accès aux écoles d'autres quartiers en les acheminant par autobus (*busing*) puis, avec les présidents Kennedy et Johnson, par le *Civil Right Act* du 2 juillet 1964 et l'arrêté présidentiel du 24 septembre 1965 qui autorise l'*Affirmative Action* (l'action positive), soit, grâce à un système de quotas, une certaine forme de préférence dans l'embauche, la promotion et l'admission à l'université et aux écoles professionnelles, l'accès aux marchés publics. Si la Cour suprême a admis la légitimité du principe des discriminations positives dans le champ éducatif (*Regents of University of California v. Bakke*, 1978), dans l'entreprise (*Weber v. Kaiser Aluminium*, 1979), dans les marchés publics (*Fullilove v. Klutznick*, 1980), il ne saurait revêtir qu'un caractère temporaire et n'être justifié, au cas par cas, qu'en présence d'un déséquilibre racial manifeste. Puis, cette jurisprudence s'est étendue aux discriminations sexuelles. Elle s'est faite cependant depuis la fin des années quatre-vingt plus restrictive (*Adarand construction Co v. Pena, Secretary of Transportation* et al. 1995) : les discriminations positives font l'objet d'un contrôle « strict » et ces « classifications » sont redevenues *a priori* suspectes comme elles l'étaient à l'origine (contrôle « strict en théorie mais fatal en fait » dit-on aux États-Unis).

En Allemagne. La Cour constitutionnelle a réaffirmé constamment que « ce qui est égal doit être traité également, et ce qui est inégal, conformément à sa singularité ». Cette inégalité peut ainsi imposer une différence de traitement dans la mesure où la Cour considère qu'il peut être arbitraire d'infliger un traitement identique à deux situations fondamentalement différentes.

En Italie. La Cour constitutionnelle vérifie en pratique le caractère « raisonnable » des différences de traitement réalisées par le législateur. Elle lui impose de lever les obstacles d'ordre social ou économique qui empêchent la réalisation d'une égalité effective entre les citoyens, en particulier dans le domaine de l'égalité des sexes. Elle n'a cependant pas validé en 1995 plusieurs lois instituant des quotas sur les listes de candidatures aux diverses élections locales.

En Espagne. La Cour constitutionnelle n'a admis que très récemment, en 1989, la constitutionnalité des discriminations positives s'agissant de l'égalité des sexes, tandis que la Constitution portugaise, depuis la révision constitutionnelle du 3 septembre 1997, énonce parmi « les tâches fondamentales de l'État », la promotion de l'égalité entre l'homme et la femme (art. 9), « la loi (devant) promouvoir l'égalité dans l'exercice des droits civils et politiques ».

En Europe. La Convention européenne des droits de l'homme fait à plusieurs reprises référence à la nécessité de créer des inégalités de droit afin de compenser l'existence d'inégalités de fait. Et la Cour de Strasbourg dans l'arrêt *Marckx* (13 juin 1978) a clairement affirmé que l'application de la Convention (en particulier de son article 14 consacrant le principe de non-discrimination) supposait une action positive des États. Cette conception active de l'égalité se traduit en droit de l'Union européenne par une directive du Conseil du 9 février 1976 relative à la mise en œuvre du principe d'égalité de traitement entre hommes et femmes qui « ne fait pas obstacle aux mesures visant à promouvoir l'égalité des chances entre hommes et femmes, en particulier en remédiant aux inégalités de fait qui affectent les chances des femmes ». La Cour de justice de l'Union européenne dans deux arrêts de 1995 et 1997 a précisé sa doctrine : elle admet le principe des discriminations positives, au profit des femmes même s'il est en droit inconditionné, sous réserve que cette priorité ne soit pas absolue et automatique et aille ainsi au-delà d'une promotion de l'égalité des chances. Le traité d'Amsterdam admet enfin expressément les discriminations positives (art. 141, aujourd'hui art. 157 du TFUE).

B. Des droits mieux définis par leur caractère justiciable

179 Si la France, l'Espagne et le Portugal consacrent comme « droits fondamentaux » les droits de la seconde génération, les États-Unis ne consacrent que ceux de la première. Pour les cerner, mieux vaut adopter un critère de procédure : ces droits doivent pouvoir être en effet justiciables, c'est-à-dire pouvoir être invoqués devant un juge et mis en œuvre par lui. Notons sur ce point que la définition de ceux-ci s'éclaire plus par cette garantie de procédure que par leur nature « substantielle ». Certes, ils peuvent être qualifiés le plus souvent de droits subjectifs, c'est-à-dire de droits protégeant l'individu et justiciables des tribunaux ordinaires ou du juge constitutionnel. Mais leur liste n'étant pas limitative voire fluctuante, leur caractère justiciable, outre leur protection constitutionnelle, reste déterminant pour les définir, à l'inverse des « objectifs » ou des « valeurs » de nature constitutionnelle. En outre, aucun droit et liberté n'ayant de caractère absolu, les limitations dont ils peuvent faire l'objet, si celles-ci ne peuvent porter atteinte à leur « substance » (L. fondamentale allemande) ou à leur « contenu essentiel » (Const. espagnole), les risques de dénaturation sont appréciés finalement par le juge. En l'occurrence, en Allemagne, les droits fondamentaux sont interprétés par le Tribunal constitutionnel allemand comme impliquant une obligation positive d'agir de la part de l'État.

Cette différence d'interprétation peut être soulignée par l'exemple du droit à la vie. Le Tribunal constitutionnel d'Allemagne, en 1975, déclare inconstitutionnelle la loi dépénalisant complètement l'interruption volontaire de grossesse, au nom du droit à la vie et du devoir de l'État d'assurer sa protection. En 1974, la Cour constitutionnelle autrichienne admet une loi analogue pour des raisons strictement contraires : les droits fondamentaux sont protégés des interventions de l'État et non contre le fait qu'il s'abstienne d'intervenir. Enfin, aux États-Unis, la Cour suprême en 1973 a fait du « droit à l'avortement » – jusqu'au revirement de cette décision en 2022 – un droit subjectif et relevant de la vie privée des individus et sanctionne les législations d'États interdisant l'avortement. Seulement a-t-elle jugé conforme, dans une décision du 26 juin 1989, une loi de l'État du Missouri interdisant toute contribution publique aux interruptions volontaires de grossesse.

C. Des droits intangibles ?

180 Une fois érigés par le pouvoir constituant originaire en normes constitutionnelles, ces droits et libertés sont-ils définitivement à l'abri de toute atteinte ou modification ? La quasi-totalité des droits « fondamentaux » ne présente pas un caractère absolu et peut recevoir des limitations opérées par le seul législateur – mais dans certaines limites – sous le contrôle du juge constitutionnel. Seuls quelques-uns peuvent être analysés comme intangibles (interdiction de la torture, de l'esclavage, des traitements inhumains ou dégradants). La question recoupe en fait celle des limites matérielles apportées à la révision et celle, connexe, de la supra-constitutionnalité que l'on a rencontrée précédemment.

SECTION 2
La garantie des droits et libertés fondamentaux

181 On traitera principalement ici des garanties juridictionnelles des droits et libertés, supposant donc l'intervention d'un juge, en rappelant en introduction celles qui, bien que non juridictionnelles, ne sont pas négligeables. On a ainsi précédemment évoqué la possibilité assez théorique de l'exercice par le peuple de son droit à la résistance à l'oppression. Le contrôle des gouvernés par la voie électorale et/ou référendaire demeure, en « temps ordinaire », on l'a noté, un outil efficace pour les rappeler à leurs devoirs en matière de libertés. Le Parlement s'est vu longtemps reconnaître ce rôle protecteur qu'il conserve en Grande-Bretagne, mais ce rôle est « inhibé » par la discipline majoritaire (P. Wachsmann). Les autorités administratives indépendantes, en France et à l'étranger (Suède, Grande-Bretagne, États-Unis, etc.), malgré leurs différences, contribuent à la protection des libertés par l'activité de régulation de certains secteurs dont elles ont la charge (audiovisuel, informatique et libertés, etc.). C'est encore plus vrai de

celles à compétence générale, s'agissant des relations entre Administration et administrés, comme le Défenseur des droits en France, qui a pris la suite du Médiateur de la République et qui, à l'avenir, devrait disposer de pouvoirs similaires à son homologue suédois (l'*ombudsman*) ou britannique (le commissaire parlementaire pour l'Administration).

Les garanties juridictionnelles peuvent être distinguées selon qu'elles relèvent du droit international (§ 1) ou du droit national (§ 2). Elles s'appuient sur le droit au juge et le respect des droits de la défense, initiés par la tradition anglo-américaine, consacrés en Europe comme des principes constitutionnels reconnus par ailleurs par la Convention européenne des droits de l'homme (Auriel (P.), 2020).

§ 1. La garantie juridictionnelle en droit européen

182 Au plan international, on a noté que le Comité des droits de l'homme assurait encore une protection peu efficace des droits et libertés et non juridictionnelle. C'est pourquoi on évoquera principalement le système de protection prévu par la Convention européenne des droits de l'homme.

A. La Cour européenne des droits de l'homme

183 La Cour est une juridiction internationale depuis 1959, siégeant à Strasbourg, composée d'un nombre de juges égal à celui des membres du Conseil de l'Europe, élus pour neuf ans par tiers tous les trois ans par l'assemblée parlementaire et rééligibles. Ils sont présentés par chaque État (qui propose trois noms) et doivent être d'une haute considération morale et d'une compétence juridique incontestée.

En vertu de la Convention européenne des droits de l'homme, chaque État peut déclarer, à n'importe quel moment, la juridiction de la Cour « sur toutes les affaires concernant l'interprétation et l'application » de la Convention. Tous les États ont aujourd'hui reconnu cette juridiction qui peut donc être saisie par un État ou par une personne physique ou morale sans condition de nationalité – sans le consentement de l'État visé (le recours émanant des États est rarement utilisé sinon dans des affaires de nature politique). On n'évoquera ici que les requêtes individuelles.

Aux termes du 11e Protocole à la Convention entré en vigueur en novembre 1998, et dans la logique de l'admission des requêtes individuelles directes, rappelons que la Cour européenne des droits de l'homme cumule désormais les fonctions de la Commission (qui filtrait les requêtes) et de l'ancienne Cour, le Comité des ministres se contentant de surveiller l'exécution des arrêts. Mais, dans sa structure, la nouvelle configuration de la Cour, divisée en plusieurs formations, préserve, en quelque sorte, l'ancienne.

• **L'admission des requêtes.** La procédure ne peut être ouverte qu'après épuisement des voies de recours internes et dans un délai de six mois à partir de la date de la décision interne définitive. Les requêtes sont désormais filtrées par une formation de la Cour depuis 1998. Pour être recevables devant elle, les requêtes doivent être compatibles avec la Convention qui exclue celles « manifestement mal fondées ou abusives » – ce qui permet d'assurer un filtrage très important (peu de requêtes franchissent ce stade). Elle doit mettre en cause l'acte d'un État – ou son omission –, susceptible de constituer une violation de la Convention affectant directement le plaignant.

Si la requête est déclarée recevable, la commission tente d'instaurer un dialogue entre le requérant et l'État en vue de concilier les parties, dans le cas contraire elle établit les faits, de façon contradictoire, puis formule un avis. Dans l'instruction de l'affaire, elle dispose d'importants pouvoirs d'enquête et peut ordonner des mesures provisoires (suspension d'une extradition). Puis elle remet un rapport établissant ou non la violation par l'État de la Convention : trois ou quatre ans en moyenne se sont déjà écoulés...

• **La décision de la Cour.** La Cour instruit l'affaire et rend sa décision dans un arrêt motivé qui constate ou non la violation (décision prise à la majorité de ses membres, les opinions dissidentes étant admises). En cas de condamnation, la Cour peut accorder « une satisfaction équitable » à la partie lésée, sous forme pécuniaire dès lors que la violation constatée ne peut – le plus souvent – dans ses conséquences n'être effacée « qu'imparfaitement » par le droit interne de l'État. L'exécution de l'arrêt relève de l'État condamné, sous la surveillance du Comité des ministres.

B. L'influence de la jurisprudence de la CEDH sur les jurisprudences des Cours constitutionnelles nationales

184 **Position du problème.**

> « La décision (de la Cour européenne des droits de l'homme) (...) ne saurait annuler ou abroger par elle-même les dispositions litigieuses : déclaratoire pour l'essentiel, elle laisse à l'État le choix des moyens à utiliser dans son ordre juridique interne pour s'acquitter de l'obligation qui découle pour lui de l'article 53 (aujourd'hui art. 46). »
>
> CEDH 13 juin 1979, *Marckx c/ Belgique.*

La Cour peut, sans l'affirmer de façon aussi nette, être simplement amenée à confronter les dispositions de la CEDH avec certaines dispositions constitutionnelles et conclure à leur contrariété. Dans l'affaire *Open Door et Dublin Well Women c/ Irlande*, la Cour de Strasbourg, dans son arrêt du 29 octobre 1992, a estimé disproportionné l'arrêt de la Cour suprême irlandaise interdisant en Irlande – sur le fondement de l'article 40, § 3, alinéa 3 de la Constitution irlandaise reconnaissant le droit à la vie de l'enfant à naître – la libre communication et la libre réception d'information sur les cliniques pratiquant l'IVG au Royaume-Uni.

De même, la Cour européenne des droits de l'homme a censuré, dans un arrêt du 28 octobre 1999 contre la France, *Zielinski et Pradal*, une loi de validation dont le Conseil constitutionnel avait admis la conformité à la Constitution (13 janv. 1994, n° 93-322 DC). Dans cette affaire, la Cour de Strasbourg a jugé que « le principe de la prééminence du droit et la notion de procès équitable consacrés par l'article 6 s'opposent, sauf pour d'impérieux motifs d'intérêt général, à l'ingérence du pouvoir législatif dans l'administration de la justice dans le but d'influer sur le dénouement judiciaire du litige ».

Les arrêts de la Cour européenne des droits de l'homme n'ont ainsi qu'une valeur déclaratoire. Au regard de la Convention européenne des droits de l'homme, celle-ci a certes la primauté sur tous les actes internes quelle que soit leur nature ou l'organe qui les a adoptés. Pour autant, dans son arrêt *Marckx* du 13 juin 1979, placé en exergue plus haut, la Cour indique que ses décisions ont un effet déclaratoire. Il appartient alors à l'État condamné de modifier la norme déclarée incompatible avec la Convention. Au surplus, l'État condamné n'a pas nécessairement l'obligation de l'abroger ou de la modifier pour la rendre conforme à un droit international même s'il sera conduit, par la nature des choses pourrait-on dire, à le faire.

185 **La politique de prévention des conflits : le cas français** (v. aussi t. 2, titre VII). Le Conseil constitutionnel est amené, pour éviter tout risque de contrariété avec la Cour de cassation et le Conseil d'État – qui font application directe de la CEDH – mais aussi pour pallier toute divergence avec la Cour européenne des droits de l'homme elle-même, à corriger sa jurisprudence. Le Conseil a ainsi, à la suite de l'arrêt précité *Zielinski et Pradal* du 28 octobre 1999, modifié sa jurisprudence et s'est fondé explicitement sur le principe de la séparation des pouvoirs pour exercer, comme la Cour européenne des droits de l'homme, un contrôle de proportionnalité entre l'intérêt général invoqué à l'appui d'une loi de validation et l'atteinte portée au droit au recours du justiciable (21 déc. 1999, n° 99-422 DC).

Il s'attache surtout à prévenir tout conflit ou à combler les lacunes du droit constitutionnel national en s'inspirant de la CEDH. Ainsi a-t-il recherché, dans la Constitution, le « double » de la Convention : le droit au respect de la vie privée (CEDH, art. 8) déduit par le Conseil constitutionnel de la Déclaration de 1789, la liberté de mariage (CEDH, art. 12 et déduite par le Conseil de la même déclaration), le droit de mener une « vie familiale normale » (CEDH, art. 8), déduit du 10e alinéa du Préambule de la Constitution de 1946 (aux termes duquel : « la Nation assure à l'individu et à la famille les conditions nécessaires à leur développement ») dans sa décision n° 93-325 DC du 13 août 1993, de même du principe de la dignité de la personne humaine dégagé par la jurisprudence de la CEDH et qui est à l'origine du caractère indérogeable des articles 2, 3 et 4 CEDH, reconnu comme un principe constitutionnel fondé sur le Préambule de la Constitution du 27 octobre 1946 et destiné à protéger la personne humaine contre toute forme « d'asservissement et de dégradation » (Cons. const. 27 juill. 1994, n° 94-343/344 DC).

Mais c'est probablement en matière pénale que la jurisprudence de la Cour de Strasbourg a eu un impact majeur sur la jurisprudence du Conseil. L'article 6 de la CEDH qui consacre le droit à un procès équitable, n'a aucun équivalent dans la Constitution française. La Déclaration des droits de l'homme de 1789 traite davantage du droit à la sûreté de la personne que de ses droits procéduraux. Le Conseil constitutionnel s'est alors attaché à combler, pour autant que cela lui était possible, ces lacunes. Il a ainsi consacré la nécessité d'une « procédure juste et équitable garantissant l'équilibre des droits des parties » (28 juill. 1989, n° 89-260 DC) et le « droit à un recours juridictionnel effectif » dont le fondement a été trouvé dans l'article 16 de la Déclaration des droits de l'homme et du citoyen de 1789.

Enfin, est entré en vigueur le 1er août 2018, le Protocole n° 16 à la Convention, lequel prévoit que les hautes juridictions des États parties, dont le Conseil constitutionnel en France, peuvent poser à titre préjudiciel à la Cour des « questions de principe relatives à l'interprétation ou à l'application des droits et libertés définis par la Convention ou ses protocoles ». Ces avis ne sont toutefois par contraignants (art. 5 du Protocole).

§ 2. La garantie juridictionnelle en droit interne

On distinguera simplement les garanties assurées par la justice constitutionnelle de celles assurées par la justice dite ordinaire.

A. La protection par le juge constitutionnel

186 Outre les garanties générales offertes par le contrôle juridictionnel des lois, mais aussi des engagements internationaux, dans le « modèle » européen (contrôle « concentré »), – alors que le modèle américain (« contrôle diffus ») permet d'assurer directement la protection des droits –, il existe également des garanties spécifiques prévues dans certains pays. On les rappellera brièvement.

• **En Allemagne**. Il s'agit du recours constitutionnel individuel contre les actes législatifs, administratifs et juridictionnels. C'est le recours direct ouvert aux citoyens (ou aux personnes morales). Pour l'engager, il faut avoir épuisé complètement les recours ouverts devant les tribunaux et alléguer de la violation précise d'un droit constitutionnel. Ce recours peut porter indifféremment sur une loi, une décision administrative ou judiciaire.

Très populaire en Allemagne et en extension constante – près de cinq mille recours par an dans les années quatre-vingt-dix – du fait, en particulier, de la réunification, ce recours constitutionnel fait l'objet de filtres afin d'éviter la submersion du Tribunal constitutionnel. Rappelons que depuis 1963, l'abus du droit au recours est passible d'une amende. Depuis 1986, le Tribunal procède, par l'intermédiaire d'une section de trois juges à un examen préalable destiné à filtrer les recours et à les déclarer – ou non – recevables. Sur les 5 000 plaintes qui sont déposées chaque année, plus de 1 % sont reçues, particulièrement les recours dirigés contre les lois pénales. Notons qu'un recours direct contre les lois est aussi rendu possible en Belgique et en Autriche.

• **En Espagne**. Le Tribunal constitutionnel contrôle le respect des droits fondamentaux définis aux articles 14 à 30 de la Constitution (à l'exclusion des droits économiques et sociaux). Si le recours (*amparo*) est ouvert aux individus – mais aussi au ministère public et au « défenseur du peuple » (chargé de protéger les administrés) –, il ne peut être directement exercé que contre les mesures administratives et juridictionnelles – à l'exclusion des actes législatifs.

• **En France**. La révision constitutionnelle du 23 juillet 2008 a permis l'introduction de la question prioritaire de constitutionnalité (v. t. 2, titre VII).

B. La protection par le juge ordinaire

187 Notons simplement que le juge ordinaire contribue massivement à la protection des droits et libertés fondamentaux garantis par la Constitution. Ainsi, pour n'évoquer que le cas français, le juge judiciaire est traditionnellement le gardien de la liberté individuelle, rôle affirmé par l'article 66 de la Constitution de 1958. Par ailleurs, l'existence d'un juge administratif, juge de l'Administration en France, a pour effet de protéger efficacement les citoyens contre les atteintes portées aux droits fondamentaux par les autorités administratives.

Bibliographie

AURIEL (P.), *L'équivalence des protections des droits fondamentaux dans l'Union européenne*, Bruylant, 2020

BARBE (V.), MAUCLAIR (S.), *Intelligence artificielle et droits fondamentaux*, Gualino, 2002

BIOY (X.), *Droits fondamentaux et libertés publiques*, LGDJ, 5e éd., 2018

DEBAETS (E.), DURANTHON (A.), SZTULMAN (M.), *Les fichiers de police*, Institut universitaire de Varenne, 2019

FALLON (D.), *L'abstention de la puissance publique et la garantie des droits fondamentaux*, Presses de l'Université de Toulouse, 2014

FASSI-FIHRI (R.), *Les droits et libertés du numérique : les droits fondamentaux en voie d'élaboration. Étude comparée en droits français et américain*, LGDJ, 2022

FERRAJOLI (L.), « Théorie des droits fondamentaux », *in* Troper (M.), Chagnollaud (D.), *Traité international de droit constitutionnel*, t. III, Dalloz, 2012

FONTAINE (L.), « La violation de la Constitution : autopsie d'un crime qui n'a jamais été commis », *RDP*, n° 6, 2014

FRANGI (M.), *Constitution en droit privé. Les droits individuels et les droits économiques*, Economica, 1999

HAENEL (H.), *Une constitution pour l'Union européenne*, Rapport d'information, Sénat, 2001

LÖHRER (D.), *La protection non juridictionnelle des droits fondamentaux en droit constitutionnel*, Institut universitaire de Rennes, 2014

MEINDL (T.), *La notion de droits fondamentaux dans les jurisprudences et doctrines constitutionnelles françaises et allemandes*, LGDJ, 2003

PIERRÉ-CAPS (S.), « Droit des minorités », *in* Troper (M.), Chagnollaud (D.), *Traité international de droit constitutionnel*, t. III, Dalloz, 2012

PREUß (U.), « La garantie des droits : "Les droits horizontaux" », *in* Troper (M.), Chagnollaud (D.), *Traité international de droit constitutionnel*, t. III, Dalloz, 2012

SANTOLINI (T.), *Les parties dans le procès de constitutionnalité en droit comparé*, Bruylant, 2010

TROPER (M.), « La logique de la justification du contrôle de la constitutionnalité des lois », in *Mélanges Pactet*, Dalloz, 2003 ; (dir.), *Comment décident les juges*, Economica, 2008

WACHSMANN (P.), « Techniques de protection », *in* Troper (M.), Chagnollaud (D.), *Traité international de droit constitutionnel*, t. III, Dalloz, 2012

TITRE 2

L'ORGANISATION DU POUVOIR

188 Héritée de la réflexion notamment de Montesquieu sur la limitation du pouvoir dévolu à deux organes, l'exécutif (le roi) et le législatif (les chambres). Il ne s'agit pas de spécialiser chacun dans une fonction (d'où la fausse idée assez répandue de « séparation des pouvoirs ») mais de rechercher un procédé permettant que les fonctions ou pouvoirs de l'État, dénommés aussi « puissances » (exécutive, législative et judiciaire), ne soient pas intégralement réunies entre les mêmes mains (CHAPITRE 1). Cette approche a donné naissance à une classification des régimes politiques fondée sur la notion très ambiguë de « séparation des pouvoirs » (CHAPITRE 2).

CHAPITRE 1

La combinaison des pouvoirs

189 Au XVIIIe siècle, dans son ouvrage *De l'esprit des lois* publié en 1748, Montesquieu analyse et idéalise les institutions monarchiques d'Angleterre pour dégager une réflexion sur les moyens de proscrire l'absolutisme et la concentration du pouvoir dans les mêmes mains. En ce sens, il traite non de « séparation » mais de combinaison et de liaison des pouvoirs contrairement à une lecture assez courante de nos jours. Les trois pouvoirs – législatif, exécutif et juridictionnel – ne doivent pas être dans les seules mains d'un des deux organes exécutif où législatif. Il ne s'agit pas non plus de spécialiser chaque organe dans une seule fonction mais de donner à chaque organe les moyens d'action réciproques pour empêcher l'autre de l'absorber (SECTION 1). Cette conception a inspiré directement la Constitution américaine de 1787 mais a été mal comprise par la France révolutionnaire. Quant à la distribution contemporaine du pouvoir, elle s'éloigne du schéma de Montesquieu (SECTION 2).

SECTION 1
L'influence de Montesquieu

190 Les formes de gouvernement ont fait l'objet depuis l'Antiquité de classifications. Elles sont fondées d'Aristote à Polybe sur le nombre de ceux qui gouvernent, une distribution organique des détenteurs du pouvoir : un seul (monarchie), tous (démocratie) ou quelques-uns (oligarchie).

Au XVIIIe siècle, on s'attache de façon plus complète à la spécialisation des trois pouvoirs exécutif, législatif et judiciaire confiés chacun à un organe qui s'absorbe dans sa fonction afin de préserver la liberté politique : chaque organe est investi d'une fonction constituant ainsi un pouvoir. Certes, les pouvoirs sont « séparés », d'où l'expression pas très heureuse et ambiguë de « séparation des pouvoirs », florissante dans la doctrine contemporaine. Mais d'une part, cette spécialisation peut conduire au conflit entre l'exécutif et le législatif et d'autre part, dans la simple mesure où la fonction même de faire la loi est par essence supérieure à celle de l'exécuter, il ne peut exister d'équilibre. C'est ainsi que la pensée de Locke et surtout de Montesquieu prône non pas la « séparation des pouvoirs » mais une interaction entre les organes dans leurs relations mutuelles qui suppose la participation de l'exécutif à la fonction législative et qui devrait permettre au fond la liaison des pouvoirs (§ 1). C'est donc la balance des pouvoirs (« *checks and balances* ») qui inspirera fortement la Constitution américaine de 1787 dans une moindre mesure de la Constitution française de 1791, marquée par la méfiance réciproque entre l'Assemblée et le roi qui affleure tant les débats que dans la rédaction du texte (§ 2 ; v. ss 537).

§ 1. La réflexion de Montesquieu

191 « Il y a dans chaque État trois sortes de pouvoirs : la puissance législative, la puissance exécutrice des choses qui dépendent du droit des gens, et la puissance exécutrice de celles qui dépendent du droit civil.

> Par la première, le prince ou le magistrat fait des lois pour un temps ou pour toujours, et corrige ou abroge celles qui sont faites. Par la seconde, il fait la paix ou la guerre, envoie ou reçoit des ambassades, établit la sûreté, prévient les invasions. Par la troisième, il punit les crimes, ou juge les différends des particuliers. On appellera cette dernière la puissance de juger, et l'autre simplement la puissance exécutrice de l'État.
>
> La liberté politique dans un citoyen est cette tranquillité d'esprit qui provient de l'opinion que chacun a de sa sûreté ; et pour qu'on ait cette liberté, il faut que le gouvernement soit tel qu'un citoyen ne puisse pas craindre un autre citoyen.
>
> Lorsque, dans la même personne ou dans le même corps de magistrature, la puissance législative est réunie à la puissance exécutrice, il n'y a point de liberté ; parce qu'on peut craindre que le même monarque ou le même sénat ne fasse des lois tyranniques pour les exécuter tyranniquement.
>
> Il n'y a point encore de liberté si la puissance de juger n'est pas séparée de la puissance législative et de l'exécutrice. Si elle était jointe à la puissance législative, le pouvoir sur la vie et la liberté des citoyens serait arbitraire : car le juge serait législateur. Si elle était jointe à la puissance exécutrice, le juge pourrait avoir la force d'un oppresseur.
>
> Tout serait perdu, si le même homme, ou le même corps des principaux, ou des nobles, ou du peuple, exerçaient ces trois pouvoirs : celui de faire des lois, celui d'exécuter les résolutions publiques, et celui de juger les crimes ou les différends des particuliers. »
>
> Montesquieu, *De l'Esprit des lois*, 1748.

192 **Sa finalité : limiter le pouvoir.** Montesquieu dans *De l'esprit des lois* formule, en 1748, de manière succincte, le moyen d'organiser la division du pouvoir afin de préserver la liberté politique mais aussi la liberté de chacun contre l'arbitraire. Pour comprendre sa construction, il faut en effet partir de son objectif : « Tout homme qui a du pouvoir est porté à en abuser [...]. Pour qu'on ne puisse abuser du pouvoir, il faut que par la disposition des choses, le pouvoir arrête le pouvoir ».

193 **Un même organe ne doit pas cumuler toutes les « puissances » (fonctions).** Montesquieu distingue trois puissances, trois fonctions dans l'État, la puissance législative, la puissance exécutive et la puissance de juger qui ne doivent pas être réunies dans les mains d'un seul organe, le roi ou le Parlement. Sinon, « Tout serait perdu... » Chaque fonction est donc remise à un organe indépendant : la puissance législative est confiée aux deux chambres, l'une issue du « peuple » (le suffrage est encore censitaire), l'autre représentant l'aristocratie, la puissance exécutive est confiée au

« monarque, celle de juger à des personnes tirées du corps du peuple ». Cette dernière puissance de juger est politiquement nulle : les magistrats ne font qu'appliquer la loi (ils sont « la bouche qui prononce les paroles de la loi ») et ne forment pas un « état » – un groupe social identifié, Montesquieu songeant ici aux jurys anglais. La novation essentielle consiste ici à faire de la puissance de juger, traditionnellement absorbée par l'exécutif, une puissance autonome et égale aux deux autres.

194 **La collaboration nécessaire et libre des organes exécutif et législatif.** Les organes exécutif et législatif ne s'absorbent cependant pas dans l'exercice d'une seule fonction et ne sont donc pas totalement indépendants les uns des autres : ils sont liés dans leur action par une distribution des facultés de statuer et d'empêcher : « J'appelle faculté de statuer, le droit d'ordonner par soi-même ou de corriger ce qui a été ordonné par un autre. J'appelle faculté d'empêcher, le droit de rendre nulle une résolution prise par quelque autre ». Afin que le pouvoir arrête le pouvoir, chaque organe dispose des moyens d'empêcher l'autre d'agir. Le roi statue en revêtant de sa « sanction royale » la loi votée, ou l'empêche en la refusant (ce refus prenant ainsi la forme d'un veto), les chambres votent la loi et surveillent son exécution, en sanctionnant éventuellement les ministres qui n'assurent pas correctement son application. « Pour former un gouvernement modéré, il faut combiner les puissances, les régler, les tempérer, les faire agir, donner pour ainsi dire un lest à l'une pour la mettre en état de résister à l'autre ». Ainsi, ils sont limités les uns les autres « par le mouvement nécessaire des choses » et « forcés d'aller de concert ». Autrement dit, l'idée de Montesquieu est d'« investir du pouvoir suprême dans l'État conjointement deux organes, le Parlement et le gouvernement *(du roi) – trois si l'on compte séparément deux chambres du corps législatif – en rendant leur accord nécessaire et libre* » (Ch. Eisenmann). Et au-delà de la mécanique constitutionnelle, il faut voir dans la pensée de Montesquieu un système garantissant l'équilibre entre les forces sociales : le roi, la noblesse, le « peuple » – bien étroit du fait du suffrage censitaire – dont les droits et les intérêts sont garantis. Dans l'Angleterre de l'époque décrite par Montesquieu, si la fonction exécutive est dans les mains du roi, la fonction législative est partagée en principe entre

le roi et les chambres – soit le « peuple » et la noblesse, le droit du roi de refuser sa sanction aux lois votées par les chambres étant cependant déjà abrogé au moment où il écrit. Quant à l'indépendance des juges, l'Acte d'établissement de 1701 la confère, au moins en principe. Enfin, le constitutionnalisme anglais ne reconnaît pas cette théorie au motif que les ministres sont issus du Parlement.

§ 2. Les interprétations américaine et française

195 **La Constitution américaine de 1787**

> « Un pouvoir législatif, un pouvoir exécutif et un pouvoir judiciaire représentent tout ce que signifie et ce qu'implique la notion de gouvernement. Seul l'équilibre de ces pouvoirs peut refréner les tendances de la nature humaine à la tyrannie, les tenir en échec et préserver quelque liberté dans la Constitution. »
>
> John Adams, successeur de Washington.

La conception de Montesquieu inspirera directement les constituants américains, en particulier Madison qui voit en lui un « oracle » : la Constitution de 1787 distribue les fonctions de l'État à des organes indépendants. La fonction législative est dans les mains du Congrès, la fonction exécutive dans celles du président et la fonction judiciaire dans celles des juges (dont le mode de désignation – l'élection – témoigne de la méfiance qu'ils pouvaient inspirer). Les organes exécutif et législatif se contrôlent réciproquement en vue d'assurer l'équilibre des pouvoirs, le fameux « *checks and balances* » (freins et contrepoids). À cette fin, ils ne sont pas strictement spécialisés dans leurs fonctions mais peuvent, par leur faculté de statuer et surtout d'empêcher, contrebalancer l'influence de l'autre pouvoir.

La Constitution de 1791 (v. ss 537)

Il s'agit simplement d'énoncer ici un principe négatif de l'époque : la confusion des pouvoirs au profit d'un seul est contraire à la liberté politique. Si l'article 16 de la Déclaration des droits de l'homme et du citoyen de 1789 proclame que « toute société dans laquelle la garantie des droits n'est pas assurée, ni la séparation des pouvoirs déterminée, n'a pas de Constitution ». Chaque pouvoir recevant la délégation de la « Nation », le pouvoir la représentant à titre effectif est l'Assemblée nationale, exprimant sa volonté et détentrice du pouvoir législatif. Elle va d'autant mieux dominer les deux autres pouvoirs qu'elle s'en méfie : qu'il s'agisse des juges auxquels la Révolution interdit d'interpréter la loi (le mauvais souvenir des anciens « Parlements » d'Ancien Régime) ou de l'exécutif qu'elle veut tenir à distance. La Constitution de 1791 n'institue pas une « séparation stricte » des pouvoirs comme l'a pensé une partie de la doctrine mais une certaine interaction et balance des pouvoirs comme en témoigne le droit de veto suspensif. Mais elle est d'abord sous-tendue par une hiérarchie des fonctions – la suprématie de la fonction législative et partant, des organes, assurant la suprématie de l'Assemblée. Ainsi, la collaboration tournera finalement à l'affrontement et les moyens d'action réciproques seront pensés comme des instruments de combat entre deux pouvoirs inégaux – en particulier l'usage du veto législatif par le roi – scellant l'hégémonie finale de l'Assemblée et l'insertion durable de cette hégémonie dans la tradition politique française.

SECTION 2

La distribution contemporaine du pouvoir s'éloigne du schéma de Montesquieu

196 « La véritable division n'est (plus) entre le pouvoir de faire la loi et celui de l'exécuter mais entre, d'une part, le pouvoir qui appartient aux organes exécutifs de diriger la politique nationale en utilisant à cet effet l'appareil administratif dont ils disposent et, d'autre part, la liberté laissée aux organes délibérants, c'est-à-dire aux assemblées parlementaires de contrôler l'action gouvernementale. »

Pierre Pactet.

La division classique du pouvoir entre plusieurs organes demeure aujourd'hui une réalité institutionnelle incontestable (§ 1), elle ne doit pas cacher la réalité politique, à savoir l'absorption de la fonction législative par l'exécutif dans les démocraties occidentales (§ 2).

§ 1. Le maintien de la distinction entre trois organes

A. L'organe exécutif prend principalement une forme bicéphale

197 Il correspond à plusieurs situations :

- *il s'affirme dans la phase du parlementarisme dualiste* où le monarque conserve un rôle politique important, assisté d'un chef de gouvernement progressivement responsable devant le Parlement (évolution de la monarchie parlementaire en France entre 1814 et 1848 ou plus tôt en Grande-Bretagne). À terme, le roi finit par s'effacer au profit du gouvernement ;

- *le bicéphalisme apparent demeure aujourd'hui dans de nombreuses démocraties* où le président de la République est élu par le Parlement (Allemagne, Italie), où un monarque constitutionnel (Belgique, Espagne, Grande-Bretagne, Scandinavie) est réduit généralement à un rôle second, tandis que la réalité du pouvoir est détenue par le chef de gouvernement. Le chef de l'État, dans ce schéma, est irresponsable tandis que le chef de gouvernement est seul responsable devant le Parlement. Ce schéma correspond à la situation française d'aujourd'hui où le dualisme existe au sommet : le président de la République, élu au suffrage universel, dispose d'un Premier ministre responsable devant l'Assemblée nationale. Si majorité présidentielle et majorité parlementaire coïncident, le dualisme n'est qu'apparent, la réalité du pouvoir est détenue par le chef de l'État, assisté du Premier ministre. Dans le cas contraire (« cohabitation »), c'est ce dernier qui gouverne effectivement ;

- l'exécutif peut être plus rarement unitaire ou collégial.

• **L'exécutif unitaire**. Le pouvoir exécutif est détenu par un seul homme, le chef de l'État. Ce cas de figure est plutôt l'exception, dont les États-Unis sont la meilleure illustration (le président est élu au suffrage universel).

• **L'exécutif collégial**. Il est donc confié à plusieurs personnes, à égalité. Ce système n'a jamais vraiment fonctionné dans les démocraties qu'en Suisse où le pouvoir exécutif est confié à un Conseil fédéral de sept membres, élus pour quatre ans par les chambres.

B. Le législatif est souvent bicaméral

> « Pendant une partie de ma vie, j'ai eu foi en la Chambre unique, comme émanation directe du sentiment populaire. J'en suis revenu, les événements m'ont appris qu'il faut laisser au peuple le temps de la réflexion. Le temps de la réflexion, c'est le Sénat. »
>
> Georges Clemenceau.

198 Le Parlement comprend souvent deux chambres mais le bicamérisme (ou bicaméralisme) a des significations différentes selon les époques et les pays.

Une survivance : le bicaméralisme aristocratique. Auprès du monarque, une Chambre « haute » a souvent représenté l'aristocratie issue de la noblesse à laquelle se joint la haute bourgeoisie (la Chambre des lords en Grande-Bretagne). Puis, s'est constituée une Chambre des communes, issue des « classes moyennes », appelée avec l'universalisation du suffrage à devenir représentative du peuple tout entier. Les Chambres hautes, destinées ainsi à l'origine à limiter le pouvoir du souverain, ont finalement constitué, pour celui-ci, un soutien face à la représentation populaire. Ce bicamérisme aristocratique, pensé comme un moyen de limiter la montée en puissance du pouvoir démocratique issu des couches populaires et exprimé par la Chambre basse, appartient au passé qu'il s'agisse, pour ne citer qu'eux, de la Chambre des pairs en France (1814-1848), du Sénat royal italien (1848-1943), ou du Reichraten de l'empire autrichien (1849-1918). Leur déclin est allé de pair avec la montée de la Chambre « basse » et la poussée démocratique qui s'y développe. C'est ainsi qu'en Grande-Bretagne, par deux réformes (en 1911 puis en 1949), la Chambre des lords a perdu toute autorité politique face à la Chambre des communes. Elle est aujourd'hui une des rares survivances de ce passé, comme la monarchie, dans les démocraties occidentales.

Le bicaméralisme fédéral et le principe de participation. Dans les États fédéraux, on l'a déjà noté, coexistent deux chambres. L'une, afin d'assurer la participation des entités de l'État fédéral, représentant la fédération dans son unité, l'autre les entités fédérées (États, *Länder*, etc.). Cette dernière comprend une égale représentation de chacune d'elles puisque c'est la composante de l'État qui est représentée et non sa population. Les pouvoirs des deux chambres sont égaux. Ses principes connaissent un certain nombre d'adaptations.

199 **Le bicaméralisme politique dans les États unitaires ou régionaux.** Dans un certain nombre d'États dits unitaires ou régionaux, une Chambre basse élue au suffrage universel direct coexiste avec une seconde chambre élue, tantôt au suffrage indirect (France, Pays-Bas), tantôt au suffrage universel direct (Espagne, Italie, Japon). Ses attributions sont égales à la première Chambre (en Italie, ou en France sous la IIIe République) ou plus souvent inférieures (Espagne, France sous la Ve République, Japon, Pays-Bas), tant quant à la possibilité de mettre en jeu la responsabilité du gouvernement que de s'opposer durablement à la Chambre basse dans le vote des lois. En fait, il faut placer à part les États « régionaux » comme l'Espagne, où le Sénat assure constitutionnellement la représentation territoriale des provinces et des communautés, l'Italie, où le Sénat est élu dans le cadre des régions sans pour autant avoir vocation à les représenter, des États unitaires proprement dits, centralisés ou décentralisés, comme la France, où le Sénat assure la représentation des collectivités locales.

200 **Le débat autour du bicaméralisme.** Il n'est pas vivace au Japon, depuis l'élection des sénateurs à la représentation proportionnelle : depuis 1982, le Sénat assure une représentation des partis analogue à la première chambre. En Italie, le débat existe mais porte sur l'utilité d'avoir deux chambres identiques, sans que la seconde assure constitutionnellement la représentation des

régions. La question de la légitimité démocratique de la seconde chambre a été principalement posée en Grande-Bretagne et résolue, semble-t-il, par la suppression du droit de vote pour les lords héréditaires.

Ainsi, le bicaméralisme serait pour les uns antidémocratique. La représentation du peuple ne se divise pas et interdit donc l'instauration d'une seconde chambre (Finlande, Islande, Israël, Norvège). Dès lors, soit la chambre est élue aussi démocratiquement que la première et elle est alors inutile puisqu'identique (faute de spécificité, les Chambres hautes en Suède [1969] et au Danemark [1953] ont été supprimées tandis que la seconde chambre italienne cherche sa spécificité, v. ss 69) ; soit elle est élue différemment et sa composition est antidémocratique (d'où les critiques du mode de composition du Sénat français depuis 1875 élu au suffrage universel indirect, « faussant » la représentation démographique même s'il représente les collectivités locales). Dès lors, la seconde chambre ne serait que la survivance des Chambres hautes, hostiles à l'expression populaire et conservatrices par nature (le Sénat sous la IIIe République, hostile au Front populaire, et devant lequel le gouvernement était responsable). Elle ralentirait la procédure législative et bloquerait les révisions constitutionnelles (en France, en 1984 sur l'extension du champ du référendum aux libertés publiques, ou en 1990 sur l'exception d'inconstitutionnalité). Pour les partisans du monocamérisme, la démocratie n'est autre que la volonté de la majorité, exprimée par une assemblée unique, sous le contrôle du peuple : c'est une conception issue des idées de Rousseau et d'une pensée jacobine des institutions.

Au contraire, pour ses défenseurs le bicaméralisme est garant d'un nécessaire équilibre en démocratie, sans lequel « la France gouvernée par une assemblée [serait] l'océan gouverné par l'ouragan » (Victor Hugo). À côté de l'Assemblée, élue au suffrage universel direct, pour une durée assez brève, renouvelable dans son intégralité peut exister une deuxième chambre, élue démocratiquement, assurée de plus de continuité et évitant les emportements de la première : par des renouvellements partiels, un âge d'éligibilité plus élevé, un mandat plus long, un suffrage universel indirect. Le bicaméralisme atténue donc la toute-puissance d'une seule chambre (le bicaméralisme a été introduit en France par la Constitution de l'an III après la Convention et la Terreur, de même plusieurs des États d'Europe centrale et orientale après la fin du communisme en 1989). Le bicamérisme améliore le travail législatif : le double examen de la loi assure son perfectionnement et améliore la qualité des textes. Elle favorise ainsi la réflexion du législateur. Même des démocraties « monocamérales » (Islande, Luxembourg, Norvège) adoptent des procédures aboutissant à un résultat analogue au bicaméralisme : doubles lectures, délais suspensifs à la demande d'une minorité, division en deux sections (examen et vote, etc.). Pour les partisans du bicaméralisme, la démocratie, c'est d'abord la limitation du pouvoir et la garantie de la liberté en prévenant les excès de la majorité ; c'est une conception libérale des institutions, chère à Montesquieu. Bien des États unitaires des nouvelles démocraties de l'Est ont choisi un système monocaméral. Mais la Pologne, la Roumanie, la République tchèque, la Croatie et la Slovénie ont opté pour un bicamérisme inégalitaire et se sont dotées – ou ont retrouvé – un Sénat et une tradition démocratique ancienne.

201 **Bicamérisme et représentation des intérêts.** L'idée est ici de représenter les groupements économiques ou sociaux auxquels appartiennent les individus. L'électeur est donc doublement représenté ; en tant que citoyen et en tant que membre d'une communauté à caractère professionnel, syndical, socio-économique. Cette idée trouve sa source dans le socialisme syndical, le catholicisme social mais aussi dans le fascisme ou le corporatisme qui visent, non comme dans le premier cas à voir représentées les forces économiques ou sociales de la nation, mais à les intégrer à un État autoritaire. Cette seconde version de la représentation des intérêts s'est traduite notamment par la création d'une Chambre des corporations dans l'Italie fasciste, qui se substitue en fait à la Chambre des députés, laissant subsister un Sénat sans pouvoir. Dans le Portugal autoritaire de Salazar, à côté d'une chambre élue, mais dont le pouvoir sélectionne les candidats, a existé une « Chambre des conjonctions ».

Dans les démocraties pluralistes, la question se pose autrement. Il s'agit de créer une assemblée consultative, expression des forces vives de la nation et éclairant techniquement de ses avis le Parlement, composé d'une ou deux chambres. En France, elle revêt la forme d'une « troisième chambre », le Conseil économique et social. Notons que le général de Gaulle avait échoué en 1969 en proposant par référendum de fusionner le Sénat représentant les régions et le Conseil économique et social.

La difficulté de la représentation des intérêts tient, en tout état de cause, à l'établissement de critères justes et acceptés par les organisations exprimant les forces économiques et sociales.

202 **La justice est devenue un organe à part entière.**

• Un « pouvoir » judiciaire ?

> « Il n'y a point encore de liberté si la puissance de juger n'est pas séparée de la puissance législative et de l'exécutoire. »
>
> Montesquieu, *L'esprit des lois*.

Notons que l'auteur n'envisage ici que la justice civile (les tribunaux judiciaires) : dans certains pays comme la France coexistent une justice administrative (régulée au sommet dans sa jurisprudence par le Conseil d'État) et une justice civile (régulée au sommet dans sa jurisprudence par la Cour de cassation). En outre, comme on l'a vu, la justice constitutionnelle a fait une apparition récente (et décisive). Lorsque l'on évoque l'organe judiciaire, on fait référence principalement à la justice civile même si les règles propres à assurer son autonomie sont valables pour les autres formes de justice.

Pour Montesquieu, il s'agit donc que la fonction de juger ne soit pas confiée au gouvernement ou au Parlement. Il n'envisage pas cependant de corps judiciaire permanent pour juger les citoyens.

• L'indépendance des juges (PLUEN (O.), 2013). En démocratie, les juges ne peuvent être cependant les délégataires du peuple souverain à l'égard des deux autres pouvoirs. Dès lors, pour permettre l'exercice de la fonction judiciaire, les conditions constitutionnelles doivent permettre que l'organe judiciaire, et plus largement les organes juridictionnels, soient dissociés des organes politiques – sans prétendre pour autant à former un « pouvoir judiciaire ». Notons sur ce point l'apport de la jurisprudence des Cours constitutionnelles quant aux garanties qui sont offertes au juge judiciaire (pour la France, v. t. 2, titre VIII). Enfin, « dire le droit » n'empêche pas une certaine créativité dans l'exécution de la loi : si selon Montesquieu « Les juges de la nation ne sont [...] que la bouche qui prononce les paroles de la loi », en pratique, ils sont amenés inévitablement à l'interpréter.

Longtemps dans la main du pouvoir exécutif, les juges judiciaires dans la plupart des démocraties occidentales – sauf aux États-Unis où ils sont élus – sont des juges professionnels nommés mais bénéficiant de l'inamovibilité acquise très tôt en Grande-Bretagne. Irrévocables en principe, les juges peuvent voir leur carrière influencée par l'exécutif. C'est pourquoi dans les démocraties, celle-ci est réglée par le corps judiciaire lui-même d'autant mieux qu'elle a été mise à mal et bénéficie d'une protection constitutionnelle (Allemagne, Espagne, Italie ou Portugal).

§ 2. L'absorption de la fonction législative par la fonction exécutive

A. Ses manifestations

203 La domination de l'exécutif dans les démocraties occidentales se traduit par :

• **Les transferts de compétences du législatif à l'exécutif.** Ceux-ci ont souvent été provisoires dans un premier temps et liés à la crise des années trente (aux États-Unis, le Congrès délègue une partie de son pouvoir législatif à Roosevelt afin de mettre en œuvre le *New Deal* ; la Grande-Bretagne connaît un phénomène analogue mais de moindre ampleur ; en France, les décrets-lois, permettant au gouvernement pendant un temps donné et dans un but précis de modifier par décret les lois en vigueur, deviennent une pratique ordinaire à partir de 1934) ;

• **De provisoires, ces pratiques, en devenant répétées, s'institutionnalisent aux États-Unis et en Grande-Bretagne** – même si elles sont strictement contrôlées – tandis qu'en France, elles se poursuivent, malgré leur interdiction constitutionnelle sous la

IVe République et sont constitutionnalisées sous la Ve République : non seulement les « délégations législatives » sont autorisées par la Constitution (art. 38) mais celle-ci limite en 1958 sensiblement – et définit – un domaine de la loi et un domaine très large du règlement permettant à l'exécutif d'agir sans contrainte (v. t. 2, titre 5).

B. Ses causes : crise économique et transformation du rôle de l'État ; l'« État providence »

204 • **Le développement de l'interventionnisme de l'État au xxe siècle**. Il a eu pour conséquences de complexifier ses tâches et d'accroître la responsabilité de l'exécutif mieux préparé – car assisté par un lourd appareil administratif – que le Parlement à faire face à cette situation. Celui-ci, faute d'informations suffisantes et surtout de moyens adaptés, ne peut que se résoudre à confier ces nouvelles tâches de l'État à l'exécutif : elles nécessitent non seulement de fixer par la loi des principes et modes d'organisation mais de gérer au quotidien leur mise en œuvre.

• **La crise des années trente**. La Première Guerre mondiale qui s'était traduite par la croissance de l'État dans une économie de guerre scelle cette évolution. L'État est appelé à remédier à la crise et non plus, comme par le passé, à s'abstenir : c'est l'« État providence », bientôt garant de la cohésion économique et sociale. L'État, pour les citoyens, doit assurer l'exercice concret des droits sociaux de l'individu comme en témoigne, on l'a noté, l'élargissement à cette perspective du préambule de 1946 (v. t. 2, titre 7). La crise des années trente puis le second conflit mondial consacrent donc l'État providence, mais aussi l'interdépendance croissante des économies et des politiques, et un exécutif aux pouvoirs accrus et seul capable d'impulser une politique d'ensemble.

• **La démocratisation de la vie politique**. Elle rencontre la personnalisation du pouvoir, et l'extension du suffrage universel a aussi paradoxalement concouru à cette croissance : le déclin des notables a rapproché les citoyens d'un pouvoir moins anonyme et incarné. Cette personnalisation qui s'affirme en période exceptionnelle (de Gaulle, Churchill, Roosevelt, Staline...) pendant la Seconde Guerre mondiale et dans les régimes communistes devient la seconde nature des démocraties. La médiatisation de la vie publique a conforté et porté à son apogée cette personnalisation du pouvoir dans une société de plus en plus urbanisée et anonyme.

La démocratie jusqu'alors peu médiatisée par les représentants du peuple siégeant au Parlement va se transformer (les causeries radiophoniques de Gaston Doumergue en 1934 ou de Pierre Mendès France en 1954 font scandale tandis que celles télévisées de Roosevelt dans les années trente ont révolutionné le mode de relation entre l'opinion et le pouvoir politique). Radio et télévision figurent une sorte de démocratie « directe », permettant une relation instantanée entre le pouvoir exécutif et les citoyens – pardessus la tête des médiateurs attitrés qui siègent au Parlement.

• **Le phénomène partisan**. Il a brouillé la distinction entre exécutif et législatif : le gouvernement et le Parlement sont dominés par un ou plusieurs partis de plus en plus centralisés. Du parti dominant de cette coalition émergent des leaders personnifiant l'exécutif. Cette personnalisation du pouvoir – confortée encore lorsqu'il y a élection directe du président au suffrage universel (États-Unis, France), est tout autant une cause qu'une manifestation de cette croissance de l'exécutif. Celle-ci est indissociable de celle de l'appareil administratif serviteur en droit de l'exécutif mais disposant du fait de sa continuité, des garanties de carrière affermies et de compétences grandissantes, d'une influence décisive dans la conduite des politiques publiques.

205 **Ses conséquences : le dessaisissement partiel du Parlement.**

• **Le Parlement n'exerce plus seul la fonction législative**. Le gouvernement, maître des données techniques et surtout de la procédure législative (France, Grande-Bretagne, etc.), élabore le plus souvent la loi ; traditionnellement 80 à 90 % des textes votés par le Parlement français ou britannique sont des projets gouvernementaux. En particulier dans le domaine financier, l'exécutif prépare le budget (États-Unis) tandis que le Parlement se voit souvent écarté de l'initiative des dépenses, ou que les « services votés » assurent, d'année en année, la reconduction automatique d'une partie importante des dépenses de l'année passée.

• **La délégation du pouvoir législatif**. Du fait des délégations partielles du pouvoir législatif évoquées plus haut, le gouvernement tend à disposer d'un pouvoir propre d'édiction des normes autonome et croissant (Const., art. 37). En outre, dans le domaine des relations internationales, l'exécutif assure un rôle prépondérant, tandis que le Parlement ne peut que refuser de ratifier les traités. L'intégration supranationale au moins en Europe tend à dessaisir les Parlements de leur fonction d'édiction des normes : celles-ci sont élaborées ailleurs et en dehors d'eux, même si certains pays restent vigilants sur le contrôle des actes du droit de l'Union européenne (Danemark, Grande-Bretagne). Notons enfin que les Parlements des États membres de l'Union européenne sont aussi limités par le bas du fait des progrès de la décentralisation.

• **Une fonction de contrôle politique plus limitée**. Dans les régimes parlementaires, si la fonction du contrôle du gouvernement demeure (commissions d'enquête, questions), elle est limitée sur le plan technique, faute d'outils efficaces d'évaluation des politiques publiques (particulièrement en France). Surtout, le phénomène partisan dès lors, comme on l'a vu, qu'il se traduit par des coalitions stables de partis disciplinés ou par l'alternance de deux partis au pouvoir, réduit le plus souvent à néant la mise en jeu de la responsabilité du gouvernement devant le Parlement et par conséquent la sanction politique du pouvoir. Et ces traits viennent parfois s'ajouter aux mécanismes constitutionnels mis en place pour limiter cette mise en jeu (Allemagne, France).

• **Le Parlement conserve néanmoins un rôle irréductible.**

> « (La) place du pouvoir délibérant dans l'État... est à la fois éminente et secondaire. Elle est éminente... à raison de la qualité de ce qui est délibéré ; (...) elle est secondaire parce que l'opération de délibération est un médiocre procédé de gouvernement (car) gouverner c'est agir, et non pas délibérer. »
>
> Maurice Hauriou, *Précis de Droit constitutionnel*, Dalloz, 1929.

– **Un rôle de représentation.** Dans les régimes où le chef de l'État n'est pas élu au suffrage universel, le Parlement conserve le monopole de la représentation de la nation – fondement historique de son rôle – même si les élus, on l'a vu, sont devenus en fait les mandataires des électeurs.

Tandis que les compétences législatives effectives du Parlement ont décliné, celui-ci conserve un rôle de réflexion essentiel. Et les débats parlementaires en ont pris d'autant plus de relief comme en témoigne par exemple la médiatisation dont ils font l'objet. Le Parlement, même s'il a perdu en fait l'initiative législative, continue d'influer sur le contenu de la loi en améliorant souvent les projets gouvernementaux. Ce « pouvoir délibérant » demeure aujourd'hui primordial.

– **Un rôle de contrôle politique**. Le Parlement conserve son rôle traditionnel de contrôle de l'action gouvernementale (commissions d'enquête, questions, etc.). En outre, si la coalition gouvernementale est fragile, il peut peser sur la politique : les partis « charnières » de la coalition disposent alors d'un pouvoir d'influence non négligeable puisque leur soutien est indispensable (UDSR sous la IVe République, petits partis en Israël, etc.). En tous les cas, même dans le cadre d'un gouvernement disposant d'une majorité solide au Parlement, s'instaure souvent un dialogue informel, entre le ou les partis constituant cette majorité et l'exécutif.

– **Une tribune pour l'opposition**. C'est sans doute une fonction devenue essentielle dans les Parlements contemporains dès lors qu'ils ne sont plus à la source de l'action gouvernementale. L'opposition utilise ainsi tous les moyens constitutionnels pour se faire entendre, émettre des propositions ou gêner l'action du gouvernement. Comme l'ont montré Georges Vedel et Maurice Duverger, à l'affaiblissement de la séparation des pouvoirs exécutif et législatif répond l'affermissement de la séparation entre majorité et opposition.

– **Le Parlement et la sélection du personnel gouvernemental**. Singulièrement la Chambre « basse » constitue le vivier naturel du personnel gouvernemental dans les régimes parlementaires. En Grande-Bretagne, tous les ministres appartiennent au Parlement : leur nombre (jusqu'à 100 !) laisse espérer sérieusement aux députés membres du parti majoritaire de le devenir un jour… En France sous les IIIe et IVe Républiques, la compatibilité entre mandat parlementaire et fonction ministérielle était la règle. Sous la Ve République, malgré l'incompatibilité proclamée par l'article 23, le Parlement demeure un vivier gouvernemental non négligeable même si à côté de la filière parlementaire s'est développé, en particulier dans les premières années de la Ve République, le phénomène des « ministres techniciens » – n'ayant aucune légitimité élective. Il reste que dans les autres démocraties parlementaires, le Parlement demeure le lien principal de recrutement – et d'abord de formation ! – du personnel gouvernemental et aux États-Unis, le vivier des candidats à la présidence.

CHAPITRE 2

La classification des régimes politiques

206 La notion de séparation des pouvoirs a donné naissance en droit constitutionnel – principalement en France – à une distinction entre les régimes parlementaires – reposant en principe sur une séparation souple ou une collaboration des pouvoirs – et les régimes présidentiels – reposant sur une séparation « rigide » (ou stricte) ou un certain isolement des pouvoirs. La notion de régime politique est entendue non pas au sens de la science politique comme un ensemble institutionnel, économique et social mais comme une forme de gouvernement (SECTION 1). Cette classification n'est pas sans poser des difficultés logiques et pratiques, sans compter avec les avatars du régime parlementaire (SECTION 2), et du régime présidentiel, tantôt semi-présidentiel ou « présidentialiste » (SECTION 3) (v. « Les régimes », *Traité international de droit constitutionnel*, t. II, Titre II).

SECTION 1

La classification traditionnelle : régime parlementaire / régime présidentiel

Le régime parlementaire est souvent défini par l'interdépendance des diverses fonctions étatiques ; chaque organe dispose d'une fonction propre mais collabore aux autres fonctions : le législatif contrôle l'exécutif, qui participe lui-même à la fonction législative (§ 1). Le régime « présidentiel », au contraire, serait marqué par une indépendance des fonctions : chaque organe dispose d'une fonction propre dans laquelle il se cantonne en principe (§ 2).

§ 1. Origines et sens de la classification

207 La classification régime parlementaire/régime présidentiel apparaît dans le dernier tiers du XIXe siècle, à la suite de la publication en 1867, et traduit en français dès 1869, de l'ouvrage majeur d'un grand journaliste, Walter Bagehot, *La Constitution anglaise*. Il marquera beaucoup la doctrine, bien sûr en Grande-Bretagne mais aussi en France et aux États-Unis : « C'est l'indépendance du pouvoir législatif et du pouvoir exécutif », notait dans cette étude le publiciste anglais, « qui est la qualité distinctive du gouvernement présidentiel, tandis qu'au contraire la fusion et la combinaison de ces pouvoirs sert de principe au gouvernement de cabinet ». Ainsi, l'absence du droit de dissolution et de la responsabilité politique de l'exécutif fait du régime américain « le système rival » du régime anglais.

Au début du XXe siècle, cette classification devient, au moins en France, répandue chez les publicistes qui opèrent progressivement une distinction somme toute sommaire entre le régime parlementaire fondé sur une séparation souple des pouvoirs et le régime présidentiel fondé sur une séparation « rigide » des pouvoirs. Le premier, dénommé aussi gouvernement de cabinet, est fondé sur la collaboration des pouvoirs, ceux-ci pouvant participer à une même fonction et disposant de moyens d'action ou de pression réciproques : pour le Parlement, soit la responsabilité politique du gouvernement devant lui et pour l'Exécutif, la faculté de dissoudre la Chambre basse. Le second est caractérisé par l'élection du chef de l'État au suffrage universel direct ou indirect et surtout l'irresponsabilité politique des membres de l'exécutif devant le Congrès, à l'exception notable de la procédure d'*impeachment*. Les deux pouvoirs s'absorbent dans leur fonction respective et sont autonomes, de sorte qu'à une spécialisation fonctionnelle correspond une irrévocabilité mutuelle, à cette réserve près que l'*impeachment* permet au Congrès d'engager la responsabilité pénale individuelle des membres de l'exécutif et que le Président dispose du droit de veto législatif. On serait tenté alors de parler de collaboration réduite des pouvoirs.

§ 2. Régimes parlementaires et séparation « souple » des pouvoirs

A. La notion de régime parlementaire

208 Elle est plus la systématisation d'une réalité historique – évolutive – qu'un concept abstrait aux critères de définition immuables : en clair, il n'y a pas *un* régime parlementaire mais *des* régimes parlementaires dont la forme a évolué avec le temps. À l'origine, c'est-à-dire au XIXe siècle, la « théorie » du régime parlementaire repose sur l'observation du fonctionnement à un moment donné du parlementarisme (la monarchie parlementaire en France de 1830 à 1848, la monarchie anglaise à partir du milieu du XVIIIe siècle) : l'Assemblée élue voit ses pouvoirs croître progressivement, en particulier à mesure que son recrutement se démocratise, tandis que ceux du monarque déclinent. Ce régime parlementaire, première mouture, est dit dualiste dans la mesure où si le gouvernement doit avoir la confiance du Parlement devant lequel il devient peu à peu responsable, il doit aussi conserver celle du chef de l'État – le monarque – qui continue de jouer un rôle politique actif. Par la suite, sous l'influence de la démocratisa-

tion de l'Assemblée, le chef de l'État cesse de disposer d'un pouvoir autonome, tandis que le gouvernement, investi de la totalité du pouvoir exécutif, n'est plus responsable que devant le Parlement : c'est alors le régime parlementaire moniste des démocraties pluralistes de la seconde moitié du XIXe et du XXe siècle. Ce sont successivement ces deux formes que l'on étudiera.

209 **L'Angleterre, « Mère des Parlements » : du parlementarisme dualiste…**

> « Lesdits lords spirituels et temporels et les Communes, aujourd'hui assemblés en vertu de leurs lettres et élections, constituant ensemble la représentation pleine et libre de la Nation et considérant gravement les meilleurs moyens d'atteindre le but susdit, déclarent d'abord (comme leurs ancêtres ont toujours fait en pareil cas), pour assurer leurs anciens droits et libertés :
>
> 1er Que le prétendu pouvoir de l'autorité royale de suspendre les lois ou l'exécution des lois sans le consentement du Parlement est illégal ;
>
> 2e Que le prétendu pouvoir de l'autorité royale de dispenser des lois ou de l'exécution des lois, comme il a été usurpé et exercé par le passé, est illégal ;
>
> 3e Que la Commission avant érigé la ci-devant Cour des commissaires pour les causes ecclésiastiques, et toutes autres commissions et cours de même nature, sont illégales et pernicieuses ;
>
> 4e Qu'une levée d'argent pour la Couronne ou à son usage, sous prétexte de prérogative, sans le consentement du Parlement, pour un temps plus long et d'une manière autre qu'elle n'est ou ne sera consentie par le Parlement est illégale ;
>
> 5e Que c'est un droit des sujets de présenter des pétitions au Roi et que tous emprisonnements et poursuites à raison de ces pétitionnements sont illégaux ;
>
> 6e Que la levée et l'entretien d'une armée dans le royaume, en temps de paix, sans le consentement du Parlement, est contraire à la loi ; (…)
>
> 8e Que la liberté de parole, ni celle des débats ou procédures dans le sein du Parlement, ne peut être entravée ou mise en discussion en aucune Cour ou lieu quelconque autre que le Parlement lui-même ;
>
> 9e Que les élections des membres du Parlement doivent être libres (…) ;
>
> 13e Qu'enfin pour remédier à tous griefs et pour l'amendement, l'affermissement et l'observation des lois, le Parlement devra être fréquemment réuni ; et ils requièrent et réclament avec instance toutes les choses susdites comme leurs droits et libertés incontestables ; et aussi qu'aucunes déclarations, jugements, actes ou procédures, avant préjudicié au peuple en l'un des points ci-dessus, ne puissent en aucune manière servir à l'avenir de précédent ou d'exemple. »
>
> *Déclaration des droits - Bill of Rights*, 13 févr. 1689.

Le régime parlementaire dualiste est un régime de transition sur le plan historique dans lequel le gouvernement est responsable à la fois devant le monarque et devant le Parlement. Son modèle est la Grande-Bretagne.

• **Le développement du Parlement**. Jusqu'à la fin du XVIIe siècle, s'est instaurée progressivement une monarchie limitée : en 1215, les barons obtiennent la confirmation par Jean Sans Terre de leurs droits et privilèges par la Grande Charte. En 1295, Édouard Ier réunit le Conseil du roi composé des grands féodaux et hauts prélats, mais aussi de chevaliers et bourgeois qui se réuniront séparément à partir de 1327, formant la Chambre haute (la Chambre des lords) et la Chambre basse (la Chambre des communes). Le Parlement en gestation consent à l'impôt à partir de la fin du XIIIe siècle puis aux levées de troupes. Sous les Tudor, à partir de la fin du XVe siècle, il n'est plus réuni mais obtient de l'être en 1641, tous les trois ans. Après la révolution de 1688, le Parlement se voit relevé par un *Bill of Rights* en 1689 en échange de l'installation de la dynastie d'Orange : ce texte précise les prérogatives du Parlement qui, désormais, vote la loi, le roi renonçant à légiférer seul.

• **La naissance d'un « cabinet »**. En 1714 s'installe la dynastie de Hanovre, d'origine allemande : ni George Ier ni son successeur (George II de 1727 à 1760) ne parlent anglais ni ne s'intéressent surtout à la conduite des affaires qu'ils laissent à leurs ministres. Ceux-ci se réunissent dans une petite pièce – le « cabinet » – qui donnera le nom à leur formation non encore solidaire. Leur chef est encore officieusement le « Premier ministre », dont Walpole, en 1721 à 1742, incarne la première vraie figure. Les ministres sont choisis parmi les parlementaires « whigs », hostiles aux Stuarts et « ancêtres » des libéraux – ou les parlementaires « tories » – ancêtres des conservateurs, attachés à la prérogative royale. Et sous George III, devenu fou, le cabinet assied son autorité.

• **Un cabinet solidaire et responsable devant le Parlement**. À l'origine, les ministres ne sont responsables devant le Parlement qu'individuellement et pénalement. C'est la procédure de l'*impeachment* qui aboutit parfois à l'exécution desdits ministres... (Laud et Strafford en 1641). En 1742, Walpole (*whig*), avant d'être mis en accusation, démissionna – seul – face à une alliance entre une partie des *whigs* et des *tories*. Puis, en 1782, c'est Lord North, Premier ministre de George III, qui démissionna devant l'hostilité de la Chambre des communes avec tous ses ministres : la responsabilité collective et politique du cabinet ne sera définitivement admise qu'en 1841 (avec le renversement du cabinet Melbourne) alors que pendant tout le XVIIIe siècle, le principe est que la Chambre ne peut clairement imposer au roi le choix ou le renvoi de ses ministres.

• **La transformation de la signification de la dissolution**. Le roi peut dissoudre à tout moment la Chambre des communes. Mais, mis en minorité à répétition, William Pitt le Jeune quitta le pouvoir. Après trois ministères formés, Lord North en 1782, malgré l'hostilité des Communes, demeure à son poste puis finit par demander au roi de faire juge du conflit le pays et de dissoudre. Jusqu'alors, le droit de dissolution est exercé par le roi dans le but principal d'écarter une chambre – celle des Communes – dont la composition lui déplaît. Mais cette dissolution d'un nouveau type, est essentielle : au lieu de se retirer, le Premier ministre demande en 1784 au roi de dissoudre, les électeurs ayant ainsi à choisir entre deux politiques, celle du Cabinet et celle de l'opposition. Le corps électoral – même encore restreint – est juge du conflit.

Il reste que le parlementarisme du XVIIIe siècle, demeure dualiste dans la mesure où le recrutement de la Chambre des communes n'est pas démocratique et n'apparaît pas comme la seule source du pouvoir légitime.

Notons que le parlementarisme dualiste, jusqu'à la fin, correspond aussi à l'évolution en France de 1830 à 1848 de la monarchie de Juillet pendant laquelle le cabinet dispose de la double confiance du roi et de la chambre.

B. Le parlementarisme moniste

210 • **Les effets de la démocratisation du suffrage**. L'élargissement du droit de suffrage à partir de 1832 et jusqu'en 1918 (suffrage universel masculin) et 1928 (suffrage universel masculin et féminin) a transformé les mécanismes du régime parlementaire de plusieurs points de vue.

La Chambre des communes apparaît comme la seule source du pouvoir issue du suffrage universel : les autres organes tendent à s'incliner devant elle. La Chambre des Lords qui disposait d'un pouvoir législatif identique à la Chambre des communes perd toute influence (abandon consacré par les *Acts* de 1911 et 1949). En outre, le roi pouvait compter sur l'influence des Lords pour faire pression sur les électeurs peu nombreux élisant des députés aux Communes : l'élargissement continu du droit de suffrage lui fait perdre ce moyen indirect de pression.

• **Le déclin de l'institution monarchique**. Les pouvoirs du roi toujours formellement en vigueur, sont de moins en moins exercés et transférés en pratique au Cabinet. Le monarque nomme comme Premier ministre le chef de la majorité parlementaire. Celui-ci n'a besoin que de la seule confiance du Parlement, en fait de la Chambre des communes. Le régime parlementaire dualiste devient moniste. Le Premier ministre dispose en fait du droit de dissolution et de la plénitude du pouvoir exécutif.

• **Le bipartisme**. L'accroissement du corps électoral modifie le rôle et la structure des partis. Encadrant les électeurs, les deux grands partis (conservateur et libéral, puis, au XXe siècle, conservateur et travailliste) deviennent des organisations de masse, structurées et disciplinées dans le pays comme à la chambre. La victoire d'un parti aux élections générales est celle d'un leader dont le choix comme Premier ministre s'impose au monarque.

Le régime parlementaire contemporain est donc souvent défini comme un régime de séparation souple ou de collaboration des pouvoirs dans lequel l'exécutif est dissocié entre un chef d'État sans rôle actif et un chef de gouvernement disposant du pouvoir effectif. Le gouvernement solidaire et collégial est responsable devant l'assemblée, son chef disposant réciproquement de la faculté de la dissoudre.

• **La diffusion du modèle parlementaire moniste**. Le modèle parlementaire britannique s'est largement diffusé d'abord sous sa forme dualiste, dans les monarchies européennes du XIXe siècle (Belgique, France, Luxembourg, Pays-Bas, Scandinavie) et sous sa forme moniste au lendemain des deux guerres, dans les pays du Commonwealth (Australie, Canada, Nouvelle-Zélande) et les anciennes colonies anglaises d'Asie (Inde), dans l'Europe de l'Ouest, en Allemagne (1947), Suède (1974), Portugal (1976), Espagne (1976) où le roi conserve une certaine influence, et au Japon (1946).

§ 3. Le régime présidentiel

211 Ici encore, la notion de régime présidentiel n'est que la systématisation de l'observation, celle du fonctionnement des institutions des États-Unis.

A. La construction du régime présidentiel américain

212 • **Aux origines**. Les constituants américains en 1787 ont à l'esprit la connaissance qu'ils ont des institutions anglaises d'alors et de la séparation entre le roi, son gouvernement et le Parlement. Mais ils sont surtout sensiblement influencés par l'idéologie des Lumières et se réfèrent à Locke et Montesquieu : il faut diviser le pouvoir, pour éviter l'arbitraire. Limitée dans la pratique des institutions anglaises de l'époque, la séparation des pouvoirs conçue alors est beaucoup plus stricte.

• **L'indépendance organique des trois pouvoirs est assurée**. Le président est élu non par le Parlement – le Congrès – mais par les délégués des législatures des États. Les agents de l'exécutif ne peuvent pas plus appartenir à l'une ou à l'autre chambre. L'exécutif – le président – ne peut dissoudre la Chambre des représentants ni le gouvernement être censuré par le Congrès.

• **La répartition des fonctions**. Chaque organe détient l'intégralité de la fonction afférente à son pouvoir : le président dispose de l'intégralité du pouvoir exécutif assisté par ses ministres responsables devant lui seul ; le législatif détient la totalité de la fonction législative – le président n'ayant pas l'initiative des lois. Mais, conformément au schéma de Montesquieu, chaque organe détient la possibilité d'empêcher, le président dispose d'un veto législatif suspensif (il ne peut être levé que par un vote à la majorité des deux tiers des deux chambres). Le Sénat doit approuver les nominations auxquelles procède le président dont ses ministres, ainsi que celle des juges à la Cour suprême. En politique extérieure, le Sénat ratifie les traités à la majorité des deux tiers et peut monnayer son influence en la matière grâce à son pouvoir budgétaire.

Organiquement distincts, exécutif et législatif sont donc néanmoins fonctionnellement interdépendants. Enfin, le Sénat peut destituer le président à la majorité des deux tiers une fois celui-ci mis en accusation par la Chambre des représentants.

B. Pérennité et évolution du régime américain

213 • **Le risque de conflit écarté : l'absence d'exécutif responsable devant le Congrès.** On aurait pu imaginer la formation coutumière d'un gouvernement solidaire et responsable devant le Congrès. En fait, si ce gouvernement existe, il n'est que l'addition de ministres responsables devant le seul président, même si leur nomination requiert l'accord du Sénat. Pas plus, la procédure d'*impeachment* n'a été utilisée contre le président dans un sens parlementaire mais pour sanctionner un « manquement » à la Constitution (Johnson en 1868, Nixon en 1974, Clinton en 1998).

• **Le bipartisme régulateur.** La désignation par les législatures des États-Unis du président devait aboutir à partir du milieu du XIXe siècle à une élection quasi directe au suffrage universel – encore limité – mais unique en son genre à l'époque : le chef de l'État est désigné par un collège de grands électeurs eux-mêmes désignés dans les États et détenteurs d'un mandat impératif. Parallèlement, les deux grands partis américains républicain et démocrate ont investi le processus électoral en désignant chacun leur candidat. Ce « bipartisme » n'est pas cependant comparable à l'Angleterre : les deux grands partis sont décentralisés, peu hiérarchisés et n'ont d'existence que dans le cadre des États. Ils ne constituaient pas des blocs homogènes au Congrès ou la discipline de vote n'existe pas avant la présidence Trump qui a durci les clivages politiques.

• **Le rôle de la Cour suprême.** Depuis 1803 la Cour suprême s'est reconnue compétente pour contrôler la constitutionnalité des lois, mais aussi arbitrer les éventuels conflits entre l'exécutif et le législatif. Elle est devenue ainsi le régulateur de la « séparation des pouvoirs ».

• **La prépondérance présidentielle.** Outre le rôle joué par la Cour suprême, la prépondérance présidentielle est la principale novation pratique au regard du schéma initial. Le rôle international des États-Unis à partir de la fin du XIXe siècle, puis pendant la crise des années trente, a consacré le rôle prépondérant du président d'un État fédéral aux missions accrues aux dépens des unités fédérées. Cette prépondérance n'est pas sans limites et l'exigence d'une collaboration étroite entre l'exécutif et le législatif, maître du pouvoir financier et législatif, demeure. Pourtant, ce critère né de la pratique ne saurait suffire à caractériser le régime présidentiel dont les caractères originaux ont perduré.

• **Le régime présidentiel est donc généralement défini par deux caractères.**

– Une séparation stricte entre un organe exécutif monocéphale et un organe législatif, indépendants l'un de l'autre dans leur désignation comme dans leur révocation

– Une spécialisation fonctionnelle de chacun des organes tempérée par la faculté qu'a l'un d'empêcher l'autre d'agir.

D'autres définitions relativisent ces critères tenant à la séparation stricte des pouvoirs en insistant sur celui de l'élection du président au suffrage universel direct dominant le système politique. Ce faisant, elles soulignent l'importance comme critère de compréhension de la source du pouvoir et de l'autorité qui en découle...

SECTION 2

Les avatars du régime parlementaire

214 « La séparation des pouvoirs revêt deux formes principales dans les démocraties occidentales, suivant les modes de relations entre le Parlement et le gouvernement : le régime parlementaire et le régime présidentiel. [...] Mais ces dénominations se fondent trop exclusivement sur les rapports juridiques entre Parlement et gouvernement : elles ignorent trop les réalités politiques et notamment le rôle des partis. »

Maurice Duverger.

C'est à la lumière de cette critique qu'une redéfinition de la distinction s'est opérée entre parlementarisme majoritaire, non majoritaire, et rationalisé (§ 1), tandis que la notion de « régime d'assemblée » reste une catégorie controversée (§ 2).

§ 1. Parlementarisme majoritaire, non majoritaire, et rationalisé

215 Le système de partis, c'est-à-dire leur nombre, leur représentativité électorale et les relations entre eux, influe sur le fonctionnement du parlementarisme moniste qui présente deux variantes : le parlementarisme majoritaire ou le régime parlementaire connaît une majorité stable dont la base est un seul grand parti où un parti dominant ; en parlementarisme non majoritaire, le régime parlementaire fonctionne sans majorité stable compte tenu en particulier de sa base multipartite.

A. Les régimes parlementaires majoritaires

216 Ils connaissent à titre principal l'alternance de deux grandes forces politiques, voire au sein de chaque coalition de partis, un parti largement dominant (le parti socialiste ou le parti gaulliste en France à différentes époques). Ce sont des régimes connaissant des majorités stables. Le type anglais en est, ici encore, l'expression la plus manifeste, avec deux grands partis alternant au pouvoir :

- *le Parlement n'est plus un réel contrepoids* au gouvernement puisqu'il est en fait subordonné au parti majoritaire et à son leader qui est aussi Premier ministre concentrant ainsi l'essentiel des pouvoirs ;

- *le gouvernement est assuré de la confiance de la Chambre des communes* pendant toute la législature – sauf crise interne au parti majoritaire. Dès lors, le droit de dissolution n'est plus la contrepartie d'une censure improbable de la chambre. Elle sert, outre à dissuader sa majorité de contester trop fortement la politique du gouvernement, à provoquer des élections anticipées au moment favorable ou de faire juge le pays d'un grand débat opposant les deux grands partis politiques ;

- *la Chambre des communes est devenue un simple relais* entre le Cabinet, émanation d'un parti majoritaire, vainqueur aux élections, et l'opinion. On retrouve, à grands traits, ces caractères aussi bien en Australie qu'au Canada, en Espagne, en Allemagne (« deux partis et demi ») au Danemark qu'en Suède.

B. Les régimes parlementaires non majoritaires

217 Ce type de parlementarisme est caractérisé par un multipartisme dans lequel aucun des partis n'obtient la majorité absolue ou relative des sièges : le gouvernement s'appuie sur une coalition relativement instable :

- *le Parlement constitue un certain contrepoids* du gouvernement compte tenu du caractère de coalition de la majorité et de la composition hétérogène du gouvernement qui en est l'expression. Le Premier ministre doit composer avec sa majorité ;

- *le gouvernement n'est pas totalement assuré de la confiance de la chambre.* Celle-ci est composite, fractionnée et la majorité fragile. *A fortiori*, le multipartisme est « intégral » – aucun parti ne disposant d'une position hégémonique – la fragmentation du système provoque une instabilité gouvernementale, les majorités se faisant et se défaisant au gré des circonstances (Belgique, Pays-Bas) ;

- *la chambre élue au suffrage universel direct n'est pas un véritable relais* entre l'opinion et le gouvernement. Le peuple, contrairement au parlementarisme majoritaire, n'est pas associé directement au choix du Premier ministre, aux changements de majorité – et de politique – décidés par les états-majors des partis. Les citoyens peuvent tout au plus par leur vote, rendre certaines combinaisons plus probables que d'autres (Belgique, Danemark, France sous la IVe République, Pays-Bas, etc.). La démocratie est médiatisée par les partis (M. Duverger) et non directe, comme dans le parlementarisme majoritaire.

C. Un correctif au parlementarisme non majoritaire : le parlementarisme rationalisé

218 Le régime parlementaire dit « rationalisé » est dans son sens d'origine (B. Mirkine-Guetzévitch) la codification des pratiques du parlementarisme français à laquelle avait procédé la Constitution allemande de la République de Weimar de 1919 (qui possédait selon l'auteur « tout le confort moderne ») ainsi que celles des pays d'Europe centrale et orientale au lendemain de la Première Guerre mondiale. Mais c'est l'échec de la souveraineté parlementaire qui a inspiré, au lendemain de la Seconde, des techniques constitutionnelles devant assurer la stabilité et la protection de l'exécutif, en l'absence de majorité stable : l'Allemagne, ou la France de la IVe République, puis au sortir des dictatures (Espagne, Grèce). Ces techniques seront adoptées par les constituants de 1958 n'imaginant pas alors la formation d'une majorité stable. Par l'encadrement de la motion de censure et de la question de confiance sur un texte (le troisième alinéa de l'article 49 de la Ve République, v. second tome du manuel) ou par le mécanisme de la motion de censure « constructive » (à l'instar de l'article 67 de la Loi fondamentale allemande, qui conditionne la défiance envers le chancelier à l'élection de son successeur), cette rationalisation du parlementarisme vise ainsi à compenser les effets d'un multipartisme indiscipliné par des techniques assurant au gouvernement la maîtrise du processus législatif, un large pouvoir normatif voire une confiance présumée de l'Assemblée en l'absence de majorité de rechange clairement unie par un programme et non seulement par une opposition de circonstances (France, Allemagne).

§ 2. Une catégorie controversée : le « régime d'assemblée »

A. Une notion floue

219 À Adhémar Esmein revient la paternité de la notion de « régime d'assemblée », plus idéologique que scientifique et destinée à souligner la valeur des institutions de la IIIe République, modèle de

« séparation souple ». Au contraire, le régime d'assemblée est un régime de confusion appelé aussi « régime conventionnel », par allusion transparente au régime de fait de la Convention où l'exécutif est juridiquement subordonné à l'assemblée unique et souveraine. C'est ce même régime que stigmatise Michel Debré dans son discours du 27 août 1958 devant le Conseil d'État présentant les futures institutions de la Ve République : « Le régime d'assemblée, ou conventionnel, est celui où la totalité du pouvoir, en droit et en fait, appartient à un Parlement, et plus précisément, à une Assemblée. L'Assemblée (...) est la politique et le Gouvernement, qui tient d'elle l'origine de son autorité et qui, dépendant de son arbitraire, n'est que son commis. » Il correspond aussi de façon moins polémique au régime politique de la Suisse.

B. Le régime directorial de la Suisse

220 Le Parlement est bicaméral et comprend un Conseil national de 200 membres élus au suffrage universel direct à la proportionnelle pour quatre ans par l'ensemble des citoyens et un Conseil des États de 46 membres représentant de façon égale les cantons élus selon les modalités fixées par ceux-ci. La Suisse connaît un bicamérisme égalitaire. Les deux conseils délibèrent séparément sauf pour élire le Conseil fédéral ou les membres du Tribunal fédéral. Pratiquement, l'Assemblée entérine le plus souvent les propositions des groupes d'intérêt, le corporatisme étant à l'honneur. Elle procède cependant à l'évaluation des lois votées.

L'exécutif (le Conseil fédéral) dispose grâce à l'administration d'une expertise très supérieure à l'Assemblée. Il est collégial et composé de sept membres élus par l'Assemblée pour quatre ans qui désigne aussi chaque année parmi ceux-ci le président de la Confédération. Il est fréquent qu'un membre exerce plusieurs mandats consécutifs. Chaque membre est le chef d'un département ministériel qu'il dirige de façon autonome. Un Tribunal fédéral contrôle la légalité des actes des collectivités inférieures au travers du recours direct ouvert à tout citoyen pour violation des droits fondamentaux.

Le conseil fédéral n'est pas responsable devant l'Assemblée. Celle-ci peut néanmoins lui adresser des interpellations (motions et « postulats »), lui demander de se saisir d'une question. Chaque année, le conseil présente un rapport de gestion à l'Assemblée. Il donne son avis sur les propositions de loi et ses membres participent à ses débats. Mais, pas plus qu'il ne peut démissionner, il ne peut dissoudre l'Assemblée. En cas de désaccord, le Conseil peut modifier ses orientations. Enfin, depuis 1959, le Conseil fédéral est constitué sous la forme d'une coalition permanente constituée des grands partis suisses dans cette « démocratie de concordance », malgré les succès récents de l'extrême droite.

SECTION 3
Les avatars du régime présidentiel

Tout comme le régime parlementaire, le régime présidentiel a donné lieu en pratique à la catégorie des régimes dits « semi-présidentiels » (§ 1) et à celle des régimes dits « présidentialistes » (§ 2)

§ 1. Les régimes semi-présidentiels

A. Une catégorie définie ?

221 Inventée par Maurice Duverger, cette catégorie désigne des régimes dans lesquels « le président de la République est élu au suffrage universel, dispose de pouvoirs propres importants mais a en face de lui un Premier ministre et des ministres qui possèdent le pouvoir exécutif et gouvernemental, et qui ne peuvent rester en fonction que si le Parlement ne leur manifeste pas sa défiance ». Outre la république de Weimar en 1919, ce régime correspondrait aujourd'hui à l'Autriche, la Finlande, la France sous la Ve République, l'Irlande, l'Islande, le Portugal. En fait, le rôle du président n'est pas identique dans chacun de ces pays. Ainsi, par exemple, en Finlande, il joue un rôle constitutionnel et politique significatif tandis qu'en Autriche, Irlande ou Islande, celui-ci est réduit à une simple magistrature d'influence, évolution que connaît le Portugal.

B. Une catégorie qui s'est dissoute : la neutralisation de la présidence de la République dans l'Europe de l'Ouest

222 **Le Portugal.** Le découplage entre les élections présidentielles et parlementaires qui ne peuvent être simultanées, a conduit à l'origine à favoriser l'instabilité gouvernementale sous la présidence du général Eanes pendant deux mandats, au moins jusqu'en 1986, celui-ci révoquant en 1978 un gouvernement et tentant de former des « cabinets présidentiels ». Mais sa dissolution manquée en 1979 conduisant à la victoire de la droite et du centre, hostile à la présidentialisation du régime – crise un peu du type « crise du 16 mai 1877 » – est le premier moment de la transition du régime portugais vers un régime parlementaire moniste. Cet affaiblissement présidentiel a permis la révision de 1982 réduisant les pouvoirs présidentiels. Le président de la République conserve un rôle éminent en politique étrangère et de défense, dispose d'une « magistrature d'influence » et n'est pas élu sur un programme purement partisan. Il n'y a pas de « cohabitation » à la française mais un gouvernement auquel revient seul la détermination de la politique intérieure, même si en droit le chef de l'État peut dissoudre l'Assemblée et révoquer le chef du gouvernement.

L'affaiblissement présidentiel tient à plusieurs facteurs. D'une part, l'élection présidentielle pensée par les partis comme seconde par rapport aux législatives est devenue consensuelle et n'est plus en mesure dans l'immédiat de donner une assise politique forte à la fonction présidentielle. D'autre part, le phénomène majoritaire a ôté en fait au chef de l'État toute influence importante dans la formation du gouvernement. Enfin, cette évolution n'aurait pas été possible sans la personnalité du socialiste Président Mario Soares de 1986 à 1996 (après avoir été deux fois Premier ministre) comme celle de son successeur Jorge Sampaio de 1996 à 2006 et de la conception modérée qu'ils se sont faite de la fonction. En conséquence de quoi, l'Assemblée est devenue plutôt une chambre d'enregistrement soumise aux volontés du gouvernement, comme dans les régimes parlementaires majoritaires. Et, l'élection d'Aníbal Cavaco Silva, premier président de la République venu de la droite depuis 1974 – face à deux candidats de gauche – n'y a rien changé : le nouveau président a déclaré qu'il était « au-dessus des partis ». La même modération caractérise son successeur, Marcelo Rebelo de Sousa, élu en 2016 et réélu en 2021.

223 **L'Autriche.** En 1929, la Constitution fut amendée pour établir l'élection au suffrage universel direct du président de la République pour six ans, nommant et révoquant désormais le Chancelier (Premier ministre) et disposant du droit de dissolution sur proposition du gouvernement et formellement responsable devant le peuple. Il peut ainsi théoriquement révoquer le Chancelier et le gouvernement mais les deux chambres peuvent lui opposer une motion de défiance, déclenchant un référendum. Soit la population soutient la décision du président et le Parlement est dissous, soit il est désavoué et doit démissionner. En réalité, dès 1945, les deux grandes formations politiques vont finalement neutraliser la présidence. D'abord, le président est élu par l'Assemblée fédérale par dérogation à la Constitution. Puis, lorsque pour la première fois l'élection au suffrage universel a lieu en 1950, les deux grands partis ne présentent pas leurs leaders et les candidats ne présentent aucun programme de gouvernement. Déconnectée de la vie parlementaire et donc partisane, l'élection présidentielle ne donne donc aucun rôle politique au chef de l'État, ses pouvoirs étant d'ailleurs neutralisés par l'existence d'un parlementarisme majoritaire, le pouvoir exécutif est exercé en réalité par le gouvernement fédéral dirigé par le Chancelier.

C. Une catégorie ressuscitée dans les nouvelles démocraties de l'Est ?

224 **La diffusion de l'élection présidentielle.** L'élection présidentielle au suffrage universel direct s'est diffusée à partir des années quatre-vingt dans les nouvelles démocraties de l'Est en s'inspirant assez souvent de la France de la Ve République gaullienne : la France exporte encore son modèle... Le chef de l'État est élu au suffrage universel direct généralement à deux tours dans de nombreux pays (Bosnie-Herzégovine, Bulgarie, Croatie, Estonie, Lituanie, Macédoine, Pologne, Roumanie, Slovénie, Ukraine), sauf en Slovaquie (élection à un tour). Mais il trouve aussi parfois son origine dans la volonté de maintenir l'ancien personnel dirigeant au

pouvoir (le président Illiescu en Roumanie ou le président Tujman en Croatie). Il a pu être pensé en sens inverse afin de consacrer les leaders de l'ancienne opposition au régime communiste (le président Walesa en Pologne). Cependant, en Hongrie, le référendum de 1990 a écarté l'élection directe à laquelle était hostile une majorité du parlement. Le régime est devenu clairement parlementaire. En Tchécoslovaquie, le président Havel, partisan à l'origine d'une réduction des pouvoirs présidentiels, a souhaité les voir renforcer (droit de dissolution) compte tenu des menaces de sécession slovaques : sans succès puisque l'Assemblée rejeta cette idée en janvier 1992. Puis, une fois la fédération dissoute, donnant naissance à la République tchèque et à la Slovaquie, M. Havel a été réélu mais par le Parlement, l'essentiel du pouvoir exécutif revenant au Premier ministre.

225 **Bulgarie, Slovénie, Slovaquie : un président parlementaire.** En Bulgarie, le chef de l'État ne dispose pas de compétences propres et ne préside même pas le Conseil des ministres. Il peut seulement confier une mission exploratoire à une personnalité pour former un gouvernement – une prérogative assez classique en régime parlementaire. Son rôle constitutionnel est proche de celui de son homologue grec. Les partis ne présentent d'ailleurs pas leurs leaders comme candidats mais plutôt leurs anciens chefs qui y trouvent une forme de retraite dorée. Pour être valable, au moins 50 % des citoyens doivent y participer (ce qui ne fût pas le cas en 2001). Notons que dans cette république, l'idée monarchique fait son chemin, à un moment Siméon II n'ayant pu se présenter à l'élection présidentielle du fait d'une décision de la Cour suprême, son parti a remporté les élections et il est ainsi devenu Premier ministre en 2001, fonction qu'il a exercée jusqu'en 2005. En Slovénie, le président exerce une magistrature morale comme en Slovaquie.

226 **La Croatie : la présidence désarmée.** En Croatie, le régime était à l'origine véritablement dualiste puisque le gouvernement était responsable devant le chef de l'État et le Parlement. Mais si le rôle du président s'inspirait nettement de la Constitution française, il ne pouvait dissoudre le Parlement que sur avis conforme du Premier ministre. En 2000, une révision a réduit à néant les pouvoirs

dont il disposait en instaurant un régime moniste et monocaméral. Il conserve cependant une réelle influence en matière de politique étrangère et de défense.

227 **La Lituanie : une évolution parlementaire.** En Lituanie, l'élection au suffrage universel direct du président a été adoptée, avec la nouvelle Constitution de 1992, pour éviter l'incertitude de l'élection par le Parlement : le dirigeant socialiste M. Jelev avait dû attendre le sixième tour de scrutin pour être élu par celui-ci. Mais élu au suffrage universel et devenu populaire, son parti rechigna à envisager une évolution de la fonction à la française.

Le régime est clairement moniste. Et l'assemblée, le *Seimos*, issue d'élections faisant suite à une dissolution peut même provoquer une élection présidentielle anticipée comme cela s'est produit en juin 2004, aboutissant après la destitution du président Paksas au retour de l'ancien président Adamkus.

228 **La présidentialisation en marge des textes : la Pologne.** En Pologne, une révision constitutionnelle en 1990 a décidé de l'élection du président au suffrage universel direct. Lech Walesa, l'ancien leader de l'opposition au régime communiste, souhaitait un « président à la française » : une nouvelle révision fut votée en 1992 (la « petite constitution ») permettant au chef de l'État de nommer le Premier ministre et les ministres, l'Assemblée (la Diète) pouvant s'y opposer et proposer une autre combinaison gouvernementale. Le droit de dissolution est exercé par le chef de l'État si aucun gouvernement et par deux fois dans un délai de 60 jours n'a été investi. S'en est suivie une pratique très présidentialiste du président Walesa jusqu'en 1994, puis une cohabitation très tendue face à la majorité parlementaire.

De ce bras de fer est née la nouvelle Constitution de 1997 approuvée par référendum – après la défaite de Walesa aux présidentielles et la victoire de son adversaire néo-communiste Kwasniewski disposant d'une majorité à la Chambre –, Constitution qui a réduit à presque rien les prérogatives considérables du chef de l'État, suivant une évolution à la portugaise. Son rôle prééminent en matière de défense et de politique étrangère est désormais partagé. Il ne peut exercer son droit de dissolution que si un gouvernement est censuré sans élection d'un successeur ou en cas de non-adoption du budget – bref de blocage des institutions. La procédure normale de mise en jeu de la responsabilité du gouvernement est celle de la motion de censure constructive – à l'allemande – qui suppose une majorité et un gouvernement de rechange. Le veto législatif dont le président dispose peut être levé à une majorité des trois cinquièmes par la Diète. Son rôle est comparable à son homologue portugais.

229 **Le cas ukrainien.** L'Ukraine est devenue indépendante de l'URSS le 24 août 1991, ballottée depuis lors entre gouvernements pro-européens et pro-russes et en proie régulièrement à des crises politiques et constitutionnelles, l'enjeu étant les pouvoirs du chef de l'État élu au suffrage universel direct. Elle a adopté sa constitution le 28 juin 1996, avec une révision entrée en vigueur en décembre 2004 lors de la « révolution orange » qui avait accru les pouvoirs du Parlement au détriment de ceux du président élu au suffrage universel direct. La procédure de révision a été déclarée contraire à la Constitution le 1er octobre 2010 par la Cour suprême dont l'indépendance a toujours été mise en doute et dont la composition est l'objet de conflits récurrents. Cette décision a ainsi permis d'asseoir la nouvelle présidence autoritaire de V. Ianoukovytch élu en février 2010. Mais, en 2014, à la suite de manifestations pro-européennes, la version de 2004 est rétablie. Deux ans plus tard, le nouveau Président Porochenko fort d'une majorité parlementaire au sein de la chambre unique, la *Rada*, présidentialise à outrance le régime qui fonctionne un peu comme la Ve république en période de concordance des majorités mais sans réels contrepoids. Depuis le 20 mai 2019, c'est l'ancien comédien Volodymyr Zelensky qui a battu au second tour le président sortant, Petro Porochenko, avec 73 % des suffrages.

Le Président est donc élu au suffrage universel pour cinq ans. Il nomme le Premier ministre une fois qu'il a été désigné par la *Rada*, en tant que leader du parti ou de la coalition majoritaire. Le mandat du Premier ministre est de cinq ans. Le Conseil des ministres (auquel appartient le Premier ministre) est responsable devant lui et devant la *Rada* (art. 87 et 113). Le pouvoir exécutif est ainsi partagé entre le Président et le Premier ministre. Le Président choisit le ministre de la Défense et celui des Affaires étrangères, les autres ministres du Conseil sont choisis par le Premier ministre. Le Président peut utiliser son droit de veto contre les lois votées par la *Rada* (à l'exception des lois d'amendement constitutionnel). Il peut dissoudre le Parlement. *A contrario*, le Parlement peut passer outre le veto du président par un vote à deux tiers de ses membres.

La guerre avec la Russie a mis en relief le rôle central de chef de guerre du Président. En application de l'article 102 de la Constitution, il est « le garant de la souveraineté et de l'intégrité territoriale de l'Ukraine ». Selon l'article 106-1, il « assure l'indépendance, la sécurité nationale [...] de l'État ». Il est « le commandant en chef des forces armées de l'Ukraine » (art. 106-17) et « dirige le Conseil de défense et de sécurité nationales » (art. 106-18). C'est lui qui « décide d'utiliser les forces armées de l'Ukraine en cas d'agression armée contre l'Ukraine » (art. 106-19). Il « décide, conformément à la loi, de la mobilisation générale ou partielle et de l'application de la loi martiale, dans toute l'Ukraine ou dans certaines zones particulières, en cas de menace d'agression ou de danger pour l'indépendance de l'Ukraine » (art. 106-20) et « décide, en cas de nécessité, d'appliquer l'état d'urgence dans toute l'Ukraine ou dans certaines zones particulières [...] avec confirmation ultérieure de ces décisions par la Rada suprême » (art. 106-21). Il « préside le Conseil national de sécurité et de défense de l'Ukraine » qui l'assiste dans ses fonctions (art. 107).

§ 2. Les régimes dits « présidentialistes »

230 **Une définition floue.** Le présidentialisme, analysé par une partie de la doctrine française pour caractériser la Ve République, est celui où le chef de l'État, élu au suffrage universel direct, est en réalité le chef du gouvernement face à un Parlement atrophié dans le cas de concordance des majorités, présidentielle et parlementaire. Cette qualification, pour l'essentiel a-juridique, est assortie selon les présidences d'adjectifs censés rendre compte d'une réalité de nature subjective : « préservé », « renforcé », « exacerbé », etc. On se croirait dans une pièce de théâtre ou dans le cadre d'un compte-rendu météo qui a lui, le mérite, d'être objectif. On a aussi

évoqué, notamment au sujet de N. Sarkozy, d'« hyperprésidentialisme », soit un interventionnisme systématique dans toutes les affaires de l'État, superlatif qui relève plus du jugement de valeur que de l'analyse scientifique. La notion du « présidentialisme » appliquée aux régimes latino-américains ou africains ne rend pas plus compte de la réelle nature juridique de ces régimes tant ils fonctionnent en réalité de façons différentes même s'ils sont formellement inspirés de la Constitution américaine. S'ils sont marqués en pratique par l'hégémonie présidentielle, la question est plus de savoir s'ils demeurent des démocraties pluralistes ou sont devenus des régimes semi-autoritaires, voire des dictatures, au-delà de l'enveloppe constitutionnelle, souvent révisée au bénéfice du titulaire principal du pouvoir.

231 **L'incertitude des classifications et le cas de la Russie : régime semi-présidentiel, régime présidentialiste ou autocratie ?** C'est à la suite de la révolution de 1917 que le socialisme marxiste – puis marxiste léniniste – s'est installé en Russie, devenue en 1921 l'Union des républiques socialistes soviétiques, mettant fin à la monarchie. Ce régime domine aussi après la Seconde Guerre mondiale toute une série d'États satellites en Europe de l'Est. C'est en quelques mois qu'il va s'effondrer sur le plan idéologique, économique et géographique par la dislocation du camp soviétique à partir de 1989 avant l'éclatement de l'Union soviétique elle-même à partir de 1990, les républiques se déclarant les unes après les autres indépendantes. De ces bouleversements, allait naître la Fédération de Russie. La nouvelle Constitution le 1er décembre 1988 avait institué le pluralisme des candidatures aux élections, un véritable parlement et une cour constitutionnelle autonome du pouvoir politique.

Le président jouit des prérogatives de son homologue américain et de son homologue français. Il est aujourd'hui élu au suffrage universel pour un mandat de 6 ans, renouvelable une fois consécutivement. Président de la fédération et chef de l'État, il est le chef suprême des armées et préside le conseil de sécurité. Selon le modèle présidentiel américain, il nomme et révoque librement le Premier ministre – dont la désignation doit être approuvée par la Douma – et les membres du gouvernement ainsi que les hauts fonctionnaires civils et militaires. Il propose les noms des membres de la Cour constitutionnelle au Conseil de la Fédération. Il a contrairement à l'exemple américain formellement (et non de fait) l'initiative des projets de loi et dispose cette fois conformément à celui-ci d'un droit de veto suspensif sur les lois qui peut être surmonté à une majorité des deux tiers du Parlement. Il dispose d'un large pouvoir réglementaire. Au regard du système français, il dispose du référendum, des pleins pouvoirs en cas de crise avec l'accord du Conseil de la fédération, du droit de dissolution de la Douma mais uniquement dans deux cas : refus d'approuver par trois fois consécutives le choix du chef du gouvernement par le président, vote de défiance contre le gouvernement deux fois consécutives dans un délai de trois mois, à condition qu'une année se soit écoulée depuis l'élection de la Douma. Il est irresponsable politiquement et ne peut être destitué que pour haute trahison sur proposition de la Douma à la majorité des deux tiers, décidée *in fine* dans les mêmes formes par le Conseil de la Fédération.

Enfin, au-delà de ces deux modèles et plus proche du passé tsariste de la Russie, il peut légiférer par ordonnances dans des domaines que la loi n'a pas réglés, accorder l'asile ou retirer la nationalité, suspendre les actes administratifs qu'il juge contraires à la Constitution.

Premier président élu au suffrage universel en 1991, Boris Eltsine a été réélu en juillet 1996. À la suite de la démission de B. Eltsine le 31 décembre 1999, V. Poutine, Premier ministre, est devenu président par intérim avant de se voir confirmer par le suffrage universel lors des élections de mars 2000, mandat renouvelé en mars 2004. Il dispose désormais d'une large majorité à la Douma dont l'axe est de centre-droit. Mais dans l'impossibilité constitutionnelle de se représenter pour un troisième mandat consécutif en mars 2008, c'est son dauphin Dimitry Medvedev qui a été élu président avec plus de 70 % des suffrages. Et le nouveau chef de l'État a désigné comme Premier ministre M. Poutine, lui permettant alors de se présenter aux élections présidentielles de 2012 auxquelles il a été élu, puis de se représenter, avec succès, en 2018 : à la suite du référendum du 1er juillet 2020, la disposition limitant le nombre de mandats présidentiels a été modifiée, remettant en quelque sorte les compteurs à zéro et permettant théoriquement à M. Poutine de se faire réélire jusqu'en 2036. Comment définir un régime tantôt qualifié de régime semi-présidentiel ou présidentialiste, dans lequel le Président détient, malgré la lettre, l'essentiel des pouvoirs ?

232 **Relativité des typologies.** À la suite de Michel Troper, on peut considérer que toute classification ou typologie doit, pour disposer d'une certaine valeur scientifique, permettre de réaliser une économie intellectuelle ou de suggérer une explication. Bref, elle doit permettre d'éclairer des différences sensibles de structures et/ou de fonctionnement ; ainsi, une classification strictement fondée sur le droit positif et sur une conception normative de la Constitution n'a qu'une portée limitée, mais n'est pas interdite. Mais idéalement, pour pouvoir les comparer, il serait nécessaire qu'elles soient toutes soumises à un contrôle juridictionnel. Et on ne peut déduire de ces règles un lien absolu de causalité sauf à confondre le régime au sens juridique et un système de relation entre les pouvoirs c'est-à-dire, en démocratie, de transformation de la volonté populaire. Toute la question est, non seulement de ne pas prendre l'un pour l'autre mais de connaître le niveau d'interaction ou de constater l'absence de causalité entre régime et système.

Une typologie ne doit pas être construite, par commodité, à partir d'un modèle concret, même si inévitablement elle doit dégager de la réalité certains traits essentiels pour construire un « type ». Sinon, elle ne devient – en droit constitutionnel – que la simple reconstruction de réalités mouvantes : le régime présidentiel est le régime américain – et réciproquement, le modèle du régime parlementaire est le régime anglais – et vice versa... Pour échapper à un raisonnement circulaire, on recourt alors à des jugements normatifs teintés parfois de complexe ethnocentrique : le régime présidentiel – le type « pur » – connaîtrait des déviations (en « isme ») : le présidentialisme négro-africain, le présidentialisme sud-américain. Le régime parlementaire, lui, connaît seulement des déformations – nous sommes en Europe : elles ne sont pas en isme (on ne parle pas de « parlementarisme ») : c'est le régime d'assemblée (en Suisse bien sûr, ou en France avant 1958).

Se mêle alors un débat sur l'authentique et l'inauthentique, le vrai et le faux quand ce n'est pas le vrai-faux. Ou bien, on identifie les intitulés de chacun des régimes à leur réalité politique en réalisant un doux mélange entre les structures juridiques et le fonctionnement qu'elles seraient censées produire : le régime présidentiel est celui où domine le président, et réciproquement pour le régime parlementaire…

Bibliographie

ARLETTAZ (J.), BONNET (J.), GAHDOUN (P.-Y.), MOUTON (S.), *Le juge judiciaire et la séparation des pouvoirs*, Institut Francophone Justice et Démocratie, 2020

BARANGER (D.) et Le DIVELLEC (A.), « Régime parlementaire », *in* Troper (M.), Chagnollaud (D.), *Traité international de droit constitutionnel*, t. II, Dalloz, 2012

BARBERIS (M.), « La séparation des pouvoirs », *in* Troper (M.), Chagnollaud (D.), *Traité international de droit constitutionnel*, t. I, Dalloz, 2012

BASTID (P.), *Le gouvernement d'assemblée*, A. Colin, 1956

CHAGNOLLAUD (D.), « "Sherlock Holmes et le casse-tête chinois", classification des régimes et élection concurrentielle », in *Mélanges Jeanneau*, Dalloz, 2002

COLLOT (P.-A.), « Le statut du Parlement », *in* Troper (M.), Chagnollaud (D.), *Traité international de droit constitutionnel*, t. II, Dalloz, 2012

DELPÉRÉE (F.), « L'Exécutif », *in* Troper (M.), Chagnollaud (D.), *Traité international de droit constitutionnel*, t. II, Dalloz, 2012

EISENMANN (Ch.), « L'esprit des lois et la séparation des pouvoirs », in *Mélanges Carré de Malberg*, Sirey, 1933

GUARNIERI (C.), « La configuration institutionnelle du pouvoir judiciaire », *in* Troper (M.), Chagnollaud (D.), *Traité international de droit constitutionnel*, t. II, Dalloz, 2012

LAUVAUX (Ph.), « Régimes non parlementaires », *in* Troper (M.), Chagnollaud (D.), *Traité international de droit constitutionnel*, t. II, Dalloz, 2012

LE PILLOUER (A.), « La notion de régime d'assemblée et les origines de la classification des régimes politiques », *RFDC* 2004. 331

MONTAY (B.), *L'autorité perdue. Pour une théorie des fonctions de l'Exécutif*, PUF, 2021

MONTESQUIEU, *De l'esprit des lois*, 1748

PLUEN (O.), *L'inamovibilité des magistrats : un modèle ?*, Institut universitaire Varenne, 2013

PONTHOREAU (M.-C.), *Droit(s) constitutionnel(s) comparé(s)*, 2e éd., Economica, 2021

TROPER (M.), *La séparation des pouvoirs et l'histoire constitutionnelle française*, LGDJ, 1973 ; « Les classifications en droit constitutionnel », *RD publ.* 1989. 945

VERGOTTINI (G. de), « Régimes politiques », *in* Troper (M.), Chagnollaud (D.), *Traité international de droit constitutionnel*, t. II, Dalloz, 2012

Sur la Russie et les nouvelles démocraties de l'Est

COLAS (D.), *Les Constitutions de l'URSS et de la Russie (1905-1995)*, PUF, 1997

TITRE 3

LA PARTICIPATION DES CITOYENS AU POUVOIR : LA DÉMOCRATIE

233 À qui appartient dans l'État le droit de commander, l'« essence » de la souveraineté ? Quelle est l'origine de son pouvoir ? À ces questions fondamentales qui interrogent la légitimité des gouvernants, longtemps furent apportées des réponses qui écartaient le peuple du pouvoir effectif, qu'elles se prétendent d'origine théocratique ou simplement fondées sur la tradition. La Révolution française permet de consacrer, même de manière ambiguë, l'idée que le pouvoir réside dans la collectivité des citoyens, la « nation » ou le « peuple », avec sur ce point des conséquences théoriques distinctes. Celles-ci seront effacées par l'évolution des institutions pour donner naissance progressivement à la démocratie représentative, soit la participation du peuple au pouvoir, par l'intermédiaire de ses représentants élus (CHAPITRE 1).

Dans les démocraties, l'élection permet la désignation des détenteurs du pouvoir dans le cadre d'une lutte compétitive, grâce à différents modes de scrutin. L'élection, mais aussi les techniques de démocratie directe (votations), sont les seules, contrairement à d'autres techniques (tirage au sort, hérédité, cooptation), à signifier le consentement explicite des gouvernés à l'exercice du pouvoir par les gouvernants s'exprimant en leur nom. Plus largement, les élections permettent le plus souvent un choix entre deux (ou plusieurs) programmes politiques alternatifs grâce à la médiation des partis. Enfin, l'élection permet à la communauté des citoyens de signifier son consentement au régime politique et à ses valeurs. Sur le plan du droit constitutionnel, elle suppose l'étude des techniques qui lui donnent vie (CHAPITRE 2).

CHAPITRE 1

Les fondements de la participation : démocratie et représentation

234 Les théories de la souveraineté populaire et de la souveraineté nationale développées sous la Révolution française, bien qu'opposées, font émaner l'origine du pouvoir – la souveraineté – non plus de Dieu ou du roi mais bien de la communauté, le « peuple » ou la « nation » (SECTION 1). *A priori* opposées, ces théories ont pu se concilier en pratique pour donner naissance à une synthèse : la démocratie représentative (SECTION 2). Cette évolution à la faveur de l'avènement du régime parlementaire, de l'universalisation du suffrage et du développement des partis politiques est aujourd'hui largement consacrée par le droit.

SECTION 1

Le titulaire de la souveraineté

235 La théorie de la souveraineté populaire (§ 1) et celle de la souveraineté nationale (§ 2) renversent la construction selon laquelle le pouvoir émane de Dieu ou de la tradition. En découlent cependant des conséquences différentes : d'un côté, la démocratie directe assure l'exercice direct du pouvoir par les citoyens ; de l'autre, le régime représentatif fonde la souveraineté non dans le peuple mais dans la nation, entité abstraite, dont les citoyens désignent les représentants (v. « La souveraineté », *Traité international de droit constitutionnel*, t. I, Titre IV, Chap. I).

§ 1. La théorie de la souveraineté populaire implique un régime de démocratie directe

236 La théorie de la souveraineté populaire implique un régime de démocratie directe, les citoyens exerçant eux-mêmes le pouvoir. Il reste difficilement réalisable sous cette forme.

A. La théorie de la souveraineté populaire

237 **Une idée ancienne.** L'idée d'une origine populaire du pouvoir fut avancée très tôt pour justifier une limitation de la souveraineté absolue du monarque. Ainsi, Philippe Pot, lors des états généraux de 1484 et de la minorité de Charles VIII, déclare que « l'État est la chose du peuple. La souveraineté n'appartient pas aux princes qui n'existent que par le peuple ». Au XVIe siècle, cette théorie d'essence démocratique fut tour à tour défendue par des écrivains protestants puis, sous la Ligue, par des écrivains catholiques : le pouvoir, affirment-ils, vient du peuple qui a conclu avec le prince un contrat (« pacte de sujétion »). Si le prince viole le contrat, le peuple est en droit de lui retirer le pouvoir. Ces théories n'excluent nullement la monarchie « absolue », mais elle est d'origine populaire : elles mettent d'abord en cause le caractère aliénable par le peuple de sa souveraineté à un prince.

Une idée systématisée par Rousseau

> « Le peuple ne peut être considéré que collectivement et en corps. Mais chaque particulier en qualité de sujet, est considéré comme individu. Ainsi le souverain est au sujet comme dix mille est à un : c'est-à-dire que chaque membre de l'État n'a pour sa part que la dix millième partie de l'autorité souveraine, quoiqu'il lui soit soumis tout entier. »
>
> Rousseau, *Du contrat social*, 1762.
>
> « La loi n'est que l'expression de la volonté générale, c'est-à-dire, en fait, la loi du plus grand nombre. Ainsi définie, la loi n'a plus besoin d'être conforme à la sagesse et à l'équité, elle devient purement arbitraire : tout ce que veut le peuple est légitime, par cela seul qu'il le veut. Le système de Rousseau en arrive donc à conférer à la foule (le pouvoir) en ce qu'il livre l'individu à la tyrannie des majorités. »
>
> Carré de Malberg, *Théorie générale de l'État*, 1922.

C'est du peuple qui est le titulaire de la souveraineté dont chaque individu est en quelque sorte, à parts égales, le copropriétaire. Ainsi, chaque citoyen prend part à l'exercice de la souveraineté même si la minorité doit s'incliner devant la majorité dans les décisions qui sont prises.

B. Les principes qui en découlent : « Le peuple souverain est l'universalité des citoyens français » (Constitution 1793, art. 7)

238 L'électorat est un droit inaliénable du citoyen et non une fonction : le suffrage ne peut être qu'universel.

Le peuple légifère lui-même. La volonté générale s'exprime directement. Le peuple assemblé vote lui-même les lois « afin d'entretenir la volonté générale par une participation active des citoyens à la vie politique ». La souveraineté populaire exclut donc toute idée de représentation : « La souveraineté, écrit Rousseau, ne peut être représentée, pour la même raison qu'elle ne peut être aliénée. Elle consiste essentiellement dans la volonté générale, et la volonté générale ne se représente point. »

Le mandat impératif. Devant l'impossibilité de réunir constamment le peuple, Rousseau admet qu'il se dote de mandataires dans l'intervalle de ses réunions, pour exécuter sa volonté : « les députés du peuple ne sont donc pas et ne peuvent être ses représentants ; ils ne sont que ses commissaires. » Ces agents élus du peuple ne sont donc, conformément à la théorie civiliste, que des mandataires munis d'instructions auxquelles ils sont tenus : le mandat est impératif. Tout manquement des mandataires à la volonté de leur mandant entraîne leur révocation.

Les décisions sont prises à la majorité qui exprime seule la volonté générale. La volonté générale étant une, les opinions minoritaires sont la manifestation d'une erreur. Elles s'en remettent donc généralement à la majorité ; ainsi l'unanimité – seule capable de préserver la liberté des hommes – est-elle (étrangement) assurée selon Carré de Malberg, avec le risque de livrer l'individu à l'arbitraire des majorités.

C. Une expérimentation limitée

239 **Une référence mythique : la démocratie grecque**. C'est au Ve siècle avant Jésus-Christ, sous Périclès, que la démocratie athénienne connaît un certain achèvement. Le peuple, pour discuter des affaires publiques et voter la loi, se réunit régulièrement en assemblée (*Ecclesia*). Sous son contrôle, la *Boulè* prépare et exécute les décisions, assure la bonne marche de l'Administration. Ses membres, les Bouleutes, ne sont pas élus mais en principe tirés au sort afin de ne pas vicier la démocratie en prenant le risque de constituer par l'élection une oligarchie d'élus : le tirage au sort, placé sous les auspices des dieux, supprime donc idéalement tout lien de dépendance – en fait de représentation – entre le peuple et le conseil.

Dans cette démocratie athénienne, où le peuple des « citoyens » (en fait le 10e de la population) a le droit et le devoir de voter, seule une minorité participe effectivement aux séances de l'*Ecclesia*.

Un cas d'école, la Suisse. Ce pays dont Rousseau fut citoyen est l'autre illustration de la démocratie directe. Elle survit sous cette forme aujourd'hui dans un canton et deux demi-cantons suisses (Appenzell, Glaris, Unterwald), faiblement peuplés. L'assemblée des citoyens (*Landsgemeinde*) se réunit pour désigner un conseil (le *Landrat*), les principaux fonctionnaires et magistrats. Elle fait les lois et peut réviser la Constitution, discuter et voter les dépenses et les impôts. En pratique, cette réunion annuelle réunit une minorité de citoyens, votant à main levée et confiant *de facto*, lors d'une sorte de kermesse héroïque, leur pouvoir à des fonctionnaires élus. Il s'agit plutôt d'une « curiosité constitutionnelle » (Esmein).

§ 2. La théorie de la souveraineté nationale implique le régime représentatif

240 La théorie de la souveraineté nationale implique un régime représentatif, régime dans lequel certains citoyens désignent les représentants de la nation, entité abstraite distincte des individus qui la composent. Si cette théorie écarte donc le peuple réel du gouvernement, l'évolution du régime représentatif a permis de concilier cette théorie avec l'idée démocratique.

A. La théorie de la souveraineté nationale

241 « Il est le principe que tout ce qui sort de la qualité commune de citoyen, ne saurait participer aux droits politiques. La législature d'un peuple ne peut être chargée de pourvoir qu'à l'intérêt général. »

Siéyès, *Qu'est-ce que le Tiers-État ?*, 1789.

« Article 1. - La Souveraineté est une, indivisible, inaliénable et imprescriptible. Elle appartient à la Nation ; aucune section du peuple, ni aucun individu, ne peut s'en attribuer l'exercice.

Article 2. - La Nation, de qui seule émanent tous les pouvoirs, ne peut les exercer que par délégation. - La Constitution française est représentative : les représentants sont le Corps législatif et le roi. »

Constitution 1791, titre III, Des pouvoirs publics.

242 **La souveraineté n'appartient ni au roi ni au peuple mais à une entité abstraite : la nation.** La notion de souveraineté nationale est déjà présente dans le fameux article 3 de la Déclaration des droits de l'homme et du citoyen : « Le principe de toute souveraineté réside essentiellement dans la nation. Nul corps, nul individu ne peut exercer d'autorité qui n'en émane expressément ». La Constitution de 1791, en tête de laquelle est placée la Déclaration, la réaffirme dans son titre III : « La Souveraineté [...] appartient à

la Nation » (art. 1). Ainsi, la nation est une personne morale (personnifiant l'État), distincte des individus qui la composent, c'est-à-dire de l'addition des citoyens. Ainsi, cette nation-personne en laquelle réside la souveraineté n'est pas le roi – ainsi distingué de l'État.

Cette théorie, formulée notamment par Mably, a été clairement systématisée par Sieyès pendant la Révolution française dans *Qu'est-ce que le Tiers-État ?* Il n'y a donc pas plusieurs souverainetés (le roi ou le peuple) puisque la souveraineté est une. Elle n'est susceptible d'être possédée par quiconque, sauf la nation (elle est imprescriptible), et ne peut être abandonnée à autrui (elle est inaliénable). Surtout, son unicité et son indivisibilité signifient non seulement l'unité de la personne-nation mais le fait qu'elle n'est pas partagée avec d'autres, y compris les citoyens.

243 **La nation, personne morale – sorte d'entité mystérieuse – ne peut pas s'exprimer elle-même : elle agit par ses représentants.** Comme le disait avec ironie le doyen Vedel, « la nation, comme Dieu, est muette et c'est l'Assemblée – Sibylle à Delphes – qui s'exprime à travers elle ». En d'autres termes, si tous les pouvoirs émanent de la nation, celle-ci ne peut les exercer directement et donc doit être dotée de représentants.

La théorie de la souveraineté nationale entraîne donc le principe représentatif (« La nation, de qui seule émanent tous les pouvoirs, ne peut les exercer que par délégation. La Constitution française est représentative », préc.). Notons sur ce point que ces représentants peuvent être élus ou simplement désignés comme tels par la Constitution (le roi est un représentant de la nation dans la Constitution de 1791).

244 **L'électorat est une fonction et non un droit.** C'est une fonction sociale reconnue aux plus « éclairés » d'entre eux, les plus intéressés à l'entreprise politique, c'est-à-dire les plus aisés sur le plan économique. L'électorat-fonction aboutit donc au suffrage censitaire. Ces citoyens vont désigner les représentants aptes à « vouloir » pour la nation.

Le régime représentatif apparaît ainsi doublement antidémocratique : en dépossédant d'emblée le peuple de sa souveraineté grâce au subterfuge de la souveraineté de la nation ; en excluant même, par le suffrage censitaire, le peuple de désigner des (et non ses) représentants.

245 **Le mandat accordé aux représentants est national, représentatif et parfait : l'interdiction du mandat impératif.** Le « représentant » représente la nation et non les électeurs de la circonscription qui l'ont élu (« Les représentants nommés dans les départements ne sont pas représentants d'un département particulier, mais de la nation entière », Constitution 1791.)

Le représentant ne reçoit pas un mandat impératif et n'est donc lié par aucune instruction des électeurs – qui ne sont pas en quelque sorte les « siens ». Ainsi, toute « démission en blanc » remise à ses électeurs ou à un comité électoral au cas où il ne tiendrait pas ses engagements est nulle. Pas plus, ne peut-il en droit être l'interprète d'un groupe ou d'intérêts particuliers.

Irrévocable, le mandat est aussi illimité puisque le représentant est censé agir conformément à la volonté de la nation – d'où sa « perfection ».

B. Une théorie paradoxale conduisant à la souveraineté des représentants

246 « Il apparaît certain que le régime dit représentatif n'est pas un régime de représentation, car le corps des députés ne peut être considéré comme le représentant, ni des citoyens, ni de la nation. »

> Carré de Malberg, *Théorie générale de l'État*.

• **Une théorie paradoxale.** En effet, le député ne représente pas ses électeurs dont il n'est pas le mandataire. Quant à la nation, s'il est censé la représenter, on peut se demander quel mandat cette personne fictive lui a donné exactement : elle n'exprime en effet aucune volonté avant l'élection de l'Assemblée et pour un mandat, il faut être deux, le mandataire et le mandant...

• **La souveraineté confisquée par les représentants ?**

> « Le peuple anglais pense être libre, il se trompe fort, il ne l'est que durant l'élection des membres du Parlement ; sitôt qu'ils sont élus, il est esclave, il n'est rien. »
>
> Rousseau.

> « Ce n'est pas la volonté du peuple, qui détermine celle des représentants, c'est au contraire le peuple qui fait siennes par avance les volontés que ses représentants viendront à énoncer. »
>
> Carré de Malberg, *Théorie générale de l'État.*

Rousseau écrit à une époque, il est vrai, où le suffrage est réservé à une minorité et où la Chambre des communes n'est pas la source du pouvoir. Le régime représentatif découlant de la souveraineté nationale conduit à la souveraineté des représentants, selon Carré de Malberg.

Cependant, les caractéristiques de la représentation sont aussi celles de la théorie anglaise du gouvernement représentatif fixée dans la première moitié du XIXe siècle et fondée, non sur la souveraineté de la nation, mais sur celle du Parlement. En France, la volonté du Parlement, y compris après l'avènement du suffrage universel (masculin), de sauvegarder sa souveraineté et celle de ses représentants se traduit par son hostilité au droit de dissolution ou au référendum permettant de donner la parole au peuple. Cette appropriation du pouvoir s'exprime aussi par le *hiatus* entre les majorités issues des élections et la formation des gouvernements. Enfin, les députés se considèrent d'autant mieux propriétaires de la souveraineté que la politique devient un métier. La souveraineté serait même confisquée par une minorité de professionnels de la politique (la « profession parlementaire », selon André Tardieu, dans les années trente). C'est, à tout le moins, la critique poussée à son paroxysme, qui est faite au régime de la IIIe République d'après-guerre (v. ss 670 s.).

SECTION 2
Une synthèse : vers une démocratie représentative

247 On utilise désormais le vocable de « démocratie représentative » pour souligner que, le suffrage étant devenu universel, il n'y a plus

d'antinomie entre souveraineté nationale et souveraineté populaire : le régime représentatif s'est mué en démocratie représentative, la « nation » n'exerçant plus directement la souveraineté mais, tout en restant titulaire formellement, la délègue pour un temps à des représentants élus. D'un point de vue théorique, l'expression est pourtant inexacte dès lors que, juridiquement, le principe de la souveraineté nationale reste en vigueur du fait du maintien du caractère représentatif du mandat. Pourtant, nous vivons aujourd'hui en démocratie représentative : il n'y a plus d'antinomie entre la nation et le peuple, les deux notions s'étant progressivement confondues. Mieux, la démocratie est devenue semi-directe dès lors qu'elle admet des techniques de participation directe du peuple. (v. « La représentation », *Traité international de droit constitutionnel*, t. I, Titre IV, Chap. II). Il est parfois question aujourd'hui de dépasser la démocratie représentative par la démocratie participative et « délibérative ».

§ 1. Les facteurs d'évolution

248 À la faveur de l'universalisation du suffrage, de l'évolution du régime parlementaire, du développement des partis politiques, de l'avènement de la représentation proportionnelle, le peuple s'est identifié en fait à la nation. Cet abandon dans les faits de la théorie du régime représentatif a été partiellement consacré par le droit et l'exercice direct de la souveraineté par les citoyens.

A. L'universalisation du suffrage

249 Les discriminations réservant le droit de vote à une minorité ont disparu (suffrage restreint par le cens ou la capacité, suffrage masculin). Du fait de l'avènement progressif du suffrage universel, l'électorat est devenu un droit et non plus une fonction même si, en principe, le mandat du représentant élu par le peuple reste représentatif et donc non impératif. L'élu est ainsi, en théorie, indépendant de l'électeur. En pratique, les candidats prennent la peine de présenter des programmes ou certains engagements (la fameuse « profession de foi »). Et la réélection d'un député tient à

l'attention qu'il porte aux problèmes de sa circonscription et à l'application, fût-elle partielle, de son programme. Le candidat, ce faisant, contourne l'interdiction du « mandat impératif ».

250 **La fin du suffrage censitaire.**

• **Le suffrage censitaire.** Il consiste à n'autoriser à voter que les personnes payant un certain chiffre de contribution directe, appelé « cens électoral ». Ce sont donc certains contribuables qui peuvent voter. Le suffrage restreint peut consister à n'admettre dans le corps électoral que les individus possédant une certaine fortune, assurée en particulier par la propriété foncière.

• **La Grande-Bretagne au XIXe siècle.** *En Grande-Bretagne*, l'évolution vers le suffrage universel a été plus lente. Le système électoral est fondé sur le cens abaissé une première fois en 1832, faisant passer le corps électoral de 435 000 à 652 000 électeurs (de 4 à 7 % de la population...). En 1867, le cens est à nouveau abaissé faisant passer le corps électoral à 2 millions de personnes (10 % de la population). En 1884-1885, le cens est encore abaissé (28 % de la population). En 1918, le suffrage devient universel pour les hommes âgés de 21 ans (et pour les femmes, à partir de 30 ans) soit près de 74 % de la population.

• **La disparition du suffrage capacitaire.** Aux États-Unis, une forme de suffrage capacitaire a perduré jusqu'en 1964. Son but était d'écarter les Noirs, dans la plupart des États du Sud à partir de 1870 ; l'exercice du droit de vote n'est en effet accordé qu'aux personnes sachant lire et écrire et qui satisfont entre autres aux conditions suivantes : être déjà citoyen depuis 1867 ou apporter la preuve que son grand-père l'était (clause dite du grand-père). Ils doivent dans certains cas pouvoir commenter la Constitution. Cette disposition permet alors de contourner le 15e amendement voté en 1870 interdisant toute discrimination raciale en matière électorale et d'exclure *de facto* les Noirs. Ce type de disposition n'a été définitivement abandonné qu'en 1965 par le *Voting Right Act*.

En Italie les analphabètes ont été exclus du droit de vote jusqu'en 1912.

Notons par ailleurs que les « indigènes », pour la plupart, ont été écartés du droit de vote dans les anciens empires coloniaux (France, Grande-Bretagne, etc.).

251 **Le vote des femmes.**

Les femmes ont longtemps été exclues du droit de vote en vertu de la « division sexuelle » des tâches (les hommes au travail, les femmes à la maison), ou de leur « inaptitude » intellectuelle, voire de leur infériorité chronique ! Et ce, « *depuis les origines mêmes des sociétés* », écrit le grand constitutionnaliste Esmein. Notons que cette incapacité politique n'a souvent été que la traduction de son statut d'infériorité sur le plan civil ; le Code civil de 1804 la rend dépendante de son mari, à l'égal des domestiques et l'égalité complète sur le plan civil ne sera acquise en France au XXe siècle que dans les années soixante.

En France, la Chambre des députés adopte des propositions de loi instituant le vote des femmes à plusieurs reprises (1919, 1925, 1931) mais elles échouent devant le Sénat, tenu par le parti radical et radical socialiste, laïque : il craint alors, dans un pays catholique, que les femmes censées être plus influencées par la religion, votent à droite... En Belgique, socialistes et libéraux ont nourri les mêmes inquiétudes.

Chronologie du droit de vote des femmes

Wyoming (USA)	1869	Pologne	1921
Nouvelle-Zélande	1893	Tchécoslovaquie	1921
Australie	1901	Hongrie	1922
Finlande	1906	Grande-Bretagne (à partir de 21 ans)	1928
Danemark	1913	Suède	1929
Norvège	1913	Espagne	1931
Grande-Bretagne (à partir de 30 ans)	1918	France	1944
Allemagne	1919	Italie	1945
États-Unis	1920	Belgique	1948
Autriche	1920	Suisse (au niveau fédéral)	1971

Notons que le sexe n'a pas d'effet en soi sur le vote si ce n'est que les femmes ont une réticence persistante à voter pour les partis extrémistes. Longtemps plus « conservatrices » que les hommes, les femmes ont aujourd'hui un comportement analogue depuis les années soixante-dix en France. En fait, c'est l'insertion dans la vie professionnelle, le détachement progressif vis-à-vis de la pratique religieuse – au moins dans les pays catholiques – l'augmentation du niveau d'instruction qui ont permis cet alignement des comportements. Aux États-Unis ou en France, après les pays scandinaves, les femmes de statut socioprofessionnel et de niveau d'instruction élevés votent même plus à gauche que les hommes de même niveau, ce d'autant mieux que les formations politiques correspondantes ont intégré dans leur démarche des valeurs féministes.

252 **La fin des autres exclusions.**

• **Les domestiques.** Exclus sous la Révolution française du droit de vote en raison de leur dépendance supposée à l'endroit de leur maître, les domestiques ne deviennent des citoyens de plein droit qu'en 1848. Ils sont cependant inéligibles aux conseils municipaux jusqu'en... 1930 !

• **Les militaires.** En France, c'est la loi du 24 juillet 1872 consacrée par la loi organique du 30 novembre 1875 qui interdit l'exercice du droit de vote aux militaires d'activité. Le suffrage des militaires – aux ordres de leurs chefs – appuyant les régimes impériaux de leur vote, éclaire cette interdiction supprimée en 1945. Celle-ci a existé sous la Constitution de Weimar de 1919 en Allemagne ou en Italie (où seuls les officiers votaient) du fait de la volonté de tenir à l'écart l'armée du débat politique. On doute qu'elle ait eu quelque effet sur ce point.

B. Démocratisation du suffrage et parlementarisme

253 Dans un régime parlementaire, le gouvernement est responsable devant le Parlement, issu du suffrage populaire et ne doit son existence qu'à lui (parlementarisme moniste) et non aussi à la volonté du monarque (parlementarisme dualiste). Les élections expriment alors, non comme dans le régime représentatif la désignation des représentants de la nation, mais un choix politique qui pèse sur la désignation et l'orientation du gouvernement.

Au XXe siècle, les élections législatives apparaissent même comme la quasi-élection au suffrage universel direct d'un leader politique, chef d'un parti ou d'une coalition. En votant, l'électeur désigne, à travers des formations politiques, un leader qui assurera les fonctions de chef de gouvernement. C'est cette évolution que l'on va rappeler brièvement, à travers l'exemple britannique. L'élargissement du droit de suffrage a transformé, à bien des égards, les mécanismes du régime parlementaire.

La Chambre des communes apparaît comme la seule source du pouvoir issue du suffrage universel : les autres organes tendent à s'incliner devant elle.

La Chambre des Lords qui disposait d'un pouvoir législatif identique à la Chambre des communes perd toute influence (abandon consacré par les Acts de 1911 et 1949). En outre, le roi pouvait compter sur l'influence des Lords pour influer les électeurs peu nombreux élisant des députés aux Communes. L'élargissement continu du droit de suffrage lui fait perdre ce moyen indirect de pression.

• **Le déclin de l'institution monarchique**. Les pouvoirs du roi, toujours formellement en vigueur, sont de moins en moins exercés et transférés en pratique au Cabinet. Le monarque nomme comme Premier ministre le chef de la majorité parlementaire. Celui-ci n'a besoin que de la seule confiance du Parlement, en fait de la Chambre des communes. Le régime parlementaire de dualiste devient moniste. Le Premier ministre dispose en fait du droit de dissolution – moyen d'arbitrage populaire – et de la plénitude du pouvoir exécutif.

• **Le bipartisme**. L'accroissement du corps électoral modifie le rôle et la structure des partis. Encadrant les électeurs, les deux grands partis (conservateur et libéral, puis, au XXe siècle, conservateur et travailliste) deviennent des organisations de masse, structurées et disciplinées dans le pays comme à la chambre. La victoire d'un parti aux élections générales est celle d'un leader dont le choix comme Premier ministre s'impose au monarque.

C. La naissance et le développement des partis politiques

254 L'universalisation du suffrage a conduit à l'encadrement de nouveaux électeurs par les partis politiques, mouvement encouragé

par le développement de la représentation proportionnelle. Les partis remettent ainsi en cause la théorie du régime représentatif qui postule l'indépendance des représentants.

255 **L'encadrement croissant des élus par les partis politiques.** Le développement des partis politiques est lié en Europe à la parlementarisation des régimes, qui consacre leur influence croissante dans la formation des gouvernements, et à la démocratisation du suffrage, qui exige d'encadrer de nouveaux électeurs. On distingue classiquement les partis de cadres et les partis de masse. Les partis de cadres sont des partis visant à rechercher des notables dont l'influence, en vertu de leur prestige et/ou de leur richesse, permet l'organisation de réseaux et un financement des campagnes électorales (au milieu du XIXe siècle, le parti conservateur britannique et en France, au début du XXe siècle, le parti radical créé en 1901). Ces partis à vocation essentiellement électorale sont faiblement structurés, très décentralisés tandis qu'au niveau « central » le groupe parlementaire ne connaît pas de forte discipline de vote. Les partis de masse permettent d'encadrer les catégories sociales jusqu'alors exclues du droit de vote. Ils ont pour objet la recherche de l'adhésion formelle du plus grand nombre (partis socialistes en Europe).

256 **Les partis concourent à l'expression du suffrage.** Cette fonction « première » demeure constitutive des partis. Ils sont aussi des laboratoires d'idées et alimentent le débat politique, élaborent des programmes, contribuent à la formation de l'opinion publique. En assurant la sélection des candidats et plus largement du personnel politique (représentants et gouvernants), ils permettent le recrutement d'équipes contrôlant le pouvoir politique ou participant à son exercice, ils contribuent à convertir les exigences des groupes sociaux en solutions pratiques. Ils peuvent enfin dans certains cas intégrer les « exclus » du système politique en les représentant (PCF, RN en France).

D. L'avènement de la représentation proportionnelle

257 À partir de la fin du XIXe siècle, la généralisation de la représentation proportionnelle contredit la théorie du régime représentatif.

• **Une exception…** La « volonté de la nation » étant indivisible, l'idée d'assurer une représentation des suffrages de façon proportionnelle à leur nombre est incompatible avec ce principe. Jusqu'à la fin du XIXe siècle, la plupart des régimes représentatifs utilisent le scrutin majoritaire à un tour (Grande-Bretagne, États-Unis, Suède, Danemark, Espagne, Portugal, Grèce, etc.), ou à deux tours (France, Italie, Allemagne, Autriche, Pays-Bas, Norvège). Dans l'Europe continentale, ne fait exception que la Belgique à partir de 1899 et le Luxembourg qui choisissent la représentation proportionnelle.

•**… qui devient la règle.** Si avant la Première Guerre mondiale, ce mode de scrutin reste largement minoritaire, il devient dominant entre les deux guerres aux dépens du scrutin majoritaire. Les raisons de ce renversement tiennent principalement à l'extension du droit de suffrage et à l'organisation des partis politiques : le vote tend à devenir un choix individuel, confidentiel (secret du vote) et un droit distribué *également* entre tous les citoyens.

Cette conception de l'égalité a d'abord amené à une contestation au XIXe siècle des distorsions territoriales (v. chap. 2). Elle s'est doublée d'une revendication des partis politiques, en particulier des nouveaux « partis de masse » issus du courant socialiste, en faveur d'une représentation plus équitable des forces politiques. Ce mouvement historique en faveur de la proportionnelle a débuté par l'Europe, en Belgique pour atteindre la Suède (1907), la Finlande (1906) et le Danemark (1915). Après la Première Guerre mondiale, elle est adoptée aux Pays-Bas (1917), en Allemagne, Italie, Autriche, Luxembourg, Norvège (1919), en Irlande (1921). Après la Seconde Guerre mondiale, sa reconduction est acquise dans les anciens États d'obédience nazie et, dans les années soixante-dix, adoptée dans les nouvelles démocraties du Sud, en Espagne (1977), Portugal (1975), Grèce (1974) et, dans les années quatre-vingt, dans plusieurs pays de l'Est comme la Tchécoslovaquie, la Roumanie (1990), la Bulgarie ou la Pologne (1991). En somme, la démocratisation de la vie politique s'accompagne généralement de la représentation proportionnelle sauf en France, où ce système n'a été utilisé à titre principal que de 1945 à 1958 et de 1986 à 1988.

§ 2. Le droit consacre l'abandon progressif du mandat représentatif

258 Notons que ce débat reste européen : aux États-Unis, si le mandat reste formellement « représentatif » au Congrès, il vient bien des électeurs avec lesquels s'est établie une relation – un contrat – de confiance (« *trust* ») : « Le peuple doit pouvoir choisir ceux qui lui plaisent pour être gouvernés », énonçait la Cour suprême en 1969. Et les procédés de démocratie directe comme le *recall* dans les États de l'Ouest donnent localement au mandat électif un caractère impératif, l'électeur pouvant révoquer l'élu.

A. Le mandat demeure formellement représentatif et national dans les démocraties européennes

259 **La prohibition du mandat impératif.** En Europe (Allemagne, Danemark, Italie, Grande-Bretagne), le mandat de l'élu reste formellement représentatif (même si, politiquement, il est élu sur un programme qu'il s'engage à respecter). En France, la Constitution de 1958 énonce ainsi que « tout mandat impératif est nul ». Le général de Gaulle, en mars 1960, invoqua cette règle pour refuser de convoquer le Parlement en session extraordinaire au motif que la demande des députés était inspirée par des requêtes directes émanant des syndicats agricoles. Ainsi, le parlementaire n'est pas censé, en droit, être le délégué du peuple ni le mandataire de ses électeurs. Et les démissions en blanc remises à l'électeur ou bien à un parti n'ont, comme on l'a vu, aucune valeur juridique. Les incompatibilités avec certaines fonctions ont la même raison d'être : conserver l'indépendance de l'élu.

260 **Le mandat a longtemps conservé un caractère national : le cas français.** En 1871, le principe fut admis que les députés d'Alsace-Lorraine continueraient à siéger malgré l'annexion par l'Allemagne de ces départements au motif qu'ils représentaient la nation. À l'inverse, il fut contesté au général de Gaulle, en juillet 1962, le droit de mettre fin au mandat des parlementaires d'Algérie, après les accords d'Évian. En 1975 et 1977, à la suite de l'indépendance des Comores et du territoire des Afars et Issas, les

députés sont restés en place mais sans pouvoir voter... Le caractère national du mandat s'exprimait aussi dans la possibilité du cumul entre le mandat national et un mandat local. Cependant, le Conseil constitutionnel a considéré que le député était bien « l'élu d'une circonscription » (décis. 1er et 2 juill. 1986, n° 86-208 DC).

B. Les atténuations au principe

261 **Le parlementaire ne représente plus la nation.** Le Conseil constitutionnel a consacré l'abandon de la souveraineté des « représentants de la Nation » puisque « la loi votée [...] n'exprime la volonté générale que dans le respect de la Constitution » (décis. 23 août 1985, n° 85-197 DC). En clair, la volonté qu'ils expriment n'est plus souveraine et doit respecter celle du pouvoir constituant, c'est-à-dire le peuple qui a lui-même adopté la Constitution. En tout état de cause, le Conseil constitutionnel a qualifié par la suite le parlementaire de « représentant du peuple » (décis. 1er et 2 juill. 1986 préc.). Par touches successives, les vestiges juridiques de la conception représentative s'effritent.

262 **La reconnaissance aux partis politiques d'un statut constitutionnel.** En Europe, plusieurs Constitutions affirment le rôle essentiel des partis dans l'expression du suffrage. Ils doivent se conformer aux principes de la démocratie dont ils expriment un fondement essentiel : le pluralisme politique. Ainsi l'article 21 de la Constitution allemande du 23 mai 1949 dispose que « les partis concourent à la formation de la volonté politique du peuple. Leur création est libre. Leur organisation intérieure doit être conforme aux principes démocratiques. Ils doivent rendre compte publiquement de la provenance et de l'emploi de leurs ressources ainsi que de leur patrimoine ». Quant à l'article 49 de la Constitution italienne du 27 décembre 1947, il énonce que « tous les citoyens ont le droit de s'associer librement en partis pour concourir, selon la méthode démocratique, à déterminer la politique nationale ». Enfin, l'article 5 de la Constitution espagnole du 29 décembre 1978 énonce dans le même esprit que « les partis politiques expriment le pluralisme politique, concourent à la formation et à la manifestation de la volonté populaire et sont un instrument fondamental pour la participation politique. Leur création et l'exercice de leur

activité sont libres dans le respect de la Constitution et de la loi, leur structure interne et leur fonctionnement devront être démocratiques ». L'article 4 de la Constitution de 1958 assure de même une reconnaissance constitutionnelle aux partis politiques (v. t. 2, titre Ier, art. 4).

C. De la démocratie représentative à la démocratie semi-directe

263 « La souveraineté nationale appartient au peuple qui l'exerce par ses représentants et par la voie du référendum. Aucune section du peuple ni aucun individu ne peut s'en attribuer l'exercice. »

Constitution 4 oct. 1958, art. 3.

L'introduction croissante des techniques de démocratie directe dans la démocratie représentative – comme le référendum – a transformé celle-ci en démocratie semi-représentative – ou semi-directe. Cette démocratie concilie ainsi l'élection de « représentants » élus au suffrage universel et la votation directe du peuple par la voie du référendum. Sous la Ve République, la Constitution de 1958 reprend la formule de 1946 (« La souveraineté nationale appartient au peuple français ») mais en modifie la suite « qui l'exerce par ses représentants et par la voie du référendum ». Ce texte associe ainsi la démocratie représentative (les représentants) et la démocratie semi-directe (le référendum) (v. chap. suivant).

L'intervention directe du peuple dans le choix de ses représentants a vu son domaine s'élargir avec, dans certains pays, l'élection du président de la République au suffrage universel. Il l'est de manière formellement indirecte aux États-Unis et de manière directe en France et désormais dans plusieurs des nouvelles démocraties de l'Est comme la Russie, la Bulgarie, la Roumanie ou la Pologne.

D. Au-delà de la démocratie représentative ?

264 **La démocratie participative et la démocratie délibérative.**

La démocratie participative permet aux citoyens d'être consultés sur différents sujets de proximité. Au niveau municipal, le plus fréquemment, existent ainsi des conseils de quartier, notamment au travers des budgets participatifs qui permettent de choisir l'affectation de certaines dépenses, les enquêtes publiques en matière d'environnement de cette procédure, un dispositif d'information et de recueil des avis de la population, etc. Notons que deux textes fondamentaux sont venus fonder l'obligation d'associer les citoyens à la législation sur l'environnement. Le premier est la loi Barnier de 1995 qui crée une institution originale, la Commission nationale du débat public, autorité administrative indépendante dont la mission est d'organiser des débats avec les citoyens sur tous les grands projets d'infrastructure d'intérêt national susceptibles d'avoir un impact sur l'environnement. Le second est la Charte de l'environnement de 2004 adossée à la Constitution de la Ve République qui dispose que « toute personne a le droit, dans les conditions et les limites définies par la loi, d'accéder aux informations relatives à l'environnement détenues par les autorités publiques et de participer à l'élaboration des décisions publiques ayant une incidence sur l'environnement (art. 7). Cette influence est cependant marginale sur les politiques publiques quand elle n'est pas nulle.

La démocratie délibérative prétend associer directement les citoyens à la décision publique par la discussion et le débat entre les citoyens et les autorités publiques. Leurs propositions peuvent faire l'objet d'une délibération obligatoire des assemblées élues ou d'un référendum, selon l'exemple des assemblées citoyennes irlandaises de 2011 et de 2015 sur le mariage homosexuel et l'avortement qui ont contribué aux révisions constitutionnelles en la matière. En France, une « convention citoyenne pour le climat » formée de 150 citoyens tirés au sort et chargée de trouver des réponses nouvelles à la crise climatique a été convoquée par le président de la République en 2020, conduisant à un projet de révision constitutionnelle qui a échoué. Il a aussi initié, en décembre 2022, une « convention citoyenne sur la fin de vie ». Dans le même esprit, le président Macron a lancé un « Conseil national de la Refondation » en 2022 réunissant des représentants de forces politiques, des partenaires sociaux, des élus locaux, des représentants du monde économique et du monde associatif pour « faire avancer le pays dans un esprit de dialogue et de responsabilités partagées », comme si le Parlement n'était plus un lieu de délibération efficace. Ainsi, la question de la légitimité démocratique de ce type d'institutions ou de faire valoir en réalité de propositions suggérées par l'exécutif demeure.

Bibliographie

BRUNET (P.), « La représentation », *in* Troper (M.), Chagnollaud (D.), *Traité international de droit constitutionnel*, t. I, Dalloz, 2012

CARRÉ DE MALBERG (R.), *La loi, expression de la volonté générale*, Paris, Sirey, 1931 (réimp. Economica, 1984) ; *Contribution à la théorie générale de l'État*, Paris, Sirey, 1920 et 1922 (réimp., préf. Maulin (É.), Dalloz, 2004)

GARRONE (P.), « L'organisation et le financement des campagnes », *in* Troper (M.), Chagnollaud (D.), *Traité international de droit constitutionnel*, t. II, Dalloz, 2012

GRIMM (D.), « La souveraineté », *in* Troper (M.), Chagnollaud (D.), *Traité international de droit constitutionnel*, t. I, Dalloz, 2012

HAMON (F.), « Le statut des partis politiques », *in* Troper (M.), Chagnollaud (D.), *Traité international de droit constitutionnel*, t. II, Dalloz, 2012

MAULIN (É.), *La théorie de l'État de Carré de Malberg*, PUF, 2003

REMY-GRANGER (D.), « Le pouvoir de suffrage », *in* Troper (M.), Chagnollaud (D.), *Traité international de droit constitutionnel*, t. II, Dalloz, 2012

ROUSSEAU (J.-J.), *Du contrat social*, 1762 (réimp. Le Seuil, 1977)

SIEYÈS (E.), *Qu'est-ce que le Tiers-État ?*, 1789 (réimp. PUF, 1989)

CHAPITRE 2

Les techniques de participation : élections et votations

265 Le suffrage appartient aujourd'hui à tous les citoyens. Il est universel, égal, secret et sincère (SECTION 1). Pour opérer la désignation des gouvernants, plusieurs modes de scrutin existent : scrutin majoritaire, représentation proportionnelle, scrutins mixtes (SECTION 2). Ils ne sont pas sans conséquence sur la représentation des citoyens et l'exercice du pouvoir. Pour autant, ces techniques électorales modernes, qu'on étudiera plus loin, sont marquées pour partie par l'influence de l'Église et des ordres religieux. Il en va ainsi du scrutin secret en usage dans le monde ecclésiastique dès avant 1215, de la notion de majorité qualifiée des 2/3 adoptée par l'Église dès 1179, de l'usage des promesses électorales installées dans les mœurs monastiques dès les VIIIe et IXe siècles.

La participation des citoyens s'exerce aussi directement par des procédés de démocratie directe (votations) parmi lesquels le référendum est le plus répandu (SECTION 3). C'est la combinaison de ces procédés avec la démocratie représentative (la désignation des gouvernants) qu'exprime la notion de démocratie semi-directe. (v. « Participation », *Traité international de droit constitutionnel*, t. II, Titre IV).

SECTION 1
Le droit de suffrage

266 La participation des citoyens au pouvoir est garantie par le suffrage devenu aujourd'hui universel. L'exercice du droit de vote demeure lié à certaines conditions d'âge, souvent de nationalité et de moralité (§ 1). Le suffrage est aussi devenu égal, chaque voix pesant en principe le même poids (§ 2). Mais si le suffrage inégalitaire proprement dit a disparu (vote plural, vote multiple), des inégalités de fait demeurent entre les citoyens du fait des distorsions territoriales et d'inégalité de moyens financiers entre les candidats. Le vote est en principe libre et secret (§ 3). Son exercice est personnel : il ne peut, sauf exception, se déléguer. Sa sincérité est cependant contrôlée, le meilleur garant en la matière étant le juge.

§ 1. L'exercice du droit de vote demeure lié à certaines conditions

267 **L'âge.** L'âge de la majorité électorale a progressivement été abaissé. En France, il est passé de 30 ans en 1815 à 25 ans en 1830 et à 21 ans en 1848 (la Révolution française l'avait fixé à 25 ans en 1791, à 21 ans en 1793). Il n'a été abaissé à 18 ans que depuis 1974. Dans la plupart des démocraties occidentales l'âge de 18 ans est généralement adopté (depuis 1969 en Grande-Bretagne, 1970 en Allemagne, 1975 en Italie, 1971 aux États-Unis).

268 **La nationalité.**

> « Tout homme né et domicilié en France, âgé de vingt et un ans accomplis ; - Tout étranger âgé de vingt et un ans accomplis, qui, domicilié en France depuis une année - Y vit de son travail - Ou acquiert une propriété - Ou épouse une Française - Ou adopte un enfant - Ou nourrit un vieillard ; - Tout étranger enfin, qui sera jugé par le Corps législatif avoir bien mérité de l'humanité - Est admis à l'exercice des Droits de citoyen français. »
>
> Constitution de 1793, art. 4.

La citoyenneté est en principe liée à la nationalité. En France, seule la Constitution de 1793 – jamais appliquée – accordait le droit de vote aux étrangers. Le lien traditionnel entre nationalité et citoyenneté a ainsi longtemps été un obstacle constitutionnel au vote des étrangers. Pourtant, la ratification par la France en 1992 du traité de Maastricht entraîne désormais le droit de vote aux élections européennes et municipales des citoyens d'un État membre d'un pays de l'Union européenne, résidant sur le sol national. Notons que le droit de vote des étrangers est déjà autorisé aux élections municipales depuis 1963 en Irlande, 1978 en Suède, 1981 au Danemark, 1982 en Norvège, 1985 aux Pays-Bas.

Cependant dans les pays scandinaves, contrairement à la France, la nationalité est très difficile à obtenir. Quant au Portugal et à l'Espagne, récemment concernés, ce droit ne vaut qu'en vertu d'un accord de réciprocité pour leurs ressortissants dans les pays qui sont souvent d'anciennes colonies.

269 **Les incapacités électorales.** Les causes actuelles de privation ou de perte du droit de suffrage tiennent à l'incapacité mentale (les aliénés) et à l'incapacité pour cause d'indignité.

• **La notion d'« incapacité mentale ».** Elle renvoie à l'idée simple que le droit de vote ne peut être accordé qu'aux individus sains d'esprit. En fait, cette interdiction vise uniquement en France certains majeurs sous tutelle – en raison de leur santé mentale, appréciée par le juge (plusieurs dizaines de milliers de personnes au total). La maladie mentale n'est pas un obstacle de principe à l'exercice du droit de vote et la loi du 27 juin 1990 dispose que les personnes internées pour troubles mentaux conservent, à leur sortie, la plénitude de leurs droits civiques.

• **L'indignité.** Elle peut présenter d'abord un caractère politique : l'indignité nationale en France fut une sanction frappant à la Libération les personnes ayant collaboré avec l'ennemi. Elles ont été sanctionnées d'une incapacité perpétuelle ou temporaire d'exercer leur droit de vote.

Cette forme d'incapacité a longtemps concerné les individus condamnés à une peine élevée pour un crime ou un délit grave. Depuis l'entrée en vigueur du nouveau Code pénal en 1994, cette privation n'est plus automatique. Par ailleurs, les faillis personnels – à l'exception des commerçants coupables du délit pénal de banqueroute –, ne peuvent plus être privés de leur droit de vote.

§ 2. L'égalisation continue du suffrage

270 Un homme égale une voix : la démocratie suppose non seulement que le suffrage soit universel mais aussi *égal*. Chaque citoyen n'a qu'une voix et elle a en principe la même valeur sur l'ensemble du territoire national. Deux formes, instituées par la loi, de suffrage inégalitaire ont longtemps perduré : le vote plural et le vote multiple. D'autres inégalités de fait tendent à être aujourd'hui corrigées (ARLETTAZ (J.) et al. 2022).

A. La fin des inégalités juridiques

271 **Le vote plural : l'exemple du vote familial.** Le vote plural consiste à accorder plusieurs voix à l'électeur remplissant certaines conditions. Le vote familial est une forme du vote plural qui repose sur l'idée d'attribuer un suffrage supplémentaire au chef de famille.

L'idée du vote familial est de réaliser le suffrage universel intégral en comprenant femme et enfants dans le corps électoral, par l'intermédiaire du chef de famille. Enfin, il peut s'agir aussi de représenter le groupe familial en tant que tel et non plus les individus le composant. Cette idée n'est pas strictement contraire à l'idée d'universalité du suffrage mais heurte le principe : un homme, une voix.

En France, avant la Première Guerre mondiale et surtout après celle-ci, le vote familial fut une idée en vogue censée aider à la repopulation. En 1923, en France, la chambre adopte une proposition dans ce sens. En Belgique, de 1893 à 1921, une voix supplémentaire est accordée à tout chef de famille avec des enfants et payant une contribution personnelle.

272 **Le vote multiple.** Chaque électeur dispose d'une voix et chacune a la même valeur. Mais, s'il remplit les conditions pour être inscrit dans plusieurs circonscriptions, il peut voter lors d'une élection dans chacune d'entre elles...

C'est le système anglais fondé sur les « franchises électorales » totalement abandonné en 1951 : un citoyen pouvait voter au bureau électoral de son domicile, à celui du siège de son commerce et à celui de l'université dont il était diplômé, ce, sous réserve de pouvoir se déplacer… (les élections générales n'avaient pas lieu le même jour).

B. L'atténuation des inégalités territoriales

273 **Les distorsions limitent l'égalité du suffrage.** Si dans les démocraties occidentales, le suffrage inégalitaire proprement dit a disparu, l'égalité de suffrage est loin d'être une réalité. Ce fait tient d'abord aux distorsions territoriales entre les circonscriptions appelées à élire les représentants du peuple. Certaines sont cependant légitimées par la structure de l'État et la volonté de représenter en soi certains territoires (ainsi les États américains). D'autres distorsions peuvent résulter au contraire de la non-intervention du législateur laissant s'accentuer des déséquilibres géographiques et démographiques entre les circonscriptions ou bien de l'intervention du pouvoir politique pour déformer la représentation.

• **Les distorsions légitimes : suffrage indirect et structure de l'État**. Celles-ci tiennent d'abord au suffrage indirect par lequel les électeurs ne désignent pas de manière immédiate leurs élus : ils élisent des délégués qui à leur tour choisiront leurs représentants. Ce procédé est particulièrement utilisé en matière de représentation des entités fédérées dans l'État fédéral.

Aux États-Unis, on l'a noté, ce sont les États qui sont représentés au Sénat de manière relativement indépendante de leur population, avec, en conséquence, des distorsions importantes. Dans des États unitaires décentralisés, la seconde chambre peut aussi assurer la représentation des collectivités de base (le Sénat en France).

• **Les distorsions abusives : l'inertie du législateur**. Le vieillissement des découpages électoraux aboutit en règle générale à une surreprésentation des zones rurales dépeuplées aux dépens des zones urbaines en expansion démographique. Généralement, avec bien des nuances, les premières sont plutôt conservatrices ; les secondes plus « progressistes ».

Cette inertie n'est aussi pas toujours innocente. En Angleterre, on a cité les inégalités caricaturales liées au maintien jusqu'au début du XIXe siècle des « bourgs pourris » découpés au XVIe siècle : Old Sarum compte sept électeurs et deux députés, Dunwich, presque englouti par la mer, un électeur et un député, Londres doit se contenter de quatre députés et les nouvelles villes industrielles comme Manchester, Birmingham, d'aucun... En 1830, sur 658 députés à la Chambre des communes, 197 sont élus par des bourgs comptant moins de 100 électeurs et contrôlés par les grands propriétaires terriens, membres de la Chambre des Lords. En 1832 sont supprimés un certain nombre de « bourgs pourris » et en 1867 les sièges sont redistribués au profit des villes.

Aux États-Unis jusqu'en 1964, ces distorsions aboutissaient par exemple dans l'État du Vermont à ce que l'élu de la Chambre des représentants de Burlington représente près de mille fois plus d'électeurs (35 531) que celui de Straton (38 habitants !). Dans l'empire allemand, à la veille de la Première Guerre mondiale, un député de la Prusse-Orientale, dominée par les « hobereaux » représente environ 24 000 électeurs soit cinq fois moins qu'un député de Berlin...

• **Les distorsions volontaires : le « charcutage électoral » ou « gerrymandering »**. Cette notion n'est assurément pas un concept de droit constitutionnel mais une expression populaire désignant clairement une manipulation volontaire visant à « découper » à son avantage une circonscription.

L'expert toutes catégories de ce jeu subtil fut Elbridge Gerry, gouverneur du Massachusetts. En 1812 ses amis politiques emportent 29 sièges avec 50 164 voix contre 11 sièges à leurs adversaires avec 51 776 suffrages... Les circonscriptions découpées en forme de salamandre valurent à ce procédé le nom de « *gerrymandering* » (contraction du nom et du mot). « Importée » en Irlande du Nord pour favoriser les protestants contre les catholiques, cette technique connaît de multiples variantes dont le but est identique et le principe simple : favoriser ses amis et faire battre ses adversaires en méconnaissant les règles de continuité et d'égalité géographique. Nombreux sont les gouvernements qui se sont livrés à ce jeu subtil, notamment en France...

274 **Le contrôle des découpages électoraux en Europe et aux États-Unis.** En Grande-Bretagne depuis 1949 (*Redistribution of Seats*

Act), les circonscriptions sont redécoupées tous les deux ans sur la base de commissions indépendantes (en France sous le contrôle d'une commission indépendante depuis 2008). Mais le gouvernement n'est pas strictement tenu de suivre leur avis. La jurisprudence de certaines cours constitutionnelles a proscrit ou limité ces inégalités territoriales. Aux États-Unis, après avoir longtemps préféré s'abstenir, la Cour suprême en 1962 et dans trois décisions postérieures en 1963 et en 1964 a décidé que dans les élections d'État comme dans les élections fédérales, la Constitution impose en vertu de la clause d'égale protection des lois, une participation égale de tous et donc une égalité entre le nombre d'électeurs de chaque circonscription pour l'élection des représentants. Très stricte pour les élections fédérales, la Cour est plus souple s'agissant des élections d'État, en vertu notamment de particularismes locaux.

En Allemagne, la Cour constitutionnelle pose fermement le principe de l'égalité du suffrage mais admet au cas par cas des exceptions tenant à la nécessité de préserver des découpages cohérents et équilibrés, hérités de l'histoire (sur le **contrôle des découpages électoraux en France**, v. t. 2, titre 4, art. 25).

C. La limitation des discriminations financières

Ces discriminations tiennent principalement au problème du financement des campagnes électorales et des partis politiques.

275 **Le plafonnement des dépenses électorales.** Sur le plan électoral, plusieurs tentatives ont été opérées pour plafonner les dépenses électorales des partis politiques. C'est en Grande-Bretagne qu'est apparue la première législation en la matière ; des lois postérieures ont réglementé ce plafonnement en fonction de l'élection et de la dimension des circonscriptions. En Espagne, une loi de 1985 plafonne de même les dépenses aux élections législatives (compte tenu du nombre d'habitants dans la circonscription). En France, la loi de 1995 après celles de 1988 et 1990 plafonne les dépenses autorisées et fixe des seuils (revalorisés tous les trois ans), tandis que la publicité commerciale à caractère politique est interdite durant les trois mois précédant toutes les élections et durant

celles-ci. Dans le même esprit, pour les élections locales, toute campagne de promotion d'une collectivité est interdite six mois avant l'élection et pendant celle-ci.

Aux États-Unis, la Cour suprême a déclaré inconstitutionnelles en 1976 certaines dispositions du *Federal Election Campaign Act* de 1971 visant à limiter les dépenses personnelles des candidats – pour les élections fédérales – ou le plafonnement des « donations indépendantes » visant à promouvoir un candidat à son insu. De même, elle a invalidé en 1985 les limitations légales imposées par une loi de 1980 aux comités d'action politiques (*political action committees* ou PAC) pour le financement des campagnes présidentielles : par le biais des PAC, les candidats peuvent collecter les fonds de personnes morales ou de leurs salariés. Le plafonnement était de toute façon formel : si les contributions aux PAC sont limitées, le nombre de PAC ne l'est pas. Cependant, les candidats aux présidentielles ayant accepté un financement public connaissent un plafonnement de leurs dépenses personnelles.

276 **La réglementation des ressources privées.** Les partis politiques peuvent faire appel à des dons privés émanant de personnes physiques ou morales. Le financement privé des partis est généralement plafonné.

En Allemagne, les dons des personnes physiques ou morales sont plafonnés. L'Espagne de même interdit les dons des personnes physiques supérieurs à un plafond ou celles des entreprises exerçant une mission de service public (voire les dons anonymes supérieurs à 5 % du montant de la subvention allouée au parti politique considéré). En France, les dons des entreprises – légalisés en 1990 – ont été interdits en 1995. Parmi les personnes morales, seuls les partis et groupements politiques peuvent participer au financement d'un parti ou de la campagne électorale d'un candidat. Les contributions des particuliers sont limitées. En Italie, celles des sociétés privées sont seules autorisées.

277 **Le financement public des campagnes électorales et des partis politiques.**

• **Le financement public des campagnes électorales.** Aux États-Unis, une aide publique pour les présidentielles est versée aux candidats issus d'un parti et investis par lui qui l'acceptent et ayant rassemblé au moins 25 % des suffrages lors de la dernière élection. En France, depuis longtemps, la loi prévoit le remboursement forfaitaire des dépenses électorales (soit 50 % du plafond des dépenses depuis 1995). En Espagne, une loi de 1985 organise un financement public pour les dépenses électorales des partis.

• **Le financement public des partis.** L'activité permanente des partis politiques peut faire l'objet d'un financement public. En France, l'aide permanente aux partis, remaniée notamment en 1995, comprend deux critères (résultats aux élections législatives, nombre de parlementaires). En Espagne, une loi de 1987 organise une aide publique (en fonction du nombre de sièges et de voix obtenus par ces partis lors des précédentes élections législatives). En Grande-Bretagne, depuis 1975, les partis d'opposition représentés à la Chambre des communes reçoivent une faible subvention pour les dépenses parlementaires du parti. En Italie, un financement public est institué pour les partis depuis 1978 en fonction de leurs résultats aux élections législatives. En Allemagne, de même, depuis 1994 le financement public est fonction du nombre de voix obtenues aux élections législatives. En outre, les partis représentés au Parlement bénéficient de subventions de fonctionnement.

278 **Les effets paradoxaux du financement public.** Mal aimés en Europe par les citoyens et en manque de cotisations et de militants, les partis renforcent leurs liens avec l'État – et leur organisation – sous l'effet du financement public. Depuis les années soixante, leurs ressources ont crû sensiblement (multipliées par trois en Allemagne, près de trois en Autriche, etc.). Seuls les partis américains, britanniques et néerlandais ont des ressources privées supérieures à celles provenant de l'État. Ce caractère « entrepreneurial » des partis ne doit pas faire oublier la tendance inverse : la consultation plus fréquente des adhérents. Il reste que les partis contemporains tendent à devenir le prolongement organique de l'État démocratique, allié de son gouvernement lorsqu'il est au pouvoir, se préparant à l'exercer quand il est dans l'opposition.

§ 3. Liberté et secret du vote

279 Le vote, rarement obligatoire, est en principe secret afin de protéger l'électeur contre les pressions extérieures. Le suffrage doit être aussi sincère et préservé de la fraude.

A. Le vote est rarement obligatoire

280 **Le débat théorique.** L'idée du vote obligatoire se rattache à l'origine à la théorie de la souveraineté nationale qui implique l'« électorat fonction ». La démocratie contemporaine considère cependant qu'il s'agit de l'exercice d'un droit que le citoyen est libre de ne pas exercer. Ainsi, dans les démocraties occidentales,

le vote est en principe libre : l'électeur peut voter pour qui bon lui semble, introduire dans l'urne un bulletin blanc ou nul qui sont habituellement comptabilisés ensemble – toutefois en France, depuis le 1er avril 2014, en application de l'art. L. 65 du Code électoral, « les bulletins blancs sont décomptés séparément et annexés au procès-verbal » bien qu'ils « n'entrent pas en compte pour la détermination des suffrages exprimés ». Avant même l'élection, l'électeur est aussi libre en général de s'inscrire ou non sur les listes électorales, cette inscription étant nécessaire pour voter. On a prévu cependant en France d'inscrire automatiquement les jeunes à 18 ans.

La notion morale du « devoir civique » corrige cette vision strictement individualiste. La question du vote obligatoire reste en fait moins un problème théorique qu'une suggestion pratique pour lutter contre l'abstentionnisme : il peut atteindre en moyenne plus de 50 % des électeurs inscrits aux États-Unis ou en Suisse. Il renvoie à deux phénomènes distincts. Le premier est lié à la mauvaise intégration sociale des individus, le second à l'insatisfaction d'électeurs par rapport à l'offre électorale.

L'exemple belge suivi par d'autres pays. Le vote obligatoire a été adopté en 1893 en Belgique et conduit à une forte augmentation de la participation. De même en Australie, son introduction en 1925 a produit des effets analogues, l'abstention passant de 40,6 % en 1922 à 8,6 % trois ans plus tard. En Europe, le vote obligatoire existe aussi au Luxembourg, au Danemark, en Grèce (mais non assorti de sanction) et dans quelques cantons suisses, tous ces pays ayant adopté la proportionnelle. Plusieurs États l'ont néanmoins abandonné, de l'Espagne à l'Italie, des Pays-Bas à la Hongrie.

Les sanctions. En Belgique, sans raison valable transmise au juge de paix, le manquement à l'obligation de voter est sanctionné par une amende de 25 à 50 € (125 € en cas de récidive). Si le citoyen s'abstient quatre fois dans une période de 15 ans, il est déchu de ses droits civiques pendant 10 ans et ne peut recevoir aucune nomination, promotion ou distinction de la part d'une autorité publique. En Australie, le non-paiement de l'amende est susceptible d'une peine de prison, rarement appliquée à ces « objecteurs de conscience » d'un autre genre. Au préalable, le citoyen non-votant reçoit une lettre de l'administration dans laquelle il lui est demandé d'expliquer la raison de son absence. Si la raison invoquée n'est pas considérée comme légitime, l'amende est exigée. En Italie, durant la période où ce pays appliquait le vote obligatoire, les noms des récalcitrants étaient affichés sur des panneaux devant la Mairie.

Le vote obligatoire suscite toutefois certaines oppositions : en Australie, un parti du droit de s'abstenir s'est créé et quelques formations politiques belges proposent sa suppression.

Si les sanctions – même d'ordre symbolique – ont un effet dissuasif sur l'abstention, elles n'en éradiquent pas les causes. Son degré élevé peut aussi signifier la distance entre les citoyens et le système politique (sur le débat sur le vote blanc en France, v. t. 2, titre 1).

B. Le vote est toujours secret

281 **Le principe démocratique.**

> « Lorsque le peuple donne ses suffrages, ils doivent être publics et ceci doit être regardé comme une Loi fondamentale de la démocratie. Il faut que le petit peuple soit éclairé [...] par la gravité de certains personnages. »
>
> Montesquieu, *De l'esprit des lois*.

En clair, le peuple doit pouvoir être influencé dans son choix par les notables. Cette conception est en fait celle du régime représentatif dans lequel les électeurs délèguent leur volonté à ceux qui savent... Symétrique en quelque sorte, est la conception hyper-démocratique du vote, aux relents totalitaires, qui, en admettant le suffrage universel, distingue ceux qui votent « bien » de ceux qui votent « mal ». Aussi Robespierre voyait dans le vote public un moyen de développer le courage et l'esprit civique – sans parler de la surveillance des « mauvais » électeurs (« la publicité est la sauvegarde du peuple »).

Au contraire, le secret du vote est inhérent à la démocratie authentique : il assure l'indépendance de l'électeur contre les pressions, limite les liens de dépendance entre celui-ci et l'élu et donc les tentatives de corruption.

La corruption électorale peut être illustrée par la pratique du vote public en Grande-Bretagne jusqu'en 1872. L'élu est désigné par acclamation après que chaque candidat a fait sa profession de foi devant les électeurs. Il est aussi possible de passer au scrutin public : chaque électeur monte sur l'estrade aménagée puis annonce son vote. Le scrutin durant plusieurs semaines, le « prix » des voix monte à l'approche de la clôture du scrutin...

Le secret du vote consacre dans les démocraties occidentales une conception individualiste du vote : chaque électeur est formellement libéré, dans le secret de l'isoloir, de toute allégeance sociale tandis que la politique pour les citoyens devient en somme une affaire privée. Notons cependant qu'aux États-Unis lors des « primaires fermées », les électeurs doivent déclarer qu'ils sont démocrates ou républicains.

282 **La garantie du secret.** Le secret du vote garantit la liberté de l'électeur.

• **Le bulletin et son enveloppe**. À l'origine manuscrit, le bulletin de vote devint par la suite imprimé (le bulletin officiel) afin de décourager les fraudes. Le bulletin ne va pas sans enveloppe opaque dans laquelle il est glissé avant d'être placé dans l'urne (à l'objection de l'Abbé Lemire, au début du XXe siècle, s'inquiétant du fait que le bulletin pourrait sortir de l'enveloppe en tombant dans l'urne, on lui rétorqua que « ce serait un miracle... »).

Le bulletin imprimé a fait son apparition dans l'État australien de Victoria en 1856. Cette pratique se développera dans plusieurs États américains à la fin du XIXe siècle. En France, le principe du vote secret date de la Révolution française même si la Constitution de 1793 – non appliquée – autorisait aux citoyens le choix. Il existe cependant des exceptions notables comme le plébiscite du 2 décembre 1852 où deux registres furent ouverts, l'un pour l'acceptation, l'autre contre.

Le principe du secret a mis longtemps à être adopté ailleurs et les sociétés rurales comme le Danemark (1901), la Prusse (1918) ou la Hongrie (1930) ont été les dernières à y adhérer. Notons que le secret du vote suppose que les électeurs sachent au moins lire.

• **L'isoloir**. Il reste que le secret n'est totalement assuré qu'avec l'isoloir. Celui-ci est adopté avec le vote secret en 1872 en Grande-Bretagne (*Ballot Act*), en 1913 en France, un an après l'Italie.

C. Le suffrage doit être sincère

283 La fraude électorale consiste en une manœuvre dans le but d'altérer la liberté et la sincérité du vote. Cependant, il faut que cette irrégularité ait été déterminante sur l'issue du scrutin pour vicier le résultat.

284 **Les manipulations.** L'esprit inventif en matière de fraude électorale ne s'est jamais démenti : bourrage d'urnes, procès-verbaux truqués, fraudes à l'inscription, détournement de cartes d'électeurs, documents falsifiés, etc. Il convient de distinguer ces manipulations proprement dites des pressions exercées sur les électeurs (propagande, intimidation, corruption), plus rares dans les démocraties modernes.

285 **Le contentieux des élections.** Deux systèmes de contentieux sont généralement adoptés dans les démocraties : le contentieux juridictionnel et le contentieux politique.

• **Le contentieux politique**. Le contentieux politique consiste à confier le contrôle de l'élection à l'assemblée issue du scrutin qui vérifie aussi les pouvoirs de ses membres (ainsi des états généraux en 1789). L'établissement du régime parlementaire a conforté ce type de contrôle en ôtant à l'exécutif le pouvoir de réformer les résultats. Aussi, en Grande-Bretagne, le contentieux de l'élection des députés passe des mains du roi et des Lords à celles de la Chambre des communes du XVIe au milieu du XIXe siècle. Cette solution, si elle conforte le Parlement (Belgique, Italie, Pays-Bas, etc.), présente parfois le risque d'abus, l'assemblée étant juge et partie. En France, par exemple, le contentieux électoral a donné lieu durant la IIIe et la IVe Républiques à des invalidations douteuses consistant à écarter les adversaires politiques de la majorité du moment (en 1889 pour les députés boulangistes ou en 1956 pour les députés poujadistes).

• **Le contentieux juridictionnel**. Il consiste au contraire à confier à une juridiction indépendante le soin de trancher des contestations. Cette formule est conforme à la « séparation des pouvoirs » et évite concrètement une politisation du contentieux. Aussi en France depuis 1958, c'est le Conseil constitutionnel qui en a la charge sauf pour les élections locales et européennes, relevant du Conseil d'État. En Grande-Bretagne, ce sont les tribunaux ordinaires qui sont compétents en la matière.

SECTION 2

Les modes de scrutin

286 Pour assurer la désignation des représentants du peuple, il faut un procédé qui permette la transformation des voix exprimées lors du vote, en sièges ; c'est le mode de scrutin. Cette traduction n'est jamais neutre et le choix de la technique influence la représentation des électeurs et, plus largement, les relations entre les acteurs politiques, d'où l'existence d'un contrôle minimum de constitutionnalité de certaines lois électorales (BONNET (J.), ARLETAZ (J.), 2022).

Dès qu'on s'attache ainsi à étudier les modes de scrutin de près, on se rend compte qu'il s'agit souvent de techniques complexes (§ 1) aux effets abusivement simplifiés (§ 2). Ainsi l'opposition classique scrutin majoritaire-représentation proportionnelle ne rend compte que partiellement des effets des modes de scrutin sur le système politique.

§ 1. Des techniques souvent complexes

287 Outre la distinction du type de scrutin (uninominal ou de liste), on distingue trois modes de scrutin principaux : le scrutin majoritaire – dans lequel celui qui obtient la majorité des voix est élu –, la représentation proportionnelle – dans laquelle les sièges sont attribués au prorata des voix de chaque liste –, les scrutins « mixtes » – combinant les deux précédents, chacun connaissant des variantes.

Les modes de scrutin actuellement en vigueur en Europe pour les élections législatives

Pays	Mode de scrutin
Allemagne	Mixte à dominante RP (seuil 5 %)
Autriche	RP
Belgique	RP
Danemark	RP
Espagne	RP (seuil 3 %)
Finlande	RP
France	MU2
Grande-Bretagne	MU1
Grèce	RP (seuil 3 %)
Italie	Mixte à dominante RP
Islande	RP
Liechtenstein	RP (seuil 8 %)
Luxembourg	RP
Norvège	RP
Pays-Bas	RP
Portugal	RP
Suède	RP (seuil 4 %)
Suisse	RP
RP : représentation proportionnelle. MU1 : majoritaire uninominal à un tour. MU2 : majoritaire uninominal à 2 tours.	

A. Scrutin uninominal ou de liste ?

288 Dans le premier cas, un seul siège est à pourvoir dans une circonscription.

Dans le second, plusieurs sièges sont à pourvoir, dans le cadre d'une circonscription plus grande. Si le scrutin majoritaire peut être uninominal ou de liste, la représentation proportionnelle est toujours un scrutin de liste. Enfin, les listes peuvent être bloquées, l'électeur ne pouvant que voter pour la liste entière, sans modifier sa composition. Au contraire, avec le panachage, l'électeur compose sa propre liste à partir des candidats figurant sur plusieurs listes. Il est utilisé pour les élections municipales en France dans les communes de moins de 1 000 habitants (3 500 avant la réforme du 17 mai 2013). Enfin, le vote préférentiel permet seulement à l'électeur de modifier l'ordre des candidats figurant sur une liste. Il peut ainsi librement placer en tête de liste les candidats ayant sa préférence (et vice versa). Ce système compliqué est peu utilisé mais a inspiré le projet de référendum en 2011 sur l'*alternative vote* en Grande-Bretagne, sans succès.

Si le scrutin de liste assure aux partis la maîtrise totale de la sélection des candidats, le scrutin uninominal n'atténue pas sensiblement leur influence : les candidats fortement implantés mais privés de l'investiture de leur parti sont la plupart du temps battus par le candidat « officiel » investi par leur formation. Les électeurs votent ainsi d'abord pour des alternatives politiques représentées par des partis même s'ils tiennent compte de la qualité du candidat.

B. Le scrutin majoritaire est d'une application simple

289 **Le scrutin majoritaire uninominal (SMU).** Le suffrage est uninominal si chaque circonscription n'élit qu'un candidat. Le suffrage est plurinominal si chaque circonscription élit plusieurs candidats, ceux-ci pouvant être regroupés le cas échéant en une liste. La principale distinction dans les scrutins majoritaires concerne le nombre de tours. On étudiera aussi le scrutin majoritaire uninominal ou de liste à un tour et à deux tours.

• **Le scrutin majoritaire uninominal à un tour**. Dans ce système, le candidat qui a obtenu le plus de voix est élu.

Exemple

Suffrages exprimés : 50 000

Ont obtenu :

Candidat W : 20 000 voix

Candidat X : 17 000 voix

Candidat Y : 10 000 voix

Candidat Z : 3 000 voix

Le candidat W est élu même s'il représente une minorité de voix.

Ce système est utilisé en Grande-Bretagne, au Canada, et dans la plupart des États américains du Nord et est dénommé le « First-Past-The-Post » (FPTP) : « le premier qui passe la ligne d'arrivée a gagné », expression provenant des courses hippiques.

• **Le scrutin majoritaire uninominal à deux tours**. Dans ce système, au premier tour n'est élu le candidat arrivé en tête que s'il a obtenu la majorité *absolue* des suffrages exprimés.

Exemple

Suffrages exprimés : 90 000

Ont obtenu :

Candidat W : 45 001 voix

Candidat X : 20 000 voix

Candidat Y : 17 000 voix

Candidat Z : 7 999 voix

Le candidat W est élu dès le premier tour.

Si aucun candidat n'a obtenu la majorité absolue des suffrages exprimés, on procède à un second tour, auquel ne sont admis en principe que certains candidats : le candidat élu est alors celui qui a obtenu seulement la majorité relative.

C'est le système utilisé en France pour les élections législatives.

• **L'« *alternative vote* »**. Variante du scrutin à vote unique transférable et pensé comme un correctif à la brutalité du scrutin uninominal à un tour en Grande-Bretagne, le « vote alternatif » a fait l'objet d'un référendum en mai 2011 qui fut un échec. Chaque électeur classe les candidats en lice dans sa circonscription selon un ordre de préférence. Si aucun candidat n'obtient la majorité absolue, les voix qui se sont portées sur le candidat arrivé en dernière position sont redistribuées en fonction des deuxièmes choix de ses électeurs. Cette procédure est renouvelée jusqu'à ce qu'un candidat atteigne la majorité absolue. Limpide…

290 **Le scrutin majoritaire de liste.** Ce mode de scrutin est analogue au scrutin majoritaire uninominal. Le problème posé peut être celui du panachage éventuel autorisé.

C. La représentation proportionnelle connaît plusieurs variantes

291 La représentation proportionnelle (RP) consiste à répartir les sièges proportionnellement aux voix obtenues. Elle suppose le scrutin de liste qui permet d'attribuer les sièges à la majorité comme à la minorité (on n'évoquera ici que la RP avec listes bloquées).

Dans tous les cas, doit être calculé au préalable le *quotient électoral*. Celui-ci consiste à diviser dans chaque circonscription, le nombre total des suffrages exprimés par le nombre de députés à élire : autant de fois qu'on retrouve ce quotient dans le chiffre des suffrages obtenu par la liste, autant de fois celle-ci a-t-elle d'élus.

Le calcul tombant rarement juste, il existe des voix restantes (les « *restes* ») et des sièges non pourvus. La répartition des voix restantes permet de pourvoir le ou les derniers sièges non encore distribués.

292 **La représentation proportionnelle intégrale.** Le cadre de l'élection est une circonscription unique, le territoire national.

Le quotient électoral est déterminé en divisant le nombre de suffrages exprimés sur tout le territoire par le total des sièges à pourvoir nationalement.

Exemple

Suffrages exprimés : 20 000 000

Nombre de sièges à pourvoir : 400

Quotient électoral : 50 000

Autant de fois les listes auront le quotient, c'est-à-dire 50 000 voix, autant de fois leur sera attribué un siège. Les restes sont attribués sur le plan national.

Ce système est utilisé pour les élections au Parlement européen en France (quoique les circonscriptions aient pu être « interrégionales » entre 2003 et 2018), au Danemark et aux Pays-Bas. Mais les listes admises au partage doivent franchir un certain seuil de suffrages exprimés pour obtenir des sièges (5 % en France). Le système est aussi appliqué en Israël (le seuil est de 1,5 %).

L'autre variante, tout en assurant la répartition des restes au plan national, est de maintenir comme cadre plusieurs circonscriptions. Dans chacune, le quotient fixé à l'avance, est identique. Les restes de chaque liste dans chaque circonscription sont additionnés au plan national et font l'objet d'une seconde répartition des sièges. Les élus sont donc issus pour leur immense majorité de chacune des circonscriptions et pour une petite minorité – représentative des restes – désignés par les partis.

293 **La représentation proportionnelle approchée.** La répartition des restes s'effectue uniquement à l'intérieur de la circonscription (le département par exemple). Deux méthodes sont utilisées.

• **La RP avec attribution de sièges au plus fort reste (PFR).** Après avoir calculé le quotient, on divise le chiffre de voix obtenues par le quotient afin d'obtenir une première répartition des sièges.

Exemple

Suffrages exprimés : 150 000

Nombre de sièges à pourvoir : 5

Quotient électoral : 30 000

Répartition des sièges

Liste W = 65 000/30 000 = 2 sièges

Liste X = 39 000/30 000 = 1 siège

Liste Y = 28 000/30 000 = 0 siège

Liste Z = 18 000/30 000 = 0 siège

Trois sièges sont donc attribués. Il en reste deux à pourvoir : pour les attribuer on calcule les « restes », c'est-à-dire les voix non utilisées dans le calcul précédent.

Liste W = 65 000 – (30 000 x 2) = 5 000

Liste X = 39 000 – (30 000 x 1) = 9 000

Liste Y = 28 000

Liste Z = 18 000

La liste Y et Z ont le plus fort reste et se voient donc attribuer les deux sièges restants.

La répartition finale s'opère comme suit :

Liste W = 2 sièges

Liste X = 1 siège

Liste Y = 1 siège

Liste Z = 1 siège

Ce système avantage les petites listes. En Europe, il n'est utilisé qu'au Liechtenstein.

• **La RP avec attribution des sièges à la plus forte moyenne.** Après avoir calculé le quotient, on attribue dans un premier temps les sièges comme précédemment. Mais pour les deux sièges restants, le calcul est différent : on ajoute fictivement à chacune des listes un siège à celui ou ceux déjà obtenus grâce au quotient (si elles n'en ont pas encore obtenu, on ajoute quand même un siège soit 0 + 1 = 1). Puis, on divise le nombre de voix de la liste par le nombre de sièges obtenus : la liste qui obtient la plus forte moyenne obtient le siège restant. On renouvelle l'opération jusqu'à épuisement de la distribution des sièges restants. Reprenons l'exemple précédent :

Liste W = 65 000/ 2 + 1 = 21 666

Liste X = 39 000/ 1 + 1 = 19 500

Liste Y = 28 000/ 0 + 1 = 28 000

Liste Z = 18 000/ 0 + 1 = 18 000

La liste qui obtient la plus forte moyenne est la liste Y. Elle obtient un des deux sièges restants. Il reste donc un siège à pourvoir et on recommence l'opération pour le distribuer :

Liste W = 65 000/ 2 + 1 = 21 666

Liste X = 39 000/ 1 + 1 = 19 500

Liste Y = 28 000/ 1 + 1 = 14 000

Liste Z = 18 000/ 0 + 1 = 18 000

Le deuxième siège est attribué à la liste W.

La répartition finale s'opère comme suit :

Liste W = 3 sièges

Liste X = 1 siège

Liste Y = 1 siège

Liste Z = 0 siège

On note que les grands partis sont plutôt favorisés puisqu'avec seulement 5 000 voix de reste, la liste W a obtenu un siège supplémentaire tandis que la liste Z avec 18 000 voix de reste n'en obtient aucun.

Cette méthode a été utilisée en Belgique jusqu'en 1919, en France en 1945-1946 et en 1986 dans le cadre du département, et fonctionne aujourd'hui en Espagne, au Portugal, aux Pays-Bas, en Finlande, en Islande, ainsi que dans certaines nouvelles démocraties de l'Est (Bulgarie, Roumanie).

D. Les systèmes dits « mixtes » le sont rarement...

294 Les systèmes « mixtes » consistent à combiner la RP et le scrutin majoritaire dans des proportions rarement égales. On étudiera trois illustrations typiques : le système allemand dit du « double vote », le système français des apparentements et les systèmes italiens successifs.

295 **Le système allemand à dominante proportionnelle.** En Allemagne, l'électeur a deux voix :

- *la première* permet de désigner 328 députés dans autant de circonscriptions, au scrutin uninominal majoritaire à un tour ;
- *la seconde* permet de désigner 328 députés en votant, dans le cadre du *Land*, pour la liste d'un parti, à la proportionnelle.

Le système du double vote en Allemagne (élections législatives de 2017)

Partis	Sièges de circonscription		Sièges proportionnels		Total des sièges	% des sièges
	% des voix	Nombre de sièges	% des voix	Nombre de sièges		
CDU	30,25	185	26,76	15	200	28,2
SPD	24,64	59	20,51	94	153	21,6
Alternative pour l'Allemagne	11,46	3	12,64	91	94	13,2
Die Linke	8,55	5	9,24	64	69	9,7
Alliance 90 / Les Verts	8,01	1	8,94	66	67	9,4
CSU	7,02	46	6,17	-	46	6,4
FDP	7	-	10,75	80	80	11,3
Autres	1,05	-	3,03	-	0	-
Die Partei	0,53	-	0,98	-	0	-
Indépendants	0,22	-	-	-	0	-
NB : le seuil est de 5 %.						

L'attribution finale des sièges est opérée afin que chaque parti dispose au total (sièges de circonscriptions + sièges de *Land*) du nombre de députés qui lui serait revenu d'après la seule représentation proportionnelle. Ainsi, si un parti obtient un nombre de sièges de circonscriptions supérieur à celui auquel il aurait droit en vertu de la représentation proportionnelle (second vote), il conserve ses élus mais le nombre de sièges attribué lors du second vote est diminué d'autant.

Ce système, malgré sa qualification de mixte, assure une forte proportionnalité de la distribution des sièges.

296 **Le système des apparentements en France (1951).** À l'approche des élections de 1951, il ne fait pas de doute que la victoire probable des deux oppositions RPF et PCF rendrait l'Assemblée sans majorité et sans gouvernement. Dès lors, les partis de la troisième force veulent sauver leur alliance et avec eux, pensent-ils, le régime. Aussi est monté le système électoral dit des « *apparentements* ».

Les listes proposées aux électeurs déclarent qu'elles sont « apparentées » (au moins dans trente départements). Cette alliance purement électorale n'induit aucune plate-forme ni programme communs : le procédé a pour but simplement pour les partis de la troisième force de se survivre à eux-mêmes. Il consiste à faire que les listes apparentées, si elles recueillent la majorité absolue des voix dans un département, remportent la totalité des sièges (ce qui revenait à rétablir le système de 1919 et 1924 avec en plus la pluralité des listes). Si ce n'est pas le cas, la proportionnelle entre en jeu. « L'accord des apparentés signifie simplement, écrit Jacques Chapsal, que les partis en question veulent vivre sous le régime de la IVe République, sont d'accord sur les règles du jeu de la IVe République, c'est-à-dire une démocratie parlementaire pluraliste ; après cela, on verra bien comment se fera la majorité sur les options politiques. »

297 **Les systèmes italiens.**

- **À dominante majoritaire (de 1994 à 2005).**

Le système italien adopté en 1994 est proche du système allemand : c'est un scrutin mixte alliant le scrutin uninominal majoritaire à un tour (475 sièges) et la proportionnelle au plus fort reste dans 26 circonscriptions (155 sièges) par compensation. Le nombre de voix total pour chacun des sièges obtenus est déduit du résultat à la proportionnelle. Aussi, l'ex-démocratie chrétienne (Parti Populaire) n'a obtenu aucun siège de circonscription mais 11,1 % de voix à la part proportionnelle en 1994. Elle obtient finalement 33 des 155 sièges à la proportionnelle soit seulement 5,2 % des 630 sièges totaux, soit un peu moins de la moitié de son score à la part proportionnelle : si l'on avait appliqué ce type de scrutin à l'ensemble des sièges, elle aurait bénéficié du double de sièges et, si au contraire, on avait adopté le scrutin uninominal, elle n'aurait eu aucun siège.

• **Scrutin proportionnel intégral mais avec prime majoritaire (de 2005 à 2017).** Ce système électoral, appelé « Porcellum » (selon la tradition de donner des surnoms latins aux lois électorales, parfois désobligeants : il s'agit ici d'une référence au mot utilisé par son rapporteur pour la qualifier de « porcherie, *porcata* »), participe du système français des « apparentements » de 1951 mais est encore moins limpide. Il s'agissait d'éviter la défaite du gouvernement Berlusconi et d'affaiblir la gauche qui remporta finalement les élections d'une courte tête. Les 617 députés sont élus sur le territoire national proportionnellement aux voix obtenues dans 26 circonscriptions (dans le collège uninominal de la Vallée d'Aoste un député est élu au scrutin majoritaire et 12 députés sont élus dans la circonscription de l'étranger). Les partis politiques qui présentent des listes bloquées de candidats peuvent former des coalitions. Seules les coalitions qui ont obtenu au moins 10 % du total des voix valables sont admises à la répartition proportionnelle des sièges (et, en leur sein, les listes ayant eu 2 % des suffrages). Les listes qui ne font pas partie d'une coalition participent à la répartition des sièges à condition d'avoir obtenu au moins 4 % des suffrages à l'échelle nationale. Enfin, la coalition (ou au parti) qui obtient le plus de voix reçoit au moins 55 % des sièges de la Chambre (soit 340 sièges), les sièges restants étant répartis entre toutes les listes à la représentation proportionnelle.

Une nouvelle réforme, dite « Italicum », votée en 2015 et entrée en vigueur en 2016, est inspirée du système électoral allemand. Elle divise le pays en 100 circonscriptions et assure au parti arrivé en tête s'il atteint plus de 40 % des voix une prime majoritaire de 55 % des sièges, les autres étant répartis à la proportionnelle entre les autres partis ayant obtenu plus de 3 % des voix. La cour constitutionnelle, en janvier 2017, a encadré ce dispositif en rejetant la possibilité d'un second tour de scrutin.

• **Système mixte à dominante proportionnelle (depuis 2017).** La loi électorale a été modifiée par la réforme « Rosatellum » ou « Rosatellum bis » de 2017. Désormais, pour la Chambre des députés comme pour le Sénat, 37 % des sièges sont attribués au scrutin majoritaire uninominal à un tour et les sièges restants le sont à la représentation proportionnelle, sans pour autant garantir de majorité stable.

§ 2. Des effets abusivement simplifiés

298 Il est d'usage d'opposer radicalement les effets du scrutin majoritaire à ceux de la représentation proportionnelle. Cette opposition est simplificatrice et réductrice tant sur le plan de la représentation des électeurs que sur celui du système de partis. Ainsi, si des « lois » ont pu être dégagées en la matière (M. Duverger), il ne s'agit que de tendances, variables selon les modalités retenues (D. Rae) et contredites dans certains pays.

A. La représentation des électeurs est toujours imparfaite

299 Tous les modes de scrutin, y compris ceux proportionnels, favorisent toujours les partis les plus forts au détriment des plus faibles (nonobstant, en scrutin majoritaire, les déformations liées au découpage électoral).

300 **Le scrutin majoritaire amplifie généralement la victoire du vainqueur.** Dans un scrutin majoritaire à un tour, la victoire du parti arrivé en tête en nombre de voix est amplifiée en termes de sièges, par rapport à celui arrivé en second.

Ce système a en outre pour effet d'écraser les autres. Mais cette conséquence est étroitement liée à la répartition géographique des voix : un parti majoritaire en voix sur le territoire mais trop concentré dans ses fiefs peut être minoritaire en sièges.

En effet, les forts avantages de voix dont il dispose ne servent à rien puisque ces voix sont perdues ; mieux vaut disposer d'un léger avantage dans de nombreuses circonscriptions que de concentrer massivement des voix inutiles. Ainsi, au Royaume-Uni, les conservateurs ont obtenu 297 sièges avec 37,8 % des voix aux élections de 1974 contre 37,1 % aux travaillistes et 301 sièges... Cette inversion s'est produite au bénéfice des conservateurs en 1951 et à celui des travaillistes en 1929. Mais en 1974 comme en 2010 et 2017, l'élection législative n'a pas donné de majorité absolue au parti majoritaire.

Un petit parti dont les voix sont bien réparties géographiquement peut obtenir une représentation quasi proportionnelle : ce cas, tout aussi rare, fut celui du parti nationaliste gallois : en 1992 avec 0,5 % des voix sur l'ensemble du territoire mais 8,8 % dans le pays de Galles, il obtient localement 4 sièges, soit 0,6 % du nombre total de sièges. La représentation est ici quasi proportionnelle entre le nombre de voix au niveau national et le nombre de sièges, compte tenu de la concentration géographique des voix du parti considéré. Au contraire, les libéraux dont la répartition des voix est trop dispersée sur le territoire national sont généralement sous-représentés ce qui n'interdit pas, exceptionnellement, comme récemment en 2010, de constituer une force d'appoint nécessaire pour former une majorité.

301 **Le scrutin majoritaire à deux tours amplifie généralement la victoire du parti dominant et de ses alliés.** Dans un scrutin à deux tours, les partis doivent s'allier afin de se désister l'un pour l'autre au second tour en faveur du mieux placé. Encore faut-il qu'ils partagent les mêmes valeurs : ainsi faute d'alliés au second tour – et donc de désistement possible –, le Front national n'obtient aux élections législatives de 1997 qu'un siège, alors qu'au niveau national il obtient 15 % des voix. Dès lors qu'il y a alliance, la victoire est amplifiée : aux élections législatives de 1981, la gauche socialiste et communiste avec 55 % des voix obtient 333 sièges contre 158 sièges à la droite UDF-RPR et ses 45 % de voix... Notons aussi qu'au sein de l'alliance, le parti dominant est surreprésenté par rapport à ses alliés : le PS (avec les radicaux de gauche) a 267 élus pour 37,9 % des voix au premier tour des législatives de 1988 tandis que le PC doit se contenter avec plus du tiers de ces voix (11,3 %) de 27 sièges. La surreprésentation du parti dominant est encore confirmée par la victoire de La République en Marche en

2017, mais non en 2022 où les élections législatives ont lieu presque deux mois après les présidentielles.

302 **La représentation proportionnelle n'est pas forcément « juste ».** Plus le nombre de sièges mis en jeu dans une circonscription est important, plus la représentation est proportionnelle. La proportionnalité augmente donc avec le nombre de sièges distribués dans chaque circonscription ; au contraire, si le nombre de sièges est restreint, la proportionnalité est faible et a pour effet d'exclure les petits partis du partage.

303 **Le seuil choisi a des effets importants, en SMU comme en RP.**

• **Plus le seuil est élevé en SMU, moins les petits partis sont représentés.** Sous la IIIe République, lors de l'application du SMU à 2 tours, l'accès au second tour est libre, y compris aux candidats non présents au premier.

Cette solution est très différente de la Ve République, sous laquelle il existe un seuil pour se présenter au second tour : il faut avoir obtenu 5 % des suffrages exprimés jusqu'en 1966 puis 10 % des suffrages *inscrits* jusqu'en 1976 puis 12,5 % par la suite. Cette hausse de la barre pour franchir le second tour élimine les petites formations et augmente les nombres de duels : trois candidats sont en concurrence dans près d'un tiers des circonscriptions en 1962, moins d'1/10e aujourd'hui.

L'effet de seuil élimine donc les petites formations, sauf si, comme on l'a noté précédemment, leurs voix sont concentrées géographiquement.

• **Plus le seuil est élevé, moins la représentation est proportionnelle.** Il élimine en effet les petits partis de la distribution. En Israël, il n'est ainsi que de 1 %, assurant aux petites formations une représentation équitable. En Allemagne, il est de 5 % afin d'éviter un multipartisme exacerbé préjudiciable au bon fonctionnement du régime parlementaire. En 1957, la Cour constitutionnelle a ainsi considéré que le seuil fixé était raisonnable au regard de cet objectif constitutionnel tout en respectant la justice électorale. Notons que dans les nouvelles démocraties d'Europe de l'Est, le seuil de 4 % ou 5 % a eu pour effet d'éliminer jusqu'à 30 % des électeurs de toute représentation compte tenu de la multitude des partis présentant des listes. En Pologne en 1991, 35 % des suffrages ont été exclus tandis que le parti social et le parti paysan disposèrent d'une majorité de 300 sièges (sur 460) avec 36 % des voix...

B. Modes de scrutin, système de partis et stabilité politique

304 La notion de système des partis renvoie à leur nombre, leurs alliances, leurs oppositions, au degré de fragmentation de la représentation qu'ils traduisent.

305 **Le scrutin majoritaire en limitant la fragmentation partisane favorise en principe l'apparition de majorités cohérentes.**

• **SMU à un tour et bipartisme**. Le scrutin majoritaire uninominal à un tour invite les électeurs à voter utile et tend à éliminer les partis « tiers ». Il valorise les deux formations les plus puissantes en favorisant la concentration des suffrages sur les deux principaux partis et en renforçant généralement leur représentation en sièges. Le bipartisme, soit la présence de deux partis dominant la scène politique, est donc lié à ce mode de scrutin mais n'y conduit pas systématiquement. L'Inde a connu un parti longtemps dominant (le Parti du Congrès laïque) et une multitude de petits partis qui exprime le morcellement et les divisions de la société. Il est aujourd'hui concurrencé par le Bharatiya Janata Party (BJP), parti indien du peuple (traditionaliste de tendance hindoue), pivot de l'alliance démocratique nationale au pouvoir depuis 2014.

• **SMU à deux tours, alliances électorales et bipolarisation**. Le principe de ce mode de scrutin étant que chacun se compte au premier tour et, qu'au second, l'intérêt est d'appliquer entre partis des accords de désistement réciproque et systématique en faveur du candidat arrivé en tête au premier tour (voire une candidature unique dès le premier tour). *Ce mode de scrutin privilégie donc la conclusion d'alliances.* Aussi les partis n'ayant pas d'alliés ne peuvent bénéficier ni d'un accord de candidature unique ni, surtout, de désistement automatique au second tour et sont voués en principe à la marginalisation (les communistes français refusant de s'allier avec la SFIO furent écrasés en 1958 puis redressèrent leur représentation en sièges dès 1962 après avoir conclu avec elle un accord électoral).

Dès lors, ce mode de scrutin favorise les regroupements et structure le système de partis en deux pôles opposés. Ceci n'exclut pas l'apparition de forces politiques situées hors de ces deux blocs et qui, sans alliés, ne risquent pas d'être représentées en proportion de leurs suffrages. Ceci était vrai jusqu'en 2022 : le Rassemblement national obtient en scrutin majoritaire à deux tours 89 sièges (il aurait obtenu 99 sièges avec la proportionnelle).

• **Le scrutin majoritaire favorise un choix non médiatisé par les partis.** Le scrutin majoritaire induit une logique d'affrontement rendant ainsi plus clair le choix des électeurs. Dans le scrutin majoritaire à un tour de type britannique, le parti au pouvoir est investi par les électeurs de la mission de gouverner et de l'application d'un programme pour lequel ils ont voté, contrairement à la proportionnelle. Dans le scrutin majoritaire uninominal à deux tours de type français, les alliances se nouent avant l'élection et les électeurs savent quelle coalition, en cas de victoire, va gouverner.

306 **La représentation proportionnelle favorise la fragmentation politique mais n'est pas toujours synonyme de multipartisme et d'instabilité politique.**

• **La RP favorise la fragmentation politique.** Dans la mesure où les formations politiques se présentent chacune sous leurs propres couleurs et n'ont donc pas d'intérêt à s'allier, ce scrutin ne comprenant qu'un tour, la RP favorise en principe la fragmentation. En fait, elle peut préserver le multipartisme existant (la Belgique, lors de l'adoption de la RP à la fin du XIXe siècle) ou favoriser le fractionnement des partis (la Suisse en 1919, la Norvège). La RP permet enfin de faire apparaître de nouveaux partis représentatifs de tendances récentes de l'opinion : le Mouvement républicain populaire (MRP, représentant la démocratie chrétienne) en France, en 1945 ; le Front national en 1984 lors des élections européennes, etc.

• **La RP en favorisant aussi le multipartisme peut donner aux partis charnières un rôle clef.** Dans le cas d'une proportionnelle avec un seuil bas (1 %) comme en Israël, si 10 partis se partagent les suffrages en 1977, 4 d'entre eux se partagent près des 4/5e des suffrages. Mais, pour former une alliance de gouvernement, l'apport de petits partis est souvent nécessaire.

Le poids dans l'alliance de ces partis – charnières – est généralement inversement proportionnel à leur influence électorale... En Allemagne, le Parti libéral allemand (FDP) a longtemps été en position, à différentes époques, de faire basculer la majorité gouvernementale selon l'alliance qu'il choisit (chrétiens-démocrates ou sociaux-démocrates).

• **La RP n'est pas systématiquement liée au multipartisme et à l'instabilité**. Malgré la proportionnelle, l'Autriche connaît ainsi depuis 1919 deux grands partis, le Parti socialiste et le Parti populaire auxquels s'ajoute un petit parti libéral. En Allemagne où le système « mixte » est à dominante proportionnelle, la situation est analogue. L'idée du multipartisme induit par le système proportionnel est traditionnellement illustrée par deux cas : l'Allemagne de Weimar (la RP aurait favorisé l'avènement d'Hitler au pouvoir en fractionnant le système politique), et l'Italie (et son instabilité « chronique » jusqu'en 1993). La montée du nazisme tient moins au mode de scrutin qu'au contexte socio-économique, aux divisions entre sociaux-démocrates et communistes, et à celles de la droite allemande. Quant à l'Italie, la proportionnelle n'a pas empêché l'installation durable de la démocratie chrétienne dominant la vie politique, et formant le pivot de la plupart des coalitions pendant près de 40 ans.

• **La RP favorise un choix médiatisé**. La RP a pour effet de déléguer aux partis le choix des alliances. La coalition gouvernementale peut se former après l'élection sans que l'électeur ait à ratifier le choix de l'alliance nouée (cas des régionales en France en 1997 et de l'alliance dans plusieurs régions entre la droite locale et le Front national).

La Commission européenne pour la démocratie par le droit (Commission de Venise) a adopté les 5 et 6 juillet 2002 un code de bonne conduite électorale consultable sur son site www.venice.coe.int.

SECTION 3

Les techniques de démocratie directe

307 Ces procédés d'intervention populaire directe se combinent avec l'élection des représentants et caractérisent la démocratie semi-directe : ils permettent au peuple dans certains cas de révoquer leurs élus (*recall*) et surtout d'exercer lui-même le pouvoir législatif ou constituant, grâce au référendum (§ 2). Au sens large, cette procédure consiste en ce que « le corps des citoyens [soit] appelé à exprimer, par une votation populaire, son avis ou sa volonté à l'égard d'une mesure qu'une autre autorité a prise ou envisagée de prendre » (J. Laferrière). Elle englobe donc tous les procédés permettant au peuple de voter ou d'abroger une loi, à son initiative (initiative populaire, veto populaire) (§ 1), ou à celle des gouvernants.

§ 1. Rappel, veto populaire, initiative législative populaire

A. Le rappel des élus (*recall*) : un procédé marginal

308 Cette procédure consiste en une sorte de révocation populaire du titulaire de sa fonction élective (politique ou administrative) par les électeurs – aussi nommé « référendum révocatoire » que l'on retrouve dans la pensée de Robespierre et de ses disciples (POUTHIER (T.), in SENAC (C.E.), 2022).

Elle suppose généralement qu'un certain nombre de citoyens demande par pétition la révocation de l'élu. Si ce nombre est atteint, la consultation est organisée : mis en minorité, l'élu doit se retirer et dans le cas inverse est considéré comme réélu.

Les États-Unis sont le principal pays démocratique à avoir utilisé le *recall* de façon significative. Le mouvement en faveur du *recall* trouve son origine, à la fin du XIXe et au début du XXe siècles, dans le mouvement populiste au slogan évocateur : « *Return the gouvernement to the people.* » Trente-neuf États au niveau local le prévoient, dont dix-neuf qui étendent leur application aux agents publics de l'État et aux élus. Alors qu'elle était en fait peu utilisée en matière politique du fait de la fréquence des élections – la Californie n'a connu que quelques dizaines de tentatives de révocation populaire, dont celle de Gray Davis, en 2003, auquel a succédé Arnold Schwarzenegger –, cette procédure tend à se renforcer depuis 2011 où 75 officiels ont été rappelés. Depuis la tendance s'est confirmée dans nombre d'États, conduisant à la révocation de conseillers municipaux et de maires (2018 dans le Maryland, l'Oregon et le New Jersey ; 2019 au Texas ; 2020 en Floride), voire de juges ou de sénateurs (2018 en Californie). Au Venezuela, il existe un « référendum révocatoire de mi-mandat » concernant le chef de l'État. En 2004, il a échoué pour destituer Hugo Chavez.

B. Le veto législatif (ou « référendum abrogatif »), un procédé efficace

309 Le veto populaire permet au peuple de s'opposer à une loi adoptée. Après le dépôt d'une pétition rassemblant un nombre minimum de signataires, un référendum est déclenché en vue d'abroger tout ou partie d'une loi.

• **En Suisse, au niveau fédéral**. Le veto populaire existe depuis 1874 pour les lois ordinaires, les arrêtés fédéraux, et depuis 1921 pour les traités internationaux ayant pour effet d'engager la Confédération pour plus de 15 ans. Dans les 90 jours suivant le vote du texte, si 50 000 citoyens au moins ou 8 cantons déposent une pétition, la loi ou le traité, avant d'entrer en vigueur, est soumis à référendum.

• **Aux États-Unis, au niveau des États**. Une vingtaine d'États a adopté cette procédure à partir de la fin du XIXe siècle. Selon les États, les pétitions doivent recevoir de 5 à 10 % des signatures des électeurs inscrits dans un délai de 90 jours après le vote de la loi par la législature de l'État. Mais, à la différence de la Suisse, la législature peut décider l'urgence : le texte entre en vigueur immédiatement…

• **En Italie**. Le veto populaire prend la forme du référendum abrogatif d'une loi en vertu de l'article 75 de la Constitution. Cette abrogation de la loi en vigueur peut être totale ou partielle. La demande doit être faite par 500 000 électeurs ou 5 conseils régionaux. Cette procédure est très encadrée par la Cour constitutionnelle qui examine au préalable la constitutionnalité du référendum projeté (le référendum n'est pas admis pour les lois fiscales, d'amnistie, de ratification des traités internationaux) : aussi en février 1997, la Cour a rejeté 12 demandes de référendum dont trois contraires à la Constitution. Le Bureau central pour le référendum composé de hauts magistrats de la Cour de cassation contrôle la régularité de la pétition.

Après ce « filtre », le référendum est organisé entre le 15 avril et le 15 juin de l'année – sauf élections législatives. De même, le référendum n'a pas lieu si le Parlement remanie sensiblement le texte en question. Enfin pour être valable, la participation électorale doit atteindre au moins 50 % des électeurs inscrits.

Un procédé longtemps marginal. Soulignons que cette procédure a souvent été utilisée par le petit Parti radical (4 % des voix) pour contester aux grandes formations leur domination et poser des problèmes de société – comme celui de l'abrogation du divorce en 1974 (59,1 % de « non »). En 1981, le Parti radical fut à l'initiative de 11 référendums dont six écartés compte tenu de leur objet par la Cour constitutionnelle, les cinq référendums restants n'aboutissant pas. En 1985, le Parti communiste pourtant hostile au procédé fut néanmoins à l'origine d'un référendum (sur l'abrogation d'une loi affaiblissant l'échelle mobile des salaires, un système indexant les salaires sur l'inflation) destiné à censurer, sans succès, la politique du gouvernement Craxi.

La généralisation du procédé. La plupart des partis politiques sera à partir de 1987 à l'initiative de référendums aboutissant tous cette fois à l'abrogation, dans des domaines variés (centrales nucléaires, etc.). En 1990, à nouveau, trois nouveaux référendums à l'initiative cette fois des écologistes consacrent la victoire du oui à l'abrogation (chasse, pesticides) mais sans recueillir la participation de la majorité des électeurs inscrits. En 1991, de même, le référendum confirme largement, à 95 %, le passage à un mode de scrutin majoritaire pour l'élection des députés (62 % de participation). Et huit référendums en 1993 ont connu une participation sans précédent (plus de 77 % des inscrits) et abouti notamment à la suppression du financement public des partis, de certains ministères, de l'adoption de la représentation proportionnelle pour les élections des sénateurs, ce à des majorités supérieures à 80 %... Cette mobilisation populaire n'était pas sans rapport avec la contestation d'un système politique corrompu qui devait bientôt s'effondrer.

Depuis lors, le référendum abrogatif s'est banalisé. Des référendums le plus souvent à questions multiples ont été organisés en 1995, 1997, 1999, 2000, 2001, 2005 et 2009 sans que le quorum de 50 % soit toujours atteint. En 2011, les Italiens ont ainsi abrogé la privatisation de l'eau, les projets de constructions de centrales nucléaires, la faculté pour le président du conseil et les membres de ne pas répondre aux convocations judiciaires du fait de leurs fonctions... contestant ainsi le régime politique du gouvernement Berlusconi.

C. L'initiative législative populaire : un procédé parfois lourd et complexe

310 Un certain nombre de citoyens rédigent un projet de loi et demandent qu'un référendum soit organisé sur ce texte. À ce stade, on distingue deux types d'initiative. Elle est *indirecte* si le texte adopté est soumis ensuite au vote du Parlement ; si celui-ci est en désaccord, le texte est à nouveau soumis à référendum. Elle est *directe* si le texte est soumis à la seule décision des citoyens.

311 **L'initiative législative indirecte.**

• **Aux États-Unis**. Dans cinq États, les pétitionnaires peuvent demander l'adoption d'une proposition de loi. Si la législature de l'État ne l'adopte pas dans une période donnée, le texte est alors soumis aux électeurs.

• **En Suisse**. Si l'initiative populaire peut porter sur toute loi à l'échelon cantonal, et si le référendum facultatif de l'article 141 permet à 50 000 citoyens (ou huit cantons) de solliciter une votation pour s'opposer à une loi fédérale, à un arrêté fédéral ou à un traité international, il n'en va pas de même à l'échelon fédéral où l'initiative n'existe qu'en matière constitutionnelle.

L'initiative peut porter sur une révision totale de la Constitution : 100 000 citoyens déclenchent un référendum de consultation pour décider du principe même de la révision constitutionnelle. S'il est positif, le projet est établi par le Parlement (les deux assemblées fédérales) renouvelé au préalable. À nouveau, le peuple est appelé à voter par référendum (« référendum de ratification »). La révision totale est adoptée à la majorité des votants qui doit être aussi celle des cantons (soit 12 sur 23) : le résultat dans chacun des cantons est considéré comme le vote du canton.

L'initiative peut porter sur une révision partielle de la Constitution : elle doit recueillir, dans un délai de 18 mois, 100 000 signatures (depuis 1977). Elle prend deux formes :

– une motion générale précisant le sens de la révision constitutionnelle et l'article de la Constitution visé ; le Parlement, s'il approuve la motion, rédige le projet de révision dans le sens indiqué, soumis ensuite au vote du peuple. Sinon, la motion initiale est soumise au peuple et, en cas de vote positif, le Parlement *doit* rédiger un projet soumis à référendum ;

– une proposition entièrement rédigée visant à réviser précisément la Constitution : dans ce cas le texte est soumis directement à référendum, le Parlement se contentant d'émettre un avis consultatif. Il peut cependant proposer un projet alternatif à la proposition d'initiative populaire. Les deux textes sont soumis en même temps au référendum. Comme dans le cas de la révision totale, toute proposition d'initiative populaire adoptée par référendum doit recueillir, ensuite, l'accord d'une majorité d'électeurs dans la majorité des cantons. La procédure, on le voit, est lourde et n'aboutit depuis la fin du XIXe siècle que dans 10 % des cas.

• **En Italie**. L'article 71 de la Constitution dispose que le peuple « exerce l'initiative des lois au moyen d'une pétition formulée par 50 000 électeurs au moins et constitue un projet rédigé en articles ». La proposition de loi d'initiative populaire doit ensuite suivre le processus législatif normal et donc être votée par le Parlement. Cette procédure d'initiative indirecte est peu utilisée au contraire du référendum abrogatif.

312 **L'initiative législative directe.** Aux États-Unis, plus d'une dizaine d'États prévoient l'initiative populaire directe pour introduire des lois ou des amendements dans la Constitution de l'État. La pétition demandant le référendum doit recueillir entre 5 et 15 % des électeurs inscrits. Les opposants à l'initiative peuvent toujours, en cas de succès de celle-ci, se tourner vers les tribunaux et tenter de la faire annuler partiellement ou complètement comme étant contraire à la Constitution (sur 10 initiatives adoptées en Californie entre 1960 et 1980, six ont fait l'objet d'une annulation). Mais la prolifération des « initiatives » sous l'influence notamment des groupes d'intérêt et/ou de compagnies spécialisées a nui au procédé par ailleurs d'usage courant.

§ 2. Le référendum (typologie)

313 Le référendum peut être décisionnel ou consultatif : dans ce dernier cas, « l'avis » du peuple, sollicité par les gouvernants peut ne pas être suivi. En pratique, l'expérience démontre qu'ils peuvent difficilement faire autrement comme en témoigne l'exemple du Brexit, référendum sur l'appartenance du Royaume-Uni à l'Union européenne du 23 juin 2016 qui suppose l'accord du Parlement pour le mettre en œuvre : 51,9 % des Britanniques ont choisi de quitter l'UE. Le 8 février, la Chambre des communes a donné son approbation au déclenchement de l'article 50 du traité qui organise la sortie d'un pays membre. Cependant le « non » du peuple français en 2005 au traité constitutionnel sur l'Europe fut simplement biffé par le traité de Lisbonne de 2007.

Plus probante est la distinction entre référendums obligatoires et facultatifs, la question, dans ce cas, étant celle de l'initiative de son déclenchement. Enfin, celle de son objet recoupe les différents problèmes que soulève son étude.

A. Référendums obligatoires et référendums facultatifs

314 Le déclenchement du référendum peut être automatique, la Constitution prévoyant que certaines dispositions constitutionnelles ou législatives doivent faire l'objet d'une consultation

populaire. Le référendum est aussi obligatoire pour décider de l'autodétermination des peuples. Mais, dès lors que le déclenchement du référendum est facultatif, se pose le problème de l'initiative de celui-ci.

B. L'initiative du déclenchement appartient le plus souvent aux gouvernants

315 **L'initiative populaire est souvent restreinte.** Sa pratique a déjà été étudiée. Elle soulève cependant plusieurs questions. Quel doit être le nombre de signatures requis pour mettre en œuvre cette procédure ? Si le nombre est trop élevé, celle-ci risque d'être inopérante. S'il est trop faible, elle peut se banaliser et susciter le désintérêt de la part des citoyens. C'est en fait la qualité des « promoteurs » de cette initiative qui peut faire problème. En Belgique ce sont souvent des partis qui en prennent l'initiative ou des associations. C'est donc une minorité de citoyens qui agit, témoignant dans les démocraties de l'existence de citoyens plus actifs que d'autres et intéressés à la politique. Dans certains cas comme aux États-Unis, ce sont des compagnies privées spécialisées qui sont chargées par des firmes de recueillir des signatures : alors les groupes d'intérêts économiques les plus puissants peuvent ainsi déclencher l'initiative « populaire », sans parvenir d'ailleurs toujours aux résultats escomptés. Cependant le cas italien souligne que l'initiative populaire – sous sa forme abrogative – demeure un « système d'alerte » (Y. Mény) pour les gouvernants, bien supérieur aux sondages...

Notons enfin qu'un référendum peut avoir lieu indépendamment de toute initiative populaire. Celle-ci *enclenche* un processus qui s'achève généralement par un référendum.

316 **Les « gouvernants » (exécutif et Parlement) décident le plus souvent du déclenchement du référendum.**

• **Le déclenchement par l'exécutif.** C'est le cas en France sous la Ve République (nonobstant les dispositions du nouvel article 11 issu de la réforme de 2008) ; il suppose l'accord du chef de l'État et du Premier ministre (difficile en temps de cohabitation...).

• **Le déclenchement par le législatif.** *Le référendum n'a ici qu'une valeur consultative* : le résultat de la votation populaire n'engage pas en droit le Parlement. En fait, les Parlements de Suède, de Norvège et d'Angleterre, qui connaissent cette procédure, se considèrent liés par la décision populaire. En Norvège, le refus populaire d'adhésion à la Communauté européenne en 1972 a conduit à la démission du gouvernement et à la non-signature du traité.

Le référendum peut permettre de trancher des différends internes aux partis : c'est le cas en Grande-Bretagne. Notons que le référendum de décision est contraire à la théorie de la souveraineté du Parlement. Celui-ci l'organise librement et n'est pas lié – en principe – par son résultat. En fait, il est tenu politiquement par cet avis du peuple souverain. La pratique britannique tient moins cependant à parfaire la démocratie qu'à faire arbitrer par les électeurs des questions divisant chacun des deux grands partis : s'agissant de l'adhésion de la Grande-Bretagne au Marché commun, c'est afin de préserver l'unité du parti travailliste que le référendum de 1975 a été organisé. De même, les référendums locaux, gallois et écossais en 1979 ont assuré une fonction analogue (comme celui de 1997 sur le statut de l'Écosse).

Le référendum peut être un moyen pour la minorité parlementaire de s'opposer à la majorité : au Danemark, le référendum législatif peut être organisé à la demande du tiers des membres de la Chambre basse afin de s'opposer à l'entrée en vigueur d'une loi nouvellement votée par la majorité, à l'exception des lois budgétaires et de finances. Mais il n'a été mis en œuvre que deux fois. En Europe, l'initiative des parlementaires existe aussi en Irlande (en théorie), en Grèce, au Portugal.

• **Le déclenchement conjoint**. En Espagne, la Constitution de 1978 prévoit une initiative gouvernementale après accord du Congrès des députés – ou sur la demande de 500 000 électeurs. En France, alors que le Parlement ne pouvait que *proposer* un référendum législatif (c'est le chef de l'État qui décide d'y donner suite), une procédure de référendum d'initiative partagée (RIP) a été insérée à l'article 11 de la Constitution à la suite de la révision de 2008, entrée en vigueur sur ce point en 2015. Ce « RIP » peut être organisé à l'initiative d'un cinquième des parlementaires soutenus par un dixième des électeurs, ce qui le rend irréfutable (v. T. 2, art. 11).

En Italie, le référendum en matière constitutionnelle (art. 138) suppose d'abord que les chambres aient adopté le projet de révision à la majorité absolue des suffrages sans atteindre la majorité des deux tiers. Le référendum peut être alors demandé dans un délai de trois mois après la publication du texte par un cinquième des membres de l'une des deux chambres, soit par cinq Conseils régionaux, soit enfin par 500 000 électeurs. La procédure est donc très proche de celle de l'article 75 en matière de réforme abrogative.

C. L'objet du référendum

317 **Les référendums constituants sont les plus répandus.** Il peut s'agir de faire approuver par les citoyens un projet de nouvelle Constitution : par exemple, en France, les Constitutions de la IVe et de la Ve République, ou récemment à l'Est, où la moitié des nouvelles démocraties ont adopté leur Constitution par référendum.

La Constitution figurant le pacte social entre les citoyens, il est fréquent qu'ils soient appelés à sanctionner sa modification fondamentale. Ainsi, l'article 140 de la Constitution helvétique rend obligatoire le référendum au niveau fédéral, de même que les Constitutions autrichienne, danoise, irlandaise ou espagnole en cas de révision totale. Mais la question ne doit pas être complexe et en poser plusieurs à la fois ce qui peut conduire à l'échec. Ainsi le référendum en Italie, rejeté en décembre 2016 posait la question suivante : « Approuvez-vous le texte de la loi constitutionnelle relative aux dispositions pour la fin du bicaméralisme paritaire, la réduction du nombre des parlementaires, la maîtrise du coût de fonctionnement des institutions, la suppression du Conseil National de l'Économie et du Travail (CNEL) et la révision du titre V de la 2e partie de la constitution, comme approuvé par le Parlement et publié au Journal officiel n° 88 du 15 avril 2016 ? »...

318 **Les référendums sur les traités internationaux se sont multipliés en Europe.** Le référendum peut avoir pour objet l'approbation d'un traité dont la ratification est en principe autorisée par le Parlement. En France, depuis 1958, ce type de référendum a été

utilisé plusieurs fois ainsi que dans l'Union européenne. Pour la première fois le référendum du 23 juin 2016 au Royaume-Uni a conduit ce pays à la quitter (« Brexit »).

Les référendums européens dans les États membres (1986-2016)

État	Date	Objet	Oui	Non
Danemark	27/02/1986	Acte Unique Européen	56,2 %	43,8 %
Irlande	26/05/1987	Acte Unique Européen	69,9 %	30,1 %
Danemark[1]	02/06/1992	traité de Maastricht	49,3 %	50,7 %
Irlande	18/06/1992	traité de Maastricht	69,1 %	30,9 %
France	20/09/1992	traité de Maastricht	51,0 %	49,0 %
Danemark	18/05/1993	traité de Maastricht	56,7 %	43,3 %
Irlande	22/05/1998	traité d'Amsterdam	61,7 %	38,3 %
Danemark	28/05/1998	traité d'Amsterdam	55,1 %	44,9 %
Danemark	28/09/2000	passage à l'euro	46,8 %	53,2 %
Irlande[1]	07/06/2001	traité de Nice	46,1 %	53,9 %
Irlande	19/10/2002	traité de Nice	62,9 %	37,1 %
Suède	14/09/2003	passage à l'euro	42,9 %	57,1 %
Espagne	20/02/2005	Constitution européenne	81,6 %	18,4 %
France	29/05/2005	Constitution européenne	45,3 %	54,7 %
Pays-Bas	01/06/2005	Constitution européenne	38,5 %	61,5 %
Luxembourg	10/07/2005	Constitution européenne	56,5 %	43,5 %
Irlande[1]	12/06/2008	traité de Lisbonne	46,6 %	53,4 %
Irlande	02/10/2009	traité de Lisbonne	67,1 %	32,9 %
Irlande	31/05/2012	traité sur la stabilité, la coordination et la gouvernance au sein de l'Union économique et monétaire	60,3 %	39,7 %
Pays-Bas	06/04/2016	Accord d'association entre l'UE et l'Ukraine	38,2 %	61 %
Royaume-Uni	23/06/2016	Brexit	51,89 %	48,11 %

1. Au Danemark comme en Irlande, à la suite d'un non au référendum, le pays a revoté.

© Laurent de Boissieu www.europe-politique.eu.

La construction européenne a donc contribué, au moins dans un premier temps, à banaliser la procédure référendaire dans des pays traditionnellement attachés à la souveraineté du Parlement.

319 **Les référendums d'autodétermination.** Les référendums d'autodétermination mettent en œuvre le droit des peuples à disposer d'eux-mêmes : les citoyens d'un territoire décident de leur indépendance, de leur rattachement à un autre État, de leur maintien dans l'État. Le droit international requiert dans tous les cas l'accord des « populations intéressées ». Ainsi, par exemple, du référendum sur l'indépendance de l'Écosse du 18 septembre 2014 – conformément à l'accord d'Édimbourg signé le 15 octobre 2012 – qui n'a pas abouti.

320 **Le référendum législatif est plus controversé.** Abrogatif (c'est-à-dire visant à supprimer une disposition législative), ou de proposition, le référendum législatif est moins pratiqué que le référendum constitutionnel (à l'exception de l'Italie ou de la Suisse qui connaissent l'initiative populaire). Aux États-Unis, il ne peut concerner que des lois des États. Ailleurs, les autorités aptes à déclencher cette procédure sont peu tentées de le faire par crainte de désaveu ou par attachement à la démocratie représentative.

• **Le domaine du référendum.**

La Constitution peut prévoir des limitations du domaine référendaire. Celle de 1958, en France, circonscrivait notamment celui-ci à « tout projet de loi relatif à l'organisation des pouvoirs publics ». L'usage par le général de Gaulle de cette procédure pour faire adopter l'élection du président au suffrage universel en 1962 fut l'objet d'une controverse, posant la question de la conformité de l'objet du référendum à la Constitution (v. *Droit constitutionnel contemporain*, t. 2).

• **La constitutionnalité de son objet.**

Le Conseil constitutionnel en France ne contrôle pas *a priori* la constitutionnalité de l'objet du référendum et s'est refusé à le faire *a posteriori* (Cons. const., 6 nov. 1962) puisqu'« adopté par le peuple », il constitue « l'expression directe de la souveraineté nationale », à l'inverse du référendum d'initiative partagée introduit au troisième alinéa de l'article 11 depuis 2008, lequel prend la forme d'une proposition de loi qui doit être déférée au Conseil constitutionnel dans le cadre du contrôle *a priori* (art. 61, 1er al.). Toutefois, à la suite des jurisprudences *Hauchemaille* (décisions des 25 juill., 23 août, 6 sept. 2000), le Conseil constitutionnel s'est reconnu compétent pour contrôler le décret de convocation des électeurs afin, potentiellement, d'« éviter que le Gouvernement [...] ne s'émancipe du contrôle a priori [...] en maintenant des dispositions écartées par le Conseil constitutionnel, lors de sa consultation, comme non conformes à la Constitution ou à la loi ».

Le contrôle de constitutionnalité inexistant en Suisse est prévu en Italie en matière de référendum abrogatif. La Cour constitutionnelle italienne contrôle *a priori* les causes d'admissibilité du référendum abrogatif et adopte une interprétation très restrictive – et contestée – de la Constitution. Mais peut-on interroger le peuple sur n'importe quelle question ?

• **L'opportunité du référendum**. En France, en 1993, le comité consultatif pour la révision de la Constitution avait proposé d'élargir aux libertés publiques le domaine du référendum mais en instituant un contrôle *a priori* de la constitutionnalité de la proposition. Cette précaution semblait selon lui d'autant plus nécessaire qu'il était prévu la possibilité de faire déclencher le référendum par un cinquième des membres du Parlement, soutenus par 1/10e des électeurs inscrits. Quel serait le résultat d'un référendum en France sur le rétablissement de la peine de mort ou sur l'immigration ? Ce filtre a donc pour but de prévenir les emportements populaires sur des questions passionnelles même si, en Suisse, les initiatives à caractère xénophobes ont échoué. Tout au plus pouvons-nous souligner que le référendum du 9 février 2014 relatif à la limitation de « l'immigration de masse » a été approuvé à une faible majorité de 50,3 %.

On aperçoit bien le problème : à trop vouloir filtrer les questions, on risque, comme en Italie, de brider l'expression populaire ; mais faute de la canaliser, des dérives populistes sont possibles. Subtil dosage...

• **L'adhésion populaire au référendum**.

> « Neuf millions environ ont accepté cette Constitution, huit millions l'ont refusée, neuf millions l'ont ignorée. Elle n'est donc pas, à beaucoup près, ratifiée par la raison, ni par le sentiment du peuple français. »
>
> Déclaration du Général de Gaulle, 28 déc. 1946.

La validité du référendum n'est généralement pas, sauf en Italie, dépendante du nombre de votants. La Constitution italienne, tout comme de nombreuses Constitutions à l'Est, exige la participation d'au moins 50 % des électeurs inscrits pour que son issue ait une valeur juridique. Cette règle n'est pas exigée en Suisse où l'abstentionnisme frôle les 50 %, voire, sur des questions secondaires, 80 %. En France le référendum constitutionnel du 13 octobre 1946 fonde la IVe République alors que 32 % des électeurs se sont abstenus.

En fait, la mobilisation populaire, au moins en Europe est largement dépendante de l'enjeu : dès lors que celui-ci apparaît essentiel et proche des préoccupations des citoyens, elle devient forte (référendum sur le traité de Maastricht en 1992). Au contraire, que l'enjeu soit lointain ou semble déjà scellé, elle devient faible (référendum de 1988 sur la Nouvelle-Calédonie).

321 **Le développement des référendums locaux et du droit de pétition.** La démocratie locale tend à s'enrichir de deux procédés : le référendum local et le droit de pétition, comme en France depuis la révision constitutionnelle de 2003. Le référendum local existe presque partout en Europe (sauf en Grèce) tandis qu'en Irlande, il n'est prévu que dans des cas très limités (changement de nom de rue...). Il est pris uniquement à l'initiative du conseil local (France, Espagne, Danemark, Norvège, Pays-Bas) ou aussi à celle d'un certain nombre d'habitants (Belgique, Finlande, Allemagne, Islande, Irlande, Luxembourg, Portugal, Suède, Suisse, Grande-Bretagne). Il est institué dans la plupart des nouvelles démocraties de l'Est (sauf en Estonie, Lettonie, Lituanie). Sa portée est généralement consultative (France, Belgique, Danemark, Finlande, Italie, Pays-Bas, Norvège, Espagne, Suède) et plus rarement décisionnelle (France, Grande-Bretagne, Allemagne, Portugal) ; sa validité est alors conditionnée par un quorum (fixé par la loi en Allemagne ou de 50 % au Portugal et en France). La Norvège détient le record du référendum local – plus de 500 référendums locaux de 1972 à 2002. Leur objet est toujours encadré autour d'une question d'intérêt local pour éviter tout débordement.

Le droit de pétition qui consiste à ce qu'un certain nombre d'électeurs demande au conseil local d'examiner une affaire est moins développé en Europe de l'Ouest (France, Belgique, Finlande, Italie, Pays-Bas, Grande-Bretagne, Allemagne, Portugal, Suède). Si les signatures sont réunies, le conseil doit examiner la question, voire décider d'un référendum (Suède). Au contraire, le droit de pétition est d'usage courant dans la plupart des nouvelles démocraties de l'Est.

Le droit de pétition peut aussi être prévu à l'échelon national et s'exercer devant les assemblées parlementaires, comme en France. L'Union européenne le reconnaît également devant le Parlement européen (art. 44 de la Charte des droits fondamentaux de l'UE).

Bibliographie

BLAQUIÈRE (B.), « Le seuil de représentativité dans les scrutins proportionnels : un instrument démocratique paradoxal », *RFDC*, 2021/3, n° 127

BRUNET (P.), « La représentation », *in* Troper (M.), Chagnollaud (D.), *Traité international de droit constitutionnel*, t. I, Dalloz, 2012

BONNET (J.), ARLETTAZ (J.), « Le contrôle de constitutionnalité des lois électorales : regards croisés France-Italie », *in Modèles électoraux et démocratie* (coll.), Mare & Martin, 2022

CHAGNOLLAUD (D.), « Les présidents de la République et le mode d'élection des députés à l'Assemblée nationale », *Pouvoirs* 1985, n° 32

DAUGERON (B.), *La notion d'élection en droit constitutionnel*, Dalloz, 2011

FATIN-ROUGE STEFANINI (M.), *Le contrôle du référendum par la justice constitutionnelle*, Economica, 2004

GRIMM (D.), « La souveraineté », *in* Troper (M.), Chagnollaud (D.), *Traité international de droit constitutionnel*, t. I, Dalloz, 2012

HAMON (F.), « Le statut des partis politiques », *in* Troper (M.), Chagnollaud (D.), *Traité international de droit constitutionnel*, t. II, Dalloz, 2012

HAMON (F.), « La loi référendaire », *in* Troper (M.), Chagnollaud (D.), *Traité international de droit constitutionnel*, t. II, Dalloz, 2012

HUMMEL (J.) (dir.), *Les partis politiques et l'ordre constitutionnel – Histoire(s) et théorie(s) comparées*, Mare & Martin, 2018

LEMAIRE (F.), COUDERC-MORANDEAU (S.) (dir.), *Citoyenneté(s) et démocratie*, Mare & Martin, 2022

MAULIN (É.), *La théorie de l'État de Carré de Malberg*, PUF, 2003

MOULIN (L.), « Les origines religieuses des techniques électorales et délibératives modernes », *RIHPC* avr.-juin 1953, n° 10.

POUTHIER (T.), « La révocation populaire des élus dans la théorie constitutionnelle jacobienne, de Robespierre à Louis Blanc : itinéraire d'une procédure introuvable », *in* SENAC (C.-E.) (dir.), *La révocation populaire des élus*, Mare & Martin, 2022

REMY-GRANGER (D.), « Le pouvoir de suffrage », *in* Troper (M.), Chagnollaud (D.), *Traité international de droit constitutionnel*, t. II, Dalloz, 2012

ROUSSEAU (J.-J.), *Du contrat social*, 1762 (réimp. Le Seuil, 1977)

SIEYÈS (E.), *Qu'est-ce que le Tiers-État ?*, 1789 (réimp. PUF, 1989)

DEUXIÈME PARTIE

L'AMÉNAGEMENT DU POUVOIR DANS LES DÉMOCRATIES : LES RÉGIMES ÉTRANGERS

322 Les régimes parlementaires reposent sur une séparation « souple » des pouvoirs. Mais à y regarder de plus près, leur fonctionnement s'explique plus par le rôle des partis que par la stricte « lecture » des textes constitutionnels (TITRE 1).

Quant au régime américain, est-il caractérisé par une séparation « rigide » des pouvoirs ? Sans doute… Mais, ici aussi, la lecture du texte constitutionnel ne suffit pas à comprendre sa capacité d'adaptation au fil des siècles. Elle tient certes au consensus et à l'attachement des citoyens à leur régime et en la destinée des États-Unis. Mais elle a été rendue possible par des modifications essentielles, qu'il s'agisse du pouvoir fédéral, du rôle des partis, de l'élection et du rôle du président ou du rôle de la Cour suprême. Elles n'ont pas toujours entraîné des révisions constitutionnelles mais s'inscrivent dans le projet initial des fondateurs : assurer un certain équilibre des pouvoirs fédéraux par le jeu des « *checks and balances* » (poids et contrepoids) (TITRE 2).

TITRE 1

LES RÉGIMES PARLEMENTAIRES

323 La « mère des Parlements » a influencé bien des pays, en particulier ceux placés longtemps sous sa domination et qui ont fini par accéder à l'indépendance (CHAPITRE 1). C'est peu vrai – sauf par réaction – pour l'Irlande au contraire du Canada, de l'Australie, de la Nouvelle-Zélande et bien sûr de l'Inde, la « plus grande démocratie du monde » en raison de sa population.

Mais à côté de la Grande-Bretagne, d'aussi vieilles monarchies – et qui le demeurent – ont progressivement connu la mue parlementaire suivant une évolution souvent assez progressive, qu'il s'agisse des monarchies scandinaves ou de celles du Benelux. D'autres démocraties comme la Suisse – dont la qualification de « régime parlementaire » est discutable – ont choisi un chemin original. Enfin, d'autres pays ont trouvé ou retrouvé le chemin de la démocratie au lendemain de la Deuxième Guerre mondiale qu'il s'agisse de l'Allemagne, « modèle » de rationalisation du parlementarisme, de l'Italie, de l'Autriche tous voulant concilier parlementarisme et État de droit garanti par une Cour constitutionnelle. Enfin, dans les années soixante-dix, après des années de dictature, trois pays du Sud de l'Europe, l'Espagne, le Portugal et la Grèce ont recherché la même conciliation afin d'enraciner définitivement leur pays dans la démocratie. C'est oublier, outre la Grande-Bretagne, l'enracinement fort ancien du parlementarisme dans les pays scandinaves, la Finlande ou l'Islande, sans compter ceux du Benelux. La principauté de Monaco constitue à cet égard un modèle original. Enfin, hors Europe, le Japon fascine aussi par un mélange réussi de tradition et de modernité.

CHAPITRE 1

La Grande-Bretagne, « mère des Parlements »

324 « Une étude réaliste de la Constitution anglaise d'aujourd'hui doit commencer par les partis, finir par eux [...], après en avoir discuté de long en large. »

Sir Ivor Jennings.

« Le Parlement anglais peut tout faire sauf changer un homme en femme », Jean-Louis Delolme (juriste calviniste), *constitution de l'Angleterre*, 1771.

On a précédemment évoqué les étapes qui ont conduit le régime britannique à sa physionomie actuelle. Cette évolution montre donc que, du schéma de Montesquieu fondé sur l'observation imparfaite du régime anglais fonctionnant en 1688 comme une monarchie limitée, il ne reste rien ou presque. Le parlementarisme majoritaire repose sur une relation de confiance entre l'exécutif et le législatif, le premier étant issu du second, les liens les unissant relevant de la fusion plus que de la séparation… Quant aux moyens d'action réciproques – la mise en jeu de la responsabilité du gouvernement ou le droit de dissolution –, ils n'ont plus grand-chose à voir avec le dessein de Montesquieu : la censure du gouvernement est devenue improbable du fait du bipartisme et, si elle s'exerce, elle vise non à le renverser mais à l'obliger à s'expliquer devant le pays. Enfin, après le *Fixed-Term Parliaments Act* de 2011 abrogé par le *Dissolution of Parliament Act* de 2022 (Roynier (C.), 2020), l'exercice du droit de dissolution appartient au Premier ministre, pour le cas où sa majorité se rétrécit, ou vise, à la faveur d'élections anticipées, à élargir son assise.

Notons par ailleurs que l'organisation « décentralisée » en Grande-Bretagne a été étudiée précédemment (GUILLY (T.), 2012).

SECTION 1

Le bipartisme structure les institutions britanniques

325 « Deux partis seulement retiennent de façon sérieuse l'attention des électeurs. »

Harold Laski (théoricien politique travailliste, *Le gouvernement parlementaire en Angleterre*, 1950).

Jusqu'en 1922, il s'agit du parti libéral et du parti conservateur et, depuis 1935, du parti travailliste et du parti conservateur (§ 1). Le bipartisme domine (§ 2) donc la vie politique britannique, à l'exception de la période 1900 à 1935 qui voit apparaître le parti travailliste et décliner le parti libéral (§ 3).

§ 1. L'origine du bipartisme tient à son histoire et au système électoral

A. Un dualisme « historique »

326 Le dualisme des partis en Grande-Bretagne est d'abord à rechercher dans l'histoire, marquée par l'opposition entre deux tendances et pour ne remonter qu'au XVIIIe siècle, entre les conservateurs – « *tories* » – favorables à la monarchie et à l'Église anglicane et les libéraux – « *whigs* » – ralliés à la dynastie hanovrienne mais favorables au Parlement, et opposés au conformisme de l'Église officielle. Ces « labels » n'apparaîtront cependant que dans le cours des années 1840.

• **La structuration des partis**. Jusqu'à la première réforme électorale en 1832, il n'existe pas à proprement parler de partis même si, depuis un siècle et demi, *whigs* et *tories* s'affrontent au Parlement sans être strictement organisés. Mais la réforme entraîne la création de sociétés destinées à favoriser l'inscription des nouveaux électeurs sur les listes électorales, et les « partis » tentent de prolonger par leur intermédiaire leur action et de s'organiser sur le territoire. Après la nouvelle réforme électorale en 1867, le parti libéral fédère ainsi de nombreuses sections locales, suivi quelques années plus tard par le parti conservateur. Rassemblé autour d'un leader – moins par un programme – chaque parti alterne au pouvoir (libéraux de 1868 à 1874 puis de 1880 à 1886 ; conservateurs de 1874 à 1880, puis de 1886 à 1906).

• **Déclin libéral et ascension travailliste**. C'est à la fin du siècle que va apparaître un « tiers parti », à la faveur de l'industrialisation et de l'essor du mouvement syndical ouvrier. Issu des *Trade Unions* et de la société fabienne (*The Fabian Society*), le parti travailliste (*Labour Party*) naît sous sa forme actuelle en 1906, fort de près d'un million d'adhérents dont une partie importante lui est apportée indirectement par les syndicats.

En 1918, la nouvelle réforme électorale aboutit à doubler le corps électoral et le parti travailliste s'organise sur tout le territoire, sur la base des circonscriptions parlementaires. En 1922, il dépasse légèrement en voix le parti libéral (29,5 % contre 29,1 %). Ce dernier, coincé au centre, divisé par le choix de son leader, Lloyd George, obligé de s'allier aux conservateurs en 1918, a commencé son déclin. Le parti libéral fait encore jeu égal en 1922 et 1923 avec le parti travailliste, ce dernier le devance largement en 1924 avec 33 % des voix et 151 sièges contre 17,6 % des voix et 40 sièges. Les libéraux sont alors condamnés pour la plupart à un reclassement qui se fait majoritairement à droite.

De 1906 à 1945 la Grande-Bretagne vit donc sous un régime tripartite marqué à partir de 1922 par l'instabilité jusqu'à la marginalisation progressive des libéraux. Leur déclin est donc à l'origine du bipartisme moderne, même si les expériences travaillistes dans les années trente n'ont pas encore permis à ce parti d'apparaître comme un véritable parti de gouvernement.

B. L'influence décisive du système électoral

327 Le déclin des libéraux est aussi dû à un facteur clef du bipartisme : le système électoral. Le First-Past-The-Post (FPIP), scrutin uninominal majoritaire à un seul tour, aboutit tendanciellement au « dualisme des partis » (M. Duverger). En effet, l'électeur a tendance à voter utile – pour le candidat qui a le plus de chance de l'emporter

dans un scrutin à un seul tour, les forces politiques devant se regrouper, sauf à disparaître. Enfin, le scrutin majoritaire à un tour n'a pas seulement comme conséquence générale de sous représenter les petits partis dont les voix sont dispersées sur le territoire mais aussi d'amplifier la victoire en sièges du parti vainqueur. Ce fait est traduit sur le plan arithmétique par la « loi du cube » : le rapport entre le nombre de sièges obtenus pour chacun des deux partis est comme le cube du rapport entre les suffrages qu'ils ont obtenus dans le pays.

Enfin, un faible déplacement de voix (« *swing* ») entraîne une forte amplification en sièges : un déplacement de 1 % de voix gagnées peut valoir 20 sièges supplémentaires. Les équations ne se vérifient cependant que dans les périodes de bipartisme parfait où les deux grands partis assurent une hégémonie presque complète sur la scène électorale.

De 1945 à 1974, les deux grands partis ont alterné au pouvoir avec un avantage pour les conservateurs (v. tableau ci-dessous).

Chronologie des alternances depuis 1945

1945-1951	Travaillistes (6 ans)
1951-1964	Conservateurs (13 ans)
1964-1970	Travaillistes (6 ans)
1970-1974	Conservateurs (4 ans)
1974-1979	Travaillistes (5 ans)
1979-1997	Conservateurs (17 ans)
1997-2010	Travaillistes (*New Labour*)
2010-2015	Conservateurs (alliés aux libéraux-démocrates)
2015-2017	Conservateurs
2017-2019	Conservateurs (alliés avec le Parti unioniste démocrate)
2019-...	Conservateurs

328 Après 1974, le système bipartisan connaît une certaine crise, les deux grands partis ne rassemblant plus au total qu'entre 70 % et 89 % des suffrages au lieu de 90 %... Une partie des suffrages va en effet vers des tiers partis nationalistes (écossais ou gallois), libéraux puis libéraux et sociaux-démocrates, et libéraux-démocrates aujourd'hui qui avoisinent les 20 % des suffrages. Ce

relatif éparpillement en voix n'a pas remis en cause l'hégémonie des deux grands partis en termes de sièges : favorisée par le système électoral, la majorité parlementaire est toujours fabriquée par lui, aucun parti majoritaire en sièges depuis 1945 ne l'ayant été en voix (D. Rae). Ainsi, la prime au vainqueur s'est vue renforcée par cet éparpillement des voix, au détriment des tiers partis dont les suffrages sont dispersés dans l'ensemble des circonscriptions (à l'exception des partis nationalistes). Pour autant, l'élection législative de février 1974 ainsi que celle de 2010 n'ont pas permis de dégager une majorité et ont rendu nécessaire un gouvernement de coalition.

L'adoption du « vote alternatif » (*alternative vote*) a été rejetée par référendum le 5 mai 2011. Le projet résultait d'un accord de cohabitation passé entre le Premier ministre David Cameron et les libéraux-démocrates. Le scrutin uninominal à un tour s'est maintenu, favorisant en 2015 la majorité absolue des conservateurs de David Cameron. Toutefois, la dissolution de juin 2017 voulue par Theresa May (qui a succédé à David Cameron en 2016) entraîne la perte de cette majorité absolue et le Premier ministre est de nouveau contraint de faire, non une coalition à proprement parler, mais une alliance avec un autre parti, le DUP (Parti unioniste démocrate), pour obtenir les dix sièges manquants. Reste que les élections du 12 décembre 2019, à la suite de l'adoption de l'*Early Parliamentary General Election Act*, ont permis aux conservateurs de retrouver une importante majorité absolue (365 sièges sur 650).

§ 2. Deux partis dominants

A. Le parti conservateur

329 • **L'organisation partisane**. Parti de masse, comptant au milieu des années soixante jusqu'à près de deux millions d'adhérents, issus largement des classes moyennes et pour moitié pratiquants réguliers, le parti conservateur compte 545 unions de circonscriptions en Angleterre et au pays de Galles, plus 71 en Écosse. Tournées principalement vers les élections, ces unions assez autonomes sont fédérées au niveau régional (11 « régions » en Angleterre et

pays de Galles), chaque entité régionale étant dirigée par un conseil, dirigé par les parlementaires et candidats locaux, les représentants des militants et les permanents (agents électoraux).

Au niveau national, l'Union nationale fédère les associations de base et est dirigée par un conseil central composé du chef du parti, des représentants des unions locales et régionales, les parlementaires et candidats investis par le parti. L'exécutif national du mouvement est le comité directeur réunissant les principales personnalités du parti, les présidents des conseils régionaux et 12 représentants du comité exécutif de l'Union nationale, élus chaque année lors d'un congrès.

• **Le groupe parlementaire**. À côté de l'organisation électorale du parti, le groupe parlementaire est sa véritable instance dirigeante. Il rassemble tous les parlementaires. Les députés conservateurs se réunissent chaque semaine en un Comité de 1922 (année de sa création) à l'exception des membres du gouvernement si le parti est au pouvoir. Avant 1965, le leader était désigné par les principaux dirigeants parlementaires, entre eux. Depuis lors, à la suite de la crise provoquée par la nomination de Lord Home en 1963, c'est le groupe parlementaire qui élit le chef de parti, soumis cependant chaque année à réélection. Ainsi, il peut ne pas être réélu comme Alec Douglas Home en 1965, Heath en 1975 ou Mme Thatcher en 1990 ou elle fut contrainte à la démission. Depuis 1998, ce sont les adhérents (170 000 en 2022) qui choisissent entre les deux derniers candidats désignés par le groupe. Celui-ci conserve le pouvoir de le destituer, comme Boris Johnson en 2022.

• **L'idéologie conservatrice**. Les conservateurs se considèrent comme un parti quasi naturel de gouvernement. Sans idéologie marquée, le parti conservateur est d'abord pragmatique, attaché à la gloire, voire à la nostalgie, de l'empire britannique, soucieux d'un ordre social hiérarchisé où l'inégalité n'est pas ressentie comme injuste dès lors que la démocratie donne à chacun les moyens de la réussite (la fameuse égalité des chances). Peu différencié dans leur action de celle des travaillistes jusque dans les années soixante en vertu du consensus économique et social hérité de la guerre, le parti conservateur a opéré un tournant libéral en matière économique dans les années soixante-dix – tandis que le parti travailliste opérera un durcissement inverse par la suite. Hostiles à un interventionnisme trop prononcé de l'État, les conservateurs, sous l'influence de Mme Thatcher, ont durci leur hostilité à son encontre rompant ainsi avec le consensus idéologique dominant d'après-guerre : libéralisation et déréglementation de l'économie, célébration du marché ont marqué le thatchérisme hostile au dirigisme et à la Sécurité sociale d'État, ce malgré la critique de l'aile sociale traditionnelle du parti conservateur et la vive réserve de ses soutiens comme l'université, l'Église d'Angleterre ou la haute administration. Il demeure divisé par la question européenne et dominé par les partisans du Brexit.

B. Le parti travailliste

330 Un vote de confiance est organisé à la demande de 15 % des parlementaires du groupe.

• **Une organisation marquée par l'influence syndicale.** Depuis 1918, le parti travailliste connaît des adhérents directs – une minorité – et des adhérents indirects – l'immense majorité (soit environ 75 %) – affiliés par le truchement des syndicats, sociétés de pensée et coopératives qui ont adhéré au parti. C'est ce système d'adhésion indirect qui fait la force du parti même si un adhérent ayant payé sa cotisation au syndicat peut refuser formellement de régler celle concernant son adhésion « indirecte » au parti. En pratique, ce cas est plutôt rare. Fort d'une puissante base ouvrière et salariée, recueillant l'adhésion des intellectuels, des minorités religieuses et des non-croyants, le parti compte près de 6 millions d'adhérents.

À la base, se trouvent les sections locales des adhérents directs et les sections d'adhérents affiliés. Le congrès annuel dirige en principe le parti, élabore le programme et désigne son exécutif (*National Executive Committee*) dont les syndicats contrôlent 18 sièges sur 29. Chargé de l'organisation du parti, il contribue à l'élaboration de sa plate-forme électorale. Mais si le parti est au pouvoir, le chef du gouvernement n'est pas responsable seulement devant lui mais aussi devant le groupe parlementaire.

Le *National Executive Committee* exprime donc la base militante des adhérents directs et surtout des syndicats (dont le poids dans le financement est crucial). Le groupe parlementaire (*Parliamentary Labour Party*) est dirigé par un bureau et comprend députés, lords et ministres. Dans l'opposition, il élit un « cabinet fantôme ». Depuis 1981, il ne désigne plus seul le leader du parti sous l'influence de son aile gauche – dominant alors l'appareil : la procédure de désignation a été modifiée au congrès de Wembley. Il est désormais élu par un collège électoral comprenant 40 % de représentants des syndicats, 30 % de députés, 30 % pour les sections locales.

Le leader du parti travailliste semble donc moins puissant que son homologue conservateur même s'il peut jouer sur les divisions et conflits de tendances au sein de l'organisation. Son autorité est encore affaiblie par le règlement interne du parti qui fixe notamment les conditions de désignation des ministres lors de la formation du Cabinet : ceux-ci doivent être choisis parmi les membres du « *shadow Cabinet* ».

• **L'idéologie travailliste.** Attaché au système parlementaire, le parti travailliste critique l'ordre social et vise à promouvoir l'égalité collective. Défenseur du dirigisme économique, libéral en matière de mœurs (divorce, avortement), le parti reste fondamentalement pragmatique comme en témoigne en particulier la politique d'après-guerre des gouvernements travaillistes ou récemment celle de Tony Blair, après cependant un net durcissement idéologique dans les années quatre-vingt. D'essence sociale-démocrate, lorsqu'il est au pouvoir il doit compter, à l'égal des conservateurs, avec une grande diversité interne dont le leader doit opérer la synthèse. L'idéologie du parti travailliste a évolué sous l'influence de T. Blair et du *New Labour*. Les théoriciens du parti, et notamment Anthony Giddens, ont imposé l'idée d'une « troisième voie » qui demeure contestée par l'aile radicale du parti animée par Jeremy Corbyn. Il a été élu à sa tête en septembre 2015 malgré l'hostilité d'une partie importante du groupe parlementaire. Il sort renforcé des élections anticipées du 8 juin 2017.

C. Les tiers partis

331 • **Les partis autonomistes.** En Écosse, au Pays de Galles, en Irlande du Nord, des partis autonomistes même minoritaires dans leur région respective mais fortement concentrés géographiquement, n'en ont pas moins acquis une représentativité certaine, obtenant globalement, par exemple en 1992, 4, 9 % des suffrages exprimés et 23 sièges du fait de leur concentration géographique. À la suite de la création du Parlement écossais et de l'assemblée régionale galloise, ils ont perdu globalement de leur représentativité, bénéficiant en contrepartie d'élus régionaux : en 2010, le parti national Écossais a obtenu 1,7 % des voix et 6 sièges, le Parti du Pays de Galles, 0,6 % des voix et 3 sièges, le Parti unioniste démocrate (irlandais), 0,6 % des voix et 8 sièges. Or, aux élections générales de 2015, le parti national écossais, fort de ses succès régionaux et de sa lutte pour l'indépendance de l'Écosse, a réalisé une très forte percée en remportant 56 sièges aux Communes, faisant de lui la troisième force, après les conservateurs et les travaillistes.

• **La mouvance libérale démocrate.** Le parti libéral marginalisé n'a retrouvé de l'influence qu'à compter de 1974 avec 19,3 % des suffrages mais sans pouvoir percer, compte tenu du mode de scrutin, sur le plan des sièges. Renouant un court moment (1977-1978) l'alliance avec les travaillistes, il défend les droits de l'individu face à l'État et reste sensible aux thèmes du désarmement, de la protection de l'environnement. Il est aussi europhile. Les libéraux-démocrates sont nés en 1988 d'une fusion entre le parti libéral et le parti social-démocrate issu de l'aile droite du parti travailliste.

Pour autant, la mouvance libérale démocrate a regagné un peu d'influence ces dernières années en termes de sièges : 52 sièges avec 18,2 % des voix en 2001 et 62 sièges avec 22 % des voix en 2005 et, en 2010, 23 % et 57 sièges qui lui permettent de former un gouvernement de coalition avec les conservateurs. Mais aux élections de 2015, il essuie un échec cuisant en ne remportant que 8 sièges avec 7,9 % des voix et 12 avec 7,4 % des voix en 2019, le même résultat qu'en 2017.

§ 3. Deux partis alternant au pouvoir

A. Le parti victorieux dispose de la totalité du pouvoir institutionnel…

332 **Le parti victorieux est majoritaire en sièges.** Dans la mesure où le système électoral tend à cristalliser l'expression politique à travers deux partis déterminants sur le plan parlementaire, le scrutin dégage presque toujours une majorité parlementaire et, partant, une majorité gouvernementale.

En donnant la majorité absolue des sièges à l'un des deux grands partis, les élections font du parti vainqueur un parti disposant de tous les rouages institutionnels : le Parlement – la Chambre des communes – devient la « chambre d'enregistrement » des décisions du parti et le gouvernement est l'émanation de celui-ci.

Le Premier ministre est désigné par le parti majoritaire et investi par le peuple. Le Premier ministre appelé par le monarque est donc le leader du parti victorieux des élections. Cette règle non écrite n'a souffert qu'une exception au XXe siècle, en 1923, George V désignant Baldwin plutôt que Lord Cürzon. L'électeur désigne ainsi par l'intermédiaire de son député un chef de gouvernement, un programme, et peut, à l'issue de son mandat ou à l'occasion d'élections anticipées provoquées par une dissolution, le révoquer ou le confirmer. Ce trait est encore souligné par la personnalisation du conflit entre conservateurs et travaillistes lors des élections législatives, opposant d'abord deux leaders.

À l'exception de la période 1922-1935 où la Grande-Bretagne a connu le tripartisme – et des gouvernements de coalition, le bipartisme est resté dominant et inscrit dans les faits l'alternance. L'électeur sait, en votant pour un parti, qu'en cas de victoire, il gouvernera et appliquera son programme. De ce point de vue, le parti se considère comme le mandataire de ses électeurs. À l'inverse, l'opposition doit présenter un programme crédible et réaliste pour avoir des chances de l'emporter – en particulier le parti travailliste.

Le Premier ministre est le chef d'une majorité parlementaire disciplinée. Cette élection au suffrage universel quasi direct du Premier ministre, son autorité sur le Cabinet et sur la Chambre dont il ne peut craindre en cours de mandat de révocation, fait même ressembler le régime anglais, selon certains analystes, au régime présidentiel américain...

Chacun des deux partis dominants veille en effet à la discipline du groupe parlementaire encadré par des députés appelés *whips* (« fouet ») qui informent les députés de base, *backbenchers*, et veillent au respect par ceux-ci des consignes de vote, même si, en droit, seul le vote personnel est admis. Chaque vendredi, le *chief-whip* adresse à chacun le calendrier du travail parlementaire en indiquant si la présence des députés est requise absolument (sous peine de sanction), simplement facultative ou si son absence doit être compensée par l'abstention d'un député adverse avec lequel il doit s'entendre... La discipline de vote est aussi favorisée par la compatibilité des fonctions parlementaires et ministérielles : par ce biais, nombreux sont – ou seront – les députés de la majorité – une centaine – associés comme ministres, secrétaires d'État, sous-secrétaires d'État (ou secrétaires parlementaires d'un ministre) de près ou de loin au gouvernement, favorisant ainsi la cohésion de la majorité.

Les partis investissent seuls les candidats qui, réciproquement, n'ont aucune chance d'être élus s'ils ne bénéficient pas de l'investiture, les électeurs votant d'abord pour un parti. Les manquements à la discipline de vote n'en sont pas moins rares : le

« groupe de Suez » chez les conservateurs en 1954-1956, la gauche travailliste en 1946 et 1949, et de manière constante le clivage – transversal aux partis – entre pro-européens et « eurosceptiques ». M. Major dut ainsi, lors du débat sur Maastricht, menacer de démissionner et de dissoudre la chambre, face à l'opposition interne à son parti au traité sur l'Union européenne. Tony Blair a fait face à la fronde des députés travaillistes à propos de l'engagement militaire en Irak en 2003. Theresa May, à propos de la loi de retrait de l'Union européenne, a dû démissionner en juin 2019 et Boris Johnson en juillet 2022.

Un Premier ministre responsable devant son parti. Assuré d'une majorité stable, le gouvernement n'a pas en principe à redouter une motion de censure. Le Premier ministre se retrouve responsable *de facto* devant le groupe parlementaire de son parti qui peut – particulièrement au parti conservateur – le « renverser », à la suite d'un vote de défiance, en le poussant à la démission comme Eden en 1957 remplacé par Douglas-Home. Illustration plus récente de cette responsabilité, Theresa May a été conduite à démissionner en juin 2019, ayant échoué à faire approuver l'accord qu'elle proposait sur le Brexit ou Boris Johnson en 2022 à la suite de divers scandales. Cela est vrai aussi dans l'opposition : en 1975, alors qu'un Premier ministre travailliste est au pouvoir (Callaghan), Heath, chef du parti conservateur est remplacé par Mme Thatcher. Cette faculté – exceptionnelle – est propre aux conservateurs, le leader travailliste devant réunir contre lui l'ensemble des centres de décision de son parti (groupe parlementaire et syndicats).

B. ... « Sous le contrôle de l'autre parti » (G. Vedel)

333 Le chef du parti adversaire aux Communes reçoit le titre de leader de l'opposition de Sa Majesté, un traitement et un statut implicite d'interlocuteur naturel du Premier ministre sur la politique internationale où le consensus est souvent recherché sur les grands sujets (la proclamation d'indépendance de la Rhodésie en 1965, l'invasion des Malouines en 1982, etc.). Le statut accordé à l'opposition témoigne de cette « *confiance mutuelle entre les deux partis* » (Gladstone).

SECTION 2

Les institutions britanniques sont dominées par l'exécutif gouvernemental

334 La Grande-Bretagne n'a pas de Constitution écrite : ses institutions, forgées par l'histoire, n'en sont pas moins dotées d'une étonnante stabilité et dominées par l'exécutif.

§ 1. La « Constitution » anglaise

A. Les textes fondateurs

335 Non écrite, la Constitution britannique est formée de plusieurs sous-ensembles. Il existe en premier lieu un certain nombre de textes fondateurs même s'il s'agit formellement en l'occurrence de lois ordinaires pouvant donc être modifiées par le Parlement sans une procédure spéciale bien qu'elles traitent de questions constitutionnelles. Il s'agit de la Grande Charte (*Magna Carta*) de 1215, posant le principe que le roi n'est pas au-dessus des lois, précisant les droits féodaux face au pouvoir du monarque, mais aussi énonçant les droits individuels de justice et de propriété. Ce texte symbolisera au XVIIe siècle le premier acte du Parlement dans son combat contre l'absolutisme. Ensuite, la pétition des droits (*Petition of Rights*) de 1628 accorde à la Chambre des communes le droit de voter l'impôt et interdit les arrestations arbitraires par ordre du roi. La déclaration des droits (*Bill of Rights*) en 1689 réaffirme les droits du Parlement (sous Jacques II) acceptés par la dynastie d'Orange en échange de son installation : consentement à l'impôt et à la levée des troupes, liberté des élections, liberté de parole et de débat et de révision au Parlement garantie par l'immunité juridictionnelle de ses membres, etc. Quant aux droits et libertés – hormis l'*Habeas Corpus Act* qui interdit depuis 1679 toute détention sans inculpation judiciaire au-delà de 24 heures – leur

protection est le résultat des décisions juridictionnelles qui, accumulées, offrent de sérieuses garanties aux citoyens. En 1701, le Parlement, par l'Acte d'Établissement, définit même les règles de succession au trône, et est ainsi consacré partie prenante de la souveraineté – au sens du pouvoir législatif – à parité avec le monarque. La formule du «*King in Parliament*» a ainsi changé de sens, voulant dire désormais que toutes les autorités (le roi et les deux chambres) partagent la souveraineté.

D'autres textes sont aussi de nature de constitutionnelle comme les *Parliament Acts* de 1911 et de 1949 modifiant les relations entre les deux chambres et redéfinissant leurs pouvoirs respectifs et consacrant la réduction sensible de ceux de la Chambre des lords.

Enfin, le droit de l'Union européenne subordonnait avant le Brexit, à l'image des autres États de l'Union, la loi votée par le Parlement à un ordre juridique supérieur mais adopté par lui. Sa souveraineté est battue en brèche d'autant que les lois de dévolution (Écosse, Irlande du Nord, Pays de Galles) limitent ses compétences sur le plan interne. Il reste que le Parlement britannique est loin d'avoir encore abdiqué sa souveraineté : il n'a incorporé que partiellement la Convention européenne des droits de l'homme (*Human Rights Act* du 9 novembre 1998). Entrée en vigueur en 2000, ce texte attribue aux juges de nouvelles prérogatives de contrôle de la législation et l'usage du contrôle de proportionnalité des actes de l'exécutif quand les droits et libertés protégés par le HRA sont menacés et de les annuler. Par ailleurs si un juge constate une contradiction entre la Convention et le *Bill*, il est tenu de saisir le Parlement (référé législatif), interprète ultime qui pourra si nécessaire prendre les mesures d'ordre législatif pour résoudre cette éventuelle contradiction.

Le *Constitutional Reform Act* de 2005 crée une Cour suprême. Le *Succession to the Throne Act* de 2013 modifie les règles de succession au trône.

B. Le droit constitutionnel non écrit

336 Outre les simples usages comme par exemple la rencontre du mardi du Premier ministre avec le roi qui pourrait avoir lieu un autre jour, le droit constitutionnel non écrit rassemble principalement la coutume qui forme la *common law* telle qu'elle résulte des décisions de justice modifiée ou complétée par la loi et les conventions.

Le droit coutumier, sanctionné par le juge

Il s'agit principalement de normes d'origine coutumière qui ont été interprétées et sanctionnées par le juge. Les cas jurisprudentiels sont peu nombreux mais décisifs, même si l'essentiel du droit constitutionnel britannique repose sur les conventions. Ce droit coutumier concerne l'essentiel des prérogatives royales, pouvoirs, privilèges et immunités. Par exemple, l'affaire des *Proclamations* en 1610 sous le règne du roi Jacques Ier définit certaines limites à la prérogative royale. Le 20 septembre 1610, Sir Edward Coke, alors juge en chef des plaidoyers communs, a été convoqué devant le Conseil privé d'Angleterre aux côtés du Lord Chief Justice. Il lui est demandé de donner un avis juridique sur la question de savoir si le roi, par proclamation, pourrait interdire de nouveaux bâtiments à Londres, ou la fabrication d'amidon de blé, ceux-ci ayant été renvoyés au roi par la Chambre des communes comme contraires à la loi. Coke donna la réponse suivante : le roi ne peut changer aucune partie de la *common law*, ni créer aucune infraction, par sa proclamation, qui n'était pas une infraction auparavant, sans le parlement.

Les conventions de la Constitution

Elles ne peuvent être invoquées devant le juge – qui peut cependant s'y référer – et consistent en des pratiques constitutionnelles considérées comme obligatoires. Une convention de la Constitution est formée quand, selon le célèbre constitutionnaliste Ivor Jennings, trois conditions sont réunies de manière cumulative : 1) d'abord il doit y avoir un ou des précédents ; 2) ensuite les acteurs doivent se sentir liés par la règle qui est obligatoire ; 3) enfin la règle doit être justifiée par une raison légitime.

Les conventions de la Constitution sont très nombreuses et contiennent les principales règles de fonctionnement du régime parlementaire britannique qui est d'origine conventionnelle, d'où le nom mal choisi de « constitution coutumière ». Par exemple :

- le roi doit nommer, sur proposition du Premier ministre, des ministres qui doivent appartenir à l'une des deux chambres ;
- le Cabinet issu des élections doit avoir la confiance d'une majorité de députés des Communes et si le Premier ministre perd les élections, il doit démissionner immédiatement ;
- le Cabinet est garant du principe de responsabilité devant le Parlement depuis 1782 (démission de Lord North en 1782) ;
- l'obligation du roi d'accorder sa sanction aux lois, c'est-à-dire de les promulguer ;
- les projets de loi qui affectent directement les intérêts privés ou les prérogatives du souverain (qui sont relativement peu nombreux et lointains) doivent recueillir l'assentiment royal (c'est la procédure du *King's consent*) aujourd'hui *contest* (v ss 336).

Répétées et objet de consensus, elles peuvent être, avec le temps, consacrées par une loi : ainsi de celle instituant un traitement pour le Premier ministre en 1937. Notons que *The Law and customs of Parliament* constitue une source du droit constitutionnel anglais dans le domaine de la procédure parlementaire.

Ces conventions, apparues en Angleterre, servent de fondations à une Constitution principalement coutumière, pour l'essentiel, régissant la responsabilité du gouvernement. Elles ne sont pas à l'évidence transposables en France, régie par une Constitution écrite et au sujet de la laquelle on préfère parler de coutumes constitutionnelles, qui jouent d'ailleurs un rôle résiduel quand elles existent. La loi peut revenir sur une convention dont l'interprétation est très contestée comme l'utilisation discrétionnaire par le Premier ministre du droit de dissolution. Ainsi de l'adoption du *Fixed-term Parliament Act* en 2011 qui y met un terme provisoire puisque le Parlement est revenu sur sa décision.

C. La Cour suprême

337 En 2005, le *Constitutional Reform Act* a introduit dans l'ordre juridictionnel du Royaume-Uni une « Cour suprême ». Cette Cour est l'organe qui a pris la suite de la formation juridictionnelle de la

Chambre des Lords, jugée potentiellement contraire aux impératifs de l'article 6 § 1 de la Convention européenne des droits de l'homme (droit au procès équitable, impliquant l'indépendance et l'impartialité des juridictions) : elle est donc désormais, depuis son entrée en vigueur en 2009, la plus haute juridiction, principalement en matière civile au Royaume-Uni et en matière pénale en Angleterre, au Pays de Galles et en Irlande du Nord. Elle connaît des recours soulevant des questions d'importance majeure, d'intérêt général ou constitutionnelles. Composée d'un président, d'un vice-président et de dix juges, elle siège principalement en formation de cinq juges (formation plénière pour les litiges complexes). Son rôle a été notamment mis en lumière à l'occasion des décisions qu'elle a rendues dans le cadre du « Brexit » : les arrêts *Miller* du 24 janvier 2017 et du 24 septembre 2019. Le premier concernait les modalités de déclenchement de l'article 50 du Traité sur l'Union européenne, encadrant la sortie d'un État membre : elle a jugé à cette occasion que le seul référendum de 2016 ne pouvait suffire et qu'un tel déclenchement ne pouvait relever du seul pouvoir de l'Exécutif au titre de ses compétences internationales ; une loi du Parlement était nécessaire (le *EU Withdrawal Act* de 2018). Le second portait sur la suspension du Parlement demandée par Boris Johnson du 10 septembre au 14 octobre 2019 : estimant que le pouvoir de suspendre le Parlement relevait de la prérogative royale, mais que son utilisation devait être justifiée par un motif valable pour ne pas empêcher arbitrairement le pouvoir législatif d'exercer ses fonctions, elle a déclaré nul et non avenu l'*order in Council* de la Reine.

§ 2. L'exécutif est formellement bicéphale

338 Le monarque est dépourvu de pouvoir réel.

• **Des prérogatives purement nominales.** L'irresponsabilité politique du monarque est, en régime parlementaire, le corollaire de son effacement après avoir été l'expression de sa puissance (« le roi ne peut mal faire »). Ainsi le roi d'Angleterre est-elle irresponsable politiquement. Le roi, selon Bagehot en 1867, a cependant conservé « le droit d'être consultée, le droit d'encourager, le droit de mettre en garde (ses ministres) ». Mais plus d'un siècle plus tard, même ce droit semble tombé en désuétude. Le monarque est cependant informé chaque semaine par le Premier ministre de la vie politique.

La « prérogative royale » est en fait, s'agissant des pouvoirs du roi, exercée par le gouvernement. Aucun d'entre eux ne peut être exercé sans le contreseing du Premier ministre. C'est ainsi que le roi lit à la Chambre des Lords le Discours du trône ouvrant la session parlementaire : ce programme législatif est en fait rédigé par le Premier ministre. Qu'il s'agisse donc du droit de dissolution, de l'« assentiment royal » sanctionnant les lois, de la conclusion de traités, etc., le pouvoir du monarque est formel. De même nomme-t-il le Premier ministre, mais désigne toujours le leader du parti majoritaire ; lorsqu'exceptionnellement comme en février 1974, les élections générales n'ont pas dégagé une majorité absolue, le chef du groupe le plus important aux Communes est nommé.

• **La question du *King's (ou Queen's) Assent***. En février 2021, des journaux britanniques ont posé la question du *Queen's Assent*, l'assentiment de la Reine, convention de la Constitution, qui se distingue de la simple sanction royale. Alors que le *Royal Assent* renvoie à une compétence désormais liée de promulgation de la loi, le *Queen's Assent* désigne l'avis que la Reine peut donner sur des textes concernant la prérogative royale ou les intérêts de la Couronne (revenus héréditaires, biens personnels, successions – la fortune de Charles III est estimée à deux milliards d'euros – etc.), en amont du processus législatif lui-même : s'il est défavorable, le projet ou la proposition ne devrait pouvoir être discuté. Juridiquement, en conditionnant la discussion d'un texte du Parlement, cet avis constitue une immixtion, certes limitée, du pouvoir royal dans l'exercice de la fonction législative : compréhensible lorsqu'il s'agit des intérêts privés de la Couronne, il est désormais remis en cause lorsqu'il porte sur les matières relatives à la prérogative royale (comme en 1988 le retrait de l'immunité de la Couronne ; en 1950, le projet de réforme de la Chambre des Lords, etc.).

• **Le monarque reste un symbole**. Le roi reste un symbole de l'unité nationale et de la permanence de l'État, c'est-à-dire de la Couronne – distincte de la personne du monarque. L'adhésion populaire à la monarchie et à la famille royale a faibli ces dernières années au vu de ses dissensions et plus encore depuis la disparition d'Elisabeth II en particulier chez les jeunes générations.

Le roi réduit donc à un rôle de représentation et de patronage, est le chef de l'Église d'Angleterre, défendeur de la foi, et sert de trait d'union symbolique entre la Grande-Bretagne et les États du Commonwealth qui tend aussi à s'effriter.

§ 3. Le Premier ministre est le centre du pouvoir

A. Le Premier ministre est le titulaire réel du pouvoir gouvernemental

339 **Le Premier ministre, chef du gouvernement.** Désigné en théorie par le monarque, il l'est en fait depuis la fin du XIXe siècle par les électeurs, après avoir été désigné par son parti comme le leader. De même, en théorie, est-il le « premier parmi ses pairs » (*primus inter pares*), et, dans les faits, le chef du gouvernement qu'il forme lui-même (en tenant compte des personnages clefs du parti) et remanie librement : en 1982, par exemple, Mme Thatcher a écarté les *Wets* (« poules mouillées ») de son gouvernement lors de la guerre des Malouines. Il préside les réunions du Cabinet, fixe son ordre du jour, en dirige les débats. Il peut dissoudre la Chambre des communes et décide seul. Il est le chef de l'armée, de la diplomatie et de l'Administration (il est le ministre de la Fonction publique – [*Civil Service*]). Il dispose, par l'intermédiaire du Cabinet, de la totalité du pouvoir exécutif et avec l'appui du parti majoritaire à la Chambre de l'essentiel du pouvoir législatif et financier. Mais le parti majoritaire peut le contraindre à la démission, faute d'infléchir sa politique.

340 **Les formations du gouvernement.** Issu à l'origine du Conseil privé du monarque et s'en étant détaché progressivement, le gouvernement comprend une centaine de membres qu'il faut distinguer avec précision.

• **Le gouvernement.** Il comprend les ministres avec ou sans portefeuille, assistés éventuellement de secrétaires d'État dans les grands ministères, qui ne font pas partie du Cabinet *stricto sensu*. Ces deux catégories de membres du gouvernement peuvent être assistées de *juniors ministers* (sorte de sous-secrétaires d'État). Notons enfin que tous les membres du gouvernement sont en outre assistés de secrétaires parlementaires (une quarantaine), assurant le lien entre le ministère et la Chambre des communes, soit au total une centaine de personnes.

• **Le Cabinet proprement dit.** Le Cabinet est l'organe collégial et solidaire de délibération du gouvernement, sous l'autorité du Premier ministre. Comprenant une vingtaine de personnes dont les principaux titulaires de portefeuilles (Lord Chancelier – ministre de la Justice, Chancelier de l'Échiquier – ministre des Finances, secrétaire d'État au Foreign Office, etc.), le Cabinet conduit la politique de la nation. Le Premier ministre réunit par ailleurs des comités ministériels restreints sur certains sujets, permanents ou *ad hoc*, où siègent ministres et hauts fonctionnaires. Les comités de Cabinet examinent les dossiers et préparent les décisions qui seront le plus souvent entérinées par le Cabinet. Ainsi, le Premier ministre s'assure encore mieux de la maîtrise de la politique conduite.

Le travail du Cabinet est préparé par un secrétariat, le Cabinet Office, siégeant au 10 Downing Street. Il fait procéder aux études nécessaires, coordonne l'activité gouvernementale et joue ainsi le rôle du Secrétariat général du gouvernement français. Il comprend 120 personnes.

• **Le cumul des fonctions ministérielles et parlementaires.** Les ministres sont tous membres du Parlement. Ils ne peuvent se présenter que devant la chambre à laquelle ils appartiennent. Les lords membres du gouvernement sont peu nombreux, ne pouvant s'exprimer devant la principale chambre, les Communes, que par l'intermédiaire d'un adjoint (leur secrétaire parlementaire). *A fortiori*, le Premier ministre ne peut être un lord : en 1963, Lord Home a renoncé à son titre en accédant à ces fonctions et afin de pouvoir siéger aux Communes. Cependant, jusqu'à la réforme de 2005, le ministre de la Justice était obligatoirement membre de la Chambre des Lords qu'il présidait. Mais le *Constitutional Reform Act* de 2005 l'a remplacé dans cette fonction par le *Lord Speaker*.

B. Les compétences du Premier ministre et du Cabinet sont étendues

341 **Les compétences exécutives.** Le Cabinet, sous l'autorité du Premier ministre, définit la politique intérieure et extérieure à laquelle il s'est engagé lors des élections. Ce mandat populaire limite sensiblement l'interférence du parti dans son application.

342 **Devant les Communes.** Il est responsable, en fait, devant son propre parti qui l'a désigné. Il peut, seul, dissoudre la Chambre, dans les conditions précisées ci-dessous. La direction et le contrôle de l'Administration appartiennent naturellement à l'exécutif. Notons que le *Civil Service* est marqué par une certaine tradition de neutralité et de loyalisme qui tient d'abord à la séparation de l'Administration et de la politique se traduisant en particulier par l'impossibilité pour les hauts fonctionnaires de se présenter aux élections sauf à démissionner. Mais par sa stabilité et son mode de recrutement fermé et élitiste, la haute Administration influe sensiblement sur les politiques publiques.

343 **Les compétences législatives et financières.**

• **L'hégémonie dans l'initiative législative.** Grâce à sa majorité à la Chambre, le Cabinet dispose d'une hégémonie presque totale en matière d'initiative législative : en moyenne 90 % des textes votés sont d'origine gouvernementale (les *Government Bills* ou projets de loi).

Il bénéficie aussi de la législation déléguée dont l'ampleur a été accentuée, on l'a vu, par la Première Guerre mondiale. Pour en prévenir les abus, une loi de 1946 définit la procédure d'établissement de ces règlements législatifs (*statutory instruments*). Une fois votée la loi d'habilitation, un comité mixte parlementaire émanant des deux chambres peut attirer l'attention sur leur application et donc le non-respect éventuel par le gouvernement du cadre de la délégation accordée, ce, avant que le Parlement n'ait à ratifier ces règlements législatifs. Enfin, ceux-ci sont soumis à un contrôle judiciaire et peuvent être censurés pour excès de pouvoir.

• **Le monopole de l'initiative financière.** Non seulement le projet de budget (*money Bills*) est préparé par la Trésorerie mais le Cabinet peut seul proposer des dépenses et des recettes. La discussion par ailleurs ne peut s'éterniser puisqu'elle doit être close dans un délai de 32 jours. Seule donc une petite fraction des crédits est vraiment discutée, en particulier, par l'opposition. Bref, le système est brutal.

§ 4. Le Parlement est le relais de l'action gouvernementale

344 Formé en principe de l'accord du roi et des chambres, le Parlement se compose en fait de deux chambres.

A. Le Parlement est nominalement bicaméral : une survivance historique, la Chambre des Lords

• **Une composition en partie anachronique**. La Chambre des Lords, survivance aristocratique, se composait avant la réforme de 1999 de plus de 1 100 membres, soit près de 800 pairs héréditaires, plus de 350 pairs à vie dont 21 hauts magistrats (*Law Lords*), exerçant la fonction de juridiction suprême au sein de la chambre mais ne participant pas aux débats et 26 lords spirituels, représentant l'épiscopat d'Angleterre.

En 1999, la réforme de M. Blair (*House of Lords Act*) a aboli le droit de siéger des pairs héréditaires. Transitoirement, 92 d'entre eux sont maintenus ; ils sont choisis par leurs pairs. Début 2019, la Chambre des Lords comptait 784 membres : 668 pairs à vie (*Life peers*), 90 pairs héréditaires (*Hereditary peers*) et 26 archevêques et évêques (*Lords Spiritual*).

Les pairs à vie sont nommés par le roi sur proposition du Premier ministre. Cependant, depuis 2001, une commission indépendante (*the House of Lords Appointments Commission*) joue un rôle déterminant dans ces nominations. En 2011, une réforme voulue par les libéraux-démocrates alliés aux conservateurs prévoyait ainsi une réduction du nombre total de lords à 450, et supposait en outre que 80 % d'entre eux soient nommés par une commission spéciale, pour un mandat de 15 ans non renouvelable. Enfin, le nombre d'évêques devait être réduit à 12. Cette réforme, devant la réticence des députés conservateurs, a été retirée en 2012. Mais le *House of Lords Reform Act* de 2014, en prévoyant la possibilité pour tous les lords de se démettre et celle de les démettre de leurs fonctions pour tout pair reconnu coupable d'une infraction pénale et condamné à une peine d'emprisonnement d'un an ou plus, favorise la diminution du nombre des lords.

• **Des pouvoirs diminués**. En matière financière, les pouvoirs de la chambre ont ainsi été réduits à peu de chose par le *Parliament Act* de 1911 : ainsi, après le refus de la Chambre des Lords en 1909 de voter le budget et son volet fiscal, le gouvernement libéral, après une dissolution favorable, a fait voter, outre le budget par les Communes, un texte réduisant les pouvoirs de la Haute Assemblée. Après une nouvelle dissolution, encore favorable, les lords s'inclinent par le *Parliament Act* de 1911. Désormais, les *moneys Bills* ne peuvent pas être amendés par eux. Leur chambre examine, certes, le budget mais quel que soit son vote, le projet est promulgué un mois après avoir été adopté aux Communes.

En matière législative, la Chambre des Lords peut mettre son veto à un texte pendant seulement 13 mois depuis le *Parliament Act* de 1949, le gouvernement travailliste voulant prévenir alors l'hostilité prévisible des lords aux nationalisations. La navette, fort rare, se poursuit alors pendant ce délai, cette situation étant dénommée « ping-pong ». Les Communes doivent donc l'adopter lors de deux sessions successives séparées par ce délai. En fin de législature, le gouvernement peut donc être conduit à négocier avec la Chambre des Lords ou, dans la perspective d'un démantèlement d'un projet, battre le rappel des pairs habituellement inactifs (les *backwoodsmen*, littéralement « les hommes de bois »).

Notons que les *Parliament Acts* de 1911 et 1949 ne s'appliquent pas aux projets de loi déposés en premier lieu devant les lords. À côté de quelques textes importants déposés devant eux, ce sont systématiquement ceux dits d'« intérêt privé » (*private Bills*), soit autorisant des collectivités ou organismes privés à procéder à certaines opérations (aménagement portuaire, de codification), ou des projets de ratification de la législation déléguée. Dans ces domaines, le bicaméralisme est intégral mais aussi consensuel. Au total, malgré la volonté cyclique des travaillistes de supprimer cette chambre, cette assemblée apparaît plutôt aujourd'hui comme le défenseur des libertés et droits de l'homme, et de l'autonomie locale. Gardienne d'une certaine idée de l'Angleterre, traditionnelle mais libérale et sociale, son existence n'est plus vraiment remise en cause.

• **Les fonctions juridictionnelles**. La Chambre des Lords a été la Cour d'Appel suprême pour l'ensemble du Royaume-Uni à la fois pour les affaires civiles et criminelles (à l'exception toutefois des affaires criminelles écossaises, qui dépendent d'une juridiction spécifique). Mais depuis le *Constitutional Reform Act* de 2005, entré en vigueur en 2009, une Cour suprême du Royaume-Uni exerce ces attributions. Enfin, le Lord Chancelier, qui était jusqu'alors Président de la Chambre des Lords, mais également Président de la Cour suprême d'Angleterre et du Pays de Galles et membre du Cabinet, chargé de la supervision du pouvoir judiciaire, voit ses attributions transférées au *Lord Chief Justice*, tandis que la présidence de la Chambre des Lords est confiée à un Speaker élu par la Chambre.

B. La Chambre des communes

345 Détruit par un incendie en 1834, le palais de Westminster – qui comprend aussi la Chambre des Lords – a été reconstruit en style néogothique sous la reine Victoria. Bombardée et détruite par les nazis le 11 mai 1941, la nouvelle salle de la Chambre des communes a été inaugurée le 26 octobre 1950 et reconstruite à l'identique. La disposition des lieux est héritée du temps où les députés siégeaient sur les stalles de la chapelle Saint Stephen. À la différence des hémicycles où se réunissent les députés dans la plupart des pays du monde, à l'exception de ceux du *Commonwealth* qui reproduisent le modèle architectural anglais, la Chambre des communes se distingue par sa forme rectangulaire. Physiquement, les députés sont placés sur des gradins divisés par une allée centrale, séparés par deux lignes rouges qu'ils ne pouvaient franchir à l'origine, afin de ne pas croiser le fer : seule la longueur de deux épées sépare les deux lignes rouges qui, au sol, délimitent les bancs du parti au gouvernement (à droite du

Speaker, président) et ceux de l'opposition (à gauche). Partisans et adversaires du gouvernement se font face, avec au premier rang les dirigeants. La grande proximité entre les adversaires politiques a été conçue à la fois pour favoriser la vivacité des débats et créer une impression d'intimité. La taille relativement exiguë de la Chambre, avec 437 places assises pour 650 députés, oblige certains parlementaires à siéger sur les bancs de l'opposition, les autres devant se tenir debout en cas de forte affluence, parfois autour du fauteuil du *Speaker*. En face de lui se trouve une table centrale dans l'espace séparant les bancs du gouvernement de ceux du cabinet fantôme de l'opposition. À une extrémité est posée la masse (« the Mace »), sorte de sceptre en argent apporté solennellement au début de chaque séance et symbolisant l'autorité du roi, chef de l'État. Deux boîtes en bois de Puriri d'Australie sont aussi posées sur la table contenant des textes religieux qui sont utilisés lors des prestations de serment et disposées devant le siège du Premier ministre et celui du leader de l'opposition. Ils y posent leurs documents ou s'y appuient lorsqu'ils prennent la parole. Des livres sur la procédure parlementaire sont aussi posés entre les deux boîtes.

Une composition classique.

Âgés d'au moins 21 ans et au nombre de 659, depuis 1997, élus pour cinq ans au lieu de sept (depuis le *Parliament Act* de 1911), les députés ne peuvent être fonctionnaires, et ne cumulent presque jamais leur mandat local avec un mandat parlementaire. Une majorité d'entre eux conserve cependant un emploi permanent ou occasionnel.

Physiquement, les députés sont placés sur des gradins divisés par une allée centrale, séparés par deux lignes rouges qu'ils ne pouvaient franchir à l'origine, afin de ne pas croiser le fer… Partisans et adversaires du gouvernement se font face, avec au premier rang les dirigeants. Le problème, notait Winston Churchill, est que l'exiguïté des lieux combinée à l'existence d'un parti fortement majoritaire a pour conséquence d'obliger ses membres à siéger sur les bancs de l'opposition. Ce qui n'a pas empêché, après les bombardements de la guerre, que la chambre soit reconstruite à l'identique…

346 **Une organisation originale.**

• **Les séances.** L'ordre du jour est fixé par le leader de la chambre, c'est-à-dire le ministre chargé des relations avec la chambre. Elle siège du lundi au vendredi, l'après-midi (le quorum étant de 40 membres). L'année parlementaire s'ouvre à l'automne par la lecture du Discours du trône, à la Chambre des Lords, selon un rituel forgé par l'histoire : ce n'est qu'après avoir entendu formellement l'ordre de la reine de venir l'écouter, par la bouche d'un huissier, à qui ils auront dans un premier temps claqué la porte au nez en signe d'indépendance, que les membres de la Chambre des communes se rendent à la Chambre des Lords, où ils restent debout.

• **Le vote à l'oreille.** Depuis 1836, le vote est acquis « à l'oreille ». Lorsque le débat est terminé, le *Speaker* demande aux députés d'exprimer leur avis à voix haute par la formule « *As Many As Are Of That Opinion…* » et demande à chaque camp votant oui ou non de dire « *aye* » (oui) ou « *no* » (non). Il juge alors à l'oreille quel camp remporte le plus de suffrages et dit : « Je pense que les "oui" (ou "non") l'emportent. » La Chambre doit alors confirmer son point de vue. Si plusieurs députés contestent son jugement, ils doivent poursuivre leurs exclamations en faveur du « oui » ou du « non ». Dans ce cas, le *Speaker* crie : « *Division. Clear the lobbies* » (« dégager les entrées ») en vue de procéder à une « *division* », qui consiste en un décompte plus précis des voix entre les opposants et les partisans de la question, grâce à une séparation physique des *oui* et des *non*. Tous les députés doivent alors sortir de la Chambre. Plus tard, la *division bell* retentit. Au son de cette cloche, les députés ont 8 minutes précises pour retourner dans la Chambre. Les députés choisissent d'entrer par le couloir des « *aye* » ou par le couloir des « *no* », chacun étant situé à l'autre extrémité de la pièce. Le vote est compté sur base des entrées par l'une ou l'autre porte. « *Lock the doors* » (« Fermez les portes ») crie le *Speaker*. Plus personne ne peut sortir et le comptage est opéré par quatre scrutateurs (*the Tellers*). Ils n'ont pas voté et sont chargés de s'assurer de la bonne tenue du vote. Ils s'avancent, inclinent la tête en signe de respect et annoncent le vote. Le *Speaker* le valide et l'annonce officiellement par un : « *The noes* (ou "*yes*") *have it* ».

• **Les règles de bienséance**. L'une des plus vieilles lois anglaises toujours en vigueur interdit depuis 1313 l'introduction d'armes à Westminster. Il est interdit aux parlementaires de lire le journal, de prendre des photos, de porter une tenue excentrique. De même, obligation est faite aux membres de la Chambre des Communes de parler au *Speaker* plutôt qu'aux autres élus et de ne pas prononcer leur nom mais de rappeler leur qualité *d'Honourable member* afin d'éviter les affrontements entre parlementaires. Toujours en séance, il est aussi interdit de fumer depuis 1693, d'être ivre, de manger et de boire, mais aussi de lire un discours. L'obligation de se couvrir la tête pour soulever un point d'ordre a été maintenue jusqu'en 1998. Un député n'a pas le droit d'accuser un autre de mentir ni d'avoir bu. Le *Speaker* exige alors qu'il retire ses paroles. S'il n'obtempère pas, il peut suspendre sa participation à la séance. Des circonlocutions ont été forgées : « inexactitude terminologique » pour « mensonge » ; « fatigué et émotif » pour « ivre ». Les élus ne doivent pas applaudir. Ils expriment leur approbation et leur soutien en lançant en chœur de sonores : « *Hear* ! » (« entendez-le ! »). Les *Speakers* ont également recensé au fil du temps un registre de « *unparliamentary language* » bannissant des insultes telles que « canaille », « lâche », « crétin », « vaurien », « hooligan », « rat », « fripouille », « traître » et « menteur ». Ces règles sont recensées dans un recueil : *Some Traditions and Customs of the House.*

347 • **Le rôle du *Speaker*.** Créé en 1376 et à l'origine représentant du roi, le *Speaker* présidait les délibérations et devait rapporter les doléances de ses collègues auprès du monarque. Sept d'entre eux ont été décapités entre 1394 et 1535 et un huitième a été assassiné. Trois d'entre eux ont exécuté en partie pour leurs actes comme *Speakers*. La tradition veut donc que le nouveau *Speaker* soit traîné, au sens littéral du terme, mais dans la bonne humeur, par ses partisans jusqu'à son fauteuil, tant cette fonction a pu paraître risquée dans un passé lointain. Peu à peu, des *Speakers* ont contribué à forger leur indépendance et celle de la Chambre vis-à-vis de la Couronne. C'est en particulier le cas de William Lenthall au XVIIe siècle, célèbre pour avoir déclaré au roi Charles Ier ne pouvoir agir qu'avec l'accord de la Chambre.

Sa désignation est consensuelle même s'il est généralement – mais pas toujours – choisi au départ dans la majorité, il doit être aussi agréé par l'opposition – inimaginable en France... De 1992 à 2000, pour la première fois, ce fut une femme – Betty Boothroyd – qui tint ce rôle : elle était travailliste, bien que la majorité de l'époque fût conservatrice. En 2000, quatorze candidats se sont présentés, aboutissant à une réforme en 2007. Chaque candidat devant être parrainé par 12 députés, l'élection ayant lieu à la majorité absolue. Le scandale des notes de frais des élus a entraîné la démission en 2009 de Micheál Martin, auquel a succédé le conservateur John Bercow. Depuis lors, cette fonction est occupée par un travailliste, Lindsay Hoyle. Lors des élections législatives, aucun candidat ne lui est opposé en principe par le parti adverse. Après sa retraite, il est élevé à la Pairie. Au XXe siècle, la Chambre des communes n'a connu que 12 présidents.

Le *Speaker* préside la Chambre des communes « parle en son nom » et joue un rôle beaucoup plus important que son homologue français et pas seulement en imposant le silence par le fameux « *Order* ». Il dirige l'administration de la Chambre et préside de façon impartiale les débats. Ce rôle est essentiel puisqu'il est le garant des droits de la minorité. Il donne la parole, accepte ou refuse les amendements, et décide en fait du rythme de la procédure : limitation du temps de discussion, sélection des amendements. Il peut rappeler au Premier ministre les droits du Parlement, comme en mars 2019, lorsque John Bercow a invoqué la coutume constitutionnelle pour refuser à Theresa May la possibilité de soumettre à nouveau aux députés un accord sur le Brexit déjà refusé par ces derniers ou pour contester à Boris Johnson le droit d'ajourner le Parlement en août 2019. Il désigne les présidents de commissions et répartit les projets ou propositions de lois entre elles.

348 • **Les commissions législatives**. Il faut distinguer deux types de commissions législatives : la commission de la chambre tout entière et les commissions non spécialisées. La première – réunie peu fréquemment – examine les textes financiers et les textes les plus délicats. Elle est composée des parlementaires intéressés et présidée non par le *Speaker* mais par un *Chairman*. Les secondes (*Standing Committees*) ne sont pas permanentes ni spécialisées et constituées pour chaque texte. Désignées simplement par une

lettre (A à M), elles n'ont jamais la même composition – effectuée à la proportionnelle des groupes : à côté d'un noyau d'une vingtaine de membres élus pour la session, jusqu'à une trentaine de membres différents, selon les textes, s'y joignent. Depuis 1985, des commissions spécialisées permanentes (*Special Standing Committees*) ont été instituées mais, contrairement à la France, leur intervention est l'exception et non la règle. Les séances de ces commissions sont publiques et les débats publiés.

349 **Les commissions de contrôle.** À côté des commissions internes chargées de l'administration de la chambre, il existe des commissions de contrôle traditionnelles comme la Commission des comptes publics – l'équivalent de la Cour des comptes en France –, ou la Commission des lois européennes. Depuis 1979, ont été instituées 16 nouvelles commissions sectorielles qui surveillent l'activité du gouvernement dans chaque secteur (défense, agriculture, éducation, emploi, etc.). Elles ne comprennent aucun membre du gouvernement et sont composées à la proportionnelle des groupes. Leur rôle, dans un souci de revalorisation du Parlement, est d'examiner les dépenses, et plus largement d'évaluer les politiques, rendant compte de leurs conclusions dans un rapport précédé d'auditions de hauts fonctionnaires ou de ministres. Il n'est pas examiné par la Chambre, mais suscite l'attention des médias.

350 **Les groupes parlementaires.** Fort d'une discipline rigide, chaque groupe comprend un *Chief Whip* (fouet) assisté de *Whips*, chargés de la faire respecter. Ils indiquent aux parlementaires l'attitude à adopter dans le débat – sous peine de sanctions. Ils dirigent les députés vers le lobby correspondant à la consigne du parti qui est graduée : un 3 *lines whip* est un vote absolument essentiel ; une absence peut être tolérée en cas de 2 *lines whip*, mais à condition de trouver un collègue également absent dans le camp opposé. Un 1 *line whip* est moins impérieux. Les récalcitrants peuvent se faire retirer l'investiture de leur parti, à l'instar des 21 députés conservateurs qui ont été sanctionnés début septembre par Boris Johnson pour avoir voté en faveur du texte destiné à empêcher un Brexit sans accord.

C. Une procédure législative maîtrisée par l'exécutif

351 Les commissions compétentes en matière législative exercent une influence plus limitée que leurs homologues français (Rapport d'information n° 43 du Sénat (2006-2007) de MM. Patrice GÉLARD et Jean-Claude PEYRONNET, fait au nom de la commission des lois et de la mission d'information de la commission des lois). Elles interviennent après la phase de discussion générale en séance publique : chaque projet de loi est généralement renvoyé à un *standing committee* qui ne peuvent procéder ni à des auditions ni à des investigations préparatoires à l'examen du texte. En outre, aucun rapporteur n'est désigné pour examiner plus spécifiquement les textes qui leur sont soumis. Le dépôt et la discussion des amendements s'effectuent surtout au stade de la commission, le président de la commission dispose de son large pouvoir d'appréciation pour déclarer irrecevables les amendements sans lien avec le texte (qu'on appelle en France les « cavaliers ») mais en use peu. S'il est possible de déposer ou de redéposer des amendements en séance publique après l'examen du texte par la commission, les amendements déjà largement débattus et rejetés au stade de la commission ne sont généralement pas rediscutés, le *Speaker* les écartant.

Le travail en commission se termine par la publication d'une nouvelle version du texte qui intègre les amendements adoptés. C'est sur ce texte, comme en France depuis 2008, que porte la discussion en séance.

L'accélération de la procédure. La « guillotine » permet, depuis 1887, d'allouer un temps limité pour la discussion du texte. Elle est utilisée exceptionnellement, à l'image de l'article 44, alinéa 3 de la Constitution française. La procédure dite du « kangourou » comme son nom le suggère, permet, depuis 1909, au *Speaker* ou à son président de commission de « sauter » certains amendements pour ne sélectionner que les plus représentatifs des opinions exprimées et ressemble au temps législatif programmé français (TLP).

352 **La suspension du Parlement.** Le Premier ministre peut également demander la suspension du Parlement au Roi. Si la procédure est parfois utilisée – le Roi se devant en pratique de suivre l'avis de

son Premier ministre –, la suspension demandée en septembre 2019, dans le contexte du « Brexit », a donné lieu à un contentieux devant la Cour suprême. Pour éviter que les parlementaires n'aient à statuer une nouvelle fois sur les modalités d'un accord de sortie alors que le Brexit était prévu pour le 31 octobre, Boris Johnson a demandé une suspension particulièrement longue du Parlement du 10 septembre au 14 octobre. Trois recours ont été déposés à l'encontre de la décision royale prise sur avis du Premier ministre. Alors que les juridictions du fond estimaient majoritairement que cet acte était injusticiable en raison de son rattachement à la prérogative royale, la Cour suprême a jugé, dans sa décision du 24 septembre 2019, que le pouvoir de prérogative, dont le pouvoir de suspendre le Parlement, est encadré par le principe constitutionnel de souveraineté parlementaire et par celui de responsabilité du Gouvernement devant le Parlement, si bien que « la décision de suspendre le Parlement (ou de demander au Roi de suspendre) sera illégale si la suspension a pour effet d'entraver ou d'empêcher, sans justification valable, la capacité du Parlement à exercer ses fonctions constitutionnelles en tant qu'organe législatif et en tant qu'organe de contrôle de l'exécutif ». Considérant que les raisons officielles avancées par Boris Johnson ne représentaient pas une justification valable, la Cour a conclu, de manière décisive, à l'illégalité de la suspension et à son existence nulle et non avenue : le Parlement n'ayant jamais été suspendu, les présidents de deux chambres devaient le rappeler au plus tôt pour qu'il exerce ses fonctions.

SECTION 3
Des moyens d'action réciproques déséquilibrés

Nous étudierons le contrôle du Parlement sur le gouvernement (§ 1) et ses moyens d'action (§ 2).

§ 1. Le contrôle du Parlement sur le gouvernement

A. Le statut de l'opposition

353 On a déjà évoqué l'existence officielle d'une « opposition de Sa Majesté » (v. ss 331), majorité de rechange dont le chef est rémunéré et a place dans le protocole. Il dirige un « Cabinet fantôme » (*shadow cabinet*), apte à succéder au gouvernement même si sa composition ne lie pas, au parti conservateur, son chef pour l'avenir. À chaque session, 20 séances sont consacrées à des thèmes choisis par l'opposition (*opposition days*).

B. Les questions

354 Chaque jour et pendant une heure, la séance débute par des questions orales. Elles permettent aux députés de s'informer sur n'importe quelle question, en particulier liée à l'actualité. Les questions sont déposées par écrit deux semaines à l'avance auprès du *Speaker*. Deux fois par semaine, et pendant 15 minutes, c'est le Premier ministre qui répond en personne à ces questions, le reste du temps, ce sont des ministres. Par ailleurs, les députés peuvent poser des questions écrites.

Les « interpellations privées », questions liées à l'urgence du moment, peuvent être posées à l'issue de chaque séance et pendant une demi-heure (outre la motion d'ajournement qui permet à un député d'intervenir sur un problème, souvent local, auquel répond le ministre compétent). Globalement, la procédure des questions permet de les porter devant l'opinion publique grâce aux médias.

C. La mise en jeu exceptionnelle de la responsabilité du gouvernement

355 Il n'existe pas, en la matière, de procédure spéciale. Et la censure du gouvernement est exceptionnelle. Le gouvernement, battu sur certains projets, ne se sent pas d'ailleurs obligé de démissionner.

La chute d'un gouvernement résulte ainsi d'abord d'un vote interne au parti et/ou d'une crise en son sein, comme pour Boris Johnson en juillet 2022 (cinquante démissions en son sein). Celle de Liz Truss, qui lui succède et qui tombe au bout de 49 jours, tient à une fronde parlementaire et à des records d'impopularité. Le désaveu peut être aussi populaire (démission de David Cameron en 2016 après le référendum sur l'appartenance du Royaume-Uni à l'Union européenne). Après un vote de défiance envers le gouvernement MacDonald en 1924, c'est celui de Callaghan qui a été renversé en 1979 par 311 voix contre 310…

Ainsi, la censure proposée par l'opposition, trois ou quatre fois par an, n'a aucune chance d'aboutir sauf en cas de dissension interne à la majorité.

§ 2. Les moyens d'action du gouvernement sur le Parlement

A. La solidarité entre le gouvernement et le parti majoritaire

356 Du fait de cette solidarité – qui se traduit par la compatibilité des fonctions ministérielles et parlementaires – étayée par la discipline partisane grâce notamment aux « whips », l'idée de « moyens d'action » relève plutôt, outre la maîtrise de la procédure législative, d'une menace sur la majorité : menace de ne pas reconduire l'investiture de députés récalcitrants, menace surtout de la dissolution de la Chambre des communes.

B. La dissolution

357 **Le droit de dissolution avant la réforme du *Fixed-term Parliaments Act* de 2011 : un droit discrétionnaire du Premier ministre.** À l'origine, le droit de dissolution relevait de la prérogative royale progressivement transférée au chef du gouvernement, bien qu'elle reste formellement entre les mains du roi (ou de la reine), la décision de dissoudre la Chambre basse dépend donc entièrement de

la volonté du Premier ministre en vertu d'une convention de la Constitution.

Avant la réforme du *Fixed-term Parliaments Act* de 2011, elle revêtait la signification suivante :

– **La dissolution punitive.** Il s'agit d'une réplique classique à la censure – exceptionnelle – du gouvernement (en avril 1979, dissolution de Callaghan après le renversement de son gouvernement, amenant la victoire des conservateurs et l'arrivée de Margaret Thatcher).

– **La dissolution-référendum.** Rarissime – et risquée – est la « dissolution-référendum », visant à faire trancher par le peuple un problème grave (Edward Heath en février 1974 face à la grève des mineurs).

– **La dissolution préventive.** Il s'agit d'arrêter le rétrécissement de la majorité. Son usage est rare (dissolution par Harold Wilson en octobre 1974 après l'insuffisante victoire des travaillistes de février).

– **La dissolution tactique ou la dissolution à l'« anglaise ».** Le droit de dissolution prend un visage essentiellement électoraliste dans un moment jugé propice. Il était couramment utilisé pour conforter une majorité au moment favorable, souvent un an avant l'échéance normale. Conduisant rarement à l'échec (dissolution de Wilson en juin 1970), elle est le plus souvent couronnée de succès (1951, 1955, 1959, 1966 ou 1983 par Mme Thatcher après la victoire des Malouines) comme celle décidée par Tony Blair en juin 2001.

358 **La réforme de 2011 : le *Fixed-term Parliaments Act (FTPA)* : un droit limité à deux possibilités.** En l'absence de majorité aux élections générales de 2010, les conservateurs de David Cameron durent conclure une alliance avec les démocrates-libéraux de Nick Clegg. Cette alliance reposait sur un certain nombre de réformes, dont la suppression de la « dissolution à l'anglaise », par laquelle le Premier ministre en place pouvait, au vu des sondages, anticiper le renouvellement de la Chambre des communes en prononçant sa dissolution au moment opportun. Seules étaient permises avec ce texte :

- **La dissolution automatique.** En cas de motion de censure, la dissolution *devait* être prononcée si la Chambre des communes n'accordait pas, sous quatorze jours, sa confiance au gouvernement, éventuellement remanié, c'est-à-dire la formation d'un nouveau gouvernement bénéficiant du soutien explicite de la Chambre.

- **L'« autodissolution ».** Le *FTPA* prévoyait que la Chambre des communes pouvait voter une résolution d'autodissolution à la majorité qualifiée des deux tiers de l'effectif légal. Ainsi a-t-elle approuvé le 19 avril 2017 sa propre dissolution par 522 voix contre 13. Cette dissolution était demandée par la Première ministre, Theresa May, afin de disposer d'un mandat clair « pour mener à bien le Brexit ». Si cette dissolution s'inscrivait formellement dans le *FTPA*, sa logique est celle d'une dissolution « tactique » qui a, en l'espèce, échoué, Mme May ayant cependant perdu la majorité absolue dont elle disposait.

En dehors de ces hypothèses, « il ne pourra être procédé autrement à la dissolution du Parlement » : en excluant pourtant tout autre recours au droit de dissolution que le *FTPA*. Reste en suspens certaines éventualités : il se pouvait que le gouvernement perde sa majorité à la Chambre des communes, sans que celle-ci exprime explicitement sa défiance, auquel cas aucun droit de dissolution n'était ouvert au Premier ministre. C'est précisément ce risque – perte de majorité sans possibilité de dissoudre – auquel a été confronté le Premier ministre Boris Johnson, qui a succédé à Theresa May le 24 juillet 2019. Après le déclenchement de l'article 50 du Traité sur l'Union européenne, qui régit la procédure de retrait d'un État membre, les parlementaires ne parvenaient pas à s'accorder sur les modalités de l'accord de retrait négocié avec l'Union, si bien qu'il fut nécessaire de reporter à plusieurs reprises la date effective du « Brexit ». Pour clarifier la situation politique, une dissolution s'imposait, qui eût autorisé la tenue d'élections générales anticipées. Or, les conditions posées par le *Fixed-term Parliaments Act* n'étaient pas réunies, faute, notamment, de réunir une majorité des deux tiers à la Chambre des communes. Pour contourner cette difficulté, une loi a été adoptée et est entrée en vigueur le 31 octobre 2019 – le *Early Parliamentary General*

Election Act –, prévoyant une simple disposition selon laquelle des « élections anticipées ont lieu le 12 décembre 2019 ». Ce contournement du *FTPA* rappelle avec force la grande spécificité constitutionnelle du Royaume-Uni : la souveraineté parlementaire qui exclut toute possibilité de normes supra-législatives, et qui implique par conséquent qu'une disposition matériellement constitutionnelle votée en forme de loi (le *FTPA* en 2011) puisse elle-même être aménagée par une autre loi (le *Early Parliamentary General Election Act* de 2019).

Cette crise institutionnelle a conduit à une remise en cause d'ensemble du *FTPA* et au dépôt, en décembre 2020, d'un projet de loi prévoyant son abrogation.

359 **La restauration de la « prérogative royale », le *Dissolution and Calling of Parliament Bill* de 2022 : un droit à nouveau discrétionnaire du Premier ministre.** Le 11 mai 2021, dans son discours, la reine a confirmé que le Parlement aurait à discuter d'un *Dissolution and Calling of Parliament Bill*, abrogeant le *FTPA*, renvoyant à l'ancienne pratique, et disposant explicitement que « les pouvoirs relatifs à la dissolution et à la convocation du Parlement [s'exerceront] comme si le *Fixed-term Parliaments Act* de 2011 n'avait jamais été promulgué ». Votée en 2022, cette loi revient à la situation avant 2011, le droit de dissolution est à la discrétion du Premier ministre.

CHAPITRE 2

Les formes du régime parlementaire en Europe et au Japon

360 Le modèle parlementaire correspond à la loi commune des démocraties européennes, pour l'essentiel. Ce régime a été aussi importé au Japon de façon originale.

SECTION 1

La République fédérale d'Allemagne

361 Sans tradition parlementaire forte, la République fédérale d'Allemagne est devenue depuis 1949 un modèle de parlementarisme (§ 1). Certes, après avoir pratiqué de 1871 à 1918 une Constitution impériale, l'Allemagne avait tenté à partir de 1919, avec la république de Weimar, ce type de régime. Mais, très vite, un Parlement impuissant et dominé par des partis antiparlementaires, un chef de l'État élu au suffrage universel direct et doté de pouvoirs importants mais qui n'en usera pas efficacement, des

gouvernements agissant sans la confiance du Parlement allaient souligner la faillite d'un système miné par la crise économique et traumatisé par la défaite de 14-18. C'est ce même régime et ses mécanismes qui allaient permettre à Hitler d'arriver au pouvoir dans les formes légales, en 1933, et d'instaurer par la suite le IIIe Reich.

C'est à la lumière de ces expériences malheureuses qu'ont été élaborées par les constituants de Bonn, avec l'assentiment des Alliés, les nouvelles institutions allemandes.

Née de la division décidée par eux après la défaite de 1945, la République fédérale d'Allemagne adopte le 23 mai 1949 une Constitution provisoire, la Loi fondamentale. Il était prévu, après sa réunification, que le peuple allemand adopte une Constitution. En fait, opérée en 1990, la réunification a maintenu en vigueur la Loi fondamentale. Celle-ci a seulement fait l'objet de révisions constitutionnelles mineures afin d'intégrer l'adhésion de la République démocratique allemande et la création de nouveaux *Länder*. La Loi fondamentale tire les leçons du passé en écartant un exécutif fort élu au suffrage universel risquant à l'image d'Hitler d'usurper ses pouvoirs et en rationalisant le parlementarisme afin d'assurer la durée au gouvernement dirigé par un chancelier, soutenu par une majorité parlementaire (§ 2).

La garantie de ces équilibres est assurée, dans cet État de droit, par la Cour constitutionnelle. L'équilibre des pouvoirs est aussi assuré par le fédéralisme.

§ 1. Un modèle de parlementarisme rationalisé

362 Tout en conservant les traits classiques du parlementarisme, le régime allemand est placé sous le sceau de la rationalisation des procédures constitutionnelles en vue d'assurer la stabilité gouvernementale et la volonté d'empêcher le détournement d'institutions démocratiques comme le droit de dissolution. Il est étayé enfin, à l'image des autres démocraties européennes, par un système de partis qui en éclaire le fonctionnement.

A. Le pouvoir exécutif

363 Classiquement dual, le pouvoir exécutif fédéral est pour l'essentiel dans les mains du chancelier et de son gouvernement, assurés, par des mécanismes appropriés, de la durée.

364 **Le président de la République : un chef d'État parlementaire.**

• **Le statut du président**. Élu par une assemblée spéciale, l'assemblée fédérale composée des membres du Bundestag et d'un nombre égal de membres élus – à la proportionnelle – par les parlements des *Länder*, le chef de l'État est élu pour cinq ans, renouvelables immédiatement une seule fois.

• **Les pouvoirs du président**. Irresponsable politiquement, ses actes doivent être contresignés par le chancelier et les ministres compétents, à l'exception de la nomination du chancelier et de la dissolution du Bundestag dans le seul cas où il s'avère impossible de procéder à la désignation du chancelier. Privé du commandement suprême des forces armées et de la présidence du Conseil des ministres, le chef de l'État exerce une magistrature morale et un rôle de représentation.

365 **Le chancelier et le gouvernement.** Le parlementarisme rationalisé avec les procédures prévues aux articles 63, 67 et 68 de la Loi fondamentale s'exprime ici pleinement, s'agissant de la désignation du chancelier, de la mise en jeu de la responsabilité du gouvernement ou de la dissolution.

• **La désignation du chancelier et la formation du gouvernement** (art. 63 et 64). La formation du gouvernement, « composé du chancelier fédéral et des ministres fédéraux », obéit dans la Constitution à des règles de recrutement distinctes.

La désignation du chancelier. Le président fédéral propose un candidat au Bundestag qui l'investit à la majorité de ses membres. Sinon, dans les 15 jours, le Bundestag peut élire un autre candidat, à la même majorité. Si aucun candidat n'obtient la majorité, le président peut soit désigner un des candidats arrivés en tête soit dissoudre la chambre. La faculté pour le président de profiter – souvenir de Weimar – de la crise pour former « son » gouvernement est donc réduite presque à néant, la loi de la majorité s'imposant. Les procédures ingénieuses prévues par l'article 63 de la

Constitution n'ont que partiellement servi, la désignation de six chanceliers sur sept s'étant faite sur proposition du président, au premier tour de scrutin et à la majorité des suffrages. La simplicité du système de partis permet en effet de faire l'économie des autres procédures prévues par l'article 63.

La formation du gouvernement. Les ministres sont nommés – et révoqués – par le président fédéral sur proposition du chancelier (art. 64), seul investi de la confiance du Bundestag et véritable chef du parti dominant au pouvoir.

• **Les fonctions de chancelier.** Le Chancelier « fixe les grandes orientations de la politique et en assume la responsabilité. Dans le cadre de ces grandes orientations, chaque ministre fédéral dirige son département de manière autonome et sous sa propre responsabilité » (art. 65 de la Loi fondamentale allemande). Si la pratique politique a conforté le rôle de véritable chef du gouvernement du chancelier, l'action du gouvernement et des ministres est en fait encadrée par les pactes de coalition adoptés en début de législature. Sans valeur juridique contraignante, ils sont néanmoins décisifs sur le plan politique au point que la doctrine insiste moins aujourd'hui que naguère sur le surcroît d'autorité que confère au chancelier la compétence de fixer les « grandes orientations »...

366 **La responsabilité du gouvernement et le parlementarisme rationalisé.** Elle obéit à des dispositions précises et originales.

• **La motion de défiance constructive**

> « Le Bundestag ne peut exprimer sa défiance envers le chancelier fédéral qu'en élisant un successeur à la majorité de ses membres et en demandant au président fédéral de révoquer le chancelier fédéral. Le président fédéral doit faire droit à la demande et nommer l'élu. »
>
> Loi fondamentale de l'Allemagne fédérale, art. 67.

Le Bundestag ne peut exprimer sa défiance au chancelier qu'en lui élisant un successeur, à la majorité absolue de ses membres (art. 67). Autrement dit, la motion de défiance (ou de censure) qui le vise est constructive dans la mesure où elle comporte la désignation de son successeur. Cette procédure n'a joué que deux fois dont une avec succès, en 1982 où les chrétiens-démocrates avec l'appoint des libéraux, rompant l'alliance avec le parti social-démocrate du chancelier Schmidt, portèrent Helmut Kohl à la tête du gouvernement.

Cette procédure vise à empêcher – à l'image de Weimar – qu'une coalition hétéroclite dont le seul point d'accord serait son hostilité au gouvernement puisse le renverser sans offrir de solution de rechange. Contrairement aux motions de censure françaises, les députés allemands votent sur la proposition (oui-non-abstention) si bien qu'il est possible de distinguer entre votes « contre » et « abstentionnistes ». Ceci dit, l'exigence de majorité absolue pour adopter la motion de censure met *de facto* les abstentionnistes du côté du gouvernement : les députés qui s'abstiennent sont censés être favorables au gouvernement.

Elle permet donc à des gouvernements minoritaires de durer – la confiance étant présumée – mais non forcément d'agir face à des oppositions condamnant ensemble sa politique, sans pouvoir cependant s'unir. C'est pourquoi la stabilité gouvernementale en Allemagne ne tient pas seulement au fameux article 67 de la Loi fondamentale mais aussi à la configuration équilibrée du système de partis, généralement dominé, par deux grands partis gouvernant alternativement avec l'appoint nécessaire d'un parti charnière, ou de plusieurs, sans compter les grandes coalitions.

Il reste que le constituant a prévu le cas où un gouvernement minoritaire se heurterait dans son action à des oppositions conjuguées en lui permettant de poser la question de confiance ou de faire proclamer l'état de nécessité législative.

- **La question de confiance**

> « Si une motion de confiance proposée par le chancelier fédéral n'obtient pas l'approbation de la majorité des membres du Bundestag, le président fédéral peut, sur proposition du chancelier fédéral, dissoudre le Bundestag dans les vingt et un jours. Le droit de dissolution s'éteint dès que le Bundestag a élu un autre chancelier fédéral à la majorité de ses membres. »
>
> Loi fondamentale de l'Allemagne fédérale, art. 68.

L'article 68 donne au chancelier la faculté de poser la question de confiance. Si elle n'est pas approuvée, il peut proposer au président fédéral de dissoudre le Bundestag, à moins que ce dernier ne fasse au même moment usage de l'article 67 et impose un nouveau chancelier avant même la dissolution. Par deux fois seulement, un gouvernement a été mis en minorité, en 1972 (W. Brandt) et en 1982 (H. Kohl) : le chancelier a demandé la dissolution. En fait, cette procédure a été utilisée pour provoquer des élections anticipées dont le parti du chancelier est sorti chaque fois non seulement vainqueur mais plus puissant. Cet usage très particulier de l'article 68 – le chancelier Kohl demandant en 1982 à des membres de son parti de s'abstenir de voter pour lui afin de mettre en action le dispositif constitutionnel – souligne le caractère un peu artificiel de certains aspects du parlementarisme rationalisé. En voulant prévoir de manière systématique toute éventualité, il se prête au détournement de procédure.

La Cour constitutionnelle a été appelée à se prononcer sur cet usage en 1983, admettant que l'initiative d'Helmut Kohl, élu chancelier à la suite d'un renversement d'alliances, était justifiée pour rechercher par la dissolution une nouvelle légitimité, ce dernier n'étant pas assuré d'une majorité (compte tenu de la crise affectant le parti libéral – le FDP). Elle a néanmoins écarté l'idée que la dissolution puisse être utilisée par un chancelier assuré d'une majorité stable – et donc à des fins purement tactiques (dissolution à l'anglaise...).

367 **L'état de détresse législative.** À défaut de dissolution, le chancelier et son gouvernement peuvent aussi proposer au chef de l'État, avec l'assentiment du Bundesrat, de proclamer l'état de détresse (ou de nécessité) législative, pour six mois seulement. Ce procédé permet au gouvernement de faire entrer en vigueur, avec l'accord du Bundesrat, les projets de loi repoussés par le Bundestag. À l'issue des six mois d'état de détresse législative, rien d'automatique ne se produit : le chancelier ne pourra demander la dissolution au chef de l'État que s'il pose à nouveau la question de confiance et que celle-ci est repoussée à la majorité absolue. Par ailleurs, le Bundestag a, à tout moment, la faculté d'élire un nouveau chancelier par l'article 67. Réminiscence de l'article 48 de la Constitution de Weimar confiant au président du Reich les pleins pouvoirs en cas de crise, cet état de nécessité législative reste inusité. Notons qu'en tout état de cause, la Cour constitutionnelle serait appelée à apprécier son utilisation.

Depuis 1968, une révision constitutionnelle permet, en cas de crise d'origine extérieure, de confier au gouvernement de larges pouvoirs sous le contrôle et avec l'accord des deux chambres. Il s'agit ici de l'« état de défense » (art. 115) qui vise une situation d'agression armée du territoire.

B. Le pouvoir législatif

Bicaméral, le Parlement est composé d'une chambre fédérale, le Bundestag, et d'une chambre des États, représentant les *Länder* exerçant de concert le pouvoir législatif.

368 **Le recrutement du Bundestag.** Comme on l'a déjà noté, le système du double vote permet d'élire les députés au Bundestag pour quatre ans. Le scrutin est proportionnel dans la mesure où le résultat final de la distribution des sièges doit correspondre à la répartition proportionnelle des voix conquises par les listes des partis dans les *Länder*. Si la moitié des sièges est attribuée au scrutin majoritaire uninominal à un tour dans les circonscriptions – le premier vote –, l'autre moitié – le second vote – est répartie à l'intérieur de chaque *Land*, à la représentation proportionnelle, en tenant compte des sièges attribués au scrutin majoritaire. C'est donc le second vote qui est déterminant, le premier permettant aux électeurs de choisir directement des représentants qu'ils connaissent et assurant une « prime » à la majorité pour le parti obtenant le plus de sièges directs. Le premier scrutin assure aussi à certaines personnalités une plus grande autonomie vis-à-vis du parti que le scrutin de liste.

La règle selon laquelle les partis ayant obtenu moins de 5 % – ou seulement trois sièges directs – ne sont pas représentés au Bundestag contribue à empêcher l'émiettement de la représentation. C'est d'ailleurs l'esprit d'une première décision de la Cour constitutionnelle en 1957 jugeant constitutionnel le seuil de 5 % combinant le principe de justice électorale et la recherche de l'efficacité politique ruinée par un multipartisme exacerbé. Ce seuil n'est cependant pas intangible ou surtout uniforme et doit être apprécié au vu des circonstances. Ainsi, la Cour a-t-elle décidé en 1990 que le seuil de 5 % ne saurait être appliqué uniformément à l'Ouest comme à l'Est de l'Allemagne, moins peuplé où les petits partis naissants – et sans apparentement avec de grandes formations de l'Ouest – n'avaient aucune chance d'exister. Aussi a-t-elle conclu – pour les seules élections faisant suite à la réunification –, que la règle des 5 % devait s'appliquer de manière séparée sur les territoires de l'Est et de l'Ouest.

369 **Le recrutement du Bundesrat.** Ce point ayant été étudié précédemment, rappelons seulement que la répartition des sièges entre les *Länder* tient compte de leur population respective : chaque *Land* désigne au moins trois délégués, quatre pour les *Länder* comptant plus de deux millions d'habitants, cinq pour ceux comptant plus de six millions, six pour ceux comptant plus de sept millions d'habitants.

370 **L'exercice des compétences législatives.**

• **Le pouvoir législatif fédéral.** Ce point a été étudié à propos du fédéralisme, la Loi fondamentale distinguant la compétence législative exclusive de la fédération, la compétence législative concurrente et les lois-cadres.

• **Le pouvoir constituant et les révisions interdites.** Le Parlement fédéral dispose seul du pouvoir constituant, toute révision requérant l'accord respectif des deux chambres, à la majorité des deux tiers. Plus de soixante révisions constitutionnelles ont été adoptées à ce jour. Cette souplesse du procédé dont témoigne le chiffre n'exclut pas, rappelons-le, l'interdiction des révisions portant modification qui toucherait à l'organisation de la fédération en *Länder*, au principe du concours des *Länder* à la législation ou aux principes énoncés aux articles 1er (l'« intangibilité de la dignité de l'être humain ») et 20 (l'Allemagne est un « État fédéral, démocratique et social – dans lequel – tout pouvoir émane du peuple » et où « le pouvoir législatif est lié par l'ordre constitutionnel, les pouvoirs exécutif et judiciaire sont liés par la loi et le droit », tous les Allemands ayant « le droit de résister à quiconque entreprendrait de renverser cet ordre »). Ces limites à toute révision constitutionnelle sont donc supraconstitutionnelles.

371 **L'élaboration de la loi et l'initiative législative.** L'initiative législative appartient au gouvernement et au Parlement. Les projets d'origine gouvernementale représentent l'immense majorité. Ils sont communiqués pour avis au Bundesrat puis transmis au Bundestag.

Les propositions d'initiative parlementaire ne peuvent être individuelles. Au Bundestag, toute proposition doit être soumise par au moins 34 députés, soit 5 % du nombre de députés (depuis 1990), soit le nombre minimal pour former un groupe parlementaire. Au Bundesrat, la proposition ne peut être déposée que par un *Land* et non un membre isolé, l'assemblée décidant à la majorité de la soumettre au gouvernement pour avis avant qu'elle ne soit transmise au Bundestag.

372 **La discussion de la loi.** Au Bundestag, l'ordre du jour est adopté par le Conseil des Anciens (composé de 23 députés et du président et des vice-présidents de l'assemblée), dont les membres sont désignés à la proportionnelle des groupes. Si la majorité le domine, les propositions de l'opposition sont prises en compte.

La procédure législative comprend trois lectures. La première consiste en une discussion sur les principes généraux de la loi, souvent assez formelle. Le texte est alors renvoyé en commission dont l'examen est très approfondi (une vingtaine de commissions au Bundestag). La deuxième lecture commence après que la commission a rendu son rapport et permet la discussion au fond du texte et des amendements proposés. La troisième lecture, assez brève (et formelle aussi), permet l'adoption définitive – ou le rejet – du texte. Pour les lois fédératives, l'accord des deux chambres est nécessaire. Pour les autres, on a déjà étudié la possibilité pour le Bundesrat de mettre un veto suspensif, rarement utilisé.

§ 2. La vie politique

373 Les mécanismes du parlementarisme rationalisé ont peu servi, compte tenu d'un système de partis structuré et relativement stable.

A. Les partis politiques

374 **Le statut constitutionnel des partis politiques.** On l'a noté, l'article 21 de la Loi fondamentale déclare que « les partis concourent à la formation de la volonté politique du peuple. Leur fondation est libre. Leur organisation interne doit répondre aux

principes démocratiques. Ils doivent rendre publiquement compte de l'origine et de l'affectation de leurs ressources et de leurs biens». Ils peuvent être interdits. La Cour constitutionnelle fédérale peut déclarer l'inconstitutionnalité d'un parti tendant à «porter atteinte à l'ordre constitutionnel libéral et démocratique, le renverser ou mettre en péril l'existence de la République fédérale d'Allemagne». Ainsi n'a-t-elle pas interdit, pour ce motif, les groupuscules néonazis en 1994 en laissant le soin aux autorités fédérales des *Länder* concernés de surveiller l'évolution de ces formations.

Issue de la grande coalition des chrétiens-démocrates et socialistes, la loi du 24 juillet 1967 fait suite à une décision de la Cour constitutionnelle précisant sa jurisprudence s'agissant du financement public des partis. Cette loi conforte d'abord leur statut en rappelant leur mission : «Influencer l'évolution politique du Parlement et du gouvernement», «introduire les buts politiques qu'ils ont élaborés dans le processus de formation de la volonté étatique»... Elle fixe – fait unique en Europe – leur mode de création et leurs principes d'organisation qui doivent être conformes à l'éthique constitutionnelle (droits des adhérents, publication des statuts, démocratie interne, etc.). Cette loi adopte enfin le principe d'un financement public des élections nationales. Il prend la forme d'une subvention allouée en fonction des résultats obtenus à la précédente consultation. Ceux non représentés au Bundestag reçoivent une subvention sous réserve de franchir le seuil de 10 % des voix dans une circonscription ou 0,5 % au niveau d'un *Land*. Les dons des particuliers aux partis sont fiscalement déductibles. Cette législation, modifiée plusieurs fois depuis lors (en 1988 et 1994), fait l'objet d'un contrôle de la Cour constitutionnelle attachée essentiellement au strict respect de l'égalité entre les partis en matière de financement.

375 **Les partis de gouvernement.**

• **Le parti démocrate-chrétien (CDU).** De près d'un million d'adhérents d'inspiration chrétienne – catholique et protestante – et d'esprit conservateur modéré, la CDU, née de la défaite allemande, s'est longtemps confondue avec l'exercice du pouvoir. De 1949 à 1966, sous l'autorité des chanceliers Adenauer puis Erhard (à partir de 1963), la CDU a gouverné l'Allemagne, seule ou avec l'appui des libéraux du FDP ou d'autres petits partis (petite coalition), et exceptionnellement, de 1966 à 1969, avec les sociaux-démocrates (grande coalition). Elle retrouvera le pouvoir grâce à Helmut Kohl en 1982, sans discontinuité jusqu'en 1998 puis dans tous les gouvernements à direction CDU (dont celui de Mme Merkel). En 2021, Angela Merkel, chancelière depuis 2005, quitte le pouvoir tandis que le SPD arrive en tête du scrutin et dirige désormais le gouvernement allié aux Verts et au PLD. (Notons qu'en Bavière, le parti démocrate-chrétien a conservé son indépendance organique (CSU) même s'il est constamment allié à la CDU.) En 2013 et en 2018, une nouvelle grande coalition s'est formée, regroupant les Unions Chrétiennes (CDU et CSU) et les sociaux-démocrates (SPD).

• **Le parti libéral (FDP).** Centre de l'échiquier politique, les libéraux du FDP (10 % des voix) ont longtemps fait office de parti charnière et été en mesure de donner le pouvoir à l'un des deux grands partis de 1949 à 1998, quasiment sans interruption. Ainsi fut-il assuré, en toutes circonstances, malgré sa faible représentativité, de l'exercer répondant ainsi à sa principale vocation. La rançon de cette occupation quasi perpétuelle du pouvoir fut celle d'un lent déclin, faute de ressourcements dans l'opposition : 6,9 % des voix seulement en 1994 et 6,2 % en 1998. Il a amorcé son retour en 2005 avec 9,8 % des voix puis, en 2009 avec 14,5 % des suffrages (son meilleur score) et son retour au pouvoir la même année après 11 ans d'absence. Éliminé ensuite en 2013, il refait surface en 2017 puis en 2021 avec 12 sièges et 11,45 % des suffrages.

• **Le parti social-démocrate (SPD).** Aussi fourni en adhérents que la CDU, longtemps partagé entre réformisme et tradition révolutionnaire, le parti social-démocrate a poursuivi après la guerre son évolution pragmatique, arrêtée par l'expérience nazie. La tendance réformiste dominante à partir de la fin des années soixante a permis au SPD d'accéder au pouvoir en 1966 et, à partir de 1969, de diriger le gouvernement sous l'autorité des chanceliers Brandt puis Schmidt jusqu'en 1982 et Schröder de 1998 à 2005. Dans la grande coalition issue des élections fédérales de 2013, le SPD était représenté par six ministres dans le gouvernement Merkel III en 2013 et Merkel IV en 2018.

• **Les « Verts ».** Il n'est plus possible, depuis 1983 (et leur succès aux européennes de 1984), de considérer les Verts comme un parti « hors système ». Ils sont au-dessus des 5 % dans la plupart des

Länder, participent à des gouvernements de *Land* avec le SPD depuis 1985 et sont entrés au gouvernement fédéral en 1998 puis en 2002. En 2009, ils dépassent les 10 % des voix et doublent leur score en 2019.

376 **Les partis « hors système ».** À l'extrême droite, on compte traditionnellement trois partis : les « républicains » dont l'essor encore limité a néanmoins souligné la contestation dont faisait l'objet l'« establishment » politique, la DVU (Union populaire allemande), le NPD (Parti national démocrate allemand). Les élections de 2017 ont été marquées par le score élevé (12,6 %) d'un parti récent, l'AfD (*Alternative für Deutschland*), qui obtient plus de 90 députés. C'est la première fois depuis la Seconde guerre mondiale qu'autant de membres d'un parti classé à l'extrême droite siègent au Bundestag.

La réunification de l'Allemagne en 1990 a aussi consacré la tentative d'exister politiquement des anciens communistes à l'Est par le biais du parti du socialisme démocratique (PDS) qui s'est maintenu au Bundestag en 1994 et 1998. Il n'a cependant de poids réel qu'à l'Est mais joue un rôle de « parti régional » à Bonn.

B. Les coalitions gouvernementales

377 **Un bipartisme « imparfait » ?** Les deux partis « et demi » (FDP ou Verts désormais) représentaient plus de 70 % des suffrages et près de 80 % des sièges en 1949. Quarante années plus tard, ils totalisaient plus de 80 % des voix et près de 90 % des sièges. Cette structure électorale et sa représentation en sièges éclairent la stabilité du système de partis allemand, dominé par un bipartisme « imparfait », compte tenu de l'irruption des Verts (il s'agit d'un bipartisme en quelque sorte doublement imparfait). La clause de 5 % a permis d'éliminer progressivement de la représentation des petits partis (parti allemand, parti des réfugiés, parti communiste en 1953) et limite l'accès aux nouvelles formations contestataires mais faibles électoralement.

378 **Des gouvernements de législature.** L'hégémonie presque immédiate des chrétiens-démocrates a contribué à la stabilité gouvernementale et à la non-utilisation des mécanismes du

parlementarisme rationalisé. Si en 1949 la CDU ne disposant pas de la majorité absolue des sièges a préféré s'allier avec d'autres petites formations (FDP, parti allemand) et non former un gouvernement minoritaire, dès 1953 elle finit par atteindre ce seuil : elle maintiendra pourtant son alliance avec les libéraux et le principe du gouvernement de coalition restera par la suite au cœur de son existence. La « petite » coalition – parti dominant + FDP – a longtemps été la règle implicite de fonctionnement du parlementarisme allemand, hormis les « grandes » coalitions (SPD + CDU/CSU) de 1966 à 1969, de 2005 à 2009, de 2013 à 2017 et depuis 2018, grandes coalitions qui ont tendance à se multiplier.

Dès lors, assurés en tout état de cause d'une majorité, les gouvernements ont détenu le pouvoir pendant toute sa durée. Le SPD a de même exercé ce pouvoir, allié au FDP (de 1969 à 1982) ou plus récemment aux Verts (de 1998 à 2005).

379 **La rareté des crises gouvernementales.** La stabilité gouvernementale est en Allemagne le principe, la crise, l'exception : outre la démission du chancelier Brandt atteint par une affaire d'espionnage touchant son entourage, celle des chanceliers, en cours de législature, sont dues à un revirement du FDP en 1966 et 1982. Notons qu'en 1966, la crise de coalition doublée d'une crise interne à la CDU n'a pas conduit au maintien d'un chancelier minoritaire – parfaitement possible constitutionnellement.

On a vu qu'en octobre 1982, censuré par les chrétiens-démocrates et le FDP, le chancelier Schmidt démissionna laissant la place à H. Kohl à la tête d'une nouvelle coalition CDU-FDP. Rappelons que ce dernier demanda à ses amis de lui refuser la confiance (art. 68) afin qu'il puisse demander au président de dissoudre le Bundestag et de provoquer des élections anticipées… alors que son gouvernement était majoritaire. Cet usage – discutable – des mécanismes du parlementarisme rationalisé souligne que la stabilité du régime parlementaire allemand tient d'abord à son système de partis, les « mécanismes » constitutionnels jouant en fait un rôle préventif ou dissuasif, face aux crises, plus qu'incertain dans la « démocratie du chancelier ». Celui-ci est à la fois chef de gouvernement, chef du parti dominant, pratiquement désigné par le peuple à la suite des élections fédérales. C'est cette réalité politique et le consensus autour de valeurs fondamentales protégées par la Cour constitutionnelle qui rendent le mieux compte de la vigueur du parlementarisme allemand.

Ainsi, les élections de septembre 2005, en l'absence de majorité claire, ont conduit à la formation d'un gouvernement de « grande coalition » dirigé par Angela Merkel (CDU). Lors des élections fédérales de 2009, la CDU/CSU est restée le premier parti au niveau fédéral et a gouverné avec les libéraux du FDP. En 2013 et depuis 2018, on l'a vu, le retour d'une « grande coalition » a de nouveau rassemblé la CDU et le SPD. À partir de 2021, comme on l'a vu, le SPD, disposant du plus grand nombre de sièges, a formé une coalition avec les Verts et les Libéraux.

Chanceliers et coalitions gouvernementales depuis 1949

Chanceliers	Coalitions
Adenauer	CDU-FDP[1] (1949-1953)
Adenauer	CDU[1] (1953-1957)
Adenauer	CDU[1] (1957-1961)
Adenauer	CDU-FDP (1961-1963)
Erhard	CDU-FDP (1963-1966)
Kiesinger	CDU-SPD (1966-1969)
Brandt	SPD-FDP (1969-1974)
Schmidt	SPD-FDP (1974-1982)
Kohl	CDU-FDP (1982-1998)
Schröder	SPD-Verts (1998-2002)
Schröder	SPD-Verts (2002-2005)
Merkel	CDU-SPD (2005-2009) CDU (2009-2013) CDU-SPD (2013-2017) CDU-SPD (2018-2021)
Scholz	SPD-Verts-Libéraux (depuis 2021)

1. Parti des réfugiés jusqu'en 1955 ; Parti allemand jusqu'en 1960.

SECTION 2

L'Italie

380 À la suite du débarquement anglo-américain en Sicile en 1943, le régime fasciste de Mussolini s'est effondré. Celui-ci tente de se maintenir dans le Nord avec l'appui des nazis, tandis que les alliés libèrent la zone sud sur fond de guerre civile. En 1944 le roi Victor-Emmanuel III désavoué par la Résistance doit abdiquer en faveur de son fils Humbert II devenant lieutenant général du royaume. Les Allemands sont définitivement vaincus par les Alliés en avril 1945. La monarchie est abolie le 2 juin 1946 par référendum et la République est proclamée en même temps qu'est élue une Assemblée constituante dominée par l'alliance entre le Parti Communiste, le Parti Socialiste Italien et la Démocratie Chrétienne qui scellent un compromis. La Constitution est adoptée fin 1947 pour entrer en vigueur le 1er janvier 1948.

Elle met l'accent sur les droits économiques et sociaux et leur garantie, rompt avec l'autoritarisme fasciste au profit d'un régime parlementaire dont les partis sont institutionnellement les garants. De même, l'État italien devient fortement décentralisé par réaction au fascisme mais aussi pour prévenir les revendications autonomistes qui se font jour. Mais son organisation ne sera mise en œuvre qu'en 1948 pour les régions à statut spécial et en 1970 pour celles à statut ordinaire. De même, la réglementation du référendum abrogatif devra attendre 1970 pour que celui-ci, à propos du divorce, puisse fonctionner. Enfin, la Cour constitutionnelle ne sera finalement élue qu'en 1955 après une loi votée en 1953, comme le Conseil supérieur de la Magistrature en 1958. Les institutions italiennes sont donc entrées en vigueur très progressivement et, en fait, avec retard, tant leur réalité première s'exprime d'abord au travers des partis.

§ 1. La vie politique

A. La « partitocratie »

381 Outre le caractère constitutionnel des partis, l'État italien est caractérisé par la faiblesse de ses structures et surtout l'absence de culture administrative propre. Aussi, les partis politiques ont profondément pénétré l'appareil administratif et développé en son sein des pratiques clientélistes, notamment en matière de nominations aux hauts emplois y compris dans le secteur public longtemps puissant.

Le financement des partis avant même l'existence d'un premier dispositif légal qui remonte à 1959 a été pris en charge par l'État dans des conditions parfois opaques. La représentation proportionnelle jusqu'en 1993 a encore accentué l'investissement des institutions par les partis en garantissant une évolution mesurée des rapports de force entre eux et une grande stabilité du personnel politique (Giulo Andreotti, démocrate-chrétien, a été ministre sans interruption de 1946 à 1992 et sept fois président du Conseil).

Le multipartisme lié à la proportionnelle a été la règle, tempéré par l'existence d'un parti dominant, la Démocratie chrétienne, parti de gouvernement soutenu par l'Église catholique et le mouvement associatif catholique confessionnel (l'Action catholique) mais aussi par certains intérêts laïques (en particulier les syndicats agricoles ou la CISL, longtemps second syndicat de salariés italien). Composée de courants idéologiques variés (une quinzaine) recoupant des clientèles très diverses, la Démocratie Chrétienne est devenue au fil des années une véritable machine politique à engranger des soutiens sociaux dans le but de se maintenir au pouvoir. Sa présence continue au pouvoir a élargi ses réseaux dans le secteur public comme dans l'Italie du Sud dont une partie des notables avait partie liée avec des clans mafieux.

Jusque dans les années quatre-vingt, la Démocratie Chrétienne obtenait environ 40 % des suffrages et n'a commencé son déclin qu'à partir de 1983 pour recueillir environ 30 % des voix au début des années quatre-vingt-dix, l'obligeant à élargir les coalitions (formées de 1980 à 1990 des libéraux aux socialistes). Cette domination d'un parti qui n'a d'équivalent qu'au Japon tient à sa position centrale qui lui permet de former des coalitions de centre droit avec comme alliés des partis centristes comme le Parti Républicain et le Parti Libéral ou de centre gauche, notamment de 1962 à 1974 avec les deux partis socialistes (parti socialiste italien, parti social-démocrate). Elle s'explique aussi non seulement par l'existence d'un parti néo-fasciste, le MSI, ou d'une droite monarchiste en fait déclinante mais surtout par la présence d'un fort parti communiste (30 % des voix). La classe politique dans sa majorité n'a eu de cesse de l'empêcher d'arriver au pouvoir à partir de 1947 à l'exception des années 1976-1979, années du « compromis historique » entre la DC et le PC sur fond de terrorisme et de crise économique. Cette exclusion gouvernementale n'a pas empêché que le PC fasse souvent partie de la majorité parlementaire et soit donc intégré au système. La partitocratie a eu pour effet de faire du régime italien un régime d'assemblée marqué par l'instabilité des gouvernements (50 gouvernements entre 1945 et 1991) découpés en fonction des accords partisans fluctuants, cette instabilité étant compensée cependant par la stabilité des ministres. La rivalité entre les partis mais aussi entre les courants de la Démocratie Chrétienne a rythmé la vie publique se traduisant aussi par une indiscipline parlementaire favorisée par le vote secret jusqu'en 1983.

B. La recomposition du système partisan après 1993

382 Les scandales à répétition mettant à jour les liens entre une partie de la Démocratie Chrétienne avec la Mafia, l'impuissance de l'État, la révolte des juges contre la corruption (l'opération « mains propres » a entraîné la mise en examen de plus de deux cents parlementaires en 1993 dont deux anciens présidents du Conseil, Bettino Craxi et Giulo Andreotti), le rejet de la classe politique qui en a découlé et qui s'est exprimé lors des référendums de 1991 ont scellé la défaite des partis de gouvernement en 1992. La Démocratie Chrétienne n'y a pas survécu et s'est morcelée en plusieurs partis (dont le Parti Populaire est le plus important).

Le nouveau mode de scrutin voté sous la pression de l'opinion en 1994, après celui du Sénat, a permis une recomposition complète du paysage politique. Les partis politiques s'organisent en deux tendances, permettant d'assurer une réelle alternance. À droite, le Pôle puis la « Maison des libertés » fédèrent le mouvement Forza Italia de Silvio Berlusconi majoritaire au sein de la coalition, l'Alliance Nationale (parti dans lequel s'est fondu l'ancien parti néo-fasciste, le MSI) et la Ligue du Nord. À gauche, l'Olivier rassemble principalement le Parti démocrate-socialiste issu de la transformation de l'ancien parti communiste et le parti populaire.

En 1994, la coalition de droite l'emporte – on parle un moment de la « IIe République » italienne avant de se diviser entraînant une dissolution du Parlement en 1996 et la victoire très nette de l'Olivier dirigée par Romano Prodi. Mais en octobre 1998, le Parti de la Refondation Communiste (PRC) lui retire sa confiance et provoque sa chute. C'est un ex-communiste, Massimo D'Alema, chef du Parti démocratique de la gauche qui prend la tête du gouvernement de centre-gauche auquel succède en avril 2000, Giuliano Amato qui ne parvient pas à mobiliser les citoyens par voie de référendum sur les projets de réforme en particulier celui du mode de scrutin. Puis, en 2001, la droite est revenue au pouvoir avec S. Berlusconi fédérant dans « La maison des libertés » plusieurs formations dont la sienne, *Forza Italia*, jusqu'en 2006, laissant alors place à la fragile coalition de gauche de Romano Prodi, « L'union ».

En 2008, à la tête du *Peuple de la Liberté* rassemblant l'essentiel de la droite, Silvio Berlusconi remporte les législatives mais doit abandonner le pouvoir à la suite d'une crise interne à sa majorité, en 2011. Mario Monti lui succède à la tête d'un gouvernement « technique » jusqu'en 2013, date à laquelle, à la suite d'une crise politique et de la dissolution de la Chambre des députés, Enrico Letta forme un gouvernement d'union nationale. À sa démission en février 2014, Matteo Renzi devient à son tour chef de ce gouvernement avant de démissionner après l'échec du référendum constitutionnel de décembre 2016. Paolo Gentiloni lui succède en remaniant le gouvernement de son prédécesseur.

Les élections de 2018 entraîneront un bouleversement du paysage politique : après plusieurs mois de négociation, une coalition se forme entre deux partis fréquemment qualifiés de populistes, le Mouvement 5 étoiles et la Ligue du Nord.

Afin d'éviter les instabilités gouvernementales incessantes et de mettre fin aux gouvernements de coalition, le Parlement italien a voté, le 4 mai 2015, une nouvelle loi électorale concernant l'Assemblée nationale, inspirée de la proportionnelle à l'allemande. À la suite notamment de l'échec du référendum de 2016, une autre réforme, adoptée en 2017, institue un système mixte à dominante proportionnelle (v. ss 294). Ce qui n'a pas empêché les gouvernements de se succéder jusqu'en 2022 (Salvini en août 2019, puis Mario Draghi en février 2021, gouvernement d'union nationale). Aux législatives de septembre 2022, le parti « post-fasciste » Fratelli d'Italia est devenu le premier parti rassemblant Forza Italia et la Ligue avec 47 % des suffrages, coalition dirigée par Giorgia Meloni, devenant présidente du Conseil.

§ 2. Les institutions politiques

A. L'exécutif

383 Le président de la République est élu au scrutin secret pour un septennat renouvelable par les deux chambres et trois délégués élus par chaque assemblée régionale à la majorité des 3/5e aux trois premiers tours et la majorité absolue aux suivants : en

pratique et à l'exception de Nicola et Cossiga élus dès le premier tour, les présidents ne sont pas élus avant le 10e tour (13e tour pour Saragat, 23e pour Leone, 16e pour Pertini, 12e pour Scalfaro). Au fil des ans, l'autorité présidentielle s'est sensiblement affirmée avec les présidents Pertini, Cossiga, Scalfaro, Ciampi, Napolitano ou depuis 2015 Mattarella, comparable à la « magistrature d'influence » exercée par le président de la IVe République française. Tous ses actes courants sont soumis à contreseing mais il nomme seul le président du Conseil. En absence de majorité claire, il retrouve donc une marge de manœuvre, comme ce fut le cas en 2018. De même, il dispose du droit de dissolution des deux chambres ou d'une seule, sans contreseing, après avis obligatoire de leurs présidents. En absence de majorité stable, il peut donc prononcer une dissolution anticipée en accord d'ailleurs avec la majorité des partis politiques. Il peut aussi user de la menace de la dissolution pour que les partis trouvent un accord (Pertini et Cossiga notamment).

Le président du conseil après sa désignation doit être investi par les deux chambres. Il est responsable devant chacune d'elles, dans le cadre de procédures constitutionnelles assez souples (motion de défiance ou question de confiance) et n'étant pas assorties de majorités qualifiées. En fait, les crises gouvernementales sont le plus souvent survenues en dehors des procédures constitutionnelles et comme la conséquence, généralement, de la dislocation des majorités.

B. Un bicamérisme égalitaire

384 Le Parlement est composé de deux Chambres élues pour cinq ans au suffrage universel direct, la Chambre des députés et le Sénat. Les sénateurs, jusqu'au référendum du 18 avril 1993, étaient élus au scrutin uninominal à un tour s'ils recueillaient au moins 65 % des voix. En deçà, les sièges étaient distribués à la proportionnelle. Avec la réforme de 1993, 239 sénateurs sont élus au scrutin majoritaire à un tour et 79 à la RP au plus fort reste. Pour l'élection des députés, en 2005, un système proportionnel à prime majoritaire a été mis en place par le gouvernement Berlusconi afin d'empêcher, sans succès, la victoire de la gauche. Depuis 2017, un système

mixte à dominante proportionnelle prévoit pour la Chambre des députés et le Sénat l'attribution, d'une part, de 37 % des sièges au scrutin majoritaire uninominal à un tour et, d'autre part, des sièges restants à la représentation proportionnelle également à un tour.

Les deux chambres ont les mêmes pouvoirs tant législatif que budgétaire et peuvent également censurer le gouvernement. L'originalité du parlementarisme italien réside dans la faculté offerte aux Chambres de déléguer aux commissions permanentes l'examen mais aussi l'approbation des projets de loi, environ les trois quarts des « *leggine* ». Les plus importants continuent à être votés en séance plénière (en vertu de l'article 72 de la Constitution, les lois constitutionnelles et électorales, les traités et les lois à caractère financier). Plusieurs tentatives de réforme du bicamérisme visant à le rendre inégalitaire n'ont pas abouti. Ainsi, le projet de Matteo Renzi d'attribuer au Sénat un rôle essentiellement consultatif vis-à-vis de la Chambre des députés a été rejeté par référendum le 4 décembre 2016.

C. La Cour constitutionnelle

385 Composée de 15 juges issus du monde du droit et réputés, la Cour jouit d'une grande influence et joue un rôle clairement politique. Elle se prononce sur la constitutionnalité des lois ou des actes ayant force de loi de l'État ou d'une région. Ce contrôle s'exerce par voie d'exception au cours d'un litige (si la juridiction qui est saisie juge nécessaire d'en saisir la Cour) et par voie d'action, par l'État, contre une loi régionale ; par une région, contre une loi de l'État ou d'une autre région pour incompétence.

La Cour tranche aussi des conflits d'attribution entre les organes de l'État, entre l'État et les régions et pour examiner la constitutionnalité des projets de loi abrogatifs. Elle fait aussi fonction de Haute Cour de justice pour le chef de l'État et les ministres.

L'État régional, v. ss 63 s.

La démocratie directe, v. ss 305 s.

SECTION 3
L'Espagne

386 C'est après la guerre civile que s'installe en 1939 la dictature militaire du général Franco. En 1969, il désigne Juan Carlos pour lui succéder, avec le titre de roi. L'Espagne devient une monarchie constitutionnelle à la mort du général Franco en 1975. Le nouveau roi favorise la transition démocratique consacrée par la nouvelle Constitution faisant de l'Espagne une monarchie démocratique et parlementaire. Ce pays est un « État social et démocratique ». La révision de la Constitution doit être approuvée par les Cortès (le Parlement). Si 1/10e des membres des deux chambres le demandent, le référendum est obligatoire.

§ 1. Les institutions

387 **Le Roi.** L'Espagne est un régime parlementaire moniste où le roi (Felipe VI, depuis 2014) est irresponsable politiquement et sans pouvoirs réels, sinon d'influence. Le Premier ministre, appelé « président du gouvernement », est le véritable chef du gouvernement et dispose de pouvoirs propres : référendum consultatif, dissolution des Cortès. Il est investi personnellement par le Congrès à la majorité absolue. Faute d'investiture au bout de deux mois, la dissolution est prononcée. Le Premier ministre nomme et révoque les ministres. Sa responsabilité est mise en jeu classiquement par la question de confiance à la majorité simple et la motion de censure « constructive » par le seul Congrès à la majorité absolue, c'est-à-dire une motion de censure incluant le nom d'un candidat à la présidence du gouvernement.

388 **Le parlement : un bicamérisme inégalitaire.** Le Parlement (« Cortes générales ») comprend deux chambres. Le Congrès des députés comprend de 300 à 400 élus à la proportionnelle pour quatre ans. Le Sénat comprend des membres pour partie élus directement dans chaque province (chacune quatre élus), pour partie désignés par les assemblées législatives des communautés autonomes, soit un par communauté et un supplémentaire par

tranche d'un million d'habitants pour quatre ans. Le contentieux électoral relève des juridictions ordinaires.

Le Congrès a le dernier mot sur le Sénat en matière législative mais non en matière constitutionnelle. Comme en Italie, chaque chambre peut déléguer à ses commissions le droit d'approuver des projets ou des propositions de loi.

Notons aussi que l'initiative populaire des lois (sauf en matière fiscale ou pénale) est autorisée : la pétition doit recueillir au moins 500 000 signatures.

389 **Le Tribunal constitutionnel.** Il est composé de 12 magistrats nommés pour neuf ans et disposant d'une qualification professionnelle éminente : quatre d'entre eux le sont sur proposition du Congrès à la majorité des 3/5ᵉ, un nombre égal par le Sénat, trois sur proposition du gouvernement et deux autres sur proposition du Conseil général du pouvoir judiciaire. Le contrôle de constitutionnalité est assuré par deux procédures. La première est celle d'un contrôle abstrait déclenché par le chef du gouvernement, le « Défenseur du peuple », 50 députés ou sénateurs, les organes collégiaux des communautés autonomes pour les lois mettant en cause leur autonomie. La seconde procédure est celle d'un contrôle concret par voie d'exception. Le juge peut soulever l'inconstitutionnalité de la loi en principe au terme du procès et se prononce. S'il a un doute sérieux, il saisit le Tribunal constitutionnel qui se prononce alors. Le Tribunal tranche aussi des conflits de compétence entre l'État et les communautés autonomes. Enfin, il existe un recours direct des citoyens (l'*amparo*) pour violation des droits fondamentaux par une décision de justice ou un acte administratif une fois toutes les voies de recours épuisées. Outre le Tribunal constitutionnel, le Défenseur du peuple joue le rôle de médiateur.

§ 2. La vie politique

390 Compte tenu de l'existence d'un parlementarisme majoritaire, les mécanismes du parlementarisme rationalisé précités n'ont pas à jouer. L'Espagne comprend deux principaux partis : à gauche, le Parti socialiste ouvrier espagnol (PSOE) et, à droite, le Parti

populaire. Ce dernier a été battu en avril 2004 par les socialistes, eux-mêmes reconduits au pouvoir en 2008 sous la houlette de José Luis Zapatero jusqu'à leur défaite en 2011, battus à leur tour par le Parti Populaire sous la conduite de Mariano Rajoy, chef du gouvernement de 2011 à 2018, mais minoritaire au sein de l'Assemblée à partir de 2016, PSOE s'abstenant de le censurer. Cependant, à la suite d'une motion de censure, la première à aboutir depuis 1978, un nouveau gouvernement, dirigé par le socialiste Pedro Sánchez, est formé depuis juin 2018.

Notons aussi l'existence de partis régionalistes basques et catalans ainsi que le développement de trois nouveaux partis, Podemos (gauche radicale), Ciudadanos (centre-droit) et Vox (extrême-droite). Ces partis ont pu quelque peu remettre en cause le bipartisme traditionnel et fragmenter l'échiquier politique, mais les élections de novembre 2019 ont été marquées par un très net recul de Ciudadanos (7 %), une baisse relative de Podemos (13 %) et un gain notable, toutefois, pour Vox (15 %), permettant néanmoins la formation d'une coalition gouvernementale dirigée par Pedro Sánchez.

Le 29 mai 2023, au lendemain de la défaite du Parti socialiste et d'Unidas Podemos aux élections municipales et régionales, Pedro Sánchez annonce que le Conseil des ministres prononcera, le jour même, la dissolution des Cortes Generales et la convocation anticipée des élections générales pour le 23 juillet.

SECTION 4

Les Pays scandinaves (Danemark, Suède, Norvège), la Finlande et l'Islande

On joindra à l'étude des trois monarchies scandinaves unies par une histoire commune celle de la Finlande partie intégrante de la Suède jusqu'en 1809 avant de passer sous domination russe, et de l'Islande, unie au Danemark jusqu'en 1944.

§ 1. Le Danemark

391 Le royaume du Danemark est une monarchie parlementaire. La première Constitution de 1849 a mis fin à l'absolutisme. Elle a été révisée dans un sens parlementaire et démocratique à plusieurs reprises (1863, 1866, 1915), le parlementarisme démocratique entrant dans les faits dès 1901. Enfin, la grande révision de 1953 a établi un régime monocaméral, élargissant la pratique du référendum et créant, à l'image de la Suède, l'*Ombudsman*.

A. Les institutions

1. *L'exécutif*

392 Le pouvoir exécutif appartient formellement, comme dans les autres monarchies parlementaires, au monarque mais est en réalité exercé par le gouvernement dirigé par le Premier ministre. Celui-ci est nommé formellement par le souverain, en fait sur la recommandation des partis politiques. En cas de difficulté, il peut désigner un « consultant » qui recherche une solution et rend un rapport. Sur cette base, le roi procède à de nouvelles consultations des partis et désigne le Premier ministre qui doit obtenir le soutien de l'Assemblée devant laquelle il est responsable avec le gouvernement. Un vote de défiance entraîne sa démission. En pratique, tous les votes importants sont considérés comme des questions de confiance, en particulier le budget. Mais bien des gouvernements minoritaires ont pu durer en recherchant des majorités alternatives et des compromis. Ce n'est qu'en leur absence que le gouvernement peut décider de se retirer ou de dissoudre la chambre en espérant des élections favorables. Il est, au total, rare qu'un gouvernement dure toute la législature.

2. *Le monocamérisme*

Le Parlement danois (le *Folketing*) compte 179 élus au suffrage universel direct à la proportionnelle intégrale pour 4 ans. Il dispose de la plénitude du pouvoir législatif. Notons que les commissions parlementaires composées à la proportionnelle sont l'instance essentielle du processus législatif et du dialogue politique entre le gouvernement et les partis. Les séances plénières ratifient pour l'essentiel leurs décisions.

B. La vie politique

393 Sauf au début du XXe siècle, aucun gouvernement n'a pu disposer d'une majorité qui ne soit pas de coalition, voire souvent minoritaire : la politique au Danemark, comme dans les pays scandinaves, a longtemps été marquée par une culture du compromis. La représentation proportionnelle intégrale produit la fragmentation politique accompagnée de scissions des partis eux-mêmes et de recomposition. Si l'on compte aujourd'hui une douzaine de partis, cette dispersion n'exclut pas la bipolarisation autour de deux pôles : l'un de centre-gauche longtemps dominant jusqu'au début des années quatre-vingt avec la formation de gouvernements minoritaires (un parti social-démocrate allié aux radicaux-libéraux) ou de centre droit jusqu'en 1994 (Conservateurs, Libéraux, avec l'appoint intermittent des Démocrates centristes et des Chrétiens populaires et du Parti populiste du Peuple Danois). Depuis lors, le Danemark connaît une alternance plus régulière mais aussi un durcissement du clivage droite-gauche avec l'apparition de formations d'extrême droite significatives comme le parti du Peuple qui appuie la coalition libéralo-conservatrice, reconduite au pouvoir depuis 2001 jusqu'en 2011, laissant la place aux sociaux-démocrates au pouvoir en 2015. La coalition de droite revient alors au pouvoir pour céder à nouveau la place à la gauche en 2019.

§ 2. La Suède

A. Une longue tradition constitutionnelle

1. *Le « parlementarisme absolu »*

394 La Suède a une longue tradition constitutionnelle et sa première « constitution » destinée à organiser la régence durant la minorité de la reine Christine date de 1634. Revu, ce texte servit de base à

la régence pendant la minorité de Charles XI avant que celui-ci se comporte, une fois sur le trône, en monarque absolu, et plus encore son fils, Charles XII. À sa mort en 1718, sa sœur Ulrique-Éléonore, avant d'être couronnée, admet que les États – les ordres – peuvent élire le roi et renonce à la souveraineté absolue du monarque. Elle abdiquera deux ans plus tard tandis qu'une première Constitution est adoptée en 1719, remplacée et en fait complétée par une autre l'année suivante : le nouveau roi élu ne fut couronné qu'après avoir revêtu de sa sanction et donc approuvé la Constitution. Celle-ci préfigure le parlementarisme moderne. Des assemblées d'États sont réunies périodiquement, au moins tous les trois ans en vertu d'un règlement d'assemblée minutieux. Elles forment donc une sorte de Parlement. Le Sénat, conseil du roi, fait office de gouvernement. La désignation de ses membres (les sénateurs) revient aux États (la noblesse, le clergé, la bourgeoisie, la paysannerie) – et donc au Parlement (le *Riksdag*) mais le monarque peut s'opposer à leur choix. En 1766, il est définitivement admis que le roi ne peut repousser plus de trois fois le même nom. Et dès lors que les ordres le proposent à nouveau, comme ils le font depuis 1738, il n'a plus le choix de se soustraire à ces propositions. Au sein du Sénat, composé de seize membres, hors le monarque, le roi ne dispose que d'une double voix et doit s'incliner devant la majorité. Un membre prééminent du Sénat fait office de Premier ministre. Il n'est pas à proprement parler responsable politiquement devant les Assemblées mais par le biais du *licentiering* – l'équivalent de l'*impeachment* à l'anglaise. La simple menace d'aller jusqu'au bout de la procédure – qui se conclut par une peine infamante – entraine la démission du ou des sénateurs mis en cause. Par ailleurs, la vie politique est relativement développée autour de deux « partis », celui des « chapeaux » partisans de la France et de la restauration de la Suède – et des « bonnets » favorables à l'influence russe et anglaise. Le Parlement gouverne en somme et le Sénat prend l'allure d'un commis qu'on licencie. À l'inverse de la Grande-Bretagne où l'effacement du roi est progressif et accompagne la mise en place du parlementarisme dans sa version dualiste puis moniste – le gouvernement est seulement responsable devant la chambre des Communes –, la Suède connaît une sorte de régime d'assemblée dominé par les États du royaume, ses ordres de privilégiés. En 1755, devant le refus du roi de sanctionner une loi, ils se substituent à lui. Le monarque n'a plus le choix qu'entre le renoncement ou le chantage à l'abdication. C'est ce qui se produit en 1768, provoquant une crise de régime qui se conclut par un abaissement supplémentaire de la fonction royale.

2. *La réaction de la monarchie*

395 Mais en 1772, le jeune roi, Gustave III réalise un coup d'État : la « révolution de Suède ». Il met fin à la Constitution libérale de 1720 et en impose une autre plus autoritaire. En 1789, fort de l'appui des ordres roturiers, il chasse même de ses États (et donc de la représentation) la noblesse et proclame *l'Acte d'Union et de sécurité* suspendant les garanties de la constitution de 1772. En 1792, il est assassiné et son fils, Gustave IV, accumulant les échecs militaires dont la perte de la Finlande, est déposé en 1809. Le Sénat fait adopter une nouvelle Constitution, la plus ancienne d'Europe, qui recherche un équilibre entre le parlementarisme sans limites et la monarchie absolue.

3. *La Constitution de 1809*

396 Elle repose sur une forme de séparation des pouvoirs originale. Le roi détient seul le pouvoir exécutif, le pouvoir législatif est partagé entre le Parlement et le roi : au second revient seul les matières économique et administrative, au premier reviennent seules les matières fiscale et budgétaire. Le roi nomme et révoque librement les ministres qui contresignent formellement ses actes. Ils ne sont pas *stricto sensu* responsables politiquement devant le Parlement. Mais, le *Riksdag*, par l'entremise de sa Commission de Constitution, sanctionne la violation de la légalité par l'un d'entre eux – ou tout le gouvernement – et peut mettre en jeu sa responsabilité administrative – en fait un contrôle d'opportunité. La première procédure conduit à la poursuite pénale du ministre par le procureur parlementaire (le fameux « *Ombudsman* ») devant la cour du royaume. La seconde autorise la commission à saisir le Parlement

qui à son tour peut demander au roi de révoquer le ou les ministres en cause.

En 1866, est institué un parlement bicaméral composé d'une Chambre haute élue par les conseils généraux et municipaux et une Chambre basse dont les membres sont élus au scrutin direct. L'identité de leurs pouvoirs mènera à bien des conflits jusqu'en 1892. En 1909, est institué le suffrage universel masculin pour l'élection de la Chambre basse élue pour quatre ans, féminin en 1919 et étendu en 1921 à la Chambre haute élue pour huit ans et renouvelée chaque année.

4. *L'évolution vers le parlementarisme moniste*

397 Cette évolution fut essentiellement coutumière. Le gouvernement de cabinet au sens anglais ne débute qu'à partir de 1859, sous le règne de Charles XV (petit-fils de Charles XIV fondateur de la nouvelle dynastie des Bernadotte instituée sous l'Empire français). En 1876, la fonction de Premier ministre est officiellement consacrée et il est généralement le chef du parti le plus nombreux à la Chambre basse. Son frère, Oscar II, tente sans succès de restaurer la prérogative royale. Le fils de ce dernier, Gustave V, s'y essaie aussi à compter de 1907 allant même en 1914 jusqu'à rappeler qu'il lui appartient de gouverner le royaume. Finalement, la victoire des libéraux alliés aux socialistes – qui font leur entrée au gouvernement – lors des élections de 1917 met fin à cette tentative, le roi préférant accepter leur programme visant à démocratiser les institutions par le suffrage universel. Après une période d'instabilité ministérielle liée à l'absence de majorité et aux velléités parlementaires, un parlementarisme majoritaire apparaît à partir de 1936 – toujours en marge du texte constitutionnel. Ce n'est qu'à compter de 1950 que le débat sur les institutions – et la nécessité de faire correspondre les textes à la pratique – reprend. Il est marqué en 1969 par la suppression de la seconde chambre et trouve surtout son aboutissement en 1974 par l'établissement d'une nouvelle constitution qui entre en vigueur le 1er janvier 1975.

B. La Constitution de 1974 et la vie politique

398 Cette Constitution fait du *Riksdag* – élu à la proportionnelle pour quatre ans depuis 1994 – le représentant du peuple mais admet le référendum consultatif, institué en 1922, et le référendum décisionnel uniquement en matière constitutionnelle (ou organique) dont le déclenchement est réservé à un tiers des membres du Parlement. La Constitution n'envisage pas le contrôle de constitutionnalité des lois, exercé cependant par les tribunaux ordinaires sous le contrôle de la Cour suprême qui l'entend dans un sens restrictif.

1. *Le parlementarisme rationalisé*

399 Tandis que le Roi n'est qu'un chef d'État comparable à celui d'Angleterre ou de son voisin suédois, le Premier ministre est désigné par le président du *Riksdag* puis cette désignation – et elle seule – est soumise à l'approbation du Parlement – les abstentions étant comptées en faveur du chef de gouvernement. En cas de quatre rejets de la proposition du président, la dissolution est automatique et cette menace pousse le Parlement à trouver un accord. Le Premier ministre choisit ensuite les ministres. Parmi les mécanismes classiques de mise en jeu de la responsabilité comme le droit d'interpellation, seule la « déclaration de défiance » est organisée et conduit obligatoirement à la démission du gouvernement sauf si celui-ci décide de dissoudre la Chambre. Dans les autres cas, mis en minorité et même à la suite d'une question de confiance, il peut rester en fonction. Cette « déclaration » nécessite le vote à la majorité absolue des membres composant l'assemblée mais est peu utilisée. Ces dispositifs assurent donc potentiellement au gouvernement une certaine stabilité. Le gouvernement est contrôlé administrativement par la fameuse commission de la constitution, par des commissaires de surveillance issus du Parlement, compétents en particulier en matière financière et surtout par l'*Ombudsman* nommé par le Parlement chargé de défendre les droits du citoyen.

400 La Suède continue à vivre sous un système bipolaire bien que multipartisan compte tenu de la proportionnelle. Il voit s'affronter globalement deux blocs, l'un autour des sociaux-démocrates allié

avec la Gauche ex-communiste et les Verts (la coalition « rouges-verts »), l'autre, le bloc « bourgeois », c'est-à-dire non socialiste mais beaucoup plus composite (conservateurs, libéraux, chrétiens-démocrates). La configuration politique n'empêche pas la formation de gouvernements minoritaires, pratique moins fréquente cependant qu'au Danemark ou en Norvège. Très souvent au pouvoir, les sociaux-démocrates ont profondément influencé la société face à cette coalition de centre-droit regroupant les Modérés, le parti du Centre, le Pari du Peuple, les Libéraux et les Chrétiens démocrates qui remportent de justesse les législatives de 2006 et conservent le pouvoir jusqu'en 2014. Une coalition de centre-gauche (sociaux-démocrates, soutenue par le parti de gauche) lui succède jusqu'en 2021, moment où la coalition de centre droit reprend le pouvoir.

§ 3. La Norvège

401 Sous domination danoise pendant quatre siècles, la Norvège devient indépendante du Danemark en 1814 avant d'être unie à la couronne suédoise (jusqu'en 1905) mais en restant très autonome. La Constitution de 1814 consacre cette autonomie et est toujours en vigueur. Les principes fondamentaux de la constitution s'inspirent des constitutions américaines (1776) et révolutionnaires : souveraineté populaire, séparation des pouvoirs à la Montesquieu, droits de l'homme. Elle institue une monarchie parlementaire héréditaire. À partir de 1869, des sessions parlementaires ont lieu annuellement et non plus tous les trois ans. À partir de 1874, le régime s'oriente vers un parlementarisme moniste : en 1884, pour la première fois, le gouvernement est forcé de démissionner face à l'hostilité de la chambre. Cette évolution est consacrée par l'adoption du suffrage universel direct masculin en 1898 et féminin en 1913.

A. Les institutions

402 Le roi est un chef d'État irresponsable sans influence politique. Le gouvernement est responsable devant le Parlement (*Storting*). Les

rapports entre le *Storting* et le gouvernement sont régis par de nombreuses règles constitutionnelles. La mise en jeu de la responsabilité du gouvernement obéit notamment à la logique suédoise de la motion de défiance constructive. Et le contrôle du gouvernement s'opère par des voies proches de la Suède. Le Parlement norvégien est élu pour quatre ans à la proportionnelle et composé de 169 députés depuis 2005. Le *Storting* est divisé en deux chambres pour l'examen des lois : l'*Odelsting* (Chambre basse) et le *Lagting* (Chambre haute). Lorsqu'une nouvelle assemblée se réunit, un quart des députés (42) sont élus au *Lagting*, les trois quarts restants (124) constituent l'*Odelsting*. Le *Lagting* et l'*Odelsting* ont sensiblement la même représentation politique. Il est exceptionnel que le *Lagting* s'oppose aux décisions de l'*Odelsting*. Le Parlement ne peut être dissous. La majeure partie du travail parlementaire se fait en commissions. On s'étonne ainsi en Norvège que les bancs de l'assemblée soient ainsi souvent clairsemés...

Le Parlement désigne aussi depuis 1962 un *Ombudsman*, à l'image de la Suède.

De façon coutumière, les tribunaux écartent – mais assez rarement – les lois contraires à la constitution sous le contrôle de la Cour suprême.

B. La vie politique

403 Comme les autres pays scandinaves, la Norvège connaît le multipartisme et compte actuellement huit partis qui sont représentés au *Storting* (dont l'un, le parti maritime, compte un élu), et l'existence de gouvernements minoritaires, voire ultra minoritaires. La Norvège n'a pas de groupement radical de droite ou de gauche. Les plus anciens partis politiques norvégiens sont le Parti libéral, le Parti conservateur et le Parti travailliste et sont apparus fondés dans les années 1880 avec le développement du parlementarisme. Le plus important d'entre eux est le Parti travailliste, parti social-démocrate sur le modèle nordique dominant depuis la guerre. À sa gauche, on compte le Parti socialiste de gauche.

L'antithèse du Parti travailliste est le Parti conservateur, en fait assez modéré. À sa droite, figure le Parti du Progrès. Entre le Parti conservateur et le Parti travailliste se situent quatre partis dits centristes : le Parti libéral, le

Parti démocrate, le Parti populaire chrétien et le Parti centriste, tous quatre souvent alliés avec le Parti conservateur.

La gauche, au pouvoir depuis 1994, a été battue d'une courte tête aux législatives de 2006 par la droite et le centre. Cette alternance au pouvoir s'opère donc encore récemment entre le Parti conservateur (2013-2021) et le Parti travailliste (depuis 2021).

§ 4. La Finlande

404 Le Grand-Duché de Finlande conserva la Constitution suédoise malgré son annexion par la Russie et même après son indépendance en 1917. Convoqué en 1809 par l'empereur Alexandre Ier, le *Landtag* réunissant les États (le Parlement) resta inactif jusqu'en 1863. Mais, la Finlande restait gouvernée par un sénat impérial (gouvernement) présidé par un gouverneur général, représentant du tsar. En 1906, le *Landtag* fut supprimé et remplacé par une nouvelle assemblée de 200 députés élus au suffrage universel direct à la proportionnelle pour quatre ans. La Constitution actuelle date de 1919. Elle institue une république après la fin de la guerre civile à laquelle se livrèrent, durant l'hiver de 1918, monarchistes et républicains. En 1932, la Finlande signe avec l'Union soviétique un pacte de non-agression qui donne le ton de la politique de la Finlande, soucieuse d'entretenir de bonnes relations avec son ancien tuteur tout en recherchant à affirmer son indépendance. C'était avant la guerre en Ukraine qui a provoqué la demande d'adhésion de la Finlande à l'OTAN en 2022.

A. La neutralisation de la présidence de la République

405 Au moment de l'indépendance, l'élection du président de la République au suffrage universel indirect fut pensée comme une forme de compensation à la non-adoption d'une monarchie parlementaire dualiste, apte à tempérer l'influence des partis. Ainsi, le chef de l'État jouit de prérogatives considérables. Il désigne le gouvernement qui est responsable devant la Chambre : dès sa formation, son programme doit être approuvé – ou rejeté – par le Parlement. Mais le gouvernement est aussi responsable devant le chef de

l'État. Ainsi, s'il perd la confiance du Parlement, le président peut le dissoudre. Il dispose, en outre, d'un droit de veto sur les actes législatifs.

En outre, la particularité des relations entre la Finlande et la Russie et de sa situation géographique a toujours fait du chef de l'État le premier responsable, voire l'incarnation de la politique étrangère et de l'indépendance du pays comme le président Mannerheim de 1944 à 1946, puis du président Paasikivi et, à partir de 1956, du président Kekkonen réélu en 1962 puis constamment jusqu'en 1981 où il démissionna pour raisons de santé. Il fut remplacé par le Premier ministre Koivisto, réélu en 1988. Depuis 1991, le mandat n'est renouvelable qu'une fois et les candidats à la présidence de la République peuvent être désignés par les partis politiques enregistrés qui ont reçu au moins un siège lors de la précédente élection parlementaire. Un candidat peut aussi être proposé par 20 000 personnes jouissant du droit de vote. Les grandes formations présentent en réalité leur candidat qui n'est pas forcément une personnalité politique de tout premier plan mais qui doit être consensuelle, sinon populaire. En 1994, lors de l'élection organisée pour la première fois au suffrage universel direct à deux tours, M. Martti Ahtisaari, diplomate aux Nations Unies, prix Nobel de la paix puis ministre des Affaires étrangères, est élu, soutenu par le parti social-démocrate. En 2000, c'est pour la première fois une femme, Madame Tarja Halonen, députée chevronnée et candidate soutenue de même par le Parti socialiste, qui est élue puis réélue en 2006. En 2012, c'est au tour de Suomen Tasavallan, plusieurs fois ministre, candidat du parti de la Coalition nationale (KOK), conservateur, qui est élu et réélu en 2018, cette fois sous l'étiquette indépendant.

Un processus de révision, entamé en 1987 et abouti en 2000 (« Constitution 2000 »), a mis fin très largement au dualisme de l'exécutif. Désormais, le Président arrête ses décisions prises en Conseil des ministres et sur propositions de celles du gouvernement. Dans le même esprit, le veto suspensif du président sur les lois a été aboli au profit d'une demande de seconde délibération. Il propose le nom du Premier ministre qui doit être élu par le Parlement et les membres du gouvernement nommés sur la proposition du chef de gouvernement. Le droit de dissolution est aussi confié à ce dernier mais sur proposition du chef de l'État.

Le président de la République continue de jouer cependant un rôle central hérité de l'histoire du pays. En vertu de l'article 93 de la Constitution : « Le président de la République, en collaboration avec le gouvernement, dirige la politique étrangère de la Finlande. Le Parlement approuve néanmoins les obligations internationales et leur résiliation, et décide de la mise en application des obligations internationales comme prévu par la présente Constitution. Le président de la République décide de la paix et de la guerre avec le consentement du Parlement. »

B. L'Assemblée nationale et la vie politique

406 Afin de former un gouvernement majoritaire dans un système de partis multiples, les coalitions gouvernementales sont souvent très larges.

Depuis que la Finlande est devenue indépendante, le Parti du Centre (ex-Parti agrarien) a joué, en quelque sorte, le rôle d'un parti charnière au gouvernement et a été représenté dans la plupart des cabinets ou les a dirigés (par ex. : 1991-1995, 2003-2014 et 2015-2019). Ainsi, le plus grand parti de droite, le Parti de Rassemblement national (Conservateurs), a siégé au gouvernement avec deux partis de gauche, de 1995 à 2003. Cette situation s'est répétée au sein du gouvernement formé en 2011. Le petit Parti populaire suédois de Finlande (suédophone) a fait partie de presque toutes les coalitions gouvernementales de 1972 à 2015. Le Petit Parti rural finlandais (SMP), caractérisé par sa critique des « vieux partis » est présent dans les gouvernements de 1983 à 1990, après son succès aux élections. La Ligue des Verts, qui a accédé au Parlement en 1987, a siégé au gouvernement de 1995 à 2002 et de 2007 à 2011. Le parti populiste des Vrais Finlandais – successeur historique du Parti rural finlandais fait partie des trois grandes formations politiques, etc.

En 2015, c'est une coalition entre les conservateurs (KOK), le Parti social-démocrate de Finlande (SDP), le Parti populaire suédois de Finlande (SFP) et les Chrétiens-démocrates (KD) qui a gouverné. Depuis les élections législatives d'avril 2019, c'est encore une coalition très large qui gouverne, dominée par le Parti social-démocrate (SDP) (40 sièges sur 200), devant les Vrais Finlandais (PS) (39 sièges), les conservateurs (KOK) (38 sièges) et le Parti du centre (Kesk) (31 sièges).

§ 5. L'Islande

407 Longtemps sous domination danoise, l'Islande n'est plus liée qu'à son souverain en 1918 puis, à la faveur de la guerre devient indépendante en 1941 : la république est proclamée en 1944.

A. La neutralisation de la présidence de la République

408 La Constitution de 1944 remplace un roi danois par un président de la République élu au suffrage universel pour quatre ans. Ce fut d'ailleurs l'ancien régent, Björnsson, père de l'indépendance qui fût élu le premier président islandais. L'usage se fixa selon lequel aucun concurrent n'est opposé au président sortant s'il se représente afin de garantir à la fonction sa dimension arbitrale. Ainsi, cette pratique des renouvellements sans concurrents a donné aux chefs d'État, sans appartenance politique, un statut de neutralité et un rôle symbolique malgré ses pouvoirs constitutionnels importants sur le papier. Pour ne citer qu'un exemple, Mme Vigdis Finnbogadottir, élue présidente de la République en 1980 et première femme à accéder à ce poste en Europe, a été reconduite au pouvoir jusqu'en... 1996. Olafur Ragnar Grimsson lui a succédé et a été réélu en 2004. En 2016, lui succède Guðni Th. Jóhannesson.

L'Islande est donc une république parlementaire classique : le gouvernement est responsable devant un parlement de 63 membres (l'Althing) élus à la représentation proportionnelle pour quatre ans.

B. La vie politique

409 Elle est dominée depuis l'origine par le parti de l'Indépendance (PI), parti conservateur qui recueille en moyenne 40 % des suffrages. Il est le pivot de toutes les coalitions gouvernementales, allié à un vieux parti agrarien centriste, le Parti du progrès (20 % des voix en moyenne). Celles-ci comprennent parfois des partis adverses comme le parti social-démocrate, principal parti d'une gauche émiettée et toujours minoritaire. Ainsi depuis novembre 2017, une coalition formée du PI, du Parti du Progrès

et du Mouvement Vert de Gauche dirige pour la première fois le Gouvernement, fort de près de 22 % lors des élections législatives cette année-là.

SECTION 5

Les monarchies parlementaires du Nord de l'Europe (Belgique, Pays-Bas, Luxembourg) et la Principauté de Monaco

§ 1. La Belgique

410 Inspirée de la Constitution de 1791, de la Loi fondamentale des Pays-Bas et surtout de la Charte française de 1830, la Constitution belge du 7 février 1831, sur le mode de la monarchie de Juillet, naît d'un compromis entre le Congrès national et le futur roi, Léopold de Saxe-Cobourg. Elle établit une monarchie constitutionnelle de type dualiste qui va influencer à son tour bien des monarchies comme l'Espagne, l'Italie, la Grèce, le Luxembourg, la Roumanie... au point que la Belgique sera parfois dénommée plus tard la « Petite Angleterre ».

Plusieurs fois révisée à la fin du XIXe siècle et dans les années vingt pour la faire évoluer vers une démocratie parlementaire, le régime belge a lentement évolué vers un parlementarisme moniste. La Constitution a aussi connu depuis les années soixante-dix des modifications importantes aboutissant à la transformation de la Belgique en État régional puis fédéral.

A. L'État fédéral

Sur ce point, v. ss 27 s.

B. Les institutions

1. *L'exécutif*

411 Le roi est un monarque politiquement irresponsable dont tous les actes sont contresignés par le gouvernement. Cependant, le roi a refusé en 1990 de promulguer une loi sur l'avortement, les ministres en conseil se substituant à lui. Il joue surtout un rôle de conciliateur dans les crises gouvernementales assez fréquentes en Belgique. En effet, le gouvernement doit disposer d'une majorité au sein de chaque assemblée (art. 64) mais doit aussi – disposition unique en Europe – être composé de façon paritaire avec autant de ministres d'expression française que néerlandaise – ce qui complique évidemment les choses compte tenu du multipartisme belge. Ainsi, les crises gouvernementales peuvent durer plusieurs mois. La Belgique ne connaît pas les techniques du parlementarisme rationalisé : ainsi, tout vote sur une motion ou un ordre du jour, à l'occasion de l'adoption d'un texte de loi – voire d'un article – peut mettre en cause l'existence du gouvernement. Cependant, lorsque celui-ci n'obtient pas la majorité à la suite d'un vote de confiance ou de méfiance et doit se retirer, les votes négatifs doivent s'accompagner de la proposition d'un successeur au Premier ministre, ce qui apparente cette procédure à la motion de défiance constructive à l'allemande.

2. *Un bicamérisme relativement inégalitaire*

412 La Chambre des représentants compte 212 députés, élus à la proportionnelle. Le Sénat, élu pour quatre ans, compte 71 membres dont 40 élus au scrutin direct (25 sénateurs néerlandophones et 15 francophones), 21 élus en leur sein par les conseils de communauté dont ils continuent à rester membres une fois entrés au Sénat, 10 par le Conseil flamand, 10 par le Conseil de la communauté française et un par le Conseil de la communauté germanophone, 10 cooptés (par les deux premières catégories : 6 sont désignés par l'ensemble des autres sénateurs néerlandophones et 4 par les sénateurs francophones). Il faut noter que la Constitution garantit aux Bruxellois une représentation minimale au Sénat. Au moins un sénateur néerlandophone et 6 sénateurs francophones

doivent être domiciliés dans la région bilingue de Bruxelles-capitale au moment de l'élection.

Les lois doivent être votées d'un commun accord mais la Chambre a le dernier mot en matière budgétaire. Le gouvernement est par ailleurs responsable uniquement devant celle-ci.

3. *La Cour d'arbitrage*

413 Il s'agit d'une cour constitutionnelle qui vérifie la conformité des lois, des décrets tant fédéraux que nationaux. Elle joue ainsi un rôle majeur dans le maintien de l'unité de la Belgique.

C. La vie politique : le multipartisme intégral

414 La représentation proportionnelle jointe à la spécificité linguistique de la Belgique fait que les partis politiques sont nombreux. Pour les francophones, il faut citer le Parti socialiste (qui regroupe aussi la tendance de la Communauté germanophone), les Verts, le Parti Réformateur Libéral (PRL), le Front Démocratique des Francophones (FDF), le Centre Démocrate Humaniste (CDH), le Mouvement des Citoyens pour le Changement (MCC) ou le Front National (FN) – qui n'a rien à voir avec son homonyme français. Du côté néerlandophone, on retrouve sensiblement les mêmes tendances : Parti socialiste, les Verts, le Parti libéral, le Parti démocrate-chrétien, le Parti régionaliste flamand (gauche libérale), le Bloc flamand (extrême droite). Enfin du côté germanophone, existent aussi le Parti social-chrétien et le Parti pour la liberté et le progrès. Les partis changent aussi parfois de nom et se recomposent. La fracture entre Flamands et Wallons aggrave l'instabilité gouvernementale chronique qui laisse parfois pendant plusieurs mois la Belgique sans gouvernement.

§ 2. Les Pays-Bas

415 À la suite de la révision de 1848, les Pays-Bas sont devenus une monarchie constitutionnelle. Le royaume des Pays-Bas est une monarchie héréditaire ancienne. Sa Constitution date de 1814,

révisée en 1848 pour en faire une monarchie parlementaire et de nombreuses fois amendée. La dernière révision date de 1983 et a voulu ainsi simplifier et moderniser ce texte. La Constitution comprend désormais un catalogue de droits fondamentaux civils, politiques, économiques et sociaux. Il demeure cependant que la constitutionnalité des lois et des traités ne peut être examinée par le juge. Seul le Parlement est l'interprète de la Constitution et les lois comme les traités sont, par définition, conformes à la Constitution.

A. Les institutions

1. *L'exécutif*

416 Le monarque (aujourd'hui le roi William-Alexander) est irresponsable politiquement et sans pouvoir autre que moral. Le Premier ministre préside le Conseil des ministres. La formation du gouvernement obéit à la suite des élections législatives – ou de la chute d'un cabinet – à un « accord de coalition ». La reine (ou le roi) après consultation des partis désigne un « investigateur », généralement le futur Premier ministre qui va rechercher une coalition acceptée par des partis. Lorsque l'accord est conclu, en principe pour 4 ans, les portefeuilles sont répartis. Cet accord, sous forme d'investiture du nouveau gouvernement, est soumis à la Chambre pour approbation. Mais compte tenu du nombre de députés (150) et donc de la majorité à atteindre (76) et du multipartisme, la formation des coalitions est souvent imprévisible.

2. *Un bicamérisme inégalitaire*

417 La « première chambre » – Chambre des sénateurs – comprend 75 élus pour 4 ans par les membres des 12 Conseils provinciaux. Son rôle est assez effacé en fait tandis qu'en droit elle ne dispose pas de l'initiative législative – ni de la faculté de censurer le gouvernement. Elle doit seulement approuver les textes votés par la « seconde Chambre » – ou Chambre des députés. Celle-ci comprend 150 membres élus pour 4 ans à la représentation proportionnelle intégrale dans 19 circonscriptions. La Chambre des

Députés a le dernier mot face au Sénat mais tient compte en fait de ses critiques.

Les deux Chambres peuvent être dissoutes par le Premier ministre. En réalité, la dissolution concerne principalement la seconde Chambre tout en restant inhabituelle : ayant perdu sa confiance, le gouvernement le plus souvent démissionne.

3. *Les provinces*

418 Notons que comme au Luxembourg, l'autonomie locale est limitée. Les douze provinces sont gérées par un commissaire nommé par l'État central et par les États provinciaux. Leurs pouvoirs sont d'ordre administratif. Les communes sont gérées par un conseil municipal (élu au suffrage universel) mais le maire bourgmestre (maire) est nommé par le gouvernement.

B. Un multipartisme intégral

419 La représentation proportionnelle et l'absence d'un seuil faible pour accéder à la représentation favorisent la fragmentation politique (dix partis ont obtenu des sièges par exemple lors des élections de 2002). La formation de gouvernements de coalition « à l'allemande » est donc souvent nécessaire. Trois grandes formations dominent la scène politique : le Parti du travail (PVDA, social-démocrate), le Parti populaire pour la liberté et la démocratie (VVD) et l'Appel chrétien-démocrate (DCA, chrétien-démocrate), quatre si l'on ajoute le parti libéral-socialiste (D). S'ajoutent des petits partis comme la Gauche verte ou des partis chrétiens confessionnels (réunis en 2002 dans l'Union Chrétienne). Depuis 1918, le CDA constitue le plus souvent l'axe des coalitions centristes. Notons en 2002 que pour la première fois une formation populiste et hostile à l'immigration, le Parti pour la liberté, fait une percée sensible devenant provisoirement, la deuxième force politique du pays mais dont l'influence demeure autour de 10 % des suffrages. Depuis 2017 a été formé un gouvernement de coalition au bout de 225 jours de négociation rassemblant le Parti populaire pour la Liberté et la Démocratie (VVD), Appel chrétien-

démocrate (VVD), le petit parti centriste Démocrates 66 (D66) et l'Union chrétienne (CU).

§ 3. Le Luxembourg

420 Promulguée le 17 octobre 1868, la Constitution du grand-duché du Luxembourg a été révisée huit fois, en particulier en 1919 faisant de cet État une démocratie parlementaire (art. 51), « la puissance souveraine résidant dans la nation » (art. 32) : a été ainsi supprimé le suffrage censitaire, institué le droit de vote des femmes et la consultation du peuple par référendum aujourd'hui tombé en désuétude.

A. Les institutions

1. *L'exécutif*

421 Le Luxembourg est une monarchie héréditaire. Le Grand-Duc, formellement, exerce le pouvoir exécutif avec le gouvernement comme il dispose du pouvoir d'initiative législative et de sanction de la loi. De même, la justice est rendue en son nom. En réalité, aucune de ses prérogatives ne peut être exercée sans le contreseing d'un ministre, contrepartie classique de son irresponsabilité politique comme pénale. Le Grand-Duc peut exceptionnellement se faire représenter par un prince du sang dans l'exercice de ses attributions qui exerce alors la lieutenance du Duché. Ainsi, avant de lui succéder en 1964, le Grand-Duc Jean a été le lieutenant de sa mère. Si le Grand-Duc est mineur, la régence est exercée par sa mère jusqu'à sa majorité. Pour autant, son refus de sanctionner une loi sur l'euthanasie a entraîné une révision de l'article 34 qui dispose désormais que « le Grand-Duc promulgue les lois dans les trois mois du vote de la Chambre ».

Le gouvernement formellement choisi par le Grand-Duc, en fait le « Premier ministre, ministre d'État » désigné et le chef de la coalition victorieuse aux élections. Mais, le Luxembourg demeure un régime parlementaire dualiste puisque le gouvernement est responsable devant le Grand-Duc et la Chambre des députés. Ce n'est, en outre, qu'en vertu d'une simple coutume – et non une règle constitutionnelle – que les ministres individuellement comme collectivement sont responsables devant la Chambre. Dès un vote négatif important (projet de loi ou ordre du jour proposé par un ministre), il est d'usage que le gouvernement présente sa démission au Grand-Duc. Seul le refus de voter le budget par la Chambre est en mesure de l'y contraindre. À l'inverse, le Grand-Duc, en fait le gouvernement, peut librement dissoudre la Chambre.

2. *Le rôle original et controversé du Conseil d'État*

422 L'originalité du système constitutionnel luxembourgeois est dans l'existence d'un Conseil d'État pensé comme le substitut à une chambre haute et composé de 21 membres nommés par le Grand-Duc. Il exerce les fonctions du Conseil d'État français, à la fois juge administratif suprême et conseil du gouvernement. Mais d'une part, ses avis consultatifs sur les projets de lois, en particulier sur la conformité à la Constitution contiennent des appréciations en opportunité et donc de nature politique. Et, d'autre part, il intervient de façon originale au cours de la procédure législative. En effet, si le texte initial voté a fait l'objet de modifications (amendement ou article rejeté), les dispositions modifiées doivent être soumises pour avis au Conseil d'État qui est rendu avec plus ou moins de célérité, le Conseil pouvant donc retarder la procédure. L'avis recueilli donne lieu à un second vote par la Chambre dit « réglementaire ». Puis, un second vote mais sur l'ensemble du projet a lieu sauf si la Chambre en accord avec le Conseil d'État décide – exceptionnellement – de le retarder de trois mois. Ce rôle à la fois de conseil du gouvernement, de Parlement et de juge administratif a suscité bien des critiques et même une condamnation de la Cour européenne des droits de l'homme le 28 septembre 1995 (*Procola c. Luxembourg*) au motif d'une violation de l'article 6 la Convention européenne des droits de l'homme (« Toute personne a droit à ce que sa cause soit entendue […] par un tribunal indépendant et impartial […] qui décidera […] des contestations sur ses droits et obligations de caractère civil […] »). Sans mettre en cause l'impartialité objective du Conseil, la Cour constate qu'il y a eu confusion, dans le cas de quatre conseillers d'État, de fonctions

consultatives et de fonctions juridictionnelles : « Le seul fait que certaines personnes exercent successivement, à propos des mêmes décisions, les deux types de fonctions est de nature à mettre en cause l'impartialité structurelle de ladite institution. » S'en est suivie la révision constitutionnelle du 12 juillet 1996, le Conseil d'État n'exerce plus de fonction juridictionnelle. Sa mission « de régler les questions du contentieux administratif » a été attribuée au Tribunal administratif et à la Cour administrative.

3. *La Chambre des députés*

423 Le Luxembourg connaît une seule chambre, la « Chambre des députés », composée de 60 membres élus tous les cinq ans à la proportionnelle dans le cadre de quatre circonscriptions. Ni la Constitution, ni la loi ne reconnaissent à proprement parler les partis politiques qui constituent de simples associations de fait, sans personnalité morale. Il n'existe donc pas de loi sur le financement de la vie politique.

4. *Les chambres professionnelles*

424 Notons enfin que six chambres professionnelles sont élues tous les cinq ans au suffrage universel. Exerçant un rôle syndical et un rôle politique : non seulement elles participent à la procédure législative puisqu'elles ont un pouvoir d'initiative (présentées au gouvernement puis soumises à la Chambre), mais leur avis est obligatoirement « demandé » (et non « recueilli » pour éviter des retards ou des blocages) sur tout texte les concernant directement.

B. La vie politique

425 Le Luxembourg est dominé de façon stable par trois grands partis qui se partagent en réalité le pouvoir : le Parti populaire chrétien social – pivot de toutes les coalitions de centre-gauche avec le Parti ouvrier socialiste luxembourgeois (de 1984 à 1999), avec le Parti démocratique de centre-droit depuis 1999 ou à nouveau avec le parti socialiste depuis 2004. Lors des dernières élections législatives, le 14 octobre 2018, le Parti populaire chrétien-social a

remporté un total de 21 sièges sur les 60 de la Chambre des députés. C'est alors un renouvellement de l'alliance entre le Parti démocratique, le Parti ouvrier socialiste luxembourgeois et les écologistes (15 % des voix) qui a pu former une majorité de gouvernement.

§ 4. La Principauté de Monaco

426 État souverain d'environ 38 000 habitants dont une minorité de nationaux, la Principauté de Monaco est liée par un traité d'amitié avec la France. Elle est membre de plusieurs organisations internationales dont l'ONU et le Conseil de l'Europe – et adhérente à la CEDH. Sa Constitution du 17 décembre 1962, révisée en 2002, définit son gouvernement comme une monarchie constitutionnelle héréditaire. État de droit, elle n'est pas un régime parlementaire classique dans la mesure où le Gouvernement n'est responsable que devant le prince.

A. Le pouvoir exécutif

427 Le prince est le chef de l'État et représente la Principauté dans ses rapports avec les puissances étrangères. Il signe et ratifie les traités. La succession au trône s'opère dans la descendance directe et légitime du Prince régnant par ordre de primogéniture. La priorité est donnée, à même degré de parenté, aux descendants mâles. À défaut de descendance légitime, un enfant adoptif peut accéder au trône. Le Prince héritier ne peut exercer ses pouvoirs qu'à partir de ses 21 ans. Jusqu'à sa majorité, le pouvoir est assuré par une régence. Pour certaines questions, le prince est assisté d'assemblées purement consultatives : le Conseil de la Couronne, le Conseil d'État.

Le Gouvernement est exercé, sous la haute autorité du Prince, aujourd'hui Albert II, par le truchement d'un ministre d'État et plusieurs conseillers qui forment le gouvernement. Il est aidé dans sa tâche par des organes consultatifs : le Conseil d'État, le Conseil économique et Social.

B. Le pouvoir législatif

428 Il est exercé par le prince et le parlement monégasque monocaméral, le Conseil national. Celui-ci (24 membres) est élu pour cinq ans par les citoyens monégasques majeurs (18 ans depuis 2002) des deux sexes, au suffrage universel direct et au scrutin mixte dans un pays d'environ 38 000 habitants pour 7 594 nationaux inscrits et 4 348 votants en 2023, soit un taux de 57,26 % de participation. Toutes les formations politiques – embryonnaires – sont « principistes » et ne demandent donc pas de modification des institutions. Aux dernières élections de 2023, l'Union nationale monégasque a remporté tous les sièges avec près de 90 % des voix.

À la suite d'une révision constitutionnelle en 2002 (entrée en vigueur le 1er déc. 2005), l'initiative législative, jusque-là réservée au prince, a été étendue au Conseil national qui vote aussi le budget. Il se réunit deux fois par an en session ordinaire et peut être convoqué en session extraordinaire par le prince ou à la demande de deux tiers de ses membres. Les séances sont retransmises à la télévision et le compte rendu des débats est publié dans le *Journal officiel* de Monaco.

C. Le pouvoir judiciaire

429 La Principauté est un État de droit. Le pouvoir judiciaire appartient au prince qui en délègue le plein exercice aux cours et tribunaux. Il n'y a pas à Monaco de ministre de la Justice, celle-ci relève de la Direction des services judiciaires. Le Tribunal suprême de la Principauté est à la fois le juge suprême dans l'ordre administratif et constitutionnel – ce qui soumet éventuellement à son contrôle les ordonnances souveraines et même les lois – et, la Cour de révision l'étant dans l'ordre judiciaire. Créé en 1911, le Tribunal suprême est la plus ancienne juridiction constitutionnelle d'Europe.

SECTION 6

Le Japon

430 Vaincu en 1945, après les bombardements atomiques sur Hiroshima et Nagasaki, le Japon passe sous occupation américaine dirigée par le général MacArthur. Il impose le démantèlement de cet État politico-militaire, sa laïcisation (le shintoïsme n'est plus religion d'État et l'Empereur n'a plus d'ascendance divine) et la démocratie parlementaire. Une diète constituante élabore sous influence américaine la Constitution promulguée par l'Empereur le 3 novembre 1946 et mise en vigueur en mai 1947. Le maintien de l'institution impériale fut d'ailleurs la seule condition posée à la capitulation du Japon par le gouvernement, l'Empereur (le *Tenno*) étant le seul du reste à légitimer la capitulation devant le peuple japonais.

Par ailleurs, le Japon renonce solennellement à la guerre et à l'usage de la force dans les conflits internationaux ainsi qu'à toute armée même « défensive » (art. 9 de la Constitution). Cette disposition constitutionnelle inédite et sans précédent qui suppose en pratique une démilitarisation du pays interdit donc en toute logique au Japon de disposer d'une armée. Pourtant, ce pays est considéré aujourd'hui comme la septième puissance militaire du monde. En réalité, les États-Unis ont encouragé le Japon à se réarmer et il est difficilement imaginable qu'un pays de cette dimension puisse être totalement dépendant d'autres forces, voire dépourvu en tant que membre de l'ONU de toute capacité d'intervention extérieure : une loi autorise par exemple le Japon à participer depuis 1992 aux opérations de maintien de la paix de l'ONU. Aussi, la Cour Suprême, dont les membres sont nommés par le gouvernement, saisie à plusieurs reprises de la conformité à la Constitution de l'existence de forces de défense japonaises, a préféré éluder la question.

En tout état de cause, la stabilité du régime japonais tient tout autant, comme en Grande-Bretagne, à son système de partis, en fait à l'existence d'un parti dominant, le parti libéral démocrate (PLD), qu'à un système fondé sur le clientélisme et la concertation, particulièrement avec le monde des affaires. Certains assurent en partie la cohésion de la société japonaise. Au-delà donc de ses institutions politiques démocratiques, le Japon donne à voir de façon macroscopique certains traits de fonctionnement des régimes dits occidentaux qui n'apparaissent pas toujours à l'œil nu.

A. Les institutions politiques

1. *L'exécutif*

431 • L'Empereur

Détenteur de la souveraineté avant la guerre, « divinité incarnée », l'Empereur n'est plus aujourd'hui que « le symbole de l'État et de l'unité du peuple ; il doit ses fonctions à la volonté du peuple, en qui réside le pouvoir souverain » (art. 1 de la Constitution), ce qui n'interdit pas une grande popularité. Il retrouve en fait d'une certaine manière les fonctions qu'il occupait avant la révolution Meiji en 1868 engagée par l'Empereur Mutsuhito. Chef d'État parlementaire irresponsable politiquement – tous ses actes sont contresignés –, il n'en demeure pas moins très respecté. L'Empereur Hiro-Hito qui avait engagé le Japon dans la guerre est mort en 1989. Son fils, l'empereur Akihito, lui a succédé. Ayant abdiqué pour raisons de santé, c'est son fils Naruhito qui lui succède. Par ailleurs, le calendrier impérial est resté en vigueur et rythme la vie courante.

• Le Premier ministre et le gouvernement

Responsable seulement devant la première chambre (la Chambre des représentants) selon des procédés classiques du parlementarisme, le Premier ministre est investi conjointement par celle-ci et la chambre haute (la Chambre des Conseillers). En cas de désaccord entre elles, la première a le dernier mot. Le Premier ministre peut la dissoudre et ne s'en prive pas, en particulier en fin de législature. Chef du gouvernement, il nomme et révoque les ministres librement.

2. *Un bicamérisme inégalitaire*

432 La première chambre – la Chambre des Représentants – est élue au suffrage universel direct pour 4 ans et comprend 480 membres (depuis 2000). Jusqu'en 1994, l'élection se faisait au scrutin uninominal à un tour dans le cadre de 130 circonscriptions composées de 3 à 5 sièges, chaque électeur disposant d'une voix dans sa circonscription. Longtemps, le Parti Libéral Démocrate a joué de ce système pour appliquer en quelque sorte la loi des rendements décroissants et en présentant dans chaque circonscription un nombre et un choix de candidats aptes à obtenir suffisamment de voix pour être élus, même en troisième ou en cinquième position. Mais la scission du Parti Libéral Démocrate en 1993 et la déroute électorale qui a suivi ont permis un compromis entre la majorité du PLD, les nouvelles forces de droite au pouvoir et le parti socialiste. Un système mixte a été adopté : 300 élus au scrutin majoritaire uninominal à un tour dans le cadre d'autant de circonscriptions et 200 élus à la proportionnelle dans le cadre de circonscriptions régionales.

Le Japon est un État unitaire décentralisé qui ressemble sur le plan administratif à la France : 47 départements dotés de conseils élus sous la surveillance du préfet et de 3 246 municipalités dont les conseils sont élus (quelques grandes villes comme Tokyo ont un statut particulier). La seconde chambre – la Chambre des Conseillers – n'a donc pas vraiment de vocation territoriale très prononcée. Elle est renouvelable par moitié et élue pour six ans au suffrage universel direct dans le cadre de deux types de circonscriptions, chaque électeur disposant de deux voix. L'une est nationale avec 100 conseillers élus à la proportionnelle (avec répartition des restes au système d'Hondt) avec listes bloquées depuis 1982. Les autres sont locales avec 152 conseillers élus dans les départements au scrutin majoritaire à un tour.

En cas de désaccord avec la Chambre des représentants, la Chambre des Conseillers doit lui laisser le dernier mot. En matière législative, la première peut ainsi surmonter l'opposition de la seconde chambre à une majorité des deux tiers des présents tandis qu'en matière budgétaire ou d'engagements internationaux, la majorité simple suffit.

3. *La Cour Suprême*

433 La Cour, bâtie sur le modèle américain et qui coiffe le système judiciaire, n'intervient en matière constitutionnelle que par voie d'exception quant aux lois et décrets du gouvernement. Si les droits fondamentaux, en particulier civils et politiques, sont garantis par la Constitution, la jurisprudence de la Cour est de façon générale peu expansionniste et l'institution assez effacée.

B. La vie politique

1. *Clientélisme et consultation*

434 L'individualisme n'a pas vraiment droit de cité au Japon dès lors que chacun est d'abord rattaché à un groupe auquel il doit loyauté et sans lequel il n'a pas d'existence sociale. Ce groupe est d'abord la nation dont la société épouse les contours en autant de cercles concentriques : de l'entreprise dans laquelle on travaille à la famille en passant par l'association fondée sur des relations de type hiérarchique conformément à un mode féodal ancestral. Ce lien de fidélité est de type clientéliste et se traduit sur le plan politique par la relation singulière entre élus et électeurs. Une majorité de Japonais, en particulier dans les zones rurales, adhère ainsi à une association de quartier ou d'entraide (la *Kôenkai*), organisation satellite du parti, patronnée par le député du lieu et aidée par les entreprises qui contribuent au financement de l'activité politique de l'élu. En échange de son soutien électoral – sa cotisation au parti peut même être prise en charge par le parti –, l'électeur bénéficie d'une protection en termes d'assistance. Ce système qui a fait la fortune du Parti Libéral Démocrate (le *Jiminto*) se retrouve à la base comme au sommet puisqu'il est lui-même divisé en factions autour de leaders (le *ryoschu*), sorte de chefs de famille qui disposent de même de leur « clientèle » – principalement de députés – dont les membres lui doivent fidélité et avantages de carrière. Les députés sortants sont par exemple à peu près assurés d'être réinvestis la fois suivante et il arrive même qu'un Premier ministre soit choisi à l'ancienneté (Miki en 1974). Il doit cependant savoir céder la place et depuis 1984 son mandat ne doit pas excéder en principe quatre ans. Chaque clan est clairement organisé

au sein du parti à l'image d'une tendance d'un parti occidental quoique malgré le nombre d'adhérents (1,5 million environ), le PLD fait figure de club de notables. Si, comme généralement dans les démocraties parlementaires, c'est la présidence du parti – et donc ses Congrès – qui conditionne l'accès aux fonctions de Premier ministre, cette désignation est le plus souvent le résultat de l'accord des factions ou la victoire de l'une d'entre elles sur les autres (par ex. dans les années soixante-dix et quatre-vingt, la puissante faction Tanaka au sein du PLD après le scandale Lockheed en 1976, lequel continue même de sa prison à tenir les rênes de son parti en 1982). Dans tous les cas, personne n'est oublié et les postes ministériels sont répartis entre factions, y compris minoritaires selon le système des dépouilles afin que la concurrence plus régulée que dans les partis occidentaux, ne conduise pas à l'éclatement du parti. Ainsi, les démissions des Premiers ministres n'obéissent que rarement aux formes prévues par la Constitution en matière de censure (comme Ohira en 1980 ou Miyazawa en 1993) et c'est en fait le plus souvent le Parti qui décide de son départ.

Ce système pyramidal se double d'une forme de coopération entre les individus (les hommes) de même statut mais aussi de consultation très vaste dans les entreprises comme dans l'État (*le shöchôshugi*). Ainsi, les décisions politico-administratives sont prises après une concertation approfondie avec les milieux intéressés, particulièrement les milieux d'affaires. Il est d'ailleurs remarquable que les sphères dirigeantes du privé comme de la politique soient peuplées d'anciens hauts fonctionnaires. Cette fusion des sphères, voire cette confusion n'est pas sans provoquer des scandales au parfum de corruption dans un pays dont le destin s'est longtemps confondu avec le capitalisme comme source de grandeur.

2. La longue domination du PLD

435 Né de la fusion en 1955 du Parti Libéral et du Parti Progressiste, le Parti Libéral Démocrate n'a jamais rencontré de concurrents sérieux. La domination sans partage du PLD n'a été entamée qu'en 1993, à la faveur de sa scission. Mais la coalition des sept petits partis conservateurs et socialistes formée en 1994 n'a pas été durable, faute de donner lieu à la formation d'un grand parti conservateur mais alternatif. Puis, en 1994 le parti socialiste a

formé un gouvernement de coalition avec son principal rival, le PLD jusqu'en 1996 où celui-ci revient seul au pouvoir avant de conduire une coalition de centre-droit (PLD), Parti libéral Nouveau Komeito, branche politique de la secte bouddhiste (*Soka Gakkaï*). Elle représente plus des deux tiers des sièges à la Chambre des représentants et plus de la moitié à la Chambre des Conseillers. Affaibli mais sans réel concurrent, le PLD constitue l'axe de toute majorité face à ses opposants. En 2000, il compte 233 sièges, 31 pour ses alliés du Kômeitô, 7 pour des conservateurs indépendants contre 127 pour le Parti Démocrate, 19 au Parti social-démocrate assez discrédité, 22 au Parti communiste et 19 indépendants. Le PLD est sorti renforcé des élections de 2005.

Mais, pour la première fois dans l'histoire politique du pays, une motion de censure – non contraignante – a été votée au Sénat, initiée par l'opposition du centre-gauche le 11 juin 2008 contre le Premier ministre Yasuo Fukuda. Il démissionne en septembre alors que sa popularité est au plus bas. Des élections législatives ont eu lieu en novembre 2009 et le PLD perd la majorité au profit de l'opposition de centre gauche emmenée par le PDJ. Il retrouve cependant le pouvoir dès 2012 qu'il exerce depuis lors.

Bibliographie

Sur le régime parlementaire

BARANGER (D.) et Le DIVELLEC (A.), « Régime parlementaire », *in* TROPER (M.), CHAGNOLLAUD (D.), *Traité international de droit constitutionnel*, t. II, Dalloz, 2012

NANTOIS de (C.) *Le député : une étude comparative France, Royaume-Uni, Allemagne*, LGDJ, 2010

VERGOTTINI de (G.), « Régimes politiques », *in* TROPER (M.), CHAGNOLLAUD (D.), *Traité international de droit constitutionnel*, t. II, Dalloz, 2012

VINTZEL (C.), *Les armes du Gouvernement dans la procédure législative, étude comparée : Allemagne, France, Italie, Royaume-Uni*, Dalloz, 2011

Sur la Grande-Bretagne

ANTOINE (A.), *Droit constitutionnel britannique*, LGDJ, 2e éd., 2018

BAGEHOT (W.), *The English Constitution*, 1867, Londres, Collins, rééd. 1993

BARBE (V.), *Human Rights 1998 sur la souveraineté parlementaire*, RFDC, 2005

BARANGER (D.), *Parlementarisme des origines : essai sur les conditions de formation d'un exécutif responsable en Angleterre (des années 1740 au début de l'âge victorien)*, PUF, 1999.

BOGDANOR (V.), *The Monarchy and the Constitution*, Oxford, Clarendon Press, 1995

BRAMERET (S.), « La souveraineté du Parlement britannique après la dévolution écossaise : réflexions autour d'une aporie », *RDP*, 2011, n° 3, p. 668-684

DICEY (A.-V.), *Introduction to the Study of the Law of the Constitution*, trad. fr., Londres, 10e éd., 1950

DUFFY-MEUNIER (A.), « La cour suprême au Royaume-Uni après le *Constitutional Reform Act 2005* : une juridiction hors norme », *Revue internationale de droit comparé*, 2012, n° 3, p. 681-734

GUILLUY (T.), *Du self-government des Dominions à la dévolution : recherches sur l'apparition et l'évolution de la Constitution britannique*, Ed. Panthéon-Assas, 2018

JENNINGS (I.), *The British Constitution*, Cambridge UP, 5e éd., 1971.

JOURNES (C.), *L'État britannique*, Publisud, 2e éd., 1994

PASQUIET-BRIAND (T.), *La réception de la Constitution anglaise au XXe siècle*, Ed de Varenne, 2018

ROYNIER (C.), *Le problème de la liberté dans le constitutionnalisme britannique*, Garnier, 2022

Sur l'Allemagne

GAILLET (A.), HOCHMANN (T.), MARSCH (N.), VILAIN (Y.), WENDEL (M.), *Droits constitutionnels français et allemand*, LGDJ, 2019

GAILLET (A.), *Essai sur l'évolution des recours de droit public dans l'Allemagne du XIXe siècle*, Dalloz, 2012

HUMMEL (J.), *Le constitutionnalisme allemand (1815-1918), le modèle allemand de monarchie limitée*, PUF, 2002

Sur l'Italie

BAUDREZ (M.), « La réforme constitutionnelle en Italie, entre convictions et appréhensions », *RFDC*, n° 97, 2014

Sur l'Espagne

LECUCQ (O.), « Les effets dans le temps des décisions du Tribunal constitutionnel espagnol », n° 47, 2015

Sur les pays européens

CHAGNOLLAUD DE SABOURET (D.), *La principauté de Monaco*, Lextenso, 2022

LAUVAUX (P.), LE DIVELLEC (A.), *Les grandes démocraties contemporaines*, PUF, 2015

PIERRÉ-CAPS (S.), *Droits constitutionnels étrangers*, PUF, 2015

PONTHOREAU (M.-C.), *Droits constitutionnels comparés*, 2nd éd., Economica, 2021

Sur le Japon

DELAMOTTE (G.), *La démocratie au Japon, singulière et universelle*, ENS éditions, 2022

TITRE 2

LE RÉGIME « PRÉSIDENTIEL » AMÉRICAIN

436 Vues de France, les institutions américaines étayées par la Constitution, le fédéralisme et le bipartisme étonnent par leur longévité, leur stabilité et leur bon fonctionnement malgré la séparation dite abusivement « rigide » des pouvoirs alors que les États-Unis sont le seul pays à avoir appliqué les enseignements de Montesquieu, soit une véritable séparation « souple » des pouvoirs (CHAPITRE 1). Le « balancier » s'est ainsi souvent déporté au profit d'un des trois pouvoirs, mais ces déséquilibres successifs se sont inscrits dans un jeu de rapports de forces continu où aucun acteur ne peut durablement s'assurer d'une hégémonie totale. En ce sens, contrairement à l'image idéalisée qu'on se fait en France de la collaboration des pouvoirs aux États-Unis, celle-ci est faite de conflits répétés, de négociations permanentes entre le président et le Congrès, mais aussi, à certains moments, entre ces deux pouvoirs et la Cour suprême (CHAPITRE 2).

CHAPITRE 1

Les fondements du régime

437 La Constitution de 1787, plusieurs fois amendée mais dont l'économie générale a été préservée, continue de régir les institutions américaines (SECTION 1). Le fédéralisme initial s'est transformé et développé mais a été préservé dans son principe (v. ss 40). Enfin, le bipartisme souple, nourri par l'Histoire, a su à sa manière structurer le fonctionnement des institutions américaines (SECTION 2).

SECTION 1

La Constitution américaine

La Constitution de 1787 est une des plus anciennes du monde (§ 1). Elle a démontré sa faculté d'adaptation (§ 2).

§ 1. La Constitution de 1787, naissance d'une Constitution

438 « Les gouvernements sont établis par les hommes pour garantir leurs droits [inaliénables, dont ils sont dotés par le créateur], et leur juste pouvoir émane du consentement des gouvernés. Toutes les fois qu'une forme de gouvernement devient destructive de ce but, le peuple a le droit de la changer ou de l'abolir et d'établir un nouveau gouvernement, en le fondant sur

> les principes et en l'organisant en les formes qui lui paraîtront les plus propres à lui donner la sûreté et le bonheur. »
>
> Déclaration d'indépendance des États-Unis, 4 juill. 1776.

Aux origines de la Constitution. Directement inspirée de la pensée de John Locke et rédigée par Thomas Jefferson avec John Adams, la Déclaration d'indépendance des États-Unis du 4 juillet 1776 exprime dès l'origine le credo libéral américain, teinté de déisme et fidèle à la philosophie du droit naturel en vogue en Europe. En 1777, naît la Confédération américaine dont l'organe est un congrès représentant à égalité tous les États exerçant en commun des compétences (traités, défense, diplomatie, monnaie). Chacune des anciennes colonies anglaises devient donc une République indépendante et souveraine. En 1783, l'Angleterre défaite reconnaît leur émancipation, huit ans après le déclenchement de la guerre de l'Indépendance, en 1775. Réunie en 1787 pour réviser en principe le texte de 1777 (les articles de la Confédération), la Convention de Philadelphie rassemblant les délégués de 12 États ayant proclamé leur indépendance établit finalement une Constitution fédérale qui entrera en vigueur deux ans plus tard après la ratification par chaque législature des États, grâce à une convention spéciale.

Une Constitution moderne. Cette Constitution marque de façon décisive le droit constitutionnel moderne : une Constitution écrite et rigide, un régime de séparation des pouvoirs, la suprématie de la Constitution, la notion de fédération, la forme républicaine de gouvernement.

439 La Constitution du 17 septembre 1787 est la plus ancienne Constitution écrite encore en vigueur. Elle n'en a pas moins été amendée 27 fois en deux siècles. Cette capacité d'adaptation tient moins aux 27 amendements dont elle a été l'objet qu'au pouvoir donné au Congrès, de « *faire toutes les lois qui sont nécessaires et approuvées pour l'application des pouvoirs ci-dessus mentionnés* » (art. 1er, sect. 8, al. 18), – en fait d'adapter la Constitution – et à la Cour suprême, véritable créateur et régulateur du système constitutionnel d'outre-Atlantique depuis 1803 et l'arrêt *Marbury v. Madison*.

Le texte initial est divisé en sept articles dont les trois premiers sont relatifs au pouvoir législatif fédéral – le Congrès –, au pouvoir exécutif fédéral – le président – et au pouvoir judiciaire fédéral. La Constitution est fondée sur un contrat entre les États membres qui garantit leur autonomie (la compétence de droit commun leur appartient), assure leur participation à l'État fédéral (représentation égalitaire au sein du Sénat, l'élection présidentielle se déroule dans le cadre des États) et préserve leur consentement (ratification par les États de la Constitution). L'équilibre est ainsi, au plan fédéral, la règle d'or. Cette idée des *checks and balances* – de « freins et contrepoids » – se retrouve dans l'organisation de pouvoirs spécialisés dans une fonction et dotés de la faculté mutuelle d'empêcher l'autre d'agir.

Méfiants à l'égard du pouvoir, les « Pères fondateurs » (Washington, Franklin, Hamilton et Madison) s'attachent d'abord à sa limitation en organisant son éclatement. Cette séparation à la fois horizontale (la séparation « rigide » des trois pouvoirs) et verticale (le fédéralisme) est moins la traduction des institutions britanniques de l'époque que l'application rigoureuse d'une lecture originale de Montesquieu.

§ 2. La faculté d'adaptation

A. Le processus de révision

440 La Constitution américaine est rigide et sa révision complexe. La procédure est autant marquée par le compromis fédéral que par l'esprit contractuel des Lumières.

L'initiative de la révision appartient au pouvoir législatif, soit le Congrès, par un vote des deux chambres – à la majorité des deux tiers –, ou aux législatures des deux tiers des États (le Congrès convoquant alors une convention spéciale). En pratique, seul le Congrès a utilisé son droit d'initiative.

Ensuite, pour entrer en vigueur, l'amendement doit être ratifié par les législatures des trois quarts des États (soit aujourd'hui 38) ou par les trois quarts des conventions réunies à cet effet dans chacun des États (le mode de ratification étant proposé par le Congrès). La quasi-totalité des amendements (sauf le XXIe) a été adoptée par les législatures des États et non par des conventions spéciales. Un délai de ratification peut éventuellement être imposé par le Congrès (généralement de sept ans avec possibilité de prorogation). Soit celui-ci inclut le délai dans le projet de révision – ce qui implique donc une date butoir pour son adoption ; soit le délai n'est indiqué que dans le message accompagnant la transmission du projet de révision, permettant ainsi de l'allonger si toutes les ratifications ne sont pas obtenues dans le délai initial (le XXVIIe amendement, voté en 1789, a été ratifié en… 1992 !).

Une fois l'amendement ratifié par l'État, celui-ci ne peut plus revenir sur son approbation. Il n'existe donc en la matière aucun « droit de repentir » même si, à différentes époques, certains États ont voulu le revendiquer.

B. Les amendements

441 **Les droits de l'individu.** Les huit premiers amendements votés en 1789 et adoptés le 15 décembre 1791 forment la Déclaration des droits (*Bill of Rights*) et concernent pour l'essentiel les droits de l'individu : Le Ier amendement interdit au Congrès de porter atteinte aux libertés religieuses, de parole, de presse, de réunion, de pétition et d'association. Le IIe autorise aux citoyens la détention et le port d'armes. Le IIIe proscrit le cantonnement arbitraire des soldats en temps de paix. Le IVe protège le citoyen de toute perquisition ou saisie arbitraire. Le Ve introduit le *due process of law* (tout individu privé de sa liberté ou de ses biens a droit à une procédure légale régulière). Le VIe permet à l'accusé de disposer d'un avocat et d'être jugé rapidement en cas de poursuite criminelle. Le VIIe institue le jury pour les affaires civiles importantes. Le VIIIe interdit les peines « cruelles ou inhabituelles ».

Le IXe amendement déclare que les droits des citoyens enumérés par les amendements ne sont pas limitatifs. Le Xe amendement précise que les compétences non attribuées au pouvoir fédéral appartiennent aux États.

Le XIIIe amendement (1865) abolit l'esclavage, le XIVe (1868), étend le *due process of law* à tous les citoyens, et les place sous « l'égale protection de la loi ». On peut rattacher à ce groupe le

XVIIIe amendement prohibant l'alcool en 1918 et le XXIe le supprimant.

442 **Les droits du citoyen.** Ils consacrent en particulier une extension du droit de suffrage. Le XVe amendement (1870) interdit de refuser ce suffrage pour des raisons de race, le XIXe (1920) l'accorde aux femmes, le XXIIIe (1963) le confère aux habitants du district de Columbia (siège de la capitale fédérale) qui, jusqu'alors, en étaient privés ; le XXIVe (1964) interdit les taxes électorales (*poll taxes*) destinées à écarter les personnes de couleur des urnes, le XXVIe (1991) abaisse la majorité électorale de 21 à 18 ans.

On peut rattacher à ce groupe d'amendements relatifs à la citoyenneté, le XVIe amendement (1913) introduisant l'impôt fédéral sur le revenu.

443 **L'organisation des pouvoirs publics.** Outre le Xe amendement précité, il s'agit du XIIe amendement (1804) qui différencie l'élection du président des États-Unis de celle du vice-président, du XVIIe (1913) prévoyant que les sénateurs seront élus au suffrage universel, du XXe (1933) qui modifie la date d'entrée en fonction du président nouvellement élu (le 20 janvier au lieu du 20 mars), du XXIIe (1951) qui interdit au président d'être réélu plus d'une fois, du XXVe (1967) organisant la suppléance du président en cas d'empêchement et le remplacement du vice-président, du XXVIIe (1992) qui prévoit qu'aucune loi sur l'indemnité des membres au Congrès ne peut entrer en vigueur tant qu'une nouvelle élection des représentants ne sera pas intervenue (afin d'éviter que les parlementaires ne se votent des augmentations pour eux-mêmes...).

C. L'évolution des institutions

444 **L'enracinement du fédéralisme.** L'évolution des institutions a d'abord été marquée sur le plan national par l'enracinement du fédéralisme et l'affirmation, après la guerre de Sécession, de la prééminence de l'État fédéral sur les États fédérés.

445 **Du « congressional government » au gouvernement présidentiel.** Sur le plan de l'équilibre « horizontal » des pouvoirs, les États-Unis ont connu l'alternance entre la suprématie du Congrès et celle de l'exécutif. La prédominance congressionnelle s'affirma jusqu'à la

fin du XIXe siècle avec bien des nuances. Jusqu'en 1809, le système fonctionne tel que l'avait pensé Hamilton : le président et le Congrès s'équilibrent et s'appuient mutuellement.

Après 1809, le pouvoir passe au Congrès et particulièrement à la Chambre des représentants et ses réunions partisanes influentes dans la désignation des candidats à l'élection présidentielle. Ce n'est qu'après 1828 et l'élection de Jackson qu'un rééquilibrage s'opère au profit du président. Ses successeurs maintiennent leur autorité face à un Congrès divisé par l'esclavage. Si Lincoln de 1860 à 1865 renforce l'autorité présidentielle de manière décisive, le Congrès domine le système politique jusqu'à la fin du siècle. C'est le *Congressional government* décrit par un professeur, Woodrow Wilson, futur président des États-Unis. Placé sous la houlette des chefs du parti républicain jusqu'en 1912 (à l'exception des deux mandats du président Cleveland), le Congrès est fortement discipliné, encadré dans les années 1890-1910 surtout à la Chambre des représentants à la manière anglaise… jusqu'à la révolte de ses membres contre cette autorité partisane tatillonne. Puis, le pouvoir est beaucoup plus diffus, la discipline partisane relâchée même si le Congrès domine encore le pouvoir dans l'entre-deux-guerres.

C'est durant les années trente, avec Franklin D. Roosevelt, et pendant la Deuxième Guerre mondiale et les années suivantes que la présidence prend ses traits contemporains et devient la clef de voûte du régime : c'est le « gouvernement présidentiel ».

446 **L'affirmation du rôle de la Cour suprême.** Arbitre du fédéralisme, régulateur de l'équilibre des pouvoirs, la Cour suprême s'est affirmée depuis l'arrêt *Marbury v. Madison* (1803) comme un troisième pouvoir, interprétant la Constitution au point d'être qualifié au début du XXe siècle de « gouvernement des juges » par la doctrine française.

SECTION 2

Le régime américain connaît un bipartisme souple

447 La vie politique américaine est dominée par deux grands partis (§ 1) – le parti républicain et le parti démocrate. Le bipartisme souple n'a cependant rien à voir avec le bipartisme rigide britannique. Leur rôle reste déterminant dans l'élection présidentielle et le fonctionnement des institutions (§ 2).

§ 1. Deux « machines » très décentralisées

448 **Origines et permanence du « bipartisme ».** De l'indépendance à la guerre de Sécession, s'établit une opposition entre fédéralistes (Washington, Hamilton, Adams) et anti-fédéralistes, défenseurs du droit des États (Jefferson, Madison). Ceux-ci forment le parti républicain-démocrate, dominant de 1800 à 1830 et éliminant les fédéralistes. En 1824, il se fractionne, certains de ses membres fondant un parti « démocrate » (les « jacksoniens populistes ») et d'autres les « républicains nationaux » – des whigs d'inspiration conservatrice (Clay), appelés à décliner, bien qu'ils occupent la présidence par deux fois.

Les « démocrates » dominent la scène politique de 1830 à 1850. En 1854, s'opère une recomposition à la faveur de l'accession de nouveaux États et de la querelle sur l'esclavage. Une partie des whigs crée avec d'autres dissidents, dont A. Lincoln, le parti républicain, anti-esclavagiste. Le parti républicain-démocrate, devenu parti démocrate, reste lié aux thèses esclavagistes, en particulier dans le Sud. Le bipartisme moderne est né.

Après l'élection à la présidence de Lincoln en 1860 (contre trois candidats démocrates) provoquant la guerre de Sécession, la victoire des Yankees assure la domination presque totale des républicains de 1860 à 1932 (à l'exception de Cleveland dans les années 1880 et 1890 et de T. W. Wilson de 1913 à 1921). Après la présidence démocrate de Roosevelt (1932-1944), l'alternance entre démocrates et républicains sera beaucoup plus régulière.

449 **Des sensibilités politiques différentes.** Sur le plan idéologique, le parti républicain est devenu au fil des temps plus conservateur et défenseur… du droit des États et du libéralisme économique, appuyé par un électorat plus rural ou suburbain, représentant des classes aisées et moyennes, souvent blanches et majoritairement protestantes. Le parti démocrate, en particulier depuis les années trente, s'est affirmé partisan de l'interventionnisme fédéral, représentatif d'un électorat urbain des grandes villes, des minorités et plus largement des intellectuels, des ouvriers syndiqués et des catholiques. En fait, cette opposition entre républicains et démocrates a été très relative jusque dans les années quatre-vingt : les démocrates du Sud sont hostiles à la politique fédérale anti-ségrégationniste et en ce sens plus proches des républicains, eux-mêmes étant divisés en politique intérieure entre conservateurs et libéraux, et sur le plan de la politique extérieure entre « faucons et colombes » malgré la tradition isolationniste du parti.

Moins que le support d'idéologies tranchées, les deux partis américains sont d'abord de pragmatiques machines électorales. Et il est d'usage d'affirmer que les États-Unis comptent non deux grands partis mais 100 (deux par États…).

450 **Une organisation très décentralisée.** L'organisation des partis républicain et démocrate est assez semblable. Chacun est une fédération d'entreprises politiques locales. Cette organisation ignore la notion européenne d'« adhérents ». À la base, dans chaque État, il existe un comité de parti au niveau de chaque district (*precinct*), composé de 300 à 400 électeurs sympathisants sous l'autorité d'un *precinct chairman* ou *captain* élu ou nommé. Au-dessus de ces 100 000 *precincts*, il existe des comités par comté (ou pour les grandes villes) composés de délégués de la base et de permanents avec, à leur tête, un président élu, nommé ou coopté par les *captains*. À l'échelon encore au-dessus se trouve le comité d'État, composé de membres élus et nommés et dont le président a un rôle fondamental. Le comité prépare toutes les élections, y compris les primaires (sélection des délégués), examine les candidatures à une multitude de postes électifs (du gouverneur aux juges locaux et à certains fonctionnaires). Notons sur ce dernier point que le « système des dépouilles » – le *spoils system* – consistant à attribuer des postes administratifs au parti vainqueur est

devenu aujourd'hui marginal (moins de 1 % des postes). Ce système explique l'importance historique des *bosses*, ces patrons de « machines » locales, tout-puissants jusque dans les années trente, faisant et défaisant les candidatures, au cœur du financement – occulte – du parti et de la distribution d'avantages divers à ses clientèles. Si ce rôle social et politique du « bossisme » a décliné, il subsiste à travers le patronage local des candidatures et l'organisation de la « machine » (il demeure presque intact dans des villes comme New York, Detroit ou Chicago).

Au sommet, le Comité national du parti, élu pour quatre ans par une convention nationale a un rôle fédérateur très théorique, indépendamment de l'organisation de la campagne présidentielle et de la répartition des élus du parti entre les commissions du Congrès.

• **Partis, élections locales et fédérales**. La législation électorale dépend des États, y compris pour les élections fédérales. Mais ils doivent respecter la Constitution ainsi que ses divers amendements qui ont contribué à éliminer la plupart des discriminations. Pour l'élection du président des États-Unis, le nombre des mandats est fixé par l'État. Pour celle des sénateurs, chaque État a droit à deux sièges et pour celle des représentants, chacun est divisé en circonscriptions qui doivent être égales en termes de population, en vertu de la jurisprudence de la Cour suprême (qui censure des écarts de 0,7 %). Les citoyens de l'État ont aussi à élire, grâce désormais aux « machines à voter », leur gouverneur, les membres de leur législature mais aussi l'exécutif des comtés et municipalités, des magistrats fonctionnaires et magistrats locaux : au seul niveau du comté, sont élus l'officier de police (shérif), le médecin légiste (*coroner*), le notaire et officier d'état civil (*clerk*)... Le bulletin (*ballott*) ressemble, disent parfois les Américains, à « un drap de lit »... Chaque parti présente à toutes ces fonctions une série de candidats, les opérations électorales étant souvent regroupées le même jour pour désigner des dizaines d'élus en même temps... Cette profusion d'élections n'empêche pas ou favorise peut-être – avec les 10 000 référendums locaux par an en moyenne – l'abstentionnisme : il peut dépasser 50 % pour les présidentielles et 60 % pour l'élection des représentants...

• **Partis politiques et élections**. Notons que les partis n'ont en fait que peu de pouvoir réel dans la sélection aux élections pour le Congrès, les candidats doivent recueillir un certain nombre de signatures (fixé par chaque État) pour s'inscrire à une élection primaire, le candidat arrivant en tête étant désigné par le parti. Bien implanté, ce candidat a toute chance de l'emporter à ce stade puis d'être élu et surtout réélu : 90 % des membres de la chambre et 80 % des sénateurs sont réélus... Des initiatives qui tendent à limiter la durée du mandat ont été adoptées dans quelques États dans les années quatre-vingt-dix.

Par ailleurs, on a déjà noté l'ampleur de l'utilisation des procédés de démocratie semi-directe (v. ss 306). Soulignons ici la diversité de leur usage. Celui-ci est beaucoup plus fréquent dans les États de l'Ouest que dans ceux du Sud ou de l'Est. Au total, 36 États admettent le référendum législatif, 21 États l'initiative populaire (directe ou indirecte) en matière législative et constitutionnelle, 15 la procédure du *recall*.

• **Une indiscipline longtemps caractéristique**. À l'opposé des partis anglais ou français qui sont disciplinés et soutiennent de manière cohérente le gouvernement, les partis américains connaissent plutôt l'indiscipline, quoique depuis 2016 cette « indiscipline » soit à relativiser. Celle-ci permet d'éviter les blocages institutionnels dans le cas d'un Congrès de tendance opposée au président. Ainsi, la « concordance des majorités », contrairement à la France, n'est pas un facteur clef de compréhension du système. Le critère n'est pas déterminant puisque, pour la seule période 1946-1950, des programmes présidentiels furent votés par un Congrès « hostile » – le plus souvent démocrate – opposé à un président républicain, tandis qu'un Congrès « favorable » s'opposait – ainsi sous Kennedy ou Carter – à un président de la même tendance. Si le parti a une position officielle dans chaque chambre, l'élu ne la suit pas toujours, d'autant que le clivage partisan se double d'une série de clivages géographiques, « sociologiques » (minorités), d'idées sur certains thèmes (écologie, etc.).

L'indiscipline tient au fait, on l'a vu, que les partis jouent un rôle secondaire dans l'investiture des candidats au Congrès : rendus indépendants de leur parti, les sénateurs et les représentants ne sont pas non plus menacés par une dissolution « propre » au régime parlementaire et surtout ont de grandes chances d'être réélus… En fait, cette indépendance est plutôt une indépendance d'esprit, un individualisme, qu'une absence de loyauté au parti. Un membre du Congrès est considéré d'abord comme un législateur et non comme un « godillot » de l'exécutif comme en France ou en Angleterre, responsable devant le Parlement, le soutien de celui-ci lui étant indispensable. En outre, il veille d'abord à sa circonscription et par sa participation aux différentes commissions du Congrès à faire bénéficier ses électeurs du budget fédéral sous toutes ses formes (contrats, implantations, etc.). Mais, membre du parti du président, il sera prêt à présenter ses propositions de loi si celui-ci lui assure des avantages divers et une reconnaissance.

Cette indiscipline, liée au localisme de la vie politique américaine, n'exclut pas une certaine loyauté des membres du Congrès à l'égard de leur parti. Républicains et démocrates votent en blocs opposés, mais une fois sur deux ensemble, nonobstant la défection toujours possible d'une quarantaine de démocrates sudistes – en fait très conservateurs – ou d'une trentaine de républicains modérés – proches des démocrates… Le clivage idéologique s'est nettement durci depuis la présidence Trump.

Notons enfin que les membres du Congrès – comme la présidence – sont influencés par les lobbies dont la fonction est déterminante dans la démocratie américaine et reconnue comme légitime. Leur rôle de pression organisée sur le Congrès (*lobbying*) a été reconnu par une loi de 1946, qui réglemente leur activité. Cette législation a été adoptée dans le but de la moraliser. Regroupant plusieurs milliers de personnes, ces groupes sont de nature diverse. Il s'agira de puissantes organisations professionnelles (agricoles, industrielles, médicales), de syndicats (l'AFL/CIO regroupe 15 millions d'adhérents), d'associations supports de « causes » (minorités ethniques, sexuelles, anciens combattants, etc.). Leur action s'exerce non seulement sur le Congrès, mais aussi sur les partis, principalement au niveau local, sur l'Administration (en jouant de la complexité des structures), sur la présidence (en particulier pendant la campagne électorale) et naturellement sur les médias (campagnes nationales). Les groupes d'intérêts expriment à leur manière au plan de la vie sociale la notion de « *checks and balances* » dans un pays où la différence, la négociation, le pluralisme des intérêts sont légitimes.

§ 2. Le rôle des partis dans l'élection présidentielle est déterminant

451 « Les partis politiques américains sont organisés à l'échelon national presque entièrement dans un seul but : désigner un candidat à la présidence tous les quatre ans, puis l'aider à remporter une majorité des voix », écrit le politologue Bernard Brown. Le candidat à l'élection présidentielle doit être âgé de 35 ans au moins, citoyen américain de naissance et résider depuis au moins 14 années aux États-Unis. Il doit en outre – conditions non requises par les textes – disposer d'une excellente santé physique (afin de parcourir les États-Unis lors des « primaires »), être fortuné ou disposer de moyens financiers considérables et être appuyé par l'un des deux grands partis.

Pour désigner le candidat de chacun des deux grands partis, deux systèmes de pré-sélection sont utilisés dans la quasi-totalité des États : les caucus ou les primaires. Seuls le Minnesota et le Nebraska – ignorant le système des partis – utilisent des primaires non partisanes (où chaque électeur reçoit une liste portant le nom de tous les candidats sans indication d'appartenance).

A. La présélection : caucus et primaires

452 Plusieurs procédés – dont l'importance respective varie à chaque élection – sont utilisés pour présélectionner les candidats.

• **Les caucus.** Ces assemblées de quartier – où l'influence des notables locaux du parti est prépondérante – désignent (à main levée) les délégués du parti à la convention de comté. Elles sont composées des électeurs enregistrés sur les listes électorales qui ont indiqué alors leur préférence partisane. Ces délégués « élisent » à leur tour des délégués à la convention nationale. Pour combattre l'influence des « professionnels » de la politique, les caucus ont tendance à s'ouvrir désormais aux personnes s'étant déclarées pour le parti (sans être forcément « enregistrées »).

Ce système est pratiqué dans environ 20 États, quoique ce chiffre varie à chaque élection et au sein de chaque parti en fonction des intérêts du moment...

• **Les primaires.** Inaugurées en 1901 par l'État de Floride, en réaction contre les désignations arrangées par les *bosses*, elles sont organisées désormais dans une trentaine d'États, entre février et juin de l'année de l'élection présidentielle. Elles peuvent être fermées ou ouvertes et sont marquées globalement par une faible participation des électeurs (20 à 30 %).

Les primaires fermées. Elles sont réservées aux électeurs de l'État ayant fait enregistrer leur affiliation à l'un des partis. Ils reçoivent le bulletin du parti choisi comportant une liste des candidats pour chaque poste à pourvoir localement et désignent des délégués (plus souvent au scrutin majoritaire de liste à un tour qu'à la proportionnelle) qui forment la délégation du parti de l'État à la convention nationale.

Les primaires ouvertes. La différence avec les primaires fermées consiste dans le fait que l'électeur peut voter sans s'être préalablement affilié à l'un ou l'autre parti. Il vote pour l'un ou l'autre candidat (en fait, un délégué est censé voter pour lui lors de la convention nationale). Le système n'est pratiqué que dans le Wisconsin.

B. L'investiture et la campagne officielle

453 **Les conventions des partis.** Organisée par le Comité national du parti, la convention nationale se déroule pendant l'été précédant l'élection. Elle rassemble les délégués désignés dans les États lors

des primaires (plus de 4 000 personnes chez les démocrates, plus de 2 000 chez les républicains), soit environ 80 % du total des membres de la convention auxquels s'ajoutent des professionnels directement choisis par le parti, les « super-délégués » (plus de 600 chez les démocrates). En outre, le mandat des délégués n'est pas impératif, ce qui laisse une certaine souplesse au jeu de la désignation... Ainsi, côté jardin, la fête bat son plein, musique et majorettes étant de la partie. Côté cour, les négociations vont bon train dans les couloirs de la convention.

Cependant, un candidat bien placé dans les primaires ou caucus provoquera une dynamique en sa faveur lors de la convention, voire des ralliements inopinés soulignant, au final, l'unité du parti. À l'inverse, certains de ses concurrents se seront déjà retirés au vu des résultats de certaines primaires (d'où le soin avec lequel tout candidat doit choisir les premières primaires auxquelles il va se présenter). Enfin, la convention nationale complète le « ticket » présidentiel, en désignant le candidat à la vice-présidence, complémentaire par son origine géographique et/ou ses opinions, soutien du candidat à la présidence.

454 **La campagne officielle.** Après la désignation par chacune des conventions nationales, s'ouvre la campagne officielle – la campagne d'automne – au cours de laquelle les citoyens américains vont être appelés à désigner le président par l'intermédiaire, dans chaque État, de grands électeurs. Notons qu'à ce stade, d'autres candidats peuvent entrer en lice – indépendamment des deux grands partis. Mais leur résultat est souvent peu convaincant, avec de rares exceptions comme Ross Perot en 1992 (19 % des voix). La campagne officielle s'ouvre début septembre, l'élection étant fixée au mardi suivant le premier lundi de novembre.

C. L'élection à deux degrés du président

455 **La désignation des grands électeurs.** Cette campagne pour le *popular vote* aboutit donc à la désignation, dans chaque État, de grands électeurs formant le collège électoral prévu par la Constitution et élisant le président et le vice-président. Leur mandat est impératif et ils se présentent en indiquant pour quel candidat ils voteront. C'est un scrutin de liste majoritaire à un tour (sauf dans le Maine) et le candidat arrivé en tête dans l'État obtient la totalité

des sièges des grands électeurs de l'État (*Winner takes all*). Chaque État dispose d'autant de grands électeurs qu'il a d'élus au Congrès, de trois pour l'Alaska (deux sénateurs et un représentant) à 45 pour la Californie (deux sénateurs et 43 représentants). Les grands électeurs étant au nombre total de 538, il est nécessaire d'obtenir 270 voix pour être élu. Le mode de désignation aboutit à des distorsions réelles (un électeur de l'Alaska pèse six fois plus que celui de Californie) du fait du mode de scrutin et de la désignation dans le cadre des États. Ainsi, un léger déplacement de voix peut suffire à assurer la victoire : en 1960, Kennedy obtient 303 suffrages de grands électeurs avec 34 227 000 voix (49,7 %) contre 219 à Nixon avec 34 108 000 (49,5 %), soit un écart de 119 000 voix. Cinq fois, un président minoritaire en voix a été élu : après le démocrate-républicain John Quincy Adams en 1824 et les républicains Rutherford B. Hayes en 1876, Benjamin Harrison en 1888 et George W. Bush en 2000, Donald Trump en 2016 a obtenu 45,94 % des voix contre 48,03 % à Hillary Clinton mais 304 grands électeurs contre 227.

En pratique, avant l'élection, chaque parti désigne des grands électeurs potentiels dans tous les États. Trois d'entre eux, ainsi que le District de Columbia ont des lois qui les obligent à voter pour le candidat du parti afin d'empêcher une situation de « grand électeur déloyal » (*faithless elector*) en prévoyant l'annulation du vote et une amende ou un électeur remplaçant (Montana, Nevada ou État de Washington). Le plus frappant est aussi que le président élu soit parfois non seulement minoritaire en voix – du fait des candidats marginaux – mais peu « représentatif » compte tenu de l'abstentionnisme : entre 1824 et 2008, sur les 47 élections présidentielles, 18 ont consacré un résultat minoritaire en suffrages exprimés ce qui, traduit en inscrits, représente des scores singuliers : en 1992, Bill Clinton a obtenu 43 % des voix, soit 24 % des inscrits, le taux de participation frôlant généralement les 50 %.

456 **L'élection du président.** Réuni le premier lundi suivant le deuxième mercredi de décembre, chaque grand électeur vote pour le candidat de son parti : le résultat est sans surprise et le 6 janvier le Congrès dépouille les votes et proclame les résultats officiels (dans la capitale de chaque État). Après la proclamation des

résultats, le président prend ses fonctions le 20 janvier (l'« inauguration ») et prête serment sur la Bible : une année s'est écoulée depuis les premiers caucus ou primaires.

Dans le cadre de l'élection du président et du vice-président par le collège des grands électeurs, en l'absence de majorité, le premier est désigné par la Chambre parmi les trois candidats arrivés en tête (les députés de chaque État se réunissant en délégation et n'ayant qu'une voix), le second par le Sénat. Seuls deux présidents ont ainsi été élus (Jefferson en 1800 et Adams en 1825). Par ailleurs, en cas de vacance de la vice-présidence, le Congrès doit confirmer la nomination du nouveau vice-président (G. Ford en 1973, N. Rockefeller en 1974).

D. Le contentieux de l'élection du 43e président et la décision de la Cour suprême du 12 décembre 2000

457 L'élection du 43e président des États-Unis fut le théâtre d'une véritable crise constitutionnelle, plaçant au cœur de la « tourmente juridique » le prestige de la Cour suprême et l'institution des grands électeurs. La bataille constitutionnelle qui s'engagea alors allait se situer sur deux terrains : le décompte des voix et la proclamation des résultats.

Sur la question du décompte, le parti démocrate, avec à sa tête le candidat Al Gore, contestait au lendemain du scrutin du 7 novembre 2000, les résultats de l'État de Floride qui avaient conduit à reconnaître comme invalides un grand nombre de bulletins, alors qu'aux termes de la loi fédérale « aucun bulletin de vote ne devra être déclaré nul et non avenu s'il présente une indication claire de l'intention de vote de l'électeur, quand il a voté ». Pour résoudre ce problème, un nouveau scrutin s'avérait totalement impossible, la Constitution américaine prévoyant que les élections présidentielles doivent se dérouler le même jour sur l'ensemble du territoire fédéral.

La Haute Cour de cet État, saisie le 21 novembre, décida d'accéder à la requête d'Al Gore, en autorisant le décompte manuel des voix dans tous les comtés où les bulletins avaient été rejetés par la machine prévue à cet effet, renvoyant au 26 décembre l'échéance de ce nouveau calcul. Le candidat républicain George W. Bush fit appel devant la Cour suprême fédérale, le

22 novembre : les juges renvoyèrent alors l'affaire devant la Cour suprême de Floride pour motivation insuffisante de la détermination, par cette dernière, de la nouvelle date butoir.

Quant à la proclamation des résultats, le candidat démocrate saisit la Country Court de ce même État, juridiction qui l'a débouté en raison de l'insuffisance de la charge de la preuve apportée. Il s'adressa alors à la Cour suprême de Floride, le 8 décembre, qui, se fondant sur le critère de l'intention de l'électeur, a enjoint au tribunal compétent (le Tribunal du Circuit siégeant dans le Comté de Léon) d'ordonner un nouveau décompte de l'ensemble des voix. George W. Bush demanda alors à la Cour suprême fédérale un sursis à exécution, considérant que les décomptes manuels ainsi organisés lui causaient un préjudice irréparable. La Cour, se rangeant derrière l'opinion du juge Scalia, ordonna ce sursis en répondant à la question suivante : les bulletins, objet du décompte manuel, ont-ils été reconnus légalement recevables au sens de la loi de Floride, c'est-à-dire juridiquement valides parce que légalement exprimés ? La notion de « préjudice irréparable » pour le candidat contestant cette opération fut ainsi reconnue en raison du doute qu'un tel décompte pourrait jeter sur la légitimité de son élection.

Le 12 décembre 2000, la Cour suprême, statuant cette fois-ci sur le fond de l'affaire, reconnut que les nouvelles techniques de décompte établies par l'État de Floride, faisant intervenir une personne physique dans l'examen des bulletins litigieux, étaient contraires au principe de l'égalité de tous devant la loi, inscrit dans la Constitution.

Objet de très vives dissensions au sein même de la Haute juridiction fédérale (l'arrêt a été rendu par cinq voix contre quatre), cette décision a poussé certains commentateurs à souligner la perte de prestige que la Cour suprême des États-Unis venait alors d'enregistrer. En effet, la « branche libérale » des magistrats considérait le décompte manuel constitutionnellement recevable, en vertu du principe selon lequel le législateur est maître de ses lois électorales. Porte-drapeau de cette position, le juge Stevens dira : « Nous ne saurons sans doute jamais avec une certitude complète, au sujet de cette élection présidentielle, l'identité du vainqueur, mais l'identité du perdant est parfaitement claire. C'est la confiance de la nation en ses juges, c'est la confiance de la nation en ses gardiens impartiaux de la règle de droit qui est perdue » mais, le 13 décembre 2000, Al Gore concéda sa défaite.

Les élections congressionnelles depuis 1952

Année de l'élection (novembre)	Président et Congrès	Représentants		Sénat
		%	Sièges	Sièges
1952	Eisenhower (R) 83e Congrès	49,7 49,7	211 221	D - 47 R - 48
1954	84e Congrès	52,1 47	203 232	D - 48 R - 47
1956	Eisenhower (R) 85e Congrès	51,5 48,7	233 200	D - 49 R - 47
1958	86e Congrès	56,2 43,2	283 153	D - 64 R - 34
1960	J. Kennedy (D) 87e Congrès	54,7 44,8	263 174	D - 56 R - 35
1962	L. B. Johnson (D) 1963 88e Congrès	52,5 47,2	258 177	D - 67 R - 33
1964	L. B. Johnson (D) 89e Congrès	57,2 42,3	255 178	D - 67 R - 33
1966	90e Congrès	50,9 48,3	247 187	D - 64 R - 36
1968	R. Nixon (R) 91e Congrès	50,2 48,5	246 189	D - 57 R - 43
1970	92e Congrès	53,4 45,1	254 180	D - 55 R - 45
1972	R. Nixon (R) 93e Congrès	51,7 46,4	239 196	D - 57 R - 43
1974	R. Nixon (R) G. Ford (R) 94e Congrès	57,6 42,4	290 145	D - 63 R - 37
1976	J. Carter (D) 95e Congrès	56,2 43,8	292 143	D - 62 R - 38
1978	96e Congrès	53,5 45,1	276 159	D - 58 R - 42
1980	R. Reagan (R) 97e Congrès	56,2 42,1	242 193	D - 46 R - 54
1982	98e Congrès	55,6 42,9	269 166	D - 46 R - 54
1984	R. Reagan (R) 99e Congrès	52,2 47,3	252 183	D - 47 R - 53
1986	100e Congrès	53 47	260 175	D - 55 R - 45

Année de l'élection (novembre)	Président et Congrès	Représentants		Sénat
		%	Sièges	Sièges
1988	G. Bush (R) 101e Congrès	53,4 46,6	260 175	D - 55 R - 45
1990	102e Congrès	52,9 47,1	267 168	D - 56 R - 44
1992	B. Clinton (R) 103e Congrès	51,2 46,7	259 176	D - 57 R - 43
1994	104e Congrès	45,2 54,7	204 231	D - 47 R - 53
1996	B. Clinton (D) 105e Congrès	47,5 49,1	207 228	D - 45 R - 55
1998	106e Congrès	47,2 48,9	211 223	D - 45 R - 55
2000	G. W. Bush (R) 107e Congrès	47,1 47,9	212 221	D - 50 R - 50
2002	108e Congrès	45 49,7	205 229	D - 48 R - 51
2004	G. W. Bush (R) 109e Congrès	46 53	202 231	D - 44 R - 55
2006	110e Congrès	53,6 46,4	233 202	D - 51 R - 49
2008	B. Obama (D) 111e Congrès	59,1 40,9	257 178	D - 56 R - 41
2010	112e Congrès	44 56	188 239	D - 51 R - 47
2012	B. Obama (D) 113e Congrès	46,2 53,8	201 234	D - 52 R - 46
2014	114e Congrès	43,6 56,4	183 235	D - 44 R - 54
2016	D. Trump (R) 115e Congrès	47,3 49,9	194 241	D - 46 R - 52
2018	116e Congrès	53,4 44,8	235 199	D - 45 R - 53
2020	J. Biden (D) 117e Congrès	50,3 47,2	222 213	D - 48 R - 50

Sources : Statistical Abstract of the US : www.census.gov, cité *in* F. Mélin-Soucramanien, P. Pactet, *Droit constitutionnel*, Sirey, coll. « Université », 37e éd., 2018.

Les élections présidentielles depuis 1920

Année de l'élection	Suffrages exprimés		Démocrates				Républicains			
	Nombre	%	Candidats	Voix	%	Mdts	Candidats	Voix	%	Mdts
1920	26 748 000	43,5	Cox	9 130 000	34,1	127	W. Harding	12 143 000	60,4	404
1924	29 086 000	43,9	Davis	8 385 000	28,8	136	C. Coolidge	15 718 000	54,0	382
1928	36 812 000	51,9	Smith	15 016 000	40,8	87	H. Hoover	21 392 000	58,1	444
1932	39 732 000	52,5	F. D. Roosevelt	22 810 000	57,4	472	Hoover	15 759 000	39,7	59
1936	45 643 000	57,6	F. D. Roosevelt	27 753 000	60,8	523	Landon	16 675 000	36,5	8
1940	49 891 000	59,2	F. D. Roosevelt	27 308 000	57,4	449	Willkie	22 321 000	44,7	82
1944	47 969 000	52,9	F. D. Roosevelt	25 607 000	53,4	432	Dewey	22 015 000	45,9	99
1948	48 691 000	51,3	H. Truman	24 106 000	49,5	303	Dewey	21 970 000	45,1	189
1952	61 551 000	61,5	Stevenson	27 315 000	44,4	89	D. Eisenhower	33 936 000	55,1	442
1956	62 027 000	59,3	Stevenson	26 023 000	42,6	73	D. Eisenhower	35 590 000	57,4	457
1960	68 838 000	62,8	J. Kennedy	34 227 000	49,7	303	Nixon	34 108 000	49,5	219
1964	70 645 000	61,8	L. B. Johnson	43 129 000	61,1	486	Goldwater	27 178 000	38,5	52
1968	73 212 000	60,9	Humphrey	31 275 000	42,7	191	R. Nixon	31 785 000	43,4	301
1972	77 719 000	55,7	Mac Govern	29 170 000	37,5	17	R. Nixon	47 170 000	60,7	520
1976	81 551 000	56,5	Carter	40 829 000	50,1	297	G. Ford	39 146 000	48	240
1980	84 263 000	52,5	Carter	34 663 000	41,1	49	R. Reagan	42 951 000	51	489
1984	92 653 000	60,3	Mondale	37 577 000	40,6	13	R. Reagan	54 455 000	58,8	525
1988	91 300 000	50,1	Dukakis	41 809 000	45,6	112	G. Bush	48 886 000	53,4	426
1992	104 425 000	53,6	B. Clinton	44 908 000	43	370	Bush	39 102 000	38	168

Année de l'élection	Suffrages exprimés		Démocrates				Républicains			
	Nombre	%	Candidats	Voix	%	Mdts	Candidats	Voix	%	Mdts
1996	93 227 626	49	B. Clinton	45 557 228	49	379	R. Dole	37 841 817	41	159
2000	102 228 889	51,7	A. Gore	50 996 039	48,4	260	G. W. Bush	50 456 141	42,8	271
2004	122 298 308	59,6	J. F. Kerry	59 028 548	48,2	251	G. W. Bush	62 041 268	50,7	286
2008	131 240 287	61,6	B Obama	64 263 667	53	365	J. McCain	53 357 100	47	173
2012	129 235 558	54,9	B Obama	65 907 213	51	332	M. Romney	60 931 767	47	206
2016	137 053 000	54,5	H. Clinton	65 853 625	48	227	D. Trump	62 985 106	45,9	304
2020	158 383 403	56,2	J. Biden	81 268 924	51	306	D. Trump	74 216 154	46,9	232

Sources : *Statistical Abstract*, cité *in* F. Mélin-Soucramanien, P. Pactet, *Droit constitutionnel*, Sirey, coll. « Université », 37e éd., 2018.

CHAPITRE 2

La collaboration des pouvoirs fédéraux

Contrairement à l'idée reçue de « rigidité » de la séparation des pouvoirs s'agissant de la Constitution américaine, celle-ci n'organise pas une spécialisation totale des organes dans leurs fonctions. La participation d'un organe à l'exercice de la fonction d'un autre organe n'est pas écartée et permet un contrôle réciproque. Ces moyens d'action de l'exécutif sur le législatif et du législatif sur l'exécutif sont donc constitutifs de l'équilibre institutionnel initial de 1787. Et la Cour suprême a permis de le maintenir. Cet équilibre s'est transformé sous l'influence du développement de l'État administratif, c'est-à-dire du pouvoir croissant d'édiction des normes par l'Administration au XXe siècle, rattachée au pouvoir exécutif. Cette extension du pouvoir présidentiel n'aurait pu se faire sans l'élection de son titulaire, dans un pays fédéral, par le peuple tout entier.

Ainsi, le Congrès ne détient pas aujourd'hui le monopole du pouvoir législatif mais ce trait correspond, on l'a vu, à l'évolution de la plupart des démocraties occidentales.

Enfin, l'« invitation à la lutte » (B. Brown) semblant inscrite dans l'indépendance organique des pouvoirs et leurs moyens d'action mutuels ne s'est pas transformée en blocage grâce à la relative souplesse du bipartisme américain et à l'absence de discipline partisane.

SECTION 1

Le président

Le président tire sa puissance d'abord de son élection populaire, d'un statut qui lui confère l'indépendance (§ 1) et de pouvoirs étendus d'un chef d'État (§ 2) et d'un chef de gouvernement détenteur du pouvoir réglementaire (§ 3) qui, en régime parlementaire, sont en principe séparés.

§ 1. Un statut qui lui confère l'indépendance

A. Le statut du président

458 **Le mandat.**

> « Nul ne pourra être élu à la présidence plus de deux fois, et quiconque aura rempli la fonction de président, ou agi en tant que président, pendant plus de deux ans d'un mandat pour lequel quelque autre personne était nommée président, ne pourra être élu à la fonction de président plus d'une fois. Mais cet article ne s'appliquera pas à quiconque remplit la fonction de président au moment où cet article a été proposé par le Congrès, et il n'empêchera pas quiconque pouvant remplir la fonction de président, ou agir en tant que président, durant le mandat au cours duquel cet article devient exécutoire, de remplir la fonction de président ou d'agir en tant que président durant le reste de ce mandat. »
>
> XXIIe amendement, proposé le 21 mars 1947, ratifié le 27 févr. 1951.

Élu pour quatre ans, le président n'est rééligible qu'une seule fois depuis 1951 (XXIIe amendement). Cet amendement formalise une pratique constante dont seul Franklin Roosevelt s'écarta en sollicitant avec succès un troisième, puis un quatrième mandat, provoquant ainsi une révision constitutionnelle. Lors du second mandat, le président est plus affaibli, n'ayant pas la perspective d'une réélection, d'où le surnom de « lame duck » (canard boîteux), pendant la période de sa fin de mandat et l'annonce de l'élection de son successeur (7 nov.) au passage de pouvoir (20 janv.).

459 **Le vice-président.** La Constitution prévoit seulement qu'il préside en droit le Sénat (en fait, les séances les plus solennelles). Depuis

1949, il a été associé en pratique à la vie de la présidence : il assiste aux réunions du Cabinet et des conseils exécutifs, et peut être chargé de missions occasionnelles. Son rôle politique dépend finalement de sa relation avec le Président et des moyens que celui-ci veut bien lui accorder. Ainsi, sous George W. Bush, Dick Cheney est apparu comme un vice-président particulièrement influent. Mais sa charge constitutionnelle est celle d'une doublure : en cas d'empêchement momentané, soit le président organise sa suppléance s'il s'agit d'une incapacité provisoire, soit la majorité des secrétaires et le vice-président le constatent (le président peut, dans ce cas très particulier, faire appel au Congrès qui statue à la majorité des deux tiers) ; si l'empêchement est définitif (décès, démission), c'est le vice-président qui achève le mandat commencé.

Il n'est pas le « marchepied pour l'oubli », selon la formule de Theodore Roosevelt, puisqu'un tiers environ des présidents américains ont été auparavant vice-présidents (dont Johnson, après l'assassinat de Kennedy, ou Bush, élu après avoir été vice-président de Reagan, Joe Biden, vice-président d'Obama de 2009 à 2017, élu président en 2021). Il s'agit plutôt d'une fonction au devenir incertain...

460 **La responsabilité du président.**

• L'irresponsabilité politique

Le président est irresponsable politiquement en cours de mandat devant le Congrès. Dans l'esprit des constituants, cette irresponsabilité est le pendant d'un exécutif fort, compte tenu des risques d'omnipotence des assemblées – ce qui exclut donc le régime parlementaire. La sanction politique de sa responsabilité n'existe devant le peuple que s'il se représente.

• La procédure d'*impeachment* : responsabilité pénale

Elle permet cependant de mettre en cause sa responsabilité pénale qui est à la source de la responsabilité politique de l'exécutif dans la construction du parlementarisme. Aux États-Unis, elle n'a pas évolué en ce sens, même si la qualification, et donc l'appréciation des faits (« trahison, corruption ou autres hauts crimes et délits ») peut apparaître subjective (v. ss 482 s.).

B. L'indépendance « logistique » : l'équipe présidentielle

461 Contrairement par exemple au président français, le président des États-Unis dispose d'une équipe très importante qui lui permet d'étayer son pouvoir et son influence.

• **Un « gouvernement »** : le cabinet présidentiel. Les secrétaires : au nombre aujourd'hui de 15, ils sont nommés par le président (avec l'accord du Sénat – refusé dans des cas rarissimes –) et sont individuellement responsables devant lui et révocables (le président tient compte néanmoins de certains équilibres géographiques et d'intérêts divers dans la composition de son équipe). Ils l'assistent à l'image d'un état-major de collaborateurs : selon la formule célèbre de Lincoln, « *sept non, un oui, le oui l'emporte* ». Ceci n'exclut pas les fortes personnalités comme, par exemple, Henry Kissinger, professeur de science politique et secrétaire d'État sous Nixon. Ils disposent aussi d'un pouvoir immense. Parmi les principaux, le secrétaire d'État, en charge des Affaires étrangères, le secrétaire au Trésor, le secrétaire à la Défense, le secrétaire de l'Intérieur (qui, comme son nom ne l'indique pas, ne s'occupe pas de police – de la compétence des États fédérés – mais des richesses naturelles…), le secrétaire à la Justice (chargé aussi de la sécurité intérieure, « armé » du FBI).

• **L'*Executive Office of the President***

Le White House Office (bureau du président). C'est le Cabinet du président (dirait-on en France), le *staff* ou le *brain trust* (dit-on aux États-Unis) : plus de 50 conseillers et assistants qui lui sont liés, à l'influence décisive. Ils sont recrutés discrétionnairement. Le Cabinet coiffe en fait les secrétaires.

Les conseils. L'*Executive Office* est aussi composé de conseils rattachés à la présidence. Parmi les principaux : l'*Office of Management and Budget*, créé en 1921 et qui prépare et exécute le budget fédéral et coordonne le fonctionnement de l'administration fédérale ; le *National Security Council* créé en 1947, conseil du président pour les questions diplomatiques et stratégiques auquel est rattachée la *Central Intelligence Agency* (CIA) pour la sécurité intérieure ; le *Council of Economic Advisers*, créé en 1946, en charge de l'analyse et de la prévision économique.

• **Le Privilège de l'exécutif**

Non expressément prévu par la Constitution, le privilège de l'exécutif consiste en « l'aptitude du Président de garder secrètes les conversations et les notes échangées avec ses conseillers » qui permet de soustraire certains dossiers de la Maison Blanche aux législateurs et aux tribunaux. Washington créa le premier précédent en 1796 en refusant de fournir à la Chambre des représentants des documents relatifs au traité signé avec l'Angleterre par John Jay en 1794. Harry Truman, peu de temps après avoir quitté la présidence, a refusé de témoigner devant la commission des activités antiaméricaines de la Chambre des représentants.

C'est à la faveur de l'affaire du *Watergate* que la question est revenue en débat : L'affaire débute en 1972 avec l'arrestation, à l'intérieur de l'immeuble du Watergate, de cambrioleurs dans les locaux du Parti démocrate à Washington commandité par la Maison Blanche. Le président Nixon refuse de communiquer au Congrès et à la justice les enregistrements clandestins de ses conversations avec ses collaborateurs au sein du Bureau ovale. La Cour suprême a conclu que « lorsque le motif d'affirmation du privilège relatif aux documents cités à comparaître, dont l'utilisation est demandée dans un procès pénal, est fondé uniquement sur l'intérêt généralisé à la confidentialité, par opposition aux situations dans lesquelles il peut être fondé sur le secret militaire ou le secret diplomatique, il ne peut prévaloir sur les exigences fondamentales d'une procédure régulière dans l'administration équitable de la justice pénale » – *United States v. Nixon*, 418 US 683 (1974). En tant que Président, M. Trump a fait valoir ce privilège à plusieurs reprises pour tenter de bloquer les dossiers et les témoignages des enquêtes du Congrès menées par les démocrates, notamment lors de la première enquête de destitution de sa présidence. Les présidents peuvent également renoncer au privilège, comme l'a fait le président Joe Biden en réponse à une demande de documents de la Maison Blanche sollicitée par la commission du Congrès enquêtant sur les émeutes du 6 janvier 2021 au Capitole des États-Unis par des partisans de Trump. Par une décision, *Trump v. Vance* du 9 juillet 2020, la Cour suprême a un peu plus élargi le champ des actions judiciaires dont le président des

États-Unis est susceptible de faire l'objet. Si ce dernier n'est pas un justiciable comme les autres, son immunité constitutionnelle est cependant réduite et peut faire l'objet d'une injonction pénale à produire des documents émanant de juridictions fédérales.

§ 2. Les pouvoirs d'un chef d'État

A. Le Président est le chef des armées et le maître incontesté de la politique extérieure

462 **Le chef des armées**

Le Président est chef des armées (*Commander in chief*) et conduit les opérations militaires. Si le Congrès dispose seul du pouvoir de déclarer la guerre, le Président a souvent pris des décisions s'apparentant à des actes de cette nature : envoi des troupes en Corée en 1960, blocus de Cuba en 1962, envoi de troupes au Sud-Vietnam en 1965 ou bombardement du Nord-Vietnam en 1972, invasion de l'île de Grenade ou minage des ports du Nicaragua en 1983, bombardements en Libye en 1986, débarquement au Panama en 1983, en Haïti en 1994. Jusqu'en 1993, le Congrès ne s'est pas opposé de front à cet interventionnisme, autorisant le Président en 1964 à prendre librement des décisions afin de « prévenir une agression dans l'avenir », pour assister tout membre de l'ex-Organisation du Traité de l'Asie du Sud-Est (OTASE).

Le *War Powers Resolution* du 7 novembre 1973

La résolution sur les pouvoirs de guerre oblige le Président à informer le Congrès dans les 48 heures suivant l'engagement des forces armées dans une action militaire et interdit aux forces armées de rester plus de 60 jours, avec une période de retrait supplémentaire de 30 jours, sans l'autorisation du Congrès pour l'utilisation de la force militaire ou une déclaration de guerre des États-Unis. La résolution a été adoptée par les deux tiers de la Chambre et du Sénat, annulant le veto du président Richard Nixon. C'est ainsi que le Congrès a autorisé, en 1991, le président Bush à utiliser les forces armées contre l'Irak à la suite de la résolution votée par les Nations unies. Néanmoins, ce texte n'a pas été respecté par exemple, par George W. Bush envahissant l'Irak en 2003 ou par le président Bill Clinton en 1999, lors des bombardements de l'OTAN sur la Yougoslavie. Le Congrès a désapprouvé tous ces incidents, mais aucun n'a abouti à des poursuites judiciaires réussies contre le Président pour des violations présumées. Dans le même esprit – mais sans beaucoup de succès –, le Congrès a voulu, en 1975, par *l'Arms Export Control Act*, mieux assurer le contrôle des exportations d'armes : l'*Irangate* en 1986 (violation par l'exécutif de l'embargo militaire visant ce pays) a montré la difficulté de l'exercer.

Le maître incontesté de la politique étrangère

Le Président détermine et conduit la politique étrangère (aidé par un secrétaire d'État). Il négocie seul les traités qui doivent cependant être ratifiés par le Sénat (à la majorité des deux tiers). En droit américain, le terme « **traité** » est réservé aux accords internationaux soumis par le pouvoir exécutif au Sénat américain pour avis et consentement. Pour contourner le Sénat en matière d'accords internationaux, le Président peut conclure des accords en forme simplifiée (*Executive agreements*). De même, c'est avec son accord qu'il nomme les ambassadeurs. Le Président est aussi compétent pour « dénoncer » un traité, la Cour suprême refusant de se prononcer sur la constitutionnalité de cette prérogative (*Goldwater v. Carter*, 444 U.S. 996 (1979). Ainsi le président Trump a décidé de se retirer les États-Unis d'une série de traités pendant sa présidence.

B. Les pouvoirs dans le domaine de la politique intérieure

463 Le droit de grâce

La Constitution américaine donne au Président « le pouvoir d'accorder des sursis et des grâces pour crimes contre les États-Unis, sauf dans les cas de destitution ». Cela permet au chef de l'État d'accorder un pardon ou de commuer la peine de prison de personnes condamnées pour un crime fédéral, non pour avoir violé les lois d'un État américain.

Le premier président américain George Washington a inauguré cette mesure en 1795, en pardonnant deux hommes condamnés à mort pour avoir participé à la Révolte du whisky, un violent mouvement de protestation contre un impôt sur l'alcool.

Après la guerre de Sécession (1861-1865), Andrew Johnson a accordé une grâce complète aux soldats ayant servi dans l'armée du Sud confédéré.

Plus près de nous, en 1974, Gerald Ford accorde une grâce à son prédécesseur, Richard Nixon, qui vient de démissionner alors qu'il est visé par une procédure de destitution en raison du scandale du *Watergate*, pour tous les crimes qu'il aurait pu avoir commis pendant son mandat.

En 1977, le démocrate Jimmy Carter a amnistié les plus de 200 000 jeunes objecteurs de conscience américains ayant refusé la conscription pour le Vietnam.

Prédécesseur de M. Clinton, George H. W. Bush a gracié en décembre 1992 l'ancien secrétaire à la Défense Caspar Weinberger, l'ex-conseiller à la sécurité nationale Robert McFarlane et quatre autres responsables américains impliqués dans le scandale de l'*Irangate*, la vente secrète d'armes américaines à l'Iran, pour financer les Contras nicaraguayens.

Peu avant de quitter la Maison-Blanche en janvier 2001, Bill Clinton accorde une grâce à son demi-frère, Roger Clinton, condamné pour possession de cocaïne, et au milliardaire Marc Rich, un important donateur du parti démocrate condamné pour évasion fiscale et alors en fuite.

En 2000, le soldat Chelsea Manning avait transmis à WikiLeaks des centaines de milliers de documents confidentiels militaires et diplomatiques et était condamnée en 2013 à 35 ans de prison par une cour martiale. À la fin de son mandat, Barack Obama a commué sa peine, Manning a été libérée en mai 2017.

Le président Trump a gracié, le 25 novembre 2018, 73 personnes dont son ancien conseiller à la Sécurité nationale Michael Flynn, le premier de ses proches mis en cause dans le cadre de l'enquête russe et qui avait plaidé coupable d'avoir menti au FBI. En 2018, il avait affirmé avoir « le droit absolu » de se gracier lui-même de cette mesure mais n'a pas donné suite à cette idée. Fin

2020, une quinzaine de grâces et cinq autres mesures de clémence ont bénéficié notamment à quatre ex-agents de la société de sécurité privée Blackwater, reconnus coupables du meurtre de 14 civils irakiens en 2007 à Bagdad ou encore à trois élus républicains condamnés pour corruption : Duncan Hunter, Chris Collins et Steve Stockman.

La déclaration de signature (*signing statement*)

Par principe, une déclaration de signature est faite par le Président pour accompagner la loi ainsi promulguée. Traditionnellement, elle constituait une sorte d'« exposé des motifs », quitte à l'approuver ou la critiquer politiquement, une forme de communiqué de presse. Sous la présidence de Ronald Reagan puis surtout de George W. Bush, elle a changé de nature. Sous ce dernier, alors qu'il n'use pas du droit de veto entre 2001 et 2006, il énumère dans ses déclarations de signature les dispositions de loi contraires selon lui à la Constitution américaine du fait de leur empiétement sur le pouvoir : sur 750 lois, George W. Bush a rédigé plusieurs centaines de déclarations de signature dont certaines remettant en cause la constitutionnalité d'une loi, notamment au regard de ses prérogatives en matière de défense nationale et de politique étrangère. Par la suite, le président Obama a fait de même mais dans une moindre mesure, après avoir condamné cette pratique (1,3 par mois) et Trump encore plus que Bush (15 fois par mois). Sorte de « circulaire interprétative » pour les agences fédérales, ce procédé est un outil de communication efficace.

§ 3. Les pouvoirs d'un chef de gouvernement

A. Le Président, chef de l'administration fédérale : La nomination aux hauts emplois

464 La Constitution des États-Unis dispose que le Président « proposera au Sénat et, sur l'avis et avec le consentement de ce dernier, nommera les ambassadeurs, les autres ministres publics et les consuls, les juges à la Cour suprême et tous les autres fonctionnaires des États-Unis dont la nomination n'est pas prévue par la présente Constitution » (art. II, sect. 2). Le Président est à la tête d'une

Administration puissante. Si le *spoils system* a été abandonné en 1883 (*Pendleton Act*) au profit du *merit system* (conforté par la création en 1978 d'une haute fonction publique de carrière : le *Senior Executive Service*), on compte néanmoins environ 4 000 postes dits « politiques » au sein des administrations relevant de l'exécutif et des agences autonomes dont près de 1 200 exigent une confirmation par le Sénat. Notons que c'est à travers le pouvoir de nomination qu'apparaît la dimension de « chef de parti » du Président : il doit respecter l'étiquette des candidats en nommant, dans la plupart des cas, des membres de son parti. Le Président nomme tous les juges fédéraux du pouvoir judiciaire et certains officiers des départements ministériels, des agences indépendantes, des services militaires, du service extérieur et des services civils en uniforme, ainsi que des avocats américains et des maréchaux américains. La grande majorité est systématiquement confirmée, tandis qu'un nombre restreint est rejeté par le Sénat. La commission interroge alors le ou la candidate sur son parcours, ses écrits, ses analyses, sa conception du poste, puis exprime son avis, avant un éventuel vote en séance plénière où il doit recueillir la majorité.

B. Le détenteur du pouvoir réglementaire : les *executive orders*

465 Le Président exerce son pouvoir réglementaire au moyen d'*executive orders (décret exécutif)*. La Cour suprême, en 1938 (*Kendall v. USA*) et 1974 (*Buckley v. Valeo*), a précisé simplement que le Président ne pouvait cependant se dispenser d'appliquer une loi. Ces décisions, que le Président peut révoquer à tout moment, ont pour fondement la Constitution, tantôt des lois lui laissant une marge d'appréciation dans leur exécution. Ils sont justiciables des tribunaux fédéraux, au moins en principe. Le Congrès peut tenter aussi de les annuler mais le Président peut opposer son veto à des résolutions dans ce sens, qui doit être renversé à la majorité des 2/3. Si les décrets exécutifs ont souvent été liés aux questions administratives de gestion quotidienne de l'État, leur importance juridique et politique s'est nettement accrue au cours du XXe siècle : le président Théodore Roosevelt (1901-1909) en a pris

à lui seul près de 1 081, Franklin Roosevelt (1933-1945) 3 721. Les présidents prennent aujourd'hui en moyenne entre 300 et 400 *executive orders* pour deux mandats, au point de devenir l'un des facteurs principaux de la puissance présidentielle. Par exemple, le président Trump a signé un *executive order* le 27 janvier 2017, intitulé *Protéger la Nation de l'entrée de terroristes étrangers aux États-Unis* qui suspend le programme d'admission des réfugiés aux États-Unis et l'entrée sur le territoire des citoyens de l'Irak, l'Iran, la Libye, la Somalie, le Soudan, la Syrie et du Yémen. a décidé de la construction d'un *pipeline* par un *executive order* annulé par le président Biden en 2021.

SECTION 2
Le Congrès

466 Composé du Sénat et de la Chambre des représentants, le Congrès exerce le pouvoir législatif. Leur composition est distincte (§ 1) bien que leur fonctionnement soit comparable (§ 2).

§ 1. Une composition distincte

A. La Chambre des représentants

467 Ses 435 membres assurent la représentation de la population américaine. La Chambre est élue au suffrage universel direct dans le cadre de circonscriptions, dans chaque État, découpées à proportion de la population (le redécoupage a lieu tous les deux ans).

Les représentants sont élus pour deux ans soit, dit-on aux États-Unis, un an pour faire oublier ses promesses électorales et un an pour en faire de nouvelles... Le taux de réélection est en fait très élevé (plus de 90 %). Plusieurs propositions d'allongement du mandat des représentants pour le faire passer à quatre ans (Johnson en 1966, Nixon en 1973) ou de limitations du nombre de renouvellements ont échoué dans les années quatre-vingt-dix (elles sont d'ailleurs inconstitutionnelles, selon la Cour suprême en 1995).

La Chambre, renouvelée intégralement tous les deux ans (en même temps que le renouvellement partiel du Sénat) change en même temps que le Président. Mais, à mi-mandat, celui-ci perd assez régulièrement les élections intermédiaires (*mid-term elections*).

Notons que pour être éligible, il faut être citoyen américain depuis sept ans, être âgé d'au moins 25 ans et résider dans l'État. En outre, les fonctionnaires ne peuvent être candidats et le cumul des mandats est proscrit.

B. Le Sénat

468 Le Sénat, représentant les États, comprend 100 sénateurs, élus au suffrage universel direct – au scrutin majoritaire à un tour – depuis 1913 (et non plus par les législatures de l'État). Songeons qu'à l'origine, ils étaient 26 ! Le nombre restreint, la durée du mandat – six ans – assurent à ce « club le plus fermé du monde », selon la formule de John Kennedy, un prestige sensiblement supérieur à la Chambre des représentants. Le taux de réélection est aussi très élevé (plus de 80 %). Pour être éligible au Sénat, il faut avoir au moins 30 ans, être citoyen américain depuis au moins neuf ans et habiter l'État.

§ 2. Un fonctionnement comparable

A. Des moyens importants

469 Les membres du Congrès disposent d'équipes importantes d'assistants (jusqu'à 18 personnes pour un représentant, 25 pour un sénateur), à faire pâlir un parlementaire français. Les services du Congrès sont très étoffés : service de recherche, bureau d'évaluation technologique (depuis 1972) et surtout le *General Accounting Office* (depuis 1921) à la fois Cour des Comptes et puissante agence d'évaluation des politiques publiques.

B. Sessions et débats

470 • **Les sessions.** Le Congrès tient sa session annuelle (du 3 janvier au 31 juillet au plus tard). Elle se prolonge souvent en automne.

• **La présidence des débats.** Présidé en droit par le vice-président des États-Unis, le Sénat l'est en fait par un président *pro tempore* qui le supplée. À la Chambre des représentants, un *Speaker* préside les débats : il est l'élu du parti majoritaire, et bien plus influent que son homonyme anglais (il distribue le temps de parole, juge de la légalité de la procédure, etc.). En janvier 2023, du fait de la division des républicains entre trumpistes hostiles au candidat et modérés, il a fallu quinze jours pour élire le *Speaker*. Le dernier blocage de cette nature remonte à 1856.

C. La procédure législative : le « parcours du combattant »

471 **L'examen des propositions de loi par les commissions permanentes**

Les propositions de loi, exclusivement d'initiative parlementaire en droit, même si, en fait, elles sont inspirées par la présidence ou des lobbies, sont indifféremment déposées devant l'une ou l'autre chambre.

Elles sont d'abord étudiées par des commissions permanentes (26 à la Chambre, 20 au Sénat, toutes dotées de sous-commissions), puis en session plénière. Encore faut-il qu'elles soient étudiées à ce stade et qu'une commission accepte de les examiner ou de les entériner. Les présidences de commissions sont attribuées aux parlementaires les plus anciens – en termes d'élections (*seniority rule*).

Ces commissions puissantes peuvent librement procéder à des auditions (*hearings*) de l'Administration, de groupes d'intérêts, de personnalités, etc. (à l'exclusion des membres du Cabinet). Au Sénat, les plus importantes sont celles de la défense, des affaires étrangères et des nominations ; à la Chambre des représentants, la commission des règles (*rules committee*) et la commission budgétaire (*committee of ways and means*).

L'ordre du jour. Une fois examiné, le texte issu de la commission est inscrit à l'ordre du jour, fixé par le leader au parti majoritaire du Sénat, par une commission des règles (*rules committee*) composée du *Speaker*, des présidents de groupes et de commissions.

La discussion. Les débats dans les deux assemblées ne sont pas organisés à la manière anglaise, voire française, c'est-à-dire strictement ordonnée. Le débat est libre, les partis inorganisés et l'individualisme roi. Au Sénat, la pratique du *filibustering* (« flibuste »), soit de l'obstruction parlementaire, est autorisée et même traditionnelle (elle fut largement utilisée par les sénateurs sudistes pour combattre les amendements contre la ségrégation raciale). Un sénateur peut parler autant qu'il le veut (ou le peut), sauf vote, depuis 1975, à la majorité des trois cinquièmes des sénateurs (peu fréquent). Le record, de plus de 24 heures, date de 1957, par le sénateur de Caroline du Sud Strom Thurmond, qui voulait bloquer une grande loi sur les droits civiques.

Toutefois, en matière de nomination exclusivement, les sénateurs ont mis en place un mécanisme complexe – la *constitutional option*, aussi appelée plus explicitement, la *nuclear option* – utilisé en 2013 et en 2017 – reposant sur l'interprétation de l'article 20 du règlement du Sénat, lequel prévoit qu'une objection de procédure peut être adoptée à la majorité simple : le chef de la majorité peut alors soulever une objection de procédure pour demander que la clôture des débats soit votée à la majorité simple ; si le président de la chambre rejette cette objection, mais que le chef de la majorité fait appel de ce rejet devant l'ensemble du Sénat, celui-ci peut annuler à la majorité simple la décision du président. Cette *constitutional option* permet alors, après cette procédure, d'adopter la clôture à la majorité simple et de contourner ainsi le vote aux trois-cinquièmes. Plusieurs lois limitent l'obstruction systématique dont le *Congressional Budget and Impoudment Contrat Act*, ou le *Congressional Review Act* qui prévoit un processus législatif accéléré au Sénat.

Le débat est organisé sur le texte issu de la commission. Il peut être amendé totalement au Sénat alors qu'à la Chambre des représentants, l'amendement doit avoir un lien avec le texte de la commission.

472 **Le vote.** Les deux chambres étant sur un pied d'égalité, leur désaccord aboutit à l'abandon de l'examen d'un projet de loi, sauf si une commission de conciliation parvient à établir un texte commun voté en bloc par les deux chambres. Ce trait, combiné à une procédure lâche dans l'organisation des débats et à l'absence de discipline des élus, aboutit à l'échec de nombreux projets, y compris de ceux initiés indirectement par le Président.

SECTION 3

Les rapports du Président et du Congrès

§ 1. Les moyens d'action du Président sur le Congrès

A. Le Président, *Chief legislator*

473 **Le droit de message. Et la participation à l'initiative des lois**

« Le président informera le Congrès, de temps à autre, de l'état de l'Union, et recommandera à son attention telles mesures qu'il estimera nécessaires et expédientes. Il pourra, dans des circonstances extraordinaires, convoquer l'une ou l'autre des Chambres ou les deux à la fois, et en cas de désaccord entre elles sur la date de leur ajournement, il pourra les ajourner à tel moment qu'il jugera convenable. Il recevra les ambassadeurs et autres ministres publics. Il veillera à ce que les lois soient fidèlement exécutées, et commissionnera tous les fonctionnaires des États-Unis », Constitution des États-Unis, art. II, sect. 3.

474 **Les différents types de message**

En principe, du fait de la division des pouvoirs, le président devrait seulement exécuter les lois votées par le Congrès. C'est la Constitution qui fonde l'intervention législative du président par le biais du droit de message (ci-dessus). Il s'agit d'abord du message traditionnel du début d'année (message ou discours sur l'état de l'Union) que le Président peut venir lire en personne au Congrès. À ce discours, se sont annexés des projets de lois (le « message législatif ») que le chef de l'État – sans en avoir formellement l'initiative – souhaite voir adopter. De fait, le Président est devenu le *Chief legislator*, étant à l'origine – indirecte – d'une majorité de la législation.

À ce message s'en sont ajoutés d'autres : le message sur le budget – préparé depuis une loi de 1921 par l'Office du budget, relevant directement du Président –, le message sur la situation économique et sociale et, depuis Nixon, un message sur la situation du monde – nonobstant des messages spéciaux en fonction des circonstances.

475 **Le « parlementarisme de couloir ».**

La pratique a aussi permis de développer un « parlementarisme de couloir » : si le Président et les membres du Cabinet ne disposent pas, en droit, de l'initiative législative, des tractations entre parlementaires et équipe présidentielle aboutissent à ce qu'un membre du Congrès endosse un texte émanant des organes exécutifs et le dépose en son nom. Ainsi, pour faire passer son programme législatif, le Président intervient directement auprès des parlementaires : en l'absence de majorité nettement dessinée et de discipline partisane, il doit constamment négocier avec les membres du Congrès en leur promettant des avantages pour leurs circonscriptions, des nominations de candidats soutenus par un sénateur, voire, à l'approche des élections, de leur accorder son soutien personnel. Bref, la gamme des moyens d'influence et de persuasion en matière législative fait qu'en moyenne les trois quarts de ses propositions aboutissent, avec des variations sensibles en fonction de la couleur politique des deux chambres et des projets proposés.

B. Le *government shutdown*

476 Le Président n'a pas le droit de ne pas dépenser les crédits tels qu'ils ont été votés par le Congrès. Il reste qu'il peut, en cas d'urgence (guerre, crise), bénéficier de délégations législatives. Ainsi du *Patriot Act* : cette loi de 2001 – reconduite en 2005 –

l'autorisait, au lendemain des attentats du 11 septembre 2001, à prendre une série de mesures anti-terroristes restreignant les libertés publiques (comme la création du centre de Guantanamo). Toutefois, par l'exercice de sa compétence budgétaire, le Congrès peut entraver la bonne réalisation des projets du Président. Si le Congrès ne lui accorde pas les crédits nécessaires sur une telle question, il peut décider de fermer les administrations qui ne sont plus payées, ce qu'on appelle le *shutdown*. Les États-Unis ont connu une vingtaine de *shutdown* depuis 1976. Par exemple en 2018, le président Donald Trump voulait 5 milliards de dollars pour commencer à construire un mur anti-migrants à la frontière avec le Mexique. Faute d'une majorité suffisante au Sénat, il n'a pas pu les obtenir et, en l'absence d'un consensus sur le budget au Congrès, une partie des agences qui relèvent de l'État fédéral ne sont plus financées tandis qu'environ 400 000 fonctionnaires sont mis au chômage et 400 000 autres réquisitionnés sans recevoir de salaire. Cet arrêt partiel du fonctionnement des autorités fédérales, depuis le 22 décembre et pendant 35 jours a dépassé le précédent record de vingt et un jours atteint en 1996 sous la présidence de Bill Clinton.

C. Le droit de veto, la faculté d'empêcher

477 Expression à l'origine de la faculté d'empêcher, le droit de veto accordé au Président sur les lois votées par le Congrès n'est pas seulement une forme négative de participation au pouvoir législatif. La menace d'en user est aussi efficace que son usage même et permet au Président d'influer sur le contenu des textes élaborés par le Congrès.

• **Le droit de veto exprès.** Dans les 10 jours qui suivent la transmission d'une loi votée par le Congrès au Président, celui-ci peut refuser expressément la promulgation en mettant son veto exprès. Le texte ne peut donc entrer en vigueur sauf si, par un vote des deux chambres à la majorité des deux tiers, le veto est levé. La majorité qualifiée rend très difficile l'aboutissement de cette levée. Ainsi, 6 % des veto présidentiels ont pu seulement être renversés. Peu utilisé jusqu'au dernier tiers du XIXe siècle, le droit de veto l'a été très régulièrement au XXe siècle, en particulier depuis Roosevelt (631 fois en 12 ans), en fonction de la conjoncture politique : 250 fois par Truman, 181 fois par Eisenhower, 78 fois par Reagan. Notons que, contrairement à celui du gouverneur dans la plupart des États, le Président ne peut opposer qu'un veto global au texte. Les demandes présidentielles pour admettre un veto sélectif ont toujours été repoussées par le Congrès. Ainsi, une loi du 9 avril 1996 avait accordé un nouveau veto au président : *le line-item veto*. Ce veto intervenait après l'entrée en vigueur du texte voté par les deux chambres, était partiel et n'intervenait qu'en matière financière. Le président Clinton a eu recours à ce veto pour la première fois le 11 août 1997. Mais la Cour suprême a jugé la loi inconstitutionnelle en 1998.

L'usage du veto est notamment fonction du rapport de forces entre Président et Congrès. Ainsi, par exemple, le président Bush, face à un Congrès démocrate, a opposé son droit de veto 11 fois, de 2007 à 2008. Ce rapport de forces ne saurait toutefois s'assimiler, dans un régime présidentiel, au jeu classique du parlementarisme : les parlementaires de la même sensibilité politique que le Président peuvent ne pas pleinement suivre son « programme », comme en a témoigné la levée du veto (le neuvième de son mandat) que le président Trump avait opposé au budget de la Défense le 22 décembre 2020. Démocrates et Républicains ont atteint le 1er janvier 2021 la majorité des deux tiers pour passer outre à la faculté d'empêcher du Président.

• **Le veto de poche (*pocket veto*).** Ce type de veto est plus utilisé que le précédent (soit plus de la moitié des cas de veto). Une loi votée n'est applicable que si le Président n'a pas mis son veto dans les 10 jours qui suivent la transmission du texte : dans le cas où le Congrès est ajourné avant le 10e jour, et n'est donc plus en session, le Président, en ne signant pas la loi qui lui est soumise, la rend inapplicable. Il peut ainsi empêcher l'application d'un texte de loi qui devra donc être rediscuté entièrement lors de la prochaine session. Parmi les présidents de l'histoire des États-Unis, Franklin D. Roosevelt, au cours de sa présidence de 1933 à 1945, a opposé son veto à 635 projets de loi, dont 263 étaient des veto de poche. Tous les présidents après lui jusqu'à George W. Bush ont usé des veto de poche, comme Dwight D. Eisenhower avec

108. George W. Bush, Barack Obama, Donald Trump et Joe Biden sont les seuls présidents à ne pas avoir utilisé de veto de poche.

§ 2. Les moyens d'action du Congrès sur le Président

A. Le pouvoir législatif et budgétaire

478 **Initiative et vote des lois et du budget**

À l'exception de l'initiative en matière fiscale – réservée à la Chambre des représentants –, on a déjà noté que le pouvoir législatif et budgétaire est, en droit, partagé entre les deux chambres, même si l'influence du Président tant sur le plan de l'initiative que des textes votés est importante. En matière budgétaire, jusque dans les années vingt, le budget était préparé par deux comités du Congrès. Depuis 1921 (*Budget and Accounting Act*), c'est au Président de le proposer au Congrès, réduisant sensiblement son influence en la matière. Ici encore, la Maison-Blanche maîtrise le processus et réussit à faire adopter généralement des propositions. Ce trait est d'ailleurs propre aux démocraties modernes même s'il est ici moins prononcé.

479 **Le « rapprochement budgétaire »**

Le processus de rapprochement a été créé par Le *Congressional Budget and Impoundment Control Act* de 1974, utilisé pour la première fois en 1980. Il vise à accélérer l'adoption de certaines lois budgétaires au Sénat en empêchant l'obstruction systématique qui peut être levée par 60 voix. Les projets de loi intitulés projets de loi de « réconciliation » peuvent être adoptés par le Sénat à la majorité simple de 51 voix ou 50 voix (au lieu de 60) plus celle du vice-président. Ils doivent traiter uniquement des dépenses, des revenus et du plafond de la dette fédérale. Le Congrès peut ainsi adopter un maximum de trois projets de loi de rapprochement par an, bien qu'en pratique, il ait souvent adopté un seul projet de loi de rapprochement affectant à la fois les dépenses et les recettes. Parmi les projets de loi adoptés dans les années passées, on citera le *Patient Protection and Affordable Care Act* de 2010 sous la présidence Obama (l'« Obamacare »), une loi de 2017 sur les réductions d'impôts et l'emploi sous la présidence Trump et l'*Inflation Reduction Act* de 2022.

480 **Le « veto législatif »**

Apparu en 1932 et développé dans les années soixante-dix, ce veto consistait dans le vote par le Congrès de lois d'habilitation générale opérant donc une délégation du pouvoir législatif et autorisant ainsi le pouvoir exécutif à agir dans certains domaines (*Executive Orders*). Mais les mesures en découlant ne pouvaient prendre effet qu'après approbation par le Congrès. Le Congrès pouvait ainsi suspendre les décisions présidentielles qu'il estimait contraires à l'habilitation, notamment en matière de pouvoirs de guerre ou budgétaires – afin de vérifier que les dépenses étaient vraiment exécutées. Par ailleurs, le veto a été utilisé pour vérifier que l'immense réglementation des centaines d'« agences » administratives (dont beaucoup sont indépendantes) était conforme aux objectifs fixés par le Congrès. La Cour suprême, par l'arrêt *INS v. Chadha* en 1983, a jugé contraire à la Constitution cette pratique comme violant le principe de séparation des pouvoirs et celui du bicamérisme. Elle a ainsi potentiellement annulé plus de lois que durant toute son existence : toute décision ou résolution ou votation des deux chambres doit, avant de prendre effet, être soumise au Président qui peut mettre son veto. Or, en l'occurrence, le Congrès, en validant ou non par un vote les mesures découlant de l'habilitation, contournait ce droit de veto constitutionnel. Légalement, le Congrès ne peut plus annuler les décrets d'application des délégations législatives. En pratique, la présidence a maintenu une certaine coopération en matière budgétaire. Surtout, le Congrès persiste à insérer dans ses textes des procédures de veto législatif et à exiger par ailleurs des agences des rapports d'application des lois.

481 **Contrôle des services publics et commissions d'enquête**

Le Congrès contrôle les services publics et l'Administration, et les chambres peuvent librement créer des commissions d'enquête aux pouvoirs quasi juridictionnels (citations à comparaître et auditions publiques de « témoins », production de documents, etc.). Méconnaît-il ainsi le principe de la « séparation des pouvoirs » ? La

Cour suprême a rappelé sur ce point que le pouvoir d'investigation des commissions d'enquête est large, mais non illimité : leur objectif doit être uniquement législatif et clairement indiqué (*Watkins v. United States,* 1957). Ces commissions peuvent d'ailleurs verser dans l'excès (la célèbre « commission des activités anti-américaines » présidée en 1950 par le sénateur McCarthy) mais se révèlent plus souvent très utiles (la commission d'enquête sur la CIA en 1975, sur l'*Irangate* en 1987). Elles ont permis au Congrès de reconquérir un pouvoir d'influence.)

482 **La déclaration de guerre** (v. ss 462)

On a vu qu'elle doit être autorisée par le Congrès qui a redéfini les modes de contrôle des pouvoirs militaires du Président en 1973 (*War Powers Resolution*).

B. Le pouvoir de destituer le Président (*impeachment*) et les fonctionnaires fédéraux

483 • **La procédure.** L'*impeachment* est la procédure par laquelle le Congrès peut destituer le Président ou un fonctionnaire fédéral pour « trahison, concussion ou autres crimes ou délits graves ». Une large partie de la doctrine américaine considère que les « Pères fondateurs » pensaient à l'*impeachment* en droit anglais et visaient notamment la corruption, le détournement de fonds, l'abus de pouvoir ou l'abandon de poste, bref de « graves offenses ». Mais la qualification des faits reste l'œuvre du Congrès et est donc de nature politique. L'inculpation est décidée par la Chambre des représentants – par un vote à la majorité simple (sur recommandation de sa commission judiciaire). Le jugement est prononcé par le Sénat à la majorité des deux tiers.

• **Le dévoiement de la procédure.** Au XIXe siècle, cette procédure a été utilisée sans succès par deux fois à des fins moins pénales que politiques, le Congrès tentant ainsi d'adapter son usage conformément à son évolution en Grande-Bretagne. En 1842 et 1843 contre Taylor, la procédure échoue à la Chambre des représentants. En 1887, contre le successeur de Lincoln, A. Johnson, elle manqua d'aboutir au Sénat – à une voix près. Une loi du Congrès avait conditionné le pouvoir de révocation (et non plus seulement, d'après la Constitution, de nomination) des membres de son Cabinet à son consentement, toute infraction à cette loi étant qualifiée de « délit majeur ». Le Président jugea cette loi inconstitutionnelle et passa outre : il révoqua son secrétaire d'État à la Guerre, avant d'être mis en accusation quelques jours plus tard au motif d'avoir commis ce « délit majeur ». L'échec de la procédure ne contribue donc pas à transformer cette forme de responsabilité pénale en responsabilité politique, ouvrant alors la voie à un régime d'essence parlementaire.

• **L'affaire du *Watergate*.** La procédure d'*impeachment* utilisée en 1974 contre Nixon après le scandale du *Watergate* a semblé renouer avec l'esprit originel de la procédure. La mise en accusation engagée contre Nixon eut pour origine la pose de micros espions au QG des démocrates, ordonnée par la Maison-Blanche. Le président Nixon fit tout pour entraver l'action de l'enquête. En 1974, la commission des Affaires judiciaires recommanda, le 30 juillet, sa mise en accusation et retint trois chefs d'accusation : obstruction à l'enquête de la justice, violation du serment constitutionnel de veiller à l'application des lois, refus de communiquer au Congrès les bandes magnétiques sur lesquelles étaient enregistrées les conversations tenues dans le Bureau ovale (sur ce point, Nixon invoqua en vain le privilège de l'exécutif). Les trois articles d'*impeachment* se terminaient par la même formule : « Le président a agi d'une manière contraire à la responsabilité qui lui incombe en sa qualité de président et en portant atteinte au caractère constitutionnel de notre gouvernement, au grand préjudice de la cause de la légalité et de la justice et au détriment manifeste du peuple des États-Unis. » Le 5 août, Nixon démissionnait sans attendre la décision de la Chambre. Le scandale du *Watergate* devait donner cependant naissance à un monstre juridique : le procureur « indépendant » (*Independent Counsel*), distinct du secrétaire à la Justice et doté du pouvoir de mener des enquêtes et d'engager des poursuites contre des membres de l'exécutif. Après l'expiration en 1999 des dispositions législatives qui le prévoyaient, cette responsabilité incombe désormais à un procureur spécial (*Special Counsel*). Ainsi de 2017 à 2019, Robert Mueller a-t-il pu enquêter sur la question des interventions russes dans les élections présidentielles de 2016 et la campagne de Donald Trump.

• **Le *Monicagate*.** En 1998, Bill Clinton fut accusé d'avoir eu des relations sexuelles avec une stagiaire de la Maison-Blanche, ce qu'il nia dans un premier temps lors d'un procès. Cette affaire fut le prétexte à la mise en œuvre de la procédure : l'accusation ne pouvant se placer d'ailleurs sur le terrain de la vie privée, la mise en cause du président concerna sa conduite contraire à ses obligations constitutionnelles. Furent invoqués le non-respect des lois, la subornation de témoin, le faux témoignage, l'entrave à la justice, ces deux derniers chefs d'accusation ayant été retenus fin 1998 par la Chambre des représentants dans la mise en accusation.

Le parallèle recherché sur le plan juridique avec le scandale du *Watergate* était limpide. La défense du président nia en bloc ces accusations, mettant en avant une faute purement personnelle, contestant la définition de parjure à des questions d'ailleurs bien ambiguës, le faux témoignage comme l'obstruction à la justice ou la subornation de témoin et mit surtout en cause la procédure suivie, toute entière destinée à le faire chuter. La procédure échoua début 1999 devant le Sénat, cette affaire confirmant que « la responsabilité politique sous forme criminelle [comme l'*impeachment*] sert les mêmes fins que la responsabilité politique tout court. Elle vise avant toute chose à faire perdre le pouvoir à ceux qui en sont frappés » (É. Zoller).

• **L'*Ukraine-gate* et l'assaut du Capitole.** Le président Donald Trump a fait l'objet de deux procédures d'*impeachment* : l'une initiée par la mise en accusation du 18 décembre 2019 pour « abus de pouvoir » et « entrave à la bonne marche du Congrès », dans l'affaire de l'*Ukraine-Gate* (le président Trump ayant demandé à son homologue de relancer une enquête concernant les activités commerciales du fils de Joe Biden) ; l'autre par la mise en accusation du 13 janvier 2021 – une semaine avant la fin de son mandat – pour « incitation à la violence contre le gouvernement des États-Unis », à la suite de l'assaut du Capitole par les partisans du président, réunis devant la Maison-Blanche pour contester les résultats de l'élection de 2020. Dans les deux cas, Donald Trump fut acquitté par le Sénat : le 5 février 2020 et le 13 février 2021.

C. Les pouvoirs propres au Sénat

484 **La confirmation des nominations aux emplois fédéraux**

Si la « courtoisie sénatoriale » fait que la plupart des 70 000 nominations, dont les ministres et les ambassadeurs, sont confirmées par cette chambre, l'accord est loin d'être automatique comme pour les membres de la Cour suprême. À diverses reprises, le Sénat a manifesté son hostilité à des nominations de – rares – ministres, et de plusieurs juges à la Cour suprême. Les refus sénatoriaux pour les autres emplois sont aussi fréquents.

485 **La ratification des traités**

Négociés et conclus par le Président, les traités doivent être ratifiés par le Sénat à la majorité des deux tiers. Le refus du traité de Versailles en 1920 a conduit, on l'a vu, à la pratique des *Executive agreements* dont le Congrès doit être informé. Et depuis 1979, le Sénat a décidé que toute rupture d'un accord de défense mutuelle devait lui être soumise pour approbation.

SOUS-SECTION 1
La Cour suprême

Dans l'esprit des pères de la Constitution, la Cour suprême devait se limiter à annuler tout acte « manifestement contraire à la Constitution » (Hamilton) et l'on n'imaginait pas, malgré la suspicion des anti-fédéralistes, qu'elle pût jouer le rôle qu'on lui connaît aujourd'hui. Ils comptaient sur les deux autres pouvoirs dans cette hypothèse – invraisemblable – pour s'opposer à la Cour. Il en fut cependant autrement...

§ 1. L'organisation de la Cour

A. La composition de la Cour : des juges nommés à vie

486 La Cour suprême est composée depuis 1869 de neuf membres. Ce nombre a varié auparavant et c'est au Congrès qu'il appartient d'en décider. C'est ainsi que Roosevelt, au moment de la crise du *New Deal*, envisagera de procéder à une « fournée » de nominations en demandant au Congrès d'en augmenter le nombre. Ces juges sont désignés à vie par le président des États-Unis. C'est l'article II, section 2, alinéa 2, communément dénommé « *Appointement clause* » qui confère au président des États-Unis le pouvoir de nommer les membres de la Cour suprême au nombre de 9 depuis 1869.

487 • **Une prérogative présidentielle**

La puissante American Bar Association hier, certains « think tanks » aujourd'hui ont une place prédominante dans les recommandations faites au Président. L'un d'entre eux, la puissante *Federalist Society* promeut les idéaux de la doctrine classique conservatrice américaine « originaliste » selon laquelle la Constitution américaine doit être interprétée en accord avec la signification qu'elle avait à l'époque de sa proclamation. Elle a eu un rôle déterminant dans la nomination conservatrice, par les présidents George W. Bush et Donald Trump des juges Roberts, Alito et Gorsuch. Le président Trump avait déclaré publiquement en 2017 que ses choix seraient ceux de la *Federalist Society*. Chez les démocrates, la très active Union américaine des droits et libertés (*American Civil Liberties Union*) joue un rôle similaire.

Si aucune compétence n'est formellement exigée, la pratique est très exigeante : les membres nommés sont des juristes de haut niveau, uniquement des professionnels du droit, professeurs, juges ou avocats, cette dernière profession tenant ainsi une place centrale dans le recrutement. On compte aussi des anciens *clerks* (assistants de justice auprès de la Cour).

Les choix des candidats tiennent comptent de critères ethniques et religieux et paritaires. Le premier afro-américain a été désigné en 1967, en la personne de Thurgood Marshall, Sandra

Day O'Connor a été la première femme nommée en 1981, le premier juge d'origine hispanique, Sonia Sotomayor, a été désignée en 2009. L'usage veut qu'il y ait aujourd'hui au moins un siège afro-américain, un siège catholique et un siège juif, et un (ou des) siège(s) féminins.

- **Le processus de confirmation par le Sénat**

« *Êtes-vous un partisan du textualisme en matière d'interprétation constitutionnelle ? ; quelle est votre conception du caractère contradictoire de la procédure en matière pénale ? ; dans quelle mesure vous estimerez-vous lié par la règle du précédent ? Quelle est votre vision de la séparation des pouvoirs ? ; comment avez-vous pu affirmer qu'une femme d'origine hispanique fait un meilleur juge qu'un homme de type caucasien ? ; la question de la discrimination ne vous préoccupe pas du tout n'est-ce pas ? Êtes-vous attaché aux opinions dissidentes ?* » Les grands débats de société récurrents apparaissent aussi dans les auditions, de même que des questions historiques : « *Quelles sont vos vues personnelles sur le mariage et sur l'avortement ? On nous a rapporté une conversation privée qui semble révéler que vous voulez revenir sur la jurisprudence de la Cour en matière d'interruption volontaire de grossesse, est-ce exact ? ; quelle est votre conception de la vie privée ? que pensez-vous de la légalité de la guerre de Corée, décidée sans l'accord du Congrès ? ; et la peine de mort, qu'en pensez-vous ?* » Il n'est pas rare que des questions soient posées sur des situations jurisprudentielles précises ou sur des articles de doctrine dans lesquels le candidat a pu prendre une position controversée : « *Juge, vous avez rendu une décision absurde dans cette affaire ! ; que pensez-vous de la décision de la Cour en matière de financement de la vie politique ? Vous avez écrit quand vous avez travaillé à la Maison Blanche qu'il convenait de protéger la compétence du Président en matière de conflits armés, était-ce pour amoindrir les pouvoirs du Congrès ?* » Les nominés du Président sont enfin souvent interrogés sur des aspects plus personnels ou sur leur vie antérieure : « *Parlez-nous de ces courriers électroniques que nous avons, que vous avez échangés il y a dix ans avec l'administration présidentielle de l'époque et qui traduisent un engagement politique ! ; vous avez appartenu à trois clubs privés à une époque où ni les personnes de couleur, ni les femmes n'étaient admis ; qu'avez-vous fait à cette époque ? Cela ne vous gênait pas au regard du principe de non-discrimination ? Vous disposez d'intérêts importants au Lloyds de Londres ; comment faites-vous quand vous êtes confronté à une affaire d'assurances, notamment en matière de pollution ? ; nous avons retrouvé une lettre de candidature dans laquelle vous avez écrit que la Constitution ne protège pas le droit à l'avortement, qu'en pensez-vous ?* » (Questions posées aux candidats pressentis pour devenir membre de la Cour Suprême, François-Henri BRIARD, « La nomination des membres de la Cour suprême des États-Unis », *Nouveaux cahiers du Conseil Constitutionnel*, n° 58, janvier 2018).

Il se déroule en plusieurs étapes, sur le fondement d'un dossier extrêmement complet rempli par le candidat, celle de l'enquête approfondie et confidentielle du FBI sur sa vie privée et professionnelle qui n'est pas rendu publique, au contraire du questionnaire très précis qui lui est adressé avant son audition devant la Commission des affaires judiciaires du Sénat qui peut entendre des témoins. S'ajoute une enquête des services fiscaux et une enquête de l'*Office of Government Ethics*, chargé de rechercher les conflits d'intérêts. Celle-ci est publique depuis 1946 et télévisée depuis 1981. Elle se déroule sur plusieurs jours, la dernière étant secrète (*Closed-Door Committee Session*). Le candidat, préparé par son équipe, est questionné sur tous les sujets possibles, comme en témoignent les questions posées et citées plus haut, ce sans toujours de ménagements Au terme des auditions, un avis est donné par la commission, négatif ou positif, accompagné d'un rapport. S'en suit, la confirmation éventuelle acquise à la majorité simple. Depuis la création de la Cour suprême en 1789, les présidents ont soumis 165 candidatures à la Cour, y compris celles de juge en chef. Sur ce total, 128 ont été confirmées (7 ont refusé de servir).

Un des cas les plus célèbres de refus est celui de l'ultra-conservateur Robert Bork présenté par le président Reagan. Après trente d'heures d'audition parfois très houleuses par la commission des affaires judiciaires, présidée par le sénateur Joe Biden, sa candidature fût rejetée par un vote du Sénat par 58 voix contre 42, comprenant une majorité de démocrates mais aussi de 6 sénateurs républicains. Depuis lors, le nom de famille du candidat est devenu un verbe : « to bork », vilipender une personne pour empêcher sa nomination à une fonction publique.

Notons enfin que les juges peuvent être en théorie destitués par la procédure d'*impeachment*. En pratique, elle n'a jamais fonctionné. Ils savent cependant prendre leur retraite à 70 ans ou même à partir de 65 ans. Un traitement comparable à celui du vice-président et la nomination à vie leur garantissent une indépendance certaine.

Pour aller plus loin, il est possible de consulter le tableau des nominations à cette adresse :

www-senate-gov.translate.goog/legislative/nominations/SupremeCourtNominations1789present.htm?_x_tr_sl = en&_x_tr_tl = fr&_x_tr_hl = fr&_x_tr_pto = sc

B. La compétence de la Cour

488 « Le pouvoir judiciaire des États-Unis sera confié à une Cour suprême et à telles cours inférieures que le Congrès pourra, de temps à autre, ordonner et établir »,Constitution de 1787, article III, section 1.

En clair, c'est au Congrès d'organiser le pouvoir judiciaire fédéral mais non ses pouvoirs définis par la Constitution. La Cour suprême couronne le système judiciaire américain constitué d'un double circuit, celui de chaque État (comprenant notamment les cours suprêmes d'États) et celui des juridictions fédérales, connaissant des procès où des lois fédérales sont en cause.

- **Juridiction de premier degré.**

Au sommet de l'édifice judiciaire, la Cour suprême est d'abord une juridiction de premier degré pour toutes les affaires mettant en cause des ministres ou des ambassadeurs qui ont disparu en pratique. De même, elle est en principe directement compétente dès lors qu'un État est partie, soit comme demandeur, soit comme défendeur mais renvoie le plus souvent ces affaires devant une autre juridiction.

- **Juridiction d'appel.** La compétence d'appel de la Cour suprême, définie par les lois du Congrès, consiste à juger les décisions rendues en dernier ressort par les juridictions fédérales et celles des cours suprêmes d'États (coiffant elles-mêmes l'ordre juridictionnel de l'État), dès lors qu'une question de droit fédéral – et donc constitutionnelle – est posée, assurant par là même son unité. Mais elle sélectionne discrétionnairement les affaires qui lui sont soumises et sur lesquelles elle rendra un jugement. Elle est à ce titre interprète de dernier ressort de toute question de droit fédéral et ses jugements s'imposent ainsi à toutes les juridictions.

489 **La décision.** Elle est prise à la majorité – « l'opinion de la Cour ». En principe, le président de la Cour, le *chief justice*, est un simple *primus inter pares*. En réalité, second personnage de l'État, la personnalité des titulaires peut jouer un rôle essentiel au point que certains présidents laissent leurs noms attachés à la période correspondant à leur très long mandat : John Marshall (1801-1835), Earl Warren (1953-1969). On qualifie souvent le nom de la Cour par son président, aujourd'hui John Roberts (depuis 2005) après la Cour de William Rehnquist (1986-2005).

La décision des juges peut être accompagnée d'opinions dissidentes – qui s'écartent donc de l'opinion majoritaire – ou séparées. Les juges, qui sont d'accord avec la décision prise, mais qui se séparent des motifs retenus pour y parvenir, peuvent produire une opinion individuelle (*concurring opinion*) tandis que ceux qui sont en désaccord avec la décision rédigent une opinion dissidente (*dissenting opinion*) dont la pertinence peut rendre son auteur célèbre. Lorsque la Cour se partage à quatre contre quatre, le vote du neuvième membre qui fait pencher la balance d'un côté ou de l'autre est nommé le *swing vote*. Enfin, on rappellera que la décision, en cas de déclaration d'inconstitutionnalité, n'a pas pour effet d'annuler la loi mais de la rendre inapplicable au cas d'espèce. En pratique, elle n'est plus appliquée par les tribunaux et donc rendue inefficace, sauf si la Cour modifie sa jurisprudence. La Cour, en effet, se reconnaît non seulement le droit mais aussi le devoir de changer sa jurisprudence passée, si elle l'estime erronée.

§ 2. Les missions de la Cour

490 « C'est par excellence le domaine et le devoir du pouvoir judiciaire de dire ce qu'est le droit. Ceux qui appliquent la règle à des cas particuliers doivent par nécessité expliquer et interpréter cette règle. Lorsque deux lois sont en conflit, le juge doit décider laquelle des deux s'applique.

Dans ces conditions, si une loi est en opposition avec la Constitution, si la loi et la Constitution s'appliquent toutes les deux à un cas particulier – de telle sorte que le juge doit soit décider de l'affaire conformément à la loi et écarter la Constitution, soit décider de l'affaire conformément à la Constitution et écarter la loi –, le juge doit décider laquelle de ces deux règles en conflit gouverne l'affaire. C'est là l'essence même du devoir judiciaire.

Si donc les juges doivent tenir compte de la Constitution, et si la Constitution est supérieure à la loi ordinaire, c'est la Constitution, et non pas la loi ordinaire, qui régit l'affaire à laquelle toutes les deux s'appliquent. » Opinion du *Chief Justice* Marshall dans l'arrêt *Marbury v. Madison*, *in* E. Zoller, *Grands arrêts de la Cour suprême des États-Unis*, PUF, p. 71.

A. Une décision fondatrice : *Marbury v. Madison* (1803)

491 **Les faits.** En mars 1801, le président Adams – fédéraliste – va être remplacé par le président Jefferson, républicain, attaché au droit des États. Avant l'élection qu'ils estiment perdue, les fédéralistes prennent le soin de faire créer, par une loi du Congrès, 16 nouveaux emplois de juges de cours de circuits et de ramener de six à cinq le nombre de juges à la Cour suprême (composée de fédéralistes) afin d'empêcher la nomination d'un remplaçant à un juge partant à la retraite. Puis, ils font créer par une autre loi 42 nouveaux postes de juges de paix pour le district de Columbia. La manœuvre est claire, s'assurer le contrôle du « département judiciaire » en nommant des fidèles à tous ces nouveaux postes, le Sénat confirmant à la hâte ces nominations. Mais dans l'urgence, certaines d'entre elles ne furent pas notifiées à leur titulaire, dont la nomination du juge de paix, William Marbury. Aussi, le nouveau président Jefferson ordonna de ne pas leur notifier leur nomination. Marbury et quelques juges, fin 1801, portèrent l'affaire devant la Cour suprême – présidée par le juge Marshall – et lui demandèrent de prononcer une décision d'injonction obligeant le secrétaire d'État (Madison) à leur notifier leur nomination. La Cour, cherchant à obtenir des explications de la part de Madison, ne reçut aucune réponse. Mieux, en 1802, le nouveau Congrès républicain élu abrogea la loi sur les cours de circuits (annulant ainsi *de facto* les nominations du président Adams) et modifia le régime des sessions de la Cour suprême pour l'empêcher de siéger durant cette année-là et retarder sa décision qui ne sera prononcée que le 24 février 1803.

492 **La portée immédiate de la décision.** Pour la Cour, le refus de nomination de Marbury porte atteinte à un droit individuel alors que l'acte a été signé par le Président. Le requérant est donc fondé à obtenir réparation devant la justice. Mais peut-il demander à la Cour une décision d'injonction ? À cette question, la Cour répond en l'espèce négativement : la Cour n'est pas compétente pour adresser une injonction au président des États-Unis. En effet, ce pouvoir d'injonction ne vaut strictement que pour les requêtes des ambassadeurs (et des consuls) ainsi que celles dans lesquelles un État est partie, la Cour agissant en juridiction du premier degré. Dès lors, la loi du Congrès de 1789 organisant le pouvoir judiciaire fédéral (*Judiciary Act*), autorisant la Cour à émettre des injonctions, est inconstitutionnelle… On aperçoit l'habileté de la Cour et de son *Chief Justice* Marshall. Ils n'entrent pas directement en conflit avec le président républicain, mais s'arrogent un pouvoir décisif : celui de contrôler la constitutionnalité des lois fédérales.

493 **La portée historique de la décision.** La Cour suprême, dans cet arrêt, fixe de manière décisive la portée et les limites du contrôle de constitutionnalité des actes de l'exécutif – dès lors qu'ils mettent en cause des droits individuels et des lois du Congrès. Ainsi, elle se reconnaît compétente pour contrôler les lois fédérales. Depuis, elle a pu également vérifier la conformité à la Constitution des lois des États (*Fletcher v. Peck*, 1810) et des arrêts des cours suprêmes des États (*Martin v. Hunter's Lessee*, 1816). La décision *Marbury v. Madison* est aussi fondamentale dans l'acception de la notion même de Constitution, considérée jusqu'alors comme énonçant des principes politiques. Désormais, elle apparaît clairement comme source de droit : la Cour suprême a le pouvoir d'interpréter la Constitution, « loi suprême », et donc supérieure à la loi ordinaire. Ce pouvoir d'interprétation a été confirmé par plusieurs décisions (en particulier *Cooper v. Aaron*, 1958).

B. Garantir le fédéralisme (v. ss 40)

494 La Cour a pour fonction de résoudre des différends fort rares mais importants qui mettent en cause les États de l'Union, de garantir l'interprétation et l'application uniforme du droit fédéral.

C. Assurer la suprématie de la Constitution

495 La Cour fait respecter – et donne vie – à la Constitution, loi suprême des États-Unis. Ainsi, a-t-elle connu plusieurs époques auxquelles correspondent des dominantes dans sa jurisprudence qui reflète souvent l'expression d'un consensus majoritaire de l'opinion américaine (Fassassi, 2017).

•La période fondatrice (1801-1835)

Sous la présidence du juge Marshall, elle est marquée, on l'a vu, par la décision *Marbury v. Madison* (1803) mais aussi par *McCulloch v. Maryland* (1816) qui fonde la doctrine des pouvoirs implicites au profit de l'État fédéral et *Gibbons v. Ogden* (1824) sur l'interprétation de la clause de commerce.

• Un rôle conservateur (1850-1935)

Après s'être affirmée comme l'arbitre du fédéralisme de 1804 à 1865, la Cour apparaît comme le défenseur d'une certaine conception du droit de propriété. À partir du milieu du XIXe siècle et jusque dans les années cinquante, sous influence conservatrice, elle semble incarner un « gouvernement des juges », décrit en 1921 par un comparatiste français, Édouard Lambert. Elle refuse au Congrès, dans l'affaire *Dred Scott* en 1857, le droit d'abolir l'esclavage dans les territoires libres au nom du droit de propriété : elle s'appuie sur les intentions – réelles ou supposées – des « Pères fondateurs » et des États ayant ratifié la Constitution de 1787, le *Chief Justice* Taney arguant que les premiers n'auraient jamais considéré les Noirs comme des citoyens. En 1896 (*Plessy v. Ferguson*), elle ne juge pas incompatibles les lois ségrégationnistes des États du Sud avec l'égale protection des lois garantie par le XIVe amendement (« séparés mais égaux » dit la Cour).

Se considérant comme la protectrice des droits des propriétaires contre les règlements du gouvernement fédéral et des gouvernements d'États, la Cour suprême invalide dans les 70 années qui suivent la guerre civile 70 lois du Congrès et 800 lois d'État visant pour la plupart, à réglementer la vie économique et sociale (par ex. *Lochner v. New York 1905*). Ainsi, rend-elle inefficace la législation sociale (notamment en 1918 et 1922, celle interdisant le travail des enfants). Au plus fort de l'affrontement avec

Roosevelt, elle doit battre en retraite dans son opposition au *New Deal* face à la menace d'une révision de sa composition, un juge passant alors du côté des libéraux (désormais 5 contre 4 conservateurs), deux autres démissionnant par la suite.

- **La gardienne des droits sociaux et civiques (1950-1980)**

Le « gouvernement des juges » semble marquer le pas dans les années cinquante. La Cour suprême s'affirme progressiste et gardienne des libertés et des droits sociaux et civiques. Avec l'arrêt *Brown v. Board of Education of Topeka* (1954), elle interdit la discrimination raciale dans les écoles et par la suite aux législations ségrégationnistes comme l'interdiction du mariage interracial (*Loving v. Virginia*, 1967). Elle s'attache globalement sous l'impulsion des *Chief Justices* Earl Warren puis Warren Burger, au respect du principe d'égalité, en particulier en matière de législation électorale (*Baker v. Carr*, 1962). Dans l'arrêt controversé *Roe v. Wade* (1973), elle consacre également le droit à l'avortement. Enfin, elle conforte les droits individuels dans le domaine pénal. La décision *Miranda v. Arizona*, 1966 est devenue célèbre mondialement par sa formulation : « Vous avez le droit de garder le silence. Si vous renoncez à ce droit, tout ce que vous direz pourra être et sera utilisé contre vous devant une Cour de Justice. Vous avez le droit à un avocat et d'avoir un avocat présent lors de l'interrogatoire. »

- **Un reflux conservateur ? (depuis les années 1980)**

Dans les années quatre-vingt, avec l'arrivée de juges nommés par les présidents Nixon, Reagan et Bush, la jurisprudence a pris un tour conservateur malgré l'arrivée du Président Obama, les sièges vacants étant auparavant occupés par des libéraux malgré, autorisant la peine de mort pour les mineurs ou les handicapés. Elle a fait valoir et préservé le droit des États (ici du Sud) et les a plus largement renforcés contre le pouvoir fédéral, sans pour autant faire ressurgir le spectre du « gouvernement des juges » d'avant-guerre. Les nominations suivantes démontrent qu'elle a maintenu les acquis principaux d'une jurisprudence libérale et protectrice des droits du citoyen ; sensible aux aspirations majoritaires de la société. Par exemple le 1er mars 2005 (*Simmons v. Roper*), elle a, par cinq voix contre quatre, aboli de fait la peine de mort pour les délinquants mineurs lors des faits. Le 28 juin

2007 (*Parents Involved in Community Schools v. Seattle School Dist. N° 1*), elle restreint la discrimination positive à l'entrée des écoles publiques américaines, à cinq voix contre quatre. En 2010 (*Citizens United v. Federal Election Commission*), elle a rendu un arrêt très important et très critiqué, renversant sa jurisprudence antérieure qui restreignait la participation financière des entreprises aux élections à un budget spécifique, ouvrant la voie à un usage illimité de leurs moyens financiers par les entreprises. En 2012 (*National Federation of Independent Business v. Sebelius*), elle a validé, à 5 voix contre 4, la constitutionnalité de la loi obligeant notamment tous les Américains à se doter d'une couverture maladie avant 2014 mais rend la contribution des États facultative, le Président Roberts, conservateur, faisant pencher la balance en sa faveur. Elle a considéré le 26 juin 2015 (*Obergefell v. Hodges*) que le mariage homosexuel était un droit constitutionnel en vertu du XIVe amendement de la Constitution des États-Unis et le 27 juin 2016 (*Whole Woman's Health v. Hellerstedt*) réaffirmé le droit constitutionnel à l'avortement par cinq voix contre trois. Les nominations, enjeu considérable de pouvoir, ne déterminent pas complètement des équilibres qui n'appartiennent pas seulement à la politique, comme en témoigne, le 11 décembre 2020, le rejet des requêtes introduites devant la Cour suprême aux fins d'annuler les résultats de l'élection présidentielle dans quatre états.

Il reste que les trois dernières nominations (Neil Gorsuch, Brett Kavanaugh et Amy Coney Barrett), opérées par le président Trump en 2017 et 2018, ont conforté durablement la majorité (six contre trois) au sein de la Cour dans un sens conservateur comme en témoigne sa décision sur l'IVG.

496 Une décision historique *Dobbs v. Jackson Women's Health Organization* (24 juin 2022).

Dans cette décision, la Cour Suprême a renversé sa jurisprudence *Roe v. Wade*, 410 U.S. 113 (1973) qui avait fondé la protection fédérale du droit à l'avortement sur le XIVe amendement. Elle avait jugé que le droit au respect de la vie privée, bien que non mentionné par la Constitution, incluait la décision d'une femme d'interrompre ou non sa grossesse. Les États ne pouvaient pas interdire les avortements avant la viabilité du fœtus.

La décision Dobbs affirme au contraire que la Constitution ne garantit pas un tel droit constitutionnel (par une majorité de cinq voix contre quatre) et que les États ont le pouvoir de le réglementer. Le cœur du raisonnement juridique repose sur la théorie dite de l'originalisme qui prône la fidélité de l'interprète au sens original – ou originel – de la Constitution, adoptée aujourd'hui par une partie de la doctrine constitutionnaliste, mais aussi par une partie significative du corps judiciaire : « Nous devons, au XXIe siècle, lire le XIVe Amendement comme l'ont fait ses ratificateurs » c'est-à-dire comme si nous étions en 1868. Pour pouvoir rattacher à la Constitution un droit qui n'est pas expressément mentionné, celui-ci doit être profondément enraciné dans l'histoire et la tradition de la nation. Or la décision constate que le droit à l'avortement n'entre pas dans cette catégorie. « Au contraire, une tradition ininterrompue d'interdiction de l'avortement sous peine de sanctions pénales a persisté depuis les premiers jours de la *common law* jusqu'en 1973. » L'opinion dissidente, à l'inverse, s'appuie sur la théorie de la *Living Constitution* et souligne que « la constitution ne fige pas pour toujours la vision originelle de ce que ces droits garantissent, ni la manière dont ils s'appliquent ». Elle est un texte vivant qui doit être interprété en tenant compte des évolutions de la société.

§ 3. Les limites au pouvoir de la Cour

A. Un débat permanent

497 « Nous sommes soumis à une Constitution, indiquait en 1908 Charles Evans Hugues, futur président de la Cour suprême, mais la Constitution est ce que les juges disent qu'elle est. » Le débat suscité par les principes initiés par la décision *Marbury* en 1803 existe toujours aux États-Unis... L'idée que la Cour suprême puisse interpréter la Constitution demeure controversée. « Les Pères de la Constitution », en particulier Hamilton, sont invoqués de part et d'autre pour justifier ou condamner son rôle. À cette recherche en paternité – incertaine –, d'autres arguments plus politiques sont avancés. Les uns soulignent que le pouvoir de la Cour est antidé-

mocratique car il heurte la souveraineté du peuple exprimée par la majorité. Les autres soulignent au contraire que la majorité peut être oppressive et qu'en faisant prévaloir l'interprétation de la Constitution, le juge protège les principes enracinés dans le temps par la volonté du peuple contre de simples majorités – législatives. Face à une telle décision, la possibilité de modifier sa composition, comme l'avait menacé de le faire Roosevelt, pour changer la jurisprudence alors que le Sénat est resté démocrate de justesse. Mais le pari demeure hasardeux tandis qu'une révision constitutionnelle est en pratique impossible.

Le débat de principe recoupe une controverse doctrinale sur l'étendue même des pouvoirs de la Cour, opposant *grosso modo* conservateurs et progressistes. Les premiers, tenants de la doctrine des « intentions premières » (*original intent*), souhaitent que la Cour s'en tienne à l'intention du constituant, au texte de la Constitution, laissant surtout au législateur le soin d'exprimer librement la volonté populaire ou ne permettant d'innover qu'en cas de large consensus dans l'opinion. À l'opposé, les progressistes, tenants de la doctrine de la *living constitution*, arguant de la souplesse de la Constitution, considèrent que c'est à la Cour de l'interpréter afin d'adapter ses principes à la transformation de la société.

B. La Cour suprême peut s'autolimiter : « les questions politiques »

498 La doctrine dite des « questions politiques » énoncée par l'arrêt *Marbury* de 1803 consiste à souligner que « les questions qui sont par nature politique [...] ne peuvent jamais être discutées devant [la] Cour ». Appliqué à diverses reprises – ou plutôt invoqué –, le contenu potentiel et énigmatique de ces questions a été précisé par une décision écrite par le juge Brennan en 1962 (*Baker v. Carr*). Les questions politiques sont celles en effet pour lesquelles le juge ne dispose de référents ni clairs ni utilisables pour trancher des affaires concernant la distribution constitutionnelle des pouvoirs : la Cour doit respecter le principe de séparation, et ne pas inférer dans des affaires dont la résolution aurait pour conséquence un jugement de pure opportunité politique, aboutirait à la remise en

cause d'une décision politique, ajouterait à la confusion par des prononcés contradictoires, etc.

Notons que les décisions rendues en la matière concernent très largement la politique étrangère et la défense nationale, questions assurément « politiques »... Il est par exemple difficile de trancher la question de savoir si la guerre du Vietnam fut constitutionnelle... et n'a pas remis en cause, dans sa mise en œuvre, le principe de la séparation des pouvoirs. Et si en 1969 (*Powell v. McCormack*), la Cour suprême a laissé entendre qu'elle était compétente pour contrôler une décision d'*impeachment*, elle s'y est clairement refusée en 1993 (*Nixon v. US*). Cette « doctrine », au contenu élastique, souligne à l'évidence la latitude extrême d'interprétation du juge constitutionnel américain dont l'influence, même encadrée, est sans équivalent dans les démocraties occidentales.

C. Le Congrès peut tenter de contrer l'interprétation de la Cour

499 **Le renversement de l'interprétation constitutionnelle.** Les amendements à la Constitution. Le Congrès peut, pour s'opposer à la Cour suprême, amender la Constitution afin de renverser ses décisions. Cela ne s'est produit que quatre fois dans l'histoire américaine. En 1793, la Cour s'est vue retirer la compétence de juger d'un différend relatif à la possibilité pour un État d'être poursuivi par un citoyen d'un autre État devant les cours fédérales (XIe amendement) ; en 1857, s'agissant de sa décision excluant *de facto* les Noirs de la protection par la Constitution, a été voté le XIVe amendement, interdisant la discrimination raciale ; s'agissant de sa décision en 1895 rendant inconstitutionnel l'impôt fédéral sur le revenu, a été ratifié en 1913 le XVIe amendement l'autorisant ; s'agissant de l'invalidation des dispositions tendant à généraliser dans toutes les élections l'abaissement de la majorité électorale à 18 ans en 1970, le XXVIe amendement l'a permis.

L'adoption d'amendements visant à renverser les décisions de la Cour et donc changer sa jurisprudence est très complexe compte tenu de la procédure de révision mais possible. Mais la

Cour peut ainsi limiter la portée d'un amendement, voire le vider de sa substance (ce qu'elle fit à la fin du XIXe siècle pour le XIVe amendement...). Notons aussi que l'exécutif peut faire des remontrances à la Cour sans être forcément suivi, à l'image du garde des Sceaux (*Attorney General*) du président Reagan en 1985.

Le renversement de l'interprétation législative. Le Congrès peut aussi tenter, par le vote d'une nouvelle loi, de renverser l'interprétation légitime d'une loi fédérale par la Cour. Le Congrès, compte tenu de la complexité du processus législatif, s'y prête rarement mais de manière efficace. Il doit cependant veiller à ce que ce « renversement » n'aboutisse pas au vote d'une loi interprétant indirectement la Constitution : la Cour suprême retrouverait alors ses droits...

D. Le Congrès peut exceptionnellement s'attaquer à la Cour

500 **En restreignant ses compétences.** Outre la possibilité, utilisée une seule fois en 1986, de mettre en œuvre une procédure d'*impeachment* contre un juge, le Congrès peut soustraire en principe à la juridiction de la Cour suprême la connaissance de certaines affaires en restreignant sa compétence par une loi. Cela ne s'est produit qu'une fois, malgré plusieurs propositions en ce sens : en 1868, le Congrès ôta à la Cour le droit de connaître par voie d'appel des décisions des cours de circuits en matière d'*Habeas corpus*.

Notons cependant qu'en 1958, à la suite de la remise en cause de la ségrégation raciale par la Cour, plusieurs propositions visant à limiter son pouvoir échouèrent – mais de justesse – devant le Sénat. Enfin, sans s'attaquer aux compétences de la Cour, le Congrès peut marquer son mécontentement de manière plus mesquine en bloquant les traitements des juges comme il le fit en 1964 après deux décisions concernant le redécoupage de circonscriptions...

501 **En s'alliant avec l'exécutif contre la Cour.** Le Congrès peut tenter de modifier la composition de la Cour – en l'élargissant et en permettant ainsi au Président de nommer des juges acquis à sa cause,

les nominations devant être confirmées par le Sénat. Dès lors, l'alliance sur ce point entre le Président et le Congrès peut être décisive : la menace d'utiliser l'arme des nominations. Triomphalement réélu en novembre 1936, le président Roosevelt proposa au Congrès, en février 1937, de voter une loi qui aurait autorisé la nomination d'un juge supplémentaire pour chaque juge restant en fonction au-delà de 70 ans, avec une limite maximum de 15 juges. Cette proposition de fournée de juges est devenue connue sous le nom de « *court-packing plan* » (« plan du bourrage de la cour »), vivement contesté dans les rangs des républicains mais aussi des démocrates. Il réitéra sa volonté le 9 mars 1937. Le 29 du même mois, la Cour modifiait sa jurisprudence défavorable au *New Deal* (*West Coast Hotel Co. v. Parrish*, 1937) à la faveur d'une voix, celle du juge Owen Roberts, jusque-là hostile. Son changement de vote fut appelé alors « *The switch in time that saved nine* », littéralement « le revirement qui a sauvé les neuf ». Plus jamais il ne fût question de modifier le nombre de membres jusqu'à l'arrivée de Joe Biden qui, le 9 avril 2021, a pris un ordre exécutif créant une commission spéciale chargée d'étudier les possibilités de réformes de la plus haute juridiction fédérale qui n'a pas proposé de solutions. Une partie des démocrates, après la décision Dobbs, ont proposé de revenir au projet de Roosevelt de modifier la composition de la Cour. Il est à double tranchant dans la mesure où si les républicains revenaient au pouvoir, ils pourraient nommer à leur tour, d'autres juges. Complexe.

Bibliographie

ACKERMAN (B.), *Au nom du Peuple. Les fondements de la démocratie américaine*, Calmann-Lévy, 1998

BENZINA (S.), « Les executive orders du président des États-Unis comme outil alternatif de législation », *Jus Politicum*, n° 20, 2018

BOUDON (J.), *Le frein et la balance. Études de droit constitutionnel américain*, Mare et Martin, 2010

COUTANT (A), L'Amérique des États – Les contradictions d'une démocratie fédérale, Mare et martin, 2011

COUTANT (A.), *Histoire constitutionnelle des États-Unis*, T. 1 et 2, Mare et Martin, 2012 et 2014

FASSASSI (I.), *La légitimité du contrôle juridictionnel de la constitutionnalité des lois aux États-Unis. Étude critique de l'argument contre-majoritaire*, Dalloz, 2017

HAMILTON (A.), JAY (J.), MADISON (J.), *Le Fédéraliste – 1787-1788*, Economica, rééd. 1988

LAMBERT (E.), *Le gouvernement des juges et la lutte contre la législation sociale aux États-Unis. L'expérience américaine du contrôle judiciaire de constitutionnalité des lois*, Giard, 1921, réimp., Dalloz, 2005

LAUVAUX (Ph.) et PIMENTEL (C.-M.), « Régimes non parlementaires », *in* TROPER (M.), CHAGNOLLAUD (D.), *Traité international de droit constitutionnel*, T. 2, Dalloz, 2012.

MANIN (B.), « Frontières, freins et contrepoids ; la séparation des pouvoirs dans le débat constitutionnel américain de 1787 », *RFSP* 1994, vol. 44

MASTOR (W.), *Les opinions séparées des juges constitutionnels*, Economica, 2005

SAUNIER (C.), *La doctrine des « questions politiques » – Étude comparée : Angleterre, États-Unis, France*, LGDJ, 2023

TOCQUEVILLE (A. de), *De la démocratie en Amérique*, 1835-1840.

TOINET (M.-F.), *Le système politique des États-Unis*, PUF, 2e éd., 1990

TOURBE (M.), *La pensée constitutionnelle de Woodrow Wilson (1856-1924)*, thèse, Cergy-pontoise, 2009

TOURBE (M.), « La conception du pouvoir chez Woodrow Wilson, le réalisme juridique à l'épreuve du gouvernement des juges », *Jus politicum*, n° 4, 2010

TROPER (M.), CHAMPEIL-DESPLATS (V.), GRZEGORCZYK (C.), *Théorie des contraintes juridiques*, Bruylant-LGDJ, 2005

VERGOTTINI (G. de), « Régimes politiques », in TROPER (M.), CHAGNOLLAUD (D.), *Traité international de droit* constitutionnel, t. II, Dalloz, 2012

ZOLLER (E.), *Les grands arrêts de la Cour suprême des États-Unis*, PUF, 2010

ZOLLER (E.), *Histoire du gouvernement présidentiel aux États-Unis*, Dalloz, 2011

ZOLLER (E.) (dir.), *Marbury v. Madison. 1803-2003. Un dialogue franco-américain*, Dalloz, 2003

ZOLLER (E.), *Les grands juges de la Cour Suprême des États-Unis*, Dalloz, 2022

TROISIÈME PARTIE

HISTOIRE CONSTITUTIONNELLE DE LA FRANCE (1789-1958)

« À parcourir ainsi d'un coup d'œil toute notre histoire constitutionnelle contemporaine, il se confirme donc bien que les Constitutions ne sont pas des œuvres systématiques conçues par la raison arbitraire [...] mais des œuvres vivantes produites par l'histoire. »

Maurice Deslandres

L'instabilité politique et constitutionnelle de la France

502 Contrairement aux États-Unis, la France a connu un nombre particulièrement important de régimes et de constitutions, à telle enseigne qu'elle a mérité le surnom de « laboratoire constitutionnel ». Si les chiffres varient selon les qualifications et les découpages retenus, ce n'est pas moins d'une quinzaine de régimes et de constitutions qui se sont succédé. Et au-delà du chiffre lui-même, c'est aussi la diversité des types de régimes et la variété

des textes constitutionnels qui font la richesse de l'expérience française. Cette instabilité exceptionnelle trouve en particulier son origine dans les désaccords sur l'autorité légitime, monarque ou Président de la République. Comme l'écrivait Prévost-Paradol dans *La France nouvelle* en 1868, « la Révolution française a fondé une société, elle cherche encore son gouvernement ».

Il reste que la succession des régimes et des textes constitutionnels masque certains éléments de continuité. Mais sous des intitulés inchangés, les principes contenus dans la Déclaration des droits de l'homme de 1789 ont vu leur contenu fortement évoluer.

Il est vrai également que derrière l'apparente incohérence d'une histoire mouvementée, des auteurs ont cru déceler des tendances, des liens de causalité, des réactions, des synthèses, qui les ont conduits à dégager des « cycles » constitutionnels. La plus connue de ces tentatives de périodisation est celle du doyen Hauriou, qui distinguait, à la manière de Hegel, des périodes d'affirmation de l'assemblée (thèse), suivie de réaction exécutive (antithèse), puis d'équilibre des pouvoirs (synthèse), mais nombreux sont les auteurs postérieurs qui ont chacun proposé leur propre reconstruction du passé constitutionnel français. Si ces théories ont indéniablement une vertu pédagogique, elles souffrent parfois d'un caractère quelque peu artificiel (Herrera (C.-M.), 2012). On constatera tout de même en définitive une progression, parfois chaotique, vers l'établissement et le perfectionnement de la démocratie.

Le texte et sa pratique : un certain écart...

503 C'est parfois à une reconstruction *a posteriori* de l'agencement des textes que nous invite aujourd'hui une partie de la science juridique moderne, observant le passé avec les grilles codifiées et raffinées du présent dont les acteurs de cette histoire se sont en fait passés. Certes, l'esprit juriste est bien présent chez les constituants révolutionnaires et tout au long du XIXe siècle, mais il est plus souvent au service d'intérêts politiques qu'à celui de la raison juridique et abstraite. De même, l'« écart » souvent patent entre le texte et la pratique, en particulier depuis la IIIe République, souligne que l'agencement constitutionnel est soumis à de fortes

tensions et parfois vidé de son contenu dès que des conventions s'ébauchent : ces accords informels considérés comme obligatoires résultent le plus souvent de la volonté des acteurs du jeu politique ou de l'acteur dominant.

On notera en passant que les citoyens – qu'ils soient issus du suffrage universel ou censitaire, ne sont jamais consultés dans l'immédiat sauf à ce que ces arrangements fassent l'objet d'une révision constitutionnelle en bonne et due forme. Ces conventions permettent aussi d'adapter, d'ajuster la Constitution ou, dans le silence du texte, font naître une pratique nouvelle. En leur absence et dès lors que la Constitution est censée régler l'ensemble du jeu, tout désaccord ou difficulté est résolu par un changement constitutionnel. L'instabilité révolutionnaire est ainsi le reflet de la conception doctrinaire et immuable de la Constitution, d'autant mieux que sa révision est si souvent complexe qu'elle interdit toute adaptation. En 1791 comme en l'an III, les procédés de révision rendent celle-ci difficile, voire impossible. Depuis, ces techniques se sont beaucoup assouplies tant le doute méthodique sur la pérennité de ces textes fondateurs s'est installé. L'œuvre des constituants n'est plus pensée, après la Révolution, comme éternelle et deviendra pour l'essentiel maîtrisée par le pouvoir législatif.

À l'inverse, il ne faudrait pas tenir pour nulle et non avenue la force du dispositif constitutionnel. Il est un système de contraintes, codifie le comportement des acteurs d'autant mieux qu'il laisse peu d'espace à l'interprétation. Face au coup d'État de Louis Napoléon, les républicains invoquent en vain le respect formel des prescriptions constitutionnelles. Et si le futur Empereur se résout à les violer, c'est qu'il ne voit pas de perspective rapide de révision constitutionnelle lui permettant d'être rééligible.

La Constitution n'est pas tout le droit constitutionnel...

504 À différents niveaux en somme, la Constitution prescrit des règles qui limitent ou contraignent la liberté d'action des acteurs. Par ailleurs, à côté du texte constitutionnel, bien des normes qui lui sont extérieures n'en sont pas moins décisives pour lire cette histoire. Ainsi des facultés ouvertes ou fermées, par le règlement des

assemblées, du statut des élus (compatibilité ou non avec des fonctions publiques), des lois électorales, des conventions constitutionnelles. Ces « jokers » sont tout autant des éléments explicatifs de l'évolution constitutionnelle que la Constitution elle-même.

Il est vrai que le contenu même des Constitutions a eu tendance à s'appauvrir dans un double mouvement : l'« évacuation » de la société civile et la déconstitutionnalisation de pans entiers du droit (Philippe Ardant). Sur ce dernier point, la déconstitutionnalisation de règles fondamentales, du système électoral au Code de procédure pénale et à la nationalité en passant par le statut des assemblées, correspond non seulement à l'affirmation du pouvoir législatif – freinée en 1958 – mais aussi à l'affirmation d'une conception de la Constitution limitée à la formulation de simples règles essentielles au fonctionnement des pouvoirs publics : cette conception sera, jusqu'à l'avènement, sous la Ve République [1], du Conseil constitutionnel, dominante.

La Constitution sociale de la France

505 Quant à l'« évacuation de la société civile », elle n'empêche pas l'individualisme libéral, hérité de la Révolution française, d'irriguer très largement la conception de notre ordre social. Des déclarations des droits de l'individu face à l'État placées en préambule, ou plus rarement dans le texte des Constitutions, en témoignent. La Déclaration des droits de l'homme et du citoyen de 1789 introduit la Constitution de 1791. La Constitution de 1793 contient une déclaration plus sociale et la Constitution de l'an III est précédée d'une « déclaration des droits et des devoirs de l'homme et du citoyen ». Si la Constitution de l'an VIII n'en contient pas, la proclamation des conseils qui la présente aux suffrages rappelle seulement qu'elle est fondée sur les « droits sacrés de la propriété, de l'égalité, de la liberté ». La Charte de 1814 s'abstient de toute déclaration alors que celle de 1830, dans le chapitre « Droit public des Français », rappelle sous bénéfice d'inventaire quelques-uns des principes révolutionnaires : l'égalité devant la loi et l'impôt, l'éga-

1. V. *Droit constitutionnel*, t. II, *La Ve République*, « Cours », Dalloz, 2019.

lité d'accès aux emplois publics, la liberté individuelle et de religion, de presse, la propriété. La Constitution de 1848 renoue avec la Révolution en énonçant les droits des citoyens garantis par la Constitution – non seulement individuels mais aussi déjà sociaux. Si la Constitution de 1852 se borne à reconnaître et à confirmer et garantir « les grands principes proclamés en 1789 et qui sont la base du droit public des Français », la Constitution de 1875 s'abstient de toute référence. Celle de 1946 contient un long préambule mettant en exergue des droits économiques et sociaux. Et l'actuelle Constitution de 1958 intègre dans son préambule, à la fois cette déclaration et celle de 1789, à laquelle le Conseil constitutionnel a donné force de droit malgré son « coefficient d'incertitude » (Jean Rivero).

Si le contrat social que figure la Constitution sous la Révolution tend à être moins explicité par la suite – voire absent – n'est-ce pas aussi que l'ordre fondé par elle perdure largement par la suite ? Ce contrat devenu implicite est moins d'ailleurs celui des droits de l'homme contre l'oppression que celui de l'égalité à tout le moins juridique entre les individus et la préservation des droits du propriétaire, du père et de l'époux. Ainsi, le Code civil depuis l'Empire est la source du droit des relations entre les personnes. La Charte de 1814 – comme la Constitution de 1848 ! – prend soin de confirmer qu'il demeure en vigueur sous réserve de modifications ultérieures. Et c'est seulement lorsque cet ordre social est remis en cause que réapparaissent de lourds préambules ou déclarations des droits, en 1848 comme en 1946, censés exprimer les modifications de ces bases.

À cette relative stabilité de la « Constitution sociale » (Maurice Hauriou) ou « Constitution civile » (Jean Carbonnier) s'ajoute celle de la fameuse « Constitution administrative » (Daniel Halévy). Au-delà des changements constitutionnels, s'enracinent des corps de l'État fondés – ou refondés – par l'Empire qui, du Conseil d'État à la Cour des comptes ou l'institution préfectorale sans oublier l'université, perdurent et forment l'ossature de l'appareil administratif et intellectuel de la puissance publique. De même, le personnel de la haute fonction publique, malgré de fréquentes épurations, jouit d'une continuité certaine. Son statut tire son principe de fonctionnement de l'Ancien Régime, ses fondations de l'Empire et voit son statut légal conforté par la République.

Modèles et contre-modèles

506 Ces continuités « constitutionnelles », sociales ou administratives, s'ordonnent aussi sur une conception du pouvoir politique héritée de la monarchie : l'unité. La souveraineté passe du roi à la nation puis indirectement à l'assemblée et l'équilibre des pouvoirs, malgré les proclamations d'intentions, n'est jamais autrement pratiqué qu'à sens unique. Pour s'en convaincre, il suffit d'interroger les « modèles étrangers » ou passés invoqués dans les débats constitutionnels, pour souligner, le plus souvent, qu'ils sont écartés au bénéfice d'une conception unitaire du pouvoir.

La révérence à l'Antiquité…

507 Le modèle antique – des Républiques de Rome (voire de la Grèce) – ne nourrit la réflexion constitutionnelle que pendant la Révolution française et l'Empire. Il est naturel qu'il affleure chez des hommes formés à la culture classique et aussi – peut-être surtout – par la lecture qu'en font des philosophes comme Rousseau. Mais, il s'agit moins de transposer des « modèles » que d'idéaliser un passé un peu mythique et les qualités d'institutions et de pratiques fondant la naissance de la politique. Et aussi d'émailler ses discours de références senties à d'illustres prédécesseurs…

Les États-Unis sont bien loin…

508 La référence aux États-Unis est peu présente dans notre histoire constitutionnelle. Certes, l'Amérique, déclare Pétion en 1791, « est le pays où les préjugés ont le moins étouffé la raison et les Lumières ». L'invitation est plus philosophique que constitutionnelle. La Déclaration d'indépendance des États-Unis en 1776 est certes suivie de nombreuses déclarations de droits par plusieurs États américains. Mais l'influence de ces dernières sur la Déclaration des droits de l'homme est bien incertaine, moins par leur contenu que leur intention. Elles peuvent être invoquées devant

les tribunaux alors que la déclaration française n'est pas un exposé didactique mais solennel et à vocation universelle. On retrouve, ici et là, des emprunts à la Constitution des États américains, en particulier en matière de référendum ou d'initiative populaire. Lors des débats constituants de 1848, la référence américaine, grâce à Tocqueville, affleure constamment dans les débats, mais se voit finalement écartée. Certes, le prestige de la « République américaine » est alors grand. Mais l'exemple qui est admiré est d'abord celui d'un pays qui après avoir achevé sa révolution, fait vivre la démocratie dont Tocqueville a popularisé les traits. La révolution de 1848 marque un retour à l'esprit français, rationnel et abstrait, aux leçons de l'expérience constitutionnelle. La présidence américaine – forte – inquiète et le débat porte sur son assise élective (l'assemblée ou le suffrage universel direct). Quant au bicamérisme, il apparaît alors souvent comme la conséquence du fédéralisme dont le principe est très largement rejeté. On admire, en somme, le pays de la liberté, mais sans penser à transposer ses institutions. En France, jusqu'à nos jours, le « régime présidentiel » n'a d'ailleurs trouvé que peu d'adeptes. En 1958, Michel Debré dans son discours du 27 août devant le Conseil d'État en souligne les qualités « évidentes », mais indique que son adoption en France, et donc celle de l'élection du chef de l'État au suffrage universel direct, est impensable : le corps électoral d'outre-mer risquant de submerger celui de la métropole et, à l'intérieur, la présence d'un puissant parti communiste hypothéquerait cette élection… Quant au général de Gaulle, dans sa fameuse conférence de presse du 31 janvier 1964, il ne méconnaît pas qu'une Constitution de type présidentiel « a pu, jusqu'à présent fonctionner cahin-caha aux États-Unis ». Mais, c'est pour aussitôt opposer trait pour trait la France aux États-Unis sur le plan de la stabilité politique, du système de partis ou de la forme de l'État. Le régime présidentiel mènerait à la paralysie des pouvoirs…

Le charme du modèle anglais

509 À l'opposé de la Grande-Bretagne, la Constitution n'est pas pensée, en France, comme un ensemble de traditions et de coutumes dont le respect – hormis quelques grands textes – n'est pas garanti par

la gravure, mais par le consentement des élites et du peuple, enraciné par l'œuvre du temps. Pourtant, c'est la référence anglaise qui nourrit bien des débats constitutionnels tant elle semble symboliser un modèle d'équilibre entre les pouvoirs et opérer une synthèse entre l'aspiration à la tradition – figurée par la monarchie – et l'élan démocratique.

Dans les débats de la Constituante, dans la rédaction de la Constitution de 1791, les références à l'Angleterre sont constantes tandis que l'école anglaise domine. « Qu'on ne s'étonne pas, écrivait Sieyès en 1789 (qui s'en plaint), de voir une nation ouvrant à peine les yeux à la lumière se tourner vers la Constitution d'Angleterre et vouloir la prendre pour modèle en tout » (*Qu'est-ce que le Tiers-État ?*). Éclipsée par la suite sous la Révolution et l'Empire, cette influence reparaît dans les Chartes de 1814 et 1830 et l'on cherche à imiter le gouvernement parlementaire anglais.

Tandis que le second Empire raille la « liberté anglaise », Prosper Duvergier de Hauranne, le duc de Broglie, Prévost-Paradol, anciens parlementaires du régime de Juillet, en vantent les qualités d'équilibre. Leur influence intellectuelle sur les lois constitutionnelles de 1875 est certaine tant le parlementarisme à l'anglaise semble paré de vertus.

Lors du mouvement de révision constitutionnelle des années trente, pour un André Tardieu qui trouve bien des avantages à certains aspects du régime américain, nombreux sont ceux qui visent à transporter la mécanique parlementaire britannique en France sans percevoir d'ailleurs, à l'exception de Léon Blum, en quoi le système de partis fait corps avec les règles institutionnelles. Que l'on songe enfin, aux débats constitutionnels de la IVe République où une partie des constituants, en particulier du MRP, oppose le modèle équilibré du régime parlementaire britannique au régime d'assemblée prôné alors dans le premier projet de Constitution. Michel Debré, en 1958, songe aussi à l'Angleterre, à son parlementarisme étayé par un bipartisme solide, fruit, dans sa pensée, du mode de scrutin uninominal à un tour. Mais de l'influence intellectuelle à sa mise en œuvre, le hiatus apparaît. En 1958, malgré Michel Debré, c'est la conception gaullienne de l'autorité « indivisible de l'État » qui s'impose ; en 1879 comme en 1940, celle de l'assemblée souveraine et… sous la monarchie constitutionnelle, la collaboration entre des pouvoirs d'inégale puissance débouche *in fine* sur la Révolution de 1848.

Le régime anglais se prête finalement mieux à une « modélisation » vertueuse qui fait oublier au XIXe siècle son corollaire, la conception unitaire du pouvoir (PASQUIET-BRIAND (T.), 2018). Mais le sentiment qu'il n'est pas conforme à nos mœurs et traditions politiques n'exclut pas la séduction qu'il exerce en France, y compris auprès du fondateur de la Ve République, qui s'exprimait ainsi le 7 avril 1960 devant les parlementaires britanniques : « Dans votre réussite, pour combien a compté aussi la valeur de vos institutions ! Aux pires moments, qui donc contesta chez vous la légitimité et l'autorité de l'État ? [...] Vous pratiquez, dans la liberté, un régime solide et stable. Si fortes sont chez vous, dans le domaine politique, la tradition, la loyauté, la règle du jeu, que votre gouvernement est tout naturellement doté de cohésion et de durée ; que votre Parlement a, au long de chaque législature, une majorité assurée ; que ce gouvernement et cette majorité sont accordés en permanence ; bref, que vos pouvoirs exécutif et législatif s'équilibrent et collaborent en quelque sorte par définition [...] Ainsi, dépourvus de textes constitutionnels minutieusement agencés, mais en vertu d'un irrécusable consentement général, trouvez-vous le moyen d'assurer, en chaque occasion, le bon rendement de la démocratie, sans encourir, cependant, ni l'excessive critique des ambitieux, ni le blâme sourcilleux des juristes… »

CHAPITRE 1

De la fin de l'Ancien Régime à l'Empire (1789-1815)

510 La France pré-révolutionnaire est une monarchie enracinée dans les siècles, gouvernée par des lois « immémoriales » et limitée par des coutumes ancestrales. Sa « Constitution », que forment les Lois fondamentales du Royaume est purement coutumière à l'image des autres États monarchiques du XVIIIe siècle (à l'exception de la Constitution suédoise de 1720). Société d'ordres dominée par la personne du roi, la société d'Ancien Régime est en crise à la veille de la Révolution. La période révolutionnaire souligne aussi que les Constitutions sont préparées par des minorités, et souvent à leur bénéfice. Seule la Constitution de 1791 aura fait l'objet de longs débats. La Constitution de 1795 est rédigée par un groupe de juristes animé par Boissy d'Anglas, appuyé par une majorité de rescapés de la Terreur, dont le souci de se maintenir va même, après l'établissement de la Constitution, jusqu'à faire voter une loi selon laquelle les deux tiers des nouveaux représentants devront être choisis par les conventionnels sortants... La Constitution de l'an VIII (1799), préparée par les trois consuls assistés de commissions désignées par les conseils du Directoire finissant, est rédigée par Sieyès et Bonaparte, le premier se pliant aux volontés de ce dernier.

Ces quelques traits de l'histoire constitutionnelle révolutionnaire soulignent l'insuffisance d'une simple analyse juridique de ces textes essentiels et invitent, au contraire, à insister sur leur genèse et leur mise en application d'autant plus qu'elles s'inscrivent dans une société dont les équilibres politiques et sociaux sont profondément bouleversés, donnant ainsi naissance à l'État moderne et à une société nouvelle.

SECTION 1
La fin de l'Ancien Régime : 1789

511 Depuis 1787, s'engage de façon souterraine une « pré-Révolution », faite de frustrations sociales exacerbées par la crise économique, de conflits larvés entre la monarchie et les Parlements (cours de justice), de contestation « idéologique » engagée longtemps auparavant par l'esprit des Lumières. En quelques années, malgré les tentatives de réforme, la monarchie et l'ordre qu'elle représente sont minés de l'intérieur et ses institutions vont bientôt apparaître comme vidées de leur sens. Ses soubassements politiques, juridiques et sociaux vont s'effondrer en 1789 pour laisser place à une monarchie constitutionnelle, compromis entre le principe monarchique et l'esprit nouveau du temps. La Constitution de 1791 le scelle, avec, en préambule, la Déclaration des droits de l'homme et du citoyen du 26 août 1789, quintessence de la pensée révolutionnaire. Ce compromis provisoire et factice ne va durer que quelques mois et la radicalisation de la Révolution va mettre fin à une monarchie qui n'a pas au fond accepté le changement social et politique qu'il représente.

L'année 1789, en quelques mois, va faire vaciller et disparaître les bases séculaires de l'Ancien Régime sur tous les plans : politique et constitutionnel – en abandonnant le principe de la souveraineté exclusive du roi – social, en abolissant les privilèges. La Déclaration des droits de l'homme et du citoyen constitue le point d'orgue de cette révolution en marche qui n'est pas en soi « bourgeoise » mais juridique et philosophique.

§ 1. La révolution politique et juridique (mai-juin)

A. Les États généraux (mai-juin)

512 Réunis à Versailles dans l'hôtel des « Menus Plaisirs » le 5 mai 1789, les États généraux sont composés de 1 155 députés, dont 600 représentants d'un tiers état triomphant et pétri d'esprit légiste, représentatif de bourgeois, propriétaires fonciers, manufacturiers ou négociants, 300 pour le Clergé – dont une majorité de curés liés en fait au tiers état – et 300 pour la noblesse. Mais faut-il voter par ordre ou par tête (un homme, une voix), et sceller dans ce dernier cas la fin de la société d'Ancien Régime ? Les députés du Tiers qui ont jusqu'alors refusé de rejoindre la salle qui leur a été réservée afin de délibérer séparément, entendent donc que les députés des deux autres ordres les rejoignent. Le 17 juin 1789, ils se proclament Assemblée nationale par 491 voix contre 90 scellant ainsi l'avènement d'une Nation unique et souveraine.

Le 20 juin, les députés font serment, dans la salle du Jeu de Paume, de ne pas se séparer « jusqu'à ce que la Constitution du royaume soit établie ». Louis XVI a convoqué pour le 23 une séance royale au cours de laquelle il annonce un programme de réformes ambitieux (vote de l'impôt, liberté individuelle et de la presse, abolition de la corvée royale) et demande que soit accepté le principe de l'égalité fiscale. Il enjoint aux ordres de se séparer – ce que le tiers état refuse – puis ordonne finalement le 27 leur fusion. Trop tard : l'Assemblée nationale se proclame le 9 juillet, Assemblée nationale *constituante*. La souveraineté vient de quitter le roi pour la Nation, concept clé de la Révolution.

B. L'avènement de la Nation

1. *La souveraineté nationale*

513 La théorie de la souveraineté nationale peut être résumée dans le fameux article 3 de la Déclaration des droits de l'homme et du citoyen : « Le principe de toute souveraineté réside essentiellement dans la Nation. Nul corps, nul individu ne peut exercer d'autorité qui n'en émane expressément. » Ainsi, la Nation est une personne

morale (personnifiant l'État), distincte des individus qui la composent, c'est-à-dire de l'addition des citoyens.

Cette théorie, formulée notamment par Mably, a été clairement systématisée par l'abbé Sieyès qui, après un *Essai sur les privilèges*, publie en janvier 1789 *Qu'est-ce que le Tiers-État ?* Le 17 juin, le tiers état a repris le discours de Sieyès : la Nation est une. On retrouve aussi l'expression de ce principe dans la Constitution de 1791 : « La souveraineté est une, indivisible, inaliénable et imprescriptible. Elle appartient à la Nation ; aucune section du peuple, ni aucun individu ne peut s'en attribuer l'exercice ». Il n'y a donc pas plusieurs souverainetés (le roi ou le peuple) puisque la souveraineté est une. Celle-ci n'est susceptible d'être possédée par quiconque, sauf par la Nation (elle est imprescriptible). Elle ne peut être abandonnée à autrui (elle est inaliénable). Surtout, son unicité et son indivisibilité signifient non seulement l'unité de la personne Nation, mais le fait qu'elle n'est pas partagée avec d'autres, y compris les citoyens.

2. *Les représentants de la Nation*

514 Si tous les pouvoirs émanent de la Nation, celle-ci ne peut les exercer directement et doit donc être dotée de représentants. La théorie de la souveraineté nationale entraîne donc le principe représentatif (« La Nation, de qui seule émanent tous les pouvoirs, ne peut les exercer que par délégation. La Constitution française est représentative », Titre III, art. 2 de la Constitution de 1791) (v. aussi ss 238 s.). Notons sur ce point que ces représentants peuvent être élus ou simplement désignés comme tels par la Constitution (le roi sera un représentant de la Nation dans la Constitution de 1791). « Le grand avantage des représentants, c'est qu'ils sont capables de discuter les affaires. Le peuple n'y est point du tout propre, ce qui forme un des grands inconvénients de la démocratie », écrivait Montesquieu.

Le représentant représente la Nation et non les électeurs de la circonscription qui l'ont élu (« Les représentants nommés dans les départements ne sont pas représentants d'un département particulier, mais de la Nation entière », Constitution de 1791). Il ne reçoit pas un mandat impératif et n'est donc lié par aucune instruction des électeurs – qui ne sont pas les « siens ». Il ne peut donc en droit être l'interprète d'un groupe ou d'intérêts particuliers. Irrévocable, le mandat est aussi illimité puisque le représentant est censé agir conformément à la volonté de la Nation – d'où la « perfection » dudit mandat.

3. *L'électorat fonction*

515 Il découle enfin de la théorie de la souveraineté nationale que l'électorat est une fonction sociale reconnue aux plus « éclairés » d'entre eux, les plus intéressés à l'entreprise politique, c'est-à-dire les plus aisés sur le plan économique. L'électorat-fonction aboutit donc au suffrage censitaire. Ces citoyens vont désigner les représentants aptes à « vouloir » pour la Nation.

Le régime représentatif apparaît ainsi doublement antidémocratique : en dépossédant d'emblée le peuple de sa souveraineté grâce au subterfuge de la souveraineté de la Nation ; en excluant même, par le suffrage censitaire, la désignation par lui de ses représentants. En outre, « Il apparaît certain que le régime dit représentatif, écrit Carré de Malberg, n'est pas un régime de représentation, car le corps des députés ne peut être considéré comme le représentant, ni des citoyens, ni de la Nation ». En effet, le député ne représente pas ses électeurs dont il n'est pas le mandataire. Quant à la Nation, s'il est censé la représenter, on peut se demander quel mandat cette personne fictive lui a donné exactement : elle n'exprime en effet aucune volonté avant l'élection de l'Assemblée et pour un mandat, il faut être deux, le mandataire et le mandant. La souveraineté des représentants devient donc celle des députés.

§ 2. La révolution sociale (juillet-août)

A. Les événements

1. *La prise de la Bastille (14 juillet)*

516 La souveraineté ayant quitté le roi – un décret de l'Assemblée du 8 octobre fera de lui le « roi des Français » et non plus « roi de

France et de Navarre » –, celui-ci tente de reprendre la main. Rappelons les principaux événements. Louis XVI fait assembler des troupes autour de Paris et, le 11 juillet, renvoie Necker pour former un ministère plus « aristocrate ». Cette situation fait craindre la répression, attise la crainte du « complot réactionnaire » et génère une agitation populaire qui culmine le 14 juillet avec la prise de la Bastille. Le roi recule et renvoie les troupes le lendemain, rappelle Necker le 16 et vient, le 17, rencontrer la nouvelle municipalité parisienne qui a élu un maire, Bailly, après avoir assassiné celui qui en faisait fonction, le prévôt des marchands, Flesselles, nommé par le roi. À l'Hôtel de Ville, gardé par sa milice bourgeoise, la Garde nationale avec comme chef La Fayette, le roi reçoit la cocarde bleue et rouge jointe à la sienne, blanche, et feint la réconciliation. En fait, dans un message secret adressé à Charles IV, roi d'Espagne, il fait savoir que ses déclarations ou signatures officielles sont nulles et non avenues à compter du 15 juillet : le roi se sent déjà prisonnier et l'autorité royale est partout battue en brèche.

2. *L'abolition des privilèges (nuit du 4 août)*

517 À Paris, l'Assemblée nationale vote, pour apaiser l'inquiétude, l'abolition des droits féodaux et de la dîme, dans la nuit du 4 août, à l'initiative du duc d'Aiguillon. En fait, le décret du 11 août distingue les droits abolis et ceux qui ne le sont qu'à condition d'être rachetés. Reste, au-delà de la réalité, le symbole : l'abolition des privilèges ou comme l'écrit Tocqueville dans *l'Ancien Régime et la Révolution* : « La Révolution ne s'est pas demandé quels étaient les droits particuliers de tous les hommes en matière politique… Elle a considéré le citoyen d'une manière abstraite, en dehors de toutes les sociétés particulières. »

B. La Déclaration des droits de l'homme et du citoyen du 26 août 1789

1. *Les origines de la Déclaration*

518 Futur préambule de la Constitution de 1791, la Déclaration des droits de l'homme et du citoyen pose l'existence de droits naturels

– imprescriptibles – supérieurs en cela à la volonté de la Nation elle-même. Elle puise sa source dans un mouvement philosophique, lui-même nourri par le droit naturel du XVIIe siècle. L'homme est titulaire de droits inhérents à sa personne, antérieurs et supérieurs à l'État. De lointaine lignée, elle est aussi issue du christianisme dont la théologie médiévale a dégagé une doctrine individualiste. Parmi les philosophes, Grotius exposant le droit naturel ou Pufendorf, ou encore Vattel ou Wolff ont pu marquer de leurs écrits les rédacteurs de la Déclaration. Ceux-ci ont une connaissance plus immédiate et parfois familière de Locke, Voltaire, Montesquieu, Rousseau, de l'Encyclopédie et des physiocrates. Ces derniers avaient pensé à un « code de la nature » plaçant en tête de celui-ci la propriété. Condorcet souhaitait en 1788 qu'on réunît dans une déclaration solennelle tous les droits naturels de l'homme.

Les remontrances des Cours souveraines au XVIIIe siècle annoncent aussi la Déclaration et la magistrature (LEMAIRE (E.), 2010). En 1776, par exemple, le Parlement de Paris estime que « la première règle de la justice est de conserver à chacun ce qui lui appartient, règle fondamentale du droit naturel » et, en 1791, la Cour des Aides rappelle que « Dieu ne place la couronne sur la tête des rois que pour procurer aux sujets la sûreté de leur vie, la liberté de leur personne et la tranquille propriété de leurs biens. Il existe en France [...] quelques droits inviolables qui appartiennent à la Nation ». Enfin, de nombreux cahiers de doléances demandent aux députés des États généraux la rédaction d'une « Déclaration des droits de l'homme » – opposés souvent aux « droits féodaux ».

2. *La rédaction de la Déclaration*

519 Dès que l'Assemblée nationale s'est proclamée constituante, elle s'est attachée à la rédaction de la Déclaration, fort brève (17 articles). Dès juillet 1789, différents projets sont présentés à l'Assemblée, émanant notamment de Mounier, Sieyès, La Fayette, Clermont-Tonnerre, Champion de Cicé, Mirabeau. Le projet de Sieyès est sans doute le plus intéressant et le plus complet. Le but de la société étant le bonheur, il faut assurer à chacun le droit de propriété. Si tous possèdent les droits civils, les droits politiques

n'appartiennent qu'aux citoyens actifs, ceux payant une « contribution volontaire », signe de leur intérêt aux affaires. Liberté de penser, de parler, de travailler sont aussi mentionnées.

Trois comités sont successivement chargés d'étudier les dossiers et d'en faire une synthèse. Aux « patriotes » qui insistent sur l'urgence d'une Déclaration des droits, sorte de « catéchisme », exemple américain à l'appui, les royalistes comme Mirabeau rappellent qu'elle est « inscrite dans tous les cœurs ». Mais c'est le 4 août, quelques heures avant de voter l'abolition de la féodalité, que la Constituante vota le principe d'une déclaration. La discussion dure du 20 au 26 août 1789 et l'on s'accorde sur un texte modéré. Dès le 27, on passe à la discussion de la Constitution, repoussant l'examen des articles additionnels à plus tard. En fait, la déclaration ne sera plus modifiée, Thouret faisant valoir que sous sa forme initiale, elle avait déjà acquis auprès du peuple un caractère « *religieux et sacré* ». Cette déclaration résume à elle seule le nouvel ordre social que la révolution vient de fonder. Après de longs débats, un texte (inspiré en grande partie du projet de Champion de Cicé) est adopté et voté le 26 août.

Précédée d'un préambule, œuvre de Mounier et de Mirabeau, la Déclaration comporte 17 articles écrits dans une langue claire et concise, mais disposés sans grande logique, et dans lesquels on trouve les droits personnels de l'individu, ceux du citoyen et ceux de la nation. De caractère abstrait et universel, contrairement aux grandes déclarations anglo-saxonnes, la Déclaration des droits de l'homme et du citoyen du 26 août 1789 placée en tête de la Constitution de 1791 ne ressuscite qu'en 1946 et est intégrée au Préambule de la Constitution puis à celui de 1958. Entre-temps, elle a largement inspiré la Déclaration universelle des droits de l'homme de 1948.

Le texte, d'inspiration libérale, ne servira finalement pas de base aux travaux de la Constituante, mais son esprit marquera la conception de la souveraineté adoptée par la Constitution de 1791.

3. *Le contenu de la Déclaration*

Les libertés

Les libertés relevant du respect de l'autonomie de la personne

520 La liberté est un principe majeur, présent dans plusieurs articles de la Déclaration. « Les hommes naissent libres et égaux en droit » (art. 1) (quoique l'esclavage colonial ne soit pas aboli...). « La liberté est le droit de faire tout ce qui ne nuit pas à autrui, ses bornes n'étant déterminée que par la loi » (art. 4 et 5). Les garanties de la liberté individuelle (art. 7 à 9) sont posées : « tout homme est présumé innocent tant qu'il n'a pas été reconnu coupable » et la loi ne peut avoir d'effet rétroactif. Ces idées sont empruntées à la philosophie anglaise du XVIIe et au célèbre criminaliste italien Beccaria. Ces facettes de la liberté se résument donc dans le droit à la sûreté, c'est-à-dire la protection contre les arrestations ou détentions arbitraires que tout citoyen est en droit de réclamer dès lors qu'il obéit aux lois.

La liste des libertés s'achève par la reconnaissance solennelle à l'article 1 du droit de propriété, « inviolable et sacré », figurant déjà aux côtés de la sûreté et de la résistance à l'oppression avec les autres droits naturels et imprescriptibles de l'Homme à l'article 2. L'expropriation est cependant possible « lorsque la nécessité publique, légalement constatée, l'exige évidemment, et sous la condition d'une juste et préalable indemnité » (art. 17). La Déclaration est rédigée par des propriétaires, notables, qui voient dans la terre l'investissement le plus sûr, aux dépens de l'industrie et du commerce.

Les libertés de pensée

521 Parmi elles, la liberté d'aller et de venir, la liberté d'opinion se traduit d'abord dans celle de pensée (« Nul ne doit être inquiété pour ses opinions, même religieuses, pourvu qu'elles ne troublent pas l'ordre public », art. 10), comme dans celle de la presse (« La libre communication des pensées et des opinions est un des droits les plus précieux de l'Homme », art. 11). La liberté de conscience (les opinions « même religieuses ») implique une certaine laïcité de l'État : en septembre 1792, sera adopté par l'Assemblée le divorce

puis un état civil confié aux municipalités. La laïcité n'est que relative comme en témoigne la référence à l'Être suprême dans le préambule. Cette dernière invocation permet de concilier les points de vue chrétien et déiste de l'Assemblée et ménage aussi la sensibilité de l'opinion française, massivement catholique.

Notons que la Déclaration ne fait pas mention cependant de la liberté des cultes, de réunion ou d'association, ou des libertés économiques. Sur ce dernier point, l'esprit individualiste se chargera de la compléter : le décret d'Allarde du 2 au 17 mars 1791 supprime les communautés de métiers de l'Ancien Régime – les corporations –, tandis que la loi Le Chapelier du 14 juin 1791 interdit les syndicats professionnels, les actions collectives et donc la grève, tout en proclamant la liberté du travail. La liberté individuelle est reine et ne saurait être limitée par la communauté ou des communautés intermédiaires (corps, compagnies, groupements). Il s'ensuit en particulier que le contrat de travail n'intéresse plus que l'employeur et l'employé : c'est la « liberté contractuelle » qui place juridiquement à « égalité » – confirmée par le Code napoléonien – le maître et le domestique comme l'ouvrier, en fait désarmé.

L'égalité

522 « La loi doit être la même pour tous, soit qu'elle protège, soit qu'elle punisse », affirme encore l'article 6, tout autant que l'accès de tous aux « dignités, places et emplois publics ». L'affirmation de l'égalité civile entraînera l'abolition de la noblesse héréditaire ou personnelle en juin 1790, comme en mars de la même année celle du droit d'aînesse. Devait aussi s'accélérer l'attribution progressive – commencée sous Louis XVI – de la nationalité française aux juifs à partir de janvier 1790, en butte jusqu'alors à un régime discriminatoire. Enfin, l'égalité politique en raison de la théorie de la souveraineté nationale connaît des nuances dès lors qu'elle justifie le suffrage censitaire même si en principe, tous les citoyens sont égaux devant la loi. De ce principe, découle l'égalité fiscale (art. 13) entre les citoyens « en raison de leurs facultés » contributives, sans qu'on imagine pour autant un impôt progressif : l'égalité reste plutôt ici formelle. C'est la Constituante qui entamera

une vaste réforme fiscale rendue urgente du fait des soulèvements paysans contre les anciens impôts et bientôt par les nécessités de la guerre. Le système établi perdurera dans ses grandes lignes jusqu'en... 1914. La contribution foncière sur le revenu de la terre a comme assise la valeur estimée des propriétés. La contribution mobilière, sur les revenus industriels, les rentes, a pour assise principale la richesse estimée par les loyers, les domestiques mais aussi les chevaux. La patente – très contestée dans son évaluation – frappe enfin les revenus commerciaux.

Les principes politiques

La souveraineté nationale

523 La souveraineté, proclame l'article 3, réside dans la Nation. Nul corps, nul individu ne peut exercer d'autorité qui n'en émane expressément. Implicitement, le roi n'est plus qu'un de ses mandataires. Mais, ici encore, n'est pas tranchée la question de savoir comment concilier son autorité avec le principe électif.

La « séparation des pouvoirs »

524 « Toute société dans laquelle la garantie des droits n'est pas assurée, ni la séparation des pouvoirs déterminée, n'a point de Constitution ». L'article 16 de la Déclaration des droits de l'homme, moins qu'une référence faite aux idées supposées de Montesquieu, ne fait que poser le principe selon lequel un « gouvernement despotique est un gouvernement sans Constitution, c'est-à-dire sans répartition des compétences ou, si on préfère, sans séparation des pouvoirs » (Marcel Morabito).

La loi, expression de la volonté générale

525 « La loi, aux termes de l'article 6, est l'expression de la volonté générale. Tous les citoyens ont droit de concourir personnellement, ou par leurs représentants, à sa formation ». Inspiré directement de Rousseau, le premier terme de l'article rappelle que la loi est le premier rempart contre l'arbitraire : chacun participant à sa formation, elle ne peut être oppressive. Faite par le peuple, elle statue pour lui et sur lui. Est aussi affirmé le principe du consentement à l'impôt (art. 14). Ainsi, la Déclaration des droits de l'homme et du citoyen, sur le plan constitutionnel, laisse un vaste

champ ouvert à l'interprétation et aux possibilités de l'organisation du pouvoir, que la Constitution de 1791 devait préciser. Cependant, il faudra attendre le xxe siècle pour que le Conseil d'État commence à lui donner une valeur juridique et 1971 que le Conseil constitutionnel lui confère une valeur du même nom.

SECTION 2

De la constituante à la législative (1789-1792)

526 Le conflit entre l'Angleterre et ses colonies d'Amérique achevé en 1776 par la déclaration d'indépendance a confirmé l'attachement des colons aux textes écrits : l'histoire anglaise leur a en effet appris que l'arbitraire du pouvoir royal se fondait aussi grâce au flou entourant les droits immémoriaux et non-écrits de la Couronne. C'est pourquoi les anciennes colonies s'attachèrent à rédiger des Constitutions écrites dont cinq furent approuvées par le peuple. La Révolution américaine avait élaboré une conception nouvelle de la Constitution : il s'agit désormais d'un texte écrit, élaboré démocratiquement par une assemblée élue spécialement et soumise à ratification du peuple. Ainsi est établie une distinction essentielle entre le pouvoir constituant – émanant du peuple souverain – et les pouvoirs constitués établis par la Constitution (législatif, exécutif, judiciaire).

§ 1. La rédaction de la Constitution de 1791

A. La notion de Constitution

527 L'Assemblée nationale décide, le 11 août 1789, de commencer la rédaction de la Constitution. Mais comment les députés conçoivent-ils cette notion ? L'idée de rassembler dans un texte solennel, dans une loi écrite fondamentale, les règles de gouvernement font certes l'objet, dirait-on aujourd'hui, d'un vaste consen-

sus chez les tenants de l'esprit des Lumières. On connaît la célèbre formule de Volney : « Je demande où est votre Constitution. Qui l'a faite ? En quels temps a-t-elle été faite ? Où est le Code qui la contient, où sont les usages notoires et constants qui la forment ? ». La Constitution, expression du contrat social, doit être écrite afin que chaque homme connaisse ses droits imprescriptibles et les prérogatives qu'il abandonne au corps de la Nation.

Les députés de 1789 comprennent la notion de Constitution comme un contrat – ou un compromis – passé par l'Assemblée, au nom de la Nation, avec la monarchie. Sieyès tente de faire prévaloir l'idée que le roi n'avait pas à sanctionner la Constitution mais à l'accepter. Le roi ne tenait ses pouvoirs, son statut, sa légitimité que de la Constitution – donc de la Nation – et non du passé. Sieyès et quelques députés se proposèrent même de déposer le roi pour le replacer sur son trône constitutionnel, niant ainsi la légitimité traditionnelle de la monarchie pour lui donner une simple légitimité légale. Cette proposition fut largement rejetée et c'est la première conception de la Constitution qui prévalut. Il s'agit ainsi de fixer sur le papier des lois non écrites, d'organiser les rapports entre les pouvoirs *existants,* à savoir le roi et la Nation, bref de formaliser la monarchie tempérée telle qu'elle n'aurait dû cesser d'être. Le roi posséderait ainsi le gouvernement et une partie de la puissance législative, l'autre étant détenue par la Nation, à l'image des anciens États généraux.

Mais à mesure que les conflits s'aiguiseront entre le roi et l'Assemblée, l'idée de faire une Constitution fondée sur des principes abstraits gagnera du terrain, fondant la supériorité de la Nation sur le roi. Ainsi, les vues de Sieyès sur le pouvoir constituant s'affirment. Le refus du roi de sanctionner les décrets du 4 août puis son acceptation forcée infléchit dans ce sens les débats : la Constitution doit être une construction juridique abstraite, bien qu'entendue en réalité par un rapport de force politique.

La Révolution française va ainsi consacrer l'abandon de la constitution traditionnelle ou coutumière de la monarchie – les lois fondamentales – au profit d'une Constitution écrite énonçant des principes juridiques écrits, clairs et stables auxquels le monarque doit se conformer. Il n'est plus à la source de ces règles, qui sont énoncées par une entité abstraite – la Nation – et non le peuple souverain : le monarque tient son pouvoir d'elle. « Toute société dans laquelle la garantie des droits n'est pas assurée, ni la séparation des pouvoirs déterminée n'a point de Constitution », énonce l'article 16 de la Déclaration des droits de l'homme et du citoyen de 1789. Ce texte célèbre exprime d'abord l'idée que l'autorité – c'est-à-dire le prince – ne doit pas cumuler tous les pouvoirs. La Constitution limite au contraire le pouvoir du monarque en organisant sa division. C'est donc dans un régime despotique dont le prince modifie les règles à sa guise qu'il n'y a pas de Constitution.

B. La confusion pouvoir législatif/pouvoir constituant

528 À la différence des États-Unis, la première Constitution française de 1791 est élaborée – et votée – par l'Assemblée nationale, se proclamant « Assemblée constituante », assurant ainsi la confusion entre le pouvoir législatif et le pouvoir constituant. En effet, dès lors, comme le proclame la Déclaration de 1789, que « la loi est l'expression de la volonté générale », le législateur est le vrai souverain puisque la volonté de la Nation – être fictif détenteur de la souveraineté – est exprimée par l'Assemblée de ses représentants désignés par le peuple. De cette conception découle donc, comme le montrera plus tard Raymond Carré de Malberg sous la IIIe République, la toute-puissance de l'Assemblée – la « souveraineté parlementaire » – et rend inopérante la distinction entre lois constitutionnelles et lois ordinaires dans la mesure où le pouvoir législatif n'est que formellement soumis à la Constitution sur laquelle il assure en fait son emprise. Cette conception marquera de son empreinte le droit constitutionnel français, au moins jusqu'en 1958, mais aussi très largement les pays européens, pour la plupart jusqu'à la Deuxième Guerre mondiale : la loi ne saurait être soumise à la Constitution et donc à un contrôle de constitutionnalité. Cette idée est contraire, dans les monarchies limitées du XIXe siècle et/ou en transition vers la démocratie, à la fois au principe monarchique et au principe parlementaire.

Cette conception inspirera directement la Constitution américaine de 1787, mais sera mal comprise de la France révolutionnaire.

C. Une Assemblée constituante sous la pression des événements

529 C'est le 6 juillet 1789 que l'Assemblée nationale issue des États généraux a procédé à l'élection d'un comité dit de distribution qui doit fixer le plan de la Constitution. Le 9, l'Assemblée se proclame constituante. Puis, elle confie la rédaction du projet à un premier comité de Constitution dominé par l'école anglaise et libérale : les « monarchiens » (Mounier, Clermont-Tonnerre, Lally-Tollendal, Champion de Cicé, Bergasse), adeptes de Montesquieu. En fait, ils seront très vite désavoués dans les débats. C'est la minorité de « patriotes » (Talleyrand, Sieyès, Le Chapelier) d'esprit rationaliste, sensible à la conception unitaire du pouvoir de Rousseau – en ce qu'il doit émaner de l'Assemblée – qui auront gain de cause. Battus sur deux questions fondamentales, la seconde chambre et le veto, le comité de Constitution démissionne le 15 septembre 1789.

D. Droite et gauche : naissance d'un clivage

530 À l'occasion des votes sur la Chambre haute et le droit de veto, les 10 et 11 septembre 1789, les députés se sont groupés par tendances. Les adeptes du pouvoir royal se rangent *à droite* du président de séance, leurs opposants *à gauche*. La division entre la droite et la gauche est née. Les « patriotes » se divisent, une partie d'entre eux animée par Mounier siégeant à droite, à côté des aristocrates, désignés sous le nom d'« anglomanes » ou de « monarchiens ». Dans le nouveau comité dominent surtout des patriotes constitutionnels de la tendance Sieyès. Mounier le quittera en novembre avant d'émigrer. Au fil des mois, la plupart des députés hostiles à la révolution vont quitter l'Assemblée : dès 1790, elle perd un tiers de ses membres.

531 Le 6 octobre 1789, à l'aube, le peuple parisien envahit Versailles pour contraindre le roi à signer les décrets du 4 août abolissant les privilèges et le ramène à Paris.

C'est dans un climat quasi insurrectionnel marqué aussi par la guerre menée contre l'Église, dont les biens sont confisqués, que le débat constitutionnel se poursuit durant l'année 1790. L'Assemblée ménage le pouvoir royal, qui lui inspire cependant une méfiance croissante qu'elle manifeste à l'endroit de ses ministres en octobre 1790.

532 **La fuite à Varennes**

L'année 1791 est marquée par la tentative de fuite du roi, le 21 juin, choqué en particulier par la politique religieuse. Il est arrêté à Varennes. L'Assemblée le suspend et exerce les droits de la Couronne. Le 16 juillet, elle décide que cette mesure n'est que provisoire jusqu'à la ratification de la Constitution et accrédite la thèse d'un enlèvement. Les clubs réclament la déchéance du roi, repoussée par l'Assemblée. C'est la fusillade du Champ de Mars du 17 juillet. L'agitation populaire qui suit la fuite du roi et son arrestation renforcent l'Assemblée dans sa prévention à l'endroit de la démocratie. Le débat constitutionnel s'achève au mois d'août. Mais déjà la France se prépare à la guerre : le 27 août 1791, l'empereur germanique Léopold II et le roi de Prusse se déclarent prêts à défendre Louis XVI ce qui accroît encore la suspicion populaire vis-à-vis du monarque.

533 **Un texte sacré**

La Constitution est votée le 3 septembre 1791 et le roi la sanctionne le 13. Il prête serment le lendemain. Lors de la première séance de la Législative en 1791, douze vieillards chenus vont en procession quérir le livre de la Constitution paré comme le nouveau Saint-Sacrement. Enfermée dans une arche d'alliance, elle est considérée comme un objet de culte à l'image d'autrefois, le Décalogue, propre à éveiller aussi l'esprit civique. Et la Déclaration des droits est fixée sur la pierre ou le métal, à l'imitation des commandements de Dieu...

E. Les points forts du débat

1. *Le droit de veto du roi*

534 Dans une monarchie constitutionnelle, la sanction royale est le consentement donné à un acte adopté par le Parlement (loi ou

décret). On se souvient du refus de Louis XVI de sanctionner les décrets du 4 août. La discussion fut vive au sein de l'Assemblée sur le droit de veto, opposant ses adversaires comme Sieyès et ses partisans comme Mirabeau, Mounier ou Lally-Tollendal.

Le veto absolu ferait participer pleinement le roi à la puissance législative et, *de facto*, à la souveraineté. Il est, affirme Mirabeau, sans danger. Le roi ne sera pas tenté de maintenir son veto contre le vœu véritable de la Nation. Sur la sanction royale qui signifie le consentement ou le veto du roi, Mounier considère que cette dernière disposition fait la différence entre monarchie et république. Sans veto, le roi n'est que le premier fonctionnaire de la Nation et la participation du roi à la souveraineté, la puissance de faire des lois, s'évanouit. Sieyès voit au contraire dans le veto « une lettre de cachet contre la volonté générale ». Cette opinion minoritaire est aussi exprimée, sur différents registres, par Lanjuinas ou Robespierre qui voient dans le veto absolu une survivance de l'ancienne monarchie. « Sera-t-il absolu ? Il terrassera le pouvoir législatif. Sera-t-il suspensif ? Il suscitera des querelles et l'esprit de faction » (Delandine).

Le veto suspensif apparaît comme une formule de transaction (Pétion, Barnave, les frères Lameth, l'abbé Grégoire) : « Le roi peut désobéir aux délégués non à la volonté générale » (Lameth). Mais cette formule fait de cette « volonté générale » *l'arbitre* d'un conflit éventuel entre le roi et l'Assemblée : « Si par deux fois était élue une majorité favorable à la loi frappée de veto, le pays trancherait en faveur du monarque et contre la loi votée par l'Assemblée. » Par ce procédé était malgré tout reconnue la souveraineté de la Nation, contre celle de ses représentants mais aussi comme supérieure à celle du roi. Le compromis entre Sieyès et Mounier fut voté par 673 voix contre 328 au veto absolu.

2. *Une ou deux Chambres ? Le spectre de la Chambre des lords*

535 En 1789, un autre débat concerne le dualisme des chambres. Il est frappant de constater que, contrairement à la Grande-Bretagne, la France n'a pas, à l'origine, de tradition bicamérale. L'exemple anglais de la monarchie limitée a plutôt servi de contre-exemple

à la Révolution française, s'attachant à fondre les trois ordres d'Ancien Régime en une unité de représentation. Une seconde chambre était aussi le prélude aimable à une restauration discrète de l'aristocratie, la Chambre de lords britanniques faisant figure de repoussoir. Sans doute, les adeptes de la monarchie tempérée ont-ils en 1789 tenté de proposer l'institution d'un Sénat. Gage de modération, le roi pouvait ainsi jouer des deux chambres s'appuyant tantôt sur l'une ou, tantôt sur l'autre. Le Sénat, dans le projet Lally, est composé de sénateurs viagers nommés par le roi et la Chambre des députés ou par le roi sur présentation des États provinciaux, choisis dans « toutes les classes de la Nation ». Mounier proposait quant à lui, des membres élus pour six ans parmi les citoyens de plus de 35 ans et propriétaires d'immeubles rapportant plus de 10 000 livres de revenus. La crainte d'une Assemblée souveraine dominant l'exécutif – et donc le roi – est présente chez les bicaméralistes (Lally-Tollendal, Mounier). Mais l'unité et l'indivisibilité de la « Nation », font valoir ses adversaires, peuvent-elles se concilier avec une telle construction ? Les monocaméristes comme Sieyès, Target, Thouret ou Tronchet furent vainqueurs et les « monarchiens » défaits.

3. *L'incompatibilité entre mandat parlementaire et fonction ministérielle*

536 Un troisième débat-clef concerne la compatibilité entre fonction ministérielle et mandat parlementaire. En novembre 1789, Mirabeau est battu sur cette question. « À gauche comme à droite, on vit seulement, que donner raison à Mirabeau serait faire son jeu, lui permettre de devenir ministre » (Jean-Jacques Chevallier). Le décret du 7 novembre 1789 établit l'incompatibilité malgré les arguments de Mirabeau : « Les premiers agents du pouvoir exécutif sont nécessaires dans toute Assemblée législative, ils composent une partie de son intelligence. Les lois discutées avec eux deviendront plus faciles ; leur sanction sera plus assurée et leur exécution plus entière. Leur présence préviendra les incidents, assurera notre marche, mettra plus de concert entre les deux pouvoirs auxquels le sort de l'Empire est confié... » Considérée comme un moyen de pression et de « corruption » contre l'Assemblée, la compatibilité

est écartée bien que Mirabeau en ait éclairé le sens parlementaire, fort de l'exemple anglais. Il reviendra à la charge, sans succès, en octobre 1790.

Enfin, notons que l'Assemblée constituante avait songé à l'origine à une forme de régime parlementaire. N'avait-elle pas protesté contre le renvoi de Necker le 17 juillet 1789, admettant ainsi que le ministère était responsable devant elle ? Barnave, en octobre 1790, invoque l'exemple anglais, mal connu à l'époque : les ministres ayant perdu la confiance de la majorité, le roi les écarte. Les « monarchiens » considèrent que cette responsabilité des ministres instaurerait la confusion des pouvoirs exécutif et législatif (Malouet, Clermont-Tonnerre) : « Que deviendra l'autorité du roi, que deviendra son inviolabilité même, si le corps législatif peut se permettre ainsi d'y porter perpétuellement atteinte dans la personne de ses ministres ? » (Bouthillier). L'occasion du régime parlementaire était donc manquée.

§ 2. La Constitution du 3 septembre 1791

A. La défiance institutionnalisée des pouvoirs

537 Il est bien sûr anachronique de classer, comme le font certains auteurs, la Constitution de 1791 dans la catégorie des régimes dits « présidentiels », au nom d'une séparation stricte des pouvoirs qu'elle aurait instituée. Rappelons que ce principe, consacré formellement par l'article 16 de la Déclaration de 1789, est essentiellement négatif : empêcher que le pouvoir soit réuni dans les mêmes mains. Il n'y a pas d'ailleurs de spécialisation des organes puisque le roi intervient comme organe législatif par son droit de veto. Cette Constitution s'inspire plutôt d'une certaine conception de la balance des pouvoirs, ou dirait-on de la « défiance des pouvoirs », ici institutionnalisée, dans laquelle l'Assemblée est prédominante et dont l'écriture est dominée par les événements et la méfiance croissante et réciproque entre elle et le Roi. Cette défiance envers l'exécutif marquera toute notre histoire constitutionnelle.

D'ailleurs, parmi les chefs d'accusation de son procès qui débute en décembre 1792, soit à peine plus d'un an après l'adoption de la Constitution de 1791, on notera :

« 1. Avoir tenté de dissoudre l'Assemblée nationale constituante le 20 juin 1789 ;

4. Avoir refusé de contresigner l'abolition des privilèges, votée le 4 août 1789, et la Déclaration des Droits de l'Homme et du Citoyen, votée le 26 août 1789 ;

25. Avoir usé du veto royal contre le décret visant les prêtres réfractaires ; »

Etc.

B. Souveraineté nationale et régime représentatif

538 La Constitution de 1791 est précédée d'un préambule rappelant les principes fondamentaux établis par la Déclaration des droits de l'homme, l'« égalité » et la « liberté ». La Constitution proclame la souveraineté nationale, « une, indivisible, inaliénable et imprescriptible » (Titre III, art. 1er) et, partant, la fin de la souveraineté royale. « La Nation, de qui seule émanent tous les pouvoirs, ne peut les exercer que par délégation. La Constitution française est représentative : les représentants sont le corps législatif et le roi » (Titre III, art. 2).

C'est en vertu du principe que la Nation n'exerce pas directement sa souveraineté qu'est écartée l'idée de ratification populaire et de souveraineté du peuple. Mieux, le mandat est représentatif et non impératif. Les citoyens ont la faculté de nommer des représentants, non de les contrôler. Enfin, le suffrage censitaire est fondé sur la distinction entre citoyens actifs et passifs et conforte cette construction. La souveraineté nationale apparaît déjà comme celle de représentants libres de toute contrainte.

C. L'Assemblée nationale

S'agissant de l'organisation des pouvoirs, le corps législatif est l'incarnation de la volonté législative de la Nation. La Chambre est unique.

1. *Statut*

539 L'Assemblée est permanente, comme la Nation. Elle fixe elle-même la date et la durée de ses sessions. Cette indépendance se traduit aussi par le fait qu'elle dispose de forces de protection tandis que le roi ne peut faire passer ou séjourner aucune troupe dans un rayon de 30°000 toises autour du siège de l'Assemblée.

L'Assemblée nationale est nombreuse et forte de 745 membres, ce chiffre étant censé permettre une meilleure représentation de la Nation. Les députés sont répartis entre les quatre-vingt-trois départements proportionnellement à trois facteurs : le territoire, la population, la fortune. Ce système original – et peu démocratique – fait que le territoire de chaque département est représenté par trois députés, au total 249 ; 249 autres sont répartis entre les départements proportionnellement à leur population ; 249 députés, enfin, sont répartis entre les départements proportionnellement au montant des contributions directes de chacun.

L'Assemblée est élue pour deux ans seulement. Les membres prêtent serment et sont inviolables. Ils ne peuvent être arrêtés que pour crimes et délits constatés en flagrant délit, après avis du corps législatif décidant qu'il y a lieu à accusation.

Indépendante et permanente, l'Assemblée ne peut être dissoute. Le roi peut la convoquer entre deux sessions. Cette permanence (contrairement à la non-permanence des États généraux), affirmée dès le 9 septembre 1789, faisait suite aux tentatives du roi pour disperser la Constituante.

2. *Attributions*

540 L'Assemblée est dotée de pouvoirs importants. Elle a l'initiative des lois, le roi pouvant seulement lui demander « de prendre un objet en considération ». Un projet de loi doit faire l'objet de trois lectures, à huit jours d'intervalle. Après la première lecture, il doit être *imprimé* et distribué. Sauf déclaration d'urgence, le texte doit être discuté devant au moins deux cents députés et voté à la majorité absolue des suffrages. Ce processus de discussion et vote a lieu hors la présence des ministres qui ne peuvent être choisis parmi les députés. Ils n'interviennent que si l'Assemblée leur

accorde la parole. Le souvenir de l'intervention des ministres du roi lors des États généraux demeure.

D. Le roi

541 **Roi des Français**

Louis XVI est « roi des Français » et non plus roi de France par la grâce de Dieu. Ce changement de formule est une révolution en soi, même si sa personne est « inviolable et sacrée », à l'image de l'Angleterre. La monarchie reste héréditaire, la consécration de ce principe ancien est désormais constitutionnelle, les familles royales étrangères ne pouvant prétendre au trône de France. Le roi est soumis à la loi et doit, sauf à abdiquer, prêter serment à la Constitution. Il peut être déchu s'il se met à la tête d'une armée contre la Nation, s'il s'abstient de s'opposer à une telle entreprise faite en son nom, s'il sort du royaume et n'y rentre pas après y avoir été invité par l'Assemblée... (souvenir de la fuite à Varennes). Enfin, le roi reçoit une liste civile, c'est-à-dire un ensemble de ressources et de moyens lui permettant d'exercer ses fonctions, mais n'est plus propriétaire des biens de l'État. En cas de régence, le régent est élu par une assemblée formée d'un député par district. Ce n'est pas, précisément, une disposition d'essence monarchique.

Le gouvernement du roi

Le roi gouverne avec les ministres, choisis et révoqués par lui. Ils ne dépendent donc pas de l'Assemblée. Par ailleurs, ils travaillent isolément, ne se réunissent pas formellement en Conseil et ne sont pas solidaires. Tous ces points éloignent la Constitution du parlementarisme. Les ministres prêtent serment, sont cependant responsables pénalement devant le Parlement et sont jugés devant une Haute Cour.

Le roi exerce, par les ministres, le pouvoir exécutif (ses ordres sont contresignés par un ministre). Chef suprême des armées, garant de la sûreté extérieure du royaume et dirait-on aujourd'hui, de l'intégrité de son territoire, il nomme une large partie des officiers, la plupart des fonctionnaires non élus. Il peut annuler les actes des administrateurs élus des départements après en avoir informé le corps législatif qui peut suspendre cette mesure.

Le droit de veto

Si le pouvoir exécutif réside « exclusivement dans la main du roi », ce dernier intervient aussi dans le domaine législatif par le biais du veto. Par ailleurs, le roi partage avec l'Assemblée le droit de déclarer la guerre et la paix. En charge des relations extérieures, le roi ne peut cependant déclarer la guerre qu'après un vote formel du corps législatif. De même, il ne peut conclure un traité que sous réserve d'une ratification législative. Ici encore le débat fut animé, recoupant les clivages précédents. Tandis que la Constituante proclamait que la Nation renonçait – en théorie ! – à toute guerre offensive, le compromis trouvé grâce à Mirabeau fut voté à la quasi-unanimité.

Une fois voté, le texte (qui n'est encore qu'un décret) doit être revêtu de la *sanction royale* pour devenir loi, à l'exception des textes consacrant l'établissement, la prorogation et la perception des contributions. Mais le roi peut refuser sa sanction et opposer son veto suspensif. L'Assemblée peut passer outre si deux législatures successives votent de nouveau le même texte. La durée du veto est donc de quatre à six ans. Il en fera usage à cinq reprises.

E. La complexité de la procédure de révision : une Constitution « rigide »

542 « L'Assemblée nationale, écrivirent les constituants de 1791, déclare que la Nation a le droit imprescriptible de changer sa Constitution ; et néanmoins considérant qu'il est plus conforme à l'intérêt national d'user seulement – par les moyens pris dans la Constitution même – du droit d'en réformer les articles dont l'expérience aurait fait sentir les inconvénients, décrète qu'il y sera procédé par une Assemblée de révision » (Titre VII, art. 1er). Toujours dans la crainte d'un coup de force, les constituants rendent la révision complexe, soit totale (si impensable que les règles n'en sont pas fixées !), soit partielle. Dans ce cas, trois législatures successives devaient en émettre le vœu, mais celui-ci ne pouvait être exprimé qu'après quatre années de fonctionnement de la Constitution (soit, au plus tôt, dix ans après). Une Assemblée spéciale comprenant 249 membres de plus que le corps législatif y procé-

derait, tenue par le contenu du vœu. Le roi ne pouvait s'opposer à la révision. Nous sommes typiquement dans le schéma d'une Constitution rigide.

« L'achèvement de la Constitution sera aussi le terme de la Révolution. » Ainsi pensait Thouret, mais aussi la majorité de l'Assemblée : la Constitution devait durer onze mois.

§ 3. L'application de la Constitution de 1791 : les conflits institutionnels entre le roi et l'Assemblée

543 La Constitution écarte trois millions de citoyens « passifs » dont le mécontentement va être exploité. Par ailleurs, en instituant le veto, elle aggrave en fait les possibilités de conflit entre le roi et l'Assemblée. Quant au contexte dans lequel elle va vivre, il est marqué par la guerre avec l'Europe monarchique, l'agitation populaire et la crise financière.

L'Assemblée – la Législative – est de manière croissante soumise à sa pression, y compris par des manifestations dans les tribunes. La « confrontation chaotique et cahotée de deux méfiances de l'Assemblée envers la Cour et de la Cour envers l'Assemblée » (Jean-Jacques Chevallier) rythme ces onze mois comme elle a façonné la Constitution.

Les crises ministérielles. Une première « crise ministérielle » en mars 1792, scellant le remplacement de ministres feuillants par des ministres girondins prend l'allure d'une crise parlementaire presque classique. Le ministre des Affaires étrangères, Delessart, est accusé d'avoir manqué de « fermeté » à l'endroit de l'Autriche et est accusé par l'Assemblée, l'opposition au ministère étant menée par Brissot, de haute trahison. Le roi accepte sa démission et celle de ses autres ministres feuillants, et les remplace par des ministres girondins. La responsabilité pénale est en fait transformée en responsabilité politique et le souverain agit en roi parlementaire en formant son gouvernement avec des hommes qui appartiennent à la majorité de l'Assemblée. Il les révoquera cependant plus tard, conformément d'ailleurs à la Constitution. Mais au-delà de ce débat constitutionnel, la France a adressé un ultimatum à l'Autriche qui n'intimide pas François II, le fils de Léopold II qui vient de disparaître. Aussi, le 20 avril, sur la proposition embarrassée de Louis XVI, l'Assemblée déclare-t-elle la guerre à l'Autriche – bientôt alliée à la Prusse contre la France.

L'exercice du droit de veto par le roi. L'exercice du droit de veto, par deux fois, génère un conflit grave entre le roi et l'Assemblée. Le roi a refusé de sanctionner à l'automne 1791 les décrets relatifs aux émigrés et aux prêtres assermentés. Le 27 mai 1792, l'Assemblée vote deux décrets, l'un visant à nouveau et plus durement les prêtres réfractaires, qui peuvent être déportés sur plainte de vingt citoyens actifs, l'autre autorisant la formation d'un camp de 20 000 hommes à Paris.

Le roi s'oppose aux deux décrets et renvoie les ministres brissotins. Le 20 juin 1792, le peuple des faubourgs envahit l'Assemblée aux cris de « À bas le veto, rappelez les ministres ». Louis XVI tient bon. Il joue officiellement le jeu de la Constitution, mais secrètement la renie.

Le 11 juillet, l'Assemblée proclame « la patrie en danger » et lève des troupes. Enfin, dans la nuit du 9 au 10 août, une Commune insurrectionnelle voit le jour à Paris, on chante « La Carmagnole » : « Madam' Veto (Marie-Antoinette) avait promis de faire égorger tout Paris... » L'Assemblée suspend le roi sous la « pression populaire » et décide de l'élection au suffrage universel d'une nouvelle Constituante : le roi est suspendu et interné. Au terme d'un simulacre de procès, il sera guillotiné le 21 janvier 1793.

SECTION 3

La France à la recherche de sa Constitution (1792-1799)

544 Le 10 août 1792, au moment où le corps législatif suspend le roi et remplace le ministère par un Conseil exécutif provisoire nommé par l'Assemblée, est scellée la fin de la monarchie constitutionnelle.

Jusqu'au 20 septembre, date de la réunion de la Convention nationale élue auparavant, ce conseil exerce une véritable dictature, encouragée par la Commune de Paris et inspirée par les jacobins.

En même temps, l'Assemblée a établi le suffrage universel, avec des restrictions. Le suffrage à deux degrés est maintenu. La Convention est élue début septembre tandis que moins d'un dixième des électeurs va voter, compte tenu des conditions du moment (massacres de septembre, pressions, vote public...). Elle proclame le 21 septembre qu'« *il ne peut y avoir de Constitution que celle qui est acceptée par le peuple* » et, abolissant la royauté, proclame la République, dont l'an I commence le lendemain.

La Convention élue en septembre a pour rôle, outre de proclamer la déchéance du Roi, d'établir une nouvelle Constitution. Elle comprend 749 députés, tous « bourgeois » : 75 sont issus de la Constituante, 145 de la Législative et plus de la moitié du total des administrations de département ou de district : le changement dans la continuité... Trois courants politiques se dessinent. À gauche avec Robespierre, Saint-Just, Danton, Fabre d'Églantine, Marat, Fouché, Tallien, Desmoulins, Couthon, le duc d'Orléans (le citoyen « Égalité »), les « montagnards » (ils siègent en effet en haut de l'Assemblée) sont des radicaux égalitaristes qui veulent enraciner la Révolution, mettre à bas définitivement l'aristocratie, en employant la force au nom du « salut public ». Ils ne craignent pas, pour la plupart, la dictature guidée de Paris dont tous les députés appartiennent d'ailleurs à leur tendance. Une centaine au départ, ils seront bientôt 200. L'essentiel des montagnards votera le 19 janvier 1793 la mort du roi. À « droite » avec Brissot, Pétion, Vergniaud, Gensonné, Lanjuinais, Rabaud Saint-Étienne, les girondins – qui se sont divisés lors du vote précité. Ils sont sans doute environ 200, très largement provinciaux et constituent l'ancienne gauche de l'Assemblée législative inquiète de la Commune, méfiants à l'endroit de la capitale et de la centralisation (on les appelle aussi les « fédéralistes »). Au centre, avec Barère, Cambon, Sieyès, la Plaine (ou le Marais comme le nomment avec mépris, ses adversaires) sert d'arbitre entre les deux partis aux frontières en fait floues. Elle reste attachée à la liberté et à la propriété et se résignera aux mesures d'exception pour « sauver » la Révolution. Ces divisions politiques s'expriment clairement au travers du débat constituant qui débute à la fin de 1792.

§ 1. Le projet des girondins

Le 11 octobre 1792, la Convention désignait un comité de Constitution composé en majorité de girondins, à l'image de l'Assemblée.

Ce comité rédige un premier projet dont Condorcet est le rapporteur. Ce projet est long. Une déclaration de 33 articles, et une Constitution de 400 articles ! Condorcet ne put aller jusqu'au bout de la lecture achevée par Barère…

A. Les idées de Condorcet

545 Le but du projet, selon Condorcet, est de « combiner l'obéissance aux lois, la soumission des volontés individuelles à la volonté générale avec la volonté du peuple, l'égalité entre les citoyens (et) l'exercice de la liberté individuelle ». Le gouvernement est cependant représentatif, les élus n'étant pas des porte-parole en charge d'un mandat impératif mais des hommes investis de la confiance du peuple pour faire, en son nom, des lois. Le projet admet cependant le principe de la ratification populaire des lois votées. Le référendum législatif – facultatif – vise aussi à conserver au *peuple* « dans une plus grande étendue la jouissance de son droit de souveraineté » (Condorcet).

1. *Le suffrage universel masculin*

De même, le projet adopta le suffrage universel – masculin – conçu comme un *droit* (y compris pour les domestiques) et le suffrage direct afin d'éviter que les assemblées électorales deviennent des contre-pouvoirs et des pouvoirs intermédiaires entre le peuple et l'Assemblée (on songe aux remuantes sections de Paris). L'éligibilité est de 25 ans. Si le suffrage est direct, il comporte cependant deux tours de scrutin. Au premier, chaque citoyen inscrit sur un bulletin un nombre de noms correspondant à celui de postes à pourvoir. Après le scrutin dit de « présentation », le deuxième tour ne se déroule qu'entre les candidats ayant obtenu le plus de voix, la liste comportant trois fois plus de noms que de sièges à pourvoir. Robespierre critique ce système empêchant l'élection des pauvres, seuls les riches ayant du temps à perdre pour se faire connaître et se faire élire dans le département. Le système, il est vrai, favorisait les « notables » girondins.

2. *Les assemblées primaires*

Chaque citoyen est inscrit sur le tableau unique d'une assemblée primaire – une sorte de collège électoral. Il désigne aussi les administrateurs locaux et les membres du Conseil exécutif de la République. Celui-ci est aussi élu par le peuple. Chaque département propose une liste de treize candidats pour chacun des sept ministres. Et c'est sur cette liste que les assemblées primaires élisent les ministres. L'assemblée est élue pour un an et les ministres, renouvelés par moitié chaque année, sont nommés pour deux ans.

Ces assemblées primaires rassemblant de 400 à 900 citoyens siègent en permanence et sont destinées à devenir « le centre de la vie civique » (Jacques Godechot). Les citoyens y prendront connaissance des nouvelles lois, y discuteront politique. Assemblées électorales, elles sont aussi les lieux d'exercice pour les citoyens, de leur droit de censure. Ainsi, le peuple n'intervient-il pas seulement dans l'élection mais aussi dans le contrôle de ses représentants.

3. *Censure du peuple et droit de pétition*

Sous le titre *De la censure du peuple sur les actes de la représentation et du droit de pétition,* le projet girondin institue le référendum législatif et constitutionnel ainsi que l'initiative populaire. Tout citoyen peut provoquer un référendum pour réformer une loi existante ou proposer une loi nouvelle, moyennant la réunion de cinquante signatures. Si la proposition est adoptée par l'Assemblée primaire, elle est soumise à toutes les assemblées du département. Si elles s'accordent sur le vœu, celui-ci est transmis à l'Assemblée. Cette dernière peut le rejeter. Mais si un autre departement reprend la proposition, le référendum a lieu obligatoirement, l'Assemblée législative rédigeant le texte soumis. Si le référendum est positif, l'Assemblée est immédiatement renouvelée et les députés ayant voté contre la proposition, n'étant plus en accord avec la volonté générale, sont inéligibles pendant une législature.

La proposition peut aussi viser une révision de la Constitution. Si celle-ci est adoptée, une convention comprenant deux députés par département est élue tandis que le corps législatif reste en fonction et prépare la révision soumise à référendum. Les départements de province sont ainsi égaux entre eux – et à Paris. Enfin, le corps législatif dispose par ailleurs de la faculté de soumettre à référendum toute question : cette procédure s'apparente ainsi à la question de confiance. Inspirée par certains États américains comme le Massachusetts et le New Hampshire, la procédure référendaire pour complexe et démocratique qu'elle soit, n'est pas exempt de toute « ambiguïté » (Marcel Morabito). D'une part, le projet de Constitution distingue les lois générales et de durée indéfinie, des décrets dont l'application est locale ou particulière et renouvelée à durée déterminée. Cette distinction exclut donc un contrôle populaire des décrets, c'est-à-dire la majeure partie des textes votés par l'Assemblée législative. D'autre part, c'est elle qui met en forme la proposition soumise à référendum après transmission du vœu du département. Il reste que le procédé, même encadré, laisse une place singulière à la démocratie directe.

4. *L'organisation des pouvoirs*

On ne trouvera pas de longs débats sur la séparation des pouvoirs dans le projet Condorcet : « Le pouvoir de faire des lois et celui de déterminer les mesures d'administration générale ne peuvent être confiés sans danger à d'autres mains qu'à celles des représentants du peuple ». Le pouvoir législatif est un et le dualisme des chambres écarté. Mais cette unité peut constituer une force et donc un risque d'usurpation de la volonté du peuple. La solution est ainsi trouvée dans « le fréquent renouvellement du corps à qui la confiance publique a été donnée », dans « le droit de réclamer le changement d'une mauvaise Constitution » et dans « les réclamations que le peuple peut faire contre les lois qu'il jugera contraires à sa liberté ». Enfin, plusieurs lectures sont nécessaires pour adopter les lois. Dans le cas d'un vote d'urgence, la majorité requise est celle des deux tiers.

Si le pouvoir est unique, il est nécessaire d'instituer un organe d'exécution. Le Conseil exécutif de la République « ne doit pas vouloir (mais) veiller (à ce que) la volonté nationale une fois exprimée soit exécutée avec précision, avec ordre et sûreté ». Subordonnés étroitement à la puissance législative, nommés pour deux ans et renouvelés chaque année, ses membres ne sont pas cependant responsables devant l'Assemblée.

Privé de tout droit d'initiative, le Conseil rend compte du débat de chaque session au corps législatif et d'abord de l'emploi des sommes affectées à chaque partie de l'administration, des dépenses prévisibles pour l'année nouvelle. L'Assemblée prend seule l'initiative de demander l'avis du Conseil sur des dispositions législatives. Enfin, si ses membres ne sont pas, selon la formule de Condorcet, les « créatures » de l'Assemblée, et ne peuvent être destitués par elle, le corps législatif peut cependant les traduire devant un jury national élu par le peuple.

B. La fin de la discussion et la Déclaration des droits

546 Commencée le 15 février 1793, la discussion du projet tourne court, en raison des événements. Une fois le roi guillotiné, le 21 janvier 1793, une coalition de l'Europe monarchique autour de l'Angleterre se forme, en février, contre la France qui va accumuler les défaites militaires. Le général Dumouriez trahit en avril. Sur le front « intérieur », l'insurrection en Vendée prend les traits d'une guerre civile meurtrière.

La discussion ne débute vraiment que le 17 avril 1793 après qu'on eut créé un tribunal criminel extraordinaire le 10 mars, suspendu l'inviolabilité des députés le 1er avril, et institué le 6 un comité de salut public. On débat d'abord de la Déclaration des droits girondine que Condorcet avait laissée de côté dans son rapport, Gensonné en ayant donné lecture le 15 février. Elle se différencie de celle de 1789 en consacrant un nouveau droit, celui de « résistance à l'oppression », et élargit le contenu du droit de propriété. Elle reconnaît de nouvelles responsabilités pour la société : l'instruction élémentaire, les « secours publics ». Enfin, elle affirme – et développe – la notion de souveraineté populaire : « la souveraineté est une, indivisible, imprescriptible et inaliénable » (art. 26). « Elle réside essentiellement dans le peuple entier et chaque citoyen a un droit égal de concourir à son exercice ».

Cette déclaration fut votée le 22 avril ce qui n'empêcha pas Robespierre de communiquer le 24 à l'Assemblée une contre-déclaration affirmant les limites sociales de la propriété individuelle, *exemptant de l'impôt* les individus dont les revenus n'excèdent pas les besoins, développant le contenu du droit à l'insurrection et la résistance à l'oppression, affirmant le principe de *fraternité* de tous les hommes, notamment par le droit au travail et à l'assistance, donnant une portée *universelle* à la Déclaration.

La discussion générale sur le projet de Constitution est également marquée par un violent discours de Robespierre qui précède la discussion par articles. Celle-ci fut très vive sur le découpage administratif. Le projet girondin affaiblissant les communes et renforçant l'autorité des départements par la suppression des districts (intermédiaires) : c'est sur cette question que se concentre en fait l'affrontement avec les jacobins. Ceux-ci voient dans les communes les lieux d'épanouissement de la Révolution – singulièrement Paris – et les girondins veulent des départements forts, aptes à résister à la centralisation parisienne. « Que la Nation tout entière examine bien ce qui se passe en ce moment. On veut frapper Paris pour arriver jusqu'à elle » (Saint-Just).

Le 31 mai 1793, la Commune de Paris et son armée de « sans-culottes » provoquent des manifestations devant la Convention, réclamant l'arrestation des députés girondins qui ont essayé de sauver la tête du roi lors du procès à l'issue duquel Louis Capet a été condamné à mort le 17 janvier 1793 par 387 voix sur 721. Et, le 2 juin, 80 000 hommes armés réclament à nouveau, cette fois sous la menace de canons, l'arrestation de 29 députés et de 2 ministres girondins, voués pour la plupart à la mort. L'Assemblée cède et le projet girondin est abandonné.

§ 2. La Constitution montagnarde du 24 juin 1793

Lorsqu'intervient le coup de force du 2 juin, sous la pression des « sans-culottes », seuls six articles du projet de constitution ont été votés : l'article 1 consacrant l'indivisibilité de la République (admise depuis septembre 1792) et le maintien de la division en départements, districts, communes. Le texte, bâclé en quelques jours, est adopté le 24 juin 1793 par la Convention dont les montagnards sont désormais les maîtres.

A. Les nouveaux droits

547 Dès l'origine, et avant même l'épuration girondine, l'Assemblée est sensible à la philosophie de Rousseau, mais aussi soucieuse de tenir compte de l'expérience : « Le droit public est très étendu dans les livres ; ils ne nous apprennent rien sur l'application et sur ce qui nous convient » (Saint-Just). La Constitution montagnarde conserve une part des articles de la Déclaration des droits, votée déjà le 31 mai, en ajoute d'autres et l'amende : d'une part, s'agissant de l'énumération des droits, l'égalité passe au premier rang avant la liberté, la sûreté et la propriété. La Déclaration est déiste : « Le peuple français [...] reconnaît et proclame, en présence de l'Être suprême ». Elle fait aussi de la révolte et du droit de résistance à l'oppression un droit majeur. De même, elle consacre le

devoir de la société de procurer un travail à ceux qui en sont privés – ou des moyens d'existence. Le but de la société (n'est-il pas) « le bonheur commun » ?

B. Le suffrage universel direct : élections et référendum

548 La Constitution consacre le suffrage universel direct et même, dans certaines conditions, le droit de vote pour les étrangers. Le texte, sur ce point, dissocie partiellement citoyenneté et nationalité : « Tout homme né et domicilié en France, âgé de vingt et un ans accomplis ; tout étranger âgé de vingt et un ans accomplis, qui, domicilié en France depuis une année, y vit de son travail, ou acquiert une propriété, ou épouse une Française, ou adopte un enfant, ou nourrit un vieillard ; tout étranger enfin, qui sera jugé par le Corps législatif, avoir bien mérité de l'humanité, est admis à l'exercice des droits de citoyen français » (art. 4).

Par ailleurs, le peuple intervient indirectement dans la désignation du Conseil exécutif. Celui-ci est désigné par l'Assemblée législative (et non le peuple comme dans le projet girondin) sur une liste préparée par les Assemblées électorales des départements (les électeurs du second degré nomment les administrateurs et les juges) à raison d'un candidat par département (et non l'élection directe).

Le référendum peut être constituant ou se traduire par le veto populaire. À cet égard, le corps législatif publie des décrets mais il ne peut que proposer des lois. Les projets de lois sont définitifs si, quarante jours après leur envoi aux départements, dans la moitié de ceux-ci plus un, le dixième des Assemblées primaires de chaque département n'a présenté aucune objection. Dans le cas contraire, le projet de loi est soumis à référendum. Mais la Constitution n'en précise pas les conditions. Si le droit d'initiative du projet girondin a disparu en matière législative, il demeure en matière constitutionnelle. Si dans la moitié plus un des départements, les Assemblées primaires de chacun d'eux proposent une révision constitutionnelle, celle-ci est soumise à référendum. Si le peuple vote la proposition, une « convention » est élue selon la même procédure que l'Assemblée législative, son projet étant soumis au peuple.

Notons, s'agissant de la distinction entre lois et décrets, que le flou subsiste puisque, contrairement au projet girondin, la classification est purement empirique. L'instruction publique ou les honneurs à rendre à la mémoire des grands hommes relèvent de la loi tandis que la défense du territoire ou la ratification des traités sont des décrets... même si les matières importantes semblent relever de la loi. Les listes respectives n'étant pas par ailleurs exhaustives, la question devait fatalement se poser de savoir dans quelle catégorie ranger une mesure qui n'appartiendrait pas aux cas prévus.

Au total et au regard du projet girondin, le texte montagnard fait de la limitation des pouvoirs du corps législatif par le peuple une apparence plus qu'une réalité.

C. L'hégémonie de l'Assemblée

549 Le pouvoir législatif est un, indivisible et permanent. Le corps législatif n'est élu que pour un an afin que les représentants soient au plus près de la volonté générale. L'Assemblée incarne la fonction législative. Quant au Conseil exécutif, renouvelable par moitié chaque année et élu pour deux ans, il est strictement cantonné à un rôle d'exécution des lois et privé de tout pouvoir d'initiative. Il peut cependant, contrairement au projet girondin, négocier les traités, nommer et révoquer les ministres, indépendants les uns des autres, chefs d'administrations. Le Conseil, composé de vingt-quatre membres – pour le rendre un peu plus impersonnel – est nommé par le corps législatif qui peut en outre le mettre directement en accusation pour prévarication. Ses membres sont aussi responsables de l'exécution des lois et décrets.

D. La suspension de la Constitution et la Terreur (1793-1794)

1. *La suspension de la Constitution*

550 La Constitution devait en théorie permettre à l'Assemblée – et aux montagnards – d'exercer une véritable dictature. Elle fut approuvée par 1 801 918 « oui » contre 11... 610 « non » le 24 juin 1793.

Il y eut donc au moins 4 300 000 abstentions. Le vote fut public et oral et de nombreux citoyens, dans la crainte de paraître « inciviques », préférèrent s'abstenir (« C'est la pudeur publique qui contient les malintentionnés », Danton). En outre, beaucoup de « oui » furent exprimés avec « réserve » (libération des chefs girondins, annulation des lois votées depuis leur arrestation, convocation immédiate d'une nouvelle assemblée législative, rappel des représentants en mission, liberté complète du culte catholique, etc.).

Suspendue par ses auteurs sous l'empire des circonstances, la Constitution de 1793 ne fut jamais appliquée. Première Constitution républicaine, elle devait aussi contribuer à l'assimilation intellectuelle de la souveraineté de l'Assemblée avec celle du peuple. Et, comme l'écrit Jean-Jacques Chevallier : « À travers les combats, les échecs, les déceptions où se formera la tradition républicaine française, celle que recueilleront les radicaux de la IIIe République naissante, tel Clemenceau, la Constitution de 1793 a brillé comme un phare, elle a rayonné comme un texte sacré, porteur des rêves essentiels de la démocratie, parfaitement irréalisables en 1793. »

2. *Le Comité de salut public*

En février 1793, l'exécution du roi provoque une nouvelle coalition monarchique autour de l'Angleterre. S'organise alors un gouvernement révolutionnaire. Le comité de salut public a été créé le 6 avril 1793 et désigné par la Convention qui devient en décembre, en théorie du moins, « le centre unique de l'impulsion du gouvernement » (décret du 14 frimaire an II). Il nomme ministres et fonctionnaires et prend, au nom du « salut public », des mesures d'exception nécessitées par la guerre (la France est en partie bientôt occupée). Peu à peu, il tente de s'émanciper de l'Assemblée et concentre à son profit le pouvoir à Paris comme en province où les administrations départementales sont placées sous sa tutelle, épurations aidant, et des représentants en mission – ses délégués – envoyés partout en France alors que le coup de force du 2 juin a généré l'insurrection ou la résistance girondine dans plus de la moitié des départements.

3. *Le régime de la Terreur*

Dominé par Danton jusqu'en juillet puis par Robespierre qui « regarde l'opulence comme le prix du crime », le comité veut gouverner à la manière d'une dictature à la romaine qui sauve la Révolution de ses ennemis : « Le but du gouvernement constitutionnel, proclame Robespierre, est de conserver la République ; celui du gouvernement révolutionnaire est de la fonder », grâce à la Terreur, mise « à l'ordre du jour » le 5 septembre 1793 sous la pression des « sans-culottes » de la Commune de Paris. Les procès se multiplient et Marie-Antoinette est exécutée. Le 17 septembre 1793 a été publié un décret relatif aux « suspects » (800 000 personnes) que les tribunaux révolutionnaires se chargent de condamner de façon souvent expéditive : le « rasoir national » (Hébert), c'est-à-dire la guillotine a déjà tranché dans les derniers mois de l'année 177 têtes. Par ailleurs, la « levée en masse » a été décrétée par la Convention le 23 août 1793 (750 000 hommes) et les généraux hésitants guillotinés. Les grandes villes occupées par l'ennemi sont reprises. En janvier 1794, les « colonnes infernales » de Tureau ont déferlé dans la Vendée vaincue et massacrent la population.

Par ailleurs, la Convention substitue le 6 octobre au calendrier chrétien un calendrier révolutionnaire, nonobstant la persécution de prêtres et la profanation d'églises tandis que s'organise le culte de la « raison » dont Notre-Dame est devenue le temple. Et le 7 mai 1794, la Convention décrétera que « le peuple français reconnaît l'existence de l'Être suprême et de l'immortalité de l'âme ». Enfin, la Convention décrète le 10 octobre que « le gouvernement sera révolutionnaire jusqu'à la paix ».

Le 5 février 94 Robespierre fait l'apologie devant la Convention de la vertu et de la Terreur. Saint-Just condamne le 13 mars les « conjurations contre le peuple français » visant en fait les hébertistes menaçants. Ils seront exécutés le 24. En avril, ce sera au tour des « modérés » : Danton, Desmoulins, Héraut de Sèchelles et leurs compagnons – qui souhaitent l'atténuation de la Terreur. Le 16 avril puis le 10 juin seront étendues les compétences du Tribunal révolutionnaire. Il est compétent pour juger sans avocat et sans appel les « ennemis du peuple ». Le 10 juin 1794 (22 prairial an II), est proclamée la « grande Terreur » : 1 376 exécutions pour Paris seulement jusqu'à fin juillet, des milliers d'incarcérations. Mais le « règne de la vertu » est-il nécessaire alors que la France est victorieuse le 26 juin à la bataille décisive de Fleurus ? La France connaît en outre la pénurie, la flambée des prix, le marché noir. Cette Terreur est trop aveugle (300 000 morts) pour ne pas inquiéter les députés, candidats en puissance, à la guillotine. Le 9 thermidor (27 juillet 1794), la Convention vote l'arrestation de Robespierre, exécuté le 12 août.

§ 3. La Constitution de l'an III

551 Le 9 thermidor an II (27 juill. 1794) entraîne la destruction de la dictature de Robespierre. Les thermidoriens mettent fin début août 1794 à la loi sur les suspects, assurent le contrôle du pouvoir central sur la Commune de Paris, ferment le club des jacobins. La réaction thermidorienne se traduit aussi par la limitation de la liberté de la presse, le retour à la liberté économique et le rétablissement de la liberté des cultes en février 1795 avec une Église séparée de l'État.

Après la journée du 12 germinal an III (1er avril 1795) qui est le théâtre du nouvel envahissement de la Convention par des insurgés « ventres-creux », appuyés par ce qu'il reste de la Montagne, et qui réclament « du pain et la Constitution de 1793 », vient la journée du premier prairial (20 mai 1795). La première est tenue en échec par l'armée et suivie par une répression anti-jacobine, la seconde est sévèrement réprimée et les derniers députés montagnards le plus souvent condamnés à mort. Cette insurrection populaire scelle l'alliance du pouvoir et d'une armée qui, par ailleurs, est victorieuse aux frontières. Elle va devenir un acteur clef du jeu et avec elle, ses généraux. Quant aux événements, ils renforcent les thermidoriens dans la volonté d'en finir avec la Constitution démocratique de 1793.

« Je ne sais ce que l'on veut dire en parlant d'une Constitution démocratique. Entendez-vous par Constitution démocratique un gouvernement où le peuple exerce lui-même tous les droits ? Je ne connais qu'une Constitution démocratique, c'est celle qui offrirait au peuple la liberté, l'égalité et la jouissance paisible de ses droits. Dans ce sens, la Constitution existante n'est point démocratique, car la représentation serait encore au pouvoir d'une commune usurpatrice, qui plus d'une fois a tenté d'anéantir la liberté » (Thibaudeau).

Très vite, la Constitution de 1793 est enterrée et l'idée de rédiger des lois organiques pour la mettre en œuvre, abandonnée. La rédaction d'une nouvelle Constitution sera l'œuvre d'une Commission de onze membres dont Daunou est, avec Boissy d'Anglas, l'inspirateur. Le texte est l'antithèse de la précédente. Dans les débats – trente séances du 23 juin au 17 août 1795 – l'influence de Rousseau est répudiée en même temps que les modèles antiques. Montesquieu est à l'honneur plus comme théoricien des corps intermédiaires que comme apôtre de la collaboration des pouvoirs. Le « modèle » anglais est ainsi peu discuté. On pense aussi aux États-Unis, seule république où la division des pouvoirs est organisée.

A. La Déclaration des droits et des devoirs

552 La Constitution, qui sera longue de 377 articles (!), est précédée d'une Déclaration des droits et des *devoirs* de l'homme et du citoyen. Elle reprend les principales dispositions de la Déclaration de 1789 mais en atténue la portée. La disposition : « Les hommes naissent et demeurent libres et égaux en droits » est même supprimée. On pouvait en effet l'opposer au régime censitaire que la Constitution installait. La liberté et l'égalité sont définies sèchement au regard du caractère prolixe de la Déclaration de 1789. L'égalité est ainsi « l'absence de toute distinction de naissance », de « toute hérédité de pouvoir », c'est-à-dire essentiellement l'égalité devant la loi. Plus question de préciser les droits naturels et imprescriptibles de l'homme, ni de fixer comme but le bonheur commun, ou d'affirmer le droit à l'instruction, à l'assistance et à l'insurrection ! Les libertés de pensée, de parole, d'opinion, de la presse sont reléguées dans le titre XIV, « Dispositions fondamentales garanties par la Constitution ».

La Déclaration des droits, pensée comme un nouveau catéchisme prescrit des commandements. Les devoirs « dérivent de deux principes gravés par la nature dans tous les cœurs : ne faites pas à autrui ce que vous ne voudriez pas qu'on vous fît. Faites constamment aux autres le bien que vous voudriez recevoir ». Le droit le dispute à la morale bourgeoise quand la déclaration indique que le « bon citoyen » est « bon père », « bon fils », « bon ami », ou encore que « l'homme de bien » est « franchement et religieusement observateur des lois ».

B. Souveraineté des citoyens et suffrage censitaire

1. *Le suffrage censitaire*

553 La souveraineté ne réside plus dans la Nation, mais dans « l'universalité des citoyens », c'est-à-dire les hommes nés en France, y résidant depuis un an, âgés de 21 ans, inscrits sur le registre civique du canton (ils doivent savoir lire et écrire) et payer une contribution directe ou ayant fait une ou plusieurs campagnes pour l'établissement de la République : « La Convention [...] doit se garantir avec courage des principes illusoires d'une démocratie absolue et d'une égalité sans limites, qui sont incontestablement les écueils les plus redoutables pour la véritable liberté [...]. Nous devons être gouvernés par les meilleurs : les meilleurs sont les plus instruits et les plus intéressés au maintien des lois. Or, à bien peu d'exceptions près, vous ne trouverez pareils hommes que parmi ceux qui possèdent une propriété, sont attachés au pays qui la contient, aux lois qui la protègent, à la tranquillité qui la conserve, et qui doivent à cette propriété et à l'aisance qu'elle donne l'éducation qui les a rendus propres à discuter avec sagacité, avec justesse les avantages des lois qui fixent le sort de leur patrie » (Boissy d'Anglas). Daunou ira plus loin : « Le beau gouvernement que celui où des légions de mendiants, des colonies d'hôpitaux vont dans les assemblées politiques émettre leurs vœux sur les propriétés de ceux qui les nourrissent ! » Le suffrage censitaire fut peu contesté dans les débats. Quant à l'intervention directe des citoyens, elle est réduite par rapport à 1793, au seul référendum constitutionnel.

2. *Le suffrage indirect*

Le suffrage est aussi indirect : les citoyens se réunissent en assemblées primaires pour désigner des électeurs du second degré qui, réunis en assemblées électorales, désignent les députés. Les électeurs du second degré (un pour deux cents électeurs primaires) ont plus de 25 ans, sont possesseurs ou locataires d'un bien d'au moins deux cents journées de travail (ou d'un revenu de cent cinquante journées de travail dans les localités de moins de 6 000 habitants) : il y a 3 000 000 d'électeurs du second degré (43 000 en 1791) pour 6 millions de citoyens.

S'opposant au vote à deux degrés, Boissy d'Anglas avait plaidé, sans succès, pour le suffrage direct, mais en précisant des conditions d'éligibilité. La crainte des assemblées primaires prolongeant leur action, au-delà des élections, est manifeste. Ce sont des raisons pratiques qui imposent finalement le suffrage à deux degrés : notamment la crainte de voir les villes importantes exercer une influence excessive sur les communes : « Quiconque n'habitera un chef-lieu de département n'aura qu'une autorité nulle » (Bordas).

Enfin, le vote est secret : « Vous sentez que nous n'avons pu concevoir aucune élection à haute voix [...] c'est à cette pratique meurtrière, inventée par nos oppresseurs, que vous avez dû tant de mauvais choix » (Boissy d'Anglas).

C. Le corps législatif : la naissance du bicamérisme

554 Enfin, ce n'est qu'avec la nouvelle Constitution du 21 août 1795 que le bicamérisme (ou bicaméralisme) fait sa première apparition dans la vie politique française. Cette création fut moins le fruit de préoccupations théoriques que la réponse pragmatique aux excès nés de l'existence d'une Chambre unique. « Tout impose la nécessité d'opposer une digue puissante à l'impétuosité du corps législatif, cette digue c'est sa division en deux assemblées » (Boissy d'Anglas). Lors des débats de l'élaboration de la future Constitution de 1793, plusieurs girondins, comme Condorcet, avaient été séduits par le bicamérisme, source à leurs yeux de modération. Mais la souveraineté populaire ne pouvait s'accorder alors en République que d'une Assemblée unique : le fonctionnement du régime « conventionnel » en était déjà une sorte d'avant-projet. Les choses ont changé.

Sieyès, déjà hostile avec Talleyrand et Le Chapelier en 1789 à tout système dual, avait prôné alors la séparation de l'Assemblée en trois sections pour délibérer. Ce système inspirera largement la Constitution de l'an VIII, non celle de l'an III. Celle-ci distingue le Conseil des Cinq Cents ayant l'initiative des lois et le Conseil des « Anciens » (dont l'étymologie rappelle celle du Sénat romain – *senex* : vieux).

Le corps législatif comprendra donc deux formations et 750 membres élus au suffrage censitaire indirect. Cette collaboration

– finalement assez heureuse en théorie – entre les deux Conseils s'inscrivait cependant dans le cadre d'un agencement rigide des pouvoirs qui devait conduire à la fin de la Constitution.

Modalités d'élection

Les deux Chambres sont élues pour trois ans, et renouvelables par tiers, chaque année. Les membres du Conseil des Cinq Cents doivent être âgés de 30 ans au moins et être domiciliés depuis dix ans sur le territoire de la République. Ils ne sont astreints à aucune condition de cens. Les deux cents membres du Conseil des Anciens doivent être mariés ou veufs (« La classe des célibataires est la classe des égoïstes », s'exclame Dubois-Crancé), et domiciliés depuis quinze ans sur le territoire national.

La procédure législative

Le Conseil des Anciens approuve ou rejette, après trois lectures dénommées « résolutions », les projets de lois votés par les Cinq Cents : soit il n'adopte pas le projet qui ne peut être représenté qu'après une année révolue, soit il l'annule si les formes prescrites par la Constitution pour l'élaboration des résolutions n'ont pas été respectées. Il n'a ni droit d'initiative, ni droit d'amendement. Il décide cependant du lieu de résidence du pouvoir législatif. La validité des élections est vérifiée conformément à une loi votée par le Conseil des Anciens sur proposition du Conseil des Cinq Cents. Ce sont ces dispositions qui, en amenant l'annulation d'élections, permirent les coups d'État du 18 fructidor an V (4 septembre 1797) et du 22 floréal an VI (11 mai 1798).

Pour éviter toute « dictature » du pouvoir législatif, il est interdit aux Chambres de déléguer leurs fonctions ou d'exercer, par eux-mêmes ou par un tiers, le pouvoir exécutif ou judiciaire. Toute fonction publique est incompatible avec le mandat de représentant. Celui-ci ne peut être réélu qu'après un délai de deux ans. Il est interdit aux conseils de former des comités permanents (sauf commission spéciale temporaire). Pour éviter la constitution de « partis », les membres des Conseils doivent, chaque mois, changer de place, les sièges étant tirés au sort.

Enfin, pour protéger le corps législatif, les parlementaires disposent de garanties individuelles – l'immunité – et, collectivement, d'une garde de 1 500 hommes. Le public n'est admis en séance qu'à concurrence de la moitié des députés présents. Aucune troupe ne peut séjourner ou passer dans un rayon de 60 kilomètres du lieu des séances des Conseils.

D. Le Directoire

Une instance collégiale

555 La défiance envers l'exécutif, héritée de 1789, s'est encore accrue avec le souvenir de la dictature de Robespierre. Le gouvernement est collégial, c'est le « Directoire exécutif de cinq membres », qui donne son nom au régime. « Cette combinaison concentre assez la force du gouvernement pour qu'il soit rapide et ferme et le divise assez pour rendre chimérique toute prétention d'un dictateur à la tyrannie » (Boissy d'Anglas). Il faut la présence de trois membres pour arrêter les mesures de gouvernement. La pluralité de ses membres affaiblit l'exécutif.

Cette méfiance se traduit aussi dans le mode de recrutement. À partir de la neuvième année de la République ne pourront être nommés que d'anciens législateurs ou ministres. Et à partir du premier jour de l'an V, aucun représentant ou ministre ne peut être nommé directeur moins d'un an après le terme de leurs fonctions. On veut à la fois des hommes d'expérience, mais des personnalités ne jouissant pas d'un trop fort ascendant. Les directeurs doivent avoir au moins 40 ans et sont donc censés avoir assouvi une partie de leur ambition. Ils sont élus par le corps législatif, l'élection par le peuple faisant frémir. Le Conseil des Cinq Cents établit une liste de candidats comprenant dix fois plus d'hommes que de postes à pourvoir, les Anciens choisissant les directeurs sur cette liste au scrutin secret.

Un renouvellement annuel

La durée du mandat des directeurs est de cinq ans, mais le Directoire est soumis au renouvellement annuel d'un de ses membres qui ne peut être renommé qu'après cinq ans. Les Conseils se renouvelant aussi par fractions, on accroît encore la variabilité de composition du Directoire. S'agissant de la présidence, chaque directeur est président à son tour et pour trois mois. Il dispose alors d'un vaste pouvoir de nomination, notamment des ministres. Il nomme en outre à toutes les places électives vacantes par décès, démission, suspension, destitution, entre deux périodes électorales. Notons que les ministres qu'il nomme et révoque ne forment pas un conseil et sont de simples agents d'exécution. Ceux-ci ne disposent d'aucun droit d'entrée ni de parole au corps législatif.

Les pouvoirs du Directoire

Le Directoire est cantonné à un rôle strict d'exécution même si, protocolairement, il est « au premier rang ». Dans le domaine extérieur, il peut conclure des traités, mais ne peut déclarer la guerre sans un décret du corps législatif. Il dispose de la force armée mais ne peut exercer de commandements effectifs. Il nomme et révoque les généraux en chef.

Par ailleurs, le Directoire reçoit le pouvoir réglementaire et peut faire des « proclamations conformes aux lois et pour leur exécution » (art. 144). Le reste fera l'objet d'une « interprétation extensive » (M. Morabito), le Directoire prenant des règlements autonomes : ils ne sont le prolongement d'aucune loi mais sont pris avec l'accord du corps législatif.

Dans le domaine législatif, le Directoire n'a pas le droit d'initiative, mais peut inviter le Conseil des Cinq Cents à prendre un objet en considération. Les relations entre le corps législatif et le Directoire se bornent à des messages écrits portés par des messagers d'État aux Conseils.

Si la Constitution établit un pouvoir exécutif fort, elle prend des précautions pour assurer sa soumission au pouvoir législatif. Les directeurs sont responsables pénalement pour les faits de « trahison, de dilapidation, de manœuvres pour renverser la Constitution et d'attentat contre la sûreté intérieure de la République ». Ils peuvent aussi être mis en accusation – à l'égal des députés – devant la Haute Cour saisie par le corps législatif. Les directeurs doivent résider dans la même commune que le corps législatif et sont astreints à le suivre dans ses déplacements. Ils ne peuvent s'absenter plus de cinq jours ni à plus de 40 kilomètres, sans l'autorisation du corps législatif. Enfin, un directeur ne peut quitter la République dans les deux ans qui suivent la fin de son mandat.

E. La procédure de révision

556 Pour éviter toute révision brusquée, l'initiative en est confiée aux Anciens. La proposition doit être ratifiée par les Cinq Cents. Mais pour que la révision ait lieu, il fallait que l'initiative des Anciens soit renouvelée et approuvée trois fois dans un délai de neuf ans. Dans ce cas, une Assemblée de révision était élue, à raison de deux députés par département, selon le même système électoral que les Conseils. L'Assemblée de révision siège à 200 km du lieu de révision du corps législatif et ne peut rester en fonction plus de trois mois. Elle se borne à en examiner les articles constitutionnels désignés par le corps législatif : « Comme c'est une puissance tellement redoutable qu'une Assemblée qui réunit tous les pouvoirs, il nous a paru indispensable d'empêcher que celle qui révisera soit chargée d'une autre fonction » (Boissy d'Anglas).

557 **L'adoption de la Constitution par référendum.** Les articles votés du projet de Constitution sont soumis à référendum. Il a lieu au suffrage universel, dans les assemblées primaires conformément au mode de ratification de 1793. La consultation se déroula entre le 6 et le 22 septembre 1795 (20 fructidor et 1er vendémiaire). Il n'y eut que 1 107 000 votants contre 1 900 000 en 1793. La Constitution est acceptée par 1 057 390 *oui* contre 49°978 *non*. Le chiffre élevé des abstentions souligne le faible attrait du régime thermidorien (nonobstant la période de septembre absorbant les paysans aux travaux des champs). En outre, comme en 1793, le vote est accompagné de propositions diverses d'amendement, en particulier du système censitaire mis en place par le projet de Constitution.

Le décret des deux tiers. La Constitution fut complétée par les décrets des 22 et 30 août 1795 (5 et 13 fructidor) destinés à perpétuer les Conventionnels au pouvoir. La Constitution de l'an III est en effet l'œuvre de ce qui reste de la Convention, après ses épurations successives, et de ses rescapés issus du Marais. Ils s'attachent à conjurer leurs peurs : celle du peuple (d'où le suffrage censitaire), celle de l'exécutif concentré dans la période jacobine (d'où une séparation stricte des pouvoirs). Le décret des Deux tiers permet aussi aux thermidoriens de rester au pouvoir. Les Deux tiers des 907 nouveaux représentants doivent être choisis parmi eux à l'exception de dix-huit députés montagnards déclarés inéligibles… Si le chiffre des 2/3 n'était pas atteint – ce qui arriva – les Conventionnels réélus se forment en Assemblée électorale de France et cooptent le nombre de conventionnels nécessaires pour atteindre le chiffre de cinq cents parmi ce nouveau tiers laissé au libre choix. Ces décrets ont été soumis à ratification populaire en même temps que la Constitution. Il passa difficilement : 205 498 *oui* contre 107 784 *non* et ce chiffre ne fut atteint qu'en écartant les votes des sections parisiennes qui avaient rejeté les décrets à l'unanimité sans indiquer le nombre des votants.

F. Des élections au coup d'État de brumaire : la République des généraux

1. *Renouvellement des directeurs et élections : la succession des coups d'État*

558 Entre les directeurs et les Conseils, existe une communauté de vues. Mais le renouvellement annuel des Directeurs par cinquième et des Conseils – par tiers – devait compromettre cette harmonie forcée. Pour les uns comme pour les autres, l'objectif est de maintenir la majorité au pouvoir, chaque élection devenant une menace pour le personnel thermidorien. Les scrutins de mars-avril 1797 marquent ainsi la déroute des « perpétuels » et une forte poussée royaliste. La majorité républicaine du Directoire (Barras, Reubell, La Revellière) s'appuie sur la minorité des Conseils pour faire échec à la nouvelle majorité royaliste, mais aussi sur l'armée. Le général Augereau, proche de Bonaparte, occupe militairement Paris et fait arrêter le 4 septembre 1797 les deux autres Directeurs « modérés » (Barthélémy et Carnot) et le général Pichegru, royaliste. Les élections sont cassées dans 49 départements sur 98 et 65 condamnations à la déportation prononcées.

En avril 1798, même scénario. Les élections de l'an VI (1798) marquent cette fois une poussée à gauche. Le Directoire, menacé d'une alliance entre modérés, royalistes et jacobins, obtient des

Conseils en place qu'ils cassent l'élection de leurs successeurs par la loi du 11 mai 1798 (22 floréal an VI) qui annule 98 élections.

En avril 1799, l'impopularité du Directoire n'a jamais été aussi forte. Les éliminés de gauche préparent leur revanche. Par ailleurs, une nouvelle coalition européenne s'est formée contre la France. On appelle 200 000 conscrits. L'armée subit de graves revers en Italie. Le contexte est donc largement défavorable : sur 315 nouveaux élus, 70 seulement sont favorables au Directoire. C'est la victoire de la gauche. Cette fois, ce sont les Conseils qui imposent par divers procédés son renouvellement au Directoire. L'élection de l'un (Treilhard) est cassée (17 juin), la démission de deux autres obtenue par la menace d'une accusation (Merlin de Douai et La Révellière-Lepeaux). Le Directoire compte désormais outre Barras, Gohier, Moulin, Roger-Ducos, et Sieyès.

2. *Le coup d'État du 18 brumaire an VIII et la chute du Directoire*

Le coup d'État du 18 brumaire an VIII (9 novembre 1799) clôt la série. Le prétexte en est la crainte d'un complot jacobin pour transférer le siège du corps législatif à Saint-Cloud. Le 19 brumaire sous la protection du commandant de la garnison de Paris, le général Bonaparte et ses troupes, revenu d'Égypte après une longue expédition (1798-1799) investit les assemblées. Bonaparte et son frère Lucien, président au Conseil des Cinq Cents, les directeurs Sieyès et Roger-Ducos, les ministres Fouché et Talleyrand sont les acteurs de ce coup d'État. L'idée est que Sieyès et Roger-Ducos démissionnent pour amener Barras à faire de même. L'opération réussit et le Directoire s'effondre. Les Conseils, sous la pression des armes, désignent trois consuls provisoires pour gouverner : Bonaparte, Sieyès et Roger-Ducos. Et le premier pourra bientôt proclamer : « Citoyens, la Révolution est fixée aux principes qui l'ont commencée : elle est finie. »

Faut-il incriminer la Constitution dans la chute du Directoire, après quatre années de fonctionnement ? Le régime rencontre une faible adhésion dans la population. Sous-tendu par la volonté de ses créateurs de se maintenir au pouvoir comme le souligne le décret des Deux tiers. Le Directoire ne pouvait, dans leur esprit, fonctionner sans eux. La vie constitutionnelle est moins marquée par l'affrontement des pouvoirs entre eux comme en 1791, que par le conflit entre le personnel politique thermidorien et l'expression du suffrage. Dès lors que celui-ci ne confirme pas leur vocation à se perpétuer, on corrige ce décalage par le coup d'État ou la violation de la Constitution ou encore, comme dit Barras, « une place assiégée [...] doit de temps en temps se dégager par des sorties violentes ».

SECTION 4
Le Consulat et l'Empire

559 Les Conseils du Directoire, réduits chacun en nombre, confient le gouvernement, le 19 brumaire, à une « Commission consulaire ». Le corps législatif est ajourné et suppléé par deux Commissions de 25 membres chacune. Elles préparent la modification de la Constitution. Le 20 brumaire, Bonaparte demande à Sieyès et aux commissions de préparer une nouvelle Constitution. La Commission issue des Cinq Cents nomme alors une section de sept membres et celle issue des Anciens une section de cinq membres. Parmi les douze, figurent Daunou, Sieyès et Bonaparte.

Si l'idée qui préside à la rédaction de la Constitution de l'an VIII est la nécessité de tenir compte de l'échec de celle de l'an III marquée par l'isolement de l'exécutif, sans moyen d'action sur le législatif, l'expérience sert aussi à légitimer la volonté de Bonaparte d'établir un régime autoritaire. Pour lui, le gouvernement représente le peuple autant que le corps législatif. Il songe cependant plus à une dictature militaire étayée par le consentement populaire (ce qu'on appellera le césarisme) qu'à une Constitution savamment équilibrée.

Les pouvoirs

C'est Sieyès, principal auteur de la Constitution de l'an VIII, qui se chargera de concilier les vues de Napoléon avec une organisation constitutionnelle présentable. Pour lui, il existe cinq pouvoirs (et non trois) : le législatif, l'exécutif, le judiciaire, le pouvoir gouvernant et le pouvoir conservateur.

Le pouvoir législatif doit, selon lui, être partagé entre des Assemblées, un « Tribunat » « qui propose les lois et défend les intérêts du peuple (on songe aux tribuns de la plèbe romaine) et une "législature" », sorte de tribunal qui rejette ou accepte les projets présentés par les tribuns ou le gouvernement. Le pouvoir exécutif est pour lui *l'action* confiée à un ou deux consuls chargés l'un de la politique intérieure, l'autre de la politique extérieure. Le gouvernement qui est *la pensée* doit être partagé entre plusieurs individus. C'est le rôle d'assistance juridique confié au Conseil d'État.

L'exécutif dispose en outre d'un large pouvoir réglementaire (« les règlements sont obligatoires pour les fonctionnaires, les lois pour les citoyens »). À côté du pouvoir judiciaire maintenu dans son organisation traditionnelle, le « pouvoir conservateur » est confié à un Sénat faisant fonction de « jury constitutionnaire » imaginé plus tôt par Sieyès.

Le suffrage

S'agissant du suffrage, le principe posé par Sieyès est que « la confiance doit venir d'en bas et le pouvoir d'en haut ». « Le peuple est à la base de l'édifice mais il ne doit servir qu'à porter et à consolider les sommets ». En découle un système très original dit des « listes de confiance ». À la base, tous les citoyens élisent des candidats aux fonctions d'administrateur local et de députés. Les listes communales comprennent un dixième des électeurs. Les candidats inscrits sur ces listes désignent à leur tour un dixième d'entre eux pour former des listes départementales et ceux-ci composeraient de la même façon une liste nationale de 6 000 noms. Le Sénat peut éliminer un dixième des noms et un « grand électeur » choisit sur ces listes députés et administrateurs. Celui-ci était nommé à vie par le Sénat, dont une partie était désignée par les constituants. Par ailleurs, si les choix déplaisaient, le Sénat pouvait « absorber » le grand électeur. Cette fois, ce sont les « brumairiens » qui, par ce système, pouvaient se maintenir au pouvoir.

Hostile au « droit d'absorption » comme au « grand électeur » richement doté, dans lequel l'aurait bien vu Sieyès, Bonaparte veut un Premier consul qui dispose de l'essentiel du pouvoir. Daunou opère la transaction entre les deux points de vue tandis que Bonaparte intervient dans l'élaboration du texte des Commissions pour renforcer le rôle du Premier consul. Enfin, il impose la ratification populaire du texte par plébiscite qui, selon la version officielle, recueille le 7 février 1800 3 011 007 *oui* contre 1 562 *non*. Quatre millions de

Français se sont abstenus. En fait, Lucien Bonaparte, ministre de l'Intérieur, a très probablement gonflé les chiffres et multiplié par deux le nombre de *oui*.

En théorie, il y a deux régimes distincts de novembre 1799 à avril 1814 : le Consulat (jusqu'en mai 1804) puis l'Empire. Et il faut aussi prendre en compte la période des Cent jours (20 mars-22 juin 1815). En fait, un homme s'affirme sous deux noms : Bonaparte, puis Napoléon Ier.

§ 1. La Constitution de l'an VIII

A. L'unité du pouvoir

560 De premier des consuls, il devint monarque héréditaire et empereur des Français. Ce changement s'opère à travers trois Constitutions (VELLEY (S.), 2019). La Constitution de l'an VIII (13 décembre 1799) compte seulement 95 articles. Elle a été rédigée principalement par Sieyès et corrigée par Bonaparte (« Une Constitution doit être courte et obscure »). Elle instaure le Consulat en République. Cette Constitution est modifiée en l'an X (4 août 1802). Les institutions essentielles sont maintenues tandis que le Consulat à vie est proclamé. La Constitution renforce aussi les pouvoirs du Premier consul sur les Assemblées. Disposant désormais, à l'image de la monarchie, du droit de grâce, il signe librement les traités de paix et d'alliance. Enfin, la Constitution de l'an X établit le suffrage universel en théorie, mais censitaire de fait. La Constitution de l'an XII (18 mai 1804) proclame Napoléon-Bonaparte « Empereur » des Français et la dignité impériale héréditaire. Pour l'essentiel, le système de gouvernement n'est pas modifié tandis que la République est formellement maintenue (« Le Gouvernement de la République est confié à un Empereur »).

De l'an VIII à l'an XII, le pouvoir de Bonaparte s'est affirmé. Après une brève transition où Sieyès et Ducos sont consuls auprès de lui (novembre-décembre 1799), la Constitution de l'an VIII confie le gouvernement à trois consuls nommés pour dix ans : le Premier consul est Bonaparte, le deuxième, Cambacérès, le troisième Lebrun (pour cinq ans). Seul le premier a voix délibérative, les deux autres ayant voix consultative.

Si les trois consuls disposent de l'exécutif, seul le Premier consul a de réels pouvoirs : initiative des lois et du budget, promulgation des lois, pouvoir réglementaire, large pouvoir de nomination des agents publics y compris des ministres. Puis en 1804, la nouvelle Constitution fait disparaître les deux consuls. Mais tant la Constitution de l'an VIII que celle de l'an X limitent son pouvoir financier et surtout diplomatique : le Premier consul – en principe – ne peut déclarer la guerre sans l'accord du législatif. Mais en 1806, l'Empereur reçoit le pouvoir... d'interpréter les lois.

B. Le gouvernement

561 Il ne forme aucunement un corps : seul l'Empereur connaît de l'ensemble des affaires et contrôle tout par le menu. Les ministres ne sont que des grands commis dévoués à leur chef, et appréciés d'autant mieux qu'ils font preuve de technicité. Aux fidèles des premiers temps, Fouché, Talleyrand, Portalis, et à compter des années 1807-1810, apparaît une nouvelle catégorie d'obligés du prince qui lui doivent tout : Savary, Caulaincourt, Daru, Berthier, tandis que les militaires affidés de l'Empereur occupent les places stratégiques de l'État : ministres et/ou hauts dignitaires, ils sont les musiciens zélés de leur chef d'orchestre. Napoléon ressuscite aussi le Conseil du roi : le Conseil d'État est juge administratif et avec ses auditeurs, la pépinière de la haute administration. Il joue aussi un rôle important dans l'élaboration technique des textes. C'est lui qui participe en particulier à l'élaboration du « Code civil des Français » de 1801 à 1804, auquel on donnera en 1807 le nom de « Code Napoléon ».

C. Le plébiscite, instrument de gouvernement

562 Cette concentration du pouvoir est étayée par le plébiscite. Dans la République romaine, il s'agissait d'un texte voté sur la proposition d'un tribun des Assemblées de la plèbe ne s'appliquant qu'à elle. En fait, le plébiscite reprend le procédé du référendum de la Constitution montagnarde, mais établit cette fois un lien direct, par-dessus le législatif, entre le chef politique de la Nation et le peuple.

Chacune des Constitutions napoléoniennes est accompagnée d'un plébiscite qui fait ratifier par le peuple l'accroissement des pouvoirs de Napoléon. Notons que le vote n'est pas secret, chaque citoyen signant soit le registre du *oui* soit le registre du *non*... La Constitution de l'an X « Napoléon Bonaparte sera-t-il consul à vie ? » fut acceptée par 3 568 885 *oui* et 8 374 *non*, et 500 000 abstentions en moins que lors du plébiscite précédent. La Constitution de l'an XII instaurant l'Empire fut adoptée par 3 572 329 *oui* contre 2 569 *non*. Enfin, l'Acte additionnel ne fut approuvé que par environ 1 536 000 *oui* contre 4 802 *non*. L'affaiblissement de l'adhésion au régime se lit moins dans les *non* que dans la croissance de l'abstention.

D. Un législatif écartelé

563 Le Premier consul, puis l'Empereur participent au pouvoir législatif par l'initiative des lois et du budget. Le Premier consul préside le Sénat et désigne le président du Corps législatif à partir de 1802. À partir de l'an XII – qui commence le 24 septembre 1803 – l'Empereur nomme le président du Sénat et du Tribunat. Quant au pouvoir législatif, il est aux mains de l'exécutif. Pour le comprendre, il suffit de suivre le cheminement d'un projet de loi. L'initiative appartient au Premier consul, puis l'Empereur.

Le Conseil d'État

Le projet de loi est élaboré par le Conseil d'État, conçu comme un corps de juristes et d'administrateurs assistant leur chef (Napoléon le préside souvent). Une fois rédigé, le projet est présenté par trois conseillers d'État au Tribunat. Celui-ci, composé de cent membres en 1800 (puis de 50 à partir de 1802) – nommés, on l'a vu, par le Sénat – débat du texte, peut l'amender ou conclut sa discussion par un vœu favorable ou défavorable. Puis trois conseillers d'État et trois tribuns présentent le rapport de chacune de ces deux institutions au Corps législatif.

Le Corps législatif

Celui-ci, composé de trois cents membres (nommés par le Sénat), représente les départements. Surnommé le « corps des muets », il vote par oui ou par non, sans discussion.

Le Sénat conservateur

Le « Sénat conservateur » (soixante puis quatre-vingt, puis cent vingt membres en partie nommés par Bonaparte et se cooptant pour le reste) peut, après trois discussions successives, exprimer à l'Empereur qu'il n'y a pas lieu à promulgation de la loi. Il opère un contrôle de la constitutionnalité de la loi. Le régime est ainsi tri, voire quadricaméral. En pratique, les quatre Chambres adopteront des attitudes diverses à l'endroit de leur tuteur. Le Sénat sera le plus sûr soutien de Napoléon et verra son rôle rehaussé pour récompense de sa docilité. Avec la Constitution de l'an XII, le Sénat est désormais appelé à faire lui-même des lois : chaque « sénatus-consulte règle tout ce qui n'est pas prévu par la Constitution et qui est nécessaire à sa marche ». Il peut interpréter les textes constitutionnels, son appréciation des lois votées par le corps législatif étant soumise à la décision de l'Empereur. Il peut aussi prendre des mesures exceptionnelles : dissoudre les autres Chambres, suspendre les jurys annuels, annuler les jugements des tribunaux « attentatoires » à la sûreté de l'État, annuler les opérations des collèges électoraux.

Le Tribunat

Le Tribunat discute les projets de lois et exprime ses vœux sur « les lois faites et à faire, sur les abus à corriger, les améliorations à entreprendre dans toutes les parties de l'administration publique ». De par sa nature et surtout sa composition – anciens conventionnels ou jeunes « idéologues », apôtres du « progrès » – cette assemblée entrera à plusieurs reprises en conflit avec Napoléon Bonaparte dès lors, en particulier, que celui-ci voudra porter atteinte aux principes de la Révolution française : la création de la Légion d'honneur, qui semble rompre l'égalité proclamée entre les citoyens, l'acceptation du concordat par le pape, projet d'abolition des jurys en matière criminelle et surtout le projet du Code civil, si dénaturé par le Tribunat que Bonaparte dut le retirer pour un temps. Face à cette opposition, la Constitution de l'an X réduit en 1802 le nombre de ses membres de moitié, permettant d'en épurer une cinquantaine. Puis la Constitution de l'an XII divise le Tribunat en sections. Il lui est interdit désormais de discuter les projets de lois en Assemblée plénière. Puis en 1807, le Tribunat est supprimé, ses membres étant pour partie nommés au Corps législatif ou à la Cour des comptes créée alors et chargée de veiller à la sincérité des comptes publics.

Le Corps législatif, à partir de l'an XII, devient sans rôle effectif, se bornant, dans le silence, à enregistrer les projets de l'Empereur. Celui-ci préfère alors utiliser les décrets ou le Sénat – et les *sénatus-consultes* – pour « légiférer ». Il reste que, même réduites à la portion congrue, les Assemblées fournirent sur le plan pratique et technique un travail législatif d'une qualité remarquable qui tranche parfois avec le flou ou l'incohérence de certaines Assemblées révolutionnaires. En caricaturant quelque peu, le débat ne portant plus essentiellement sur l'opportunité d'un texte et son orientation politique, il ne restait plus qu'à le mettre en forme et lui apporter correctifs et améliorations « techniques ».

§ 2. La chute de l'Empire

A. La Première Restauration et les Cent-jours

564 En 1814, la France est vaincue par une vaste coalition reconstituée, de l'Angleterre à la Russie en passant par la Prusse et l'Autriche. Le pays est envahi et les Alliés entrent à Paris le 6 avril 1814 forçant l'Empereur à l'abdication et son exil à l'île d'Elbe. La France retrouve ses frontières de 1792 et ses colonies par le traité de Paris du 30 mai 1814 ainsi que sa place dans le concert des monarchies. Talleyrand et le Sénat impérial négocient pour établir un nouveau régime. Le tsar Alexandre charge le Sénat de la création d'un gouvernement provisoire.

1. *Le projet de Constitution du Sénat*

Le Sénat qui, trahissant l'Empereur, a proclamé sa déchéance le 2 avril 1814 après la capitulation de Paris, imagine une Constitution libérale et avec elle une monarchie constitutionnelle à « l'anglaise » dans l'air du temps, figurant d'ailleurs une sorte de résurrection du premier projet de Constitution de l'Assemblée constituante de 1791.

Ce projet fait de la souveraineté nationale la base du nouveau régime, le peuple appelant le futur Louis XVIII, frère de Louis XVI, à régner. Il instaure une sorte de parlementarisme tempéré à l'anglaise, avec deux Chambres, les sénateurs héréditaires et inamovibles étant nommés par le roi. Celui-ci appelé « librement » par la Nation incarne le pouvoir exécutif en même temps qu'il dispose de l'initiative et de la sanction des lois. Il peut prendre ses ministres au sein des Assemblées ; tous ses actes doivent être contresignés par les ministres. Les Assemblées, investies du pouvoir législatif, sont le Sénat et le Corps législatif, élu par la Nation. Entre l'exécutif et le législatif, une collaboration s'instaure : confection des lois, choix des ministres dans les Assemblées, pouvoir du roi d'ajourner et de dissoudre le Corps législatif. La responsabilité politique des ministres devant le Parlement n'est pas formellement prévue.

2. *Le refus de Louis XVIII*

Louis XVIII, si enclin à une Constitution libérale, ne pouvait accepter de voir son pouvoir émaner de la souveraineté nationale et écarte le projet sénatorial par sa Déclaration de Saint-Ouen (2 mai 1814) : « Rappelé par l'amour de notre peuple au trône de nos pères, [...] notre première pensée est d'invoquer cette confiance mutuelle si nécessaire à notre repos et à son bonheur. » Louis XVIII ne veut pas renier la légitimité monarchique. Il monte sur le trône et octroie une charte constitutionnelle. Mais le 1er mars 1815, Napoléon débarque à Antibes. Il se présente comme le défenseur des acquis de la Révolution française. Le roi se réfugie en Belgique.

Le retour de l'Île d'Elbe de Napoléon termine la Première Restauration et suspend l'application de la Charte. L'intermède des Cent jours va donner lieu à l'Acte additionnel aux Constitutions de l'Empire.

B. L'Acte additionnel aux Constitutions de l'Empire

565 Le 20 mars, Napoléon est à Paris. Isolé et en position de faiblesse, il doit, aux yeux des notables comme à ceux de l'étranger, apparaître converti aux principes libéraux que la Charte de 1814 semble

adopter quant à l'organisation des pouvoirs, en rupture avec l'absolutisme impérial. Largement inspiré par Benjamin Constant – le même qui dénonçait un an plus tôt dans un pamphlet, « l'esprit de conquête et d'usurpation » –, l'Acte constitutionnel et ses 67 articles fut promulgué le 22 avril 1815 et le plébiscite le ratifiant apporta seulement 1 298 356 *oui* contre 4 206 *non*. L'abstention approche donc des 80 %. Quant aux élections, les taux de participation sont de 53 % pour les collèges d'arrondissement et 39 % pour ceux des départements.

1. *Une Déclaration des droits*

L'Acte contient une Déclaration des droits des citoyens, rappelant l'essentiel de la Déclaration de 1789. L'Empereur, face à la restauration monarchique, se pose en continuateur et défenseur de la Révolution française. L'organisation des pouvoirs semble maintenir le système ancien, mais c'est en fait le pouvoir législatif qui se trouve modifié sensiblement.

2. *Le bicamérisme*

Deux Chambres sont créées, celle des pairs et celle des représentants. Les pairs sont nommés à titre irrévocable et héréditaire par l'Empereur, en nombre illimité ; les membres de la famille impériale sont, en outre, membres de droit. Le président est l'archichancelier ou un autre membre désigné par l'Empereur. La Chambre des représentants, élue pour cinq ans, se renouvelle intégralement et désigne son président pour cette durée avec l'agrément de l'Empereur. Les membres sont au nombre de 629 : 238 élus par les collèges de département et 368 par les collèges d'arrondissement. Par rapport à la Constitution de l'an X, les collèges procèdent, cette fois, directement à l'élection, mais il y a obligation de recruter les membres des collèges de département parmi les 600 citoyens les plus imposés de celui-ci. Vingt-trois députés représentent enfin l'industrie, le commerce et la manufacture et sont élus parmi les candidats présentés par les chambres de commerce et les chambres consultatives réunies. À la base, le suffrage est donc universel, contrairement à la Charte, mais l'éligibilité conserve un caractère censitaire. S'agissant de la procédure législative comme des rapports entre les pouvoirs exécutif et législatif, le texte s'écarte peu de la lettre et de l'esprit de la Charte. Quant aux juges, ils sont proclamés théoriquement inamovibles.

566 Après la défaite de Waterloo, l'Empereur abdique le 22 juin 1815 en faveur de son fils. Le nouveau régime aura duré à peine cent jours. Le second traité du 20 novembre 1815 est très dur pour la France : redécoupage de sa frontière facilitant l'intervention étrangère, occupation du nord-est du pays à ses frais, 700 millions de dommages de guerre, perte de ce qui lui restait de la Savoie, etc. Et c'est Louis XVIII « revenu dans les fourgons de l'étranger » qui en est rendu, assez injustement, responsable.

Bibliographie

Sur l'Ancien régime

FRANKLIN (J.-H.), *Jean Bodin et la naissance de la théorie absolutiste*, trad. fr., PUF, 1993.

GOUBERT (P.) et ROCHE (D.), *Les Français et l'Ancien Régime*, rééd. A. Colin, 1994

LEMAIRE (E.), *Grande robe et liberté – La magistrature ancienne et les institutions libérales*, PUF, 2010

OLIVIER-MARTIN (F.), *L'absolutisme français et les lois du roi*, rééd. LGDJ, 1997

RICHET (D.), *La France moderne : l'esprit des institutions*, Flammarion, 2019

Sur la Révolution française

BACOT (G.), *Carré de Malberg et l'origine de la distinction entre souveraineté du peuple et souveraineté nationale*, CNRS, 2001

BUCHEZ (P.), ROUX (P.), *Histoire parlementaire de la Révolution française*, 40 volumes, Paulin, 1834-1838

CHARTIER (R.), *Les origines culturelles de la Révolution française*, Seuil, 2000

COCHIN (A.), *Les sociétés de pensée et la démocratie moderne*, Éditions des Cimes, 2012

DERATHÉ (R.), *Jean-Jacques Rousseau et la science politique de son temps*, rééd. Vrin, 1995

DUNN (J.), *La pensée politique de John Locke*, trad. fr., PUF, 1991

GLÉNARD (G.), *L'exécutif et la Constitution de 1791*, PUF, 2012

MORNET (D.), *Les origines intellectuelles de la Révolution française 1715-1787*, rééd. Tallandier, 2010

GODECHOT (J.), *Les institutions de la France sous la Révolution et l'Empire*, rééd. PUF, 1998

JAUME (L.), *La Constitution de 1793 (collectif)*, PU de Dijon, 1997

SIEYES (E.), *Qu'est-ce que le Tiers état ?*, rééd. Flammarion, 1988

TOCQUEVILLE (A. de), *L'Ancien Régime et la Révolution*, rééd. Gallimard, 1985

TROPER (M.), *Terminer la Révolution – La Constitution de 1795*, Fayard, 2006

TROPER (M.), *La séparation des pouvoirs et l'histoire constitutionnelle française*, LGDJ, 2014

Sur l'Empire

GODECHOT (J.), *Les institutions de la France sous la Révolution et l'Empire*, rééd. PUF, 1998

HALPERIN (J.-L.), *Le Code civil*, Dalloz, 2003

HALPERIN (J.-L.), *L'impossible Code civil*, PUF, 1992

PASQUIET-BRIAND (T.), *La réception de la Constitution anglaise en France au XIXe siècle*, Varenne, 2018

TULARD (J.) (dir.), *Dictionnaire Napoléon*, Fayard, 1999

VELLEY (S), « Une Constitution trop « vivante » ? Heurs et malheurs de la Constitution du 22 frimaire an VIII », *Napoleonica La Revue*, n° 1, 2019

CHAPITRE 2

L'apprentissage du parlementarisme (1815-1848)

567 C'est le modèle anglais qui, sous la monarchie constitutionnelle, inspire les pratiques parlementaires. Par touches successives se dégagent empiriquement certains des traits du régime parlementaire tel que nous le connaissons aujourd'hui mais, avec comme toile de fond, un suffrage bien plus étroitement censitaire que de l'autre côté de la Manche (Laquièze (A.), 2002, Pasquier-Briand (T.), 2018). Il faut attendre en effet la fin du Second Empire pour que l'esprit parlementaire tende à se fixer et oriente par la suite définitivement la pratique constitutionnelle. Si la IIe République fait ainsi la part belle à l'Assemblée – unique – témoignant de la conception héritée de la Révolution, elle organise le face-à-face entre celle-ci et un président élu au suffrage universel qu'elle veut établir définitivement comme mode de désignation des gouvernants. C'est paradoxalement le Second Empire qui l'enracinera durablement, tout en discréditant le « plébiscite » et la possibilité d'un exécutif fort.

568 En Grande-Bretagne, le parlementarisme repose sur la mise en œuvre progressive d'un principe selon lequel le cabinet – le gouvernement – solidaire se retire s'il fait l'objet d'une motion de défiance votée par la majorité de la Chambre basse – la Chambre

des communes qui lui refuse « son concours » – ou s'il engage sa responsabilité formellement sur le vote d'un texte qui ne reçoit pas l'assentiment de cette majorité. Cependant, au lieu de se retirer, le cabinet peut demander au roi de dissoudre la Chambre, l'électeur étant juge du différend entre le gouvernement et le Parlement.

Alors que cette évolution se fait sans trop de heurts outre-Manche, elle est plus problématique en France : « La première des conditions du gouvernement représentatif, c'est un ministère qui émane des Chambres, qui les représente et les personnifie ; c'est une majorité qui, par l'intermédiaire de ce ministère, exerce une action indirecte mais efficace sur les affaires publiques et prenne une part décisive au gouvernement », écrivait Duvergier de Hauranne, opposant libéral à Louis-Philippe, en 1847. Cette condition n'est pas encore clairement remplie à la fin du régime de Juillet, nonobstant l'autre visage de la monarchie parlementaire, le cens qui définit un pays légal par opposition au pays réel.

SECTION 1

La Charte de 1814 et la seconde Restauration

569 La Charte de 1814, contrairement aux autres Constitutions, issues des travaux d'une Assemblée ou soumises à des consultations populaires, est établie par une Commission de 21 membres issus du Sénat et du Corps législatif impériaux. En fait, leur rôle a consisté à mettre en forme la volonté de Louis XVIII.

§ 1. Les pouvoirs selon la Charte

A. Une Charte octroyée

570 Le mot même de charte évoque un document par lequel les souverains octroient librement des franchises ou libertés à leurs sujets.

La Charte constitutionnelle affirme que les fondements de l'autorité royale sont la divine providence et le droit héréditaire des Bourbons à régner sur la France. Datée de « *l'an de grâce 1814 et de notre règne le dix-neuvième* », la Charte s'insère dans le cadre des lois fondamentales du royaume comme la monarchie s'inscrit dans la chaîne des temps. L'histoire reprend son cours normal tandis que la Révolution française est ignorée. Voilà pour la fiction et surtout peut-être l'idéalisme de la construction juridique qui, formellement, permet d'asseoir la restauration d'une monarchie limitée. Il n'empêche que la Charte, dans un chapitre intitulé *Droit public des Français,* consacre l'essentiel des droits de l'homme, détachés de leur signification révolutionnaire. De même, si la noblesse d'Ancien Régime – et d'Empire – est rétablie ou maintenue dans ses droits, les rangs et honneurs que le roi confère souverainement n'exonèrent pas « des charges et devoirs de la société ». Et, la Charte reconnaît même – c'est l'esprit du temps – que « chacun professe sa religion avec une égale liberté, et obtient de son culte la même protection » (art. 5) tout en faisant du catholicisme, « la religion d'État » (art. 6). La Charte de 1830 en fera « la religion professée par la majorité des Français » (art. 6).

B. Le roi et ses ministres

571 Au roi appartient la puissance exécutive (art. 13) et il est le chef suprême de l'État (art. 14), des armées, conclut les traités, nomme aux emplois civils et militaires y compris les juges, toute justice émane du roi. Il nomme de même – et révoque librement – « ses » ministres, ceux-ci n'encourant qu'une responsabilité pénale et non politique devant les Chambres. Le roi fait enfin « les règlements [...] nécessaires pour l'exécution des lois et la sûreté de l'État » (art. 14). C'est aussi en vertu de cet article que le roi peut réviser librement la Charte par ordonnance. Il y procédera le 13 juillet 1815 par une ordonnance modifiant des dispositions électorales, rapportée par une autre ordonnance du 5 septembre 1816 alors que la première avait prévu la voie législative pour la modifier. L'article 14 souligne aussi qu'en dernière instance, le roi peut réunir, à volonté, les pouvoirs pour la sûreté de l'État.

C. La « puissance législative » et les Chambres

1. *Une fonction législative partagée*

572 Si « la puissance législative s'exerce collectivement par le roi, la Chambre des pairs, et la Chambre des députés des départements » (art. 13), en fait le monarque maîtrise largement la fonction législative. Il propose la loi, les Chambres n'ayant que la faculté de le « supplier » de proposer une loi, il la sanctionne (ce qui revient à un droit de veto absolu) puis la promulgue. Il convoque les Chambres et peut dissoudre celle des députés recrutée par voie élective et censitaire, tandis que les pairs sont nommés par le roi, à vie ou le plus souvent à titre héréditaire.

La Charte ne permet pas au roi de réunir en lui tous les pouvoirs. Ainsi, « aucun impôt ne peut être établi ni perçu, s'il n'a pas été consenti par les deux Chambres et sanctionné par le roi » (art. 48). « Toute loi doit être discutée et votée librement par la majorité de chacune des deux Chambres » (art. 18). Les Chambres se trouvent donc dans la position théorique de pouvoir empêcher – au moins temporairement – la volonté du monarque.

2. *Le bicamérisme*

573 La chambre haute ne peut être dissoute, mais le nombre des pairs est illimité. Il suffit dès lors de s'assurer d'une majorité, de nommer « une fournée de pairs » – ou d'agiter la menace, afin de calmer les opposants virtuels. En mars 1819, tandis qu'est dissoute la chambre à majorité ultraroyaliste (appelée « ultra »), Louis XVIII nomme 59 nouveaux pairs. En novembre 1827, Charles X nomme 76 nouveaux pairs pour s'assurer d'une majorité ultra, alors que la chambre est jugée trop libérale. C'est tout naturellement que la seconde chambre s'impose avec la naissance de la monarchie parlementaire. La Restauration s'inspire en pointillé du régime d'outre-Manche qu'a vu fonctionner un Louis XVIII en exil. Le bicaméralisme répond à la fois à l'idéal de la monarchie tempérée en même temps qu'il restitue à la noblesse son rang dans l'ordre politique. Aussi, la chambre des pairs est-elle conçue comme un contrepoids à la chambre basse. Pourtant son tour héréditaire pouvait aussi lui conférer quelques velléités d'indépendance et de

limitation du pouvoir royal. Paul Bastid parle même d'une « institution nulle ». Drôlement, elle fut cependant le lieu de la réconciliation des vestiges des élites d'Ancien Régime et d'Empire en même temps que le haut lieu de la modération.

La Charte organise donc non une quelconque séparation des pouvoirs, le roi participant à l'exercice de tous, mais une pluralité des organes, source potentielle de coopération et de conflits. Par ailleurs, elle instaure une représentation partiellement élective, « les députés des départements », hommage indirect à la souveraineté nationale et à l'œuvre administrative de la Révolution qu'elle fait donc implicitement coexister avec la souveraineté monarchique.

D. Le gouvernement de Louis XVIII et de Charles X

574 Louis XVIII souhaite gouverner, choisir ses ministres librement – en excluant en particulier les « extrémistes » des deux bords (ultras et libéraux) tout en concédant une évolution partielle vers le parlementarisme. Il laisse ainsi ses ministres démissionner quand une des Chambres a rejeté un projet important. Et voulant éviter l'affrontement entre « les deux peuples », il choisit des gouvernements du « *juste milieu* » Mais après l'assassinat du duc de Berry, le ministère Richelieu – de transition – en 1820 ne peut s'opposer à la réaction ultra dont le succès électoral s'affirme en 1824 peu de temps avant la disparition du roi.

575 Charles X va régner après la disparition de Louis XVIII en 1824. Son programme peut se résumer ainsi : « Plutôt scier du bois que de régner à la façon d'un roi d'Angleterre. » En 1829, il appelle au gouvernement un des ultras les plus extrêmes, Polignac, pur produit de l'émigration. Maintenu malgré les protestations de la Chambre des députés (l'« Adresse des 221 »), le roi l'incite à prendre en juillet 1830 quatre ordonnances pour la sûreté de l'État, en vertu de l'article 14 de la Charte. La chute du roi s'en suit. Le bilan de Charles X est mince sinon une politique méditerranéenne qui aide à l'indépendance grecque, sans oublier la prise d'Alger le 5 juillet 1830 qui donne le signal de la colonisation de l'Algérie.

§ 2. L'apprentissage du parlementarisme

576 En dehors des débats législatifs – en particulier financiers – qui donnent l'occasion aux parlementaires d'interroger les ministres et de critiquer en fait le ministère, le contrôle politique du gouvernement s'est établi progressivement souvent par des moyens détournés. Mais l'activité législative reste limitée. Des sessions n'excédant pas six mois, une trentaine de lois votées en moyenne chaque année, un budget réduit, on est loin de la fébrilité des parlements modernes. L'essentiel est cependant d'apercevoir que la responsabilité du gouvernement s'impose progressivement dès cette époque.

A. Le vote de la loi et du budget

1. *Le budget*

577 La Charte de 1814 accorde aux Chambres le droit de voter l'impôt. C'est le baron Louis qui fixa, dès la Première Restauration, le principe de l'examen des dépenses avant celui des recettes lors de la discussion budgétaire. Les premiers budgets sont votés en bloc jusqu'en 1817. Puis, les crédits de chaque chapitre correspondant chacun à un ministère seront discutés par les Chambres. Et La loi de finances du 15 mai 1818 dispose que le règlement définitif des budgets antérieurs – c'est-à-dire l'apurement des comptes – fait l'objet d'une loi particulière (« loi des comptes »). L'ordonnance du 1er septembre 1827 établit la spécialité par sections correspondant aux « branches principales des services ».

2. *La loi*

578 L'initiative de la loi appartient, de 1814 à 1830, au roi seul et est partagée avec les deux Chambres dans la période suivante. En fait, sous la Restauration, les Chambres disposent déjà d'une initiative indirecte par le biais de la supplique faite au souverain de proposer une loi. L'examen des projets de loi est facilité par l'existence de neuf bureaux au sein desquels les députés se répartissent. Chaque bureau examine le texte et désigne un rapporteur. Les neuf

rapporteurs choisissent à leur tour un seul rapporteur pour la séance plénière. Les bureaux peuvent aussi désigner des commissions spéciales et temporaires pour examiner un texte.

Les propositions de loi d'initiative parlementaire indirecte sont soumises sous la Restauration à trois lectures à l'image de ce que prévoyait la Constitution de 1791 et la pratique anglaise. Toute loi, dans les deux chartes, « est discutée et votée librement par la majorité de chacune des deux Chambres », par rapport aux suffrages exprimés, sous réserve d'un quorum (la moitié des députés, le tiers des pairs). La discussion en séance est donc libre pour chaque député, sans limitation de temps. Le vote n'est pas public comme sous la Révolution, mais secret à l'instar de ce qui se passait sous l'Empire.

B. Le contrôle du gouvernement

1. *Le débat sur la responsabilité*

579 Comme on l'a déjà noté, la Charte de 1814 réserve la puissance exécutive au roi seul mais affirme la responsabilité des ministres, même si celle-ci est conçue au départ comme essentiellement pénale.

En 1815, la majorité ultra revendique la responsabilité politique des ministres devant les Chambres – règle fondamentale du régime parlementaire, tel qu'il fonctionne déjà en Grande-Bretagne. Chateaubriand défend avec vigueur cette idée dans une brochure *La monarchie selon la Charte.* Les libéraux comme Royer-Collard soutiennent la thèse inverse et la prérogative royale. Et en mars 1830, ce sont les libéraux qui lors du discours du trône de Charles X annonçant l'expédition d'Alger, répondent par une adresse signée par 221 députés demandant la responsabilité politique du ministère de tonalité ultra…

2. *L'unité du cabinet*

580 La responsabilité du cabinet suppose d'abord un minimum d'unité entre les ministres – d'ailleurs peu nombreux. Le cabinet n'apparaît officiellement qu'avec l'ordonnance du 9 juillet 1815 formant

le ministère Talleyrand. Il peut se réunir formellement hors de la présence du roi (conseils de cabinet) et sous l'autorité du président du Conseil (qui n'est pas encore « Premier ministre »). Cette solidarité se traduit par la démission collective du cabinet (une première fois en 1821) et par une unité intellectuelle et politique. Quant à la responsabilité devant les Chambres, elle ne s'exerce que devant la chambre « basse ». La Chambre des pairs dont les séances sont secrètes est sans assise électorale et ne peut être dissoute.

3. *L'esquisse d'une mise en jeu de la responsabilité*

581 Quelles sont les voies du contrôle parlementaire sur le gouvernement ? La première consiste, à partir de 1814, en la réponse au discours du trône, l'Adresse, à l'ouverture de la session parlementaire et à l'image de la Grande-Bretagne. Dans ce discours, le roi brosse une sorte de tableau de l'état du royaume. Plus s'affirme la parlementarisation du régime, plus le gouvernement est associé à sa rédaction, faisant de ce discours un semblant de programme. Et la réponse – l'Adresse – votée dans les mêmes conditions qu'une loi, devient un acte politique majeur. Si la Chambre des pairs se contente d'hommages souvent obséquieux, la Chambre des députés saisit l'occasion en 1821 pour mettre en cause les ministres, puis en 1823, au sujet de la politique étrangère, et en 1826 sur la politique intérieure, vifs sont les débats. La responsabilité politique des ministres n'est donc pas organisée sur le papier, mais s'instaure lentement. C'est à partir de 1821 (second ministère Richelieu) qu'elle prend tout son sens, ce gouvernement, après quatre mises en minorité sur des projets de loi ou sur une pétition, se retire. De même, en 1829 (ministère Martignac), le gouvernement se retire après plusieurs votes hostiles. D'autre part, lorsque le ministère n'obtient pas le succès électoral escompté après une dissolution, il se retire (Villèle, 1827). Mais c'est au roi qu'il appartient, *in fine*, d'accepter cette règle du jeu, libre à lui, théoriquement, de ne pas tenir compte de cette absence de majorité en maintenant ses ministres.

Enfin, les commissions d'enquêtes parlementaires, qu'on tente d'introduire sous la Restauration, sous couvert de responsabilité pénale des ministres, sont créées, mais sans grand succès.

C. L'usage parlementaire de la dissolution

582 L'usage de la dissolution tend à revêtir dès la seconde Restauration un sens parlementaire. Elle est en effet la réplique à la mise en œuvre de la responsabilité des ministres devant la Chambre des députés.

C'est Royer-Collard en 1822 qui exprime clairement cette logique : « S'il est vrai que la Chambre exerce sur l'administration une influence considérable [...], elle ne fait qu'user de son droit, que remplir son devoir ; et ce droit et ce devoir sont donnés seulement par la faculté qu'a la couronne de la frapper en la renvoyant désarmée devant les collèges électoraux, arbitres souverains des différends qui surviennent entre les grands pouvoirs. »

Dans l'esprit des auteurs de la Charte de 1814, le droit de dissolution n'avait pas de sens parlementaire, mais devait permettre au roi de marquer son autorité. Mais, très vite apparaît nécessaire au gouvernement de Sa Majesté de disposer d'une majorité, afin d'établir pleinement la suprématie royale. Dès lors, les dissolutions, outre celle de 1815, tendent à trancher un conflit entre le gouvernement et la majorité (dissolution de la chambre introuvable en 1816 et dissolution d'une chambre modérée en mai 1830) ou de prévenir son rétrécissement continu (1823 et 1827). Les élections suivant ces dissolutions ne sont un succès qu'en 1816 et 1823 alors qu'en 1827, malgré son échec, Charles X avait tiré les conséquences du résultat en nommant un président du Conseil conformément aux vues de la Chambre.

Une dernière dissolution, prise par ordonnance le 25 juillet 1830 vise à couper court à l'Adresse des 221 du 18 mars par laquelle une majorité de la Chambre exprime sa défiance au Ministère Polignac. La Chambre est dissoute le 16 mai, mais les libéraux l'emportent aux élections du 23 juin et 19 juillet. En niant toute valeur aux élections, le gouvernement n'est donc plus pour Charles X, dans son esprit, responsable devant elle mais dans sa main, pour peu de temps cependant.

SECTION 2

La Charte de 1830 et la monarchie de Juillet

583 Dissoute par Charles X, la Chambre des députés renouvelée se considère comme seule dépositaire de la souveraineté nationale. Elle vote par 219 voix sur 430 – les légitimistes s'abstenant, avec le concours mesuré de la Chambre des pairs – une déclaration le 7 août déclarant le trône vacant. Modifiant sur plusieurs points la Charte, elle proclame surtout que « l'intérêt universel et pressant du peuple français appelle au trône [...] Louis-Philippe d'Orléans, duc d'Orléans, lieutenant-général du royaume ». Il prend le titre de roi des Français – que Louis XVIII avait jadis rejeté. La Charte n'est donc plus octroyée, mais est la traduction d'un pacte entre le futur roi et la Nation censée être représentée par la Chambre. Louis-Philippe est consacré le 9 août 1830 et prête serment, instituant « la seule forme de monarchie compatible avec l'esprit de la Révolution et l'esprit du siècle » (Jean-Jacques Chevallier).

§ 1. La Charte de 1830 et les gouvernements de Louis-Philippe

A. La révision de la Charte de 1814 par la Charte de 1830

584 La Charte de 1830 révise donc sur plusieurs points celle de 1814. Le préambule de la Charte de 1814 est supprimé et avec lui toute référence à l'Ancien Régime. Le roi (Louis-Philippe et non Philippe VII) est roi des Français et non de France. Aux Chambres est reconnu le pouvoir constituant. Il est précisé par ailleurs que les ordonnances royales ne peuvent « ni suspendre les lois elles-mêmes, ni décider de leur exécution » (visant ainsi l'article 14 de l'ex-Charte et les ordonnances « scélérates » de juillet 1830) tandis que la mention « et la sûreté de l'État » est supprimée alors que

Charles X avait invoqué cette notion en 1830. Le roi garde cependant formellement le droit de sanctionner la loi. Il partage désormais l'initiative législative avec les Chambres au lieu de la détenir exclusivement. Le président de la Chambre des députés est élu et non plus nommé par le roi. La Chambre des députés est plus représentative mais peut toujours être dissoute. La responsabilité solidaire des ministres n'est pas formellement organisée devant la chambre basse malgré son émergence sous la Restauration. Enfin, notons qu'en décembre 1830, l'hérédité de la pairie est abolie pour l'avenir tandis que 175 pairs sur 364 refusent de prêter serment à Louis-Philippe et démissionnent ou sont destitués. En outre, toutes les nominations faites par Charles X sont annulées, dont la fournée de 76 pairs sous Villèle. Le roi continue à nommer les pairs en nombre illimité, mais parmi les notabilités.

B. Louis-Philippe, roi des Français

585 « Louis-Philippe, roi des Français, [...], Nous avons ordonné et ordonnons que la Charte constitutionnelle de 1814, telle qu'elle a été amendée par les deux Chambres le 7 août et acceptée par nous le 9, sera de nouveau publiée dans les termes suivants. » Le roi a été intronisé par les députés issus de la Chambre dissoute par Charles X et avec la molle collaboration des pairs.

De quel droit ?

Mais de quel droit Louis-Philippe règne-t-il ? « De la République, écrira Metternich, il n'a pas la force populaire [...] Quelque brutale que soit cette force, de l'Empire il n'a pas la gloire militaire, le génie et le bras de Napoléon ; des Bourbons il n'a pas l'appui du principe de la légitimité. » Le débat est ouvert en 1830 entre Dupin, rapporteur sur la Déclaration de la Chambre des députés portant modification de la Charte, et Guizot, véritable tête pensante du Gouvernement à partir de 1840 sans en être le chef officiel qu'à compter de 1847. Selon le premier, « si sa naissance a été (pour Louis-Philippe) un heureux accident, elle n'a pas été la source d'un droit ». C'est la Nation – par l'intermédiaire de la Chambre – qui l'a choisi, quoique Bourbon, non comme Bourbon. Le second, écouté en hauts lieux, défend au contraire l'idée que le trône ayant été déclaré vacant – en fait et en droit – par les Chambres, c'est au titre de cette vacance que Louis-Philippe règne, parce que Bourbon et à la suite de la défaillance de la branche aînée. Il s'agit, en somme, d'un simple changement dans la personne du chef de l'État qui confère donc au successeur une « quasi-légitimité ». Guizot fait référence à la Révolution anglaise de 1688. La monarchie des Stuart a fait un coup d'État contre la Constitution et après cette parenthèse, a été ramenée sur le trône dont il affirme qu'il « n'est pas un fauteuil vide ».

L'absence d'élargissement du cens : « Enrichissez-vous » (Guizot)

En matière de réforme électorale et parlementaire, c'est le statu-quo : « enrichissez-vous » dit-il encore pour condamner tout élargissement du cens. Il conserve une majorité à la Chambre grâce à la corruption parlementaire érigée en système de gouvernement : la Chambre de 1846 compte par exemple 188 députés-fonctionnaires... Louis-Philippe s'identifie trop longtemps à un Guizot – impopulaire – et nourrit la critique du « gouvernement personnel » du roi. La Révolution de 1848 va apparaître de ce point de vue comme une répétition de celle de 1830 même si elle a une tout autre signification : l'irruption de la bourgeoisie écartée du corps électoral, voire aussi du peuple parisien.

§ 2. La consolidation des acquis du parlementarisme

586 Le régime de Juillet consolide assez largement les acquis de la Restauration sur les points précédemment étudiés.

A. Le renforcement du contrôle budgétaire

587 Avec la loi du 29 janvier 1831, chaque budget ministériel est désormais divisé en chapitres spéciaux, chacun ne contenant que « des services corrélatifs de même nature ». De 52 sections en 1827, le nombre de sections s'élève vingt ans plus tard à 348. Quant aux crédits additionnels, la loi du 25 mars 1817 pose le principe de

l'autorisation préalable des Chambres (précisée par la loi du 23 avril 1833). Pendant leur vacance, l'ordonnance royale ouvrait le crédit validé – et donc contrôlé – par une loi lors de la session parlementaire suivante.

Le vote du budget – voire la menace d'un refus – constitue un moyen essentiel de contrôle du gouvernement. Il nourrit discussions sur des crédits, débats, interpellations qui en prennent prétexte pour marquer sa défiance au gouvernement. De même, un vote hostile sur un projet de loi constitue une façon de gêner, de contrer, voire d'user un gouvernement.

B. La responsabilité du cabinet et l'exercice du droit de dissolution

1. *L'Adresse confortée*

588 Sous la monarchie de Juillet, l'adresse est définitivement acceptée comme mode de mise en cause de la responsabilité du gouvernement même si le roi est formellement épargné. En 1831, c'est la politique étrangère de Casimir Périer qui est mise en cause, mais sans succès. Puis, en janvier 1839, le ministère Molé démissionne après douze jours de débats.

2. *Le développement de l'interpellation et l'apparition de la question de confiance*

589 Les parlementaires disposent d'un autre moyen de contrôle du gouvernement : les questions. Refusé sous la Restauration, ce droit est largement admis sous la monarchie de Juillet. De ce procédé, se dégage peu à peu un moyen plus sûr : l'interpellation. Si dans un régime parlementaire, celle-ci se distingue nettement de la question par le débat général et le vote qu'elle suscite, la séparation n'est sans doute pas aussi tranchée à l'époque. À partir de 1831, l'interpellation se clôt par un ordre du jour motivé, c'est-à-dire un blâme – sans conséquence immédiate pour la vie du ministère. Apparaît aussi à la même époque la question de confiance, cette fois d'initiative gouvernementale, par laquelle (à

deux reprises, 1831 et 1834) le gouvernement met en jeu sa responsabilité.

3. *L'usage ambigu du droit de dissolution*

590 Louis-Philippe dissout à six reprises les Chambres (1831, 1834, 1837, 1839, 1842, 1846). Toutes ces dissolutions sont conformes, *a priori*, à la logique parlementaire, s'efforçant de conforter ou de créer une majorité parlementaire qui fait défaut. En mai 1831, la Chambre dissoute s'est opposée au gouvernement de Casimir Périer. En mai 1834, la dissolution a pour but de bénéficier de l'émotion suscitée par les émeutes de Paris et de Lyon. En 1837, elle vise à conforter une majorité trop faible et qui s'effrite, tout comme en 1842 ou en 1846. Cette dernière dissolution est la seule réussie, le gouvernement disposant d'une centaine de voix d'avance. Mais jusqu'alors le dessein du roi ne s'est pas réalisé. En 1831, la nouvelle Chambre n'a pas de majorité solide, en 1834, la majorité l'est cette fois mais s'effrite dès que les émeutes ont pris fin, en 1837, les élections renforcent l'opposition, en 1842, la majorité est réelle mais incertaine.

4. *« Le trône n'est pas un fauteuil vide » (Guizot)*

591 La constitution des majorités – et des cabinets – relève d'abord d'accords entre des personnalités, non d'un programme commun. Sur quinze ministères, huit tombent en raison des dissensions internes aux majorités qui les soutiennent et cinq au regard de l'opposition de la Chambre. Les deux derniers (les ministères Thiers de 1836 et de 1840) soulignent l'intervention personnelle du roi. Loin de la reine Victoria, qui à la même époque s'efface devant son Premier ministre, Louis-Philippe entend, conformément à la formule de Guizot, que le trône « ne soit pas un fauteuil vide ». Il oppose les ministres entre eux, désigne aussi comme président du Conseil des personnalités effacées, quand il ne se passe pas de l'institution du Conseil elle-même (à trois reprises). Seuls quatre présidents du Conseil existent vraiment, d'autant mieux que Louis-Philippe est contraint sur le moment de les choisir (Périer, Broglie, Thiers et Guizot).

« Nous en sommes convaincus, Sire, l'intime union des pouvoirs contenus dans leurs limites constitutionnelles peut seule fonder la sécurité du pays et la force de votre gouvernement. » L'adresse de 1839, qui rappelle un peu par sa teneur l'adresse des 221 sous Charles X, a été précédée à la rentrée de 1838 de débats animés et parfois de critiques violentes à l'encontre du ministère Molé et visant indirectement le roi. Ce débat aux allures constitutionnelles dissimule mal le but de la coalition : arriver au pouvoir. Cette coalition rassemble à l'instigation de Duvergier de Hauranne, Guizot, Thiers, Barrot attachés à la défense du parlementarisme contre le gouvernement personnel de Louis-Philippe : le « personnalisme royal ». Plus assurés de leur sort, les députés de Juillet se livrent déjà aux « délices et poisons » du système. Indépendants, indisciplinés, ils s'adonnent aux jeux parlementaires, aux discours enflammés, aux intrigues de couloir. Le manège peut parfois souligner de manière paradoxale le fossé qui sépare les représentants du pays légal et les préoccupations du pays réel. Mais, faute d'unité substantielle, après la dissolution de mars 1839, ils sont dans l'incapacité de proposer une formule de rechange.

En définitive, la démocratisation insuffisante du régime conjuguée au développement de la corruption, au travers notamment des « députés fonctionnaires », conduira à sa perte. En 1847-1848, la campagne des banquets, destinée à contourner l'interdiction des réunions politiques, alimente la demande sociale d'un élargissement du corps électoral. Le mécontentement populaire, attisé par l'interdiction d'un banquet parisien, aboutira à l'envahissement de la Chambre des députés par les révolutionnaires le 24 février 1848. C'est une nouvelle Révolution française.

CHAPITRE 3

De la Seconde République au Second Empire (1848-1870)

592 Après la chute de Louis-Philippe et l'insurrection parisienne née d'un mouvement populaire assez disparate, un Gouvernement provisoire s'organise. Il convoque une Constituante, élue au suffrage universel direct le 23 avril. Marquée par l'aspiration populaire au suffrage universel, la volonté d'établir un pouvoir fort après les faiblesses du Gouvernement provisoire et l'attachement au parlementarisme, la Constitution de 1848 est éminemment contradictoire. C'est de ces contradictions que naîtra le Second Empire. Cette période marquera aussi profondément de son empreinte la IIIe République.

SECTION 1

La Constitution de 1848

593 Le gouvernement provisoire est formé le 24 février 1848 à l'Hôtel de Ville de Paris, presque par surprise. Il regroupe des personnalités issues de la mouvance républicaine très diverse : Lamartine,

Ledru-Rollin, le journaliste Marrast, Arago. Modéré, à l'exception de Louis Blanc et de l'ouvrier Albert, qui sont de tendance socialisante, le gouvernement établit une République sociale, teintée de romantisme et qui n'inspire nullement la terreur au point que des prêtres bénissent des « arbres de la Liberté ».

594 **L'élection d'une constituante.**

Mais l'essentiel est ailleurs, dans la convocation d'une Constituante élue au suffrage universel direct masculin (décret du 5 mars 1848). L'élection a lieu le 23 avril et mobilise massivement la population composée essentiellement de paysans (83,70 %). L'Assemblée constituante issue de cette consultation est modérée : 450 républicains modérés du *National*, 200 orléanistes dont Thiers, Odilon Barrot ou le comte Molé, une cinquantaine de légitimistes, 200 républicains avancés (ni Barbès, ni Blanqui ne sont élus). Au-delà de ces considérations tactiques, le suffrage universel – masculin – s'enracine : élections à l'Assemblée constituante, municipales et cantonales en 1848, du président de la République puis de l'Assemblée législative en 1849.

595 **Le gouvernement provisoire.**

Dès la Constituante en fonction – qui proclame définitivement la République le 4 mai –, le gouvernement provisoire disparaît au profit, comme au lendemain du 10 août 1792, d'un comité désigné par la Législative. Pour l'essentiel, cette commission est formée des membres de l'ancien gouvernement (sauf les deux socialistes Louis Blanc et Albert). L'extrême gauche, désavouée dans les urnes, cherche sa revanche dans la rue, après avoir tenté de retarder l'élection par des manifestations le 17 mars et le 16 avril. Le 15 mai, l'Assemblée est envahie. Mais la journée est un échec : Blanqui et Barbès sont déportés, Louis Blanc devra bientôt quitter la France. Puis le 21 juin, l'Assemblée décide de dissoudre les Ateliers nationaux : ceux-ci emploient plus de 100 000 chômeurs dans des travaux de terrassement sans réelle utilité. Deux jours plus tard, l'est et le sud-est de la capitale se soulèvent : le ministre de la Guerre, le général Eugène Cavaignac reçoit les pleins pouvoirs exécutifs. La répression meurtrière s'engage du 23 au 25 juin 1848. La collégialité de l'exécutif, principe républicain, est abandonnée sur l'autel des circonstances. Celles-ci faciliteront aussi l'avènement d'un exécutif unique prompt à résoudre les crises.

§ 1. Les débats préparatoires

596 L'Assemblée constituante a nommé les 17 et 18 mai une commission de 18 membres chargée de rédiger un projet de Constitution. Elle est représentative des diverses sensibilités politiques de l'Assemblée. Les membres en sont Barrot, Beaumont, Considérant, Coquerel, Corbon, Cormenin, Dornès, Dufaure, Dupin, Lammenais, Marrast, Martin, Pagès, Thourret, Tocqueville, Vaulabelle, Vivien, Woirhaye. La Commission communique son projet le 19 juin à l'Assemblée, sur le rapport de Marrast. Ce projet est examiné par les bureaux de l'Assemblée qui délèguent chacun un de leurs membres à la Commission qui délibéra à nouveau pendant deux mois. Un rapport supplémentaire de Marrast est déposé à l'Assemblée le 30 août. La discussion générale devait durer deux jours, les 4 et 5 septembre, puis la discussion par article devait s'étaler jusqu'au 21 octobre. Le texte voté fut à nouveau soumis à la Commission qui devait proposer les modifications nécessaires et remettre un nouveau rapport le 1er novembre. La discussion finale à l'Assemblée se termina le 4 novembre. On voit le soin mis à l'élaboration du texte, sans précédent depuis l'an III.

A. Le rapport de Marrast

597 Le rapport Marrast résume clairement les travaux de la Commission et les observations des bureaux tout en mettant en exergue les points forts de la Constitution qui seront débattus.

Le refus du bicamérisme

S'agissant de l'organisation des pouvoirs, c'est l'unité du pouvoir législatif comme de l'organe exécutif qui occupe une large partie du rapport. Sur le premier point, Marrast note que « la souveraineté est une, la Nation est une, la volonté nationale est une.

Comment voudrait-on que la délégation de la souveraineté nationale ne fût pas unique, que la représentation nationale fût coupée en deux, que la loi émanant de la volonté nationale fût obligée d'avoir deux expressions pour une seule pensée ? » À ces arguments, Marrast ajoute que le dualisme des Chambres favorise les conflits au sein du législatif, mais aussi entre le législatif et l'exécutif : « Avec une seconde Chambre [...] le pouvoir exécutif battu ici se réfugie là [...]. Il se sert de l'une contre l'autre [...] quand on a pour soi les Anciens, on fait sauter les Cinq-Cents par la fenêtre. » Le principe de l'unité du législatif sera adopté très largement contre les partisans du bicamérisme, sous le coup des arguments de Lamartine : « Le Sénat américain représente quoi ? Quelque chose de réel, quelque chose de préexistant dans la nature du peuple américain, il représente le principe fédératif [...] » Et, en période de crise, une Assemblée unique – il songe à la Convention – est à même de faire face. Sa dictature est préférable à celle d'un homme. Lamartine cite innocemment le nom de Bonaparte.

L'unité de l'exécutif

Quant à l'unité de l'exécutif, ces mêmes arguments valent. Mais c'est surtout sur son mode d'élection que Marrast argumente et évoque les débats contradictoires de la Commission sur ce point : « On connaît le risque de placer en face de la représentation nationale un pouvoir égal quoique différent [...] Le suffrage universel concentré sur un seul homme lui donnerait une puissance toujours sollicitée par des tentatives fatales à la liberté. » Mais, finalement, explique Marrast, la Commission a écarté majoritairement ces objections : « [Elle] a été convaincue que l'une des conditions vitales de la démocratie, c'est la force du pouvoir. Elle a donc voulu qu'il revête cette force du peuple entier, qui, seul, la donne [...] Alors il résume sans doute toute la souveraineté populaire, mais pour un ordre de fonctions déterminé, l'exécution de la loi. La majorité n'a pas craint qu'il abusât de son indépendance, car la Constitution l'enferme dans un cercle dont il ne peut sortir. » L'Assemblée contrôle l'exécution. « Ce que le président propose par ses ministres, elle a le droit de le repousser, si la direction de l'administration lui déplaît, elle renverse les ministres ; si le président persiste à violenter l'opinion, elle le traduit devant la Haute Cour de Justice et l'accuse. »

B. Les débats de l'Assemblée

598 Ils rejoignent les points débattus par la Commission. Parmi ceux-ci, le droit au travail souleva des discussions très vives reflétant à la fois le contexte économique – la crise économique et le chômage – mais aussi l'esprit socialisant d'une partie de l'Assemblée. Il est finalement abandonné face à l'opposition d'une majorité de constituants inquiets des conséquences sociales et politiques de cette affirmation.

Outre les discussions portant sur les droits des citoyens garantis par la Constitution, le débat porta surtout sur les deux points évoqués par Marrast.

1. *Le débat sur l'élection du président de la République au suffrage universel direct*

599 • ***Contre.*** À l'Assemblée, de vives – et rares – objections s'agissant du mode d'élection du président se font jour. Pyat, le futur communard, s'inquiète de « ce sacre bien autrement divin que l'huile de Reims et le sang de Saint-Louis » que représentent les millions de suffrages : « Il ne faut pas tenter Dieu, encore moins l'homme. Le président pourra dire à l'Assemblée : je puis plus que chacun de vous, autant et plus que vous… Vous n'êtes que les neuf centièmes du peuple, je serai moi le peuple tout entier. » Parmi les adversaires de l'élection au suffrage direct, deux thèses s'opposent : l'une, celle de Leblond veut un président élu par l'Assemblée mais pour un mandat déterminé et irrévocable, l'autre, celle de Grévy souhaite le maintien du *statu quo* et donc un mandat illimité confié par l'Assemblée mais révocable à tout moment. Jules Grévy avertit l'Assemblée : « Et si cet ambitieux est un homme qui a su se rendre populaire, et si c'est un général victorieux entouré de ce prestige de la gloire militaire, auquel les Français ne savent pas résister, et si c'est le rejeton d'une des familles qui ont régné sur la France, si le commerce languit, si le peuple souffre, s'il est dans un de ces moments de crise, où la misère et la

déception le livrent à ceux qui cachent sous des promesses des projets contre la liberté, répondrez-vous que cet ambitieux ne parviendra pas à renverser la République ? » Pour Jules Grévy, le conflit entre la présidence et l'Assemblée du fait de l'indépendance de leurs pouvoirs et de leur légitimité populaire est inévitable.

600 Parieu, en défendant l'amendement Leblond, met aussi en cause le principe de l'élection au suffrage universel direct : « Quand vous mettez dans un homme le principe du pouvoir, et quand vous lui refusez le pouvoir, qui est la conséquence naturelle de ce qu'il représente par sa puissance intime, vous organisez quelque chose contre nature ; vous préparez une dislocation, quelque chose qui ira mal, tôt ou tard, dans la machine constitutionnelle [...] »

• ***Pour.*** Les partisans de l'élection du suffrage universel direct ne contestent pas la subordination de l'exécutif mais y voient justement la barrière adéquate au risque dénoncé par Tocqueville qui rappelle que le président « n'est que le simple exécuteur des lois (de l'Assemblée), un pur agent de sa volonté, rien de plus ». Grâce au suffrage universel, « c'est l'ombre du peuple en quelque sorte qui plane sur lui, qui fait sa seule force. Retirez la loi et, aux termes de la Constitution, il ne lui reste rien. » Mais c'est Lamartine, pensant peut-être à sa candidature, qui emporte la décision de l'Assemblée : « Voilà un citoyen qui, au lieu de sortir avec six millions de voix [...] sortira peut-être à l'unanimité [...] ou à une majorité quelconque du sein de cette Assemblée [...]. Est-ce là l'autorité, la dignité, le respect, le prestige dont vous voulez investir l'élection de votre puissance exécutive ? [...] Je n'hésite pas à me prononcer pour ce qui vous semble le plus dangereux, l'élection du président par le peuple. Oui, quand même le peuple choisirait celui que ma prévoyance, mal éclairée peut-être, redouterait le plus de lui voir choisir, n'importe : *Alea jacta est.* »

601 **L'adoption.** Le 7 octobre, l'amendement Grévy est rejeté par 643 voix contre 158 et le 8 octobre l'amendement Leblond l'est de même par 602 voix contre 211. Notons enfin que bien peu de constituants défendirent l'élection du président au suffrage à deux degrés comme aux États-Unis. Tocqueville proposa ainsi en vain ce système.

Le pouvoir exécutif est délégué par le peuple à un président de la République élu pour 4 ans au suffrage universel direct – mais non rééligible immédiatement.

2. *Une ou deux Chambres ?*

602 Sur la structure du législatif, Duvergier de Hauranne invoque les pays étrangers en faveur du dualisme, non seulement l'Angleterre, mais aussi les États-Unis, à la mode sous l'influence des écrits de Tocqueville. « L'expérience, explique-t-il, apprend que dans tous les pays étrangers où le gouvernement représentatif existe sous la forme monarchique ou sous la forme républicaine la division du pouvoir législatif a prévalu, soit à l'origine, soit après une courte épreuve. » Lamartine oppose à cet argument la spécificité française : « Qu'est-ce qu'une Constitution ? [...] C'est une réalité de la nature nationale, produite en relief par le génie même des législateurs [...]. » Puis, défendant la Chambre unique, il argumente : « Qu'arrivera-t-il si vous vous trompiez, si vous établissiez comme on vous le propose (le bicamérisme), cette lenteur systématique, cette faiblesse, cet embarras, ce flottement, ce froissement artificiel et toujours retentissant dans les rouages de la Constitution que vous allez fonder ? » Finalement, par 520 voix contre 289, l'Assemblée rejeta l'amendement de Duvergier de Hauranne : « la poésie l'emportait sur la prose » (Maurice Deslandres).

§ 2. Les traits fondamentaux

603 La Constitution ne fut pas soumise au suffrage universel, mais largement adoptée par l'Assemblée (739 voix pour, 30 voix contre). L'Assemblée, adoptant le principe représentatif, était censée exprimer la volonté du peuple. Elle consacre pourtant pour la première fois le suffrage universel. « La souveraineté réside dans l'universalité des citoyens français. Elle est inaliénable et imprescriptible. Aucun individu, aucune fraction du peuple ne peut s'en attribuer l'exercice » (chap. 1, art. unique). Ce texte emprunte aux Constitutions de 1793 et de l'an III pour ce premier paragraphe et à celle de 1791 pour la suite de l'article. La Constitution proscrit par

ailleurs le mandat impératif. Enfin, contrairement à l'expérience américaine qui organise la collaboration entre le président et le Congrès en dotant chacun de moyens d'action réciproques, elle organise leur confrontation en cantonnant étroitement le chef de l'État dans la sphère exécutive.

A. Le Préambule de la Constitution : Liberté, Égalité, Fraternité

604 Il établit une République « démocratique, une et indivisible » qui a pour principe la liberté, l'égalité et la fraternité et pour bases la famille, le travail, la propriété, l'ordre public. Placée sous le signe du « progrès et de la civilisation », la Constitution proclame les droits naturels des citoyens et une réciprocité de devoirs entre eux et la République. Ceux-ci doivent défendre et aimer la patrie, s'assurer par le travail des moyens d'existence, participer aux charges de l'État en proportion de leur fortune, concourir au bien-être commun, etc. La République protège le citoyen, la famille, la religion, la propriété. Le travail met à la portée de tous l'instruction, l'assistance fraternelle ou secours garantissant l'existence de l'individu privé de l'aide familiale. Mais de « droit au travail », point. Fraternelle à l'intérieur, la République l'est aussi à l'extérieur, en étant pacifique et respectueuse des autres nations. L'idée de fraternité, d'inspiration chrétienne et sociale, marque donc le préambule. Quant aux droits des citoyens garantis par la Constitution, ils sont longuement énumérés, de la liberté individuelle contre les arrestations arbitraires à l'assistance aux enfants abandonnés, aux infirmes et aux vieillards sans ressources, en passant par la liberté individuelle, la liberté religieuse, d'association, d'enseignement, du travail. L'égalité et la propriété sont garanties. Notons, outre la dimension sociale de ces droits, l'apparition de principes nouveaux comme l'abolition de la peine de mort en matière politique, celle de l'esclavage, l'inviolabilité du domicile.

B. Le pouvoir exécutif délégué à un président de la République

L'élection au suffrage universel direct

605 Le pouvoir exécutif est délégué par le peuple au président de la République. Élu au suffrage universel direct, il doit être né français, n'avoir jamais perdu la nationalité française et être âgé d'au moins 30 ans. Il lui faut obtenir au moins 2 millions de voix et la majorité absolue des suffrages exprimés. Sinon, l'Assemblée élit le président à la majorité absolue et au scrutin secret parmi les cinq candidats éligibles qui ont obtenu le plus de voix.

Il est élu pour 4 ans afin d'éviter une coïncidence avec le renouvellement de l'Assemblée (élue pour 3 ans). Mais ce court mandat, sa non-rééligibilité immédiate (avant 4 ans), l'inéligibilité après lui de son vice-président ou de ses parents à un degré éloigné témoignent la volonté d'éviter de constituer un pouvoir fort.

Un président responsable

606 Le président élu prête serment de rester fidèle à la République et à la Constitution, « en présence de Dieu et devant le peuple français représenté par l'Assemblée ». À côté du président, siège un vice-président, qui le supplée et préside le Conseil d'État. Il est élu par l'Assemblée parmi les trois candidats présentés par le président.

Les attributions du président sont fixées, déclare Tocqueville le 6 octobre, pour assurer son « impuissance dans la sphère du pouvoir législatif (et) dans celle qui lui est propre, une étroite dépendance ». « Le président de la République, les ministres, les agents dépositaires de l'autorité publique sont responsables, chacun en ce qui le concerne, de tous les actes du gouvernement et de l'administration. » Mais de quelle responsabilité s'agit-il ? Le silence des textes ne doit pas exclure l'idée d'une responsabilité non seulement pénale mais politique. En admettant ce point, on est frappé par la bizarrerie du système. Dans un système parlementaire, la responsabilité politique des ministres est le corollaire de l'irresponsabilité du chef de l'État, ou du monarque. Dans la Constitution de 1848, le président est lui aussi responsable. Mais cette marque de suspicion ne résout pas la difficulté. Comment, sauf haute trahison, la mettre en jeu sauf à ouvrir une crise de régime ?

Ses attributions

607 Les ministres sont nommés et révoqués par le président tandis que l'Assemblée fixe leur nombre et leurs attributions. C'est donc un gouvernement, mais coupé, en quelque sorte, en deux. Sur le plan international, le président négocie et ratifie les traités qui ne sont définitifs qu'après avoir été approuvés par l'Assemblée nationale. De même, il ne peut déclarer la guerre sans son consentement. Il dispose de la force armée mais ne peut la commander en personne. Il réside au lieu où siège l'Assemblée et ne peut sortir du territoire continental de la République sans autorisation législative. Pas plus, le président ne peut ni dissoudre ni proroger le mandat de l'Assemblée ou mettre obstacle à son exercice sauf à commettre un crime de haute trahison et se voir ainsi déchu de ses fonctions.

C. Le pouvoir législatif : une Chambre unique

608 L'expérience du régime des Chartes marque, tout autant que la tradition révolutionnaire, les dispositions consacrées au pouvoir législatif délégué par le peuple à l'Assemblée.

Ainsi, l'adoption d'une Chambre unique comme l'incompatibilité entre mandat électoral et fonction publique rétribuée participent-elles du rejet du dualisme des Chambres et des députés fonctionnaires qui avaient caractérisé la monarchie constitutionnelle. De même, le suffrage universel s'oppose au suffrage censitaire. Le débat sur la réforme électorale et parlementaire engagée sous la monarchie de Juillet trouvait, sur ces différents points, son aboutissement.

Composition

Les 750 (!) représentants élus pour trois ans – le renouvellement de l'Assemblée étant intégral – sont irresponsables pour les actes commis dans l'exercice de leurs fonctions tandis qu'est reconnue leur inviolabilité. Leur mandat n'est pas impératif, ils représentent non pas le département qui les nomme, mais la France entière. Ils bénéficient d'une indemnité comme dans la Constitution de l'an III afin, dans l'esprit de 1848, de démocratiser l'accès au mandat législatif. Le principe de la permanence de l'Assemblée dont les séances sont publiques, d'inspiration révolutionnaire, tranche de même avec sa dépendance vis-à-vis du roi sous le régime des Chartes. L'Assemblée est aussi garantie contre les menaces d'émeutes et les envahissements. Elle fixe le lieu de ses séances et l'importance des forces militaires établies pour sa sûreté.

Le vote des lois

En matière législative, l'initiative des lois appartient concurremment à chaque représentant et au président pouvant faire déposer des projets de loi par les ministres. Mais les projets du gouvernement comme ceux de l'Assemblée sont soumis à l'examen préalable d'un Conseil d'État nouveau dont les membres sont élus pour six ans par l'Assemblée nationale. Le vote des lois appartient à l'Assemblée, tandis que le président peut simplement demander une nouvelle délibération qui n'est pas un droit de veto. Il les promulgue dans un délai fixé par la Constitution, sinon le président de l'Assemblée se substitue à lui. Le président surveille et assure l'exécution des lois mais le Conseil d'État « prépare les règlements d'administration publique [et] fait seul ceux de ces règlements à l'égard desquels l'Assemblée nationale lui a donné une délégation spéciale ».

D. Une révision difficile de la Constitution

609 S'inspirant de la Constitution de 1791, le pouvoir de révision est confié à une assemblée de 900 membres. L'Assemblée nationale déclenche le processus. Une proposition doit être émise et votée dans la dernière année de son mandat, par délibérations successives, à un mois d'intervalle, elle est adoptée à la majorité des 3/4, cinq cents votes étant requis. On voit la difficulté de la procédure dont l'issue n'est pas ratifiée par le peuple.

§ 3. Une première « cohabitation » entre l'Assemblée et le Président

610 Une fois installés les pouvoirs, le conflit sous-jacent entre eux va se faire jour et le gouvernement, écartelé entre l'Assemblée et le président, va en être l'incarnation. Puis, la question, non résolue, d'une révision de la Constitution pour permettre la réélection de Louis Napoléon va sceller la fin de la IIe République.

A. L'élection présidentielle (10 décembre 1848)

1. *Un candidat de légende : le Prince-Président*

611 Louis Napoléon, le « sphinx », était peu connu des citoyens, si ce n'est par son nom de famille. « On peut dire au demeurant, écrit Tocqueville dans ses Souvenirs, que ce fut sa folie plus que sa raison qui, grâce aux circonstances, fit son succès et sa force ; car le monde est un étrange théâtre. Il s'y rencontre des moments où les plus mauvaises pièces sont celles qui y réussissent le mieux. Si Louis Napoléon avait été un homme sage, il ne fut jamais devenu président de la République. » Fils du frère de Bonaparte, Louis, le futur prince-président est un homme peu expansif mais généreux, cultivé et féru d'économie, il a la fibre sociale (il a écrit en 1844 *Extinction du paupérisme*). Louis Napoléon peut bénéficier de son nom illustre auprès des masses paysannes qui découvrent le suffrage universel. En effet après 1815 et particulièrement sous la monarchie de Juillet, Napoléon revit en quelque sorte et deux légendes vivifient le mythe de l'Empire. L'une noire, est celle des royalistes et assimile l'Empereur diabolisé à l'Antéchrist ou « l'Ogre ». L'autre, populaire, est celle de la France victorieuse sous les ordres du « petit caporal », soldat de la Révolution, garant de ses principes contre la réaction nobiliaire. Nourrie après 1815 par les soldats et officiers réduits à une demi-solde, séduisant les campagnes, la légende napoléonienne touche même les rangs républicains qui voient dans Cavaignac le « boucher » de juin.

2. Louis Napoléon élu président

612 Louis Napoléon n'a déclaré sa candidature que le 28 octobre 1848. Dans sa profession de foi, il ménage tout le monde : les travailleurs auxquels il promet une politique sociale, les paysans soucieux de stabilité, les catholiques attachés à la liberté de l'enseignement et à la liberté religieuse. Il se place résolument « au-dessus » des partis. Il promet enfin de laisser au terme de son mandat « le pouvoir affermi, la liberté intacte, un progrès réel ».

Les conservateurs, faute de candidat assuré, se sont rangés derrière Louis Napoléon, « ce crétin qu'on mènera » selon la formule de Thiers. Le général Changarnier, soutenu par *La Gazette du Midi*, organe des légitimistes, a renoncé à se présenter, mais obtient quelques voix (4 687 voix).

Le général Cavaignac qui a réprimé l'insurrection populaire de juin contre la république conservatrice établie depuis les émeutes de février n'obtient que 1 448 302 voix, Ledru-Rollin, soutenu par les républicains avancés du groupe parlementaire de la Montagne, 371 431 ; Raspail, candidat des socialistes (en prison) se contente de 36 964 voix. Quant au poète Lamartine, il réunit sur son nom 17 914 voix. Déjà élu triomphalement aux élections législatives complémentaires de septembre (dans cinq départements !), Louis Napoléon recueille le 10 décembre 1848 5 534 520 voix sur 7 426 252 suffrages. Il est porté au pouvoir par les masses paysannes inquiètes de la Révolution et attachées au souvenir impérial. « Ce n'est pas un homme qui revient, c'est une idée, commente Victor Hugo dans L'événement. Depuis 1815, le peuple attend Napoléon, il a besoin d'un idéal, d'une vision, d'un amour, c'est l'Empereur. Sa candidature date d'Austerlitz. »

Le 20 décembre 1848, le président de l'Assemblée constituante, Marrast, le proclame président de la République et lit au citoyen Bonaparte, la formule du serment : « En présence de Dieu et devant le peuple français représenté par l'Assemblée nationale, je jure de rester fidèle à la République démocratique, une et indivisible, et de remplir tous les devoirs que m'impose la Constitution. »

– « Je le jure », répond le prince président. Il ajoute aussi que « les suffrages de la Nation et le serment que j'ai prêté commandent ma conduite future. Mon devoir est tracé. Je le remplirai avec honneur. Je verrai des ennemis de la patrie dans tous ceux qui tenteraient de changer par des voies illégales ce que la France entière a établi. »

B. L'élection de l'Assemblée (13 mai 1849)

613 L'Assemblée constituante et républicaine tarde à se séparer. Quant à l'élection de l'Assemblée législative, le 13 mai 1849, marquée par un fort abstentionnisme (31,9 % contre 16,4 % en avril 1848), elle marque la déroute des républicains modérés (une centaine de sièges et 12 % des voix) et la victoire du « parti de l'Ordre » composé du gros des notables monarchistes, légitimistes ou orléanistes, et de quelques conservateurs républicains (450 sièges et 53 % des voix) mais aussi le progrès de la « Montagne », c'est-à-dire les « démocrates – socialistes », autour de Ledru-Rollin (200 sièges mais 35 % des voix).

C. Un conflit prévisible ?

1. *Gulliver et les lilliputiens*

614 On illustrait parfois la situation du chef de l'État sous les traits de Gulliver maintenu au sol par des représentants lilliputiens : « Vous créez un pouvoir fort et puis, lui tressant dans la Constitution des chaînes fragiles, vous lui dites : tu ne te débattras pas, tu ne t'agiteras pas, tu ne rompras pas les bandelettes dont nous t'entourons » (Parieu). La Constitution de 1848 n'avait choisi ni le parlementarisme classique excluant l'élection d'un chef de l'État au suffrage universel, ni adopté le modèle américain qui ne connaît de gouvernement que dans la main du président. Elle a organisé l'impossible : un président élu au suffrage universel direct et « responsable », subordonné, comme dans un régime parlementaire, à l'Assemblée. Et, en cas de désaccord entre les deux organes issus de la volonté populaire, le gouvernement qui devait servir d'amortisseur était écrasé. Soit, comme l'écrit Odilon Barrot dans ses mémoires, les ministres se rangeaient du côté du président, mais l'Assemblée les « briserait », soit ils allaient de son côté, mais c'est alors le président qui les « destituerait ». Le gouvernement

devait donc s'effacer pour que s'affrontent deux pouvoirs inégaux par leurs prérogatives, mais égaux par leur origine. C'est donc à l'organisation des pouvoirs et à l'absence de mécanisme propre à favoriser leur collaboration et à mettre en jeu leur responsabilité pour trancher d'un conflit que la IIe République doit en grande partie sa chute.

2. *Le gouvernement d'Odilon Barrot*

615 Louis Napoléon a pris ses pouvoirs le 20 décembre 1848 et nomme président du Conseil Odilon Barrot, orléaniste libéral sous Louis-Philippe.

Très vite, le président de la République veut marquer son hégémonie sur un gouvernement qui se pense d'abord responsable devant l'Assemblée, soutenu, malgré des difficultés, par une majorité de ses membres. Le 3 juin 1849, les troupes françaises rétablissent le pouvoir temporel de Pie IX à Rome contre les républicains. Ledru-Rollin organise le 13 juin une manifestation devant l'Assemblée : c'est l'émeute. 34 députés de la Montagne sont poursuivis et Ledru-Rollin s'exile. L'Assemblée effrayée par les « rouges » et sous l'influence du parti de l'Ordre se discrédite par des mesures maladroites dont Louis Napoléon lui laisse l'initiative et la responsabilité. La liberté de réunion fait l'objet d'une politique restrictive par une loi des 19 et 22 juin 1843. De même, malgré la consécration de la liberté de la presse par la Constitution, la loi des 27 et 29 juillet 1849 perpétue les contrôles et définit de nouveaux délits.

Mais c'est l'expédition de Rome qui va servir de prétexte au premier conflit entre le prince-président et le gouvernement. Dans l'esprit de Louis Napoléon, l'intervention doit d'abord servir à tenir les Autrichiens à l'écart, non d'abord à ramener les cardinaux chez eux. Barrot se garde de donner cette interprétation à l'Assemblée. Il n'est donc plus pour le président, l'homme de la situation : « Pour raffermir la République menacée de tant de côté par l'anarchie, pour assurer l'ordre plus efficacement qu'il ne l'a été jusqu'à ce jour, pour maintenir à l'extérieur le nom de la France à la hauteur de sa renommée, il faut des hommes qui, animés d'un dévouement patriotique, comprennent la nécessité d'une direction unique et ferme, et d'une politique nettement formulée » (message au président de la nouvelle Assemblée nationale le 31 octobre 1849). Le ministère Barrot est renvoyé. C'est au fond ce qu'avait craint, dans l'absolu, Grévy lorsqu'il expliquait que le chef de l'État aurait nécessairement « une politique à lui, politique à laquelle son ministère doit s'associer, politique dont il est le principal instrument ». Le président de la République entend choisir ses ministres librement, en dehors, s'il le veut, de la majorité : « Tout un système, conclut-il, a triomphé le 10 décembre – jour de son élection –, car le nom de Napoléon est à lui seul tout un programme. » Après le renvoi du ministère Barrot, Louis Napoléon nomme des ministres techniciens, sans président du Conseil auxquels il réclame la révocation du général Changarnier, chef de la garnison de Paris et de la Garde nationale. Celui-ci ne manque pas en effet l'occasion de le critiquer. Les ministres refusent et démissionnent. Leurs successeurs s'exécutent mais sont alors mis en minorité par l'Assemblée. Le président les renvoie mais a obtenu l'essentiel dans la perspective d'un coup de force : la neutralité de l'armée.

La loi électorale contre la « vile multitude ». Les élections partielles du 10 mars et du 28 avril 1850 font passer des candidats de gauche à Paris, suscitant l'effroi du parti de l'Ordre. L'Assemblée conservatrice réagit et adopte, le 31 mai 1850, une loi électorale exigeant pour voter un domicile de trois ans dans la même commune ou le même canton. L'idée est de priver du droit de vote, selon Thiers « la vile multitude ». Trois millions de votants – sur neuf – sont exclus : des ouvriers saisonniers aux nomades, souvent acquis aux idées révolutionnaires. À la fin septembre 1851, Louis Napoléon après, encore une fois, avoir laissé faire, se déclare partisan de l'abrogation de cette loi et se pose en défenseur du suffrage universel. Le 13 novembre, l'Assemblée rejette le principe de l'abrogation. Mais les partisans du président et les républicains ont mêlé leurs voix : le premier piège a fonctionné.

D. La révision impossible : vers le coup d'État

616 **Un président non-rééligible.** Le court mandat du président et sa non-rééligibilité immédiate (avant 4 ans) participent de la même idée : éviter le pouvoir personnel. Pourtant, écrit ainsi Tocqueville

dans ses *Souvenirs*, « Beaumont proposa que le président ne fût pas rééligible ; je l'appuyais très vivement et la proposition passa. Nous tombâmes l'un et l'autre, en cette occasion, dans une grande erreur [...], nous avions toujours été fort frappés des dangers que ferait courir à la liberté et à la moralité publique un président rééligible, qui emploierait d'avance à se faire réélire, comme cela ne pouvait manquer d'arriver, les immenses moyens de contrainte ou de corruption, que nos lois et nos mœurs accordent au chef du pouvoir exécutif. Notre esprit ne fut pas assez souple [...] pour apercevoir que, du moment où il avait été décidé que ce seraient les citoyens eux-mêmes qui choisiraient directement le président, le mal était irréparable, et que c'était l'accroître que d'entreprendre témérairement de gêner le peuple dans son choix. »

La tentative de révision. Le mandat de la première Assemblée expire le 29 avril 1852, celui du président le 10 décembre 1852. Au printemps 1851, des milliers de pétitions suscitées par des préfets dévoués arrivent à Paris, en faveur du principe d'une révision de la Constitution : plus d'un million de signatures. Le président, par ses voyages en province, a aussi aidé le mouvement : « Depuis trois ans, on a pu remarquer que j'ai toujours été soutenu par l'Assemblée quand il s'est agi de combattre le désordre par des mesures de compression. Mais, quand j'ai voulu faire le bien, [...] améliorer le sort des populations, elle m'a refusé son concours », déclare-t-il à Dijon début juin. Il conclut : « La France ne veut ni le retour à l'Ancien Régime, quelle que soit la forme qui le déguise, ni l'essai d'utopies funestes et impraticables. C'est parce que je suis l'adversaire le plus naturel de l'un et de l'autre qu'elle a placé sa confiance en moi. »

Deux solutions sont possibles : la prorogation des pouvoirs présidentiels et l'autorisation de sa rééligibilité. À l'Assemblée, une commission est mise en place. Son rapporteur Tocqueville écrit en juillet 1851 : « Ces deux grands pouvoirs, égaux par l'origine, inégaux par le droit, [...] obligés pourtant de vivre [...] dans un tête-à-tête éternel, sans rencontrer un intermédiaire ou un arbitre, qui puisse les concilier ou les contenir. »

L'échec de la révision. La procédure de révision est très lourde : on avait tellement craint que la Constitution ne puisse être respectée qu'on avait rendu sa révision quasiment impossible, à l'image des Constitutions éphémères de 1791 comme de l'an III. Les républicains, hostiles à toute révision, forment une minorité de blocage. La révision échoue le 19 juillet 1851 et ne passe pas la barre des 3/4 (446 voix au lieu des 543 nécessaires). Louis Napoléon apparaît comme la victime de l'Assemblée à nouveau piégée. La voie est libre.

Le coup d'État du 2 décembre. Le 2 décembre 1851, le prince-président dissout par décret, en violation de la Constitution dénoncée par les républicains, l'Assemblée ainsi que le Conseil d'État et abroge la loi impopulaire du 31 mai 1850. Ce coup d'État qui vise en fait les conservateurs suscite d'abord la résistance républicaine à Paris, dans le Centre et le Midi. Elle sera réprimée une année durant. Entre-temps, Louis Napoléon a convoqué les électeurs pour un plébiscite. « Le peuple français veut le maintien de l'autorité de Louis Napoléon Bonaparte et lui délègue les pouvoirs nécessaires pour établir une Constitution. » Restera ensuite à faire l'Empire.

SECTION 2

La Constitution de 1852 et l'évolution parlementaire des institutions

617 Le Second Empire est victime depuis sa chute d'une « légende noire » forgée par la tradition républicaine, mais aussi entretenue par tout ce qu'il a pu compter d'opposants. Il n'est pas rare, jusqu'à des temps récents, de voir resurgir l'ombre de Napoléon III dans le débat politique français. Il n'en a pas moins conforté un courant politique, le bonapartisme. Associant autorité et démocratie, fierté nationale et souveraineté du peuple, il figure une aspiration populaire et sociale sous l'égide d'un État fort, d'essence républicaine

et incarné par un chef. Cette tradition pérenne nourrira des forces politiques diverses, du boulangisme aux avatars du nationalisme français, jusqu'au gaullisme.

L'enracinement du suffrage universel.

Le Second Empire a d'abord durablement enraciné le suffrage universel après la brève parenthèse de la IIe République. On n'osera plus revenir sur ce principe. L'enracinement de la participation électorale – malgré les pressions administratives et peut-être à cause d'elles – souligne d'ailleurs cette dimension démocratique du régime. Cette acclimatation du suffrage universel est particulièrement vraie chez les paysans, comme l'a souligné très tôt André Siegfried. Il a forgé une nouvelle catégorie d'élus, éloignés des notables traditionnels ruraux. Il prolonge enfin le clientélisme d'État initié plus tôt par la monarchie constitutionnelle mais en change la nature : le suffrage universel doit permettre d'évincer les notables d'antan.

Le spectre du « pouvoir personnel ».

Sans doute, et à l'inverse, le Second Empire a-t-il parallèlement discrédité le plébiscite. Les républicains, si impuissants sous l'Empire, vont souligner à loisir la confusion entre la personne du prince et la question posée. Et, par un glissement de sens, le plébiscite va désigner moins le texte qu'une procédure qui établit le pouvoir d'un homme dans des conditions électorales souvent entachées d'irrégularités : le peuple abdique sa souveraineté au profit de l'Empereur. Dès lors, la tradition représentative revivifiée par le parlementarisme renaissant de la IIIe République sera hostile à toute consultation directe du peuple.

Plus largement, la forme d'un exécutif fort, autoritaire, a été aussi discréditée par le Second Empire et avec lui, la personnalisation du pouvoir. Le spectre de Napoléon III hantera les débats de la IIIe République jusqu'à disqualifier tout homme politique voulant assurer son autorité : le pouvoir doit être « impersonnel ».

Rappelant par bien des aspects le système constitutionnel napoléonien, la Constitution de 1852 n'en est pas moins originale. D'une part, si le pivot de l'Empire est son chef doté de l'essentiel des pouvoirs, son autorité est ressourcée par le suffrage universel. D'autre part, cette Constitution va évoluer à la fin de l'Empire dans un sens parlementaire qui ne compromet pas le sens initial. Cette contradiction sans cesse surmontée est sans doute la marque originale de ce régime.

§ 1. Les bases de la nouvelle Constitution

A. Le plébiscite constituant des 20 et 21 décembre 1851

618 En décembre 1851, Louis Napoléon décide de consulter le peuple afin qu'il ratifie les cinq bases de la future Constitution : « Un chef responsable nommé pour dix ans ; des ministres dépendant du pouvoir exécutif seul ; un Conseil d'État formé des hommes les plus distingués, préparant les lois et en soutenant la discussion devant le Corps législatif ; un Corps législatif discutant et votant les lois, nommé par le suffrage universel, sans scrutin de liste qui fausse l'élection ; une seconde assemblée, formée de toutes les illustrations du pays, pouvoir pondérateur, gardien du pacte fondamental et des libertés publiques. »

Le plébiscite (originellement décret de la plèbe) est le vote sur le texte soumis au suffrage. Celui des 20 et 21 décembre 1851 est un succès : 7 439 216 *oui* (92 %) contre 640 739 *non* (8 %). Le contexte de la consultation est certes entaché par un contexte particulier : la résistance au coup d'État présenté par le régime naissant comme une agitation dangereuse qui permet d'entretenir la peur sociale, les arrestations nombreuses des opposants (plus de 26 000), les pressions administratives, etc. En outre, dès cette consultation, le prince-président indique que « s'il n'obtient pas la majorité des suffrages, alors (il) provoquera la réunion d'une nouvelle Assemblée et lui (remettra) le mandat qu'il a reçu (du peuple) ». Le chef de l'État est « responsable » rompant ainsi fondamentalement avec l'irresponsabilité des monarques, mais non avec celle du président de 1848.

Le projet constitutionnel n'a été délibéré par aucune assemblée mais par une commission de cinq membres désignés par Louis Napoléon (Flamant, Mesnard, Persigny, Rouher et Troplong). Sur les bases de ces travaux, Rouher a rédigé en janvier 1852 un texte définitif.

Dans la proclamation accompagnant la promulgation du 14 janvier 1852, il est indiqué que « la Constitution actuelle proclame que le chef que vous avez élu est responsable devant vous : qu'il a toujours le droit de faire appel à votre jugement souverain, afin que, dans les circonstances solennelles, vous puissiez lui continuer ou lui retirer votre confiance » par le plébiscite. Mais seul le chef de l'État a donc l'initiative d'engager cette responsabilité : « Étant responsable, indique toujours la promulgation, il faut que son action soit libre et sans entraves. »

B. Le plébiscite impérial des 21 et 22 novembre 1852

619 Demeure l'essentiel : « L'Empire est fait [...] le mot viendra quand on voudra » (Thiers). La restauration d'un Empire héréditaire sera ainsi l'objet d'un nouveau plébiscite des 21 et 22 novembre 1852. 7 824 189 *oui* contre 293 155 *non*. La majorité est plus large que onze mois plus tôt tandis que la participation est à peu près égale (73,5 % de votants). L'Empire est rétabli le 2 décembre 1852, jour anniversaire du coup d'État, mais aussi du couronnement de Napoléon Ier et de la bataille d'Austerlitz.

§ 2. L'organisation constitutionnelle

620 « Puisque la France ne marche depuis cinquante ans qu'en vertu de l'organisation administrative, militaire, judiciaire, religieuse, financière du Consulat et de l'Empire, pourquoi n'adopterions-nous pas aussi les institutions politiques de cette époque ? [...] la charpente de notre édifice social est l'œuvre de l'Empereur, et elle a résisté à sa chute et à trois révolutions. Pourquoi, avec la même origine, les institutions politiques n'auraient-elles pas les mêmes chances de durée ? » La proclamation qui sert d'introduction à la Constitution du 14 janvier 1852 – dont on soulignera au passage l'aspect pédagogique qui tranche avec le style ampoulé des Chartes – dit l'essentiel quant à son inspiration. La Constitution s'écarte ainsi peu du schéma de la Constitution de l'an VIII.

A. L'exécutif impérial

1. *Le chef de l'État*

621 À l'origine président plébiscité pour dix ans (14 janvier 1852) puis Empereur héréditaire – également plébiscité – (7 novembre 1852) le chef de l'État est ***responsable***, rompant ainsi fondamentalement avec l'irresponsabilité des monarques. Mais devant qui ? Dans la proclamation accompagnant la promulgation du 14 janvier 1852, il est indiqué, comme on l'a vu, que c'est devant le peuple. Mais seul le chef de l'État a l'*initiative* d'engager cette responsabilité. Notons enfin, avant l'instauration de l'Empire, que le chef de l'État, en vue de sa disparition éventuelle, peut recommander par un acte secret rendu public après sa mort, le nom du citoyen qu'il recommande au suffrage populaire.

Le chef de l'État nomme en outre à tous les emplois civils et militaires, est chef des armées, « déclare la guerre et fait les traités de paix, d'alliance et de commerce » sans en rendre compte à quiconque, peut déclarer l'État de siège. Quant à la justice, elle est rendue en son « nom ». Il a en outre seul l'initiative des lois et les sanctionne, disposant d'un veto absolu (à l'image de la Charte de 1814). Le chef de l'État gouverne donc « au moyen » des ministres, du Conseil d'État, du Sénat et du Corps législatif.

2. *Les ministres*

622 Ils sont des « auxiliaires honorés et puissants » de sa pensée, mais ne forment ni un conseil, ni ne sont solidaires, bref, ils sont l'émanation du chef de l'État et non des Chambres dont ils ne peuvent être membres. Ils ne sont finalement responsables que devant le Sénat.

Point de régime parlementaire ni « d'une politique émanée des Chambres, et par là même imposée à des changements fréquents qui empêchent tout esprit de suite ». C'est précisément la pratique suivie par le prince-président sous l'éphémère IIe République.

3. *Le Conseil d'État*

623 Il est rétabli dans ses prérogatives de l'an VIII. Il intervient de façon décisive dans la procédure législative, élaborant les projets de loi,

acceptant ou refusant les amendements, soutenant la discussion au Corps législatif. Ses membres sont nommés par le chef de l'État et richement dotés (25 000 F l'an).

B. Le corps législatif

624 Ses membres sont d'abord beaucoup moins nombreux qu'en 1848 (260 membres pour aller jusqu'à 292 en 1869). La faiblesse du nombre des « députés » (et non des « représentants ») doit garantir leur docilité.

Les sessions. Le chef de l'État convoque, proroge et ajourne le Corps législatif. Son bureau n'est pas élu et le président et les vice-présidents nommés par le chef de l'État. Le président fixe l'ordre du jour, donne la parole, assure la police des débats et rappelle à l'ordre un député qui s'écarte du sujet. Il n'y a pas de tribune et les députés parlent de leur place. Nulle marque d'approbation ou de désaccord : elles sont interdites et le silence règne.

625 La session dure trois ou quatre mois et les débats sont rares. « Que sommes-nous donc ?, s'écrira Montalembert, une espèce de conseil général à la merci du conseil de préfecture » (les conseillers d'État). Privée du droit d'initiative, l'assemblée peut être conduite à accepter ou à rejeter dans son ensemble une loi sur le budget de l'État. Elle ne maîtrise pas plus son règlement intérieur, établi par l'Empereur. Les séances sont publiques, mais la demande de cinq députés suffit pour que l'assemblée se forme en comité secret. Nul compte rendu intégral des débats dans la presse, mais un compte rendu officiel établi par le président du Corps législatif.

La procédure législative. L'assemblée se borne en somme à voter les lois et le budget qui lui sont proposés par l'Empereur et le Conseil d'État : étonnante assemblée élue au suffrage universel sans contact avec les ministres et dont les pouvoirs sont au total moindres que ceux de la Chambre des députés des départements sous la Restauration. Mieux, le domaine de la loi est restreint puisque par *sénatus-consulte* du 25 décembre 1852 relèvent désormais du décret les tarifs douaniers, les travaux publics ou entreprises d'intérêt général. Et, après la vive discussion du budget fin

1852, le même texte ôte au corps législatif la faculté d'examiner le budget par chapitre. Il le fera par ministère. Et pour éviter que le message annuel du chef de l'État devant le Sénat et le Corps législatif ne donne lieu à des adresses ou des débats, il est purement et simplement supprimé.

C. Le Sénat : gardien de la Constitution ?

626 **Composition.** Il existe deux catégories de sénateurs, des membres de droit (cardinaux, maréchaux, amiraux) et les citoyens que le chef de l'État juge dignes d'y siéger. Il peut par ailleurs décider de fournées de sénateurs, de 80 à 150 au cas où l'inamovibilité et la nomination à vie des membres de la Haute Assemblée leur donneraient des velléités d'indépendance. Celles-ci peuvent en tout état de cause être calmées par des riches dotations afin d'assurer l'attachement au chef de l'État. Si les fonctions sénatoriales sont gratuites, le président puis l'Empereur, peuvent librement accorder une dotation de 30 000 F – une grosse somme – au sénateur de son choix pour « service rendus » (*sic*).

627 **Rôle.** Ses séances sont secrètes sauf décision contraire du gouvernement. Il est la Chambre haute du régime, mais se voit confier, contrairement à la Chambre des pairs, un rôle de conservation des libertés et de la Constitution. Ainsi, avant la promulgation d'une loi, il contrôle sa conformité à une série de principes énumérés qui vont de la religion à la morale, en passant par les libertés publiques, l'égalité devant la loi, l'inviolabilité de la propriété, les libertés individuelles, l'inamovibilité de la magistrature. Est prévu aussi un contrôle *a posteriori* pour les « actes » (mais lesquels ?) déférés par le gouvernement à son contrôle, mais aussi par les pétitions (que ne peuvent recevoir le Corps législatif). L'essentiel est de noter que le Sénat ne jouera pas ce rôle de gardien de la Constitution. Au contraire, il contribue à l'élaboration des sénatus-consultes et, partant, à la fonction constituante, qu'il s'agisse de préciser l'interprétation d'un article de la Constitution – on enferme l'interprétation dans un cadre étroit – ou de créer d'autres dispositions nécessaires à la marche de l'État dont le chef, en toute occurrence, avalise au préalable le contenu. Toutes les modifica-

tions aux bases fondamentales de la Constitution doivent être ratifiées par plébiscite.

Enfin, le Sénat peut, en matière législative, adresser un rapport posant « les bases de projets de loi d'un grand intérêt national » au chef de l'État, qui est libre de la suite à y donner. Il peut aussi, en cas de dissolution du Corps législatif, pourvoir, sur proposition du chef de l'État, à tout ce qui est nécessaire pour le bon fonctionnement du gouvernement. Il s'agit donc dans ce dernier cas, d'un rôle supplétif. Si le Sénat n'est donc pas, comme la Chambre des pairs de la Restauration, le pâle reflet de la Chambre des députés, il en est cependant celui du régime par sa composition. Le chef de l'État nomme son président, les vice-présidents du Sénat et convoque, proroge et fixe la durée de ses sessions.

§ 3. L'évolution parlementaire des institutions

Pour une large part, c'est à l'initiative de l'Empereur que s'opère la parlementarisation du régime. Elle est favorisée par la progression relative de l'opposition à partir de 1863 et par la recherche d'appuis dans la frange libérale et républicaine de l'opposition. Le chef de l'État est privé en effet de ses soutiens dans les milieux catholiques suite à sa politique italienne, aidant la jeune monarchie à naître et malmenant les États pontificaux. Quant à sa politique de libre-échangisme, elle le prive à son tour de l'appui des milieux industriels.

A. Une parlementarisation par étapes

Le sénatus-consulte du 2 février 1861 : la publicité des débats

628 Ce texte autorise désormais la publicité des débats dans les deux chambres, retranscrits intégralement par *Le Moniteur universel*. Les journaux peuvent publier, mais dans leur intégralité, les débats se rapportant à un objet particulier ou le compte rendu avec l'autorisation du président. Notons aussi que les secrétaires des

débats, membres du bureau, sont désormais élus par le corps législatif. Cette publicité recouvrée est une mesure essentielle faisant des chambres – et particulièrement du corps législatif – une assemblée dont les débats seront connus par tout le pays. Seule réserve, le Sénat, par sénatus-consulte du 18 juillet 1866, se voit réserver le droit de discuter de la Constitution. Les pétitions sur ce sujet ne peuvent être examinées qu'avec l'accord de trois bureaux (sur 5) et à un régime d'exception en termes de publicité.

Le sénatus-consulte du 31 décembre 1861 : le vote du budget

Il rétablit le vote par section du budget et supprime le droit pour le gouvernement d'ouvrir par décret des crédits supplémentaires ou extraordinaires. On revient ici à la pratique de la monarchie constitutionnelle.

Le sénatus-consulte du 18 juillet 1866 : un droit d'amendement partiel

629 Les amendements non adoptés par la commission ou par le Conseil d'État peuvent être pris en considération par le Corps législatif, avant un nouvel examen de la commission. Cette dernière, si elle se décide à modifier le texte, doit recevoir l'aval du Conseil d'État. Si celui-ci refuse, c'est le texte initial qui est discuté. Cette mesure suscitant quelque inquiétude, le sénatus-consulte du 1er mars 1867 confie au Sénat le droit d'exiger une deuxième délibération du Corps législatif (si celui-ci maintient le texte en l'état, le Sénat ne peut plus intervenir sauf à vérifier la conformité du texte à la Constitution). Disposition ambiguë qui permet le contrôle du Corps législatif – suspect – mais fait en réalité du Sénat l'esquisse d'une seconde Chambre législative.

Le décret du 19 janvier 1867 : la consécration du droit d'interpellation

630 Le décret du 20 novembre 1860 rétablissait l'Adresse en réponse au discours du Trône, en présence d'un commissaire du gouvernement donnant aux Chambres toutes les explications nécessaires sur la politique suivie. On a vu, sous la monarchie constitutionnelle, le rôle croissant que l'adresse a pu jouer dans l'établisse-

ment d'un contrôle parlementaire par le biais du débat de politique générale et du vote auquel elle donne lieu. Le décret de 1867 va plus loin en substituant *l'interpellation* à l'adresse tandis que la tribune parlementaire est rétablie. L'interpellation est écrite, concise, ne peut être discutée qu'avec l'assentiment de 2 des 5 bureaux du Sénat ou de 4 des 9 bureaux du Corps législatif. Elle n'a cependant aucune conséquence pratique sur le plan de la responsabilité des ministres. À l'issue du débat, soit l'Assemblée vote un ordre du jour pur et simple de reprise des travaux – qui signifie approbation du gouvernement –, soit elle vote un renvoi, appelant son attention sur l'objet de ses interpellations ; ce progrès est ambigu puisque contrairement à l'adresse annuelle, le contrôle est dilué en autant d'interpellations précises et encadrées laissant peu de place à un débat de politique générale.

Le sénatus-consulte du 14 mars 1867 : une navette parlementaire possible

631 Une nouvelle délibération du Corps législatif peut être demandée par les sénateurs avant de se prononcer définitivement, ce qui institue qu'une navette parlementaire ait lieu.

Le sénatus-consulte du 8 septembre 1869 : l'initiative des lois partagée

632 Les élections du 24 mai et 6 juin 1869 sont un succès majeur pour l'opposition, ou plutôt les oppositions qui engrangent les fruits de la libéralisation. Malgré le redécoupage des circonscriptions dans plus d'un tiers des départements, le résultat est sans appel : 4 438 000 voix pour les candidats officiels, 3 355 000 voix pour l'opposition. L'écart n'est plus que d'un million de voix tandis que l'abstention a baissé (21,9 %). En juillet, Rouher remet sa démission à l'Empereur. Le 6 juillet 1869, 116 députés demandent à interpeller le gouvernement sur la nécessité d'associer le pays « de manière plus efficace à la direction de ses affaires », c'est-à-dire la responsabilité du gouvernement devant l'Assemblée élue au suffrage universel. Napoléon III consent seulement à accorder au Corps législatif une nouvelle prérogative, l'initiative des lois, aupa-

ravant détenue seulement par l'Empereur. Le sénatus-consulte ne consacre pas de responsabilité solidaire des ministres - désormais délibérant en Conseil sous la présidence de l'Empereur -, ceux-ci « ne dépendent que de (lui) », ce qui permet, au moins en théorie, de proscrire une évolution « orléaniste », « les ministres peuvent être membres du Sénat ou du Corps législatif » - moyen habile aussi pour rallier des opposants - et « ont entrée dans l'une et l'autre Assemblée et doivent être entendus toutes les fois qu'ils le demandent ». L'interpellation devient libre, chaque parlementaire disposant de ce droit individuel.

B. Le sénatus-consulte du 21 mai 1870 fixant la Constitution de l'Empire

Il fixe enfin la Constitution définitive de l'Empire, après de nombreux remaniements.

Un régime semi parlementaire ?

633 Ce texte modifie en profondeur la Constitution de 1852, mais n'instaure pas, comme on l'a dit, un Empire parlementaire ou plutôt est un mélange entre l'orléanisme et le bonapartisme.

L'Empereur est « responsable devant le peuple français auquel il a toujours droit de faire appel ». Le fondement du régime, à savoir le lien direct et sans intermédiaire entre le chef et le suffrage populaire, est affirmé avec éclat. De même, la Constitution ne peut être modifiée que par le peuple sur proposition de l'Empereur. En d'autres termes, le Sénat est évincé s'agissant de la préparation de la révision dont Napoléon III est maître du processus et avec lui, du pouvoir constituant sous réserve de l'assentiment populaire.

À côté de ce lien direct entre l'Empereur et le peuple qui peut permettre de passer par-dessus la tête des élus en s'adressant directement aux électeurs, la question de la responsabilité ministérielle peut paraître seconde. Certes, l'évolution est sensible : « L'Empereur gouverne avec le concours (et non plus au moyen) des ministres, du Sénat, du Corps législatif et du Conseil d'État » (art. 10). Les ministres sont nommés et révoqués par l'Empereur. Ils peuvent être membres des deux Chambres et y ont droit d'entrée et de parole. Ils sont « responsables » et délibèrent en conseil sous la présidence de l'Empereur. Ces dispositions ne s'écartent pas du texte de 1869 sauf par omission : la formule, « les ministres ne dépendent que de l'Empereur » a disparu. « On croirait voir un homme ardemment préoccupé de protéger sa main droite contre les attaques de sa main gauche » (Prévost-Paradol). La plupart des réformes, même la dernière dans le domaine constitutionnel, sont placées sous le signe de l'équivoque. « On ne peut dire que le régime parlementaire est exclu, on ne peut dire non plus qu'il est franchement consacré » (Jean-Jacques Chevallier). L'interprétation parlementaire qui prévaut dans le Tiers parti considère que les ministres sont responsables politiquement devant les Chambres. Le silence des textes conforte cette idée. Mais la procédure choisie, la ratification par plébiscite, conforte la légitimité démocratique de l'Empereur et encadre l'évolution dans d'étroites limites.

Pour le reste, la réforme constitutionnelle consacre le bicaméralisme, le Sénat – désormais véritable « Chambre haute » – détenant les mêmes compétences législatives que le Corps législatif, mais perdant son pouvoir constituant. Avec le Corps législatif et l'Empereur, il partage l'initiative législative. Cette parité des deux Chambres se traduit, pour le Corps législatif, par le droit de recevoir des pétitions.

Une ratification par le peuple ?

634 Mais faut-il le faire ratifier par le peuple ? Le Sénat, présidé par Rouher, défend le plébiscite d'autant mieux qu'il s'agit après tout de modifier les cinq bases posées lors de celui des 20 et 21 décembre 1851. Républicains et orléanistes s'y opposent – en vain – et le Sénat, chargé du projet, maintient la nécessité de la consultation populaire. Ce débat – qui se solde par la démission de deux ministres hostiles au plébiscite – est intéressant par sa signification politique et constitutionnelle. Déjà, les élus au suffrage universel se considèrent comme les seuls interprètes de la volonté populaire et n'admettent pas qu'on s'adresse directement au peuple, d'autant que le chef de l'État peut voir sa légitimité renouvelée par cette consultation. Ce débat, ce clivage ressurgira

dans l'histoire politique française et notamment sous la République gaullienne.

Le plébiscite du 8 mai 1870 : le triomphe de l'Empereur

635 Le sénatus-consulte adopté par le Sénat le 20 avril 1870 est soumis par plébiscite au peuple qui « approuve les réformes libérales opérées dans la Constitution depuis 1860, par l'Empereur, avec le concours des grands corps de l'État, et ratifie le sénatus-consulte ». La nouvelle Constitution doit être ratifiée par plébiscite le 8 mai 1870. « Vous conjurerez les menaces de la Révolution, vous assoirez sur une base solide l'ordre et la liberté, et vous rendrez plus facile la transmission de la couronne à mon fils. » Cette proclamation, qui commence le texte du sénatus-consulte, lui-même postulant deux approbations (« le peuple approuve les réformes libérales opérées dans la Constitution depuis 1860 [...] et ratifie le sénatus-consulte du 20 avril 1870 »), souligne que le plébiscite pose, comme à l'accoutumée, plusieurs questions mais auxquelles une seule réponse ne peut être faite. C'est à la fois l'avenir du régime et de la dynastie qui est en jeu en même temps que les réformes libérales proposées. Pourtant l'opposition républicaine et le gros des opposants orléanistes – dont Thiers – et légitimistes militent pour le *non* qui va tout autant à l'insuffisance des réformes proposées qu'à la confusion qu'entretient le plébiscite.

636 Malgré cette mobilisation des oppositions réunies, le *oui* au plébiscite est un triomphe. Il l'est d'abord par la participation électorale : 82,2 %, soit un chiffre proche du premier plébiscite du 20 décembre 1851 (82,8 %). Il l'est ensuite par le résultat : 7 350 142 *oui*, soit plus de 82 % des suffrages exprimés contre 1 538 825 *non*. L'Empereur est resté populaire et les Français lui manifestent massivement leur confiance.

Les républicains n'auront eu pourtant de cesse de souligner la confusion entre la personne du prince et la question posée, justifiant une tradition représentative revivifiée bientôt par le parlementarisme renaissant de la IIIe République et hostile à toute consultation directe du peuple : le pouvoir exécutif doit être non seulement subordonné mais « impersonnel ». Le spectre de Napoléon III sera là, de 1870 à 1940, pour le rappeler.

Ce régime, qu'au lendemain des élections de 1869 on disait profondément atteint, serait-il en train de renaître ? Il n'en aura pas le temps : l'unité allemande achevée, le chancelier Bismarck cherche la guerre. La dépêche d'Ems, relative à la succession au trône d'Espagne, publiée par ses soins et mettant en cause la France en est le prétexte. Le 19 juillet, la France tombe dans le piège et déclare la guerre à l'Allemagne. L'Empereur est vaincu à Sedan le 2 septembre et fait prisonnier. Deux jours plus tard à l'Hôtel de Ville, le député républicain Jules Favre proclame la République.

Bibliographie

Sur la Monarchie parlementaire

ALBERTINI (P.), *Le droit de dissolution et les systèmes constitutionnels français*, PUF, 1977

ANTONETTI (G.), *La monarchie constitutionnelle*, Montchrestien, 1998

BASTID (P.), *Les Institutions politiques de la monarchie parlementaire française (1814-1848)*, Sirey, 1954

JULIEN-LAFERRIERE (F.), *Les Députés fonctionnaires sous la Monarchie de Juillet*, PUF, 1970

LAQUIÈZE (A.), *Les Origines du régime parlementaire en France (1814-1848)*, PUF, 2002

PASQUIER-BRIAND (T.), *La réception de la Constitution anglaise en France au XIXe siècle*, Varenne, 2018

Sur la Seconde République

BASTID (P.), *Doctrines et institutions politiques de la IIe République*, 2 vol., Hachette, 1945

DANSETTE (A.), *Louis-Napoléon à la conquête du pouvoir*, Hachette, 1961

LUCHAIRE (F.), *Naissance d'une Constitution : 1848*, Fayard, 1998

NAUDIN-PATRIAT (F.) (dir.), *La Constitution du 4 novembre 1848*, PU de Dijon, 2000

TOCQUEVILLE (A. de), *Souvenirs*, rééd. Gallimard, 1978.

TUDESQ (A.-J.), *L'élection présidentielle de Louis Napoléon Bonaparte : 10 décembre 1848*, A. Colin, 1965

Weill (G.), *Histoire du parti républicain en France (1814-1870)*, rééd. Alcan, 1928

Sur le Second Empire

Anceau (E.), *Dictionnaire des députés du Second Empire*, PU de Rennes, 1999

Bluche (F.) (dir.), *Le prince, le peuple et le droit*, PUF, 2000

Toulemonde (G.), « Émile Ollivier, 2 janvier 1870-9 août 1870 », *Revue de la recherche juridique, droit prospectif*, n° 2006-2

Tulard (J.) (dir.), *Dictionnaire du Second Empire*, Fayard, 1995

Wright (V.), *Le Conseil d'État sous le Second Empire*, Presses de Sciences Po, 1972

Zeldin (T.), *Émile Ollivier and the Liberal Empire of Napoléon III*, Oxford, Clarendon Press, 1963

CHAPITRE 4

La IIIe République (1871-1940)

637 Étonnante République que celle dont les institutions devaient permettre de restaurer la monarchie, à tout le moins de fonder un régime purement conservateur, s'accommodant du suffrage universel. La IIIe République est le régime le plus long que la France ait connu depuis la Révolution – près de soixante-dix ans. Il illustre clairement l'idée que la Constitution ne constitue que l'élément d'un ensemble institutionnel politique et social, un système de forces avec lequel elle fait corps. En fait, jusqu'en 1914, la République surmonte les crises, rallie progressivement ses opposants, et apparaît au final, comme le régime divisant le moins les citoyens. Elle devient avec le temps moins un enjeu qu'une synthèse des aspirations du XIXe siècle entre l'ordre et la liberté, le parlementarisme et le suffrage universel. Dès lors, elle va devenir le cadre institutionnel évolutif au sein duquel les acteurs politiques vont s'affronter dans une société relativement stable. Elle assure le renouvellement des élites politiques et garantit l'espoir d'une relative promotion sociale par l'école. Ce régime bénéficie d'un soutien populaire très large, incarne la démocratie parlementaire qu'elle fortifie. Il est vrai, comme aimait à rappeler François Goguel, citant un observateur de la fin du *XIXe*, Robert de Jouvenel, que la politique avant-guerre est le goût des citoyens, mais n'est pas la condition de leur vie.

SECTION 1

La République incertaine (1871-1875)

638 Après Sedan, le gouvernement de la Défense nationale qui se forme le 4 septembre à Paris proclame la République. « Voulant sauver la patrie en danger », face à l'invasion allemande, il est composé de républicains modérés supplantant les plus radicaux : Gambetta, Jules Favre et Jules Simon élus députés de Paris en 1869. La capitale est assiégée dans des conditions terribles pendant quatre mois. Le 28 janvier 1871, la capitulation et la Convention d'armistice sont signées, celle-ci devant « permettre au gouvernement de convoquer une Assemblée librement élue qui se prononcera sur la question de savoir si la guerre doit être continuée ou à quelles conditions la paix doit être faite ».

§ 1. Le gouvernement de M. Thiers

A. Les élections du 8 février 1871

639 Ces élections au suffrage universel marquent l'avènement d'une forte majorité monarchiste, élue par la province rurale. Au final, après les élections complémentaires, on compte environ 400 monarchistes dont 180 légitimistes et 210 à 220 orléanistes, 250 républicains et 20 ou 30 bonapartistes. La France a voté pour la paix, non sur la question du régime. Thiers qui s'était opposé à la déclaration de guerre en juillet 1870 est désigné le 17 février – il a 73 ans – comme « chef du pouvoir exécutif de la République française [...] en attendant qu'il soit statué sur les institutions de la France ». Il gouverne, nomme les ministres et préside leur conseil. Mais il gouverne sous l'autorité de l'Assemblée. Dans le « pacte de Bordeaux », Thiers s'engage dans deux décisions, dès les 19 février et 10 mars, à différer la question constitutionnelle : « Je jure devant le pays de ne préparer sous le rapport des questions constitutionnelles aucune solution à votre insu [...] Monarchistes,

républicains, ni les uns, ni les autres, vous ne serez trompés. » La République est un état de fait mais aucun choix définitif n'est arrêté.

B. La Commune de Paris

640 Alors que l'Assemblée doit quitter Bordeaux pour se réunir à Versailles le 20 mars, éclate deux jours plus tôt à Paris, une insurrection. Le gouvernement de Thiers veut reprendre les canons aux fédérés et le peuple de Paris s'y oppose : deux généraux sont tués et des mutineries ont lieu tandis que les troupes évacuent la ville. Le Paris révolutionnaire des ouvriers, boutiquiers, artisans, héritiers des « sans-culottes », s'insurge armes à la main. Cette démocratie communale – se substituant à l'État mais qui pourrait tourner sous l'influence des blanquistes à la démocratie populaire animée par des « sans-culottes » – est républicaine, au patriotisme vengeur, et d'inspiration socialiste (la Commune adopte le drapeau rouge). Elle a aussi en commun la haine des puissants et l'anticléricalisme : la Commune décide ainsi de la séparation de l'Église et de l'État, institue l'instruction unique, laïque et obligatoire.

La lutte armée qui commence en avril sera terrible. Elle se conclut par la « semaine sanglante », du 21 au 28 mai 1871 où les Versaillais reconquièrent la capitale au prix de 1 000 morts de leur côté contre plus de 10 000 chez les communards dont les derniers seront fusillés au mur des fédérés au cimetière du Père-Lachaise, le 28 mai.

641 L'essentiel est ailleurs dès lors que la Commune a été très largement condamnée par l'opinion effrayée. La République de M. Thiers qui bénéficie de la compréhension de Bismarck rassure puisqu'elle ne peut se confondre avec le spectre rouge. Elle conforte l'ordre et la paix quoi qu'en disent les monarchistes. Les républicains modérés ne s'y tromperont pas en se résignant à la répression versaillaise par crainte de voir discréditée l'idée républicaine qui ne saurait être assimilée à une insurrection populaire et aveugle. La patience est de règle. Gambetta à Grenoble, le 26 septembre 1872 n'annoncera-t-il pas la montée d'une « couche sociale nouvelle », « une génération nouvelle de la démocratie »,

c'est-à-dire les classes moyennes qui vont bientôt servir d'appui à la nouvelle République ? En attendant, elle est loin d'être faite, mais l'idée républicaine fait son chemin grâce, si l'on peut dire, à celui qui fut le chef des orléanistes, figure de la monarchie de Juillet : Adolphe Thiers.

C. Thiers et l'Assemblée

1. *La « Constitution Rivet » : limiter l'influence de Thiers*

642 Thiers est jugé trop puissant par l'Assemblée. Aussi, par la loi Rivet d'août 1871, l'Assemblée confère le titre de président de la République à Thiers, dans l'attente d'institutions définitives. Mais écartant l'idée d'inamovibilité « par le maintien en fonction pour trois ans », elle consacre au contraire sa responsabilité : « Le président de la République est responsable devant l'Assemblée ». Celui-ci, cependant, continue d'exercer ses fonctions tant que l'Assemblée n'aura pas terminé ses travaux. Surtout, « le Conseil des ministres et les ministres sont responsables devant l'Assemblée. Chacun des actes du président de la République doit être contresigné par un ministre ». Ainsi la responsabilité des ministres mettait en cause celle du président. Enfin, celui-ci demeure, bizarrement, député mais ne prend part à ses travaux que dans des conditions particulières : « Il est entendu par l'Assemblée nationale toutes les fois qu'il le croit nécessaire et après avoir informé de son intention le président de l'Assemblée. » Et M. Rivet de préciser : « En demandant que M. Thiers ait parmi nous le privilège d'aborder la tribune autrement que nous tous et qu'un peu plus de solennité l'y précède, c'est un hommage que nous lui adressons en même temps qu'une prière de ménager ses forces et de se réserver de préférence pour ces grandes questions que sa parole illumine et qui sont à la taille de son puissant esprit. » Par ailleurs, la « Constitution Rivet » confie au chef de l'État un certain nombre de prérogatives non contenues dans la résolution du 17 février, mais qui figureront dans la future Constitution de 1875. « Il promulgue les lois dès qu'elles lui sont transmises par le président de l'Assemblée nationale, il assure et surveille l'exécution des lois [...]. Il nomme et désigne les ministres. »

643 En fait, Thiers va gouverner presque seul et « le vieillard en redingote » s'impose à l'Assemblée – et à ses ministres (« ils se taisent, tout au plus » dira Rémusat).

2. La loi « chinoise » du 13 mars 1873 : limiter les échanges de Thiers avec l'Assemblée

644 Dans un message du 13 novembre 1872, Thiers demande à ce que la Constitution provisoire fût précisée : « La République existe, elle est le gouvernement légal du pays... Tout gouvernement doit être conservateur, la République sera conservatrice ou ne sera pas. » Thiers inquiète l'Assemblée monarchiste où il peut intervenir à tout moment.

La loi de Broglie du 13 mars 1873 ne revient pas sur le principe de la responsabilité politique du président, mais l'Assemblée tend à rendre difficiles ses interventions devant elle, après que Thiers eut refusé qu'on envisage de lui interdire d'y parler. Cette « loi chinoise » – du nom du « cérémonial chinois » qu'elle institue, selon le mot de Thiers – prévoit que le président communique avec l'Assemblée par des messages qui, à l'exception de ceux par lesquels s'ouvrent les sessions, sont lus à la tribune par un ministre. Mais il peut être entendu par l'Assemblée dans la discussion des lois après l'en avoir informée par un message. Dans ce cas, la discussion est suspendue dès la réception du message et le président est entendu le lendemain sauf si un vote spécial décide qu'il le sera le même jour. Après son audition, la séance est levée et la discussion ne reprend qu'à une séance ultérieure, la délibération ayant lieu hors de sa présence.

Par ailleurs, la loi prévoit que « les interpellations ne peuvent être adressées qu'aux ministres et non au président de la République ». Ce n'est que si les interpellations « se rapportent aux affaires extérieures » et à la politique générale du gouvernement que le président a le droit d'être entendu. Cette loi, même tournée contre Thiers, soupçonné d'être acquis à la République, marque cependant une conception parlementaire du régime. Notons enfin que la loi confie au président un droit nouveau, une sorte de veto suspensif. Il peut s'opposer au vote définitif des lois, sans venir à la tribune.

Créer une seconde chambre. La loi rappelle que l'Assemblée ne doit pas se séparer avant d'avoir statué sur les nouvelles institutions et notamment sur la création et les attributions d'une seconde Chambre. L'idée de Thiers, mais aussi de libéraux comme Broglie, Laboulaye, Prevost-Paradol, d'une seconde chambre, contrepoids conservateur à l'Assemblée et arbitre des conflits entre le président et celle-ci, apparaît.

Le départ de Thiers. L'élection le 28 avril 1873 d'un radical à Paris, Barodet, instituteur franc-maçon – l'exemple type des « couches nouvelles » – contre Rémusat, ministre des Affaires étrangères et ami de Thiers, réveille l'inquiétude des monarchistes et le spectre de la Commune. On songe aussi à l'élection d'Eugène Sue en 1850. À l'occasion d'un remaniement, le 18 mai, faisant appel aux républicains modérés, le gouvernement est interpellé par les droites, leur chef, Broglie, demandant de « faire prévaloir dans le gouvernement une politique résolument conservatrice ». Mis en minorité par 360 voix contre 344, le gouvernement se retire et Thiers, se comportant sans y être obligé, en chef parlementaire, démissionne le 24 mai. Il pense vite revenir, mais c'est Broglie, jusque-là ambassadeur à Londres, devenu chef des monarchistes, qui mène la danse.

§ 2. Vers de nouvelles institutions (mai 1873 - février/juillet 1875)

645 Élu président de la République le soir du 24 mai, avec 390 voix, Mac-Mahon succède à Thiers. Ce maréchal légitimiste mais aussi piètre orateur va se comporter en chef de l'État irresponsable d'un régime parlementaire laissant au vice-président du Conseil, Broglie, son parent, la conduite des affaires : épuration de l'administration au bénéfice des monarchistes, réaction religieuse. Le but est d'établir la monarchie ou ce qui pourrait s'en rapprocher.

A. Mac-Mahon, président dans l'attente d'un roi : un septennat personnel

646 En août 1873, le prétendant Bourbon au Trône, le comte de Chambord, se réconcilie avec le prétendant Orléans. Les partisans du second se résignent en effet à accepter l'arrivée du premier sur le trône. Le comte étant sans enfant, les Orléans seront appelés à régner après lui. À l'automne 1873, le futur Henri V refuse cependant d'adopter le drapeau tricolore, symbole d'une monarchie de compromis et non de droit divin : « Ma personne n'est rien, mon principe est tout. » Ce qui ne l'empêchera pas de rencontrer peu après et secrètement à Versailles Mac-Mahon, pensant le rallier, avec l'espoir un peu enfantin que l'Assemblée le reconnaîtrait finalement comme roi.

Dès lors que la Restauration devient impossible, les monarchistes, sur la proposition de Broglie, vont ensemble proroger, en novembre 1873, pour sept ans les pouvoirs du maréchal de Mac-Mahon – qui trouvait dix ans trop long – avec le titre de président de la République. Dans ce délai, pourraient être édifiées des institutions provisoires d'« attente monarchique ». La loi du 20 novembre 1873 confie pour sept ans le pouvoir exécutif au maréchal de Mac-Mahon et « [...] ce pouvoir continuera à être exercé avec le titre de président de la République et dans les conditions actuelles jusqu'aux modifications qui pourraient y être apportées par les lois constitutionnelles ». Une commission de vingt membres est créée pour leur élaboration. Et l'on discute beaucoup de la question de savoir si ce septennat serait personnel – lié à Mac-Mahon – ou impersonnel, tranchant alors en faveur d'une Constitution de couleur républicaine.

B. L'élaboration des lois constitutionnelles

1. *La Commission des Trente*

647 Elle est élue à la fin de l'année 1873 et reçoit plusieurs projets, dont celui essentiel, déposé au nom du gouvernement du maréchal de Mac-Mahon par le vice-président du Conseil, Broglie. Son travail fut lent, faisant et défaisant la toile de Pénélope, en atten-

dant, disait-on, la fleur de lys. La discussion s'ouvre en janvier 1875. « Ce n'est pas à vrai dire une Constitution que j'ai l'honneur de vous rapporter ; ce nom ne convient qu'aux institutions fondées pour un avenir indéfini. Il s'agit simplement aujourd'hui d'organiser des pouvoirs temporaires, les pouvoirs d'un homme. » Ainsi s'exprime le rapporteur du projet de la Commission des Trente, Ventavon, le 21 janvier 1875. Il faut « chercher un terrain de conciliation en dehors d'un régime définitif ». Ni la République, ni la monarchie ne recueillent en effet de franche majorité.

648 **Le glissement de la majorité vers la République.** L'élection partielle de la Nièvre du 24 mai 1874 assure le triomphe d'un bonapartiste dans une circonscription rurale, traditionnellement républicaine. Et de mai 1874 à janvier 1875, les autres partielles donneront la même tendance. C'est pourquoi, dès mai, Gambetta ne réclame plus la dissolution de l'Assemblée et les républicains sont prêts à un compromis avec les monarchistes. Le 23 juillet 1874, l'Assemblée a rejeté par 374 voix contre 333 une proposition de Casimir Perier (fils) portant reconnaissance définitive de la République. De même, le 29 janvier 1875, un amendement analogue de Laboulaye est repoussé par 353 voix contre 336. Mais la majorité, hostile à la République, se rétrécit. Une partie des orléanistes est prête à s'accommoder d'une République parlementaire et suit le chemin de Thiers. Libéraux et conservateurs, orléanistes, monarchistes de raison sont aussi – et peut-être autant – des adeptes du parlementarisme. Et une partie d'entre eux, comme Thiers, au fond prêts à accepter une République qui pour être conservatrice n'en serait pas moins libérale et parlementaire. Dès 1875, la ligne de partage entre le centre droit qu'ils représentent et le centre gauche incarné par la gauche républicaine d'un Jules Grévy ou d'un Jules Simon semble ténue d'autant qu'ils appartiennent en partie au même monde. Mais jusqu'en 1879, les orléanistes restent liés aux légitimistes pour des raisons électorales et dans l'espoir, qui va s'évanouir, d'une restauration monarchique. Des indécis vont aussi se rapprocher des républicains et la discussion générale souligne le désordre et l'absence de consensus sur la question préalable : la forme du régime.

2. L'amendement Wallon, le choix discret de la République : le caractère impersonnel du mandat de sept ans

649 La première délibération a lieu le 25 janvier 1875 sur la loi concernant le Sénat, dans un ennui général. Puis suit le débat du 28 janvier consacré à la « loi sur les pouvoirs publics ». On discute de l'article premier. Cette fois, la question du régime est posée. Le 29 janvier 1875, l'amendement Laboulaye « le gouvernement de la République se compose de deux chambres » est rejeté par 359 voix contre 336. Le lendemain, un modéré, Wallon, propose un amendement sur le mode d'élection du président : « Le président de la République est élu à la majorité absolue des suffrages par le Sénat et par la Chambre des députés réunis en Assemblée nationale. Il est nommé pour sept ans. Il est rééligible. » Il est voté à une seule voix de majorité, par 353 voix contre 352. La République n'est pas pour autant proclamée, mais la présidence, de personnelle – confiée à Thiers puis à Mac-Mahon – devient impersonnelle.

L'habile professeur en Sorbonne ne croise pas le fer directement sur la question du régime : « Mais, dira-t-on, vous proclamez la République ? Je ne proclame rien, je prends ce qui est, je prends les choses sous le nom que vous avez accepté [...]. Ma conclusion, c'est qu'il faut sortir du provisoire. Si la monarchie est possible, montrez qu'elle est acceptable, proposez-la. Si au contraire, elle n'est pas possible, je ne vous dis pas : "prononcez la République", mais je vous dis "constituez le gouvernement qui se trouve maintenant établi et qui est le gouvernement de la République. Je ne vous demande pas de le déclarer définitif – qu'est-ce qui est définitif ? Mais ne le déclarez pas non plus provisoire". » Wallon propose en somme une expérimentation sous bénéfice d'inventaire. Ce vote souligne un glissement de la majorité en faveur de la République qui n'ira qu'en se confirmant. Les votes suivants le soulignent, marquant l'union des républicains modérés et de républicains plus marqués, mais résignés à accepter un compromis avec une partie des orléanistes. La future Constitution de 1875 est née de la conjonction des centres.

Les scrutins suivants concernant la loi sur les pouvoirs publics ne font que confirmer le caractère impersonnel du mandat et des pouvoirs du président de la République en particulier, le nouvel amendement subordonnant le droit de dissolution de la Chambre par le président à l'avis conforme du Sénat.

3. *Le débat sur le Sénat*

650 L'autre discussion décisive a lieu sur la loi sur le Sénat, principalement du 17 au 24 février 1875. En 1873, le projet de Constitution déposé au nom de Thiers ressuscitait la Chambre des pairs de 1830. Broglie pense à un grand Conseil des notables comprenant des membres de droit, des membres nommés à vie, des membres élus par un collège de notabilités. Une sorte de synthèse entre la Chambre des pairs de 1830 et le Sénat impérial. Mais les républicains refusèrent une institution dont l'autorité ne découlerait pas du suffrage universel d'autant que depuis 1792, le monocamérisme est synonyme de l'idée républicaine.

Le « grand conseil des communes de France » (Gambetta). Un compromis est trouvé entre les orléanistes de centre droit, les orléanistes républicains de centre gauche et la gauche républicaine, accepté par Broglie : les sénateurs seraient élus par des collèges rassemblant les députés, un délégué par commune, les conseillers d'arrondissement et conseillers généraux. Un quart d'« inamovibles » seraient élus d'abord par l'Assemblée, puis par le Sénat. Gambetta fit accepter ce projet par les républicains pensant que ce « Grand conseil des communes françaises » favoriserait l'enracinement de la République dans les campagnes. « J'ai longtemps hésité, tout d'abord, déclarera Gambetta dans son célèbre discours du 23 avril 1875 à Belleville, à croire que l'Assemblée certainement la plus monarchique, la plus... comment dirais-je ?... la moins laïque qu'ait eue la France imbue des préjugés du gouvernement oligarchique, j'hésitais à croire que cette Assemblée, ayant à constituer une seconde Chambre, en arriverait à lui donner pour point de départ, quoi ? ce qu'il y a de plus démocratique en France, ce qui constitue les entrailles même de la démocratie : l'esprit communal, c'est-à-dire les trente-six mille communes de France [...] Énumérez les conditions de l'institution, regardez-y de bien près, voyez ces communes éveillées à la vie politique, se groupant, se réunissant, se renseignant, s'informant, délibérant, déléguant leurs hommes ; ceux-ci s'assemblant au chef-lieu du département, faisant prévaloir leurs volontés, lesquelles seront, le jour de l'élection, ce qu'elles auront été la veille. Après la délibération commune, que va-t-il sortir des urnes ? Un Sénat ? Non, citoyens, il en sortira le Grand conseil des communes françaises. »

Le Sénat consacré. La loi sur le Sénat du 24 février est votée par 435 voix contre 234 tandis que la loi du 25 février sur l'organisation des pouvoirs publics est votée par 425 voix contre 254 et la loi sur les rapports des pouvoirs publics est votée le 16 juillet par 520 voix contre 84.

SECTION 2

Les lois constitutionnelles de 1875

651 Il n'y a pas à proprement parler de « Constitution » de 1875, mais comme on l'a vu, trois lois constitutionnelles. Faute de consensus et d'accord fondamental sur la nature finale du régime, on ne trouve nulle trace comme dans les précédentes constitutions de texte « fondateur », préambule ou déclaration indiquant l'inclinaison générale et la source intellectuelle de la loi fondamentale. Mieux, ces lois constitutionnelles peuvent être aisément révisées ce qui souligne encore leur caractère de compromis fragile et susceptible d'évoluer. « C'est sur ce terrain très nettement défini qu'une entente fut établie entre le groupe détaché du parti monarchique et les principaux personnages de la minorité républicaine. De ce qui fut dit et traité dans leurs conférences, je ne puis parler que d'après les bruits publics et les entretiens privés », écrira le duc de Broglie en 1894. Chacun s'était donc, semble-t-il, mis d'accord avec ses arrière-pensées.

Ainsi, les lois constitutionnelles ne pourront être modifiées que sur l'initiative de Mac-Mahon, président de la République (avec le contreseing du gouvernement). Après lui, la révision appartiendra soit à son successeur en accord avec le gouvernement, soit aux Chambres. La décision de réviser est prise par la Chambre des députés et le Sénat statuant séparément par le vote d'une résolution définissant la révision. Si les deux résolutions votées sont identiques, la révision elle-même est faite par les deux Chambres réunies en Congrès.

§ 1. Un exécutif à deux têtes ?

A. Le président de la République

1. *Un président irresponsable*

652 La présidence de la République existait depuis la loi Rivet de 1871. Mais la fonction comme sa durée, précisée par la loi du septennat, n'est pas une institution républicaine. La tradition en la matière est la collégialité et l'impersonnalité de l'exécutif. C'est Jules Grévy qui, en 1848, avait rappelé la conception républicaine : « Un simple président du Conseil des ministres dans l'étroite dépendance de l'Assemblée. » Et le coup d'État de Louis Napoléon Bonaparte ne pouvait sur ce point atténuer la crainte du « pouvoir personnel » attaché à « ce roi sauf l'hérédité » (Louis Blanc). Son mode d'élection par les Chambres lui donne une légitimité restreinte, « L'élection était confiée aux chambres, ce qui devait placer le pouvoir exécutif [...] dans la dépendance du pouvoir parlementaire », écrit Broglie dans ses *Mémoires*. Le régime provisoire qui a fonctionné entre 1871 et 1873 avait prévu la responsabilité du président. Cette fois, il est irresponsable. Chacun de ses actes doit être contresigné par un ministre.

Le président élu par le Parlement pour sept ans, irresponsable, a certes les pouvoirs d'une sorte de monarque constitutionnel. Il a le droit de grâce, celui de conclure les traités, l'initiative des lois qu'il partage avec les chambres, il peut proroger et clore leurs sessions, dissoudre la Chambre des députés avec l'avis conforme du Sénat. Il nomme aux hauts emplois civils et militaires. L'étendue de ses pouvoirs semble vaste et il suffirait d'une révision – espérée par les monarchistes – pour transformer le président en monarque à condition de supprimer le contreseing du gouvernement par lequel celui-ci endosse la responsabilité des actes du chef de l'État. Le président nomme aussi les ministres – avec généralement le contreseing du président du Conseil démissionnaire. Seul le message de démission du chef de l'État échappe à cette règle.

2. *Le droit de dissolution*

653 L'idée d'un droit de dissolution de la Chambre des députés exercé par le président de la République avec avis conforme du Sénat tire sa source des écrits de Prévost-Paradol dans *La France nouvelle*. Pensé comme contrepoids au gouvernement parlementaire, il figure dans le projet de 1873 et dans celui de 1874 du duc de Broglie ou dans celui de Dufaure. Combattu par le parti républicain, voire des modérés, comme contraire à la souveraineté nationale puisque permettant d'atteindre ses représentants, ce droit est une résurgence monarchique : « C'est le moyen employé, écrit Laboulaye, favorable à ce droit, dans les monarchies constitutionnelles quand le chef de l'État croit que les ministres ont raison contre la Chambre et en appelle sur ce point à la décision du pays. » Mais la différence essentielle tient à l'avis conforme du Sénat. Mac-Mahon, dans un message, explique que « l'usage de ce droit extrême serait périlleux si, dans une circonstance critique, le pouvoir ne se sentait appuyé par le concours d'une Assemblée modératrice ». Celle-ci serait d'autant mieux tentée de l'apporter que sa composition serait en harmonie avec la Chambre des députés.

3. *Un roi sauf l'hérédité ? Une illusion*

654 Le président de 1875 est-il, selon la formule de René Rémond, « le roi de la Charte révisée de 1830 » ? L'intention de certains constituants ne fait certes pas de doute sur cette volonté. Dans ses *Vues sur le gouvernement de la France*, le duc de Broglie écrit à propos du président de la République qu'il appelle de ses vœux : « Un chef investi de tous les attributs de la royauté : l'initiative et le veto, l'exécution des lois, la direction de l'administration dans toutes branches, la nomination à tous les emplois aux conditions légales,

le commandement des armées de terre et de mer, un chef-roi, sauf le nom et la durée. »

Mais, à y regarder de plus près, la plupart des pouvoirs présidentiels étaient déjà présents dans la Constitution de 1848. Surtout, le chef de l'État ne dispose en droit d'aucun pouvoir propre. « Il y a trois ans, Messieurs, déclare Laboulaye en présentant le projet de loi constitutionnelle du 16 juillet 1875, vous avez fait une République parlementaire [...]. Vous avez par elle-même décidé que le président gouvernerait avec des ministres, pris communément dans les deux Chambres, et qui, représentants du pouvoir devant le Parlement et représentants du Parlement devant le pouvoir devraient se retirer quand l'accord serait rompu. » Dufaure ne dit pas autre chose : « J'ai été confondu d'entendre dire que la responsabilité ministérielle dans une monarchie pouvait être efficace, mais qu'elle n'était rien sous un président qui avait nécessairement ses projets, sa volonté ; qu'elle serait alors un mensonge qui ne garantirait rien. Elle aurait à mon avis une bien autre importance ; elle serait bien moins un mensonge sous la République que sous la monarchie. C'est sous la monarchie, en présence de ce pouvoir que vous appelez divin, que les ministres sont exposés à faiblir et à perdre toute autorité réelle. Mais sous la République, en présence d'un chef temporaire qui disparaîtra peut-être de la vie politique avant eux, pourquoi ne garderait-il pas leur ferme volonté, leur pleine indépendance, et pourquoi leur responsabilité deviendrait-elle une illusion ? »

Le président de la République ne peut rien en effet sans l'accord d'un gouvernement dépendant des Chambres. Monarque parlementaire à l'image de celui de Grande-Bretagne, le président n'est pas ce roi de la monarchie de Juillet décrit parfois, d'autant que sa légitimité repose sur l'élection du Parlement.

B. Le gouvernement

655 Le gouvernement est responsable collectivement devant les Chambres de la politique générale et les ministres individuellement de leurs actes personnels. Qui dirige ce gouvernement ? Sur ce point, les lois constitutionnelles sont muettes. Est-ce le

président de la République ? Il préside le Conseil des ministres. Mais paradoxalement, dès 1876, le titre de président du Conseil (des ministres) est attribué au chef de gouvernement. Le contreseing sera d'ailleurs interprété très rigoureusement sous la IIIe République. Ainsi est-il admis que le chef de l'État ne peut prononcer de discours sans avoir à ses côtés un ministre afin que celui-ci puisse répondre à ce discours devant le Parlement « c'est-à-dire, écrit François Goguel, endosser devant la Chambre des députés et le Sénat la responsabilité politique de ce qu'aurait dit le président de la République ».

L'apparition d'un « président du Conseil ». L'homme chargé par le président de la République de former le gouvernement porte simplement le titre de vice-président du Conseil des ministres. Or, à l'entrée en vigueur de la Constitution, Mac-Mahon, chef de l'État nomme, après l'avoir chargé de constituer un gouvernement, un « président du Conseil des ministres ». On a voulu marquer par ce changement que le président de la République était devenu politiquement irresponsable. Dès lors, l'usage conférera au chef du gouvernement le titre de président du Conseil alors qu'en fait, c'est le chef de l'État qui préside le Conseil des ministres, le chef du gouvernement présidant seulement les conseils de cabinet, hors de la présence du président de la République.

656 **La responsabilité du gouvernement devant le Sénat.** La solidarité des ministres suppose l'union des ministres sur un même programme politique. Par ailleurs, la question de savoir si le gouvernement est responsable effectivement devant le Sénat fut sujette à interprétation. L'article 6 de la loi du 6 février 1875 réaffirme-t-il simplement le principe du gouvernement parlementaire ou dispose-t-il effectivement que le gouvernement est responsable devant *chacune* des Chambres ? Le rapporteur du projet, Lefèvre Pontalis, au nom de la Commission des Trente, avait certes expliqué que « le droit d'initiative et le droit d'interpellation ne peuvent être refusés au Sénat ». Mais ce dernier peut-il censurer le gouvernement ? Le duc de Broglie, dans ses *Vues sur le gouvernement de la France*, n'est pas clair sur la question, même s'il souhaite « associer le Sénat au gouvernement, à la direction des affaires ; mais en

lui confiant de toutes autres attributions». Quant à Prévost-Paradol, un des inspirateurs de l'«esprit» de la Constitution, il exclut que le Sénat puisse influencer le «renouvellement des ministères». En fait, le débat sur cette question n'eut pas lieu. La pratique trancha la question. De 1876 à 1925, deux gouvernements seulement seront renversés par le Sénat, celui de Léon Bourgeois en 1896, et celui de Briand en 1913. Et, de 1925 à 1940, cinq gouvernements le furent.

§ 2. La prééminence du Sénat sur la Chambre des députés

657 Le Parlement est composé de deux Chambres, une Chambre des députés élue au suffrage universel direct, et un Sénat. La Haute Assemblée doit faire pendant à la première et plus qu'y faire équilibre.

A. Le mode d'élection des sénateurs

658 Le Sénat dispose d'une prééminence sur la Chambre qui fait d'ailleurs l'objet d'une loi séparée. L'âge minimum des sénateurs est fixé à 40 ans. Trois quarts d'entre eux sont élus par un collège composé dans chaque département des députés, des conseillers généraux, des conseillers d'arrondissement d'alors, des délégués des conseils municipaux (un par conseil municipal). La France rurale domine largement. Paris, avec un seul délégué, désignera un personnage de poids : Victor Hugo.

Un quart des membres du Sénat est nommé à vie par l'Assemblée. On les espère monarchistes ou à tout le moins, conservateurs. Bref, tout concourt à faire que le Sénat soit celui de la conservation sociale face à la Chambre issue du suffrage universel direct. En n'admettant qu'un seul délégué par commune, l'idée de la commission chargée du projet final est claire : «Nous n'avons pas voulu donner aux grandes communes plus de délégués qu'aux petites communes. C'eût été donner raison à ceux qui n'auraient pas manqué de réclamer dès lors la représentation proportionnelle des communes. Nous aurions ainsi reconnu, sous une autre forme, la loi du nombre, et c'est le contrepoids de la loi du nombre que nous avons voulu créer en organisant le Sénat. C'est à ce prix qu'il donnera satisfaction aux intérêts conservateurs dont il est et doit rester le gardien. » Quant au système d'élection des sénateurs « (il) ne fait pas du suffrage universel un maître auquel il n'y ait qu'à obéir, mais qui lui rend hommage, puisqu'il ne prend que les élus du suffrage universel pour électeurs des membres du Sénat » (*ibid.*).

B. Un bicamérisme égalitaire

659 Le Sénat est renouvelé par tiers tous les trois ans et, contrairement à la Chambre des députés, ne peut être dissous. Celle-ci peut l'être par le président de la République avec l'avis conforme de la Chambre haute. Les lois sont votées avec l'accord des deux Chambres, ce qui place dans une stricte égalité le Sénat et la Chambre dans le processus législatif. Seules les lois de finances doivent être présentées d'abord à la Chambre des députés. Cette disposition sera interprétée comme ôtant au Sénat le droit d'initiative financière.

§ 3. Une Constitution orléaniste ?

A. Une filiation orléaniste

660 Solution transactionnelle, compromis social et politique entre deux époques et deux courants, les lois constitutionnelles semblent figurer une sorte de troisième Charte en République : « Telles sont les principales dispositions de la loi dont nous nous proposons l'adoption. Elles donnent à la République les garanties de la monarchie constitutionnelle, telle que nous l'avons pratiquée pendant plus de trente ans. Cette forme de gouvernement a donné assez de sécurité et de prospérité à la France pour que le pays n'en ait pas gardé un mauvais souvenir. Si parmi les républicains, il en est qui trouvent qu'on aurait pu aller plus loin, ils feront bien de considérer que la France, après avoir traversé l'Empire, a besoin

de reprendre l'habitude d'un gouvernement constitutionnel », écrivait Laboulaye dans son rapport précité.

Adhémar Esmein dans ses *Éléments de droit constitutionnel* souligne que la combinaison opérée entre la forme républicaine et certaines institutions traditionnellement caractéristiques de la monarchie constitutionnelle avait été préparée et élaborée par l'école libérale sous le Second Empire : « La plupart (de ses membres) étaient, par leur origine ou par leur éducation, attachés à la cause de la monarchie constitutionnelle ou naturellement portés vers cette forme de l'État. Mais instruits par les leçons du passé, en face d'un avenir incertain, ils avaient envisagé et accepté d'avance les autres formes que pourrait amener, dans l'évolution future, soit la durée prolongée de la dynastie impériale, soit, solution plus probable, l'avènement de la République. Convaincus que le fond devait passer avant la forme, quelle que fût à ce dernier point de vue leur préférence personnelle, ils avaient cherché à dégager une série d'institutions, pour eux essentielles, qui pût s'adapter presque indifféremment aux diverses formes d'État que l'avenir recelait dans son ombre. Ce programme comprenait principalement deux clefs : le gouvernement parlementaire et les droits individuels, les libertés nécessaires, disait-on alors. » Le duc de Broglie dans ses *Vues sur le gouvernement de la France* en 1861 publiées en 1890, Prévost-Paradol dans la *France nouvelle* mais aussi Laboulaye sont les principales figures de cette école libérale.

Broglie voit la République comme un pis-aller ou une transition : « Tout en persistant à regarder la monarchie comme le plus noble des gouvernements [...] nous n'oserions affirmer qu'elle ne soit pas réduite encore une fois à traverser l'épreuve périlleuse du régime républicain » (*Vues sur le gouvernement de la France*). Quant à Prévost-Paradol, préférant la monarchie constitutionnelle, il voit dans la République une forme équivalente pour assurer la liberté politique : « Aussi faut-il envisager sans appréhension et surtout sans parti pris le cas où l'État, faute d'un souverain convenable ou par la force des choses, revêt la forme républicaine. Il nous semble, il est vrai, qu'il manque alors un ressort important à la machine politique ; nous cherchons des yeux avec regret cette espèce de tribun du peuple qui, sous le nom du roi, observe impartialement la représentation nationale, afin de la renvoyer devant les comices populaires aussitôt qu'il la croit oppressive ou engagée sur le chemin de l'oppression, mais si la République n'a point de place pour cette utile magistrature, elle n'en est pas moins une forme de gouvernement très acceptable et très digne, une fois qu'elle existe, du concours fidèle et du respect sincère de tous les bons citoyens» (*La France nouvelle*). Les deux auteurs diffèrent plus sur la forme du régime que sur l'organisation du pouvoir qu'ils appellent de leurs vœux.

B. Une évolution moniste

661 Le compromis de 1875 adopte la forme républicaine et une structure des pouvoirs étayée par un monarque constitutionnel et le gouvernement parlementaire. C'est en ce sens qu'elle est d'inspiration orléaniste, mais un orléanisme ayant achevé sa mue parlementaire, acclimaté au suffrage universel et dans lequel le roi règne, mais ne gouverne pas. En ce sens, l'évolution moniste de la Constitution de 1875, malgré les souvenirs et les nostalgies d'une partie des constituants, était prévisible dès lors que le chef de l'État tirait sa légitimité non d'un quelconque principe monarchique, mais du Parlement lui-même, émanation de la souveraineté nationale et du suffrage universel. Jusque même dans son droit de dissolution, il doit compter avec l'une des Chambres.

SECTION 3

La conquête des institutions par les républicains (1875-1879)

Dès la mise en place des institutions, les républicains vont s'affirmer sur le plan électoral. Et l'épreuve de force avec Mac-Mahon, en mai 1877, va transformer ce qui n'était qu'un essai républicain en véritable prise de pouvoir. Il ne suffira plus alors que de s'assurer de la maîtrise de toutes les institutions, dont le Sénat pensé à l'origine comme un contrepoids conservateur.

§ 1. La mise en place des institutions

A. Les élections au Sénat : la progression des républicains

662 Les lois constitutionnelles votées, on passe à l'élection des sénateurs inamovibles qui doit logiquement confirmer la coloration conservatrice du Sénat. Or, une entente entre légitimistes, bonapartistes et républicains – en échange de l'entrée des premiers au Sénat – bouleverse la donne : 60 républicains, 10 légitimistes figurent parmi les élus. Pensé comme forteresse conservatrice, le Sénat recevait une « garnison républicaine » (Seignobos). Gambetta avait rassuré les électeurs sénatoriaux : « Les vrais conservateurs sont les défenseurs du régime actuel ». Le 10 janvier 1876, les droites sont légèrement majoritaires : 119 sièges (dont 40 bonapartistes) contre 92 sièges aux républicains, toutes tendances confondues. La majorité conservatrice, en tenant compte des inamovibles, est faible.

B. La crise du 16 mai : « se soumettre ou se démettre »

663 S'agissant de la Chambre des députés, la droite pensait que le retour au scrutin uninominal favorisait son succès, aidé par des préfets et des maires zélés. En fait, 380 républicains contre 150 conservateurs dont 75 bonapartistes sont élus le 5 mars 1876. Mac-Mahon conserve Dufaure qui forme le 9 mars un gouvernement de centre gauche. Il doit démissionner le 3 décembre face à un ordre du jour de la Chambre des députés. Mac-Mahon appelle Jules Simon qui s'oppose mollement à l'abrogation des sanctions pour délits de presse le 15 mai tandis que, trois jours plus tôt, il n'avait pu empêcher le vote de la publicité des séances des conseils municipaux. Il avait aussi laissé adopter, le 4 mai, un ordre du jour condamnant les manifestations ultramontaines en faveur de Rome.

Le 16 mai, dans une lettre à Jules Simon, Mac-Mahon blâme son président du Conseil et affirme « sa responsabilité envers la France ». Simon démissionne et est remplacé par Broglie qui constitue un gouvernement d'ordre moral. Celui-ci obtient le 18 mai un décret d'ajournement de la Chambre pour un mois. En réponse, celle-ci adopte un manifeste signé par 363 députés qui refusent de reconnaître le gouvernement « appelé aux affaires contrairement à la loi des majorités qui est le principe du régime parlementaire ».

La dissolution de la chambre des députés. Le 25 juin, avec l'avis conforme du Sénat, Mac-Mahon dissout la Chambre. La campagne est soumise à une pression administrative qui rappelle les belles heures de l'Empire. Gambetta prévient Mac-Mahon : « Quand le pays aura parlé, il faudra se soumettre ou se démettre. » Le 3 septembre, Thiers meurt. À ses obsèques, les députés républicains, Gambetta en tête, suivent le cercueil. Du 19 septembre au 13 octobre, date du scrutin, Mac-Mahon intervient dans la campagne en faveur des candidats hostiles aux républicains, tout comme l'Église qui soutient les conservateurs. Figure de proue de ce combat clérical dans la campagne : Monseigneur Dupanloup, évêque d'Orléans, inspirateur de la loi Falloux, député puis sénateur inamovible de 1876 en tant que seul représentant de l'Église. L'Italie, unifiée depuis 1870, privant Rome de sa puissance temporelle, l'infaillibilité papale proclamée la même année – un défi au gallicanisme français attaché à l'indépendance de l'Église de France –, combinée à un certain obscurantisme et un refus du progrès ont relancé le débat sur la question romaine. Les catholiques condamnent la spoliation de l'Église et les républicains dénoncent le cléricalisme, Gambetta mettant même en doute le patriotisme des premiers malgré les protestations d'un Albert de Mun. La querelle religieuse a de beaux jours devant elle.

§ 2. La victoire des républicains

A. La conquête des Chambres

664 **La démission de Mac-Mahon.** Au final, les élections sont très favorables aux républicains. Ils sont 323 contre 208 conservateurs dont 104 bonapartistes et une cinquantaine de légitimistes à être élus les 14 et 28 octobre 1877, à la suite de la dissolution. Mac-Mahon tente alors de former un « ministère d'affaires » présidé par le général de Rochebouët, puis hors de la majorité parlementaire qui refuse dès lors d'entrer en relation avec lui. Le 13 décembre, Mac-Mahon se soumet finalement et rappelle Dufaure à la présidence du gouvernement. Dans un message, il précise que la dissolution ne saurait être érigée en « système de gouvernement » et entend demeurer fidèle aux « règles parlementaires ».

Puis, en janvier 1879, le premier renouvellement partiel du Sénat, après l'élection d'une majorité républicaine née des municipales de janvier 1878, assure l'écrasante victoire des républicains (66 sièges sur 82). La majorité du Sénat est désormais républicaine (179 contre 121). Reste la présidence de la République : Mac-Mahon refusant de signer des décrets de révocation d'officiers généraux, ses compagnons d'armes, démissionnera le 30 janvier 1879.

665 Le même jour, Jules Grévy, l'adversaire de la présidence de la République en 1848, est élu à sa place. Tous les leviers du régime sont désormais aux mains des républicains.

La conduite du Sénat par les républicains. Après le 16 mai, le gouvernement avait opéré la dissolution de 600 conseils municipaux et la révocation de 3 000 maires et maires adjoints. En 1881, ils disposent de deux fois plus de municipalités que les monarchistes. Avec le concours des préfets et des sous-préfets, sans oublier une majorité qui se dessine aux prochaines élections sénatoriales par le biais du collège des délégués sénatoriaux qui sont issus des municipalités, le Sénat, dès les premières élections sénatoriales partielles de janvier 1879, glisse vers les républicains. Leur emprise est confirmée par la révision de la Constitution.

La fin des sénateurs inamovibles. Tandis qu'en 1879, le siège du gouvernement est fixé à Paris (et non plus à Versailles), la révision du 14 août 1884 ôte tout caractère constitutionnel aux articles 1 à 7 de la loi relative à l'organisation du Sénat. Ces articles concernaient sa composition. Dès lors, c'est par une simple loi du 9 décembre 1884 que les sénateurs inamovibles sont supprimés graduellement : à mesure qu'ils disparaîtront, leurs sièges seront soumis à élection par les départements. En outre, la loi introduit une certaine proportionnalité entre le nombre de délégués sénatoriaux et le chiffre de la population. Ainsi, le Sénat perd-il le caractère conservateur qu'on lui avait imprimé à l'origine, sans pour autant être supprimé comme le souhaitent les radicaux d'alors, fidèles au monocaméralisme et à l'esprit de 1793.

B. La « Constitution Grévy » : le « néant présidentiel » ?

666 La crise du 16 mai 1877 a pour effet d'abroger en fait le droit de dissolution, instrument d'équilibre face à la responsabilité ministérielle devant le Parlement. Et dans la mémoire républicaine, le 16 mai – et le droit de dissolution – se range aux côtés des souvenirs du 2 décembre. Mais cette désuétude tient aussi à l'unité de vue du Sénat avec la Chambre à partir de 1879. Quant à Jules Grévy, il entend bien affirmer l'irresponsabilité du chef de l'État et la suprématie parlementaire : « Soumis avec sincérité à la grande loi du régime parlementaire, je n'entrerai jamais en lutte contre la volonté nationale exprimée par ses organes constitutionnels. » Cette déclaration du 7 février 1879, dite « Constitution Grévy », condamne l'interprétation – orléaniste ou dualiste – de la Constitution de 1875 faisant reposer la responsabilité du gouvernement devant le Parlement et le chef de l'État. On oublie sur ce point de noter que la pratique orléaniste pouvait difficilement être transposée durablement dans un régime non seulement républicain, mais dont la Chambre « basse » est issue du suffrage universel – et non censitaire – et où le chef de l'État n'est ni « roi par la grâce de Dieu » ni « roi des Français », mais élu par le Parlement. Comme le dira plus tard un critique de la IIIe République, André Tardieu, « c'est de là et non du 16 mai, que date le néant présidentiel ». L'interprétation moniste, fidèle à l'héritage révolutionnaire faisant de la Chambre des députés la source du pouvoir prévaut donc, même si le président de la République conservera jusqu'à la

Première Guerre mondiale une réelle influence en matière de politique extérieure.

C. La « républicanisation »

667 Les républicains sont les maîtres des institutions et pour mieux le signifier, les Chambres sont transférées à Paris. *La Marseillaise* redevient le chant national et le 6 juillet 1880, la République adoptait le 14 juillet comme jour de la fête nationale (commémorant la prise de la Bastille et la fête de la Fédération de 1790). La première revue militaire avait lieu à Longchamp, drapeaux tricolores déployés, signifiant l'unité de la République et de l'armée dans l'hommage rendu à la patrie.

La « républicanisation » passe par la conquête des institutions achevée en 1879 mais aussi par celle de l'administration. Détenteurs du pouvoir politique, les républicains vont s'atteler à la « républicanisation » de la société et des principales institutions, singulièrement l'enseignement. Ils se veulent majoritairement « opportunistes », c'est-à-dire réalistes et prennent garde de ne pas heurter le sentiment majoritaire du pays tout en voulant empêcher le retour à la monarchie. Autrement dit par Gambetta en octobre 1876 : « (Il ne faut) s'engager jusqu'au bout dans une question que lorsqu'on est sûr d'avoir, sans conteste, la majorité du pays avec soi. » Cette stratégie politique fondée aussi sur la réconciliation sociale sera payante et les crises que va connaître le régime vont aussi démontrer sa solidité. La France, face à la montée du socialisme et à la réaction monarchiste, sera gouvernée au « centre » et dans l'ordre.

D. La consolidation de la République (1879-1914)

668 Jules Grévy refuse de désigner Gambetta chef de la majorité parlementaire d'alors et, lorsqu'il l'appelle, c'est pour mieux l'user : son « grand ministère » ne durera que quelques mois (d'avril 1881 à janvier 1882). C'est une autre personnalité, Jules Ferry, qui va au contraire dominer cette période de 1880 à 1885, ministre presque indéboulonnable et président du Conseil par deux fois (de septembre 1880 à avril 1881 et de février 1883 à mars 1885). Le rapport de forces politiques lui permet de mener à bien une politique tout à la fois laïque, anticléricale et libérale. C'est la République « opportuniste » qui réalise ce qui est « opportun », réaliste par rapport aux revendications intransigeantes des radicaux. Après avoir

réalisé une œuvre considérable jusqu'en 1885, le régime va affronter de graves crises, dont la crise boulangiste et le scandale de Panama, dont il sortira fortifié. Lui succédera une République dominée par les radicaux, marquée par l'Affaire Dreyfus, la fièvre nationaliste et une politique anticléricale qui n'ébranleront pas ses fondements.

SECTION 4
La crise des institutions après-guerre

669 11 novembre 1918 : jour de la signature de l'armistice. Le 14 juillet suivant est une journée d'unanimité nationale ou chacun chante, sans arrière-pensées politiques, l'hymne national, *La Marseillaise*. Devenue fête nationale à partir de 1922, la journée du 11 novembre est tout autant un moment de recueillement que de fête en l'honneur de la République. Le régime, après avoir épuisé son programme – l'école, la démocratie, la patrie –, va devoir faire face à des exigences nouvelles, en particulier sociales, et à une montée des périls extérieurs que la crise des années trente va mettre à jour. Dès lors, elle n'apparaît plus comme une forme de synthèse mais comme une source de divisions, de clivages qui marquent aussi bien les forces politiques que sociales. La démocratie parlementaire qu'elle incarne avec son personnel paraît inapte à résoudre les problèmes du temps.

La crise économique de 1929 va bientôt révéler les dysfonctionnements du régime qui s'observent déjà sur le simple plan politique par la décomposition des majorités et le hiatus croissant entre celles qui se forment à la Chambre et celles qui soutiennent effectivement les gouvernements sans compter la montée de l'antiparlementarisme exprimé par les Ligues. Cette disjonction des majorités, déjà perceptible depuis 1924, souligne à sa manière la fin d'une certaine IIIe République, trouvant son équilibre et sa survie soit dans l'Union des gauches, soit dans la concentration républicaine contre les extrêmes.

La bipolarisation de la vie politique qui s'ébauche après-guerre ne trouve guère de traduction sur le plan gouvernemental. Et la majorité de Front populaire issue des élections de 1936 se disloque deux ans plus tard. Au moment suprême, le régime apparaît incapable de surmonter cette division profonde de l'esprit public face à la montée des périls extérieurs. La chute de la République en 1940 suite à un désastre militaire apparaît comme la fin d'un système politique usé et à bout de souffle.

§ 1. La rupture de l'équilibre initial des pouvoirs

L'échec des tentatives de restauration de la présidence de la République

670 Certains présidents de la République essaieront, en vain, de contrecarrer l'abaissement de leurs fonctions à une magistrature seconde. Casimir Périer en 1894 a beau annoncer dans son message de début de septennat qu'il utilisera pleinement ses prérogatives constitutionnelles, il démissionnera quelques mois plus tard à la fois pour des raisons personnelles, mais aussi parce qu'il se sent tenu à l'écart des affaires diplomatiques. De même, Alexandre Millerand, élu en 1920, s'adresse à la nation par son discours d'Évreux le 14 octobre 1923 pour plaider le renforcement de l'autorité présidentielle. En juin 1924, il devra démissionner face au Cartel des gauches qui refuse d'entrer en relation avec un chef de l'État sorti de sa réserve.

Le rôle du président de la République

Mais le président de la République demeure, on l'a noté, influent en matière de politique extérieure. Selon l'article 8 de la loi du 16 juillet 1875, « il négocie et ratifie les traités ». Mais les traités d'alliance peuvent être ratifiés par le président seul, comme, à la fin du siècle, l'alliance russe et les protectorats.

En politique intérieure, le président de la République, outre la présidence du Conseil des ministres, conserve le droit de nommer le président du Conseil. Jules Grévy, en refusant, comme l'a vu, de désigner le chef de la majorité parlementaire d'alors, Gambetta, affaiblit l'institution gouvernementale et déplace le centre du pouvoir vers la Chambre. Des personnalités fortes, comme Ferry en 1880, souhaiteront donner à leur déclaration ministérielle « la clarté et la précision d'un véritable contrat », ou encore Gambetta, qui consolide un véritable Gouvernement parlementaire. Mais la force de leurs gouvernements tient plus – avec quelques autres – à la personnalité de leur chef ou aux circonstances qu'aux pratiques politiques dominantes.

Le président du Conseil

Quant au président du Conseil, le terme, on l'a noté, apparaît dans le décret du 9 mars 1876 nommant Dufaure. La plupart du temps, il est en même temps ministre sauf dans les dernières années de la IIIe République. *Primus inter pares*, « le premier parmi des égaux », le président du Conseil n'est pas vraiment un chef de Gouvernement. C'est lui qui, en fait, nomme les ministres plus ou moins représentatifs de la coalition parlementaire et des groupes qui la forment.

671 **La souveraineté du Parlement.**

> « La conscience des parlementaires était le seul tribunal de la constitutionnalité des lois. »
>
> Carré de Malberg.

La tradition républicaine ne conteste pas, au contraire, les grands principes inscrits dans la Déclaration des droits de l'homme que le Parlement est censé respecter. Mais les inscrire dans un texte constitutionnel, même en guise de préambule, serait en quelque sorte les déclasser, les désacraliser. Une certaine omnipotence parlementaire s'affirme donc, qui prend plusieurs voies. D'abord, le Parlement est juge de la régularité de l'élection de ses membres et fixe librement son règlement, son ordre du jour. Un projet de loi émanant du Gouvernement passe par le filtre des commissions spéciales, dites *ad hoc*, tandis que des commissions permanentes émergent et ont tendance à les supplanter. Celles-ci – et leur président – tendent à doubler chaque ministère et à peser sur l'action du ministre. Elles peuvent même mener un combat sans merci contre le Gouvernement : qu'on songe simplement à la commission des finances du Sénat sous le Front populaire, présidée par Joseph Caillaux. Quant au contrôle du Gouvernement, il passe par l'interpellation qui, à tout moment, peut déboucher sur sa chute.

Malgré ses défauts, le processus législatif, au moins jusqu'à la Grande Guerre, ne souffrit pas de cette domination du Parlement, à plus forte raison que son œuvre dans les principaux domaines (école, communes, libertés syndicales, libertés publiques) se confond avec le consensus républicain. Mais, dès lors que le programme de la République des origines va s'accomplir et s'épuiser, le débat va se déplacer sur d'autres enjeux, particulièrement sociaux portés par d'autres forces. La rupture de ce consensus va alors mettre au jour à la fois l'immobilisme du régime et ses défauts de fonctionnement.

§ 2. Le dérèglement des institutions

Une instabilité ministérielle croissante

672 Souvent soulignées par les observateurs, l'instabilité des gouvernements de la IIIe République et leur succession parfois rapide ne doivent pas faire oublier la stabilité des ministres. Il existe un noyau stable d'hommes politiques changeant de portefeuilles à travers les différents gouvernements. D'autre part, il existe des périodes de stabilité tenant à la personnalité du chef du Gouvernement et/ou à la période et aux problèmes posés. Jules Ferry (1883-1885), Pierre Waldeck-Rousseau (1899-1902), Georges Clemenceau (1906-1909 et 1917-1919), Raymond Poincaré (1922-1924, puis 1926-1929). Enfin, il faut distinguer deux périodes dans cette instabilité : avant et après la Première Guerre mondiale. De janvier 1876 à août 1914 la durée moyenne d'un Gouvernement est de neuf mois et demi (en tenant compte d'une longue période

de stabilité de 1899 à 1909 avec cinq gouvernements). De novembre 1918 à juin 1940, la durée moyenne tombe à six mois.

La dislocation des majorités après-guerre

673 Globalement, cette instabilité tient à la faiblesse des partis et à l'existence de coalitions électorales fragiles. Il reste que, au moins jusqu'à la fin du siècle, celles-ci correspondent peu ou prou aux coalitions gouvernementales. Après la guerre, cette correspondance s'efface.

François Goguel a souligné les conséquences de cette discontinuité. Sous les législatures de la première période de la IIIe République, il n'y a aucun renversement complet de majorité, mais des ajustements. Des groupes quittent la majorité sur sa gauche, d'autres la rejoignent sur sa droite, l'axe des majorités se situant au centre. Entre les deux guerres, il y a à trois reprises des renversements complets de majorité. En 1924, une majorité de Cartel des gauches (radicaux, radicaux-socialistes, socialistes indépendants, SFIO) l'emporte aux élections et forme le Gouvernement puis se disloque et, en juillet 1926, Poincaré réapparaît, appuyé sur les groupes qui s'étaient opposés au Cartel, avec le concours des deux tiers des radicaux-socialistes et socialistes indépendants qui avaient participé à celui-ci. En 1932, les élections donnent une majorité d'Union des gauches (radicaux-socialistes, socialistes indépendants, SFIO). Mais la coalition gouvernementale ne peut sceller cette coalition électorale et cinq gouvernements se succèdent jusqu'à la crise du 6 février 1934. Enfin, en 1936, une majorité de Front populaire se dégage des urnes (PC-SFIO, radicaux). Gouvernement à direction socialiste d'abord et à participation radicale et soutien communiste, puis à participation socialiste et direction radicale puis purement radical avec le soutien socialiste et communiste. Après la chute du deuxième Gouvernement Blum en 1938, un nouveau renversement de majorité se produit. Un radical, Daladier, forme un Gouvernement s'appuyant sur l'ancienne opposition modérée et la quasi-totalité des radicaux-socialistes et de quelques socialistes indépendants. Jamais ces renversements ne furent soumis à la sanction du corps électoral du fait de l'abrogation tacite du droit de dissolution.

Cette discontinuité s'éclaire au regard de l'absence d'accord sur les politiques à mettre en œuvre. Pour la mouvance socialiste qui s'affirme après la Première Guerre mondiale – et *a fortiori* pour les communistes – le pouvoir est un instrument de transformation sociale. Les radicaux n'acceptent que des réformes ne touchant pas aux structures de la société. Cette contradiction finissant par apparaître provoque la dislocation de la majorité et du Gouvernement. Le morcellement des partis, l'absence de deux coalitions adverses et stables – voire de deux grands partis disciplinés –, permettant une alternance claire, empêchent la constitution de majorités et de gouvernements cohérents.

Alors que la stabilité des ministres compense de moins en moins celle des gouvernements, le Sénat ne contribue plus à être un facteur de stabilité du régime. Tandis que s'organise pratiquement une certaine forme de bipolarisation politique, le Sénat contribue à empêcher qu'elle s'institutionnalise au niveau gouvernemental, préférant plaider pour une « concentration républicaine » inadaptée aux clivages politiques et sociaux de l'après-guerre.

§ 3. La fin de la IIIe République

L'impossible réforme de l'État

674 Dans les années 1888-1889, le boulangisme et son programme autoritaire (dissolution, constituante, révision) a disqualifié pour longtemps toute idée de réforme des institutions considérée dès lors comme attentatoire à la République et au parlementarisme qui l'incarne. L'idée de renforcement de l'autorité, de révision constitutionnelle, sombre avec Boulanger tandis qu'elle provoque l'union des républicains. Après l'épisode Millerand, il faut attendre les années trente pour que le mouvement de réforme de l'État prenne une ampleur comparable à la faveur de la crise économique et morale. Le renouveau des ligues et de l'antiparlementarisme, l'incertitude et les divisions doctrinales des radicaux et des socialistes, voire d'une droite modérée en plein éparpillement,

génèrent d'autres voies de réflexions comme le courant des « non-conformistes des années trente » (Jean-Louis Loubet del Bayle).

Le courant de réforme de l'État dans les années 1930

675 Sur le plan doctrinal, ce courant de réforme de l'État qui contribue indirectement à nourrir intellectuellement cette contestation se situe globalement à droite. Les républicains traditionnels sont attachés à la République parlementaire – pour eux la République tout court – tandis que la mouvance socialiste, à l'exception remarquable de Léon Blum, et communiste voit dans ce débat un moyen d'occulter la vraie nature de l'État bourgeois. Parmi les réformateurs, des universitaires, comme Joseph Barthélemy, mais aussi, bien que moins célèbre à l'époque, René Capitant, futur conseiller et ministre du général de Gaulle, qui publiera en 1934 un ouvrage consacré à la réforme du parlementarisme. Il y développe des thèses chères à son maître Carré de Malberg qui plaide alors pour la souveraineté populaire, le référendum, le droit de dissolution du chef de l'État sans entrave, le contrôle de constitutionnalité des lois. Cependant, on ne saurait en déduire, comme on le fait parfois, une influence de Carré de Malberg sur le général de Gaulle...

Chez les politiques domine la personnalité d'André Tardieu, franc-tireur de la droite, personnage majeur de l'entre-deux-guerres, deux fois président du Conseil, dont les ouvrages célèbres sur la réforme de l'État eurent une certaine influence.

Enfin, des érudits comme Jacques Bardoux, homme d'affaires et membre de l'Institut, spécialiste renommé de la Grande-Bretagne, qui anime un Comité technique pour la réforme de l'État comptant en son sein quelques fleurons des facultés de droit et du Conseil d'État, comme Joseph Barthélemy, Raymond Odent, Boris Mirkine-Guetzévitch. Si les tenants de la réforme sont au départ partagés sur les moyens de réformer (révision ou simples modifications du règlement des assemblées), l'objectif, la restauration de l'exécutif, leur est commun. Cette remise à niveau de la présidence de la République et de la présidence du Conseil passe en premier lieu par l'encadrement du Parlement. Maintes dispositions sont aussi proposées visant à protéger l'exécutif et à limiter l'influence des assemblées.

Une large partie du courant réformateur souhaite aussi dépasser le régime représentatif. Comment donner au peuple des moyens directs d'intervention ? L'idée d'élire le président de la République au suffrage universel n'est généralement pas défendue, non par hostilité de principe, mais compte tenu de « l'obsession de la date fatidique du 2 décembre » (J. Barthélemy). Une solution médiane, l'élection du président par des notables est largement partagée et sera proposée par le Comité technique de réforme de l'État, de Jacques Bardoux à André Tardieu.

Le peuple doit être aussi appelé à intervenir en cas de conflit grave entre la Chambre et le Gouvernement grâce à la dissolution. Ainsi, Tardieu (comme Millerand) propose de permettre au chef de l'État de se passer de l'avis conforme du Sénat. C'est d'ailleurs sur ce point crucial que la réforme de l'État capotera, dès lors qu'elle deviendra, après les incidents du 6 février 1934, une préoccupation parlementaire. De même, le référendum, dont un René Capitant fera plus tard son cheval de bataille, est-il remis à l'honneur par la plupart des propositions.

Le 6 février 1934 et ses conséquences

676 Les émeutes antiparlementaires du 6 février 1934 devaient provoquer la chute du Cabinet Daladier et l'arrivée d'un Gouvernement d'Union républicaine dirigé par Gaston Doumergue et contribuent à ce que le Parlement se saisisse, à contrecœur, de la réforme de l'État.

Le 15 mars 1934, la Chambre des députés constitue une commission présidée par un radical, Marchandeau, tandis que le Sénat l'imite timidement trois mois plus tard. La première aboutit le 27 avril à un projet relativement complet : renforcement de l'exécutif par la création et l'organisation d'une présidence du Conseil, limitation du nombre des ministres, droit de dissolution libéré d'un avis conforme du Sénat, limitation du droit d'initiative des députés en matière d'augmentation des dépenses publiques, possibilité pour le Gouvernement de passer outre à l'inertie de l'une ou l'autre chambre dans le processus législatif – par décrets-lois –, rationalisation du travail parlementaire par la limitation du droit d'interpellation, extension du travail de préparation en commission afin de supprimer les amendements en séance, vérification des pouvoirs des députés par le Conseil d'État en cas d'élections contestées, interdiction des groupes de défense d'intérêts particuliers, meilleure représentation des forces économiques par l'extension des compétences consultatives du Conseil national économique, réforme de la magistrature dans le sens d'une indépendance accrue, élargissement de l'électorat aux femmes, vote familial. Quant à la réforme électorale, l'adoption de la proportionnelle est finalement écartée.

Le projet Doumergue

677 Le Gouvernement Doumergue, dont Tardieu fait partie, tarde à prendre une position. Les 24 septembre et 4 octobre, le président du Conseil s'adresse aux Français par la radio, ce qui choque la tradition représentative et provoque la colère de la gauche craignant le « pouvoir personnel ». L'économie de son projet est l'institution d'un « Premier ministre », doté du droit de dissolution, sans avis conforme du Sénat, du monopole de l'initiative des dépenses publiques et de la faculté de proroger le budget. Il souhaite aussi restaurer l'indépendance de la magistrature et une réglementation constitutionnelle du droit de grève dans la fonction publique. Mais il profère également une diatribe contre « le Front socialo-communiste » qui vient de naître... Ce ton inquiète non seulement la gauche, mais aussi les radicaux. Quant au Sénat, la « gauche démocratique » s'oppose à la suppression de l'avis conforme. Bientôt, les radicaux s'opposent, dans ce contexte, à la réforme institutionnelle. Le Gouvernement Doumergue démissionne le 8 décembre. Son successeur, Flandin, issu de la droite modérée et parlementaire, forme le Gouvernement (dont Tardieu est écarté) et tourne la page de la réforme à l'exception de l'institution d'une véritable présidence du Conseil créée par la loi de finances du 23 décembre 1934. Elle s'installe rue de Varenne, à l'hôtel Matignon.

678 **L'extension du système des décrets-lois.** Faute de se réformer, le régime tend à pallier les insuffisances du système parlementaire par l'utilisation croissante des décrets-lois, officialisée en 1924. Les délégations législatives au Gouvernement, pendant un certain

délai et sur certains sujets, fonctionnent à la même époque aux États-Unis, en Allemagne ou en Angleterre. Cette procédure se généralise du fait de l'extension entre les deux guerres du rôle de l'État en matière économique, financière et sociale et de la crise qui secoue le monde occidental. En France, elle souligne aussi une tentative pour pallier l'impuissance du parlementarisme, ôtant aux chambres leurs responsabilités sur des sujets cruciaux, mais aussi impopulaires, sans pour autant traduire une réforme pérenne et structurelle des institutions assurant à l'exécutif une stabilité durable. À partir de 1934, il y a tous les ans, sauf en 1936, une délégation de pouvoir (deux en 1938) dont la durée et l'étendue vont croissant.

Du domaine économique et financier à la défense nationale, le Parlement devait aller jusqu'à déléguer son pouvoir constituant en 1940.

Bibliographie

BURDEAU (F.), *La IIIe République*, Montchrestien, 1996

DAUTERIBES (A.), « L'héritage intellectuel et politique d'Alexis de Tocqueville d'après Édouard de Laboulaye », *Politeia*, 2018

ESTEBE (J.), *Les ministres de la République, 1871-1914*, Presses de Sciences Po, 1982

GAUDEMET (Y.), *Les juristes et la vie politique de la IIIe République*, PUF, 1970

GOGUEL (F.), *Géographie des élections françaises sous la IIIe et la IVe République*, rééd. A. Colin, 1970

GOGUEL (F.), *La politique des partis sous la IIIe République*, Seuil, 5e éd., 1987.

LE PILLOUER (A.), « La théorie constitutionnelle d'Édouard Laboulaye », *RHIP*, 2018, n° 47

MAYEUR (J.-M.), *La vie politique sous la IIIe République (1870-1940)*, Seuil, 1984

PINON (S.), *Les réformistes constitutionnels des années trente, Aux origines de la Ve République*, LGDJ, 2003

RÉMOND (R.), *La République souveraine*, Fayard, 2002

SOULIER (A.), *L'instabilité ministérielle sous la IIIe République*, Sirey, 1939

THY (L. de), *L'écriture des lois constitutionnelles de 1875. La fondation de l'ordre constitutionnel de la IIIe République*, LGDJ, 2021

CHAPITRE 5

La IVe République

679 Contestée dans son principe, affaiblie dans ses soutiens, minée dans ses valeurs, la défaite de 1940 donnera le coup de grâce à la IIIe République, laissant libre cours à la réaction du gouvernement de Vichy de 1940 à 1944, tandis que de Gaulle entame à Londres la reconstruction d'une armée française et d'un État républicain.

Le **3 septembre 1939**, après l'invasion de la Pologne, la Grande-Bretagne et la France déclarent la guerre à l'Allemagne. Le **10 mai 1940** débute l'offensive allemande à l'est de la France. Les troupes allemandes entrent à Paris le 14 juin. Le gouvernement se replie à Bordeaux et le **16 juin 1940** est formé le cabinet du Maréchal Pétain qui succède à celui de Paul Reynaud. Le lendemain, Pétain enjoint à l'armée française de cesser le combat en demandant aux Allemands leurs conditions d'armistice. Le gouvernement s'installe finalement le 1er juillet à Vichy.

La loi constitutionnelle du 10 juillet 1940

Le 10 juillet, dans le Grand Casino de Vichy où se réunissent les deux chambres en Assemblée Nationale, le Sénat et la Chambre des députés votent le projet gouvernemental composé d'un article unique : « l'Assemblée nationale donne tous pouvoirs au gouvernement de la République, sous la signature et l'autorité du maréchal Pétain, président du Conseil, à l'effet de promulguer par un ou plusieurs actes la nouvelle Constitution de l'État français. Cette Constitution devra garantir les droits du Travail, de la Famille et de la Patrie. Elle sera ratifiée par les Assemblées qu'elle aura créées. »

Le texte est mis au vote et adopté par 569 voix contre 80 et 17 abstentions. Dès le 11 juillet, investi des pleins pouvoirs exécutif et législatif, le gouvernement promulgue les actes constitutionnels fondateurs de l'« État français », la mention « République française » disparaissant des actes officiels. Comme le soutient Julien Laferrière, en 1942, contre la doctrine vichyssoise (COMBRADE (B.-L.), 2020), la loi constitutionnelle du 10 juillet 1940 est une délégation de la compétence constituante de l'Assemblée nationale au profit du maréchal Pétain. Or, l'Assemblée nationale est titulaire du pouvoir constituant par délégation du peuple *via* la Constitution de 1875. Dès lors, elle n'est pas qualifiée pour transmettre ce pouvoir en tout ou partie à une autre autorité, car c'est « un principe certain du droit public [selon lequel] l'autorité à laquelle la Constitution ou la loi confère certaines attributions doit les exercer elle-même et ne peut pas charger une autre autorité de les exercer à sa place. Cette loi est donc inconciliable avec la constitution de 1875, et par là, illégale » (Terracol (L.), 2021). Tous ces actes ont été déclarés nuls et non avenus par une ordonnance du 9 août 1944 du Général de Gaulle relative au rétablissement de la légalité républicaine.

La IVe République qui va naître se veut neuve, dotée d'institutions modernes et garante de stabilité. En fait sur le plan politique et institutionnel, elle va vite reproduire les schémas d'antan tout en accomplissant une œuvre importante en matière économique, sociale et européenne. Les divisions politiques exacerbées d'un régime faible, incapable de régler la question coloniale mèneront à sa chute en 1958, douze ans après sa fondation. Au-delà de la défaite militaire – cette « divine surprise » (Charles Maurras) –, le régime de Vichy voit l'occasion pour refonder la société et entamer une « révolution nationale », contre « l'esprit de jouissance » condamné par Pétain le 20 juin 1940, en opérant un « redressement matériel et moral ». Voilà pour le discours et l'illusion. La réalité est autre : celle d'un État-croupion qui, après 1942, ne sera plus en mesure, s'il ne l'avait jamais été, de faire face aux exigences allemandes, et accentuant même sa politique de collaboration. Faisant parfois croire qu'il est le « bouclier » de la France, il pourchasse ceux qui constituent son « épée ».

De la France Libre au Comité Français de Libération Nationale

Dès juin 1940, le général de Gaulle entame un long combat pour la libération de la France : l'union de la résistance qui se fait jour va s'accentuer au fil des années de guerre. En 1941, ils se méfient comme le président Roosevelt de ce général perçu comme autoritaire et préfèrent ménager Vichy jusqu'en avril 1942.

Sur le plan politique, de Gaulle, clairement républicain, dénie toute légitimité à Vichy et se considère comme le dépositaire provisoire de la souveraineté nationale, s'engageant à rendre la parole au peuple dès la Libération. Il concentre tous les pouvoirs, assisté d'un Conseil de défense de l'Empire à compter d'octobre 1940 puis d'un Comité national français, sorte de gouvernement miniature, en septembre 1940.

680 De Gaulle voulait faire « réapparaître » l'État, avec un territoire, un gouvernement, une armée, un appareil administratif : son siège sera à Alger en 1943. Mais avant de l'asseoir sur des bases solides, il devra affronter bien des difficultés. Ce n'est que le 3 juin 1943 qu'est constitué un Comité français de Libération nationale (CFLN) coprésidé par Giraud et de Gaulle. Le premier a dû, sous la pression américaine, se placer dans une perspective de restauration de la République et condamner l'armistice. Le second, fort de l'appui décisif de la résistance intérieure qui commence à se rassembler sous l'égide d'un Conseil national de la Résistance présidé par Jean Moulin, a accepté – provisoirement – de côtoyer Giraud à la tête d'un gouvernement en charge de l'effort de guerre et garant des intérêts et de la souveraineté de la France partout dans le monde… Trois mois après, Giraud ne dispose plus que du commandement militaire – de Gaulle se réservant le pouvoir civil. Puis, il est écarté définitivement le 2 octobre.

Au plan politique, le 17 septembre 1943 est créée une Assemblée consultative provisoire réunissant des anciens parlementaires ayant refusé les pleins pouvoirs à Pétain (les « 80 »), des représentants des mouvements de résistance très critiques quant aux partis d'avant-guerre, et ceux des organisations politiques de gauche reconstitués dans la clandestinité comme le parti socialiste en mai avec Daniel Mayer tandis que le parti communiste n'a jamais cessé d'exister : deux de ses représentants entreront au CFLN en avril 1944.

SECTION 1

La transition républicaine (1944-1946)

681 Le 3 juin 1944, à la veille du débarquement allié en Normandie, de Gaulle institue le gouvernement provisoire de la République française (GPRF) qui réunit toutes les tendances politiques issues de la Résistance et des représentants de ses mouvements. Cette dénomination nouvelle marque le passage de la Résistance à l'exercice de l'autorité dans la métropole en voie de libération et au rétablissement de la légalité républicaine. Le GPRF est placé sous l'autorité de son président, le général de Gaulle, et s'attache à rétablir l'ordre républicain, à l'effort de reconstruction et est confronté à de sérieux problèmes internationaux et coloniaux. Seul habilité en conséquence à administrer le territoire national, face aux velléités américaines d'installer une administration provisoire du territoire occupé (AMGOT), il ne sera reconnu par les Alliés que le 23 octobre. Le 9 août, une ordonnance du GPRF rétablit la légalité républicaine, déclarant nulle et non avenue la législation postérieure au 16 juin 1940 et, par conséquent, la loi du 10 juillet 1940. Au balcon de l'Hôtel de Ville, le 25 août, de Gaulle refuse de proclamer la République « qui n'a jamais cessé d'exister ». Mais ce ne sera plus la même...

§ 1. La réflexion constitutionnelle pendant la guerre

A. La mouvance gaulliste

682 **Le projet de Comité général d'études (CGE).** Aux côtés du CFLN, un Comité général d'études, simple organe de réflexion, d'inspiration gaullienne se réunit à Alger, siège du CFLN, en 1943 et 1944. Il rassemble sous la houlette d'un membre du Conseil d'État, Michel Debré, des professeurs de droit, représentants de la Résistance intérieure, et s'attelle à penser les institutions futures. Le projet

final n'inspirera pas la Constitution de la IVe République, mais contient bien des parentés avec celle de 1958 (N. Wahl). Le chef de l'État, imaginé en 1944, est issu d'un collège de grands électeurs (1 300 membres). Élu pour sept ans, il nomme librement le président du Conseil, les ministres et les hauts fonctionnaires, a l'initiative des lois et de larges pouvoirs réglementaires. Il dispose par ailleurs du droit de dissolution, lié cependant au contreseing du président du Conseil.

Le projet contient par ailleurs un important volet consacré au parlementarisme rationalisé destiné à garantir la stabilité gouvernementale et à encadrer le rôle du Parlement. Le vote de confiance est strictement réglementé. Un débat annuel de politique générale est ouvert par le gouvernement et suivi par un vote de confiance. Le gouvernement a seul l'initiative des votes de confiance ultérieurs sauf si deux tiers des membres de la Chambre des députés le requièrent. Dans le cadre d'un bicaméralisme maintenu, de deux sessions chacune de trois mois, le domaine de la loi est limité, mais le Parlement peut en sortir temporairement. Les propositions de loi tendant à l'augmentation des dépenses de l'État sont interdites. La procédure budgétaire est constitutionnalisée : un budget non voté au 31 décembre vaut adoption du projet du gouvernement.

Refaire la France (Michel Debré). Il faut aussi noter un ouvrage de Michel Debré écrit en 1943 et publié en 1945, sous le pseudonyme de Jacquier, en collaboration avec Emmanuel Monick, *Refaire la France*. Le chef de l'État est choisi par un collège composé de membres du Parlement, de représentants des organisations syndicales, des conseils généraux et des grandes municipalités, etc. Son mandat est de douze ans (soit « la vie moyenne d'un monarque héréditaire »). Il détient discrétionnairement le droit de dissolution et nomme librement le Premier ministre à la tête d'un gouvernement restreint.

Les interpellations parlementaires sont supprimées et remplacées par un débat annuel à l'Assemblée nationale sur le programme du gouvernement suivi d'un vote de confiance. Enfin, Michel Debré prône une définition constitutionnelle du domaine de la loi, les autres matières appartenant au pouvoir réglementaire de l'exécutif. Le domaine de la loi concerne les questions constitutionnelles, les libertés publiques, les traités, les problèmes économiques et sociaux. L'organisation du Parlement composé de deux Chambres est modifiée : limitation des sessions et du nombre de commissions permanentes au profit de commissions spécialisées et temporaires. Notons par ailleurs que les députés sont élus au scrutin majoritaire de liste à un tour.

B. La réflexion de Léon Blum

683 Blum veut modifier sensiblement les bases de la Constitution de la IIIe République, mais la conserve comme socle. Il illustre l'esprit de rénovation constitutionnelle qui anime une partie de la Résistance. Mais va-t-il jusqu'à mettre en cause le dogme de la souveraineté parlementaire ? Les tenants de la tradition républicaine, en particulier à gauche, procèdent à un *aggiornamento* qui ne sera que passager. La révision la plus déchirante fut celle de Léon Blum qui, dans sa prison, écrit dans *À l'Échelle humaine* qui paraîtra après-guerre : « J'ai établi chemin faisant, deux vérités que je crois incontestables ; la première, que le gouvernement parlementaire n'est pas la forme unique, ni même la forme pure de la démocratie ; la seconde, que les vices tant de fois reprochés au parlementarisme français ne représentaient en réalité que des travers ou des tares de la bourgeoisie française [...] Ce qui ne survivra pas, c'est le régime représentatif proprement dit, c'est-à-dire la délégation intégrale de la souveraineté populaire à la Chambre élue et sa concentration dans les Assemblées législatives. » Singulier constat de l'homme de gauche pour qui « les origines historiques du parlementarisme ne le rattachent pas à un mouvement ou à une revendication démocratique » et qui attribue l'échec du parlementarisme français à l'absence « d'une ancienne et forte organisation de partis » à l'image de la Grande-Bretagne. Si le prisonnier de Vichy incline vers « les systèmes de type américain ou helvétique qui se fondent sur la séparation et l'équilibre des pouvoirs, par conséquent sur le partage de la souveraineté en assurant au pouvoir exécutif, dans sa sphère propre, une autorité indépendante et continue », il n'en devient pas pour autant l'apôtre d'un « régime

présidentiel » mais constate qu'il existe d'autres formes démocratiques et efficaces d'organisation du pouvoir.

Les systèmes américain et helvétique « créent des pouvoirs stables, et ont par surcroît le grand mérite de substituer la notion du contrôle à la notion un peu illusoire de la responsabilité, qui a toujours joué un trop grand rôle dans notre pays ». Après la Libération, Léon Blum reviendra à l'orthodoxie de gauche, en janvier 1946, dans *Le Populaire* : « Chez nous, jusqu'à nouvel ordre, il n'y a pas de démocratie viable et stable en dehors du régime parlementaire, viable et stable en dehors de l'organisation des partis ». Il réaffirmera surtout « sans réserve, en tant que principe de la Constitution républicaine, la souveraineté de l'Assemblée élue au suffrage universel unique délégataire de la souveraineté populaire [...], principe tenu pour intangible. »

C. Les projets socialiste et communiste

684 Pendant la Résistance, d'autres hommes de gauche, sans aller aussi loin dans leur interrogation sur le parlementarisme, proposeront de rénover les institutions républicaines.

Le projet des socialistes. Le projet de Charles Dumas de 1942 reçut l'approbation du comité directeur du Parti socialiste clandestin. Le texte n'envisage pas dans l'immédiat « d'autre mode d'expression de la démocratie que le système parlementaire » et son économie est fondée sur l'idée du contrat de législature. Au Sénat, supprimé, fait place une Assemblée consultative représentant les intérêts sociaux et professionnels.

Pour André Philip, dans ses *Thèses pour venir à la discussion de la future Constitution,* il insère une nouvelle Déclaration des droits de l'homme dont le respect est assuré par un organe de contrôle « compétent pour faire une déclaration de constitutionnalité, celle-ci rendant obligatoire la soumission du texte incriminé au référendum populaire ». C'est le refus du dogme de la souveraineté parlementaire. Au chef de l'État est ôté tout pouvoir authentique à l'exception de la désignation du président du Conseil, mais le président de la République devient le véritable gardien de l'autorité judiciaire. Au Sénat, est substitué un Conseil supérieur de la

Communauté française ayant compétence en matière impériale. Quant aux rapports gouvernement-Assemblée, ils résident encore dans le contrat de législature et la dissolution automatique. Mais le droit d'interpellation est limité et la compétence législative du Parlement restreinte au profit du gouvernement.

Pour Jules Moch, la démocratie « suppose en France un régime parlementaire : elle n'est pas incompatible avec l'existence d'un exécutif stable et fort ». Il propose un système monocaméral fondé sur le contrat de législature et la dissolution automatique. Le projet de Vincent Auriol, malgré sa complexité fédérale, participe de la même idée qu'il expose dans son ouvrage paru en 1945 *Hier... Demain*. Tous ne tiennent plus pour suspect le pouvoir exécutif. Sa stabilité et sa force ne sont pas irréconciliables avec la souveraineté du peuple.

685 Le parti communiste est loin de s'interroger à l'identique. Mais pour la première fois dans son histoire, il intègre le système parlementaire dans son discours et juge de ses qualités intrinsèques. Il considère ainsi par la voix de Fernand Grenier que « ce n'est pas la faiblesse du pouvoir exécutif qui est la cause de nos malheurs. C'est la corruption de l'exécutif et des Assemblées élues (qui) est venue du défaut de contrôle des élus sur le gouvernement et des électeurs sur les élus ». Georges Cogniot veut que soit institué « le contrôle permanent et organisé des mandants sur les mandataires », la stabilité gouvernementale étant obtenue « par le renforcement de la conscience politique ».

Renouer avec la Révolution, telle est l'idée du parti communiste à la Libération. Son projet constitutionnel est clair à cet égard, mais la novation essentielle réside dans le fait qu'il existe. Les communistes ont changé et affirment leur adhésion à 1789 et non plus seulement à 1793. Quarante ans plus tard, ils renonceront à la dictature du prolétariat et la déclaration sur les libertés placera les libertés « bourgeoises » au rang des libertés « réelles ». Il faut défendre la démocratie et l'instauration du socialisme n'est plus l'objectif immédiat. Le projet de Constitution soumis par le parti dispose en son article 6 que l'organe suprême de la République est l'Assemblée nationale. Pour l'essentiel, c'est 1793 revu et corrigé par la Convention car, de référendum, il n'est point question.

§ 2. L'incertitude constitutionnelle

A. La reconstitution des partis politiques

686 Dès avant la Libération, l'Assemblée consultative provisoire a vu son organisation modifiée dans un sens plus conforme à la tradition parlementaire : groupes, commissions, élection d'un bureau, vote d'un règlement intérieur. Mais elle demeure, malgré ses prétentions à représenter la Nation, purement consultative. L'écho des formations politiques reconstituées (Section Française de l'Internationale Ouvrière [SFIO], Parti Communiste Français [PCF], Radicaux) ou nées de la Libération (le Mouvement républicain populaire, l'Union démocratique et socialiste de la Résistance) s'y fait grandissant. Si le renouvellement du personnel politique est certain, plaçant au premier plan de jeunes résistants, il apparaît que loin de se renouveler les partis reprennent leurs habitudes d'avant-guerre sous l'œil inquiet du général de Gaulle. Hormis la droite et les modérés qui ont assez largement soutenu Vichy et qui n'ont plus qu'une faible part dans le jeu politique (comme la Fédération républicaine ou l'Alliance démocratique), les anciens partis se reconstituent tandis que d'autres apparaissent.

B. La première Assemblée constituante

1. *Une quatrième République ?*

687 De Gaulle n'a jamais exprimé publiquement pendant la guerre le fond de ses idées constitutionnelles, réaffirmant son attachement à la République et s'engageant à rendre la parole au peuple. Mais chacun devine qu'il ne souhaite pas accepter la continuation de la souveraineté parlementaire. La Libération de la France va permettre, sur ce point crucial, d'engager le débat.

En vertu de l'ordonnance du 21 avril 1944 est prévue l'élection d'une Assemblée constituante une année après la libération du territoire. Les Français seront appelés aux urnes le 21 octobre 1945 pour un référendum et des élections. Le général de Gaulle a souhaité, contre l'avis de l'Assemblée consultative – la SFIO et le parti communiste condamnant l'idée d'un « plébiscite » – utiliser cette procédure démocratique pour appeler les Français à décider de leurs nouvelles institutions.

La consultation pose deux questions aux Français :

– l'Assemblée qui va être élue sera-t-elle constituante ? Si oui, elle rédigera un projet de Constitution nouvelle. Sinon, l'Assemblée formera la Chambre des députés prévue par les lois constitutionnelles de 1875 et un Sénat sera alors élu. On en reviendra ainsi à la IIIe République ;

– si l'Assemblée est constituante, approuvez-vous le projet de loi proposé par le gouvernement fixant le fonctionnement des pouvoirs publics jusqu'à la mise en vigueur de la nouvelle Constitution ?

Ce projet de loi – qui a la préférence du général de Gaulle – prévoit que la durée du mandat de l'Assemblée constituante sera limitée à sept mois. Si la Constitution n'est pas élaborée dans ce délai ou si le projet était repoussé par le peuple, une nouvelle Constituante serait élue, dotée de pouvoirs identiques à la première.

2. *Le rôle provisoire de l'Assemblée*

688 En tout état de cause, si l'Assemblée adopte un projet, il sera soumis à référendum dans le mois de son adoption. C'en est fini, pour la première fois de notre histoire constitutionnelle, d'une Assemblée constituante souveraine. L'Assemblée, dotée du pouvoir législatif (mais privée de l'initiative des dépenses), a concurremment avec le gouvernement, l'initiative des lois. Celui-ci les promulgue dans le délai d'un mois, pendant lequel il peut demander une nouvelle lecture. Si l'Assemblée confirme son premier vote à la majorité absolue de ses membres, la loi devait être promulguée dans les trois jours.

L'Assemblée élit le président du gouvernement provisoire à la majorité absolue de ses membres. Ce président soumet à l'Assemblée la composition et le programme de son gouvernement. Il est responsable politiquement devant elle. De Gaulle aurait souhaité que celle-ci ne fût pas mentionnée explicitement, mais il dut finalement céder devant l'insistance de l'Assemblée consultative.

Cependant, pour renverser le gouvernement, il faut le vote d'une motion de censure déposée au moins deux jours auparavant.

3. *Le référendum et les élections du 21 octobre 1945*

689 Après les municipales (29 avril et 13 mai), c'est la seconde consultation où les femmes peuvent voter, le droit de vote leur ayant été accordé par l'ordonnance du 21 avril 1944. Elles représenteront bientôt 6 % des sièges au sein de l'Assemblée : quarante ans plus tard, avant la réforme constitutionnelle de 2000 instituant la parité, le chiffre sera à peu près le même...

Le référendum et le refus d'une Assemblée constituante souveraine. Au référendum du 21 octobre, les socialistes, le MRP (Mouvement républicain populaire) et l'UDSR (Union démocratique et socialiste de la Résistance) sont pour le *oui-oui*, les radicaux pour le *non-non*, et sous la houlette d'Herriot – mettant en garde contre le pouvoir « personnel » du général – le PC pour le *oui-non*. À la première question, le *oui* l'emporte de façon écrasante (96 %) : les citoyens ne veulent pas d'un retour à la IIIe République. À la seconde, sur les pouvoirs de l'Assemblée, deux tiers de *oui* : les communistes ont pesé contre.

Les élections à l'Assemblée constituante. Les élections à l'Assemblée constituante du même jour ont lieu, en vertu de l'ordonnance du 17 août 1945 à la représentation proportionnelle (avec listes bloquées, interdiction du panachage et répartition des restes à la plus forte moyenne qui avantage les grands partis). Contre l'avis de Michel Debré, favorable au scrutin majoritaire à un tour – à l'anglaise –, de Gaulle opte, pour éviter qu'un scrutin majoritaire donne une majorité aux communistes, pour le scrutin proportionnel (la traduction du vote communiste en sièges n'est pas ainsi surévaluée).

586 sièges sont à pourvoir. Au regard des résultats de 1936, la poussée communiste est considérable : 160 sièges avec les apparentés et un quart des voix. Les socialistes ont 142 sièges et progressent en voix (un peu moins du 1/4 contre 1/5 en 1936). Surtout, le succès du Mouvement républicain populaire, est considérable : 23,3 % des voix et 150 sièges. Ce sont ces trois partis

qui, obtenant trois quarts des voix et 4/5 des sièges, vont dominer la scène, formant alors le « tripartisme ». Le quart restant des voix et le cinquième des sièges va à divers modérés, à l'UDSR et aux radicaux (25 sièges !).

4. *Le départ du général de Gaulle (20 janvier 1946)*

690 Un accord politique s'impose : l'alliance des trois grands partis résistants. Tandis que le régime provisoire du 20 novembre 1945 devait durer jusqu'à l'adoption de la Constitution du 27 octobre 1946, de Gaulle est élu président du gouvernement provisoire le 13 novembre 1945 à l'unanimité – apparente. Il refuse aux communistes les trois grands ministères qu'ils réclament, soit « les trois leviers qui commandent la politique étrangère : la diplomatie qui l'exprime, l'armée qui la commande, la police qui la couvre » (de Gaulle). Finalement, les trois grands partis ont chacun 5 ministères sur 21. Mais, entre la plupart des partis et le chef du gouvernement, deux conceptions inconciliables du pouvoir vont s'affronter. Le 1er janvier 1946, à l'occasion du vote des crédits de la Défense nationale, répondant à André Philip, de Gaulle déclare : « Oui, il y a deux conceptions. Elles ne sont aucunement semblables, c'est très exact. C'est d'ailleurs là le débat qui va s'engager bientôt à l'Assemblée [...], dans le pays, à propos de nos institutions, car c'est là qu'est la question qu'il faut résoudre. Veut-on un gouvernement qui gouverne ou bien veut-on une Assemblée omnipotente, déléguant un gouvernement pour accomplir ses volontés ? »

Aussi, quelques jours après, constatant que le retour du « régime exclusif des partis » l'empêche de mener à bien la politique qu'il juge nécessaire, le général de Gaulle se démet en pensant être rappelé : il ne le sera pas. Félix Gouin, socialiste, lui succède. Il compose un gouvernement tripartite où chaque parti se partage les ministères et les influences. Mais le débat constitutionnel va mettre à mal cet accord.

C. L'échec de la première Constituante et le retour aux urnes

691 Le 19 avril 1946, l'Assemblée nationale constituante, où domine une majorité socialiste et communiste, adopte par 309 voix (PC et SFIO) contre 246 (MRP et modérés) le projet de Constitution établissant un régime d'Assemblée.

Le texte doit être soumis à référendum le 5 mai. Son titre I, précédé d'une Déclaration des droits économiques et sociaux, s'intitule : *De la souveraineté et de l'Assemblée nationale*, tandis que l'article 47 dispose que « le peuple français exerce sa souveraineté par ses députés à l'Assemblée ». L'Assemblée est unique et elle désigne le président du Conseil comme le président de la République. Celui-ci se borne à « communiquer », après les consultations d'usage au président de l'Assemblée nationale, les noms des candidats à la présidence du Conseil. Il ne possède même pas le droit de grâce. Notons que cette Déclaration des droits nouvelle, après celle de 1789, pose les exigences d'une démocratie économique et sociale, inspirée du programme du Conseil national de la Résistance.

Ce projet n'a pas recueilli l'assentiment du MRP, partisan d'un gouvernement parlementaire équilibré. Les socialistes sont partagés entre leur crainte d'une Assemblée unique dominée par les communistes et leur rancœur vis-à-vis du Sénat.

La commission qui prépare le projet de Constitution qui s'est réunie à partir de janvier 1946 n'a pu trouver de compromis malgré la modération du président de l'Assemblée, Vincent Auriol (SFIO). Fin mars, la rupture est consommée entre d'une part le MRP et d'autre part la SFIO et le PC. Pierre Cot, radical mais apparenté communiste, devient alors président de la commission le 9 avril. Le 15, le MRP, par la voix de Paul Coste-Floret, tente par un dernier amendement, de poser le principe du bicaméralisme. Il est rejeté par 288 voix contre 260. C'est la rupture et le MRP appelle à voter *non*.

Le texte soumis à référendum le 5 mai 1946 consacre la victoire du *non* qui l'emporte par 53 % contre 47 % (10 584 359 *non* et 9 454 034 *oui*) et environ 20 % d'abstentions (5 282 043). Une nouvelle Assemblée constituante va donc être élue pour préparer un second projet.

D. La seconde Assemblée constituante

1. *Les élections du 2 juin 1946*

692 À l'issue du scrutin, le parti communiste compte 153 élus et 26 % des voix, les socialistes sont 129 avec 21 % des voix – en recul – et surtout, le MRP a 169 sièges et plus de 28 % des voix. Un gouvernement tripartite sera bientôt formé à direction MRP (Georges Bidault).

Cette nouvelle Assemblée constituante, dans laquelle l'alliance SFIO-PC perd la majorité absolue tandis que le MRP devient un partenaire obligé, va prendre pour base de travail le premier projet de Constitution, sensiblement modifié. Les républicains populaires ne souhaitent pas laisser la SFIO dans un face-à-face avec le parti communiste dont ils veulent contenir l'influence. Le second projet sera donc le fruit d'un compromis entre les trois formations qui continuent à gouverner ensemble. Le MRP préfère transiger malgré sa proximité de pensée avec le général de Gaulle telle qu'elle va s'exprimer bientôt dans le discours de Bayeux.

2. *Les discours de Bayeux et d'Épinal du général de Gaulle*

693 De Gaulle intervient en effet deux fois dans le débat constitutionnel, la première à Bayeux le 16 juin 1946 tandis qu'il ne connaît pas encore le détail du projet de Constitution, la seconde le 22 septembre à Épinal, en disposant cette fois de l'essentiel du projet voté par l'Assemblée constituante.

Pour le général de Gaulle, la « séparation des pouvoirs » entre l'exécutif et le Parlement, en fait celle entre l'intérêt général et les intérêts particuliers (les partis), implique que le gouvernement ne procède pas du Parlement mais du « chef de l'État placé au-dessus des partis » (Bayeux). De même est-il inconcevable pour lui que les membres du gouvernement soient les « mandataires d'un parti ».

Il plaide donc pour une légitimité renforcée du chef de l'État « élu par un collège qui englobe le Parlement mais président de l'Union française en même temps que celui de la République » (Bayeux). Tel sera d'ailleurs le système d'élection par un collège de notables adopté en 1958 même si au lendemain de Bayeux dans *Le Populaire*, organe de la SFIO (socialiste), Léon Blum, avec une lucidité étonnante voit comme la « conclusion logique du système » où domine le président, l'élection directe au suffrage universel !

Le pouvoir exécutif doit procéder du chef de l'État puisque celui-ci « nomme les ministres et d'abord bien entendu le premier » (Bayeux). Les ministres ne sauraient cependant être les mandataires d'un parti. L'« investiture » du gouvernement n'exclut pas que le gouvernement soit responsable collectivement devant l'Assemblée nationale (Épinal). L'arbitre national peut la dissoudre « au cas où nulle majorité cohérente ne permettrait à celle-ci de jouer normalement son rôle législatif ou de soutenir aucun gouvernement » (Épinal). Enfin, au président de la République, « s'il se trouvait que la patrie fut en péril, le devoir d'être le garant de l'indépendance nationale et des traités conclus par la France » (Bayeux).

S'agissant du bicaméralisme et du rôle attribué au Sénat, de Gaulle souhaite élargir la représentation de la Seconde chambre. Enfin, le référendum absent du discours de Bayeux est présent dans celui d'Épinal, en matière de révision constitutionnelle alors que le projet de Constitution de 1946 exclut cette voie au cas où l'Assemblée nationale se serait prononcée à la majorité des deux tiers.

3. *Le compromis constituant*

694 Socialistes et communistes rejettent naturellement les idées de Bayeux tandis que le MRP et les modérés (à l'exception des radicaux par crainte du « pouvoir personnel ») en approuvent l'essentiel. Le MRP cependant n'entend pas rompre le « tripartisme » et le partage du gouvernement qui en découle. Aussi souhaite-t-il trouver un compromis acceptable pour de Gaulle et l'opinion. Le MRP

veut en particulier qu'on revienne sur le principe de l'Assemblée unique et doter le président de la République de pouvoirs réels.

Le débat sur la Constitution s'est ouvert le 20 août. La commission chargée du projet de Constitution est présidée par André Philip (socialiste) et son rapporteur général est Paul Coste-Floret (MRP). Elle a établi un projet auquel les communistes se sont opposés pour l'essentiel. Le 27 août, celui-ci est connu et de Gaulle, dans une déclaration faite à la presse, le condamne : « Le texte du projet ne contient même pas les mots de "gouvernement" ou "de pouvoir exécutif" », s'indigne le général qui, point par point, réfute le texte pour lui substituer son propre projet. Il réitère ses critiques à Épinal.

La raison de l'unité des trois partis sera la plus forte. SFIO et PC ne veulent pas d'un nouvel échec, qui donnerait raison au général de Gaulle et sont prêts à des concessions vis-à-vis du MRP en particulier sur la seconde chambre et le rôle du chef de l'État. Le 26 septembre, l'accord est bouclé et le texte définitif est adopté dans la nuit du 28 au 29 septembre 1946 par 440 voix contre 106.

4. *Le référendum du 13 octobre 1946*

695 Le référendum sur la Constitution dégage une majorité de oui (57 %) mais 31,2 % de votants se sont abstenus. Autrement dit par de Gaulle « 1/3 des Français s'y étaient résignés, 1/3 l'avaient repoussée, 1/3 l'avaient ignorée ». La IVe République naît donc sur des bases fragiles.

SECTION 2

Les institutions de la IVe République et leur déviation (1946-1958)

696 Née de la Libération de la France et du référendum du 21 octobre 1945 qui rejette le retour à sa devancière, la IVe République n'est

instituée officiellement qu'avec la Constitution du 27 octobre 1946 et la mise en place du gouvernement Ramadier en janvier 1947. Ce régime reste mal-aimé et sert souvent de contre-modèle à la Vᵉ République. Il apparaît dans la vision gaullienne comme « le régime des partis », instable et impuissant. Si ses institutions sont fragiles, ce régime qui ne va durer que douze années va être aussi confronté à une grave tension internationale née de la guerre froide, engager la France dans la construction européenne et la modernisation économique et sociale tout en étant confronté au problème colonial qui, avec la guerre d'Algérie, le fera chuter.

§ 1. Les institutions

A. L'inspiration de la Constitution

697 Réaction contre Vichy et le « pouvoir personnel », mais aussi contre la IIIᵉ République, la Constitution du 27 octobre 1946 ne s'écarte pas, sur le fond, de la tradition de la souveraineté parlementaire.

1. *La souveraineté parlementaire (de l'Assemblée nationale)*

Le Parlement doit rester la clef de voûte du système politique ou plutôt l'Assemblée nationale – la seconde Chambre maintenue ne devant plus empiéter sur ses pouvoirs. Si la IIIᵉ République a disparu, c'est aussi parce qu'elle a abandonné au gouvernement de légiférer par décrets-lois. Aussi faut-il réaffirmer sa suprématie dans le domaine législatif. Certes, veut-on limiter l'instabilité gouvernementale par quelques mesures propres au « parlementarisme rationalisé ». Mais l'essentiel n'est-il pas que les trois partis dominants continuent de gouverner ensemble ? Il faut sur ce point associer étroitement l'Assemblée au choix du chef du gouvernement et au programme dont il est porteur pour se garantir, pense-t-on, de l'instabilité.

2. *Le Préambule et la consécration des droits économiques et sociaux*

L'inspiration de la Constitution est aussi sociale, fidèle en cela aux aspirations de la Résistance. Son Préambule – et non plus une Déclaration des droits – réaffirme non seulement les droits et libertés de l'homme et du citoyen de 1789, consacrés par la Déclaration des droits, mais aussi « proclame, en outre, comme particulièrement nécessaires à notre temps, les principes politiques, économiques et sociaux... » Fidèle à l'esprit de la Résistance et au programme du Conseil national de la Résistance, il élargit l'horizon du principe démocratique. Il fait du citoyen un travailleur, garantissant ses droits fondamentaux, sans distinction de sexe, de race ou de religion. Chacun a droit au travail ou à des moyens d'existence décents en cas d'incapacité. La Nation garantit ainsi à l'individu et à sa famille les conditions nécessaires à son développement : protection de la santé, sécurité matérielle, repos et loisirs, égal accès à l'instruction, à la formation professionnelle et à la culture. Le Préambule assigne aussi à l'État le devoir d'organiser l'enseignement public gratuit et laïque à tous les degrés. Il consacre enfin et pour la première fois, la démocratie économique et sociale. Les travailleurs ont le droit de participer, par l'intermédiaire de leurs délégués, à la détermination collective des conditions de travail, ainsi qu'à la gestion des entreprises. Le droit de grève et le droit syndical sont consacrés. C'est aussi la transformation du rôle de l'État interventionniste et protecteur qui justifie ainsi par exemple le principe des nationalisations dès lors qu'une entreprise revêt le caractère de service public national ou d'un monopole de fait. Plus largement, le Préambule s'inscrit dans la mutation de la puissance publique assignée à une fonction clef dans la transformation de la société.

B. Un bicamérisme fortement inégalitaire

698 Le terme d'*Assemblée nationale* était réservé sous la IIIe République à la réunion des Chambres. La Chambre des députés, devenue *Assemblée nationale*, voit donc rehaussé son prestige et affirmée sa primauté. Elle est permanente, à l'image de la tradition révolu-

tionnaire. Elle fixe souverainement son règlement et son ordre du jour. Tout projet du gouvernement est au surplus examiné par la commission parlementaire compétente et c'est sur ce texte, et non celui du gouvernement, que l'Assemblée va en premier lieu délibérer. Enfin, l'Assemblée vote seule la loi et ne peut déléguer ce droit (art. 13). Ainsi sont interdites, en principe, les délégations législatives au gouvernement.

La seconde Chambre, le Conseil de la République, née de l'insistance du MRP, est une « Chambre de réflexion ». Elle intervient obligatoirement par des avis qui ne lient pas l'Assemblée. En cas de désaccord, celle-ci passe outre. Notons cependant que si l'avis a été donné à la majorité absolue par le Conseil de la République, l'Assemblée doit aussi émettre un vote – contraire – dans les mêmes conditions. Et la majorité absolue sera plus délicate à trouver dans celle-ci que dans celle-là.

En matière de révision constitutionnelle, l'article 80 prévoit que l'Assemblée en adopte le principe par une résolution adoptée par la majorité absolue de ses membres. Puis, le projet de loi constitutionnelle est élaboré selon les formes de la loi ordinaire, ce qui réaffirme l'hégémonie de l'Assemblée. Un référendum n'est prévu que si la seule Assemblée n'adopte pas le texte à la majorité des deux tiers ou si chacune des deux Chambres ne l'adopte pas à la majorité des trois cinquièmes. Enfin, et surtout, l'Assemblée est la source du pouvoir gouvernemental.

C. Un chef de l'État parlementaire

699 La dualité de l'exécutif, concession au MRP, fait exister, à côté du président du Conseil, un président de la République élu tous les 7 ans par les deux Chambres réunies (rééligible une seule fois). Les pouvoirs sont plus limités que ceux de son prédécesseur de la IIIe République. Il préside le Conseil des ministres, le Conseil supérieur de la magistrature, le Comité de la Défense nationale (il est « défenseur des armées ») et le Haut Conseil de l'Union française. Il désigne en Conseil des ministres les hauts fonctionnaires, a le droit de grâce, peut communiquer avec le Parlement par des messages (à la seule Assemblée nationale). Il est tenu informé des

négociations internationales, signe et ratifie les traités (mais ne les négocie pas), accrédite les diplomates français et reçoit les diplomates étrangers, promulgue les lois et peut demander une nouvelle délibération. Mais le contreseing ministériel est nécessaire à tous ces actes. Limités, ses pouvoirs, même partagés, sont néanmoins, selon la formule de Paul Coste-Floret, « plus effectifs ».

D. Les rapports entre l'exécutif et le législatif

La désignation du président du Conseil

700 Le chef de l'État joue un rôle non négligeable dans la désignation du président du Conseil. Ainsi, après les consultations d'usage, il le « désigne » et la personnalité ainsi sélectionnée présente seule, devant l'Assemblée, le programme et la politique du gouvernement qu'il se propose de constituer. L'idée, contrairement à la IIIe République, est d'en faire un homme fort, personnellement responsable devant l'Assemblée avec laquelle il a passé un contrat. Pour être investi, le président du Conseil doit obtenir la majorité *absolue* de voix des membres composant l'Assemblée nationale (les abstentions étant donc assimilées à des votes négatifs). L'idée, par ce procédé, est de dégager d'emblée et sans arrière-pensées une réelle majorité.

Puis, le président du Conseil est *nommé* par le président de la République. Le premier nomme les ministres librement choisis par lui. Si l'investiture est organisée avec minutie, la « désinvestiture » l'est tout autant. D'une part, la démission du gouvernement peut d'abord résulter du refus explicite de la confiance. La question de confiance est posée devant l'Assemblée (et non le Conseil de la République) par le président du Conseil, après délibération du Conseil des ministres. D'autre part, l'Assemblée peut voter une motion de censure. Son dépôt a lieu un jour franc (délai de réflexion) avant le scrutin public et doit rassembler la majorité absolue des membres de l'Assemblée.

La dissolution encadrée

701 Par ailleurs, après avoir organisé l'éventualité d'une crise ministérielle, la Constitution organise la procédure de la dissolution.

Celle-ci n'est d'abord pas possible au cours des dix-huit premiers mois de la législature qui dure cinq années. Le député a droit en quelque sorte à « un minimum garanti » (Jacques Chapsal). Si, passé ce délai, deux crises définies dans les conditions énoncées précédemment ont lieu, la dissolution peut être décidée en Conseil des ministres après avis du président de l'Assemblée, et le chef de l'État la prononce par décret. Une fois la dissolution prononcée, le président du Conseil est remplacé par le président de l'Assemblée qui devient chef du gouvernement. Ce dernier nomme provisoirement, en accord avec le bureau de l'Assemblée, un nouveau ministre de l'Intérieur (qui préparera les élections tandis qu'avec la révision de 1954, le président de l'Assemblée devient à la fois président du Conseil et ministre de l'Intérieur) et désigne des ministres d'État – sans portefeuille – parmi les membres des groupes non représentés au gouvernement. La dissolution n'est pas conçue ici comme la contrepartie de la responsabilité du gouvernement devant l'Assemblée, mais vise à mettre fin à une situation dans laquelle l'absence de majorité cohérente génère l'instabilité ministérielle. Éloignée sur ce point fondamental du parlementarisme classique, cette procédure laisse en fait entre les mains de l'Assemblée l'usage de la dissolution. Il lui appartient – ou non – de la déclencher en provoquant dans les formes prévues, deux crises ministérielles. Le droit de dissolution devient « une arme rouillée dans l'arsenal constitutionnel » (Guy Antonetti).

L'absence de contrôle de constitutionnalité

702 La Constitution n'organise aucun contrôle de constitutionnalité des lois. Un Comité constitutionnel a seulement pour mission d'examiner si « les lois votées par l'Assemblée nationale supposent une révision de la Constitution » (art. 91). Outre que le Préambule n'est pas considéré comme faisant partie de la Constitution *stricto sensu*, cette disposition vise en fait à protéger le Conseil de la République contre d'éventuelles menaces. En tout état de cause, le Comité se réunira, sous la présidence du chef de l'État, une seule fois pendant toute la durée du régime.

E. Un fédéralisme en trompe-l'œil

703 Quant à l'« Union Française » nouvellement proclamée, elle a pour but que les liens entre la France et les peuples d'outre-mer soient fondés sur « l'égalité des droits et des devoirs, sans distinction de race ni de religion » (préambule). La France doit conduire ceux seulement des peuples associés vers l'autonomie, mais dans un avenir indéfini... En fait, la République française combine l'assimilation avec les départements d'Algérie, ceux d'outre-mer (Réunion, Guyane, Guadeloupe, Martinique), les territoires d'outre-mer, et l'association avec les Territoires associés comme le Togo et le Cameroun et les États associés, à savoir les anciens protectorats (la Tunisie, le Maroc, l'Annam, le Cambodge ou le Laos) qui n'élisent pas de représentants dans les Chambres. Mais la générosité des intentions et les structures mises en place (un Haut Conseil assistant le gouvernement français, une Assemblée de l'Union pour la législation outre-mer, à voix consultative, le chef de l'État président de l'Union Française) n'empêcheront pas que l'évolution pensée en termes flous se décidera en dehors des textes constitutionnels.

§ 2. Les déviations de la Constitution et le retour aux usages de la IIIe République

A. La mise à néant des techniques de protection de l'exécutif

1. *La double investiture*

704 Le président du Conseil devait être le seul responsable devant l'Assemblée. Le premier président de la République, Vincent Auriol, après les consultations d'usage, confie en 1947 à son vieil ami Paul Ramadier (SFIO) une mission d'information. Cet avocat, député sous la IIIe République a été plusieurs fois ministre avant guerre sous Blum ou Daladier. Il n'a pas voté les pleins pouvoirs à Pétain. Puis, Auriol le désigne pour qu'il se présente seul, conformément à la

Constitution, devant l'Assemblée nationale. Il est *investi* par celle-ci le 21 janvier 1947 à l'unanimité des votants (549 voix) puis est *nommé* par le chef de l'État ainsi que les ministres choisis par lui. Mais le nouveau président du Conseil, plus habitué aux usages de la IIIe République, veut présenter son cabinet à l'Assemblée pour obtenir la confiance. Il l'obtient le 28 janvier 1947, mais avec 28 voix de moins. Cette double investiture n'est pas conforme à l'intention des constituants pas plus qu'à la lettre de la Constitution. Vincent Auriol condamne cette attitude en privé.

705 *« 11 heures : Je suis très mécontent. J'apprends que Ramadier va accepter cet après-midi la discussion des interpellations concernant la composition de son gouvernement.*

— Mais, lui dis-je au téléphone, c'est contraire à l'esprit de la Constitution. Autrefois, lorsque le gouvernement prenait contact avec la Chambre, celle-ci se prononçait à la fois sur le programme et sur la composition du gouvernement. Aujourd'hui, tu as la confiance de l'Assemblée pour l'exécution d'un programme et l'orientation d'une politique. C'est toi, et toi seul, qui as la responsabilité des actes de tes collaborateurs, donc de leur choix. Explique cela à l'Assemblée en refusant tout débat et tout vote — sauf plus tard sur la non-conformité des actes du gouvernement à la déclaration ministérielle, c'est-à-dire sur sa politique. Ne recommençons pas les jeux de massacre. Ne sois pas un "vieux de la IIIe".

— Mais, me répondit-il, je suis plus jeune que toi ! En tout cas l'Assemblée est souveraine et c'est un principe de tout temps ; je ne peux méconnaître cette souveraineté...

— Je ne l'ignore pas. Rappelle-lui seulement que, dans une démocratie, la souveraineté est définie et limitée par la Constitution. Demande le renvoi des interpellations sine die...

Peine perdue !... Le doigt du "mécanisme" est dans l'engrenage. Qu'y puis-je ? Je ne peux pourtant pas le révoquer !

19 heures : Dieu des Auvergnats, tu l'emportes ! Ramadier vient d'obtenir son vote de confiance - le deuxième en huit jours - par 521 voix contre 12. En est-il plus fort ? En tout cas je ne veux pas l'en féliciter, puisque je n'ai pas approuvé cette incartade. »

(Vincent Auriol, *Mon septennat*, 1947-1954, Gallimard, 1970).

Investis, les présidents du Conseil acceptent une discussion d'interpellation sur la composition du gouvernement et la politique suivie. Elle se termine par un vote. Plusieurs présidents du Conseil ainsi investis par l'Assemblée comme Robert Schuman en 1948 ou Henri Queuille en juillet 1950 sont mis en minorité quelques jours plus tard après leur désignation par le chef de l'État. D'autres, comme André Marie en 1948, préfèrent faire connaître à l'avance la composition de leur gouvernement. Il faut cependant remarquer à cet égard que le président de la IVe République, faute de majorités cohérentes et de personnalités incontestées, devait disposer d'une influence supérieure à celle pensée par les constituants. Ainsi, Vincent Auriol, « invente »-t-il M. Pinay, ou René Coty fait-il appel contre bien des attentes à Pierre Mendès-France en 1954, ou lui préfère Guy Mollet en 1956. Plus largement, la personnalité des deux chefs de l'État élargira sensiblement le poids de la fonction présidentielle pour en faire une « magistrature d'influence » (G. Berlia). De la IVe République restera d'ailleurs une image : les ballets de voitures devant l'Élysée alors que le président consulte parfois jusque tard le soir, les interviews des pressentis qui parlent parfois pour ne rien dire à des journalistes familiers.

706 **La consécration pour la révision constitutionnelle du 7 décembre 1954.** La révision constitutionnelle du 7 décembre 1954 tirera la conclusion de ces pratiques et confond les deux investitures : le président du Conseil désigné choisit les membres de son cabinet, en fait connaître la liste à l'Assemblée nationale et se présente devant elle pour lui demander d'investir le gouvernement ou d'exprimer un vote de confiance. Ainsi prive-t-on, cette fois formellement, le président du Conseil de l'autorité personnelle dont il pouvait se prévaloir dans l'ancienne procédure. Par ailleurs, la majorité requise pour la confiance est désormais relative, mais la majorité absolue est maintenue pour renverser un gouvernement en fonction. La Constitution est cependant muette sur le cas d'une majorité de défiance relative. Le rapporteur général du projet de révision indique qu'« il appartiendra au gouvernement d'apprécier s'il estime que ce rejet du texte en question s'oppose à la continuité du pouvoir ou si, au contraire [...] il peut continuer à gouverner ».

2. *La question de confiance en dehors des textes*

707 La question de confiance devait être une procédure à caractère exceptionnel permettant au gouvernement de s'assurer du soutien

d'une majorité à l'Assemblée. En premier lieu, des présidents du Conseil préfèrent, comme Henri Queuille, poser implicitement la question de confiance en indiquant qu'ils se retireraient si l'Assemblée ne les suivait pas. Ensuite, des gouvernements démissionnent sans avoir été mis, dans les formes, en minorité par la procédure de la question de confiance : ils démissionnent en quelque sorte par anticipation... Ainsi par exemple, Antoine Pinay démissionne en décembre 1952 en raison de la défection du MRP, membre jusqu'alors de sa majorité. Enfin, des gouvernements se disloquent de l'intérieur faute d'unité de vues comme le gouvernement Marie en 1948, tiraillé entre Léon Blum et Paul Reynaud sur la politique à suivre.

Le vote « calibré ». Dans l'hypothèse même où la procédure de la question fonctionne, les députés s'arrangent pour ne pas renverser le gouvernement dans les formes constitutionnelles (majorité absolue) mais par un « vote calibré » à la majorité relative ou l'empêchent d'agir en ne votant pas ses projets importants. Le gouvernement n'a plus de majorité, mais les conditions d'une dissolution – exigeant une majorité absolue – ne sont jamais réunies, sauf, par erreur, en 1955. Pourtant, entre 1946 et 1951, 45 questions furent posées, 53 entre juin 1951 et décembre 1952, 20 entre décembre 1952 et décembre 1955. Si, au total, dix-neuf ministères – sur vingt-cinq – démissionnent sans avoir été, dans les formes constitutionnelles, renversés, c'est aussi parce que la démission devient un moyen de résoudre les difficultés : on procède avec le nouveau gouvernement à un « replâtrage » (*sic*) de la majorité, à une recomposition des « sensibilités ».

3. *L'envers du décor : instabilité ministérielle et stabilité des ministres*

708 L'instabilité ministérielle, souvent soulignée, permet d'oublier l'existence d'un noyau gouvernemental de ministres interchangeables. D'une part, la République est bonne mère pour les partis qui ne la rejettent pas : plus d'un quart des députés (à l'exception des communistes et des poujadistes) a été, est, ou sera ministre. Le régime est donc, sans mal, soutenu par son personnel interchangeable. Ainsi, sur 227 ministres de 1946 à 1957, 66 ont appar-

tenu à plus de trois et à moins de neuf ministères et 40 ministres ont occupé, tous ensemble, 1 900 mois le pouvoir. Ce trait souligne le bilan positif du régime dans des domaines essentiels comme la modernisation des structures économiques et sociales, le début du processus de décolonisation ou la construction européenne ; l'œuvre accomplie ne le fut pas seulement par l'administration, mais aussi par une partie du personnel politique. Le mythe des « grands commis » régnant sous la IVe République, assurant la continuité de l'État et la réalisation des « grandes ambitions », est ainsi à relativiser même si l'appareil administratif a rarement été aussi autonome par rapport au politique. Ainsi, les ministères gèrent-ils directement leurs relations avec les groupes d'intérêt quitte à être colonisés par eux : l'Éducation nationale devient le porte-parole des syndicats enseignants. L'agriculture est gérée en fonction des aspirations des « gros » syndicats d'exploitants au travers de la FNSEA.

B. Délégation du pouvoir législatif et retour du bicamérisme

1. *Le retour des décrets-lois*

709 « L'Assemblée nationale vote seule la loi. Elle ne peut déléguer ce droit », énonçait l'article 13 de la Constitution. En fait, les anciens décrets-lois de la IIIe République réapparaissent sous la forme des « lois-cadres » (loi du 17 août 1948) par lesquelles l'Assemblée vote une loi fixant des principes généraux et en laisse l'application par des décrets au gouvernement qu'elle contrôle cependant. Cette procédure sera utilisée notamment s'agissant de la « loi-cadre Defferre » en 1956 pour les territoires de l'Union française. Par ailleurs, le principe de l'extension du pouvoir réglementaire est adopté (loi du 17 août 1948) et il revient au Parlement d'en fixer l'étendue et les domaines, celui-ci conservant le droit de légiférer dans ces matières.

Dans un célèbre avis du 6 février 1953 « du meilleur style normand » (Georges Burdeau), le Conseil d'État admet la procédure sous réserve que le pouvoir réglementaire n'intervienne pas dans des domaines relevant traditionnellement et exclusivement du

Parlement (droits fondamentaux, libertés publiques) et que son extension soit délimitée et précisée. Des lois d'habilitation – qui peuvent aller jusqu'à modifier des lois antérieures – seront ainsi adoptées en juillet 1953 et août 1954. Si, à la différence de la IIIe République, la délégation est accordée au gouvernement qui l'a sollicitée et que ces délégations ne peuvent entrer en vigueur sans l'avis conforme de certains organismes (la Commission des finances par la loi d'août 1954), l'esprit est analogue : l'Assemblée, ne souhaitant pas endosser la responsabilité dans le traitement d'un sujet épineux, s'en remet au gouvernement.

2. *La restauration du Sénat*

710 Ce sentiment de retour aux mœurs de la IIIe République est incidemment confirmé par le rôle joué par le Conseil de la République. Celui-ci est élu initialement (loi du 27 octobre 1946) au suffrage universel indirect par les collectivités communales et départementales selon un système complexe à la représentation proportionnelle au plan national, certains membres (plus d'un quart) étant désignés directement par l'Assemblée. La loi du 23 septembre 1948, votée sous l'influence de Queuille, revient pour l'essentiel au collège électoral de la IIIe République. Par ailleurs, en juin 1949, le Conseil de la République modifie son règlement pour instituer une procédure de « question orale au débat », interpellation sans le nom. Cependant, seul quelques rares présidents du Conseil – radicaux – allèrent jusqu'à poser implicitement devant le Conseil de la République la question de confiance. La révision constitutionnelle du 7 décembre 1954 permet par ailleurs au Conseil de la République de lui redonner son pouvoir d'initiative législative en levant l'interdiction faite aux sénateurs de débattre immédiatement de leurs propositions. De même, est retiré à l'Assemblée le monopole d'être saisie des projets de lois gouvernementaux. Dès lors, ceux-ci, à l'exception de ceux portant ratification des traités ou à caractère budgétaire, peuvent être déposés indifféremment sur le bureau de l'une ou l'autre Chambre. Enfin, la navette est rétablie entre les deux Chambres : pendant un certain délai, un texte ne pourra devenir loi sans le

consentement du Conseil. En pratique, 90 % des textes seront ainsi votés avec l'accord des deux Chambres.

C. Le « régime des partis » ?

711 **Du tripartisme...** Les constituants de 1946 avaient pensé concevoir un parlementarisme structuré par des partis puissants. Dès lors, le tripartisme dominant correspondait à l'origine à ce schéma, même si le parti socialiste et le MRP étaient voués à un déclin militant. Avec le parti communiste, ils rassemblent les trois quarts des suffrages et trois quarts des sièges. Articulés fortement à des groupes parlementaires, ils conditionnent la formation et la vie du Gouvernement et en constituent les vrais piliers.

Cette médiation – partisane –, cette intercession... assure dans un premier temps au Gouvernement une existence paisible. La révocation des ministres communistes le 4 mai 1947, suite aux votes hostiles de leur parti contre le Gouvernement, marque la fin de cette période. Dès lors, les gouvernements devront trouver appui ailleurs, au centre, dont le morcellement et la fragilité vont rendre leur stabilité beaucoup plus incertaine. Du contrat passé entre quelques partis cohérents et puissants, il va falloir s'accommoder de petites formations, d'autant qu'à la droite de l'échiquier politique, le Rassemblement du peuple français (RPF) créé par le général de Gaulle en 1947 conteste le régime. L'espace d'alliance se rétrécit donc considérablement et le jeu tend à se ramener à des coalitions complexes et incertaines. L'Assemblée ira jusqu'à compter 14 groupes parlementaires, dont cinq d'indépendants.

712 **... à la « troisième force ».** Après le tripartisme, émerge une troisième force dont l'unité réside principalement dans l'opposition des partis de la gauche et de la droite modérée au PCF et au RPF. Dès lors, se coalisent la SFIO, le MRP, les faibles troupes radicales (rebaptisées « Rassemblement des gauches républicaines », RGR) et l'appoint de groupes charnières comme l'Union démocratique et socialiste de la Résistance (UDSR) de François Mitterrand et René Pleven. À l'approche des élections de 1951, il ne fait pas de doute que la victoire probable des deux oppositions, RPF et PCF, rendrait l'Assemblée sans majorité et sans Gouvernement. Dès lors, les

partis de la troisième force veulent se survivre à eux-mêmes et avec eux, pensent-ils, assurer la continuité du régime. Aussi est monté le système électoral dit des « apparentements ». Les listes proposées aux électeurs déclarent qu'elles sont « apparentées » (au moins dans 30 départements). Avec 51 % des voix, la nouvelle majorité détient les deux tiers des sièges.

713 **La dislocation de la « troisième force ».** Gouverner ensemble ? La première rupture se fait sur la politique scolaire dès 1952 : le divorce est consommé entre le MRP et la SFIO qui quitte la majorité. Si la rupture de la discipline du nouveau groupe RPF, dont une petite partie vote l'investiture à Antoine Pinay en 1952 contre l'avis de son chef, ouvre une brèche qui ne fera que s'élargir, aboutissant deux ans plus tard à la « mise en sommeil » par le général de Gaulle de son mouvement, nulle majorité cohérente ne se dégage pour autant. Après l'école, la querelle de la Communauté européenne de défense en 1952 divise ce qui reste de la Troisième force et réunit gaullistes et communistes...

Ces majorités « variables » soulignent la non-adéquation entre les coalitions gouvernementales et les coalitions électorales. L'Assemblée issue des élections du 2 janvier 1956 (après la dissolution du 2 décembre 1955) est, *a priori*, ingouvernable. Les « apparentements » n'ont la majorité que dans 11 départements. Aucune majorité ne se dégage : le centre droit reçoit environ 200 sièges, les communistes 150 et les poujadistes – nouveaux venus – 52 sièges. Le « Front républicain » de centre gauche, et dont le cœur est la SFIO, ne regroupe que 180 sièges. Finalement, c'est Guy Mollet, le 1er février 1956, qui devient le président du Conseil investi par une écrasante majorité (420 voix) contre poujadistes et indépendants. Ministère composite, il dure près de 16 mois. Lâché à gauche du fait de la politique algérienne, il tombe en mai 1957. Dès lors, il n'y a plus de Gouvernement possible : communistes et poujadistes forment le tiers de l'Assemblée, le Front républicain s'est disloqué, la SFIO refuse toute alliance avec la droite. Chaque Gouvernement ne peut s'appuyer que sur des coalitions instables et surtout passagères. Après la chute de Guy Mollet, la crise dura trois semaines jusqu'à l'investiture du Gouvernement Bourgès-Maunoury pour un peu plus de trois mois. Après sa chute, la crise dura 36 jours. Félix Gaillard, qui lui succède, règne un peu plus de quatre mois. La crise dura alors 28 jours jusqu'à l'investiture de Pierre Pflimlin, le 13 mai 1958 – alors que les généraux d'Alger se rebellent –, qui cède la place au général de Gaulle le 1er juin. Celui-ci sera le dernier président du Conseil de la IVe République après avoir présidé à sa naissance…

L'instabilité ministérielle, souvent soulignée, permet d'oublier l'existence d'un « noyau gouvernemental » de ministres interchangeables. Ce trait souligne le bilan positif du régime dans des domaines essentiels comme la modernisation des structures économiques et sociales, le début du processus de décolonisation ou la construction européenne, l'œuvre accomplie ne le fut pas seulement par l'Administration, mais aussi par une partie du personnel politique.

714 **L'impossible réforme et la chute.** Changer les institutions ? Une partie du personnel politique est consciente de la nécessité de réviser la Constitution sans pour autant changer le régime. Le Mouvement républicain populaire ne s'y était-il pas engagé dès l'origine ? En fait, la réforme commencée le 30 novembre 1950 aboutit à la « réformette » du 7 décembre 1954 – initiée à l'origine par le Conseil de la République, et en particulier René Coty, alors sénateur, qui mesurait l'ampleur des changements à effectuer. Dans d'autres cercles, la réflexion s'élabore autour de projets audacieux. Quelques personnalités, comme le professeur Georges Vedel en 1956, vont plus loin. Pour lui, le Gouvernement de législature, la dissolution automatique plaidée directement par Paul Reynaud (ou semi automatique), la rationalisation du travail parlementaire ne changeront rien au fond du problème : la division du pays, la faiblesse des partis, l'absence de consultation de l'opinion. Rien ne sert d'imaginer un parlementarisme à l'anglaise non transposable en France. Il plaide alors pour un régime présidentiel dans lequel le président serait élu au suffrage universel pour quatre ou cinq ans, à l'image de l'Assemblée, et cette dernière ne pourrait renverser le Gouvernement, les ministres étant choisis par le président. En cas de désaccord persistant, le président de l'Assemblée peut provoquer des élections anticipées de l'un et de l'autre. Rejoignant cette inspiration générale, Maurice Duverger

plaide pour un chef de l'État toujours élu par le Parlement et un chef de Gouvernement – le vrai chef de l'exécutif – élu au suffrage universel. Ces propositions ont un écho limité dans des milieux politiques hostiles.

L'Assemblée issue des élections de janvier 1956 est rétive à toute révision en profondeur.

715 **Les propositions de réforme.** Il faut attendre 1958 pour que la révision devienne une préoccupation gouvernementale, malgré quelques propositions qui préfigurent, avec les projets Gaillard et Pflimlin, le parlementarisme rationalisé de 1958. Félix Gaillard tente aussi en vain de faire aboutir un projet de révision limitée en mars 1958 : irrecevabilité des propositions ayant pour conséquence une réduction des crédits et un accroissement des dépenses ; adoption d'un texte législatif, sur lequel le Gouvernement engage sa confiance (le futur art. 49.3) ; exigence pour le retrait du Gouvernement du vote explicite d'une motion de censure à la majorité absolue des membres composant l'Assemblée ; dissolution semi-automatique, seul le président de la République pouvant s'y opposer. Peu après, un autre président du Conseil Pierre Pflimlin, élu le 27 mai 1958, tente de reprendre à son compte le projet à la faveur des circonstances du moment – l'insurrection de l'armée de l'Algérie – qui scellent la fin du régime. Le malaise algérien est cependant plus l'occasion de sa chute que sa cause. La IVe République est morte d'impuissance gouvernementale, de coalitions hétéroclites, et d'immobilisme politique dans les dernières années.

Bibliographie

ARNE (S.), *Le président du Conseil des ministres sous la IVe République*, LGDJ, 1964

BECKER (J.-J.), *Histoire politique de la France depuis 1945*, rééd. A. Colin, 2015

CHAPSAL (J.), *La vie politique en France - De 1940 à 1958*, rééd. PUF, 1990

COMBRADE (B.-L.), « Cachez cette contre-révolution que je ne saurais voir. La place du régime de Vichy dans l'enseignement du droit constitutionnel », in *Révolution, Constitution, Décentralisation, Mélanges en l'honneur de Michel Verpeaux*, Dalloz, 2020

FARGEAUD (B.), *La doctrine constitutionnelle de la IVe République*, Dalloz, 2020

WILLIAMS (P.), *La vie politique sous la IVe République*, A. Colin, 1971

BIBLIOGRAPHIE GÉNÉRALE

Manuels

ANTONETTI (G.), *Histoire contemporaine politique et sociale,* PUF, 9e éd., 2003

BARTHÉLEMY (J.), DUEZ (P.), *Traité de droit constitutionnel,* Dalloz, 1933, réimp. Economica, 1985

BLUCHE (F.), *Manuel d'histoire politique de la France contemporaine,* PUF, 3e éd., 2008

CHAGNOLLAUD (D.), Histoire constitutionnelle et politique de la France (1789-1958), Dalloz, 2013

CHEVALLIER, *Histoire des institutions et des régimes politiques de la France de 1789 à nos jours*, Dalloz, 1991

DESLANDRES (M.), *Histoire constitutionnelle de la France,* 3 vol., Sirey, 1932-1937

MORABITO (M.), *Histoire constitutionnelle de la France de 1789 à nos jours,* Montchrestien, 15e éd., 2018

RÉMOND (R.), *La vie politique en France depuis 1789,* A. Colin, 1965-1969, 2 vol. ; *Les droites en France,* Aubier, 1982

TOUCHARD (J.), *La gauche en France depuis 1900*, rééd. Seuil, 1981

ZELDIN (T.), *Histoire des passions françaises,* rééd. Payot, 1994, 2 vol.

Vie politique et parlementaire

BERGASSE (H.), *Histoire de l'Assemblée des élections de 1789 aux élections de 1967*, Payot, 1967

BUNIET (C.), *Les Règlements des assemblées parlementaires en France depuis 1871*, Éditions de l'A.G.E.L., 1967

CORBIN (A.), GÉROME (N.), TARTAKOWSKY (D.) (dir.), *La barricade*, Publ. de la Sorbonne, 1997

Dictionnaire des parlementaires français 1940-1958, La Documentation française, 1988-2012

ESMEIN (A.), *Éléments de droit constitutionnel*, 1928, rééd. aux éditions Panthéon-Assas, 2002, avant-propos de D. Chagnollaud

LE BÉGUEC (G.), *La République des avocats*, A. Colin, 2003

LÉVÊQUE (P.), *Histoire des forces politiques en France*, 3 t., A. Colin, 1993, 1995, 1997

MARICHY (J.-P.), *La Deuxième chambre dans la vie politique française depuis 1875*, Librairie française de jurisprudence, 1969

MOPIN (M.), *Les grands débats parlementaires de 1875 à nos jours*, La Documentation française, 1989

PIERRE (E.), *Traité de droit politique, électoral et parlementaire*, réimp. Éditions Loysel, 1989

Idées politiques

DROZ (J.) (dir.), *Histoire générale du socialisme*, rééd. PUF, 1997, 4 vol.

JARDIN (A.), *Histoire du libéralisme politique*, Hachette, 1985

NICOLET (C.), *L'idée républicaine en France*, rééd. Gallimard, 1995

TOUCHARD (J.) *et al.*, *Histoire des idées politiques*, 1970 (2 t.), rééd. PUF, 2012, 2014

La Haute administration

CHAGNOLLAUD (D.), *Le premier des ordres, les Hauts fonctionnaires* XVIIIe-XXe *siècle*, Fayard, 1991

La question coloniale

CHAGNOLLAUD (D.), LACOUTURE (J.), *Le Désempire*, Denoël, 1993

INDEX ALPHABÉTIQUE

Les chiffres renvoient aux numéros de paragraphes.

D

TABLE DES MATIÈRES

Photocomposition Nord Compo
59650 Villeneuve-d'Ascq

FSC
www.fsc.org
MIXTE
Papier | Pour une gestion forestière responsable
FSC® C108412

722594 (I) - OSB-Ppg 60 g - NC (MLN)
Achevé d'imprimer en août 2023 par CPI Bussière
18200 Saint-Amand-Montrond
N° d'impression : 2073098
Dépôt légal : août 2023
Imprimé en France